长白山区鹤大高速公路科技示范工程技术交流会论文集

吉林省交通运输厅 主编

人民交通出版社股份有限公司
China Communications Press Co.,Ltd.

内 容 提 要

本论文集以交通运输部科技示范工程——鹤岗至大连高速公路(吉林省境内段)建设成果为依托,分别从综合管理、抗冻耐久、生态环保、循环利用、低碳节能等方面出发,详细介绍了鹤大高速公路建设通过理念创新、科技创新、管理创新所取得的丰硕成果和经验总结,可为其他高速公路的建设提供借鉴。

本论文集可供从事公路设计、科研、管理、施工等公路建设人员参考使用。

图书在版编目(CIP)数据

长白山区鹤大高速公路科技示范工程技术交流会论文集/吉林省交通运输厅主编. —北京:人民交通出版社股份有限公司,2016.8
ISBN 978-7-114-13287-2

Ⅰ. ①长… Ⅱ. ①吉… Ⅲ. ①长白山—山区道路—高速公路—道路施工—文集 Ⅳ. ①U415.6-53

中国版本图书馆 CIP 数据核字(2016)第 198551 号

书 名:	长白山区鹤大高速公路科技示范工程技术交流会论文集
著 作 者:	吉林省交通运输厅
责任编辑:	尤 伟
出版发行:	人民交通出版社股份有限公司
地 址:	(100011)北京市朝阳区安定门外外馆斜街3号
网 址:	http://www.ccpress.com.cn
销售电话:	(010)59757973
总 经 销:	人民交通出版社股份有限公司发行部
经 销:	各地新华书店
印 刷:	北京市密东印刷有限公司
开 本:	880×1230 1/16
印 张:	40.75
字 数:	1192 千
版 次:	2016年8月 第1版
印 次:	2016年8月 第1次印刷
书 号:	ISBN 978-7-114-13287-2
定 价:	120.00元

(有印刷、装订质量问题的图书由本公司负责调换)

《长白山区鹤大高速公路科技示范工程技术交流会论文集》

编委会

主任委员：常晓春

副主任委员：纪景义　陈立华

委　　员：王潮海　陈东丰　李长江　谢玉田　闫秋波　李劲松
　　　　　张利东　孙福申　陈志国　胡雪峰　栾　海　孔亚平
　　　　　吕东冶　胡光胜

前　言

　　鹤岗至大连高速公路是国家高速公路网南北纵线中的第1纵,全长1 394km。鹤大高速公路吉林省境内全长431km,敦化至通化段在建里程339km,投资250亿元,预计2016年10月竣工通车。鹤大高速公路是我省迄今为止建设里程最长、投资最大、施工技术难度最高、环境保护任务最重的高速公路建设项目。2013年8月,鹤大高速公路敦化至通化段被交通运输部确定为资源节约循环利用科技示范工程,成为我国首个季冻区新建高速公路科技示范工程。鹤大高速公路科技示范工程以资源节约和循环利用为核心,紧扣"抗冻耐久、生态环保、循环利用、低碳节能"主题,围绕建设理念、规划设计、组织管理、工程实施,努力打造行业科技创新与应用的"范本"。立足季冻区、生态敏感区、长白山景观核心区、民族地区等特点,研究季冻区公路的规划设计、建设、施工管理等问题,积极打造行业科技发展的鲜活"标本"。

　　鹤大高速公路科技示范工程开展了7个专项、23个子项的科技示范,共投入科研经费5966万元,在全体参建人员共同努力下,通过理念创新、科技创新、管理创新,取得了丰硕成果。为总结科技示范工程的创新成果和管理经验,借此交流会之际,收集具有代表性的论文进行汇编,集中展示鹤大高速公路科技示范工程取得的各方面成果,助推交通行业绿色公路发展。

　　本论文集共分5个篇章,分别为综合管理篇、抗冻耐久篇、生态环保篇、循环利用篇和低碳节能篇,收录论文102篇。这些文章绝大部分是3年来参与鹤大高速公路建设的设计、科研、建设、管理人员等各自的经验和心得,是经过专家审定的140余篇论文中精选汇编而成的,涉及道路、桥梁、隧道、岩土、景观、交通工程等专业,内容丰富。

　　在论文集的征稿、评审、汇编过程中,得到了吉林省高等级公路建设局、吉林省交通科学研究所、吉林省交通规划设计院、交通运输部科学研究院、交通运输部公路科学研究院、大连海事大学、中国交通建设股份有限公司、中国建筑工程总公司、江苏中路工程技术研究院、山东交通科学研究院、苏交科集团股份有限公司等单位的大力支持,在此表示衷心的感谢。

　　由于论文集编辑出版时间较短,书中难免存在疏漏和不足之处,恳请专家和广大同仁予以谅解,敬请提出宝贵意见。

《长白山区鹤大高速公路科技示范工程技术交流会论文集》编委会
2016年8月

目 录

第一篇 综 合 管 理

以科技示范工程推进生态文明建设打造资源节约型、环境友好型高速公路 ················ 纪景义(3)
实施"抗冻耐久、绿色循环"科技示范工程打造精品高速公路
  ································ 王潮海　陈东丰　陈志国　曹春梅(7)
新理念在山区高速公路勘察设计中的应用——鹤大高速敦化至
  通化段总体设计 ············ 焦明伟　胡雪峰　胡国海　刘文涛　张立敏(18)
多角度、全方位，科技助力鹤大绿色公路建设 ········ 王新军　孔亚平　刘学欣　陶双成(30)
科技引领　铸就鹤大高速科技示范工程 ·························· 闫秋波　陈志国(34)
鹤大高速公路施工总承包项目管理模式探讨 ·························· 郑勇生　张　羽(39)
鹤大高速公路靖通段"科技示范工程"施工管理
  策划与实施 ················ 王宏宇　王立波　苗振彪　刘松禹　李　征(46)

第二篇 抗 冻 耐 久

公路工程抗冻设计与施工关键技术 ············ 王潮海　陈志国　郑继光　闫秋波　王书娟(53)
用于岛状冻土地区路基换填的新型材料及其性能 ········ 陈东丰　郑纯宇　钱劲松　李冬雪(60)
季节性冻土区路基土回弹模量折减系数研究 ············ 陈志国　闫秋波　王书娟　李冬雪(66)
沥青稳定碎石混合料在鹤大高速公路上的应用 ··················· 栾　海　张秋菊　于清海(70)
鹤大高速公路隧道抗冻保温技术 ············ 郑继光　王潮海　闫秋波　雷忠伟　秦凯旭(74)
衬砌施工缝蝶形止水带及其在朝阳隧道的应用 ······························ 孙鹏程(80)
可替代沥青材料的生物沥青研究进展 ············ 李凤尊　曹　羽　胡雪峰　肖桂清　董泽蛟(84)
收费广场复合式路面研究与应用 ··················· 崔洪川　崔　雷　刘铁山　栾　海(93)
鹤大高速公路榆树川互通钢箱梁施工技术 ············ 张峰峰　山纪洪　方　利　原晓斌(100)
季节性冻土地区高速公路路基路面长期使用性能
  研究应用 ············ 王书娟　于丽梅　魏志刚　张　羽　陈志国　韩树涛(106)
季冻区公路路基温度场实测分析 ··················· 李冬雪　王书娟　陈志国　孙宗元(111)
氯盐融雪剂对水泥混凝土盐冻破坏的试验研究
  ································ 陈晓冬　边子麟　高培伟　曹春梅　李晓红(117)
美国足尺加速加载试验路运行经验及借鉴——以鹤大高速
  公路为例 ············ 王书娟　李长江　陈志国　张广庆　李新军　魏志刚(121)
综合勘探方法在熔岩台地区隧道勘察中的应用 ·························· 孔祥礼　隋一楠(129)

东北季冻区桥梁耐久性设计 …………………………………… 张立敏　白万鹏　郑剑飞(134)
隧道围岩分级与支护参数优化探讨 ……………………………………… 陈　维　刘义河(139)
移动荷载作用下沥青路面动力响应影响因素分析 ……… 马宪永　王书娟　陈志国　董泽蛟(142)
高寒季冻生态区钢波纹管涵施工技术应用 ……………… 陆文斌　金隆海　王宝良(150)
二道松花江特大桥施工关键技术 ……………………………………… 王际好　王　敏(161)
鹤大高速高液限黏性土工程特性改良及其施工技术探究 ……… 夏全平　杨永富　孙兆云(173)
鹤大高速公路沥青路面离析防治与解决措施 …………………… 杨惠宇　李银山(179)
鹤大高速公路水泥稳定碎石基层裂缝成因及应对措施 …………… 顾生昊　杨惠宇(185)
寒区隧道施工缝防排水 ………………………………… 郑海东　尹广河　于晓明(189)
浅析高寒山区隧道防排水施工技术 …………………… 郭书博　赵　欣　张绍凯(192)
富水玄武岩季冻区路基冻胀防治措施研究 …………………… 李　茜　刘恩华(196)
大厚度摊铺与双机分层摊铺水稳基层施工工艺比较分析 ……………… 第海东　商　艳(200)
复杂地质超长桩旋挖钻施工技术 ……………… 王际好　赵世龙　王　敏　邹开泰(208)
低液限黏质土改良作为路基填料应用研究 ……… 刘玉辉　穆乃亮　高　峰　胡春明(216)
季冻区沥青路面的补充设计指标研究 ……………… 张熙颖　魏志刚　孙东雨　王书娟(222)
季冻区柔性基层ATB-25配合比设计及施工质量控制 …………………… 陈　磊　明翠柳(227)
机制砂在严寒地区混凝土中的应用 …………… 鹿　平　高明臣　徐成乾　陈　琦(237)
季冻区火山灰作为胶凝材料在大体积混凝土中的应用 …………… 刘　冰　岳小东　王建军(245)
水泥稳定碎石基层高寒季冻区抗冻性试验研究 … 穆乃亮　连　军　岳吉双　孟洋波　王小明(250)

第三篇　生态环保

鹤大高速公路资源环境保护管理及成效 ………… 李长江　王　倜　王新军　赵　琨(259)
鹤大高速公路施工中植被保护管理实践
　　……………………… 杨伟平　崔巍武　孙凌成　郭明洋　袁铁权　周亚君(266)
鹤大高速公路(吉林境)几种边坡生态恢复技术应用分析 ………… 周　剑　陈建业　陆旭东(271)
鹤大高速公路资源节约、环境保护设计原则及实施案例 …… 周　剑　陈建业　陆旭东　朱时雨(277)
鹤大高速公路靖宇保护区段野生动物通道设计 … 王　云　王德民　关　磊　王新军　孔亚平(287)
鹤大高速公路生态环境保护技术对策与措施 …… 赵　琨　李劲松　霍长顺　谢志儒　姜　硕(292)
鹤大高速公路小沟岭至抚松段水土保持工作的做法及成效
　　……………………………………… 刘　涛　李劲松　易　泽　邬春龙　霍长顺(297)
鹤大高速绿色公路科技示范工程展馆设计与实现
　　……………………… 王　涛　李长江　谢志儒　李劲松　赵　琨　霍长顺(302)
鹤大高速湿地营造设计初探 …………… 王新军　张广庆　王岩松　石　鑫　刘学欣　杨艳刚(308)
高速公路水土保持预测及治理措施 ……………………… 吕东冶　王心毅　高　莹(312)
湿地公路两侧浅层水连通性保护技术 ……………… 李冬雪　郑纯宇　闫秋波　陈志国(318)
鹤大高速公路小抚段景观桥梁设计 …………………… 杨　锋　韩阳军　张立敏(323)
高速公路附属建筑污水处理技术及应用 ………………… 刘志庆　孙正伟　陈树林(329)
Vegetation Conservation during Expressway Construction in the Ecologically-Sensitive Area of Jilin Province

…………………… Xinjun Wang　Jinsong Li　Ti Wang　Changjiang Li Shuangcheng Tao
……………………………………………… Yaping Kong　Jiding Chen(334)
长白山区路域野生花卉资源及景观绿化的应用 …… 王　偑　王玉滴　王新军　李恩会　李劲松(338)
公路建设对湿地水系连通性的影响评价及影响因素研究——以延边
　地区为例 ………………………… 李晓珂　王红旗　王新军　孔亚平　李　华(346)
公路建设前期野生动物生境调查技术研究——以鹤大高速公路
　为例 …………………………… 关　磊　王　云　孔亚平　朴正吉　徐　伟(354)
Impacts Assessment of Highway Construction on Hydrologic Connectivity——A Case Study in Jilin Province
……………… Xinjun Wang　Jianye Chen　Hua Li　Hongqi Wang, Yaping Kong, Jiding Chen(362)
Sequestration of Phosphorus from Wastewater by Cement-based or Alternative Cementitious Materials ………
…………………………… Xinjun Wang　Jiding Chen　Yaping Kong　Xianming Shi(363)
新理念下服务区规划与设计 …………………………… 朱　宇　刘　洋　王志文(375)
路基分步清表施工技术在鹤大高速公路建设中的应用
　…………………… 王　偑　崔巍武　张广庆　孙鹏程　陶双成　王新军　孔亚平(381)
改良人工湿地在服务区污水处理中的应用 ………………… 刘学欣　孔亚平　李劲松(387)
高速公路服务区景观设计理念探讨——以鹤大高速公路服务区景观
　设计为例 ………………… 薛　铸　崔巍武　杨伟平　周　剑　李长江　孔亚平(392)
公路建设中寒区湿地生态恢复与补偿研究综述 ………… 杨艳刚　王新军　陈建业　孔亚平(396)
基于3S技术的鹤大高速植被保护技术研究应用
　………………………… 王新军　王　偑　张利东　李劲松　陶双成　李长江(401)
季冻区服务区污水处理技术分析研究 …………… 刘学欣　孙鹏程　王德民　谢玉田　孔亚平(407)
高寒地区典型耐久性路面结构生命周期环境影响分析 …………… 杨　阳　张宁波　景晶晶(410)
鹤大高速公路路线设计新理念 …………………… 王志文　朱　宇　程海帆　严　冬(414)
鹤大高速公路长白山地区表土利用和植被保护技术研究 ………… 应世明　陈辉辉　侯兆隆(419)

第四篇　循　环　利　用

橡胶粉/SBS复合改性沥青工厂化参数分析与性能评价 …………… 陈志国　于丽梅　姚冬冬(427)
季冻区橡胶粉与SBS复合改性沥青混合料路用性能及
　改性机理研究 ……………………………………… 陈志国　于丽梅　姚冬冬(437)
植物沥青混合料路用性能研究 ………………… 栾　海　周　涛　曹　羽　董泽蛟(448)
废橡胶粉-SBS复合改性沥青混合料应用技术 ……………… 于丽梅　陈志国　姚冬冬(459)
连锁式生态砌块在公路边坡中的应用研究 ……… 刘　畅　彭　园　李仲海　李传春　李跃祥(463)
工厂化橡胶粉改性沥青混合料矿料级配优化分析与
　性能评价 ………………………… 姚冬冬　易军艳　陈志国　杨　光　于丽梅(468)
煤矸石材料对道路冻深影响的试验分析与实际观测 ……… 谭永波　韩继国　时成林　刘佳力(476)
填料型硅藻土改性沥青混合料路用性能研究 ……………… 叶静辉　时成林　史光绪(483)
填料型细火山灰改性沥青混合料路用性能研究 …………… 于丽梅　陈志国　闫秋波(489)
火山灰与SBS复合改性沥青混合料动态模量研究 ………… 于丽梅　陈志国　姚冬冬　胡光胜(497)

尾矿渣筑路技术在高速公路建设中的应用 ……… 崔洪海　徐海清　王　宇　杨晓燕　于铁军(502)
油页岩沥青混合料路用性能分析 ………………………………………… 史光绪　时成林(507)
隧道洞渣在鹤大高速公路科技示范工程中的综合应用 ……… 张蔚博　张　羽　崔国柱(511)
橡胶粉改性沥青混合料与SBS改性沥青混合料试验对比研究 ………… 李　强　杨惠宇(518)
高寒山区高速公路边坡生态砌块施工技术研究 ………………………… 彭　园　节　亮(524)
粉煤灰在严寒地区混凝土中的应用 ………………… 郭　伟　方　利　山纪洪　贾林林(531)
弃渣弃方巨粒土填筑技术在高速公路路基施工中的应用 ……… 宋轶璋　何照勤　申宝稳(539)

第五篇　低　碳　节　能

基于RTK和RFID技术的沥青路面施工信息化管控效益分析 ……… 李长江　张志祥　刘宏晋(545)
隧道照明节能控制系统中车辆检测方法的研究 …… 张利东　秦　莉　闫秋波　陈晓冬　许文海(549)
特长隧道及隧道群智慧节能供配电系统应用研究 …………………………………… 王宏丹(558)
高速公路施工期集中供电应用与效益评估——以鹤大高速吉林境
　　工程施工为例 ……………………… 付金生　李劲松　刘学欣　陈　浩　霍长顺(563)
寒区高速公路房屋建筑工程建筑保温技术研究 …… 孙福申　孙佰平　王心毅　高　磊　李　光(569)
长白山敏感区绿色公路低碳技术决策体系研究及应用 ……… 李　晟　张宁波　钱琳琳(572)
长白山敏感区绿色公路评价指标体系研究 ……………… 陈云卿　景晶晶　张宁波(577)
智慧供电在鹤大高速公路中的应用 ……………………………………… 袁　慧　陈树林(583)
严寒地区居住类建筑节能75%关键技术研究 …………………………… 王丽颖　王智宇(591)
高山寒区高速公路施工期集中供电技术研究 …………………… 彭　园　张　冠　荣　超(595)
鹤大高速公路交通标志优化设计 ………………………………………… 李大鹏　朴忠源(601)
油改气在鹤大高速公路沥青拌和站中的运用 …………………… 王德猛　李　宁　张　何(606)
基于RFID的沥青混合料运输系统的设计 …………… 张志祥　吕喜禄　徐　慧　唐建亚(610)
隧道保温防冻技术的应用 ………………………………… 王军瑞　王广健　王　宁(615)
鹤大高速大型集中场站标准化建设与效益分析 …………………… 彭　园　翟全磊　田连民(626)
东北严寒地区拌和站规划与管理 ………………………… 高明臣　鹿　平　贾林林(633)

第一篇 综合管理

以科技示范工程推进生态文明建设打造资源节约型、环境友好型高速公路

纪景义

（吉林省交通运输厅　吉林　长春　130021）

摘　要：鹤大高速公路是国家高速公路"7918"网9条南北纵线中的第1纵，既是战略大通道，又是经济大通道。吉林交通人认真总结多年来重大项目建设、科技研发等方面的成功经验，秉承"抗冻耐久、生态环保、循环利用、低碳节能"的建设理念，以科技示范工程为主要技术支撑，将鹤大高速公路建设成为一条"质量一流、科技领先、绿色低碳、循环耐久、风景优美"的资源节约型、环境友好型高速公路。本文依托鹤大高速公路科技示范工程实施，围绕"抗冻耐久和全寿命周期成本"目标要求，因地制宜、开拓创新，形成的六大科研成果；以标准化建设推动了科技示范工程建设的管理创新；以新品质引领高速公路新跨越的斐然成效，对吉林省乃至全国绿色公路建设具有很好的示范与借鉴意义。

关键词：鹤大高速　科技示范　资源节约　环境友好　品质工程

1　引言

鹤大高速公路是国家高速公路"7918"网中的9条南北纵线中的第1纵。这条路起点位于黑龙江省鹤岗市，终点位于辽宁省大连市，全长1 394km。吉林省境内规划全长431km，分三期（段）建设，第一段通化至新开岭（省界）段52km，已于2011年建成通车；第二段是与营松高速公路共用段靖宇至抚松段39km，于2015年建成通车；第三段敦化至通化高速公路共计339km，于2014年4月开工建设，2016年10月底建成通车。鹤大高速公路是吉林省投资最大、建设里程最长、区域生态最敏感、施工技术难度最大的高速公路建设项目，项目建设具有重大战略意义。首先，它是一条战略大通道。鹤大高速纵贯黑、吉、辽三省东部地区，是我国最东边的一条高速公路，沿线区域大多位于中俄、中朝边境地区，这条路的建设对于国家安全具有十分重要的意义。鹤大高速公路是纵贯东北地区的南北公路大通道，在敦化市与珲春至乌兰浩特高速公路相连接，在靖宇县与长春至长白山高速公路相连接，在通化市与集安至双辽高速公路相连接，这条路的建设进一步完善了我省高速公路网络，对于充分发挥吉林东部地区的区位优势，加快推进长吉图开发开放进程，加速融入"一带一路"国家战略布局具有重要意义。其次，它是一条经济大通道。鹤大高速公路把东三省资源最丰富的地区和经济最发达的地区连接在一起。我省东部山区拥有得天独厚的资源优势，即将通车的高速公路，是吉林省通向辽宁丹东港和大连港的快速通道，将为我省东部山区丰富的自然资源和产品外销打开通边达海的大门，将使吉林东部地区经济带与辽宁渤海经济带融为一体，从而加速东北区域经济一体化的进程。

鹤大高速公路建设受到交通运输部、吉林省委、省政府的高度重视，承载着社会各界和吉林家乡父老的热切期盼。因此，将鹤大高速公路打造成"品质工程"，是吉林交通人追求的目标。我们认真总结多年来重大项目建设、科技研发等方面的成功经验，秉承"抗冻耐久、生态环保、循环利用、低碳节能"的建设理念，以交通部确定的科技示范工程为主要技术支撑，努力建设一条"质量一流、科技领先、绿色低碳、循环耐久、风景优美"的资源节约型、环境友好型高速公路。

2　因地制宜，开拓创新，以科技示范凝聚生态文明新理念

"长白山区鹤大高速公路资源节约循环利用科技示范工程"（简称科技示范工程），2013年8月获

得交通运输部批准,批复实施的科研项目共23项。科技示范工程围绕"抗冻耐久和全寿命周期成本"理念,突出了六项创新:一是开展路基路面长期使用性能监测,形成抗冻耐久的长寿命路面典型结构与材料指标阶段研究成果;二是开展地产筑路材料填料型火山灰改性沥青混合料及在大体积混凝土中应用的关键技术研究,开发地产筑路材料的成套综合利用技术;三是开展应对极端气候的高性能橡胶粉SBS复合改性沥青成套技术研究应用,开发工业和矿业废弃材料在公路工程中的循环利用技术;四是开展隧道弃渣、弃方巨粒土及尾矿渣填筑路基关键技术研究,开发筑路材料和土地资源节约利用成套技术;五是开展环境感知的隧道照明节能与智慧控制技术以及ETC不停车收费技术研究与应用,开发高速公路低碳节能技术;六是开发保护水系连通的路基建造、湿地营造与补偿、寒区服务区污水处理与回收利用技术。

3　精心组织,科学管理,以标准化推动科技示范工程建设

(1)组建实施机构并明确工作职责,形成合力,扎实有序推进科技示范工程实施。交通运输厅党组高度重视科技示范工程,成立了以厅长为组长的科技示范工程领导小组,省高等级公路建设局也成立了科技示范工程实施小组,具体负责科技示范工程的组织实施。此外,还成立了由部交科院、省交通科研所、省交通规划设计院等人员组成的技术支持组及由省交通宣传中心牵头的宣传组,为科技示范工程顺利实施提供保障。

(2)制订项目实施管理办法,明确工作机制,使各项工作有章可循,努力提升建设管理水平。先后出台了《交通运输部长白山区鹤大高速公路科技示范工程实施管理办法》《交通运输部长白山区鹤大高速公路科技示范工程科技项目管理办法》及《交通运输部长白山区鹤大高速公路科技示范工程宣传工作管理办法》等,为项目的实施管理与宣传提供了制度保障。

(3)做好专项设计,并将科技示范工程有关内容纳入施工招标范围,确保项目内容落到实处。科技示范工程获批后,为保障实施方案中各项内容顺利实施,多次组织召开科技示范工程实施工作调度会,将科技示范工程实施项目纳入主体、机电、房建等施工图设计中,确保了各项实施内容的顺利落实。

(4)科学编制施工组织设计,确保科技示范工程进度和质量,打造品质工程。各项目指挥部结合科技示范工程项目逐一审查施工单位的施工组织设计,保证科学、合理、可操作,充分考虑气候异常及雨季施工等不利因素,并制订可行的施工预案。通过落实责任、明确目标、倒排工期、优化资源配置等措施,在确保施工安全和建设质量的前提下,加快推进科技示范工程建设。

(5)强化监管,注重实施,确保全过程有效管理。在鹤大项目实施过程中,进行全过程监督管理,将科技示范工程的实施纳入月考核,并作为日常巡查的重点,切实做到奖优罚劣;同时监理人员对科技示范工程全过程旁站监督,确保工程质量。

(6)积极开展技术服务,强化技术支撑保障。工程全面开工后,各技术支持单位常驻工地一线,加强现场的技术指导和技术标准的宣贯。根据工程进度开展现场技术交底与咨询,确保实施效果。同时强化技术培训,聘请了国内相关领域的知名专家学者,对参与鹤大项目建设的管理人员进行科技示范专题培训。组织鹤大高速公路各参建单位的工程技术人员140余人,参加"长白山区鹤大高速公路资源节约、循环利用科技示范工程高级研修班"等培训班。

(7)加大宣传力度,充分展示科技示范项目亮点与效能。广泛宣传科技示范工程绿色循环低碳的理念,在中国交通报、中国公路杂志、绿色交通论坛、交通运输部上海创新论坛、中国公路学会环境与可持续发展分会论坛等介绍宣传鹤大高速"科技示范工程"。交通运输厅召开了新闻发布会,中央和省内媒体联合对鹤大高速公路科技示范工程进行了集中采访和报道,各媒体记者深入鹤大高速工程现场采访,宣传科技示范工程理念,反映工程进展,展示建设者风采,在社会上引起了较大关注,收到了很好的效果。

4　精雕细琢,成果斐然,以新品质引领高速公路新跨越

科技示范工程,着眼于切实解决季冻区高速公路设计、建设、运营管理难题,历时三年,辛勤探索

"以工程为载体,政府引导下的产、学、研、用相结合"的科研成果开发与推广应用模式,以资源节约和循环利用为核心,以耐久、生态、环保、节地、节能及废旧材料综合利用为重点,实施了7个专项、23个子项的科技示范项目,圆满实施鹤大高速公路这一全国首个季冻区新建高速公路科技示范工程,为占国土面积53.5%的季冻地区高速公路建设提供了良好示范,并打造出行业科技创新与应用的"范本"。

(1)抗冻耐久示范技术的应用提高了季节性冻土地区高速公路建设质量。其中,生态敏感路段湿地路基修筑关键技术研究应用:在11km湿地路段采用隧道弃渣填筑上、下路床,CFG桩处理湿地路基,盲沟波纹钢管组合保证水系连通等技术来提高路基的冰冻稳定性,通过示范工程实施及监测,提出了基于湿地保护的路基抗冻耐久修筑关键技术,为广大季冻区建设抗冻耐久路基提供了示范。季冻区柔性组合基层沥青路面合理结构形式的推广应用:全线339km采用组合式基层沥青路面结构减少反射裂缝,路面预期开裂减少20%左右,提高了行车的舒适性和路面的耐久性。并充分考虑鹤大高速公路的路面结构形式及交通荷载横向分布情况,全线339km采用垂直式边部结构,节省工程造价5378万元,减少约29万m^3碎石的开采,减少了对自然环境的破坏。季节性冻土地区高速公路路基路面长期使用性能研究应用:结合季冻地区气候特点,修筑了10km包含抗冻少裂、长寿命、柔性基层、组合式基层及半刚性基层5种典型路面结构及7个监测断面,集路基路面力学响应、气象及轴载信息于一体,融合电阻、光纤及加速加载多种测试手段的首个季冻区高速公路沥青路面长期性能研究观测基地,为广大季冻区修筑长寿命路面结构及确定材料指标要求提供技术支持。水泥混凝土抗冻耐久关键技术推广应用:综合应用公路工程水泥混凝土的冻融环境作用等级及抗冻等级标准、抗冻混凝土配合比设计及优化方法、双掺及硅烷浸渍混凝土抗冻措施,共计推广抗冻混凝土6.5万m^3、硅烷13万m^2、透水模板布1万m^2,可减少桥涵寿命周期内维修次数,提高了桥涵抗冻耐久性。高寒山区隧道抗冻保温技术推广应用:应用季冻区隧道抗冻设防等级技术,采用隧道保温层厚度、设置长度计算及优化设计方法,基于理论计算、工程类比及防排水条件对鹤大高速全线18座隧道抗冻保温方案进行了优化,将节省大量的养护维修费用,为整个季冻地区隧道防冻保温提供了工程示范。

(2)生态环保示范技术的应用为在生态敏感区修建高速公路提供了技术支撑。其中,季冻区服务区污水处理与回用技术推广应用:在全线7处服务区推行多介质生物滤池与潮汐流人工湿地组合污水处理技术,利用低温反硝化菌群调控技术,解决了季冻区公路服务区冬季污水处理不达标的行业难题,同时运行成本仅为常规技术的1/4,管理养护简单,建设了我国季冻区首个服务区冬季污水处理稳定达标样板工程。季冻区公路边坡生态砌块及道面铺装成套技术推广应用:利用大量的隧道弃渣,通过自主设计制造的移动式全智能、高质量的生态型砌块生产设备,加工兼具美观、高强、抗冻于一体、适用不同边坡特点的生态砌块产品,对全线97万m^2边坡进行了生态防护,形成就地转化,就地应用,就地修复的一体化生态修复流程,转化利用率高达90%以上。民俗文化及旅游服务与沿线设施景观融合技术应用:充分挖掘古渤海国、抚松人参、靖宇红色文化等特色,融入建筑与景观小品设计中,展现了"悠悠古驿道述吉林故事、通边达海路展高速新姿"的设计主题,提升了旅游服务品质与旅游价值。植被保护与恢复技术推广应用:针对长白山宝贵的森林资源,开发了公路路基分步清表技术,建立了植被分级保护方法,推广应用植被恢复技术,最大限度地保护了原生植物资源。

(3)特色地产材料、废弃材料循环利用示范技术切实践行了节约资源、保护环境建设理念。其中,填料型火山灰、硅藻土改性沥青混合料技术推广应用:在沥青路面中,采用火山灰填料型改性剂改性沥青混合料,提高高温抗车辙性能50%以上、低温抗变形能力15%。在抚松、泉阳连接线下面层推广硅藻土材料,改善沥青混合料的路用性能尤其是高温性能。这两项改性技术的示范及应用,为全国12个火山灰分布省份及10个硅藻土分布省份高速公路建设地产材料的应用提供了经验。应对极端气候的橡胶粉SBS复合改性沥青成套技术研究与应用:在鹤大高速公路实施81km,沥青混合料的高温性能提高幅度可达50%,低温抗变形能力提高幅度达30%,冻断温度可达-36℃,可有效提高沥青路面应对极端高低温气候的能力。油页岩及植物沥青混合料路用性能研究与应用:针对吉林省储量居全国第一的油页岩资源亟待开发的现状,以数量巨大的油页岩废渣为原料,提出了不同种类油页岩灰渣在沥青混合料中利用的可行性；以玉米深加工废料为基材，开展植物沥青混合料路用性能研究与应用，开发了以植物沥青为添加剂的道路沥青生产方法。弃渣弃方巨粒土及尾矿渣路基填筑技术推广应用：采用 284 万 m^3 隧道弃渣及弃方 22 万 m^3 尾矿渣进行路基填筑，减少了大量的弃方及借土填筑路堤占用的农田耕地，最大限度地合理利用资源，有效降低了公路建设给沿线带来的自然环境破坏，并降低了工程造价。

（4）绿色高速公路低碳节能示范技术引领了高速公路节能建设新方向。其中，基于环境感知的高速公路隧道及服务区照明节能与智慧控制技术研究应用：对全线 18 座隧道，利用行为感知、环境感知和光电测控技术，以信息处理与融合为手段，通过定点照度测量和差分图像处理对隧道照度进行实时监测，设计并实现了一种"车进灯亮，车走灯暗"的隧道照明节能智慧控制系统，实现了隧道灯光照明的按需供给，在保证行车安全的前提下，相比于灯具全提供 80% 亮度模式可实现 48% 的节能。寒区高速公路房屋建筑工程节能保温技术推广应用：将被动式技术理念引入寒区高速公路服务区建筑，提出了季冻地区高速公路独立建筑墙体构造优化及门窗安装节点等节能关键技术，实现了服务区野外独立建筑节能效果 65% 的目标。

科技示范工程实施至今，成效显著。

（1）科研水平不断提高。依托科技示范项目，共发表论文 200 余篇，其中 SCI、EI 38 篇；获得专利 9 项；编制了《季节性冻土地区公路设计与施工技术规范》行业标准，《公路工程火山灰材料应用技术指南》等省地方标准及指南 11 项；完成专著 4 部。

（2）节能减排效果明显。开工至今，共有粉煤灰利用、隧道弃渣利用、沥青路面、施工期集中供电、沥青拌和楼油改气五个项目产生节能减排效果。经测算，共替代标油 3.58 万 t，节约标煤 2.04 万 t，减排 CO_2 为 15.05 万 t。

（3）环境保护初见成效。目前，鹤大全线尤其是泉阳互通、白水滩隧道出口、大蒲柴河隧道出口、江源服务区等地植被保护、表土收集成效显著，大量原生植被，包括许多国家二级保护植物（水曲柳、黄檗、红松等）均被保留下来。全线共计完成清表 228.32 万 m^3，保护原生生境 9.1 万 m_3，保留树木共计 34.5 万棵，其中国家级保护物种红松 353 棵，黄檗 50 棵，水曲柳 55 棵。

（4）工程质量得以有效提高。通过一批抗冻耐久关键技术的应用推广，如"季冻区柔性基层路面技术、水泥混凝土抗冻耐久技术、隧道保温防冻技术、橡胶粉改性沥青技术"的推广应用，有效提高了桥隧构造物的抗冻耐久性、沥青路面的高温稳定性和低温抗裂性。

鹤大高速公路双示范工程的建设，是一个高速公路建设新理念全面提升的过程，对全体建设者也是一次思想转型的良机。科技示范工程的建设，既是在闯一条新路，也是在引领一个方向。我们相信，通过所有交通人的共同努力，"创新、绿色、协调"的发展理念将深深植根在高速公路生态文明建设的土壤中，不断成长壮大、开花结果，建设出一条条"质量一流、科技领先、绿色低碳、循环耐久、风景优美"的高速公路。

实施"抗冻耐久、绿色循环"科技示范工程打造精品高速公路

王潮海[1]　陈东丰[1]　陈志国[2]　曹春梅[2]

(1. 吉林省交通运输厅　长春　130012；2. 吉林省交通科学研究所　长春　130012)

摘　要：鹤大高速公路是交通运输部批复实施的我国首个季冻地区科技示范工程，本文从鹤大高速公路的工程特点出发，介绍了科技示范项目的策划及实施内容和技术关键，总结了科技示范工程的管理创新与经验，展望了示范工程实施对季冻地区公路工程建设的示范引领作用。

关键词：鹤大高速　抗冻耐久　绿色环保　资源节约　循环利用

1　引言

吉林省鹤大高速公路于2013年8月经交通运输部批准成为以资源节约循环利用为主题的科技示范工程，是我国公路交通建设领域首次在季冻区依托高速公路建设开展的科技示范工程，也是交通运输部"加快推进绿色循环低碳交通运输发展指导意见"印发后首个以资源节约循环利用为主题的科技示范工程，是融多维价值目标的科技示范工程，既有推广技术示范，又有关键技术攻关，融新技术的集成应用和关键技术的科技攻关于一体。示范工程实施中，针对季冻地区高速公路建设对生态敏感区公路工程对自然环境的影响等问题，创新或集成应用了以"资源节约、循环利用"为理念的23项技术，以期达到提高工程建设质量，延长使用寿命，实现资源的保护、开发与综合利用的目标，从而对吉林省未来几年即将建设的3 000km高速公路起到科技示范作用，并对未来10年我国季冻区即将建设的2万km以上高速公路起到良好的示范借鉴作用。

2　工程特点

鹤大高速公路(G11)为《国家高速公路网规划》《东北区域骨架网》中的纵一线，起于黑龙江省的鹤岗市，止于辽宁省的大连市，纵贯黑龙江、吉林、辽宁三省，主要承担区域间、省际以及大中城市间的中长距离运输，是区域内外联系的主动脉，同时也是东部边疆地区国防建设的重要通道。吉林省境内新建路线全长339.429km，总概算金额为250.30亿元，2016年10月建成通车。

作为我国公路交通建设领域首个季冻区新建公路示范工程，鹤大高速公路具有典型的工程特点：

抗冻耐久特点。地处季节性冰冻地区，年极端最低气温零下41.9℃，最大积雪深度46cm，山间苔地和湿地分布广泛，特殊的气候和水文地质条件使得这一地区公路工程极易因冰冻产生严重破坏，引起路基冻胀变形，路面冻胀隆起、低温开裂，桥涵、隧道混凝土冻融破坏，结构耐久性降低等问题，公路工程抗冻耐久需求突出。

生态环保特点。路线贯穿长白山腹地，沿线生态环境敏感，共经过7处自然保护区和水源保护地，跨越25处敏感水体河流，涉及湿地路段共40km；同时，沿线地域文化资源独特，长白山、敦化古渤海国、清朝皇室发祥地、靖宇红色旅游及朝鲜族民俗文化等得天独厚的地域文化交汇融合，建设中生态环保及人为资源保护问题突出。

节能节材特点。项目地处山区，建设里程长，建筑材料需求量大，运输成本高。公路沿线火山灰、硅藻土等地产材料资源丰富，隧道弃渣、尾矿等可利用废旧材料多，资源循环利用空间大，公路建设因地制

宜合理利用废旧材料需求大。

节能降耗特点。全线共设服务区 7 处、收费站 14 处、隧道 18 座，特大桥、大桥 93 座，照明、通风、采暖等能耗高，仅照明一项年耗电将达 1 000 万度以上，节能降耗需求突出。

鉴于项目面临的"抗冻耐久、生态环保、循环利用、低碳节能"建设需求，创新推动节约型、循环型公路建设和可持续性发展，在全国季冻区具有特殊的地位和示范意义。

3 项目策划与实施

针对鹤大高速公路区域地理环境，结合吉林省乃至全国季冻区公路建设的需求，经过反复调研、积极探索，本着"突出特色、体现优势、集成创新"的思路，最终确定了"季冻区高速公路抗冻耐久关键技术""资源节约循环利用建造绿色公路成套技术"和"季节性冰冻生态敏感区公路建设绿色环保关键技术"三大类兼具"创新性""实用性"和"可推广性"的特色技术。

3.1 季冻区高速公路抗冻耐久关键技术

3.1.1 应对极端气候变化的高速公路路基路面长期使用性能研究应用

由于气候和交通荷载的共同作用，季冻区高速公路一些路段过早的出现各种病害，为了分析路面产生病害的原因，研究并提出合理的路面结构形式，修筑了 10km 包含抗冻少裂、长寿命、柔性基层、组合式基层及半刚性基层 5 种典型路面结构，设置了 7 个监测断面，集路基路面力学响应、气象及轴载信息于一体，融合电阻、光纤及加速加载多种测试手段，建立首个季冻区高速公路沥青路面长期性能研究观测基地，以获取路基路面长期性能病害规律，为季冻区修筑长寿命路面结构及确定材料指标要求提供技术支持，见表 1。

典型路面结构设计方案 表1

主线原结构	方案一 抗冻少裂沥青路面	方案二 长寿命沥青路面	方案三 组合式基层沥青路面	方案四 柔性基层沥青路面
4cm SMA-13	4cm SMA-13	4cm SMA-13	4cm SMA-13	4cm SMA-13
6cm AC-20	12cm AC-25	6cm AC-20	6cm AC-20	6cm AC-20
8cm ATB-25	2cm 改性SMA-5	15cm ATB-30	8cm AC-25	8cm AC-25
34cm 水稳碎石	34cm 水稳碎石	30cm 水稳碎石	10cm ATB-25	15cm ATB-30
16~18cm 低剂量水泥稳定碎石	16~18cm 低剂量水泥稳定碎石	16cm 低剂量水泥稳定碎石	20cm 级配碎石	20cm 级配碎石 （骨架密实）
20cm 级配碎石	20cm 级配碎石	20cm 级配碎石	30cm 水稳碎石	20cm 级配碎石 （连续级配）
			20cm 天然砂砾（干燥 55MPa，潮湿 45MPa）	土基 120MPa
沥青层厚 18cm	沥青层厚 18cm	沥青层厚 25cm	沥青层厚 28cm	沥青层厚 33cm

3.1.2 结构混凝土抗冻耐久关键技术推广应用

鹤大全线特大桥 4 座、大桥 89 座、中桥 40 座、小桥 6 座、互通 15 座、分离式立交 23 座、通道桥 164 座，季冻区冻融循环、撒盐除冰对这些结构物混凝土的抗冻耐久性有严重的影响。项目在主线桥梁的护栏底座、墙式护栏、伸缩缝、设伸缩缝处盖梁采用抗冻水泥混凝土，通过对原材料控制、优化配合比设计、精细化施工等技术措施达到抗冻耐久的目的，除此之外，墙式护栏混凝土采用透水模板布，伸缩缝处盖梁混凝土采用硅烷浸渍进行抗冻设计。全线共推广抗冻混凝土 6.6 万 m^3，硅烷 13 万 m^2。抗冻混凝土实验见图1，抗冻等级要求见表2。

图 1　抗冻混凝土试验

抗冻水泥混凝土的抗冻等级要求　　　　　　表 2

冻融环境等级	设计基准期（年）		
	100	50	30
D1	F200	F150	F100
D2	F250	F200	F150
D3	F300	F250	F200
D4	F350	F300	F250
D5	F400	F350	F300
D6	F450	F400	F350
D7	F450	F450	F400

3.1.3　高寒山区隧道保温防冻技术推广应用

低温和水是隧道发生冻害的必要条件，项目采取综合治理原则和动态设计原则，对鹤大高速全线18 座隧道抗冻保温方案进行了优化，通过完善防排水系统、合理增设衬砌结构保温隔热层等技术措施，使隧道不产生冻胀，同时埋设监测设备进行保温效果监测，最终根据隧道不同断面的洞内温度及围岩赋水条件，提出季冻地区隧道抗冻设防等级及对应的冻害预防措施，建立了隧道保温层厚度、设置长度计算方法及优化设计原则，实现了隧道抗冻保温设计由经验法向理论法的转变。施工现场如图 2 所示。

$$Z_x = K_\lambda Z_0 \frac{t_x}{t}$$

式中：Z_x——隧道内距洞口 x 处围岩的冻结深度（m）；

$\quad\quad Z_0$——隧道所在地区大地标准冻深（m）；

$\quad\quad t_x$——隧道内距洞口 x 处最冷月平均气温（℃），根据隧道沿进深温度梯度推算，无资料时隧道中某点至洞口段温度梯度可按 0.1℃/10m 考虑；

$\quad\quad t$——隧道所在地区最冷月平均气温（℃）；

$\quad\quad K_\lambda$——与围岩的导热系数有关的冻结深度系数（土质密实、围岩类别越高，K_λ 越大）。

图 2　鹤大高速十道羊岔隧道施工现场

3.2 资源节约循环利用建造绿色公路成套技术

3.2.1 填料型火山灰改性沥青混合料技术推广应用

项目充分利用沿线储量丰富的火山灰,改善沥青路面使用性能,见表3。填料型火山灰改性剂的应用方式是等比例取代原设计沥青混合料中的矿粉,既起到填料的作用,同时又起到改性的作用。在沥青路面中,采用火山灰填料型改性剂改性沥青混合料,提高高温抗车辙性能50%、低温抗变形能力15%。项目的实施,示范了填料型火山灰沥青改性剂的产业化和规模化应用,如图3所示。

火山灰改性沥青混合料路用性能检测数据　　　　　　　　　　　　　　　表3

混合料类型	上面层 SMA-16	下面层 AC-25
动稳定度(次/mm)	>4 000	>3 000
浸水残留稳定度(%)	89.2	87.9
冻融劈裂强度比(%)	84.6	86.4
低温小梁弯曲试验(με)	4 218	4 042

图3　火山灰改性沥青混合料试验路铺筑

3.2.2 火山灰作为胶凝材料在大体积结构水泥混凝土中的推广应用

该项目采用火山灰掺合料替代部分水泥在保证混凝土强度的前提下,降低混凝土绝热温升,提高混凝土长期耐久性,还可以减少水泥用量,具有资源利用、经济环保等优点(表4)。应用于露水河互通匝道桥及旧鹤大线分离立交桥承台大体积水泥混凝土中,火山灰用量为21t,如图4所示。

C30混凝土施工配合比设计　　　　　　　　　　　　　　　表4

水胶比	每立方米材料用量(kg)				碎石			外加剂	7d强度(MPa)	28d强度(MPa)
	水泥	火山灰	水	砂	4.75~9.5	9.5~19	19~31.5			
0.43	323	57	163	780	108	646	323	3.8	29.2	47.6

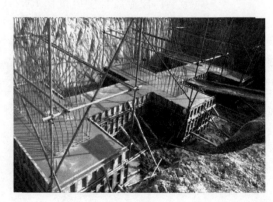

图4　火山灰大体积结构水泥混凝土施工现场

3.2.3 应对极端气候的橡胶粉SBS复合改性沥青成套技术研究与应用

积极探索废旧材料的循环利用,充分利用废旧轮胎,研究与应用应对极端气候的橡胶粉SBS复合改性沥青成套技术,沥青混合料的高温性能提高幅度可达50%,低温抗变形能力提高幅度达30%,冻断温度可达-36℃,可有效提高沥青路面应对极端高低温气候的能力,室内实验如图5所示。在鹤大高速公路主线沥青路面上、下面层中采用橡胶粉SBS复合改性沥青,应用里程为81km。

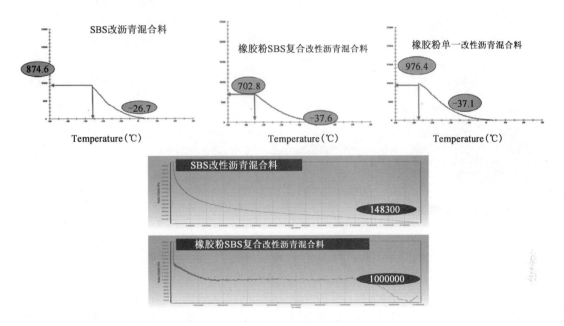

图5 橡胶粉改性混合料室内试验

为保证在鹤大高速工程上顺利应用,结合吉林省公路建设情况,先在伊开高速公路修筑了15.8km橡胶粉改性沥青试验路(图6)。上面层采用5cm SMA-16,下面层采用8cm AC-25。结合试验路的铺筑,提出橡胶粉改性沥青合理的原材料指标、沥青性能控制指标、生产工艺、储存工艺以及橡胶粉改性沥青混合料配合比优化设计控制要点和施工控制关键技术,并对橡胶粉改性沥青生产能力与施工需求的匹配性进行了验证。

图6 橡胶粉改性沥青试验路修筑

3.2.4 植物沥青混合料路用性能及关键技术研究与应用

项目采用经济性和环保性能优良的植物沥青对普通石油沥青进行掺配及改性,从而达到降低工程造价、减少环境污染的目的。直接掺加植物沥青可以降低施工及拌和温度及有害气体排放,还可以在一定程度上提高沥青混合料的高低温性能,通过物理及化学等手段对植物沥青进行改性后,显著提高了混合料水稳定性。为评价植物沥青的相容性、黏附性及抗动水冲刷性能,设计并开发了相关仪器及试验,使评价结果更为准确,如图7所示。

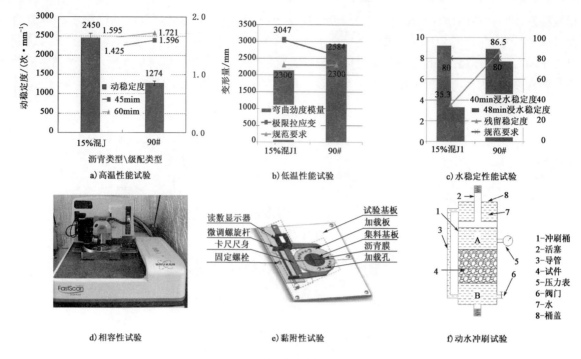

图7 植物沥青混合料室内试验

项目在鹤大高速公路小沟岭至抚松段(官地连接线)铺设试验路,试验路全长2.2km,改性混合植物沥青仅在下面层铺设时使用。结合试验路的铺筑情况,提出混合及改性植物沥青的性能控制指标、生产工艺、储存工艺以及混合及改性植物沥青混合料配合比优化设计控制要点和施工控制关键技术,对植物沥青混合料设计评价指标进行完善(图8)。

图8 植物沥青试验路相关技术指标及成果

3.2.5 油页岩沥青混合料路用性能及关键技术研究与应用

该项目从经济与环境协调、区域可持续发展的要求出发,开展油页岩灰渣在公路工程中的应用研究。项目在对省内外油页岩资源的加工工艺、灰渣的储量、应用和对周围环境的污染情况调研的基础上,选取代表性的油页岩灰渣样品开展试验研究,分析油页岩灰渣的工程特性,提出其在沥青混合料中的合理应用方式,明确其在沥青混合料中的合理掺量,研究油页岩灰渣沥青混合料的路用性能(表5)。项目将采用油页岩灰渣替代50%矿粉,应用于露水河连接线LK5+150～LK7+183段的下面层沥青混合料中,应用里程为2.033km。

油页岩灰渣化学成分试验结果　　表5

油页岩灰渣	状态	SiO₂(%)	Al₂O₃(%)	Fe₂O₃(%)	CaO(%)	MgO(%)	烧失量(%)
油厂渣	块	58.32	3.54	6.91	8.15	0.87	2.75
	粉	43.82	5.09	6.42	9.54	4.42	13.29
电厂渣	块	58.13	0.44	6.80	7.82	6.24	5.27
	粉	52.32	3.10	6.42	17.61	1.25	5.09

3.2.6　工程废料综合利用成套技术

建设过程中，全线18座隧道出渣量为671.1万 m³，弃置不用，预计占地超过250km²。此外，该路线石质挖方计划全部用于填方路基填筑，但开挖过程中也经常存在超粒径石料，若不能充分利用，会产生占地问题。

综合利用隧道弃渣生产生态砌块、加工成机制砂和填筑路基，利用率达到90%以上。强度高、景观效果好的生态砌块产品用于路基挖方路段的坡面防护和场区道路铺装，共应用97万 m²；机制砂用以代替天然河砂配制水泥混凝土，在6座桥梁下部结构的桥台、台身、搭板、耳墙中推广应用，应用机制砂混凝土819.46m³；依托吉林省地方标准《公路填石路基施工技术规范》，结合鹤大高速公路所经区域特点，在全线推广利用开挖石方和隧道弃渣进行路基填筑的关键技术，共计利用石方填筑路基1647.8万 m³。

3.2　季节性冰冻生态敏感区公路建设绿色环保关键技术

3.3.1　生态环境敏感脆弱地区湿地路基修筑关键技术研究应用

针对季冻区路基典型病害及长白山区山间湿地分布广的特点，在11km湿地路段采用隧道弃渣填筑上、下路床，CFG桩处理湿地路基，渗沟与波纹钢管涵组合结构保证水系连通等技术不仅提高了路基的冰冻稳定性，而且保护了湿地及路域范围内红松和白桦等植被。通过开展专项研究及示范工程实施及监测，提出了基于湿地保护的路基抗冻耐久修筑关键技术（图9）。

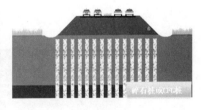

图9　路基处治施工

3.3.2　基于生态保护的植被恢复技术推广应用

为避免清表施工造成的环境破坏过大的问题，保留珍贵的植物资源和表土资源，路域原生植被分级保护技术在全线进行推广。全线共保护原生生境9.1万 m³，保留树木34.5万余棵，收集表土228.32万 m³，真正做到了高速公路建设过程中最大限度保护自然环境。

3.3.3　基于民俗文化与旅游服务的沿线设施景观融合技术应用

针对沿线的秀美自然风光、源远流长而又独具特色的关东文化，基于早期介入、多学科合作、同步设计的理念，本着提早调查、整体定位、分步实施的设计思路与原则，应用民俗文化及旅游服务与沿线设施景观融合技术,充分挖掘古渤海国、抚松人参、靖宇红色文化等特色,融入建筑与景观小品设计中,展现了"悠悠古驿道述吉林故事、通边达海路展高速新姿"的设计主题,提升了旅游服务品质与旅游价值,如图10所示。

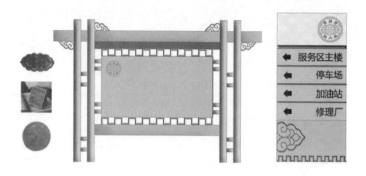

图10 景观融合设计

3.3.4 生态敏感区公路建设水环境保护技术

鹤大高速公路将要穿越雁鸣湖国家级自然保护区湿地、牡丹江支流沿岸、大蒲柴河镇附近的富尔河沿岸、沿江乡附近的二道松花江沿岸、露水河镇附近的二道松花江小支流沿岸、抚松县城二道松花江沿岸共6处成片分布的湿地,沿线其他路段尚有零星分布的小块湿地。通过对公路建设占用的天然湿地在路域内结合生态边沟、路桥面径流处理设施、互通区湿地景观等进行湿地补偿,可实现湿地生态系统补偿、路面径流的净化及危险化学品泄漏事故应急处理等功能。另外,在全线7处服务区推行多介质生物滤池与潮汐流人工湿地组合污水处理技术,利用低温反硝化菌群调控技术,解决了季冻区公路服务区冬季污水处理不达标的行业难题,同时运行成本仅为常规技术的1/4,管理养护简单,建设了我国季冻区首个服务区冬季污水处理稳定达标样板工程。

3.3.5 季冻区高速公路房建工程节能保温技术推广应用

将被动式技术理念引入寒区高速公路服务区建筑,在高速公路房建工程中采用多孔砖、空心砖、聚苯乙烯泡沫塑料板、内侧贴特制保温膜等进行墙体、屋面保温,采用塑钢窗、中空玻璃的节能门窗,采用企口对接、预制外窗台板等技术措施,调节房屋建设的保温散热功能,降低供暖及制冷需求,达到节约能源、减少能耗、提高能源利用效率的目的,最终实现了服务区野外独立建筑节能效果65%的目标(图11)。

 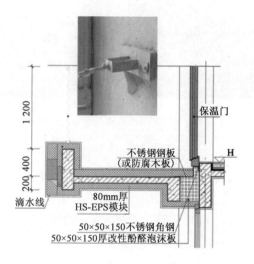

图11 建筑节能保温技术

3.3.6 基于环境感知的高速公路隧道及服务区照明节能与智慧控制技术研究应用

针对高速公路中隧道照明能耗巨大、运营开支居高不下的问题，采用LED照明灯具，以"安全第一、以人为本、按需照明、节能减排"为宗旨，对全线18座隧道，利用行为感知、环境感知和光电测控技术，以信息处理与融合为手段，通过定点照度测量和差分图像处理对隧道照度进行实时监测，设计并实现了一种"车进灯亮，车走灯暗"的隧道照明节能智慧控制系统，实现了隧道灯光照明的按需供给，在保证行车安全的前提下，可实现48%的节能。

4 管理保障措施

4.1 组建实施机构，明确工作职责

吉林省交通运输厅高度重视鹤大项目科技示范工程，成立了以常晓春厅长为组长的领导小组和办公室；项目实施单位高等级公路建设局成立了项目实施小组及办公室，全面贯彻执行厅领导小组的各项决定，负责科技示范工程项目的具体实施工作。此外，还成立了由吉林省交通科学研究所、交通运输部科学研究院、吉林省交通规划设计院组成的技术支持工作组，以及国内有关知名专家和技术人员组成的科技组、专家咨询组以及由吉林省交通宣传中心牵头的宣传组，为项目顺利实施提供技术支持和宣传舆论支持。

4.2 制订项目实施管理办法，努力提升建设管理水平

项目领导小组先后颁布了《长白山区鹤大高速公路科技示范工程实施管理办法》《长白山区鹤大高速公路科技示范工程科技项目管理办法》和《长白山区鹤大高速公路科技示范工程宣传工作管理办法》。办法和制度的制订加强了项目实施过程管理力度，使得实施方案的执行有章可循，保证了科技示范工程的顺利实施。

4.3 成立技术支持现场工作小组，为项目实施提供技术支持

成立了科技示范技术支持工作组，深入施工现场对示范项目的实施开展技术支持和技术标准的宣贯工作。在敦化市施工现场设立了科技示范现场办公室，一部分科研人员进驻现场，据统计，三年来到现场的科研人员达500多人次，及时对示范工程提供了技术支持。

4.4 加强项目实施过程管理，确保示范工程进度和质量

在项目实施过程中，定期召开调度会，监督检查项目执行情况，同时，聘请国内相关领域的知名专家学者，及时对项目进展过程中出现的问题提出指导意见。

加强对参与鹤大项目建设人员的专题培训，培训内容涉及绿色循环低碳设计理念、绿色循环低碳施工关键技术等专题，并通过笔试的方式检验培训效果，考核合格才能上岗。

为了更好地实施鹤大科技示范工程，多次聘请国内外专家到施工现场实地踏察、讨论示范内容，召开座谈会对科技示范的实施提出建议。

5 示范效果

科技示范工程以提高工程质量和服务水平为核心，落实国家"生态文明建设"和交通运输行业"绿色、循环、低碳"发展的要求，建设"技术先进、抗冻耐久、资源节约、生态环保"的现代化高速公路，确保实现路与自然环境的和谐、路与社会环境的和谐，实现建设过程的低碳节约、运营过程的节能高效。

鹤大高速公路科技示范工程，集中展示近十年来交通运输行业科技创新研究和技术攻关中所取得的各项新技术、新材料、新工艺、新装备，切实解决高速公路设计、建设、运营管理过程中的各种问题，促进交通运输行业技术进步和高速公路建设理念的创新，主要表现为三个方面：一是实现公路工程抗冻耐久，在公路设计、建设中体现"全寿命周期成本理念"，提高使用性能，延长使用寿命；二是实现资源节约、循环利用，通过地产筑路材料开发应用和废旧材料在公路工程中的综合利用，推进"资源节约型、环

境友好型社会"的建设;三是实现路与自然的和谐理念,使公路和长白山自然景观、人文环境相融合。

示范工程的实施对解决季冻区公路建设过程中的复杂工程问题,提升工程建设项目的科技含量和技术水平具有显著的示范和带动作用,主要体现在:

5.1 典型性

鹤大高速公路途经的长白山区是中国生态环境最原始、最自然的保护区之一,也是东北地区的水系发源地,丰富的自然资源和脆弱的生态环境是该区的典型特征。另外,长白山区季冻区气候特点鲜明,因此要求路基具有良好的稳定性与冰冻耐久性,路面兼顾高温稳定性和低温抗裂性,桥涵、隧道抗冻耐久,安全运营。同时,项目全线建设里程长,建筑材料需求量大,但项目地处的长白山自然保护区和林区,建筑材料受限,因此,因地制宜、就地取材,实现资源综合利用对于项目建设至关重要。而且,由于全线隧道、服务区、收费站较多,照明设施耗电量大,因此,建设运营中的低碳环保技术也是技术难题。

特殊的自然环境和气候条件,使鹤大高速公路建设面临"抗冻耐久、生态环保、循环利用、低碳节能"多重技术需求,工程实施在全国季冻区具有特殊的地位和典型的意义。

5.2 创新性

通过科技示范工程项目,推广应用成熟的技术成果,结合相关问题开展科技创新,解决公路建设过程中的复杂工程问题,提升工程建设项目的科技含量和技术水平,具有一定的创新性。结合季冻区特点,建立路基路面长期使用性能监测机制,提出极端气候环境下路基路面长期性能演化规律与典型路面结构;提出生态环境敏感脆弱地区湿地路基处治技术;提出隧道冻害分类分级标准及保温防冻技术;提出评价抗冻混凝土抗冻等级的快速检测方法;形成基于全寿命周期成本理念的季冻区高速公路建设关键技术。提出火山灰改性沥青混合料路用性能提高的关键技术,提出火山灰填料的规模化生产工艺、装备与产品标准,提出火山灰在大体积混凝土中应用的关键技术;深化硅藻土改性沥青应用技术;形成活性多孔隙地产材料成套综合利用技术。提出可提高抗裂性能的橡胶粉 SBS 复合改性沥青技术,提出植物沥青生产技术、工艺及其沥青混合料设计方法,提出油页岩灰渣评价指标及沥青混合料设计方法,实现工业和矿业废弃材料在公路工程中的循环利用。集成创新寒区公路边坡生态砌块及道面铺装成套工艺,深化弃渣、弃方巨粒土及尾矿渣、煤矸石有效利用技术,形成工程废料综合利用成套技术。提出基于生态补偿的湿地营造技术,提出寒区生物膜和生物滤床技术的生活污水再生利用技术,实现生态敏感区的环境保护。提出基于环境感知的隧道照明节能与智慧控制技术,深化恶劣条件下房建保温应用技术,形成高速公路低碳节能技术。

5.3 示范性

截至 2015 年底,吉林省高速公路已通车里程达到 2 629km,未来 10 年还将建设 3 000km 高速公路,形成"四射五纵三横二环十联络"的高速公路网。可见,吉林省未来一方面是大规模、持续性的高速公路建设,另一方面却是高速公路养护维修成本居高难下。目前正在规划建设的项目多位于东南部长白山区,项目建设环保要求高,且地产材料及废弃材料的利用空间大,需求急迫。鹤大高速公路示范项目的集成应用,对于吉林省未来公路建设具有良好的示范带动意义。

鹤大高速公路双示范工程的建设,还将对占全国 53.5% 的季冻区乃至全国部分省区高速公路建设质量和服务水平的提高起到示范作用。因地制宜充分利用地产材料以及对废渣材料进行无害化处理和综合利用技术,将为全国 12 个火山灰分布省份及 10 多个硅藻土分布省份绿色公路建设提供技术支持;开展的废旧轮胎橡胶粉与 SBS 复合改性沥青技术、植物沥青及油页岩沥青混合料、基于环境感知的隧道照明智慧控制等技术攻关,将为全国其他地区高速公路建设、设计、施工及运营阶段全面贯彻绿色、生态的理念提供借鉴;开展的生态环保技术、材料循环利用技术、绿色能源应用技术等,将实现技术集成创新,为推动行业和地方标准规范的制修订创造条件,示范意义重大。

5.4 引领性

鹤大高速公路"双示范"工程立足季冻区、长白山景观核心区、生态敏感区、民族地区等特点,围绕公路的规划设计、建设、施工管理等问题,应用全国交通行业多年科技创新技术,结合项目建设需求,开展公路工程抗冻耐久性建设技术和高寒生态敏感区公路建设生态环境保护技术、地产筑路材料及废弃材料综合利用技术等科技攻关与集成创新,打造行业科学发展的鲜活"标本",项目的实施意义并不仅限于对全省、季冻区及全国部分省区具有示范作用,依托项目发表的200余篇科技论文,撰写的4部专著,取得的9项专利,编制的1项行业标准及11项省地方标准及指南等对季冻区、生态敏感区、山岭重丘区绿色公路建设还将具有很好的引领作用,对全国交通行业技术进步具有重要的推动作用。

吉林交通人期待通过科技示范工程项目的实施,为以"三低三高(低能耗、低排放、低污染、高效能、高效率、高效益)""一耐久(抗冻耐久)"为特征的绿色基础设施体系的建设提供有效的技术支撑,为美丽中国和生态文明建设提供支撑保障。

参 考 文 献

[1] 长白山区鹤大高速公路资源节约循环利用科技示范工程有关文件。

新理念在山区高速公路勘察设计中的应用
——鹤大高速敦化至通化段总体设计

焦明伟　胡雪峰　胡国海　刘文涛　张立敏

（吉林省交通规划设计院　吉林　长春　130021）

摘　要：鹤大高速公路敦化至通化段穿越长白山区，沿线自然环境优美。本着打造"特色路、精品路"的总体设计思想，变设计为创作。设计中以建设"安全路、环保路、景观路和创新路"为主题，坚持以人为本、生态环保、抗冻耐久的设计理念，树立精品意识，加强总体设计，注重设计创新，努力将山区高速公路建设成和谐自然的"生态景观大通道"。

关键词：山区高速公路　安全　生态　环保　景观　创新　耐久　新理念

1　项目概况

1.1　项目情况

鹤岗至大连高速公路是国家高速公路网9条南北纵线中的第一纵（G11），是《吉林省高速公路网规划》中的第一纵，同时也是吉林省和黑龙江省东部地区进关出海的便捷通道。作为本项目的重要组成路段，小沟岭至抚松和靖宇至通化段于2013年开工建设，将于2016年底建成通车，项目的建设对于完善吉林省东南部路网结构、改善交通环境、拉动沿线经济发展具有十分重要的意义。

项目位于吉林省的中东部地区，路线起于黑吉界，主要经雁鸣湖镇、敦化市、大蒲柴河镇、露水河镇、万良镇、抚松县、江源区、白山市、通化市及通化县。

项目是吉林省"十二五"建设项目中地形最复杂、桥隧比最高、工程造价最高的高速公路，被列为2013年交通运输部科技示范工程。本项目途径的长白山区是中国生态环境最原始、最自然的保护区之一，也是吉林省乃至东北地区的水系发源地，丰富的生物资源、多彩的自然景观和脆弱的生态环境是该区的典型特征。

1.2　设计标准及工程规模

项目全线按双向四车道高速公路标准设计，设计行车速度80km/h，整体式路基宽度24.5m，分离式路基宽度12.25m。

小沟岭至抚松段路线总长232.264km。共设置特大桥2 747m/2座，大桥26 183m/59座，隧道15 112m/9座，互通立交12处，服务区4处。

靖宇至通化段全线总长107.314km。共设置特大桥2 712m/2座，大桥9 062.5m/30座，隧道15 916m/9座，互通立交3处，服务区2处。

1.3　项目建设条件及特点

1.3.1　地形特点

项目地处吉林省东部敦化市、抚松县、白山市及通化境内，路线整体呈南北走向。

沿线地貌形态可分为中山、低山、高丘、低丘、台地、平原、盆谷等7个明显类型，25个种类。台地、河谷平原成片分布于路线起终点段，山地则集中分布于中段，丘陵散布于山地与台地的过渡地段，沼泽地貌分布于山间谷地及阶地上。项目所经地区沟谷发育，路线多在沟谷中展布，河谷及台地多为旱田及水田，山地多为天然次生林及人工林。

1.3.2 气候特点

路线经过地区属中温带大陆性季风气候区,四季变化明显。秋末、冬初路面经常出现雨后结冰,影响行车安全;冬季漫长而寒冷。极端最高气温 36.1℃,极端最低气温 -41.9℃,年平均降雪量 320 ~ 720mm,最大积雪厚度 46cm,最大冻结深度 1.84m,涎流冰、冻冰、积雪(风吹雪)、冻胀和翻浆为公路主要病害。

1.3.3 生态环境特点

(1)项目所经毗邻长白山自然保护区,同时涉及国家自然保护区——松花江三湖保护区、雁鸣湖保护区;省级自然保护区——靖宇省级自然保护区、吉林靖宇火山矿泉群国家地质公园;2处水源保护区——敦化第一生活饮用水水源准保护区和通化市饮用水水源保护区。松花江三湖保护区野生动植物资源较为丰富。雁鸣湖自然保护区属"内陆湿地和水域生态系统类型"的自然保护区。靖宇自然保护区是湿地、水域和野生动植物资源的保护区,靖宇火山矿泉群国家地质公园以气势宏伟的现代龙岗火山群、千姿百态的矿泉群和茫茫林海的原始生态风韵而著称。

(2)项目经过区域野生动物的活动范围被缩小,森林植被边界也大大退后,区内的野生动植物资源相对很少。由于近些年来的环境保护政策,野生动植物的种类和数量得到了一定恢复。林区内主要有野猪、狍子、环颈雉、花尾榛鸡、东北兔、松鼠、青鼬等,数量明显增加。

(3)沿线植物主要为针阔叶混交林,包括红松、落叶松等针叶树种和胡桃楸、黄檗、水曲柳、白桦、山杨、春榆、青楷槭等阔叶树种。其中红松、水曲柳和黄檗为国家二类保护植物,项目区内红松和水曲柳较常见。

(4)路线跨越的主要水系为牡丹江水系、浑江水系和第二松花江水系,富尔河、头道松花江、二道松花江、头道花园河、哈泥河及支流为Ⅱ类敏感水体。

2 总体设计定位

高速公路设计的总体思想及理念随着时代的发展而发生着变化,高速公路不仅要满足交通运输的功能,还要从安全、生态、自然、和谐等多方面进行考虑,坚持尊重自然、以人为本的设计原则,真正实现公路建设的可持续发展。这同时也要求勘察设计者要不断提升设计理念,在设计中把握好总体设计,注重细节设计,变设计制作为设计创作。

鹤大高速勘察设计以"安全路、快捷路、环保路、生态路、景观路"为主题,以交通部"六个坚持、六个树立"的公路勘察设计新理念和典型示范工程要点为指导,本着打造"特色路、精品路"的总体思想,力争将本项目建设成为吉林省东部"生态景观大通道"。

针对以上设计定位,结合本工程,在各专业上主要采取了以下设计思想和措施:

(1)对路线进行多方案比选,确保工程方案最优,路线遵从"适应地形,顺势而行"的原则,避免高填深挖。根据不同的地形条件,灵活地运用技术指标,灵活采用路基断面形式。

(2)以运行速度理论为指导,对平纵线形进行运行速度检验。对长大陡纵坡路段进行多种工程方案比选,采取工程及安全措施确保行车安全。

(3)将破坏降到最低,将恢复做到最好。采取有效措施,美化环境,融入自然。横断面等几何形状以曲线为主,边坡坡率能缓则缓,采用贴切自然的缓边坡及圆滑坡面,利于恢复植被,掩盖施工痕迹。

(4)对高路堤和深路堑,尽量采用桥梁和隧道方案,通过半山桥、顺山桥、顺河桥、棚洞的设置,减少占地及对环境破坏。

(5)综合考虑建设、养护、维修成本,采用长寿命路面结构形式。

(6)在桥涵构造物结构形式选择上,注意与环境相协调,充分考虑美学效果,对适合修建大跨径桥梁的路段,选择景观效果好、跨径大的桥梁结构形式。

(7)根据地形地质情况,隧道按"早进晚出"的原则,选择合理的洞口形式,并尽量减少洞口段开挖,营造"悄悄进洞"的效果。

(8)交通工程及沿线设施的设置既要保证道路运营初期的基本服务水平,又要保证交通远景发展需要,从实际出发,采取分期实施方案,减少初期工程投资。

(9)将服务区、观景台位置的选择与沿线自然环境、风景区、人文景观以及山水结合起来。在满足功能的前提下,采用灵活多样化的布置方式。

(10)注重环保绿化设计,注重对水环境、动植物生态系统的保护。在排水及防护上优先采用接近自然的方式和植物防护形式,尽量不采用生硬的棱角和生硬的圬工防护形式,将人工痕迹降至最低。

(11)注重景观设计,体现公路与当地旅游资源、风土人情、地域文化的融合;注重公路沿线文化底蕴的挖掘;重视对沿线自然景观的保护。

3 工程设计特点及亮点

3.1 路线设计

路线方案布设首先考虑的是环保因素,根据不同的地形条件,灵活地运用技术指标,不片面地追求高指标。项目采用的主要技术指标见表1。

路线技术指标表   表1

指标名称	单位	规范值	采用值
设计速度	km/h	80	80
路基宽度	m	24.5	24.5
路线增长系数			1.166
平均每公里交点数	个		0.448
一般最小平曲线半径	m	400	600
平曲线占路线总长	%		72.75
最大纵坡	%	5	4
平均每公里变坡数			1.191
竖曲线占路线总长	%		48.84
最小凸形竖曲线	m	4 500	7 000
最小凹形竖曲线	m	3 000	7 000
最短坡长	m	250	400

1)地形选线、随山就势

实例1:路线在绕越山梁与山岗时,采用与地形相适应的路线线形,与环境相协调。大山林场段路线需绕过一山梁,设计中没有片面地追求高指标,采用了与地形相适应的半径为1 250m的平曲线。同样路线在红石乡前绕越一山岗,也采用同样的处理方式(图1)。

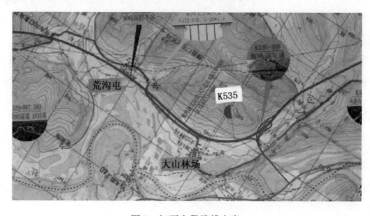

图1 红石乡段路线方案

实例2：路线沿沟谷布设时，尽量沿两侧的山坡坡脚及较缓的台地布设，一方面利用坡脚荒地，减少对良田的占用，另一方面，沿沟布设，采用与沟谷地形相协调的线形，使公路整体线形与地形及环境相融合。路线在四道荒沟内基本沿一侧坡脚展布，采用与地形适应的平面线形，公路与地形实现了很好的结合，形成了一道和谐的景观（图2）。

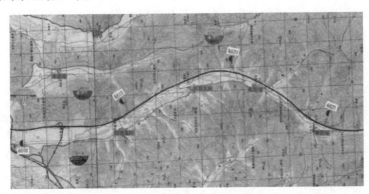

图2　四道荒沟段路线方案

2）靠山不挖山

路线沿山脚布设时在遵从顺势布设的前提下，对于较陡的山坡，遵循"靠山不挖山"的原则，但对于平缓突出的山梁，考虑取土进行开挖，并做好绿化。

实例1：一路段路线原在东升河道中布设，现场核实路侧山体较陡，部分段落呈现直立状态，且还出现部分碎落。设计中保证路基距不稳定山体达7m以上的安全距离，并对不稳定山体采取一定的工程措施。

实例2：对于沟谷狭窄、河流弯曲、横坡陡峻的地形条件复杂路段，依据地形特点灵活采用半山桥、顺山桥、顺河桥取代路基。如驼道沟沿河及靠山段采用了顺山及顺河桥。

3）减少高填深挖

高架桥与高路堤、隧道与路堑的选择一直是山区高速公路路线方案的关键问题，本路段此问题也同样突出。

结合路段的实际特点，纵向地形变化较大，增设桥梁可以显著降低路基填高，因此对于填方大于12m的路基均考虑采用高架桥方案。路基的填筑高度同时也考虑土方平衡的问题，如在隧道口存在大量弃方的情况下，路段也适当加大了路基填筑高度。

路线一般在越岭段存在深挖方，本路段的设计原则是：严格控制路线纵坡和平均纵坡，采用较高的纵面指标，同时对于深挖路段控制挖方深度，如两者难以协调，则考虑采用隧道方案，如二者存在共生性，则对深路堑及隧道方案进行同等深度比较，在造价增大不多及挖方深度略高的情况下，优先采用隧道方案。

实例：路线在小沟路段采用隧道和挖方方案进行比较，推荐采用了隧道方案（图3）。

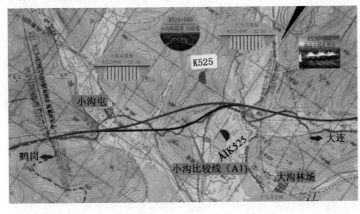

图3　小沟段路线方案比选

4) 低路堤方案

本项目局部为河谷平原和平坦的台地，村屯分布密集，路基尽量减小填土高度，采用低矮路堤方案，可有效节约占地，改善道路景观效果，减少高速公路对附近农田的不利影响，还可减少土石方开挖、运输及碾压环节的能源消耗，同时也减少了取土对沿线生态环境的破坏。

实例：路线在官地段及四人班敦化西段均采用了低路堤方案。但在低路堤设计中要重视路床的处理，重点是路基弯沉和排水问题，要保证施工期及运营期的路基稳定。

3.2 路基、路面设计

3.2.1 路基设计

路基工程设计在交通运输部"安全、环保、舒适、和谐"新理念的基础上，遵循因地制宜、就地取材、以防为主、防治结合、安全经济、造型美观、顺应自然、与环境景观相协调的设计思想，结合本项目实际情况，确定路基设计坚持"安全耐久、经济适用，自然和谐"基本原则，重视资源利用、节能减排、绿色环保。

1) 路基横断面

路基边坡折线处进行圆弧化倒角处理，从上到下形成流线型，使道路与周围的环境更好地融合。

低填浅挖段，放缓边坡改善路容，浅挖方处采用人工路堤形式。

2) 排水沟

根据沟长、汇水面积等确定排水构造物的尺寸。为更好体现防护绿化的综合功效，全线边沟多采用无圬工防护的土质浅碟式沟，并植草防护绿化。冲刷严重路段，沟底可铺碎、砾石等处理。

路线经过水源保护区及Ⅱ类水体路段，设置沉淀池或建造人工湿地。

3) 挖方路基

挖方边坡直接呈现在驾乘人员眼前，边坡处理的好坏对驾乘人员的愉悦感起着至关重要的作用。挖方边坡的设计不仅要从形式、稳定方面考虑，更多地要从与周围自然景观相协调的角度出发。在稳定前提下尽可能不采用生硬的圬工防护。

本项目挖方段高度最高达27m，实际工程地质情况较复杂，因此在边坡设计中采用了信息化动态设计方法。

(1) 对于土质挖方边坡，一般高度较小，设计中采用较缓的路基边坡，为坡面植物防护创造有利条件。绿化采用植草或草灌结合形式。

(2) 对于挖方小于8m的土石边坡其处理方式与土质边坡处理方式基本相同，此类边坡主要是解决坡面覆土绿化问题，主要措施是采用土工格室进行固土及绿化。二级及二级以上的土石边坡，设计按台阶式边坡处理，6m为一级，设置宽度2m的平台。

(3) 对于易于碎落岩石边坡，设置主动防护网进行防护，尽量不采用圬工防护。弱风化岩质边坡，尽量裸露，设计坡率采用1:0.5~1:0.75。在实际施工中，保留岩石节理开挖时自然形成的参差台阶，显得错落有致且近于自然，台阶可以存土，利于植物生长。坡面开挖方式见图4。

(4) 由于本路段路线缺方较多，因此在设计也采用了路基挖方段加宽取土的方式。具体需要结合地形情况，采用不同的方式，原则是加宽取土后，使挖方边坡更稳定、自然，与环境融合性更好。

实例：K602段（长度300m，最大挖深26.9m）缺方严重，因此此段考虑加宽进行取土，同时利用加宽实现了安全的路侧净区。对加宽的路基边坡进行了适当的放缓，后期进行景观绿化，可极大地改善路堑景观效果（图4）。

4) 隧道洞渣处理

对于隧道出渣除利用其填筑路基外，还可根据出渣石质等情况进行加工利用。不能利用的需进行合理处理。

(1) 石质坚硬完整的隧道出渣可通过筛选、破碎、筛分等加工实现资源再利用。加工后的弃渣可用于填筑路基、路面底基层及基层，也可用于挡墙、生态砌块等附属工程混凝土构件中，弃渣利用节省了大量土地资源和石料资源,具有巨大的经济效益和环境效益。

(2)不能利用的弃渣考虑填充于分幅路基两幅之间和互通区,填充于路基边缘沟内形成人工平台,通过地形整治及绿化,使路容更加自然、美观,将隧道弃渣变废为宝(图5)。

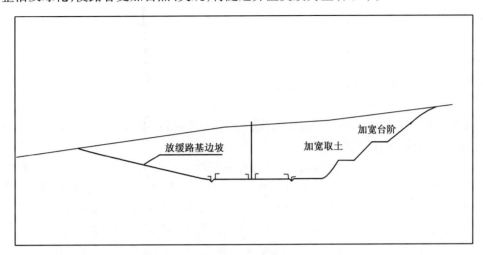

图4 挖方断面图

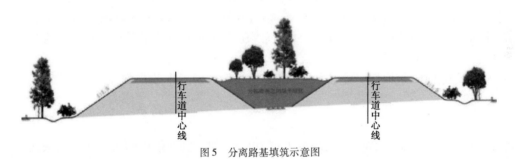

图5 分离路基填筑示意图

5)尾矿渣利用

本项目白山市分布着较多采矿场,其大量废弃的尾矿渣占用了宝贵的土地资源,而且对周边环境带来不利影响。将尾矿渣用于高速公路路基填筑,既消化了大量尾矿也减少了线外取土对环境的破坏,充分体现了资源节约、循环利用的思想。

3.2.2 路面设计

路面设计本着因地制宜、合理选材、降低造价、便于施工、养护的原则,同时针对目前国内重载交通日益增长的特点和路面各种早期损坏病害,按功能合理设置了路面结构层,保证了路面在使用寿命内的功能,降低了高速公路的全寿命成本。

(1)路面结构形式:4cm改性SMA-13表面层+6cm改性AC-20下面层+8cmATB-25柔性基层+32cm水泥稳定碎石基层+18cm水泥稳定碎石底基层。采用ATB复合基层改善了其受力状态,充分发挥了路面材料的综合性能,提高了路面结构的整体稳定性、抗车辙性能和抗滑性能,减少了反射裂缝,且低温抗裂性能和抗水损害能力也相对较好,从而提高了路面的耐久性。

(2)为了提高隧道内路面抗滑性能,同时保证路面具有足够的强度,隧道内路面全部采用复合式路面。沥青面层掺加阻燃剂,同时对于隧道长度大于1 000m的沥青面层采用温拌沥青混合料。

(3)结合长寿命路面的设计理念优化路面结构设计,降低路面的早期损害,加大路面的抗滑设计,采用橡胶粉改性沥青。橡胶粉改性沥青路面技术大量循环利用废旧汽车轮胎,有效解决了废旧轮胎堆积占地和焚烧导致的环境污染问题,提高了沥青路面高温稳定性和低温抗裂性,具有非常好的性价比。

3.3 桥涵设计

桥涵设计以技术先进、安全可靠、适用耐久、经济合理、标准化、系列化、方便施工和有利于环保为原则,并适当考虑美观、因地制宜、就地取材、便于施工和养护等因素。

3.3.1 桥涵结构设计

桥涵结构设计重点是桥梁结构形式选择和孔跨布置。

(1)为减少占地,减少水土流失,适当考虑道路效果,对于主线填高超过12m及互通区(特别是枢纽互通)超过8m的路段均采用了桥梁方案。

(2)根据桥梁高度、地形情况确定采用与环境及地形相协调的桥梁布置形式,并对不同的桥梁结构形式进行经济、技术及景观效果比较,综合考虑各种因素确定桥梁孔径及布置,不单纯地以经济因素决定桥梁方案。如通过对20m和25m预应力混凝土简支转连续箱梁,25m和30m简支转连续箱梁,30m预应力简支转连续箱梁和40m预应力混凝土简支转连续T梁,结合不同的桥梁进行比较,选择与环境更协调,技术指标更合理的桥梁结构形式。

(3)大、中桥一般采用柱式墩肋板式台,钻孔灌注桩基础和扩大基础;小桥采用轻型薄壁台。为减少对环境的破坏,对于挖深超过4m的基础均采用了钻孔灌注桩基础。由于山区桥梁较高,因此不可避免会有大量的高墩(一般大于40m),以往一般采用空心薄壁墩,虽然节省混凝土,但施工非常复杂,因此从受力、施工方便及景观效果上考虑,本项目采用单柱圆形、矩形墩,上设预应力盖梁,造型简洁美观。

对地面横坡很陡的半山桥及顺山桥,桥梁基础施工难度很大,为保护环境,确保桥墩稳定,基础形式均采用钻孔(挖孔)灌注桩,不采用开挖面较大的扩大基础,同时一般采用独柱墩,方便施工。如采用双柱墩,也将桥墩横系梁设置在地面以上或不设横系梁,避免施工系梁时对基础的大面积开挖。

(4)由于山区纵向地形变化较大,桥台处地形较陡,因此从景观效果及桥台稳定上考虑,将桥台深入了挖方段内。

(5)在设计及施工中,采取切实措施尽量保留了高架桥下的树木及花草,使桥梁结构真正与自然相融合。

3.3.2 桥涵耐久性设计

本项目地处东北严寒地区,结构所处环境类别为Ⅱ类,即反复冻融引起混凝土冻融腐蚀环境,冬季使用大量的除冰盐。环境作用考虑对钢筋混凝土、预应力混凝土结构侵蚀的程度为D和E级,即中度作用影响,环境作用等级属严寒地区,即环境作用等级为Ⅱ-D(E)级。桥梁设计基准期为100年。

为提高混凝土的耐久性,主要采取了以下措施:

(1)要求所有混凝土强度等级不低于C30,春、秋直接受水冻融影响的桥墩下部混凝土强度不低于C40。

(2)针对护栏底座、混凝土防撞护栏、伸缩及连续装置预留槽混凝土进行专门耐久性设计,采用防腐蚀混凝土。

(3)加大混凝土保护层厚度。

(4)为减小裂缝,上部结构尽量采用预应力混凝土结构。

(5)加强桥面防水设计。

3.4 隧道设计

本项目的隧道设计以"安全、环保、舒适、和谐"为指导思想。采取有效方法和措施,改善行车视觉环境,同时加强隧道景观设计和防寒抗冻设计。

3.4.1 隧道形式选择

隧道均采用分离式断面,设计中尽量减小两幅隧道的间距,隧道净距一般控制为25～40m,尤其是洞口段,减小间距可以减少占地。对于短隧道,如贤儒、大安屯隧道,则采用小净距隧道,尽最大可能保护自然环境。

3.4.2 洞口设计

洞口设计遵从"早进晚出"的理念,仰坡"零开挖"的思想,力求做到洞门造型简洁、体量小、隐蔽、不突兀。针对隧道及环境的特点,结合设计理念,把隧道洞口景观设计为生态型洞门和隐蔽型洞门,并优先选用对环境破坏小的削竹式洞门。隧道洞门上方进行地表回填处理,使其与原地面平顺衔接,并按周围植被情况采用相同的树种进行植物绿化,减少人工痕迹。两幅隧道之间的土体尽量保留,这样既减少工程量,且有利于洞门边仰坡稳定,同时也减少对环境的破坏,最大限度地恢复原貌。

3.4.3 防寒、防火设计

目前隧道的内装饰向着兼顾装饰与功能一体化的趋势发展,由于我省处于寒冷地区,对隧道内的防寒保温也提出了新的要求,由于冬季温度较低,隧道衬砌后排水系统大多被冻结,这是寒区隧道发生冻害的根本原因之一。根据对省内多条隧道的调查,隧道内的渗漏水也随着冻融循环而逐渐加剧。目前国内寒区隧道抗防冻措施主要为设置保温隔热层,使整个冬季隧道衬砌后都处于正温状态,避免冻害的产生。

本次设计考虑防火、保温、装饰相结合,结合隧道水文特点在隧道衬砌内表面敷设厚度50mm的硬质聚氨酯板,在硬质聚氨酯板表面设置一层10mm厚的隧道专用防火板。外层的隧道专用防火板具有良好的耐火性,保证在有火势的情况下,可阻止火焰热量,有效降低隧道温度。

3.5 路线交叉

路线交叉设计以方便沿线居民的生产及生活为原则;交叉构造物的孔径及净空充分考虑被交路的发展及规划,并进行了预留;充分考虑地形、地质及周围环境条件确定上跨或下穿方式;对被交叉公路的改造尽量做到直捷、顺适,避免大的弯曲、大的起伏;注意同周围景观的协调配合,满足视距、视野的要求,并适当照顾美观。

3.5.1 互通立交

(1)互通立交接被交路均采用渠化平面交叉,由分隔岛、导流岛来指定各向车流行径。

(2)互通变速车道长度按运行速度确定。根据主线运行速度计算结果,互通变速车道长度均按照主线设计车速100km/h选取。单向单车道及单车道出入口的单向双车道匝道减速车道采用直接式,长度不小于125m,渐变段长90m;加速车道采用平行式,长度不小于200m,渐变段80m。

(3)互通的布设适应当地经济发展规划、城镇规划、交通条件及自然条件,同时考虑一定的超前性,使本项工程的交通功能完善,投资和运营效益高。

本项目互通设计时,充分考虑未来鹤大高速公路的加宽改造,互通跨线桥均按照主线8车道进行了预留,环形匝道最小平曲线半径采用60m,有效降低了后期加宽改造时的工程规模。

(4)满足使用功能的同时,注重立交造型,线形尽量流畅,注重互通式立交平、纵面方案设计,使之线形流畅、简捷,造型美观、大方。

对于枢纽互通布局时考虑其形式、布局的美观性,尽量避免匝道间的过多缠绕,以使交通路线清晰,各项指标符合规范要求的前提下,尽量采用较高指标。项目设置唐家店互通,为本项目与珲乌高速公路(G12)相交叉的枢纽互通,互通形式采用混合型(图6)。

(5)一般互通设计时,不拘泥于单喇叭一种形式,通过多方案布设,使互通充分结合地形,减少工程对自然环境的影响。雁鸣湖互通区路线沿坡脚布设,路线西侧为山坡,东侧为山谷,地形起伏较大,山坡坡度较陡,山谷中间有河流穿过,互通设置主要受地形条件制约,如果采用单喇叭,环形匝道对山体开挖较深,对环境破坏较大。所以设计时,采用半直连式T形互通,工程规模虽然略有增加,但避免了开挖山体,互通区与自然环境协调性增加。

3.5.2 通道、分离、天桥

(1)确定立交桥型和跨径时考虑了被交路的规划、发展以及沿线群众的生产生活需要。上跨现有二级公路主线,桥孔径均按二级路将来改造为一级公路进行预留。对三、四级公路及以后可改造为二级公路的县乡公路净高均按5.0m预留。对村屯进出唯一道路净高均按4.5m预留。对跨越主线的上跨桥,桥梁孔径有条件的均按8车道进行了预留。

(2)立交桥型充分考虑了行车视距、美观及经济适用要求,注意同周围景观的协调配合,满足视距、视野的要求,并适当照顾美观。根据不同的地形地质条件,结合填挖方高度,采用3孔或4孔连续梁,挖深较大的采用斜腿刚构或上承式拱桥,特殊景观地段采用系杆拱桥小型斜拉桥。

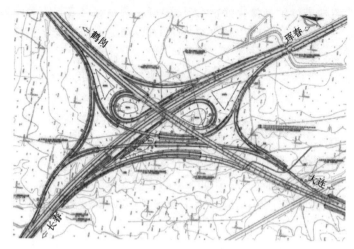

图6　唐家店互通平面图

(3)各类通道的桥下最小净宽不小于6m。村屯附近的通道考虑了消防车辆通行的要求,桥下最小净宽不小于8m,最小净高不小于4.5m。其他汽车通道最小净高不小于3.5m,拖拉机通道最小净高不小于2.7m,有条件的尽量不小于3.2m,人行通道桥下最小净空不应小于4m×2.2m(图7)。

3.6　服务区、停车区设计

服务设施主要服务于行驶车辆和驾乘人员,合理地选择其位置和形式,关系到路线的运营效果和经济效益。设计重点是根据交通量、交通组成、自然环境、用地条件等因素确定服务区、停车区的建设规模;结合路网规划,相邻高速公路服务设施所提供的服务项目、内容及沿线人文、自然景观确定服务区、停车区的位置。

(1)雁鸣湖服务区将观景台与服务区合设。雁鸣湖服务区毗邻雁鸣湖自然保护区,利用地形设置观景台,站在观景台上可以欣赏雁鸣湖美丽的湖光山色(图8)。

图7　天桥效果图　　　　　　　　图8　雁鸣湖服务区

(2)敦化南服务区。本段路线沿四道荒沟东侧布设,路线东侧为山坡,地势较高,西侧为溪水,地势低洼,结合地形条件,敦化南服务区依山傍水设置。受地形限制,服务区采用不规则场区非对称布置形式。

(3)服务区、停车区的贯通车道改变以往设计习惯,将贯通车道外移,和车行通道连接道相接,通道的进出口按照城市地下停车场的坡道方式进行设计,在主线和贯通车道之间布置停车位。

3.7　机电工程

参照国内外有关标准、规范和技术建议的规定精心设计,吸收国内外已建成高速公路的经验、教训,并符合吉林省的相关规定、总体规划。在深入调研的基础上,积极采用新技术、新工艺、新方案、新设备,尽可能采用具有国内先进水平的技术和设备。

(1)管理机构优化:根据省高管局新下发的管理体制调整意见,优化管理机构的设置方案及规模。收费采用站级监控为主;在管理处内设置隧道监控所,同址合建,减少占地,节省投资。

(2)供配电照明:

①优化方案,选用节能灯具、贯彻低碳环保理念;全线广场照明采用节能灯具 LED 灯;全线隧道照明采用节能灯具 LED 灯和无极灯。

②全线设置综合电力监控系统。利用成熟的计算机、通信网络和自动控制技术,实现全线电力系统和设备实施监控,监测系统运行状况和设备运行状况(如断路器通、断、故障等)。

③隧道全线设置了 LED 诱导灯系统,布置于隧道两侧电缆沟上方,可以有效地标示出隧道线形,为驾驶员起到良好的诱导作用。进一步提高交通诱导能力和服务质量。

(3)监控方面:

①针对隧道正常运行、交通控制、通风控制、照明控制、火灾应急联动控制等不同状况,制定了相应的控制预案。提升隧道日常运营管理水平,提高防灾减灾的处理能力,降低事故损失。

②隧道固定摄像机视频传输,采用临近的固定摄像机三路汇集到一点,减少视频传输设备的使用数量,同时节省建设成本,降低造价,性价比高,方案更优。

③增加交通事件检测功能,采用视频事件分析仪设备,对隧道内的监控视频图像进行分析处理,能够进行隧道的交通参数、各种交通事件和事故的自动检测,并且能够自动报警和录像存储。

(4)通信方面:

①通信系统设计参照吉林省联网收费的要求进行,同时根据目前吉林省的路网规划,综合考虑了本路与相关道路的联系。

②光缆工程采用分缆的方式,即通信、收费系统传输占用一条光缆,监控数据和图像传输按需分段敷设一条光缆。

(5)新技术、新设备采用:

①容错服务器;②IP-SAN 磁盘阵列;③高清摄像机;④微波车辆检测器;⑤太阳能风能风光互补供电设备。

3.8 房建设计

遵循国家有关基本建设的方针、政策、标准和规范,充分满足各项功能要求,分区明确、交通组织(车流、人流)安全通畅便捷、管理方便、环境优美,创造出体现时代感、地方特色与环境相协调的具有交通建筑气息的建筑群体,服务并美化高速公路。

(1)房建设施部分的主体建筑在平面上充分考虑了使用功能的合理性,辅助建筑与主体建筑主次分明,立面处理上力求新颖、明快,总体造型和谐、统一,注意多视角的立面处理。

(2)项目地处寒冷地区,冬季寒冷漫长,采暖期长达 7 个月,冬季供暖要消耗大量的煤炭资源,而且对空气污染较严重。本次设计积极采用地源热泵供热和空调的新技术,有效节约冬季采暖能耗,减少二氧化碳排放,减少大气污染,努力做到低碳节能、绿色环保。

(3)服务区对外提供停车、休息、餐饮、超市、公厕、住宿、修理、加油等服务。加油站布置在出口一侧,避免使用加油站的车辆多时车辆排队,影响主线上的车辆行驶。为人员服务的餐饮、超市、休息、公厕一字形排开,便于人员的使用。汽修间置于入口一侧方便使用。

(4)管理处收费站及养护工作区:整个场区分为 2 个各自独立的区域,分别由 3 个不同的职能机构使用。

①管理处及收费站区域内,有管理处办公楼、收费站办公楼。

②养护区域内,有养护区办公楼及车库、管理处综合用房。整个场区的布置简洁明了,各建筑物之间布局紧凑。收费站与综合用房(内含柴油发电机房)紧凑并排布置,减少管线长度,收费雨棚与收费站房垂直布置,便于站房工作人员对收费广场的观察。

3.9 环境保护与景观设计

3.9.1 定位及原则

本项目是全国高速网中最东边的一条南北向高速公路,穿越长白山腹地,途经很多自然保护区和水源保护区,地形起伏,景色优美,坚持保护优先、自然恢复为主的方针。设计目标是打造一条长白山腹地,集生态、环保、旅游、观光为一体的"风景道"(Scenic Byway)。同时遵循下述原则:

(1)尊重自然,保护优先:最大限度地保护植物、动物、水、土地、景观资源,避免传统公路建设中"先破坏,后恢复"的现象。

(2)借景为主,优化景观:以自然风光为背景,借山之雄壮、水之旷美以形成山水相依的沿途景观,从而达到"近水远山虽非我有,而若为我备"的境地。同时,对公路景观欠佳的路段通过植被绿化丰富景观。

(3)节约资源,综合利用:巧妙利用公路占地内的土地、水、植物等资源,合理利用公路建设中产生的表土、植物、弃方等资源,尽可能变废为宝,循环利用,节约资源。

(4)系统规划,全面设计:对全线景观进行系统规划,对路内景观和路外景观全面设计,以动态景观为主,静态景观为辅,抓住重点、突破难点、呈现亮点。

(5)以人为本,安全第一:全面把握公路使用者的视觉感受和行车心理,通过合理的植物配置和柔化遮挡作用,优化公路行车环境,增强行车的舒适性,营造安全、高效的交通环境。

(6)体现和谐,公众满意:充分尊重沿线居民的权利,避免干扰居民正常的生活环境;努力降低构造物的生硬感和突兀感,营造和谐的公路环境。

3.9.2 景观绿化方案

(1)路堤边坡依据周围风景优劣程度分别设计。风景优美段落充分借景,风景较差段落采用障景。

(2)路堑边坡依据边坡土质类型、主体防护设计、周围环境特征分别设计。农田段:普通喷播(野花种子),营造缀花草地景象。树林段:普通喷播(草灌结合)并点缀花灌木。

①高度小于6m的砂土、碎石土边坡:采用栽植胡枝子、刺槐、地锦绿化。

②高度大于6m的砂土、碎石土:采用薄层挂网客土喷播技术进行边坡防护。

③对强风化岩挖方边坡,采用中层挂网客土喷播技术进行边坡防护。

④对锚杆(锚索)框架梁防护,框架梁内采取植生袋绿化。

⑤设置挡土墙段落,碎落台自然式种植灌木,结合攀援植物遮挡柔化。

⑥对稳定的弱风化岩石边坡,自然裸露,种植蔓藤植物进行绿化遮挡;对景观要求较高的路段,挂网客土喷播技术进行边坡防护。

⑦SNS主动防护网段落,结合草袋绿化,并在坡脚或边坡平台上种植攀援植物。

(3)借鉴以往经验教训,植物种类以茶条槭、榆叶梅、丁香为主,树锦鸡儿、连翘、锦带花、灌木状榆树等为辅。

(4)隧道出入口景观工程主要包括洞门景观及分离式车道间的景观两个部分。

洞门景观:主要体现"隐"的理念,弱化人工痕迹,在洞门上方回填种植土,尽量恢复原有地形地貌,然后模仿周围植被进行生态景观修复。

分离式车道间景观:在填平的基础上结合周边环境进行景观地形设计,在树种选择方面选用彩叶树以丰富隧道三角区色彩,缓解驾驶疲劳。

(5)互通立交设计时首先结合主体工程弃方情况,营造地形,将互通区的边坡、排水沟、环内绿地视为整体统一考虑,整体放缓边坡,营造起伏的微地形,为植物造景创造良好基础条件。

植物造景结合地形和周围自然环境,营造与环境协调一致的群落式植物景观。注重行车视觉的动态效果,在保证视距的前提下,通过土地造型、植被覆盖,尽可能避免各匝道之间以及匝道与主线之间不必要的相互通视,尽可能使驾乘人员感觉到汽车行驶在自然之中的感受。在弯道内侧留出一定的视距,不种植高大乔木,栽植低于司机视线的灌木、草坪、花卉等,在弯道外侧种植成行的高大乔木,以便引导司机的行车方向,使司机有安全感。

(6)服务区景观是高速公路景观的重要节点,是代表高速公路和所属城市的窗口,至关重要。

①本项目服务区选址打破常规设计,充分结合周围自然景观和旅游景点布设,充分借景,体现本项目旅游路的特色。

②服务区规划充分结合地形地貌特点,进行场地竖向设计,而不是传统地将场地视为平地或将山地简单错误地改造为平地。场地布置要充分调查现场情况,保护、利用好现有的孤景树、景石、河流等景观资源。

③充分保护好场地内的原生树木。本次环保景观设计中考虑了保护原生树木的费用,购买场区内的所有树木,由公路部门根据施工需要选择性砍伐树木。

④在合理选址、灵活布置建筑、充分保护树木的前提下,景观设计引入地域历史文化,通过景观小品、旅游标志牌等介绍服务区周围的人文、自然特点,起到画龙点睛的作用。

(7)本项目沿线野生动物资源丰富,设计中为熊、野猪、狍子等大中型兽类设计了通道。通道段落内增加限速和禁止鸣笛标志,尽可能减少公路噪声对野生动物的影响。尽量做到公路与自然和谐相称的设计。

(8)植物种类选择

科学合理选择植物种类对高速公路进行生态恢复以及景观营造至关重要。本设计在植物选择及配置方面遵循以下原则:

①以乡土植物为主体,适应当地气候的植物为补充,容易引起外来植物入侵的植物种类慎重使用。
②服务区、场站区多选用果树、花灌木,以提供舒适宜人的环境。
③互通区采用乡土植物密植的方式,营造层次丰富的景观效果,起到生态补偿的目的。
④隧道口、互通区适当选用彩叶树丰富沿线色彩效果。
⑤边坡植草加入野花种子,营造野趣十足、自然生态的边坡效果;通过乔灌草相结合的方式,与周围环境相融合,增加边坡生态效益。

4 结语

通过项目的总体设计和策划,紧密结合山区高速特点,积极探索山区高速公路的设计新理念,将以人为本、绿色环保、持续耐久的设计新理念贯穿于高速公路的设计、建设、运营全过程,积极探索新技术、新材料、新工艺的应用。

"理念是灵魂;设计是基础;管理是关键;施工是保证",本项目建设过程中,无论从设计、管理、施工到科研都得到各方的足够重视,并能够紧密地进行配合和合作。在各参建方共同努力下,必能将本项目打造为一条"和谐之路"。

参 考 文 献

[1] 中华人民共和国交通运输部公路局.新理念公路设计指南[M].北京:人民交通出版社,2005.
[2] 中华人民共和国交通运输部公路局.降低造价公路设计指南[M].北京:人民交通出版社,2005.
[3] 中华人民共和国行业标准.JTG B01—2003 公路工程技术标准[S].北京:人民交通出版社,2004.
[4] 中华人民共和国行业标准.JTG/T B07-01—2006 公路工程混凝土结构防腐蚀技术规范[S].北京:人民交通出版社,2006.

多角度、全方位,科技助力鹤大绿色公路建设

王新军　孔亚平　刘学欣　陶双成

(交通运输部科学研究院　北京　100029)

摘　要:鹤大高速公路吉林段地处山岭重丘区,景观优美、环境敏感,环境保护与节能减排任务艰巨。通过开展环境保护技术研究应用、实施专项设计、现场咨询服务等内容,探索了科研院所在高速公路环境保护工作中开展技术支持的路径和方式,积累了管理经验,对吉林省乃至全国绿色公路建设具有很好的示范与借鉴意义。

关键词:道路工程　高速公路　环境管理　环境保护

1　引言

目前我国公路建设仍处于飞速发展阶段,截至2015年底我国公路通车总里程达457万公里,其中高速公路里程突破12万公里,农村公路里程突破397万公里[1]。大规模的公路建设不可避免对沿线的生态环境产生较大的影响。如何发挥科技创新的支撑和引领作用,最大程度地保护环境,切实推进公路建设中的环境保护工作是一个突出的现实问题。

纵观我国交通行业公路环境保护工作,从勘察设计示范路到景观环保示范路,再到绿色公路,对于新理念、新技术的应用实践已经处于国际先进水平[2]。但是与国外公路建设全过程中落实环境保护工作相比,还存在很多问题[3],比如缺乏多学科的合作和顶层组织管理,科研成果与设计缺乏有效衔接,成果的落地执行情况欠佳,科研人员的成果推广经验不足,主动服务意识不强等。

鹤大高速公路吉林段是交通运输部"资源节约循环利用科技示范工程",项目所在区域属于吉林东部长白山区,是吉林省重要的生物多样性分布区,也是吉林省乃至东北地区的水系发源地,景观优美,生态环境敏感,公路建设涉及的生态环境保护目标多,环境保护任务艰巨。

为此,依托鹤大高速公路,探索具有吉林特色的高速公路环境保护工作的路径和方式,对于吉林乃至全国绿色公路建设具有重要的示范和借鉴意义。

2　主要管理措施与成效

交通运输部科学研究院(简称"交科院")高度重视鹤大高速公路科技示范工程,将其列为院重点工作,从组织管理、科学研究、专项设计、现场咨询等多角度入手,开展全过程、全方位、多学科合作的技术服务,协助吉林省交通运输厅、高建局保障了示范工程的顺利实施。主要的做法与成效如下:

2.1　早期介入,全程参与

为从源头避免环境破坏,交科院景观环保团队自2010年鹤大高速立项伊始就开始介入,将环保理念融入选线过程,充分考虑景观、生态、环保、动物、旅游等专业专家的意见,为项目的景观环保工作奠定了基础。作为技术支持单位,全过程参与科技示范工程项目的申报工作,根据鹤大高速的工程需求和环境特点,参与完成《长白山区鹤大高速公路资源节约循环利用科技示范工程实施方案》,为示范工程的实施奠定了坚实基础。

2.2　分级管理,责任到人

成立了由院领导、中心领导组成的示范工程项目领导小组(以下简称"领导小组"),主要负责重大问题的决策;领导小组下设科技示范组,由中心领导和课题负责人组成,主要负责科研实验与技术问题

总体指导与协调;抽调骨干人员组建优秀科研团队,负责生态环保、景观规划与设计等方面技术内容的实施与现场技术服务,责任到人,强化技术支持。其主要管理架构如图1所示。

通过"总体—项目—课题"的分级管理,将示范项目不同层面的任务进行分解,做到任务明确,职责清晰,便于整体与分项的协作,共同推进,全面开展技术支持工作。

2.3 技术创新,攻坚克难

采用分子生物学技术开展服务区污水处理研究,攻克了冬季污水处理难以达标的技术难题;通过遥感解译(图2)、无人机航拍(图3)和现场调查三维尺度的调查与分析,全面摸清公路沿线植物资源分布情况,提出分级、分步清表施工技术,为鹤大高速的植被保护提供了有利的支撑;开展现场抽水实验获取了水力参数,构建了地下水模型,阐明了影响湿地水系连通的关键因素,为鹤大高速湿地保护提供了技术支撑。已发表论文16篇,出版专著1本,申请专利7项,已取得发明专利1项,实用新型专利2项。

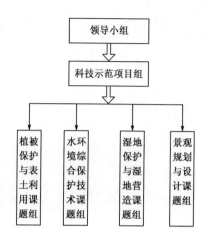

图1 组织管理框架图

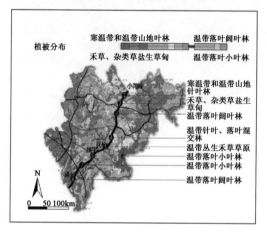

图2 遥感影像解译图件

图3 现场无人机航拍

2.4 通力合作,联合设计

为满足示范工程进度要求,将科研成果应用到工程建设中,课题组及时总结成果,并与主体、房建等多家设计单位、部门进行沟通协作,将成果转化为设计语言,完成"服务区污水处理及循环利用设计""服务区景观专项设计""全线景观绿化提升设计""野生动物保护设计"等专项设计内容,确保了科研成果与工程的有效衔接。

2.5 一线咨询,确保效果

为保证示范技术内容的顺利实施,根据施工进度,编制下发指导性技术文件7份、环保工作建议报告10余份,为示范工程提供强有力的技术支持;不定期地派课题组人员进驻现场开展咨询工作,针对植被保护、服务区污水处理、湿地营造等科研项目进行现场指导,针对施工过程中的清表、表土收集和储存等情况(图4)进行检查和监督,发现问题及时给予现场指导并定期形成书面材料报告给鹤大高速指挥部。建设单位根据咨询报告意见,对施工单位下发相应的发整改意见,督促落实。

深入一线开展科研工作,将技术实施与现场管理形成联动,既保证了科研成果与工程应用的紧密结合,同时也促进了环境保护工作。施工现场的植被、表土、水体的保护得到了进一步加强,环境保护和景观效果显著(图5)。关于鹤大高速公路资源环境保护管理成效已经得到了宣传,同时也得到了美国交通与生态委员会主席 Alex 的关注[2,4]。

图4 现场表土收集与集中存放

图5 互通区匝道内植被保护效果

2.6 分段培训,强化意识

鹤大高速公路在开工建设前,组织交通环保领域的专家及项目组成员,为高速公路建设指挥部、施工单位、监理单位等参建单位的管理人员就环保法律法规、监督管理与规章制度、新理念、新做法以及示范项目的意义、技术内容等方面开展了培训,强化参建单位领导人员的环保意识与责任意识。同时,在施工单位进场前和施工的不同阶段,委派具有丰富经验的技术人员,为各指挥部、技术人员、施工单位的现场负责人、驻地监理等现场人员就环保技术、绿色施工技术等内容进行培训,强化基层人员对示范工程的理解与认识,便于现场实施。通过培训,参建人员的环保意识、责任意识极大增强,现场效果突出,如图6、图7所示。

图6 开展示范集中培训　　　　　　图7 施工现场植被保护

2.7 广泛宣传，扩大影响

通过交通运输部组织的年度专项检查，向行业管理部门汇报示范项目成果；依托部科技示范工作座谈会、"青春基层行"（图8）等活动，宣传交流示范项目的理念与经验；通过在国内外学术期刊发表学术论文，让国内外同行了解项目成果；以绿色公路交流会、中国公路学会可持续发展分会年会为平台，进一步扩大宣传交流示范项目的成果。

图8 "青春基层行"鹤大高速调研实践

3 结语

在国家绿色、创新理念的指引下，交科院从科学研究、专项设计、现场咨询等方面为鹤大高速建设提供了全方位的技术支持。同时，探索了科研院所在高速公路建设中开展环境保护工作的路径和方式，也为科研院所如何发挥技术团队的优势，真正实现科技创新在公路建设中的支撑和引领作用积累了经验，为我国绿色公路建设环境保护工作提供了借鉴。

参 考 文 献

[1] 杨传堂. 坚持五大发展理念 推进结构性改革为全面建成小康社会当好先行. http://www.moc.gov.cn/zhuanti/2016jiaotonggongzuo_HY/201512/t20151228_1966865.html.

[2] 李长江,王偲,王新军,赵琨. 鹤大高速公路资源环境保护管理及成效[J]. 交通建设与管理,2014,(11):7-12.

[3] 袁玉卿,董小林. 公路建设项目施工期全程环境管理[J]. 长安大学学报(社会科学版),2006,8(1):5-9.

[4] Wang Xinjun, Li Jinsong, Wang Ti, et al. Vegetation conservation during expressway construction in the ecological sensitive area of Jilin province. Newsletter of Transportation Research Board Committee ADC30, 2015.9.

科技引领 铸就鹤大高速科技示范工程

闫秋波 陈志国

(吉林省交通科学研究所 吉林 长春 130012)

摘 要：技术是科技示范工程的灵魂，技术支持单位全程参与了鹤大高速公路科技示范工程的申报、具体实施及总结提升工作，本文介绍了技术支持单位在科技示范工程技术甄选、落实、宣贯、实施、总结提升及复制推广过程中发挥的作用，与广大同行进行交流和共享，以促进交通行业科技示范工程的实施及交通行业科技进步，为季冻区公路的交通发展提供强有力的科技支持。

关键词：交通运输部 鹤大高速 科技示范工程 技术支持

1 引言

G11 鹤(岗)大(连)高速公路(以下简称鹤大高速公路)为《国家高速公路网规划》《东北区域骨架网》中的纵一线，起于黑龙江省的鹤岗市，止于辽宁省的大连市，纵贯黑龙江、吉林、辽宁三省，主要承担区域间、省际以及大中城市间的中长距离运输，是区域内外联系的主动脉。它的建设将开辟黑龙江和吉林两省进关达海的一条南北快速通道，扩大丹东港、大连港的影响区域，同时也是东部边疆地区国防建设的重要通道。鹤大高速公路新建里程339.429km，投资250.30亿元。

鹤大高速公路吉林境内段途经中国生态环境最原始、最自然的保护区之一长白山区，面临脆弱的生态环境和敏感的水环境、特殊的冰冻气候特点以及资源节约和低碳节能建设需求。

在国家、交通运输部及吉林省生态文明建设的总体要求下，2013~2014年，吉林省交通运输厅集全厅之力，依托鹤大高速公路建设，以资源节约和循环利用为核心，以耐久、生态、环保、节地、节能、节材及废旧材料综合利用为重点，成功申报交通运输部"资源节约循环利用科技示范工程"，成为我国公路交通建设领域首个季冻区新建公路科技示范工程。

该科技示范工程的成果推广及技术研发总经费为5 966万元，通过科技示范工程实施，推广应用成熟的技术成果，结合工程实际开展科技创新，形成系列标准和工法，解决公路建设过程中的复杂工程问题，提升工程建设项目的科技含量和技术水平，对吉林省高速公路建设起到示范和引领作用，对全国季冻区高速公路的建设起到示范和带动作用。

2 示范工程内容

基于鹤大高速公路建设的功能定位和技术需求，为系统展示交通运输行业科技创新和技术攻关中所取得的各项新材料、新设备、新工艺、新技术，切实解决高速公路设计、建设、运营、管理过程中的问题，研究确定长白山区鹤大高速公路交通科技示范工程的主题为资源节约循环利用，开展7个专项、23个子项的科技示范，长白山区鹤大高速科技示范项目具体见表1。

(1)着眼季冻地区的气候特点，探索高速公路建设抗冻耐久示范技术

在路面中推广应用柔性组合基层沥青路面结构形式，在桥涵和隧道结构中应用防冻技术，通过墙式护栏混凝土采用透水模板布，伸缩缝处盖梁混凝土采用硅烷浸渍进行抗冻设计等方式，达到桥涵抗冻耐久的目的。通过完善防排水系统、合理增设衬砌结构保温隔热层等技术措施，防止隧道冻胀。开展季冻区高速公路路基面长期使用性能及生态敏感路段湿地路基修筑技术研究，切实提高工程质量，保护生态环境，节约全寿命周期成本。

长白山区鹤大高速科技示范项目　　　　表1

主题	序号	技术类型		序号	项目名称
资源节约	Ⅰ	基于全寿命周期成本理念的季冻区高速公路建设关键技术	推广	1	季冻区柔性组合基层沥青路面合理结构形式的推广应用
				2	结构混凝土抗冻耐久关键技术推广应用
				3	高寒山区隧道保温防冻技术推广应用
			攻关	4	生态敏感路段湿地路基修筑关键技术研究应用
				5	季节性冻土地区高速公路路基路面长期使用性能研究应用
	Ⅱ	地产筑路材料升级利用技术	推广	6	填料型火山灰改性沥青混合料技术推广应用
				7	火山灰作为胶凝材料在大体积结构水泥混凝土中的推广应用
				8	填料型硅藻土改性沥青混合料技术推广应用
	Ⅲ	高速公路低碳节能技术	推广	9	寒区高速公路房屋建筑工程节能保温技术推广应用
				10	RFID无源电子标签不停车收费技术与部标ETC兼容性开发应用
			攻关	11	基于环境感知的高速公路隧道及服务区照明节能与智慧控制技术研究应用
	Ⅳ	高速公路建设生态恢复与民俗旅游融合技术	推广	12	植被保护与恢复技术推广应用
				13	民俗文化及旅游服务于沿线设施景观融合技术应用
循环利用	Ⅴ	废旧材料改性沥青混合料关键技术	攻关	14	应对极端气候的橡胶粉SBS复合改性沥青成套技术研究与应用
				15	植物沥青混合料路用性能研究与应用
				16	油页岩沥青混合料路用性能研究与应用
	Ⅵ	工程废弃材料综合利用成套技术	推广	17	寒区公路边坡生态砌块及道面铺装成套技术推广应用
				18	弃渣弃方巨粒土路基填筑技术推广应用
				19	机制砂在寒区结构混凝土中的推广应用
				20	尾矿渣筑路技术推广应用
				21	煤矸石筑路技术推广应用
	Ⅶ	公路建设水环境保护技术	推广	22	季冻区服务区污水处理与回用技术推广应用
			攻关	23	基于生态补偿的湿地营造技术研究应用

（2）着眼长白山区环境特点，探索生态敏感区高速公路建设环境保护示范技术

对需保护的树种进行登记和标记，与林业部门建立沟通协调机制，通过回购、二次清表等方式最大限度地保护水环境和原生植物资源。通过一系列保温增温措施、多介质滤池与人工湿地集成新技术驯化耐寒菌种，可保障冬季污水处理效果。开展基于生态补偿的湿地营造技术研究，在互通区、服务区营造人工湿地，实现公路侵占湿地生态补偿。采用关联性设计理念，在景观规划设计中充分考虑生态保护，深入挖掘古渤海国、抚松人参、靖宇红色文化等特色，从完善服务设施、展示地域文化、打造景观亮点等方面入手，推动民俗文化及旅游服务于沿线设施景观技术融合，提升高速公路的旅游价值与服务品质。

（3）着眼丰富的区域资源，探索地产材料、废弃材料循环利用示范技术

依据就地取材的原则，综合应用沿线丰富的火山灰用于生产填料型沥青改性剂及用于大体积水泥混凝土中，综合提高沥青混合料的高低温路用性能，减少路面中修和大修次数，延长路面使用寿命，提高水泥混凝土结构物力学性能和耐久性。充分利用火山灰、硅藻土多孔材料特性，作为沥青改性剂改善沥青混合料的高温稳定性和低温抗开裂性。

在沥青路面上、下面层中采用高性能的橡胶粉与 SBS 复合改性沥青技术,提高极端气候条件下沥青路面的低温抗裂性能,改善高温抗车辙性能。合理消化沿线铁矿渣等尾矿,用于路基填筑,变废为宝,节约土地资源。利用隧道弃渣加工成生态砌块,用于边坡防护、挡土墙、服务区铺筑等,实现废旧材料循环利用,减少废弃物占用耕地,降低公路建设给沿线自然环境带来的破坏。

(3)贯彻低碳节能的建设理念,探索高速公路低碳节能技术

在服务、管养设施场区采用 LED 灯节能灯具,全线隧道照明采用 LED 节能灯具和无极灯,利用行为感知、环境感知和光电测控技术,以信息处理与融合为手段,建立基于在线环境感知的智能化照明管控系统,实现灯光照明的按需供给。通过 EPS 保温板、企口对接、预制外窗台板,内侧贴特制保温膜等手段,实现建筑节能效果 65% 的目标,降低公路运营成本。

3 示范工程技术支持

科技是示范工程的灵魂,科技示范技术的甄选、落实、宣贯、具体实施、总结提升及复制推广是示范工程的关键环节,是技术支持单位工作的重点。以吉林省交通科学研究所为代表的技术支持单位全程参与了科技示范工程的申报、具体实施及总结提升工作,为示范工程的顺利开展提供了有力的技术支持。

3.1 作为主体,参加示范工程申报

鉴于吉林省交通科学研究所在吉林省交通科技发展中的地位和作用,省厅将其作为科技示范工程申报的主体。吉林省交通科学研究所积极调动所内相关力量全力投入科技示范工程的申报工作。申报团队站在季冻区高速公路建设和养护需求的角度,依托交通运输部行业重点实验室,借助全行业交通科技成果,发挥吉林省科技成果优势,编制示范工程实施方案,先后经过 5 次专家评审、16 次协调会议、前后 26 遍的反复修改,最终顺利通过了交通运输部组织的专家评审。

3.2 开展试验研究,加强科学论证,保障实施效果稳定可靠

组织各项目组分析鹤大高速公路工程特点及技术文件要求,针对拟定的示范工程实施段落开展详细的前期调查、踏勘以及原材料指标、配合比优化设计及施工控制工艺研究,编写实施方案,并组织专家论证。如生态敏感项目详细踏查了沿线湿地段落,分析了湿地类型、动植物的数量与多样性、水质、土壤的理化性质,论证了高速公路穿越湿地对水系的阻隔和对湿地环境的影响,在此基础上开展路基稳定技术方案设计。

3.3 开展示范工程专项设计

为使示范工程各项内容全面落实到工程施工中,省厅要求对全部科技示范项目进行专项设计。为降低专项设计难度,并保障示范内容的全面落实,技术支持单位首先以小沟岭至抚松 C 段设计文件为基础,落实各项目的技术指标、工艺要求、预算标准等,形成设计范本,并编制了专项设计指导书。多家设计单位在设计范本及指导书的基础上,结合各家设计文件的风格和要求,与技术支持单位共同顺利保质保量地完成了专项设计工作。

3.4 制定技术支持管理办法

为保障科技示范工程有序地开展,技术支持单位编制了《长白山区鹤大高速公路科技示范工程实施技术支持管理办法》,确定了组织机构和分工,明确了质量、进度与考核机制,通过定期的示范项目组织调度、所学术委员会技术把关与咨询以及项目组现场全过程参与服务,确保技术支持工作的高质高效。

3.5 开展先期试验,铺筑试验工程充分验证成果有效性

为保障示范技术实施效果稳定可靠,对于隧道照明智能控制、火山灰填料型改性剂、橡胶粉改性沥青路面、建筑保温、服务区污水处理等内容均在省内开展试验路段建设,在成果总结和广泛调研论证的

基础上,完成了科技示范专项设计,确保了各项实施内容的顺利落实。如隧道照明智能控制通过赤柏隧道完成智慧控制系统的设计、实施与检测;橡胶粉改性沥青路面完成了伊开高速15.8km胶粉改性沥青试验路修筑、总结了嫩丹20km试验路的施工工艺,提出了胶粉改性沥青的性能指标及设备参数要求;建筑保温在四平公主岭管理站试点工程的基础上,完成敦化南服务区节能设计方案及计算书。

3.6 编制行业和地方标准规范

在总结已有科技成果的基础上,编制了《沥青玛蹄脂碎石混合料设计与施工技术规范》等10部吉林省地方标准、交通运输厅行业标准、施工工法等,对工程具体实施中给予技术支持和保障。鹤大高速公路科技示范标准规范具体见表2。

鹤大高速公路科技示范标准规范 表2

序 号	规 范 名 称	类 别
1	《公路工程抗冻设计与施工技术细则》	部行业标准
2	《沥青玛蹄脂碎石混合料设计与施工技术规范》	吉林省地方标准
3	《公路工程火山灰材料应用技术指南》	吉林省地方标准
4	《寒区公路工程煤矸石应用技术指南》	吉林省地方标准
5	《硅藻土改善沥青混合料性能技术标准》	吉林省地方标准
6	《季冻区波纹钢管涵洞设计与施工技术指南》	吉林省地方标准
7	《吉林省填石路基施工技术指南》	吉林省地方标准
8	《橡胶粉SBS复合改性沥青及沥青混合料应用技术指南》	吉林省地方标准
9	《机制砂在季冻区结构混凝土中的推广应用技术指南》	工法
10	《鹤大高速公路抗冻水泥混凝土施工技术指导》	工法

3.7 加强宣贯和培训交流,解决重大关键问题

技术支持单位坚持"全线全员参与示范项目",提高全员业务素质和水平。鹤大高速公路自开工以来,针对不同施工阶段、不同人群开展了6次培训。通过专题专项技术培训、主题宣贯、岗位动态培训等方式,使一线工程建设人员都能够掌握各项示范内容。技术支持单位深入雁大、大抚、靖通指挥部,对业主、监理及施工单位相关人员进行了科技示范项目的全方位技术培训;在敦化举办了"长白山区鹤大高速公路资源节约、循环利用科技示范工程"高级研修班,邀请了交通运输部科学研究院专家、哈尔滨工业大学教授、长安大学教授进行授课,对公路建设过程中环境评价、动植物保护的重要性及必要的技术措施进行了系统阐述,对水泥稳定级配碎石基层质量控制方法、胶粉改性沥青施工关键技术进行了指导,对沥青路面施工机械摊铺过程进行了细致讲解,对科技示范工程的后续实施具有重要意义。

3.8 示范项目的工程实施

根据科技示范项目实施需要,技术支持单位设立了敦化、白山2个现场技术支持办公室,并派专人负责,各项目组深入施工一线,与施工人员同吃同住,进行现场技术交底、施工技术指导、现场施工质量检测、总结实施效果,做到技术支持与工程实施同步,保证现场技术支持到位。

3.9 示范工程的总结提升

为促进示范工程技术的推广应用,按照省厅要求,技术支持单位对示范工程已取得的阶段成果进行及时的总结提升工作,形成"季冻地区公路工程抗冻耐久关键技术""长白山生态敏感区高速公路建设关键技术"两方面成套技术成果,相关技术成果获得了国内权威专家的认可。

3.10 示范技术复制推广

目前吉林省正处于高速公路大规模建设时期,技术支持单位针对辉南至白山、龙井至大蒲柴河、集安至通化三条高速公路的环境、资源特征,推荐近20项科技示范成果,推广里程达400km。

4 示范工程的引领和示范作用

截至 2015 年底,吉林省高速公路已通车里程达到 2 629km,未来 10 年还将建设 2 819km 高速公路,形成"五纵四射三横"的高速公路网。目前正在规划建设的项目多位于东南部长白山区,项目建设环保要求高,且地产材料及废弃材料的利用空间大,可进行鹤大高速公路科技示范工程优秀技术成果的复制,扩大示范效果,对于吉林省未来公路建设具有良好的示范带动意义。

鹤大高速公路科技示范工程的建设,还将对占全国 53.5% 的季冻区高速公路建设质量和服务水平的提高起到示范作用。因地制宜充分利用地产材料以及对废渣材料进行无害化处理和综合利用技术,将为全国 12 个火山灰分布省份及 10 多个硅藻土分布省份绿色公路建设提供技术支持;开展的废旧轮胎橡胶粉与 SBS 复合改性沥青技术、植物沥青及油页岩沥青混合料、基于环境感知的隧道照明智慧控制等技术攻关,为全国高速公路建设、设计、施工及运营阶段全面贯彻绿色、生态的理念提供借鉴;开展的生态环保技术、材料循环利用技术、绿色能源应用技术等,将实现技术集成创新,为推动行业和地方标准规范的制修订创造条件,示范意义重大。

鹤大高速公路科技示范工程立足季冻区、长白山景观核心区、生态敏感区、民族地区等特点,围绕公路的规划设计、施工、管理等问题,应用全国交通行业多年科技创新技术,结合项目建设需求,开展公路工程抗冻耐久性建设技术和高寒生态敏感区公路建设生态环境保护技术、地产筑路材料及废弃材料综合利用技术等科技攻关与集成创新,打造行业科学发展的鲜活"标本",项目的实施意义并不仅限于对全省、季冻区及全国部分省区具有示范作用,依托项目总结提炼将形成行业及地方标准规范,对季冻区、生态敏感区、山岭重丘区绿色公路建设还将具有很好的引领作用,对全国交通行业技术进步具有重要的推动作用。

鹤大高速公路施工总承包项目管理模式探讨

郑勇生[1] 张 羽[2]

(1. 中国交通建设股份有限公司 北京 100088;
2. 中国交建鹤大高速公路项目总部 敦化 133700)

摘 要:鹤岗至大连高速公路吉林省境内段HD01合同(小沟岭至抚松段),地处东北严寒季冻区及长白山保护区,采用施工总合同包的模式管理。中国交建鹤大高速公路直属项目总部针对工程规模大、工期短、管理层级复杂、安全环保要求高和实施"双示范"工程等特点,实行"大项目,小总部",超前谋划,技术引领,推行标准化、集约化管理措施,探索项目约束激励考核机制,实现工程建设有序推进和企业内部资源整合、协同发展的目标,为类似工程提供借鉴。

关键词:高速公路 施工总承包 直属项目 管理

1 引言

随着高速公路建设的快速发展,为降低项目管理标段划分碎片化的影响,缩短项目建设周期,融入投融资等手段,业主不断尝试和创新项目的承发包模式,项目承发包单体合同越来越多地采用总承包模式和大标段的形式发包,合同的建设规模和项目综合性呈不断提高的趋势。市场的发展趋势和政策导向,给大型施工总承包企业的转型发展带来了更多的机遇,同时对企业资源整合与集成能力和项目的综合管控能力,也提出了更高的要求。

为提高项目管控执行能力,大型施工总承包企业将超过一定规模、具有企业战略导向和创新意义的项目,以及由集团公司名义中标的大型项目,采用设置直属项目形式管理,纳入总部管理范畴,或设置总承包相关管理机构实施管理,通过发挥集团内部资源优势,实现预期管理目标。

近年采用施工总承包招标采购的大型高速公路建设项目,在施工总承包企业生产经营额的占比逐步提高,以集团名义中标承建的不同类型的直属项目逐步增多,具有合同边界差异化、管理模式创新性和组织管理层级多、技术管理多元化、资源要素复杂等特点。

如何整合集团资源优势,确立直属项目部引领和宏观管控的主体地位,探索项目实施过程管理模式,实施高效的管理措施,提高项目管理质量和管理水平,是亟待解决和研究的主要问题。

2 项目概况

2.1 简介及建设意义

中国交建承建的鹤大高速公路吉林境内HD01合同段(小沟岭至抚松段),位于吉林省东部山区、长白山腹地,路线全长232.262km,合同总造价101.3亿元,工期33个月。

鹤大项目不仅是国家和吉林省"十二五"交通建设重点项目;同时也是中国交建通过投标中标的第一个超百亿的公路施工总承包项目。本项目于2013年被交通运输部确立为资源节约循环利用科技示范工程。建设好鹤大项目,对树立中交品牌,开拓东北区域市场,打造升级版"五商中交"具有深远的意义。

2.2 项目主要工程内容

全线主要工程数量有:路基土石方4 168万 m^3,沥青混凝土路面5 648万 m^2;特大桥2座;大中小桥84座;隧道9座,单洞总长度30km;分离式立交19处;互通式立交12处;防护、排水及景观环保等工程。

3 项目施工管理模式的选择条件

国内高速公路建设项目管理承发包模式主要有平行发包、项目总承包、EPC、BOT、PPP等模式,不同项目管理模式赋予承发包双方不同的权利和义务。对于施工总承包项目而言,项目合同边界条件,决定项目的施工组织管理模式的选择。

施工项目是建筑施工企业生产经营的基本单元,是实现合同目标和企业管理目标的承载者。作为建筑施工企业在承接工程项目任务前,为实现管理预期的目标,落实内控体系,必须做好项目的目标策划、职责定位,同时综合管理和管理流程,选择合理适用的组织管理架构,来落实管控措施,提高管理质量和管理水平,取得管理成效,实现施工过程一体化管理和企业持续发展的理念。

施工阶段的项目管理模式的选择,需要考虑组织的适用性、目标的合理性、措施的可靠性等方面内容;还需要在合同约定的权利义务基础上,综合企业内部资源要素整合需求、组织协调性、管理信息的畅通性,确保项目的执行力。

建筑施工企业在市场经济环境下,为提高项目管理和效益水平,越来越注重项目的策划管理,落实关键管控措施和有效的监督考核机制,在项目实施过程中及时评价和纠偏。

4 鹤大直属项目施工管理策划

项目管理目标策划时,对于大型、创新型项目,不仅要考虑基本的进度、质量、安全、成本目标,还要兼顾合同特殊约定和企业需要在项目上需要实现特殊预期目标,如品牌、市场信誉和社会影响等。因此立足项目的实际和风险管控对象,制定科学的项目策划体系,落实关键管控手段,作为项目实施的指南和考核评价的标准。

4.1 工程特点、施工重难点分析及应对措施

工程特点、施工重难点分析及应对措施如表1所示。

工程特点、施工重难点分析及应对措施　　表1

要点	工程特点或重难点描述	应对措施
工程规模大、影响大	工程规模大,国高网东一纵线G11的重要一段,也是拉动区域经济发展的重要通道,影响大,社会关注度高	集团设置直属项目部,组建精干高效管理团队,建立健全管理制度和保障体系,全面策划、科学组织、和谐施工
结构形式多样	工程内容包含高速公路施工土建全部内容,虽属于常规项目,但桥梁结构形式多样,长大隧道、跨河跨路桥梁众多;施工环境具有严寒季冻区特点	制定科学合理的施工方案,采用"新技术、新材料、新设备、新工艺",落实质量保证措施,确保工程质量安全和工程创优目标
冬季严寒漫长,有效工期短	项目地处东北严寒地区,冬季漫长而寒冷,合同工期内横跨两个冬季(共约10个月),有效时间只有6~7个月,对混凝土耐久性、抗冻性及冬季施工、半成品越冬保护要求高	优化总体进度计划,合理组织,加大投入,落实入冬前防冻措施。编制隧道冬季施工专项技术方案,落实冬季施工措施
环境敏感、安全风险突出	项目起点靠近雁鸣湖自然保护区,沿线穿越林场,水源地保护区等,对林区生态保护(野生动物保护、林蛙养殖协调、林下参保护等)、水源保护要求高。线路大段落穿越林区,冬季防火期长,森林防火要求极高	坚持"不破坏就是最大的保护"的理念。临时用地少占耕地和林地,加强环水保措施和临时工程环境生态恢复方案。建立完善的安全监督管理体系,成立森林防火管理领导小组,制定应急救援预案

续上表

要　点	工程特点或重难点描述	应 对 措 施
"科技示范"工程	项目已被列为交通运输部科技示范工程,必须贯彻执行科技示范工程的理念	制定"科技示范"实施的管理机构和保障体系,按照业主阶段性目标,有效推进
管理协调任务量大	项目跨2市、3县,对接管理部门众多,管理层级复杂,管理协调量大	建立完善的信息管理体制,强化项目总部协调管理职能,发挥引领协调能力

4.2 项目管理层级职能定位

根据合同特点和中国交建内部管理要求,细化职责定位,建立对接业主的平行管理架构(图1)。本项目采用两级管理:第一级由中国交建成立鹤大高速公路项目总部,代表中国交建行使管理责任;第二级根据全线划分的11个施工标段,分别设立了项目经理部;具体施工任务由2个局、10个处级单位承担,其中中交路桥承建合同额48亿元、中交一航局承建合同额53亿元;各项目经理部负责对标段内的安全、质量、进度、成本管理,履行合同约定的责任。

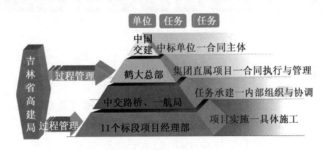

图1　项目管理整体架构

4.3 管理方针

鹤大项目总部成立后,积极开展了项目前期策划工作,确立了"指导、协调、监督、服务"的管理方针,实施"对外简约、对内精细"管理。施工过程,引领各单位,统一思想、统一认识、统一目标,凝心聚力,不断强化团队建设,为工程顺利推进打下了坚实基础。施工过程中,采取"管宏观、抓关键、高效引领,重点突破,整体推进"等系列措施,强化服务意识,协同各参建单位,统一思想、统一目标,凝心聚力,不断提升管理效率。

4.4 目标策划

项目管理目标见表2。

项目管理目标　　　　　　　　　　　表2

工期目标	2014年4月1日~2016年12月30日,总工期为1005天
质量目标	质量等级为交工合格,竣工优良
创优目标	创吉林省"长白山杯"和"国家级优质工程奖"
安全目标	杜绝一般(含)以上生产安全责任事故,创建"平安工地"
示范目标	创交通运输部"资源节约循环利用科技示范工程"

4.5 项目管理组织设置

鹤大项目进场后,按照集团领导提出"大项目,小总部"的指导思想,迅速开展项目总部管理机构建设,组建项目精干、高效的管理团队。项目总部领导班子成员5人,下设六部一室,每个部门仅设部长人,无工作人员,全部管理人员共计12人。

各项目经理部根据合同约定,配置各局、三级公司具有丰富经验的施工技术和管理人员,建立标段项目经理部的管理机构和各项管理体系,层层落实管理职责。项目实施过程推行质量、环境、安全及职业健康三标一体化管理体系管理(图2)。

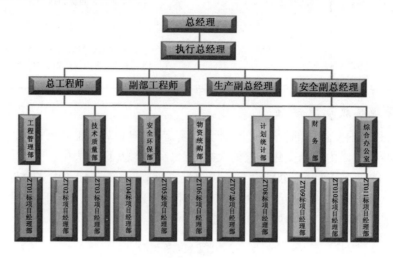

图2　项目施工组织机构图

5　项目管理经验

为提高项目管理水平和管理质量,企业内控管理方面越来越注重施工标准化、管理流程化、资源集成化、管理集约化的管理,尤其在直属项目建设过程中,更可以更好地体现企业的综合管理水平,同时助推项目施工管理一体化的发展。鹤大项目总部针对项目实际,依据业主和中国交建的要求,对直属项目管理展开了积极的探索。

5.1　建章立制,强化流程,完善制度保障体系

针对本项目新的组织管理模式,以及路线长、管理层次复杂、参建单位多等特点,广泛吸取各方管理经验,在2014年5月,项目总部在建立并完善了安全、技术、质量、工期、文明施工等各项保证体系的同时,制订了各项管理制度和部门岗位职责制,出版《项目管理制度汇编》,明确了项目总部与标段的管理界面划分,细化管理流程,做到定位合理、思路清晰,并下发给各标段,有序地指导项目管理。

5.2　技术引领,分级管控,确保质量安全平稳可控

项目进场后,项目总部积极发挥技术引领作用,针对各标段项目策划、施工总体施组和控制性工程方案制订、各项制度及体系建设等方面,进行了全面的部署,并逐项落实,保证了管理有章可行。

根据工程规模和特点,项目总部确定了两项全线控制性工程、12项标段控制性工程,作为总部宏观管控的重点。

为加大对危险性较大的分部分项工程风险的管控,总部梳理了危大工程的分级管理清单,制定和颁发了《安全专项施工方案管理实施细则》,先后组织了隧道和桥梁工程风险专项方案专家评审,针对本项目的重点、难点和风险源,从技术、安全等方面提出意见,进一步完善技术方案,降低安全风险。

施工过程中,针对黄泥河大桥、红石牡丹江大桥等涉水工程汛期施工,针对唐家店互通、榆树川互通等跨既有高速公路、铁路枢纽的箱梁现浇、钢箱梁安装,二道松花江特大桥挂篮悬浇等重、难点工程,开展了专项施工方案编制、审批的工作,做到技术措施可靠,现场实施到位。

针对全线数量诸多的长大隧道,地质结构复杂、施工风险高等特点,制定下达了《关于隧道施工强制性标准》等系列文件,采取领导带班、部门分洞包干方式,进行专项督导落实,取得良好效果。

2015年针对沥青路面施工力量良莠不齐的现实，项目总部认真调研，针对关键环节，制定了《鹤大项目沥青路面施工强制性标准》，强化过程质量管控，守住路面施工质量底线。

为充分做好技术准备，总部采取"走出去、请进来"多种形式的学习与培训。组织施工管理人员到陕西西成客专项目、吉林省长双高速工地参观学习；并请国内高校知名教授及施工经验丰富的专家到现场进行了隧道施工技术、特大桥施工安全管理、沥青路面施工技术与质量控制的专题培训；按照交通运输部"双示范"项目要求，邀请交通部环保司、吉林省人事厅举办"科技示范"课题讲座，重点讲解景观绿化施工、橡胶粉改性沥青路面、季冻区沥青路面施工质量控制等内容，提高了项目管理人员的技术水平，为现场质量管理打下了坚实的技术基础。

5.3 细化节点，严格监管，快速推进施工生产进度

鹤大高速公路项目最大的难点是工期管理，项目合同工期33个月，由于东北冬季气候严寒，完全无法施工，实际可利用的有效作业时间仅18个月。进场后，项目总部抓住关键环节，积极协调推进拆迁工作，经近百余次对接两市的交通、国土、林业等部门，多次组织市长现场办公会，针对拆迁的难点和重点，组织公、检、法等部门进行现场联合办公，为现场施工扫清障碍。

开工以后针对工序转换和进度落后标段，项目总部领导深入一线，连续蹲点，重点帮扶，协调解决实际困难，确保项目整体推进。

2015年6月起，总部在全线组织开展本年度内以"节点工期目标考核"为抓手的劳动竞赛活动，并下发了《各单项工程的施工考核节点表》，在激励约束考核费中提取600万专项资金进行考核奖罚，突出重点，明确目标，顺利推进施工进度。到目前为止，鹤大项目进度按计划和业主要求还略有提前，成为吉林省交通建设史上进度最快的项目。

5.4 创新考评，齐抓共管，提升项目管理执行力

进场后，项目总部经过认真研讨、广泛征求各方面意见，制定了《中交鹤大项目激励约束机制综合考评管理实施细则》。在实施阶段，采取了月度检查、季度考评与经济责任挂钩等方式，对工程各方面实行监督和考核，经综合评分，确定每月排名，实施激励先进、鞭策落后，营造了"比管理""比形象""比效益"和"创优争先"的良好氛围。在每月的考评总结会上，针对日常检查中共性、突出、隐患较大的质量安全问题，采用PPT图文并茂的形式予以通报，并提出整改要求；同时将项目总部的日常巡检、综合考评与业主、质监站和集团的检查有机结合，做到举一反三，实行质量安全一票否决制度，有效地提高了项目管理执行力。

5.5 集中采购，两保两控，确保物资成本可控

鹤大项目本着"两保两控"即"保障质量、保障供应、成本控制、过程受控"为宗旨，以质量和效益为中心，全力发挥大项目集采优势。总部先后对用量大的钢材、水泥、钢绞线、沥青、支座、伸缩缝、柴油等进行了集中公开招标采购，最大程度利用集团统一管理的平台，使全线的物资成本管理工作按"高起点、高标准、高质量"的要求有序展开，实现了打破垄断、降低成本的目标。

（1）钢材招标最终中标价平均比市场价每吨低120元左右，降低成本约2 844万元。

（2）水泥招标打破了吉林市场基本由亚泰、冀东和北方三大水泥厂垄断，引进了辽宁水泥厂商直接降低成本约7 000万元。

（3）碎石采购采取了自己建料场独立开采、与当地料场联合开采、隧道弃渣循环利用等措施，成本降低约2.1亿元。

5.6 样板引路、规范管理，全面推动"施工标准化"建设

在关键分部分项工程施工开始前，要求各标段抓好方案报批，资源、技术准备到位；拿到总部和业主、监理开工许可后方可进行首件制作，首件质量验收许可后才可以连续施工。

为在全线推广成功经验，采取典型示范，样板引路。项目总部先后开展了柞木台隧道施工、ZT09标2号预制场外观质量控制、ZT05标水稳基层施工、ZT04标ATB-25柔性基层试验及沥青搅拌楼油改气、

ZT06 标水泥稳定碎石基层整体化摊铺、ZT07 标沥青混凝土场站标准化建设等多项交流与观摩会议,树立了标杆,有效指导了后续标段的施工。

鹤大项目将标准化管理要求贯彻落实到建设过程的各个环节中去。开工之初,项目总部根据集团公司 VI 视觉识别系统和吉林省高速公路标准化管理指南,对项目驻地、施工场站建设和外部形象做统一要求。全线共建成标准化水泥混凝土拌和站 15 座、水稳拌和站 13 座、沥青混凝土拌和站 11 座、预制场 19 座、钢筋加工场 12 座,标准化工地试验室 11 个。

5.7 科技示范、绿色施工,实现和谐发展与技术创新

项目总部结合具体课题,精心组织,遵循"全方位、全过程、全员"参与的"三全"原则,将绿色循环低碳发展理念贯穿整个项目管理过程中,实现管理创新、技术创新。

"科技示范"工程共开展了 7 个专项、23 个子项。其中由我们施工单位实施的项目共 13 项。已经开展了生态敏感路段湿地路基修筑关键技术研究应用、火山灰作为胶凝材料在大体积结构水泥混凝土中的推广应用、弃渣弃方巨粒土路基填筑技术推广应用等 8 项。

针对"科技示范"工作要求,认真学习研究季冻区施工特点,重点做好路面工程、长大隧道、特大桥技术质量管理工作,积极开展科技创新活动,取得一定的技术创新和管理创新成果。开展了"四新"应用活动,在二道松花江特大桥卵石层地质钢板桩围岩施工中,采用静压植桩技术;在柞木台隧道中,采用 XTR260 悬臂式掘进机的非爆破开挖技术,以及在生态敏感段路基中应用钢波纹管涵洞施工技术。

目前,鹤大项目所属参建单位开展专利申请 16 项,已获国家批准 4 项,开展的科研课题共 24 项,局级立项 16 项;获得公路行业协会"公路工程科技创新成果"三等奖 1 项,工法立项共 25 项,局级 12 项,三级公司 13 项,开展 QC 质量活动共 36 项,获得国家级奖励 4 项,省级奖励 1 项,局级奖励 5 项,科技论文 98 篇。

5.8 资源整合,产业链条纵横延伸,实现促进协同发展

本项目主合同施工任务由中交路桥、中交一航局及所属 10 个三级公司具体实施。与此同时,中交公规院、一公院、二公院、中咨集团承担了本项目土建、机电的设计和审查任务,监控检测由三公局检测公司实施,物资招标采购供应引入中交物资、中交二航物流等集团内部单位参与。

以上各单位以鹤大项目为载体,密切合作,充分发挥集团内部资源优势,促进设计、施工、物资装备等多个业务板块融合,协同发展,提升了大型复杂性项目的集成化能力和效益挖掘能力。

5.9 强化党建、文化建设,实现"五商中交"文化落地

项目始终贯彻中国交建第二届党代会精神,深入践行"五商中交"战略,认真开展"三严三实"和党建活动,为工程建设创造良好的氛围。

为了鼓舞士气、凝聚人心、弘扬正气、宣树典型,更好地展现中交鹤大人的工作风貌。鹤大项目自成立以来,项目总部领导高度重视宣传工作,并围绕项目实际情况,制定了宣传工作管理办法,并下发到各项目部。

项目总部及各项目经理部还成立了专门的组织机构领导小组,促进了宣传工作的正常开展。为此,项目总部每月出版一期工作简报《中交鹤大》,主要反映项目的工程动态、人物形象、领导视察等,并分别寄送到集团公司、吉林省交通厅、高建局、参建局、各项目部、雁大、大抚建设指挥部及当地政府等单位部门,较好地体现了中交的企业文化,得到了各级领导的一致认可。

6 结语

中交鹤大高速直属项目组织精干高效、管控得力的项目总部,制定落实激励约束考核机制,充分利用集团化集中采购平台优势,突出技术引领的作用,强化现场管理执行力,使得大项目的总承包管理取得了良好的效果。

目前，根据市场发展趋势和国家鼓励"3P项目"建设的战略导向，以集团名义投资和中标的大型项目会越来越多。为有效发挥集团组建的项目总部，在现场管控、集约化管理能力，提高总承包项目管理质量方面，中交鹤大项目总部开展了一定程度的探索和总结，为今后类似工程提供一定的参考和借鉴。

鹤大高速公路靖通段"科技示范工程"施工管理策划与实施

王宏宇　王立波　苗振彪　刘松禹　李征

（中国建筑鹤大高速公路项目总经理部　吉林　白山　134300）

摘　要：中国建筑鹤大高速公路项目总经理部依托鹤大高速公路"资源节约循环利用科技示范工程"（简称"科技示范工程"）实施方案项目的技术支持，通过对"科技示范工程"项目施工管理策划与实施，紧扣"资源节约、循环利用"的主题，遵循"减量化、再利用、资源化"原则，以促进科技成果推广为目的，施工中着力于新技术的集成应用和关键技术的科技创新。中国建筑鹤大总经理部为此投入了极大热情，把"科技示范工程"作为项目施工的主要着力点，深入分析工程背景，系统策划管理规程，严格规范实施内容，取得了显著的社会效益与经济环保效益，为全国季冻区高速公路的建设起到示范和带动作用，为以"低能耗、低排放、低污染、高效能、高效率、高效益、抗冻耐久"为特征的季冻区公路施工提供坚实的实践成果。

关键词：科技示范　施工管理　策划　实施　科技创新

1　引言

党的十八大提出大力推进生态文明建设，坚持节约资源和保护环境的基本国策，坚持节约优先、保护优先、自然恢复为主的方针，着力推进绿色发展、循环发展、低碳发展。为落实党的十八大推进生态文明建设战略部署，交通运输部高度重视此项工作，颁布了相关政策文件；开展了绿色低碳交通省区、城市区域性试点和绿色低碳港口、绿色低碳公路等主题性试点。

作为一个大型工程承包企业，在工程施工实践中，如何更好地践行工程建设的"减量化、再利用、资源化"原则，积极探索资源回收和废物综合利用的有效途径，实现资源节约、废旧材料的再生和综合利用，提高资源再利用水平，积极推进建筑垃圾、尾矿、生产生活污水等在交通基础设施建设运营中的无害化处理和综合利用，推进交通运输行业绿色循环低碳发展，将成为交通基础设施施工企业的使命。

2　项目简介

鹤大高速公路靖通段起于靖宇县南侧的板房子，与营松高速公路共线段起点相接，起点桩号K266+263.924，途经白山市江源区、通化市柳河县凉水河子镇、兴林镇、光华镇，止于通化县二密镇，项目终点桩号K372+647.563。路线全长107.168km，由中国建筑股份有限公司承建。项目途经长白山区，是中国生态环境最原始、最自然的保护区之一，也是吉林省乃至东北地区的水系发源地，沿线经过东风湿地自然保护区、靖宇水源保护区、吉林省哈泥河国家级水源保护区、龙湾林场、朝阳林场、哈泥林场、胜利林场等地，施工环保要求高，被列为交通部"科技示范工程"项目。

3　"科技示范工程"项目主要实施内容

鹤大高速公路靖通段"科技示范工程"共包含科技示范项目技术推广类11项，技术攻关类3项（表1）。

鹤大高速公路靖通段科技示范项目一览表   表1

技术类型	序号	项目名称
推广应用类	1	结构混凝土抗冻耐久关键技术推广应用
	2	高寒山区隧道保温防冻技术推广应用
	3	填料型火山灰改性沥青混合料技术推广应用
	4	寒区高速公路房屋建筑工程节能保温技术推广应用
	5	RFID无源电子标签不停车收费技术与部标ETC兼容性开发应用
	6	植被保护与恢复技术推广应用
	7	寒区公路边坡生态砌块及道面铺装成套技术推广应用
	8	弃渣弃方巨粒土路基填筑技术推广应用
	9	机制砂在寒区结构混凝土中的推广应用
	10	尾矿渣筑路技术推广应用
	11	季冻区服务区污水处理与回用技术推广应用
技术攻关类	1	生态敏感路段湿地路基修筑关键技术研究应用
	2	基于环境感知的高速公路隧道及服务区照明节能与智慧控制技术研究应用
	3	应对极端气候的橡胶粉SBS复合改性沥青成套技术研究与应用

4 "科技示范工程"工程管理与策划

中国建筑鹤大高速公路项目总经理部充分发挥"组织、协调、服务、监督"的职能,将"科技示范工程"技术与理念融于整体施工中,充分利用项目背景及技术支撑,全力推进"科技示范工程"的实施,实现典型示范工程的建设目标。

4.1 明确"科技示范工程"工程建设目标

科技示范工程以提高工程质量和服务水平为核心,落实国家"生态文明建设"和交通运输行业"绿色、循环、低碳"发展的要求,建设"技术先进、资源节约、抗冻耐久、生态环保"的现代化高速公路,实现施工过程的低碳节约。

4.2 确定"科技示范工程"组织机构

为全力推进"科技示范工程"项目实施,鹤大高速公路靖通段项目总经理部建立健全"科技示范工程"施工管理体系,贯彻执行"安全、绿色、环保、科技"八字方针(图1、表2)。

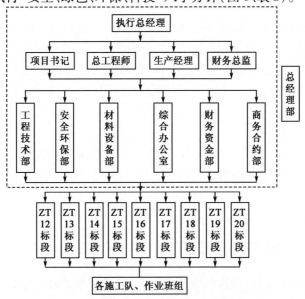

图1 "科技示范工程"项目实施管理体系

部门职责 表2

部门	职责
总经理部执行总经理	建立"科技示范工程"施工领导小组,制定奖惩制度,确立管理机制,落实"科技示范工程"施工专项经费
总经理部书记	负责"科技示范工程"实施的思想工作,后勤保障工作,对外协调工作
总经理部总工程师	组织编制"科技示范工程"实施方案,负责"科技示范工程"施工技术指导;推进新工艺、新技术实施
总经理部生产经理	严格执行国家及行业相关规章制度,全面负责现场"科技示范工程"施工工作
总经理部财务总监	负责"科技示范工程"实施经费操作及管理
总经理部工程技术部	对施工现场"科技示范工程"施工进行协调管理;调配现场施工资源,确保总工期实现;负责"科技示范工程"施工技术质量管理工作;检查、解决施工过程中出现的质量问题,确保现场施工质量受控
总经理部安全环保部	负责"科技示范工程"施工安全、文明、环境保护等各项管理工作;编制、落实安全、文明施工管理各项规章制度;对现场环境保护定期检查、管理
总经理部材料设备部	材料采购做到质优价廉;建立合格供应商档案库,确保材料合理使用,杜绝浪费;现场材料堆放码放整齐有序;提高材料利用率;严禁不合格材料、淘汰材料用到工程中
总经理部综合办公室	建立后勤保障体系;制定生活区宿舍、食堂、厕所等各项环保绿色管理制度,并定期检查、落实
总经理部财务资金部	负责各标段"科技示范工程"具体实施过程中财务资金的管理
总经理部商务合约部	负责"科技示范工程"施工过程中各标段分包合同的签订与管理
ZT12-ZT20标段	根据各标段具体情况,在项目经理的带领下,总经理部各部门的组织协调下,对各项"科技示范工程"工作进行具体分工,落实到各施工队伍
各标段分包队伍	"科技示范工程"具体工作的实施

4.3 建立"科技示范工程"施工管理制度及保障措施

4.3.1 管理制度

(1)建立培训交底制度

开工前,对全体参施人员进行"科技示范工程"培训,落实指导方针,明确"科技示范工程"施工目标,分解"科技示范工程"责任目标,做到"横向到边,纵向到底",并对实际操作人员进行技术交底。

(2)建立中间检查制度

建立"科技示范工程"实施专项检查小组,执行总经理任检查组组长,总工程师任检查组副组长,各部门经理为组员,每周对"科技示范工程"项目实施情况进行检查,做到动态监控,确保"科技示范工程"项目有序进行。

(3)建立考评激励制度

建立"科技示范工程"项目考评激励制度,每月进行一次考评,按照实施情况进行排名,并辅以奖金奖励,确保"科技示范工程"项目顺利实施。

4.3.2 保障措施

(1)各标段根据"科技示范工程"内容编制分项进度计划。

(2)成立"科技示范工程"领导小组,责任到人,分工明确。

(3)制定实施措施纲要。

①组织工程员工学习有关文件,做好技术培训工作,熟悉图纸及有关规范、标准及技术资料,提高对"科技示范工程"的认识。

②建立技术保证、监督、检查和信息反馈系统,调动各部门有关人员,积极开展工作,将动态信息迅速传递到项目决策层,针对问题及时调整方案,确保"双示范"项目的顺利实施。

③充分发挥"科技示范工程"领导小组作用,群策群力,攻克技术难关。

5 "科技示范工程"项目的实施

5.1 生态敏感路段湿地路基修筑关键技术研究应用

湿地拥有强大的生态净化作用,是一种独特的、多功能的生态系统,扮演着极其重要的生态角色。ZT12标K283+314~K283+695段共381m湿地路基。为保护湿地两侧水系连通和湿地路基的冰冻稳定性,本项目通过碎石桩、碎石盲沟与小孔径波纹钢管涵洞组合应用;巨粒土路基填筑等多项技术应用,有效保证了路基的冰冻稳定性、浅表水系的连通,保护了路侧原始生态环境。

5.2 弃渣弃方巨粒土路基填筑技术推广

施工过程中产生大量的石质挖余和隧道弃渣,将这些弃渣弃方用于加工碎石、机制砂和填筑路基,减少大量的弃方及借土场占用的农田耕地,合理利用资源,降低对自然环境的破坏,提高资源利用率,降低造价,提升工程品质。靖通段隧道洞渣用于加工碎石76万m^3,填筑路基155万m^3,砌筑等其他用途49万m^3,总计280万m^3。

5.3 尾矿渣筑路技术推广应用

尾矿渣是采掘过程中经筛选后的残留物质,含有大量的活性物质,通过选择有效的稳定类材料提高尾矿混合料的强度,应用于道路工程具有非常重要的意义。在白山市板石存在多处矿井,其中柳河县海华矿业矿井现存尾矿渣40余万m^3,占用大量的土地资源和环境污染。项目选择柳河县海华矿业矿井作为尾矿渣来源,利用尾矿渣进行路基填筑段落为ZT15标K306+500~K307+800,K313+200~K314+197;ZT16标K314+552~K319+500,共计7.25km,利用尾矿渣共17万m^3。

5.4 结构混凝土抗冻耐久关键技术推广应用

季冻地区冻融循环、撒盐除冰对混凝土的抗冻耐久性有一定影响,本项目通过对原材料的严格控制,改进混凝土配合比设计方法,精细化施工提高混凝土抗冻耐久性。桥梁护栏底座、墙式护栏、伸缩缝、设伸缩装置处的盖梁混凝土均采用抗冻设计施工,使用抗冻耐久混凝土共计21 381m^3。

5.5 高寒山区隧道保温防冻技术推广应用

低温和水是隧道发生冻害的必要条件,在季冻地区将完善的隧道防排水系统和保温技术相结合,能达到不渗、不漏、不冻胀目的。基于"防水是基础、排水是核心、保温是关键"的隧道抗冻准则,将防水、排水、保温技术有机结合,根据隧道抗冻等级选取不同的抗冻措施,综合治理,解决隧道冻害问题。在高丽沟隧道全隧道范围,其他8座隧道进出口各300m范围二次衬砌内表面敷设一层50mm厚的聚氨酯保温层,并在保温层内喷涂防火涂料。靖通段隧道共单洞10 250m采用隧道保温防冻技术。

5.6 填料型火山灰改性沥青混合料技术推广应用

利用火山灰独特的表面孔结构和过渡金属元素易于与沥青结合的性质将其作为填料型改性剂,对沥青混合料进行改性,可以明显提高沥青混合料的高低温性能,适用于冰冻地区交通条件,可有效地提高沥青路面的温度稳定性,延长沥青路面使用寿命。火山灰与沥青混合料掺配无须特殊工艺,且具有资源利用、就地取材、性能优良等优点。ZT17标将填料型火山灰改性沥青应用于路面下面层K322+605~K335+605,共11.723km。

5.7 寒区公路边坡生态砌块及道面铺装成套技术推广应用

路线经过区域多为半填半挖式的路基断面形式,隧道弃渣及挖方弃土石方较大,可用做生态砌块原料,节省工程造价。从节约资源、保护环境、利用景观学角度综合考虑,用生态砌块替代传统的浆砌片石或叠拱护坡。产品强度高、景观效果好,节约资源,降低造价,综合利用,变废为宝。实现了工程弃渣的循环再利用,推广规模大,经济、环境效益显著。靖通段边坡防护共利用生态砌块梅花型、燕尾槽型、宝字盖型50万 m^3。

5.8 应对极端气候的橡胶粉SBS复合改性沥青成套技术研究与应用

本项目地处高纬度的长白山区,冬季寒冷漫长,夏季温热多雨,年极端气候可达-41.9℃,年平均降水量744.3mm,路面开裂和混合料冻融破坏严重。通过将废旧轮胎磨细加工成橡胶粉添加到沥青混合料中对其进行改性,并实现废橡胶粉SBS复合改性沥青的工厂化生产,以满足季节冰冻地区特殊气候及重载交通等条件下沥青路面性能要求为目标,综合提高沥青路面高温抗车辙性能和低温抗裂性能。在鹤大高速公路靖通段ZT12~ZT20标段全线封层K266+267~K372+647共91.5km及ZT17标全线路面上面层SMA-13(K314+552~K344+700共27.7km)、下面层AC-20(K314+552~K344+700共27.7km)应用橡胶粉SBS改性沥青混合料。

6 "科技示范工程"项目实施成果

橡胶粉SBS复合改性沥青技术利用废旧轮胎41万条;填料型火山灰改性沥青混合料技术利用火山灰5 000t,火山灰填筑路基节约路基填料195万 m^3;尾矿渣利用节约路基填料17万 m^3;隧道洞渣利用共计288万 m^3。

7 结语

中国建筑鹤大高速公路靖通段总经理部以资源节约和循环利用为核心,以耐久、生态、环保、节地、节能、节材及废旧材料综合利用为施工考虑重点进行组织、管理、策划,通过生态敏感区高速公路施工关键技术的集成创新与应用,既保护了原始生态环境不被破坏,实现可持续发展的战略理念,又提高了季冻区高速公路建设项目的科技含量、技术水平、施工质量,实现了建设环保生态路和长寿耐久路的目标,社会、环保、经济效益十分显著,为季冻区高速公路建设提供借鉴。

参 考 文 献

[1] 长白山区和大高速公路资源节约循环利用科技示范工程实施方案[R].
[2] 吉林省交通运输厅.吉林省高速公路施工标准化管理指南[R].

第二篇

抗冻耐久

公路工程抗冻设计与施工关键技术

王潮海[1]　陈志国[2]　郑继光[2]　闫秋波[2]　王书娟[2]

(1.吉林省交通运输厅　吉林　长春　130021；2.吉林省交通科学研究所　吉林　长春　130012)

摘　要：我国季节性冻土分布广泛，约占国土面积的一半以上，遍及全国14个省市自治区。季节性冻土地区的自然环境使得该地区公路工程冻害问题突出，影响公路工程的质量和耐久性。2012年交通运输部下达了行业推荐性标准《公路工程抗冻设计与施工技术细则》的编制计划，编写组通过广泛的技术调研、系统的试验验证及理论分析等手段，提出了季节性冻土地区路基土回弹模量冻融循环折减系数、水泥混凝土抗冻等级、路面最小防冻厚度、桥梁和涵洞基础埋深、隧道保温层厚度及隧道围岩冻结深度等控制指标和标准，并介绍了在鹤大高速公路科技示范工程中的应用情况，对指导季冻区公路工程抗冻设计与施工、促进抗冻技术进步、提高公路工程的冰冻稳定性和抗冻耐久性及保障公路工程运营安全具有重要意义。

关键词：公路　抗冻　设计与施工　技术

1　引言

我国季节性冻土分布广泛，约占国土面积的一半以上，遍及全国14个省市自治区。季冻区气候条件鲜明，夏季炎热多雨、冬季寒冷漫长，这种特殊的气候使公路工程抗冻耐久性问题十分突出。据调查资料显示，普通干线公路由于冻胀引起的维修费用占全部维修费用的25%，高速公路由于冻胀引起的维修费用占全部维修费用40%。根据不完全统计，季冻区每年用于冻害产生的维修费用超过20亿元，因此对季冻区公路抗冻耐久性进行研究是非常必要的，且任务艰巨。

本文通过广泛的技术调研、系统的试验验证及理论分析等手段对季节性冻土地区路基土强度衰减、水泥混凝土抗冻、路面防冻厚度、桥梁和涵洞基础埋深、隧道保温等关键技术问题进行了研究。

2　水泥混凝土的冻融环境等级和抗冻等级

当前各行业在混凝土环境类别与等级划分方面存在较大差异，公路行业常用的《公路钢筋混凝土及预应力混凝土桥涵设计规范》(JTG D62—2004)、《公路桥涵施工技术规范》(JTG/T F50—2011)对此进行的大体分类，但在冻融环境、氯盐环境等特殊环境下的类别划分并未深入细化。

对水泥混凝土结构的冻害状况调研情况结果表明，河北北部、北京、辽宁、吉林等地的冻害较为严重，而黑龙江、内蒙古东部等严寒地区的冻害则相对较轻。主要原因是黑龙江、内蒙古东部等严寒地区，由于冬季气温较低，长期处于冻结状态，冻融循环次数相对较少，冻害相对较轻，因此冻融循环次数引起的冻害大于冻结温度。因此应根据有害冻融循环次数对水泥混凝土结构所处的冰冻气候条件和化学腐蚀环境等综合影响进行分级，根据产生冻害的严重程度将水泥混凝土的冻融环境等级分为D1、D2、D3、D4、D5、D6、D7共7个等级，见表1。

水泥混凝土的冻融环境等级　　　　表1

有害冻融循环次数	无盐环境		有盐环境	
（次/年）	中度饱水	高度饱水	中度饱水	高度饱水
<10	D1	D1	D2	D3
10~59	D1	D2	D3	D4

续上表

有害冻融循环次数（次/年）	无盐环境		有盐环境	
	中度饱水	高度饱水	中度饱水	高度饱水
60~120	D3	D4	D5	D6
121~180	D4	D5	D6	D7
>180	D5	D6	D7	D7

有盐环境是指冻结的水中含有盐，包括海水、盐渍土或其他含有氯化物的环境，以及使用有机、无机类除冰盐环境，常见公路工程水泥混凝土构件的饱水程度示例见表2。中度饱水指冰冻前偶受水或受潮，水泥混凝土内饱水程度不高，高度饱水指冰冻前长期或频繁接触水或润湿土体，水泥混凝土内饱水程度高（表2）。

公路工程水泥混凝土构件的饱水程度示例 表2

冻融条件	饱水状态	结构构件
无盐	中度饱水	非水中的竖向构件，偶受渗漏影响的构件，干旱地区的水平构件
	高度饱水	水平构件，水位变化区的竖向构件，受渗漏影响严重的构件
有盐	中度饱水	受氯盐作用的非水中的竖向构件，偶受渗漏影响的构件，干旱地区的水平构件
	高度饱水	受氯盐作用的水平构件，潮汐区、浪溅区的竖向构件，受渗漏影响严重的构件

混凝土冻融破坏，尤其是混凝土的表面剥蚀破坏，主要是由于冻融频繁交替导致的损伤积累以及疲劳应力所致。而冻融次数是造成混凝土破坏的主要外部因素之一，试验研究与论证表明，应以地表温度代替气温变化确定冻融次数，按照年平均有害冻融次数，结合气候、环境条件和结构设计使用年限等确定混凝土的抗冻等级，即在标准试验条件下水泥混凝土抵抗反复冻融破坏的能力分为F100、F150、F200、F250、F300、F350、F400、F450共8个等级，见表3。由此划分的抗冻等级能够更好地满足各地水泥混凝土的抗冻性要求。

抗冻水泥混凝土的抗冻等级要求 表3

冻融环境等级	设计使用年限（年）			
	结构水泥混凝土		路面水泥混凝土	
	100	50	30	30
D1	F200	F150	F100	F200
D2	F250	F200	F150	F200
D3	F300	F250	F200	F200
D4	F350	F300	F250	F250
D5	F400	F350	F300	F300
D6	F450	F400	F350	F350
D7	F450	F450	F400	F400

3 季节性冻土地区路基土回弹模量冻融循环折减系数

季节性冻土区路基强度冻融衰减是世界性问题，国外一些国家对此问题开展了相应的研究。美国学者汇总了一些研究者的试验数据，得到冰冻材料的回弹模量值变动范围7 000（黏土）~21 000MPa（粗粒土），而融解时的回弹模量最低值平均下降为未冻结土回弹模量的0.4~0.75。挪威测定了不同季节土的强度变化规律，但并未提出冻融循环条件下不同土质的路基土强度衰减系数。国内相关科研机构和大学对细粒土冻融后的强度变化进行了试验研究，见表4。

季冻区路基土模量衰减系数研究成果　　　　　表4

类　　别		路基土模量衰减系数
长安大学	细粒土	陕北中冻区0.67~0.95
		陕南轻冻区0.41~0.88
		黑龙江重冻区0.47~0.97
中交第二公路勘察设计研究院		0.26~0.42（5次冻融循环后）

考虑了冻区、公路自然区划、大地标准冻深、土质的影响，对季节性冰冻气候典型的吉林省及黑龙江省代表性公路路基进行了钻探取芯、原位测试、室内试验、承载板现场测试及FWD动态弯沉测试，得到季冻区季冻区运营期路基土模量衰减系数，见表5。

季冻区运营期路基土模量衰减系数　　　　　表5

项 目 名 称	路基土模量衰减系数
吉林省春融期路基调查	细粒土：0.40~0.70，粗粒土0.50~0.80
长平高速公路承载板测试	0.6~0.8
长平高速公路FWD测试	0.29~0.73
黑龙江北安试验段承载板测试	0.36

上述研究成果及调研结果均是路基土在湿度和冻融循环作用下的综合折减，《公路路基设计规范》（JTG D30—2014）中路基回弹模量设计值的计算包含两项折减系数，分别是路基回弹模量湿度调整系数、干湿循环或冻融循环条件下的路基土强度衰减系数。

为保障路基在运营期的使用质量，综合相关研究成果，细化了季节性冻土地区路基土回弹模量冻融循环折减系数，见表6。该系数除和《公路路基设计规范》（JTG D30—2014）相协调外，体现了冻区、土组的差异，应用更为方便。

季节性冻土地区路基土回弹模量冻融循环折减系数　　　　　表6

冻区	土组名称	土　　组	
		粗 粒 土	细 粒 土
重冻区		0.80~0.90	0.70~0.85
中冻区		0.80~0.95	0.70~0.90
轻冻区		0.85~0.95	0.75~0.90

4　路面最小防冻厚度

季冻区半刚性基层路面常常因路基竖向冻胀力作用产生弯曲变形，当变形值超过材料极限应变时，路面出现纵向裂缝乃至破坏。为避免路基冻胀导致的路面开裂，路面总厚度应按公式（1）检验是否满足最小防冻厚度的要求。

公式（1）是借鉴简支梁的受力计算方法，把路面结构简化成1m宽受均布荷载作用的简支梁，计算路面在竖向冻胀力作用下产生的应变，来验算路面材料的容许变形。由于沥青面层材料的拉应变远远大于半刚性材料的拉应变值，所以半刚性基层沥青路面只验算基层。对于水泥混凝土路面，由于纵向接缝的半柔性连接，路面冻胀开裂也只验算基层，方法同沥青路面。

$$\varepsilon_j = \frac{24H_i}{5B_k^2} \cdot z_j \cdot \xi \times 10^6 \leq \varepsilon_s \cdot \frac{1}{K} \tag{1}$$

式中：ε_j——路面材料因路基冻胀产生的拉应变（10^{-6}）；

B_k——路面计算宽度（m），高速、一级公路取半幅宽，多车道最大取12m，二级及以下公路取全宽；

ε_s——路面基层材料弯曲拉应变,通过小梁或中梁弯曲试验确定,其值不应小于 $220\times10^{-6}\sim200\times10^{-6}$;

H_i——路面半刚性结构层设计厚度(m);

K——路面材料安全系数,根据公路等级、材料均匀性和试验条件取 $1.05\sim1.1$;

z_j——路基计算冻胀值(m);

ξ——路面不均衡冻胀系数,高速、一级公路取 0.2,二级公路取 0.15。

如半刚性基层冻胀拉应变验算不满足要求,应增设防冻垫层或采用粒料类路基土。抗冻垫层厚度可根据按式(2)确定。

$$h_{\min} = Z_{\max} - \frac{5B_k^2 \cdot \varepsilon_s}{24H_i K\xi\eta \times 10^6} - H_i \tag{2}$$

式中:$h_{\min}$——抗冻垫层厚度(m);

其他符号同前。

为便于应用,根据路基填土的土质类型、路基的干湿状态、地下水深度,给出按路基土冻胀等级及道路多年最大冻深选择的路面最小防冻厚度表,见表7。

路面最小防冻厚度(单位:mm)　　　　表7

路面类型	路基土冻胀等级	道路多年最大冻深(m)			
		$0.5 \leq Z_{\max} < 1.0$	$1.0 \leq Z_{\max} < 1.5$	$1.5 \leq Z_{\max} < 2.0$	$2.0 \leq Z_{\max}$
沥青路面	Ⅰ	300~450	350~500	400~600	500~700
	Ⅱ	350~550	450~600	500~700	550~800
	Ⅲ	400~600	500~700	600~800	650~1000
水泥路面	Ⅰ	300~500	400~600	500~700	600~950
	Ⅱ	400~600	500~700	600~900	750~1200
	Ⅲ	450~700	550~800	700~1000	800~1300

5　桥梁和涵洞基础埋深

桥梁和涵洞基础埋深问题涉及结构的安全性、工程的经济性,尤其是二级及以上公路,由于线形的要求,桥涵构造物比较多,问题更为突出。

对桥梁和涵洞基础埋深问题,按照1985版、2007版的《公路桥涵地基与基础设计规范》,不仅计算复杂、计算量大,且直接影响工程造价,因此根据实际经验,以便于计算、确保基础在使用期内不出现冻胀问题为指导原则,提出非静定和静定桥梁基础基底埋深均位于冻深下250mm的规定,并且去掉了基础底面下容许最大冻层厚度,较现行《公路桥涵地基基础设计规范》规定提高了要求。盖板涵基础埋深较现行《公路桥涵地基基础设计规范》规定也提高了要求。

关于桥梁和涵洞基础埋深应满足以下技术要求:

(1)位于冻胀土层的桥梁基础,应将基底埋入设计冻深以下不小于250mm。设计冻深按式(3)确定。

$$Z_d = \psi_{zs}\psi_{zw}\psi_{ze}\psi_{zg}\psi_{zf}Z_0 \tag{3}$$

式中:Z_d——设计冻深(m);

Z_0——标准冻深(m)。

(2)位于冻胀土层的盖板涵洞基础,洞口基础及涵身基础底面应埋入设计冻深以下不小于250mm。

(3)位于冻胀土层的箱涵及圆管涵基础,洞口两侧2~6m范围内涵身基底应埋入设计冻深以下不小于250mm,涵洞中间部分的基础埋深按式(4)计算,并将基底至冻结线处的冻胀土换填为非冻胀材料。涵洞中间部分基础埋深与洞口基础埋深之间应设置过渡段。

$$d_{\min} = Z_d - h_{\max} \tag{4}$$

式中：$d_{\min}$——基底最小埋置深度（m）；

$h_{\max}$——基础底面下容许最大冻层厚度（m）。

6 隧道保温层厚度

水和低温是隧道发生冻害的必要条件，设置保温层是预防隧道冻害的重要措施，对于保温层的厚度，参照长安大学研究成果《隧道冻害防治技术研究》相关内容，提出了表面保温和复合式衬砌保温的保温层厚度计算公式：

（1）隧道采用表面保温抗冻构造时，防冻保温层厚度按式（5）计算。

$$\frac{1}{\lambda_p}\ln\frac{r + Z_s(x)}{r} = \frac{1}{\lambda}\ln\frac{r + \delta}{r} \tag{5}$$

（2）复合式衬砌保温法防冻保温层厚度按式（6）计算。

$$\frac{1}{\lambda_p}\ln\frac{r + Z_s(x)}{r} = \frac{1}{\lambda}\ln\frac{r + \delta_2 + \delta}{r + \delta_2} + \frac{1}{\lambda_2}\ln\frac{r + \delta_2}{r} \tag{6}$$

式中：λ_p——围岩导热系数[W/(m·K)]；

λ_2——第二层衬砌混凝土的导热系数[W/(m·K)]；

δ_2——第二层衬砌混凝土的厚度（m）；

r——衬砌结构的曲率半径（m）；

$Z_s(x)$——围岩的冻结深度（m）；

λ——防冻保温材料导热系数[W/(m·K)]，取材料实测值；

δ——保温层的厚度（m），当计算值小于 0.05m 时，取 $\delta = 0.05$m。

防冻保温层厚度计算是依据绝热原理，对于不同导热性能的两种材料（围岩和防冻隔热层），欲使其隔热效果相同，令其热流量相同，即同一热流量通过不同导热性能、不同厚度的材料，根据两侧的温差相等，即可解出这两种材料的等效厚度。隧道是个管状结构，且隧道围岩的冻结深度较大，故可按圆筒计算其热流量。对于隧道横断面方向的热传导，可以近似认为是温度只沿径向变化的一维圆筒热传导问题。

由于目前积累的温度场资料比较少，因此，有条件时，应通过对隧道温度场现场实测，确定最大冻结深度。无实测资料时，可根据气象资料，查出地表的松散岩（土）体的冻结深度（或在洞口实测），根据等效厚度法原理换算成围岩的最大冻结深度。围岩最大冻结深度计算时把地壳看作是一个均质的、半无限大物体，地球表面一定范围内的热传导问题看作是单层平板热传导问题。

7 隧道围岩冻结深度

隧道围岩冻结深度是隧道抗冻设防等级的重要指标之一，围岩冻结深度与洞口段松散岩石冻深成正比关系，而洞口段松散岩石冻深与地区大地标准冻深也存在必然联系。本文公式参照铁道部第二勘测设计院编著的《铁路工程设计技术手册——隧道》中心深埋水沟埋深公式给出：

设计断面处的隧道围岩冻结深度宜通过对临近既有隧道温度场现场实测确定；无实测资料时，可按式（7）计算：

$$Z_s(x) = K\lambda Z_0 \frac{t(x)}{t_0} \tag{7}$$

式中：$Z_s(x)$——隧道设计断面 x 处的围岩冻结深度（m）；

x——隧道设计断面距洞口的距离（m）；

$K\lambda$——围岩类别对冻深的影响系数；

Z_0——隧道所在地区标准冻深(m);

$t(x)$——隧道设计断面处最冷月平均气温(℃),根据隧道沿进深温度梯度推算,无资料时隧道中点至洞口段温度梯度可按0.1℃/10m考虑;

t_0——隧道所在地区最冷月平均气温(℃)。

隧道温度沿隧道进深方向变化规律是决定保温设防长度的关键因素,影响隧道温度梯度的因素较多,目前关于这方面的研究资料较少、实测数据不多且规律性不强,有待不断积累数据。东北季冻区两座高速公路隧道(新交洞隧道、高岭隧道)的部分实测结果表明,温度梯度(隧道中点与洞口比较)变化范围分别为10℃/1 345m(11月份)、10℃/968m(2月份)。吉林省依托高岭隧道和东南里隧道开展的某研究项目,通过模拟分析及部分实测结果统计,提出无电伴热时隧道保温隔热设防长度,见表8。

无电伴热时隧道保温隔热设防长度　　表8

隧道长度(m)	隧道所在地区最冷月平均气温(℃)			
	-5	-10	-15	-20
500	全长	全长	全长	全长
500~1 000	300	全长	全长	全长
1 000~3 000	300	400	800	全长

8　抗冻关键技术在鹤大高速公路科技示范工程中的应用

在鹤大高速公路科技示范工程中,采用了如下抗冻技术:

(1)对于路基填料,进行土组分类和回弹模量测试,并检验按冻融循环折减系数折减后的强度是否满足设计要求。

(2)对于不良地基路段或路基填料冻胀性大的路段,根据路基土的冻胀分类和道路冻深检验路面最小防冻厚度是否满足要求。

(3)考虑到大桥、特大桥基础埋深大、自重大,无基础冻拔隐患,仅依据设计文件对中小桥和涵洞逐一检查基础埋深是否满足要求。

(4)对于全线重要的混凝土工程,查询细则附录A确定年冻融次数,根据预估的饱水程度和有无盐环境确定混凝土的冻融环境作用等级,再根据混凝土结构的设计使用年限,确定混凝土抗冻等级,进而通过控制原材料质量、配合比优化设计及施工工艺控制确保混凝土工程的抗冻耐久性。

(5)对鹤大高速公路全线18座隧道所在地区的气象资料进行了调查,提出了鹤大高速公路隧道保温动态调整原则,对保温材料进行了技术经济对比,基于理论计算、工程类比及防排水条件对隧道抗冻保温方案进行了优化。

9　结语

由于季冻区分布十分广泛,在土质、地形、地貌等方面均存在差异,使得季冻区公路工程抗冻设计与施工技术十分复杂。本研究数据积累和研究广度还存在一定的局限,为促进季冻区公路建设和养护事业的健康发展,今后还应深入开展公路工程抗冻长期性能的研究,并注重数据的积累与共享,促进抗冻技术进步,保证公路工程设计与施工质量,提高公路工程的冰冻稳定性和抗冻耐久性,保障公路工程运营安全。

参 考 文 献

[1] 中华人民共和国行业标准.JTG D62—2004　公路钢筋混凝土及预应力混凝土桥涵设计规范[S].北京:人民交通出版社,2004.

[2] 中华人民共和国行业标准.JTG/T F50—2011 公路桥涵施工技术规范[S].北京:人民交通出版社,2011.
[3] 中华人民共和国行业标准.JTG D30—2015 公路路基设计规范[S].北京:人民交通出版社,2015.
[4] 中华人民共和国行业标准.JTG D63—2007 公路桥涵地基与基础设计规范[S].北京:人民交通出版社,2007.
[5] 中华人民共和国行业标准.JTJ 024—1985 公路桥涵地基与基础设计规范[S].北京:人民交通出版社,1985.

用于岛状冻土地区路基换填的新型材料及其性能

陈东丰[1]　郑纯宇[1]　钱劲松[2]　李冬雪[1]

（1. 吉林省交通科学研究所　吉林　长春　130012；
2. 同济大学交通运输工程学院　上海　201804）

摘　要：针对现有岛状冻土地区冻胀路基的维护技术存在的突出问题，为最大限度地降低利用传统换填材料处治对道路通行能力的影响，研究提出了两种具备良好隔温性能，且能够快速硬化、施工便捷的新型填料。基于可控性低强度材料（CLSM）的高流动性、自填充、自密实特性，对其掺入泡沫颗粒，并通过对两种配合比进行无侧限抗压强度试验、导热系数试验和抗冻融循环试验，确定换填材料的泡沫颗粒的最佳体积比为1%。从技术经济角度出发，提出治理方案为：对沉陷面积不大的区域，采用全厚度换填修复；对沉陷面积较大的区域，采用XPS板+CLSM换填修复。最后通过现场试验段的实施，分析结果表明，本文提出专用于现有岛状冻土地区路基换填的新型材料，能够达到实际的工程应用要求。

关键词：道路工程　保温材料　试验研究　岛状冻土　路基维护　CLSM

1　引言

岛状冻土是多年连续冻土与季节性冻土地区的中间过渡带，属于高温不稳定冻土，冻土地温一般在-1~0℃之间，普遍呈现极不稳定状态[1]。在岛状冻土地区修筑的路基在季节性冷热极端气候的影响下，路基内部水热平衡状态被破坏，力学性能降低，容易出现塌陷融沉等变形，严重影响道路使用寿命。

岛状冻土地区路基的处治原则应以保护冻土层、避免冻土退化为主，其技术途径总体可归结为改变路基结构或材料，来调节路基与外界环境的一种或多种热交换方式，以实现对路基温度场的调控。长期实践表明，在低温冻土区，铺设保温材料可有效保护多年冻土[2]。目前主要采用XPS板和EPS板做保温路基，利用低热导性和隔水性，阻止热量和水分进入，起到保护多年冻土的作用[3-5]。林乐彬[6]将气泡混合轻质土应用于冻土地基中，隔热保温效果明显。赵福宁[7]采用铺设厚片石形成工作面后进行强夯处理，铺设土工格栅和天然级配碎石对岛状冻土地区路基进行处理。

对于岛状冻土地区新建路基可以采用上述方法，然而对于已役路基岛状冻土病害进行处治时，为减少路基处理对交通的影响，应当采用能够快速硬化且施工方便的换填材料。可控性低强度材料（CLSM）具有高流动性、自填充、自密实的特性，掺加泡沫颗粒具有良好的隔温性能[8-10]，然而对于泡沫颗粒的最佳添加量并不明确。首先，本文对两种配合比的CLSM材料进行无侧限抗压强度试验、导热系数测定试验和抗冻融循环试验等室内试验，确定出确定最佳配合比。最后，将两种最佳配合比下的换填材料和XPS板相结合，以长白山地区某边防旅游公路塌陷密集路段作为路基快速维护实体工程试验路段，验证换填材料对路基内部温度场的改善状况。

2　原材料和配合比试验方案

根据美国混凝土协会（ACI）的定义[11-12]，CLSM是一种具有高流动性，在自重作用下无须或少许振捣下，可自行填充，形成自密实结构的水泥基低强度回填材料，其28d无侧限抗压强度不得超过8.3MPa。对于CLSM有很多种分类，其中用于隔热的可控性低强度材料称为CLSM-CTF。目前美国多个混凝土协会和州关于CLSM的配合比范围做了规定[8]，考虑本次CLSM回填材料用作长白山寒冷地区,因此在配合比选择上主要考虑美国高纬度地区研究机构对 CLSM 级配的规定。在吉林地区,火山灰材料资源丰富,充分利用火山灰材料的隔温性、活性,因地制宜的将火山灰材料用于填筑抗冻路基。在本试验中,CLSM-CTF1 材料由砂、水泥、粉煤灰、速凝剂和水组成,CLSM-CTF2 由水泥、碎石、火山灰和水组成。水泥为吉林长春四通水泥厂制造的万厦牌 P.C32.5 复合硅酸盐水泥,水为普通自来水,火山渣级配如图1所示。

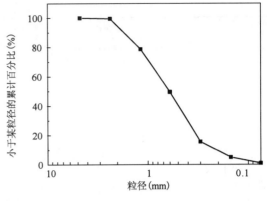

图 1 火山渣级配曲线

在确定材料配合比试验中,先不掺加泡沫颗粒,对不同配合比试件分别进行无侧限抗压强度试验、导热系数试验和冻融循环试验,根据试验结果确定出最佳水灰比含量。然后采用此水灰比,对每个试件中添加不同含量的泡沫颗粒,体积比分别为 1%、2%、3%,然后对这三种配合比分别进行无侧限抗压强度试验、导热系数试验和冻融循环试验,确定出最佳泡沫颗粒添加量。CLSM-CTF1、CLSM-CTF2 材料配合比如表1、表2所示。

CLSM-CTF1 材料配合比　　　　表1

水泥(kg)	砂(kg)	粉煤灰(kg)	速凝剂(kg)	水(kg)		
60	1 600	150	1.8	252	294	336

CLSM-CTF2 材料配合比　　　　表2

水泥(kg)	碎石(kg)	火山灰(kg)	水(kg)		
200	200	1 600	640	720	800

3 试验分析

3.1 无侧限抗压强度

无侧限抗压强度试验采用 10cm×20cm 圆柱体试件[10],每组4个试件,养生温度为(20±1)℃,湿度为 95%。在试验时不需要振动密实,只需将新拌的浆体浇置于试验器具中,然后将试件置于标准养生室养护 24h 后,待其具有初始强度进行拆模,然后将时间继续养护至目标时间,如图2所示。试验结果如表3和图3所示。

a) CLSM-CTF1

b) CLSM-CTF2

图 2 CLSM 材料

无侧限抗压强度试验结果　　　　　表3

CLSM-CTF1	水灰比(%)	1.2	1.4	1.6
	强度(MPa)	0.34	0.38	0.26
CLSM-CTF2	水灰比(%)	3.2	3.6	4.0
	强度(MPa)	0.37	0.42	0.39

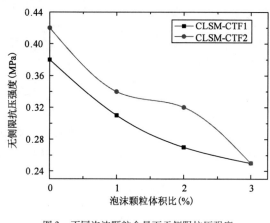

图3　不同泡沫颗粒含量下无侧限抗压强度

由图3和表3中可以看出,在不掺加泡沫颗粒情况下,两种材料的强度均随着水灰比的增大先增加后减小,这是由于过多的用水会产生泌水现象,当水分挥发之后,会形成气孔,对试件的强度产生负面的效果。在本次试验中CLSM-CTF1材料的最佳水灰比为1.4左右,此时材料的强度在峰值附近,为0.38MPa,CLSM-CTF2材料最佳水灰比为3.4,最大强度为0.42MPa。

在最佳水灰比条件下,对每种材料掺加泡沫颗粒后,随着泡沫颗粒体积比的增大,材料的强度一直减小,改进CLSM材料强度分别减小18.4%,28.9%和34.2%,保温型稳定材料强度分别减少19.0%,23.8%和40.4%。

3.2　导热系数

导热系数是用来衡量材料导热特性和保温性能的重要参数,耐热保温材料的性能由材料的导热系数确定。导热系数试验参照《绝热材料稳态热阻及有关特性的测定》(GB/T 10294—2008)规范规定[13-14],采用IMDRY3001-V1导热系数测定仪进行测定。试件标准尺寸300mm×300mm×(5~45)mm,平整度按照国家标准为0.01mm,同种材料的试件做2个将制作好的试件放入标准养生室内养生7d。

根据由无侧限抗压强度试验确定的最佳水灰比,分别成型含有不同泡沫颗粒体积标准尺寸试件进行热传导系数测定,试验结果如图4和图5所示。

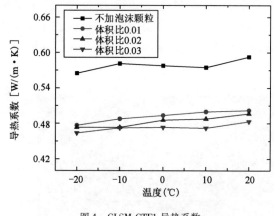

图4　CLSM-CTF1导热系数

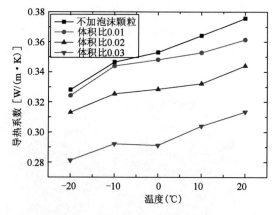

图5　CLSM-CTF2导热系数

图4和图5表明,CLSM-CTF1和CLSM-CTF2的导热系数随温度的上升而升高,但同一配合比材料导热系数随温度变化波动较小,几乎可以忽略。对于CLSM-CTF1,掺加泡沫颗粒后导热系数明显降低,但随着泡沫颗粒的含量的增加,对CLSM材料的保温性能提升有限。对于深层的CLSM-CTF2,由于火山灰材料具有良好的隔热性能,在不掺加泡沫颗粒的条件下导热系数已经很低,随着泡沫颗粒含量的增加,导热系数逐渐降低,保温隔热性能相对提高。在加入泡沫颗粒后,CLSM-CTF1的导热系数维持在0.47W/(m·K)左右,CLSM-CTF2导热系数总体维持在0.31W/(m·K)左右,根据文献调查[15],黏土

的导热系数为0.695 2W/(m·K),换填材料的导热系数仅为黏土的40%~70%,说明具有良好的隔温性能。

3.3 抗冻性能

按照无机结合料稳定材料冻融试验方法进行测定材料的抗冻性能。冻融试件采用10cm×20cm圆柱体试件,每组18个试件,其中9个为冻融试件,9个为不冻融对比时间,养生龄期为28d,冻融循环5次,试验以在-18℃低温箱冻16h,然后在20℃水槽中融化8h作为一次冻融循环,分别测试一次冻融循环、三次冻融循环和五次冻融循环后试件的无侧限抗压强度。试验结果如表4所示,残留强度比如图6所示,其中材料1为CLSM-CTF1材料,材料2为CLSM-CTF2材料。

冻融循环试验结果 表4

材料	冻融前抗压强度(kPa)	冻融后抗压强度(kPa)		
		一次冻融	三次冻融	五次冻融
材料1	950	840	693.5	589
材料2	2 730	2 610	2 100	1 830

由无侧限抗压强度试验和导热系数试验确定出材料配合比,然后对其进行抗冻融循环验证试验。从图6中可以看出,随着冻融循环次数的增多,材料的无侧限抗压强度逐渐降低,在本次试验中,对于CLSM-CTF1,经过5次冻融循环后,材料的残余强度比为44%,残余强度为0.37MPa。在经历一次冻融循环和三次冻融循环后,残余强度比仍较高,但经历五次冻融循环后,强度下降较快,主要是由于粉煤灰的掺入细化混合材料内部空隙,提高了其密实性,从而减少了有害孔的相对数量,提高材料抗冻性能,初始时强度残余比较大。但由于材料中含水率较高,材料内部冻水含量逐渐增大,随着冻融循环反复作用,材料强度下降加快。对于

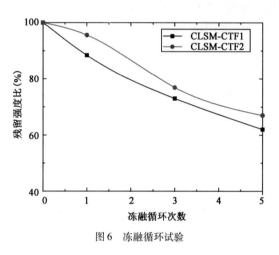

图6 冻融循环试验

CLSM-CTF2,由于火山灰具有良好的抗冻性能,并且在混合材料中含量较大,经过5次冻融循环后,材料的强度残余比67%,残余强度为1.83MPa,说明具有良好的抗冻能力。

3.4 材料最佳配合比

根据无侧限抗压强度试验、导热系数试验和抗冻融循环试验结果,基于强基、隔热和抗冻融能力好的要求,CLSM-CTF1材料和CLSM-CTF2材料的最佳配合比如表5、表6所示。

CLSM-CTF1最佳配合比 表5

水泥(kg)	砂(kg)	粉煤灰(kg)	速凝剂(kg)	水(kg)	泡沫颗粒体积比
60	1 600	150	1.8	294	0.01

CLSM-CTF2最佳配合比 表6

水泥(kg)	碎石(kg)	火山灰(kg)	水(kg)	泡沫颗粒体积比
200	200	1 600	720	0.01

4 岛状冻土地区路基应用效果分析

吉林省长白山地区某边防旅游公路部分路段出现沉陷、融沉等路基病害。通过现场调查,本次试验段选在公路塌陷分布密集的路段,道路断面形式为半填半挖式,沉陷形式是靠山体沿挡土墙排水沟一侧成圆弧形扩散,沉陷区最长达35m,宽度为6m,沉陷区外边缘有纵向开裂,基层底面存在明显的脱空现

象。在最不利季节,探坑挖深至路基顶面以下2.8~3.0m时出现冰晶体,可以判断路基深度3m以下为多年冻土层。

根据沉陷面积以及经济成本的考虑,对于融沉较短的路段,采用全厚度分层换填方案。在路基顶面以下0~0.5m采用CLSM-CTF1材料,在0.5m以下采用CLSM-CTF2材料。对于融沉比较长的路段,若采用深度CLSM材料置换费用较高,故采用在路基内部设置保温隔热板,采用CLSM-CTF1材料作为板上层填料,保护隔热板的整体性。

对埋在不同位置的传感器分别在施工完成时和施工结束1个月后对埋入指定位置的30根温度传感器共进行了2次电阻值数据采集,将电阻数值转化为对应位置的温度值。

4.1 全厚度分层换填处治技术效果评价

图7和图8中1号和2号是分层换填处理的两个平行2个监测断面,3号是未经处理路基的监测断面。通过施工完成时的温度读数和施工完成1个月后的温度对比,由于外界气温的升高,路基内部的温度整体呈现升高的趋势,但是在处理路段温度升高度数较未经处理路段小很多,在路基顶面以下2.0m、2.5m和3.0m处,处理路段温度平均升高2.7℃、0.6℃和1.1℃,而未经处理路段温度升高6.8℃、10.7℃和7.5℃,温度升高幅度较大,说明采用这两种换填材料能够有效降低路基内部温度的升高,减少冻土层融化程度。

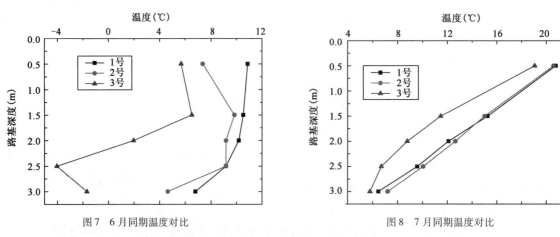

图7 6月同期温度对比　　　　　　　图8 7月同期温度对比

4.2 XPS板+CLSM-CTF1换填处治技术效果评价

图9和图10中4号和5号为XPS板+CLSM-CTF1处理方法的2个平行监测断面,6号为原状未经处理路基的监测断面。在施工完成时,XPS板的层位处板上温度大于板下温度约2.3℃,施工结束后1个月的温度读数,温度曲线沿深度方向线性减小,XPS板的板上温度大于板下温度约7.4℃,说明XPS板+CLSM-CTF1有效地阻止了路表高温对深层冻土热融现象的促进作用。

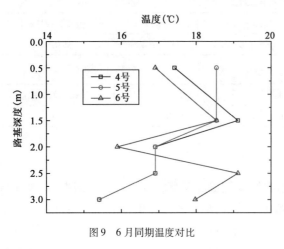
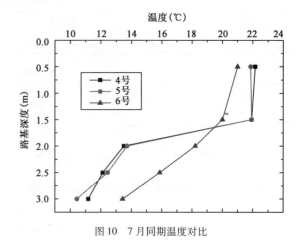

图9 6月同期温度对比　　　　　　　图10 7月同期温度对比

根据现场试验结果,目前采用换填 CLSM 材料和使用 XPS 板+CLSM 维护技术效果良好,与未采用处理措施路段相比,能够较好地降低换填材料下部温度,降低路基发生热融的可能性。由于 CLSM 材料的自流动、自密实的特性,与传统材料相比,在施工时不需要大型复杂的施工机械,施工方法更为简单,材料更为容易取得,对交通的影响更小。

5 结语

(1)根据室内试验结果,对于两种配合比的 CLSM 材料掺加泡沫颗粒的最佳体积比均为 1%。

(2)掺加泡沫颗粒使材料强度降低,但隔热性能和抗冻能力明显增强,导热系数仅为黏土的 40% ~ 70%,能够用于岛状冻土路基热融维护。

(3)根据现场试验表明,对沉陷范围不大的区域采用全厚度分层换填维护技术,对融沉面积较大、纵向破坏较长区域采用 XPS 板+CLSM 维护技术,换填层以下温度明显降低,能有效地阻止路表高温对深层冻土热融现象的促进作用。

(4)两种保温材料均具有自流动自密实特性,保障了换填路基的隔热、强基、抗冻融效果,硬化时间短,减少施工机械的费用,达到快速处理的效果,为解决岛状冻土提出了新思路。

参 考 文 献

[1] 张玉强. 内蒙古岛状冻土地区公路路基施工技术研究[D]. 天津:天津大学,2008.
[2] 汪双杰,李祝龙. 多年冻土地区公路修筑技术[M]. 北京:人民交通出版社,2008.
[3] 盛煜,张鲁新,杨成松,等. 保温处理措施在多年冻土区道路工程中的应用[J]. 冰川冻土,2002(5):618-622.
[4] 樊凯,章金钊,陈建兵. 保温材料在青藏公路路基工程中的应用[J]. 公路,2004(8):163-166.
[5] 辛强. XPS 保温板处治岛状冻土路基技术研究[D]. 西安:长安大学,2012.
[6] 林乐彬,刘寒冰,韩硕,等. 气泡混合轻质土在道路冻土地基保护中的试验研究[J]. 公路交通科技,2009,26(6):55-58.
[7] 赵福宁,赵雨军. 强夯置换法在岛状冻土特殊路基处理中的应用[J]. 铁道建筑,2014(10):85-87.
[8] 张宏,凌建明,钱劲松. 可控性低强度材料(CLSM)研究进展[J]. 华东公路,2011(6):49-54.
[9] 陈晶. 可控性低强度材料的研究进展[J]. 商品混凝土,2012(12):27-28.
[10] 邬曙光,张宏,王智远. 可控性低强度回填材料性能研究[J]. 内蒙古公路与运输,2012(4):10-13.
[11] American Concrete Institute. Controlled Low-Strength Materials (CLSM) [R]. ACI 229, 1999.
[12] American Concrete Institute. Cement and Concrete Terminology [R]. ACI 116, 2000.
[13] 邓朝晖. 建筑材料导热系数的影响因素及测定方法[J]. 工程质量,2008(07):15-18.
[14] 黄嘉樑,谢景锋. 平板导热系数仪标定方法的探讨[J]. 墙材革新与建筑节能,2012(01):46-48.
[15] 陈东丰,陈志国,姚冬冬. 地产材料在公路建设中的应用[J]. 交通标准化,2014,42(3):36-42.

季节性冻土区路基土回弹模量折减系数研究

陈志国 闫秋波 王书娟 李冬雪

（吉林省交通科学研究所 吉林 长春 130012）

摘 要：我国季节性冻土分布广泛,约占国土面积的一半以上,遍及全国14个省市自治区。该地区的公路工程每年要经历若干次冻融循环的作用,反复的冻融循环作用对路基强度有很大的影响,路基回弹模量随着冻融循环次数的增加而变化。本文考虑了冻区、公路自然区划、大地标准冻深、土质的影响,对季节性冰冻气候典型的吉林省及黑龙江省代表性公路路基进行了钻探取芯、原位测试、室内试验、承载板现场测试及FWD动态弯沉测试,综合相应研究成果,得到季冻区运营期路基土模量衰减系数并提出了季节性冰冻地区路基设计回弹模量确定方法,为季节性冰冻地区路基长期稳定和耐久性提供前提保证。

关键词：公路 路基 模量 衰减

1 引言

我国幅员辽阔,季节性冻土分布广泛,从长江两岸开始,遍及北方14个省市,面积为513.7万km^2,约占全国国土面积的53.5%。季节性冻土地区属寒温带大陆季风气候,夏季温热多雨,冬季寒冷漫长,该地区的公路工程每年要经历若干次冻融循环的作用。反复的冻融循环作用对路基强度有很大的影响,路基回弹模量随着冻融循环次数的增加而变化。实践表明,在冻结和融化的反复作用下,季节冻土地区公路路基强度较完工初期有明显下降,且在行车荷载作用下,常常产生冻融开裂、翻浆、局部沉陷等破坏,严重影响行车舒适性与道路通行能力。

对于季节性冻土地区路基在湿度变化和冻融循环综合作用下的模量衰减问题,国内外均开展了相应的研究,如表1所示。其中美国学者汇总了一些研究者的试验数据,得到冰冻材料的回弹模量值变动范围7 000（黏土）~21 000MPa（粗粒土）,而融解时的回弹模量最低值平均下降为未冻结土回弹模量的0.4~0.75。挪威考虑了不同土质的冻融衰减程度,并以临界承载力的概念进行考虑,黏土衰减为标准状态的40%左右,粉土衰减为标准状态的60%左右,砾石衰减至标准状态的80%左右。长安大学提出了季节性冰冻地区路基回弹模量调整系数,陕北与东北粉质黏土及陕南黏土的冻融循环折减系数与含水量密切相关,其范围依次为0.67~0.85、0.47~0.77、0.41~0.88。中交二院季节性冰冻地区典型细粒土开放系统下冻融前后的回弹模量试验研究结果表明：季冻区路基土经历五次冻融循环后,回弹模量基本上趋于一个稳定值,衰减至冻前的26.01%~41.62%

季冻区路基土模量衰减系数研究成果   表1

类别		路基土模量衰减系数
美国		0.40~0.75
挪威		砾石0.90、粉土0.55及黏土0.40
长安大学	细粒土	陕北中冻区0.67~0.95
		陕南轻冻区0.41~0.88
		黑龙江重冻区0.47~0.97
中交第二公路勘察设计研究院		0.26~0.42(5次冻融循环后)

综合考虑冻区、公路自然区划、大地标准冻深、土质等因素的影响,本文选取典型季节性冻土地区的

代表性公路路基进行了钻探取芯、原位测试、室内试验、承载板现场测试及 FWD 动态弯沉测试。通过对试验结果的总结分析,得到了季冻区运营期路基土模量衰减系数,并提出了季节性冰冻地区路基设计回弹模量确定方法,为季节性冰冻地区路基长期稳定和耐久性提供前提保证。

2 路基土回弹模量原位测试

考虑了冻区、公路自然区划、大地标准冻深、土质的影响,选定气候、土质、水文、交通、路面结构和路基填料有代表性的处于稳定状态的路段断面进行了钻探调查(图1)。

图1 钻探取芯

通过 110 组含水量、63 个细粒土取芯件模量、60 组动力触探模量与设计模量对比,可知运营多年达到平衡湿度状态下的路基含水量较竣工时会发生变化,细粒土路床范围内含水量与塑限含水量比较接近,有半数以上高于塑限含水量,绝大部分含水量已经超过了起始冻胀含水量。

对运营期路床内细粒土取芯件测其回弹模量并换算为标准试件的回弹模量,与路基设计回弹模量对比,细粒土衰减范围为 0.40~0.70。粗粒土原位测试模量较设计模量也有所下降,衰减范围为 0.50~0.80,与其中的细粒土含量相关,如图2所示。

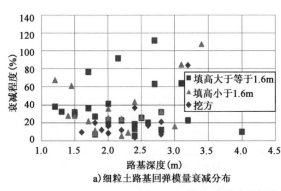
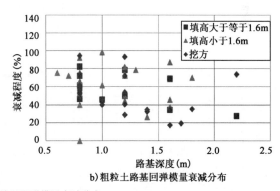

a) 细粒土路基回弹模量衰减分布 b) 粗粒土路基回弹模量衰减分布

图2 细粒土及粗粒土路基回弹模量衰减分布

3 路基土模量衰减承载板检测

承载板是土基回弹模量最直接的测试方法,2013年8月结合长平高速公路改建,对其挖除路面的路床进行承载板测试,通过对比1995年长平交竣工时的路基顶面弯沉值,分析了路基土模量衰减规律。

表2为两个断面的自然情况,表3为路基回弹模量与1995竣工验收时的回弹模量对比结果。可看出与竣工期相比,两个检测断面的回弹模量值均有不同程度的降低,衰减程度在 0.6~0.8 之间。北安试验段路基强度承载板检测于 2013 年 8 月进行,测得的土基回弹模量仅为 12.7MPa,仅为设计模量 35MPa 的 36%。

路基回弹模量检测断面概况   表2

断面桩号	填挖形式	测试位置及结果	土　　质	含水量(%)	施工桩号
K851+260	低填2.2m	路基顶(42.3MPa)	天然山砂或粉土质砂	15.5	K0+030
K851+275	低填2.2m	路基顶(57.6MPa)	天然山砂或粉土质砂	16.3	K0+045
K851+310	低填2.2m	路床底面(25.1MPa)	天然山砂或粉土质砂	17.0	K0+080

注：测试断面均位于四平至长春方向一侧。

路基回弹模量实测值与竣工计算弯沉对比   表3

检测时间	1995年竣工时	2013年检测	减程度(%)
施工桩号	回弹模量(0.01mm)	回弹模量(0.01mm)	
K0+030	69.0	42.3	61.3
K0+045	70.2	57.6	82.1
K0+080	59	25.2	42.7

4 路基土模量衰减FWD检测

为了解路基土模量衰减的整体情况，本文将长平高速改扩建中的FWD弯沉测试数据和竣工弯沉的检测数据进行对比分析，如图3所示。由图可知，2012年的检测弯沉值较竣工弯沉有明显增加，加之路基强度对弯沉的响应要明显大于路面基层，所以路基强度发生了明显的衰减。将竣工弯沉和检测弯沉均换算为回弹模量，可看出长平高速运营期路基强度衰减程度在29%~73%之间，如表4所示。

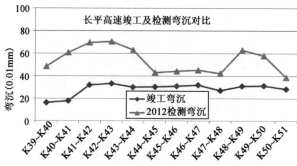

图3　长平高速公路竣工弯沉及检测弯沉对比

长平高速公路弯沉检测对比   表4

桩　　号	竣工回弹模量(MPa)	2012年检测回弹模量(MPa)	衰减程度(%)
K39~K40	1012.4	338.2	33
K40~K41	926.6	269.3	29
K41~K42	510.9	235.3	46
K42~K43	491.0	232.6	47
K43~K44	546.7	259.9	48
K44~K45	539.5	382.3	71
K45~K46	527.4	371.1	70
K46~K47	514.1	362.9	71
K47~K48	607.4	388.6	64
K48~K49	529.1	259.9	49
K49~K50	524.0	283.3	54
K50~K51	579.5	422.7	73

5 季节性冻土地区路基土回弹模量冻融循环折减系数

《公路路基设计规范》(JTG D30—2015)中路基回弹模量设计值的计算包含两项折减系数,分别是路基回弹模量湿度调整系数、干湿循环或冻融循环条件下的路基土强度衰减系数。为保障季节性冻土地区公路路基在运营期的使用质量,本文细化了季节性冻土地区路基土回弹模量冻融循环折减系数。该系数与《公路路基设计规范》(JTG D30—2015)相协调,并体现了冻区、土组的差异,应用更为方便。

路基强度冻融衰减的影响因素包括土、水、温三个方面,其中土质是折减系数选取的首选条件之一。参照土体冻胀性,分为细粒土和粗粒土两类,细粒土指黏性土和粉性土,粗粒土指细粒土质砂及细粒土质砾。以吉林省及黑龙江路基顶面(路基整体)强度衰减为主要依据,参考各层位土体衰减程度,分别对黏质土、粉质土,细粒土质砂及细粒土质砾等土组提出了回弹模量冻融循环折减系数范围。

由于调查的公路主要位于吉林省及黑龙江省,大部分属于重冻区,冻融作用的深度深,并且作用剧烈,路基整体衰减程度大;而中冻区和轻冻土冻融作用深度浅,作用相对较轻,路基整体衰减程度较小。因此,提出相应中冻区和轻冻区的折减系数范围。综上,冻融条件下路基回弹模量衰减系数见表5。

季节性冻土地区路基土回弹模量冻融循环折减系数　　　　表5

土组名称 冻区	土　　组	
	粗粒土	细粒土
重冻区	0.80~0.90	0.70~0.85
中冻区	0.80~0.95	0.70~0.90
轻冻区	0.85~0.95	0.75~0.90

6 季节性冰冻地区路基设计回弹模量确定方法

路基在经过多次干湿和冻融循环后,会达到平衡湿度状态,该状态下路基回弹模量应高于路面结构设计的路基回弹模量要求值,即路基在平衡湿度状态下,路基顶面回弹模量应符合现行《公路水泥混凝土路面设计规范》(JTG D40)和《公路沥青路面设计规范》(JTG D50)的有关规定,因此,季节性冻土地区路基回弹模量设计值应考虑平衡湿度和冻融循环的影响,E_0 可按式(1)计算,并满足式(2)要求。

$$E_0 = K_s \cdot K_\eta \cdot M_R \tag{1}$$

$$E \geq [E_0] \tag{2}$$

式中:E_0——平衡湿度状态下路基回弹模量设计值(MPa);

K_s——路基回弹模量湿度调整系数,按现行《公路路基设计规范》(JTG D30)确定;

K_η——季节性冻土地区路基土回弹模量冻融循环折减系数,宜根据当地路基工作环境进行冻融循环模量衰减试验确定;无试验条件时,可根据冻区、土组按表5确定;

M_R——标准状态下路基动态回弹模量值(MPa);

$[E_0]$——路面结构设计的路基回弹模量要求值(MPa)。

7 结语

本文考虑了冻区、公路自然区划、大地标准冻深、土质的影响,对季节性冰冻气候典型的吉林省及黑龙江省代表性公路路基进行了钻探取芯、原位测试、室内试验、承载板现场测试及FWD动态弯沉测试,综合相应研究成果,得到季冻区季冻区运营期路基土模量衰减系数并提出了季节性冰冻地区路基设计回弹模量确定方法,可为季节性冰冻地区路基长期稳定和耐久性提供前提保证。

沥青稳定碎石混合料在鹤大高速公路上的应用

栾 海[1]　张秋菊[2]　于清海[1]

（1.吉林省交通规划设计院　吉林　长春　130021；
2.哈尔滨工业大学　黑龙江　哈尔滨　150090）

摘　要：本文基于BISAR程序对沥青稳定碎石层在沥青路面结构中的受力分析，提出了沥青稳定碎石混合料的主要评价指标，并以鹤大高速公路的四个标段为研究对象，对其配合比主要的体积参数和大型马歇尔指标进行了对比分析，同时对其目标配合比和生产配合比的高温性能和水稳定性能进行了评价，从而得出了设计良好的沥青稳定碎石混合料具有良好的路用性能，可以在高速公路上推广应用。

关键词：沥青稳定碎石　结构受力分析　动稳定度　水稳定性

1　引言

半刚性基层由于具有显著的强度高、整体性好、经济等优点，已成为我国高速公路沥青路面最主要的结构形式，但是在使用过程中，半刚性基层沥青路面容易产生路面早期裂缝、车辙、唧泥等病害。为了缓解以上不足，沥青稳定碎石层和半刚性基层组合结构形式应运而生。沥青稳定碎石具有较高的抗剪强度、抗弯拉强度和较好的疲劳特性。同时，沥青碎石属于黏弹性材料，具有一定的自愈能力，能够有效抑制反射裂缝的产生，降低维修费用。沥青稳定碎石强调粗集料形成骨架结构，提高结构的摩阻力，从而保证结构的抗车辙性能。细集料、填料和沥青保证混合料具有较小的空隙率，满足抗冲刷和抗疲劳性能。此外，与半刚性基层相比，沥青稳定碎石与沥青面层具有更好的层间联结和变形协调能力，能够有效抑制早期破坏、延长路面的使用寿命。因此，沥青稳定碎石层作为沥青层与半刚性基层间的过渡层，在鹤大高速公路上进行了推广应用。

2　结构受力分析

为了明确沥青稳定碎石混合料的性能评价指标，首先对其在路面结构中的受力状态进行了分析。鹤大高速公路全线共分为4种路基湿度类型，即基岩、干燥、中湿和潮湿，本论文仅以中湿类型进行结构受力分析。图1为鹤大高速公路中湿状态下的路面结构简图，其中沥青稳定碎石ATB-25为8cm，为了研究不同厚度沥青稳定碎石层在结构中的受力状态，分别采用了6cm、8cm、10cm、12cm和14cm，各结构层的设计参数如表1所示。利用BISAR程序，荷载作用位置如图2所示，计算了沥青层底、不同厚度沥青碎石层底以及基层层底的三相应力状态，计算结果如图3～图5所示。由图3～图5可以看出，沥青稳定碎石层厚度从6cm变化到14cm，其层底三相受力状态均是受压，沥青稳定碎石厚度为6cm时，其层底Z方向所受到的压应力最大，随着沥青碎石层厚度的增加，其所受到的压应力逐渐减少，但整个沥青稳定碎石层仍然受压，因此沥青稳定碎石性能评价时主要考虑竖向变形，采用车辙试验的动稳定度值评价其高温抗变形能力。同时考虑到吉林省处于季节性冰冻地区，沥青碎石混合料还需考虑水稳定，即采用残留稳定度和冻融劈裂强度比作为评

图1　鹤大高速公路路面结构

价水稳定性的指标。

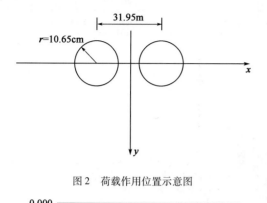

图 2　荷载作用位置示意图

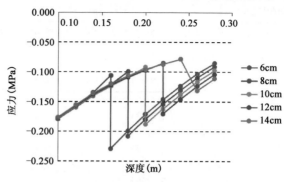

图 3　XX 方向应力沿深度分布

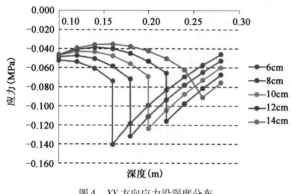

图 4　YY 方向应力沿深度分布

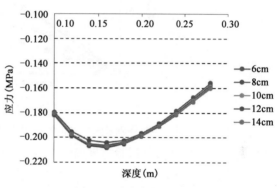

图 5　ZZ 方向应力沿深度分布

鹤大高速公路路面结构计算参数　　　　　表 1

层　　位	抗压模量(MPa)	泊　松　比
SMA-13	1 400	0.25
AC-20	1 200	0.25
ATB-25	1 000	0.25
5% 水泥稳定碎石	3 600	0.35
4% 水泥稳定碎石	3 000	0.35

3　配合比设计

鹤大高速公路采用的是沥青稳定碎石混合料 ATB-25,其级配范围如表 2 所示,以 7 标、9 标、10 标和 14 标为主要研究对象,进行了跟踪调查,明确了这些标段铺筑的沥青碎石混合料整体情况,四个标段 ATB-25 的目标配合比如表 2、图 6 所示。四个标段的级配走向均满足 Superpave 级配设计法关于控制点和限制区的规定(表 3),说明级配组成较好,能够具有较好的路用性能。

ATB-25 目标配合比　　　　　表 2

标段	不同孔径(mm)的累积通过率(%)											
	31.5	26.5	19.0	16.0	13.2	9.5	4.75	2.36	1.18	0.6	0.3	0.15	0.075
ATB-25 上限	100	100	80	68	62	52	40	32	25	18	14	10	6
ATB-25 上限	100	90	60	48	42	32	20	15	10	8	5	3	2
7 标	100	96.2	69.1	60.4	50.7	42.6	32.3	23.6	15.7	11.3	8.9	6.9	5.3
9 标	100	96.8	70.4	60.2	52.4	43.5	31.9	24.9	17.2	12.6	8.4	6.0	4.2
10 标	100	97.6	70.3	61.0	52.0	42.5	30.3	23.4	16.0	11.2	8.1	6.5	5.3
14 标	100	92.4	65.0	56.5	47.1	41.8	29.5	23.3	17.5	12.1	7.7	6.0	4.2

Superpave 混合料级配标准 表3

级配控制项	控 制 点					限 制 区				
筛孔尺寸(mm)	31.5	26.5	19	2.36	0.075	4.75	2.36	1.18	0.6	0.3
最小通过率(%)	100.0	90.0	—	19.0	1.0	39.5	26.8	18.1	13.6	11.4
最大通过率(%)	—	100.0	90.0	45.0	7.0	39.5	30.8	24.1	17.6	11.4

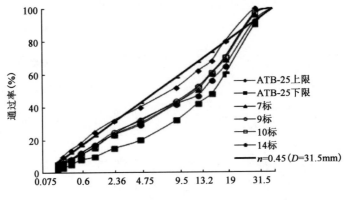

图6 ATB-25 目标配合比

通过大型马歇尔试验分别确定了四个标段沥青碎石混合料的最佳油石比,在最佳油石比下,测试了试件的物理、力学指标,其试验结果如表4所示。马歇尔试验结果表明,四个标段沥青碎石混合料的空隙率大体在5%左右,沥青饱和度能满足规范的要求,但矿料间隙率值偏低,仅满足规范要求的最低值,有些试件甚至比规范要求值还要低些,说明有些级配还有进一步优化的空间。沥青碎石混合料的稳定度值均明显大于规范值,说明沥青碎石沥青混合料的力学指标较高,在确定最佳沥青用量时,更应关注体积指标的变化,从而确定出满足体积指标的最佳沥青用量。

目标配合比马歇尔试验结果 表4

标 段	油石比(%)	毛体积相对密度	空隙率(%)	矿料间隙率(%)	沥青饱和度(%)	稳定度(kN)	流值(mm)
技术标准	—	—	4~6	≥13	55~70	≥15	实测值
7标	3.9	2.399	5.4	13.0	58.6	19.1	2.8
9标	3.8	2.359	4.7	13.3	63.2	23.3	2.3
10标	3.9	2.494	4.8	13.0	62.8	22.5	5.6
14标	3.7	2.424	5.0	13.7	62.8	21.8	2.8

4 力学性能

在最佳油石比下分别成型了方盘试件和大型马歇尔试件,测试了沥青碎石混合料的高温抗车辙性能和水稳定性能,分别以动稳定度、浸水残留稳定度和冻融劈裂强度比为评价指标评价了其高温抗变形能力和抗水损坏能力。表5和表6分别为四个标段沥青碎石混合料的目标配合比试验结果和生产配合比试验结果。

目标配合比试验结果 表5

评价指标	技术标准	7标	9标	10标	14标
动稳定度(次/mm)	>2 500	3 685	5 274	4 135	3 268
残留稳定度(%)	≥80	93.4	87.7	87.7	88.9
冻融劈裂强度(%)	≥75	83.1	79.4	78.7	85.8

生产配合比试验结果　　　　　　　　　　　　　　　　　表6

评价指标	技术标准	7标	9标	10标	14标
动稳定度(次/mm)	>2 500	4 400	4 213	3 653	1 390
残留稳定度(%)	≥80	92.2	92.0	88.4	90.8
冻融劈裂强度(%)	≥75	89.4	79.1	81.0	76.1

由图7和图8可以看出,沥青碎石混合料的动稳定度值普遍较高,明显高于设计标准2 500次/mm,只有14标段的生产配合比的动稳定度值较低,大约为1 300次/mm,但也明显高于规范要求的800次/mm。说明沥青稳定碎石混合料由于粗集料较多,形成了嵌挤骨架结构,具有良好的抗车辙性能。四个标段沥青碎石混合料的残留稳定度值也较好,明显大于规范的要求,冻融劈裂强度也能满足规范的相关规定。说明沥青碎石混合料由于具有较小的空隙率,保证了其具有良好的抗水损坏能力。

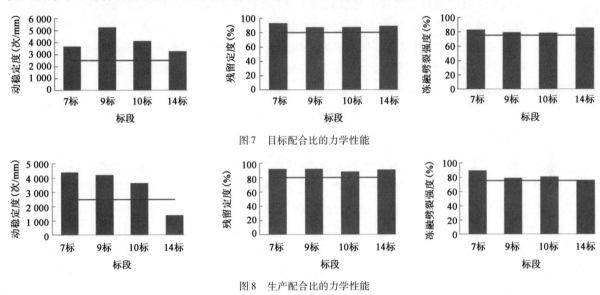

图7　目标配合比的力学性能

图8　生产配合比的力学性能

5　结语

本文通过BISAR程序对沥青稳定碎石层在沥青路面结构中的受力状态进行了分析,提出了基于力学和环境因素的沥青稳定碎石混合料的主要评价指标,并以7标、9标、10标和14标为研究对象,利用Superpave级配设计法评价了四个标段目标配合比的合理性,并采用大型马歇尔设计方法进行了混合料设计,设计出的沥青碎石混合料具有较高的动稳定度和残留稳定度,可以在高速公路上推广应用。

参 考 文 献

[1] 中华人民共和国行业标准.JTG D50—2006　公路沥青路面设计规范[S].北京:人民交通出版社,2006.
[2] 解晓光,马松林,王哲人.沥青混合料马歇尔击实法与振动压实法成型工艺的比较研究[J].中国公路学报,2001,14(1):9-12.
[3] 王哲人,曹建新,王龙,等.级配碎石混合料的动力变形特性[J].中国公路学报,2003,16(1):22-26.
[4] 李安,何昌轩,陈李峰,等.密级配沥青稳定碎石混合料性能研究[J],公路,2010,第1期:124-128.
[5] 黄维蓉,张保立,张银利,等.沥青稳定碎石混合料(ATB-25)的水稳定性研究[J].公路,2009,第12期:70-72.
[6] 何兆益,张政国,黄刚.沥青稳定碎石混合料设计方法对比试验研究[J].重庆大学交通学报(自然科学版),2008,27(6):1071-1076.
[7] 赵新坡,李宁利,戴经梁.沥青稳定碎石基层设计方法研究[J].河北工业大学学报,2014,41(2):83-87.

鹤大高速公路隧道抗冻保温技术

郑继光[1]　王潮海[2]　闫秋波[1]　雷忠伟[1]　秦凯旭[1]

(1.吉林省交通科学研究所　吉林　长春　130021；2.吉林省交通运输厅　吉林　长春　130021)

摘　要：低温和水是隧道发生冻害的必要条件，本文综合寒冷程度和围岩地下水状况对隧道冻害的影响，将鹤大高速公路18座隧道不同段落抗冻设防等级划分为重、中、轻三级，根据隧道抗冻设防等级分别提出不同的保温技术措施(增加衬砌厚度、衬砌配筋、增设保温层等)，通过在全线隧道推广应用表面铺设保温层技术，可有效提高鹤大高速公路隧道群结构安全性及抗冻耐久性，对确保季节性冰冻地区隧道通行能力及服务水平、提高行车安全性、降低后期养护维修费用具有重大意义，综合社会经济效益及科技示范效应显著。

关键词：鹤大高速　隧道　保温层　抗冻设计

1　工程概况

吉林省东部山区多座既有隧道使用情况表明，隧道冬季冻害仍然是最突出的安全隐患问题，虽然在建设及维护过程中注意到了冻害问题的严重性，但由于种种原因，每年都有隧道冻害现象发生，隧道冬季冻害问题一致未得到很好解决。鹤大高速公路吉林省境内段，位于吉林省长白山区，公路沿线地势起伏大、地质条件复杂、气候寒冷、冰冻期长、昼夜温差大，极端最高气温34.5℃，极端最低气温－38.4℃，属于典型的季节性冰冻区。本段高速公路共设隧道18座，其中左幅累计长16 008m、右幅累计长15 947m，是吉林省隧道最集中的高速公路，由于建设条件复杂、气候条件更加恶劣，隧道冻害发生的概率高、危害将更加严重。

通过推广应用隧道抗冻保温技术，可避免冻害问题在新建隧道上重复发生，同时也为既有隧道的冻害处治提供行之有效的方法，对确保季冻地区隧道通行能力及服务水平、提高行车安全、降低后期养护维修费用具有重大意义。

2　隧道保温技术简介

作为鹤大高速公路科技示范重点推广项目，本次隧道保温技术推广及示范应用的技术依据主要参考交通行业标准《公路工程抗冻设计与施工技术细则》有关技术规定，并结合了近年来国内外有关研究成果。

2.1　隧道冻害分类分级技术

低温和水是隧道发生冻害的必要条件，综合寒冷程度和围岩地下水状况对隧道冻害的影响，对全线18座隧道不同段落按照重、中、轻三级进行抗冻设防等级划分，依据抗冻等级选择隧道抗冻保温措施。

(1)根据隧道所在位置的最冷月平均气温或围岩冻结深度指标，将隧道的寒冷程度划分为严寒、寒、冷三个等级，见表1。

隧道寒冷程度分级　　　　表1

寒冷程度	气候条件	
	最冷月平均气温(℃)	围岩冻结深度(m)
严寒	＜－15	＞1.8
寒	－15～－8	1.0～1.8
冷	－8～0	0.2～1.0

(2)根据隧道围岩地下水赋存与补给形式和地下水渗入隧道情况,将隧道不同段落的围岩地下水状况划分为富水、含水、贫水三个等级,见表2。

围岩地下水状况分级 表2

围岩地下水状况	地下水赋存与补给条件
富水	富水隧道,水平或垂直补给
含水	含水隧道,无补给
贫水	干燥隧道或含少量水隧道,无补给

(3)综合寒冷程度和围岩地下水状况对隧道冻害的影响,将季冻区隧道不同段落抗冻设防等级划分为重、中、轻三级,见表3。

季冻区隧道抗冻设防等级 表3

抗冻设防等级		围岩地下水状况		
		富水	含水	贫水
寒冷程度	严寒	重	重	中
	寒	重	中	轻
	冷	中	轻	轻

上述隧道冻害的分类分级首先根据地勘及设计调查资料进行初步划分,通过隧道现场开挖情况调查,并结合试验及水文地质调查资料,在确定保温段落前进行统一调整。

2.2 隧道综合抗冻技术

根据隧道抗冻等级,选取增加衬砌厚度、衬砌配筋、增设保温层等不同的衬砌结构抗冻措施;设埋入冻结线以下纵向中心排水沟,适当加大横向排水管坡度,隧道洞外出水口设在排水顺畅、背风向阳的位置,并适当加大排水坡度,采用有利于蓄热和保温的出水口构造及材料。

(1)根据隧道抗冻设防等级选择衬砌结构的抗冻保温措施(表4)。

隧道衬砌结构冻害预防措施 表4

抗冻设防等级	衬砌结构冻害预防措施
重	应设防冻保温层
中	宜设防冻保温层、增大衬砌厚度或加强配筋
轻	增大衬砌厚度或结构配筋

增大衬砌厚度或对衬砌结构配筋已在设计中进行了考虑,本次科技示范重点推广应用隧道表面保温技术。隧道表面保温抗冻构造,从衬砌表面起依次为黏结层、保温层、防火层,保温层材料采用硬质聚氨酯泡沫、酚醛(或聚酚醛)泡沫或干法硅酸铝纤维等隔热材料。

(2)在设计中采用岩棉保温层对隧道纵向及环向排水管路进行局部保温。

(3)设埋入冻结线以下纵向中心排水沟,适当加大横向排水管坡度,隧道洞外出水口宜设在排水顺畅、背风向阳的位置,适当加大排水坡度,出水口构造及材料应有利于其蓄热和保温,这些内容均已在设计中进行了考虑。

2.3 隧道立体防渗漏技术

通过提高混凝土抗渗等级、强化材料及施工质量控制等技术措施,提高衬砌抗渗能力;采用蝶形中埋式可排水止水带或梯形背贴式可排水止水带进行止水及排水。

(1)通过提高混凝土抗渗等级、增强混凝土密实性、强化材料及施工质量控制等技术措施提高衬砌抗渗及抗裂能力,应用水泥基渗透结晶型防水涂料解决隧道背水面防渗抗漏问题,这部分内容均已纳入设计。

(2)设计采用蝶形中埋式可排水止水带或梯形背贴式可排水止水带防水及排水,保证排水通畅。

3 隧道保温技术实施方案

3.1 实施的基本原则

隧道保温技术实施主要遵循综合治理及动态调整两项基本原则。

（1）综合治理原则

本项目基于"防水是基础、排水是核心、保温是关键"的隧道抗冻准则，将防水、排水、保温技术三者有机结合。根据隧道抗冻等级分别选取增加衬砌厚度、衬砌配筋、增设保温层三种不同的衬砌结构抗冻措施，并应用长效防渗漏技术及对排水管路采取局部保温等附加措施，对季冻地区隧道冻害进行综合治理，解决因冻胀力可变荷载引发的隧道冻害问题。

（2）动态调整原则

由于对隧道围岩含水情况、破碎程度等属于隐蔽工程，存在不确定性，在设计阶段不可能完全确认，因此本次设计采取动态设计原则，即在设计阶段对18座隧道全部预留保温层净空空间，施工过程中根据围岩现场实际情况对隧道保温技术具体应用段落进行实时调整。

3.2 保温工程设计方案

隧道衬砌结构采用以新奥法（NATM）为核心的锚喷支护复合衬砌（柔性衬砌），隧道横断面采用喷锚支护复合模筑混凝土衬砌，内夹防排水板，二次衬砌外设置保温层（图1）。

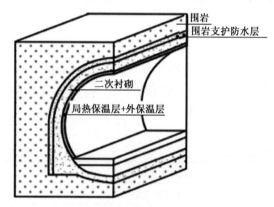

图1 隧道表面保温示意图

具体做法为在隧道进出口各300m范围内二次衬砌内表面敷设一层50mm厚的聚氨酯保温隔热层，通过保温材料热传导低的特点来达到保温隔热的目的，并需对保温材料采取特殊的防火处理。

为防止火灾情况下保温层及二衬受到损害，在保温层外铺设一层10mm厚的隧道专用防火板。外层的隧道专用防火板具有良好的耐火性：10mm厚板材，耐火2h后，混凝土底表面温度不高于246℃（标准为380℃），衬砌内钢筋温度不高于161℃（标准为250℃），保证在火势的情况下，可阻止火焰热量，有效降低隧道温度。洞内其余段落采用16mm厚防火涂料。

3.3 保温工程动态调整方案

设计阶段对18座隧道全部预留保温层净空空间，施工过程中根据围岩现场实际情况对隧道保温技术具体应用段落进行实时动态调整。

施工图设计按照下列原则进行工程计列：小于等于800m的隧道全长进行保温技术设计；大于800m隧道，仅在两侧洞口段进行300m保温设计，洞中段采取其他抗冻技术措施。

动态调整原则：根据隧道抗冻等级选取不同的衬砌结构抗冻措施，在基本保持全线总的隧道保温长度计列规模前提下，各隧道之间可重新调配保温长度，由建设单位、设计单位、监理单位及技术推广单位等共同研究确定。

4 项目阶段成果

通过项目组实地调研及相关文献、资料的检索和收集，初步确定鹤大高速公路隧道最大冻结深度为1.45~1.84m，最冷月平均气温为－16.1~－13.6℃，属于"寒"级到"严寒"级，若隧道内存在地下水，非常容易发生冻害，因此，有必要结合隧道的地下水情况，设置防冻保温层。

4.1 保温层设置方案

隧道防冻保温层的设置方法主要有表面喷涂法、表面铺设法和中间铺设法。高速铁路隧道多采用中间铺设法,即将保温板设置于初期支护与二次衬砌的双层防水板之间,其施工工艺主要有胶水粘贴、钢筋骨架固定、防水板连接带环向张拉连接、穿线固定。公路隧道多将保温层设置于二次衬砌表面,通常采用表面铺设法,喷涂法相对较少。表面铺设法多采用轻质钢龙骨将保温板固定于隧道二次衬砌表面。调研发现,三种方法各有优势,中间铺设法、表面铺设法和表面喷涂法的优缺点比较如表5所示。

防冻保温层施工方法比较　　　表5

施工工艺	对比项目						
	保温效果	工程费用	防火		防水	维修	耐久性
			施工	运营			
中间铺设法	良好	低	良好	较好	良好	困难	较差
表面铺设法	较差	较高	良好	较好	良好	容易	较好
表面喷涂法	较好	高	较差	良好	良好	容易	良好

由于鹤大高速各隧道二次衬砌已施工完成,因此排除中间铺设法,而根据表面喷涂法与表面铺设法优缺点的综合对比,项目组建议采用表面铺设法。

4.2　保温材料比选

通过对保温材料生产厂家直接调研,了解目前聚氨酯、酚醛、聚酚醛三种保温材料的具体性能、造价,并进行比较,得出新研发的聚酚醛保温材料在继承酚醛材料优点的同时,对导热系数和吸水率进行了一定的改善,导热系数可以达到$0.03(W/m·K)$,甚至更小至$0.024(W/m·K)$,接近于聚氨酯,吸水率基本也可以达到聚氨酯的同等水平,而且能做到较少脱粉,很好地弥补了酚醛材料存在的缺点。

聚酚醛保温板密度小、重量轻,可降低建筑物的载荷,而且施工简便、快捷,可显著提高工效。聚酚醛保温板具有良好的化学稳定性和物理稳定性,使用温度在$-150\sim180℃$,材料不会发生任何性状改变。在保证防冻保温层效果的同时,降低工程造价。而且,由于聚酚醛具有较高的阻燃性能,有效地增强了防冻保温层在运营期间的安全性,同时在火灾发生时,不产生有毒气体,与聚氨酯相比具有其优越性。

因此聚酚醛材料更适合于隧道衬砌表面铺设,建议在鹤大高速公路隧道中采用。

4.3　防冻保温层长度、厚度计算

通过项目组实地调研及相关文献、资料的检索和收集,在东北高纬度寒冷地区,有16座已建、在建隧道在洞口一定区段设置了防冻保温层,其中主要集中在黑龙江、吉林、内蒙古以及北京、河北周边寒冷地区的高速铁路和高速公路隧道。通过调查,在西北、西南高海拔地区有15座在建、已建隧道在洞内设置了防冻保温层,作为隧道防冻保温的主要措施。这些隧道所在区域,最大冻结深度均在1m以上,最冷月平均气温在$-10℃$以下,属于寒冷,甚至重寒、严寒地区。另外调研发现,不同设计单位设计的隧道,其防冻保温层在洞口的设置长度不一,主要有1000m、500m,但这两个值的得出缺乏有效的理论依据和数据支撑。而且调研发现,部分在洞口设置保温层的隧道,在洞身未设区段,因围岩地下水发育,也出现了较大的冻害现象。因此,为了防止隧道冻害的发生,还需要进行隧道防冻保温层厚度与长度计算。

(1)防冻保温层长度计算

根据鹤大高速公路隧道气象特征、围岩地质条件,采用日本黑川希范公式对隧道防冻保温层长度进行计算,具体计算公式如下:

$$L = 154.7(-t)^{0.604}$$

式中:t——洞口最冷月月平均气温(℃);
　　　L——洞内可能发生冻害位置距洞口的距离(m)。

计算结果表明,18座隧道洞口保温层长度在747~829m之间,保温层设防长度除参考理论公式计算外,还需结合隧道地下水的出露情况、位置,以及隧道纵坡设计和出水口位置,洞口朝向、主导风向,衬砌结构安全储备及经济条件综合确定。

（2）防冻保温层厚度

保温层设防厚度取值的基本原则是：保证隧道防水板后侧的排水管路在不利条件下温度大于等于零度。采用等效厚度法计算防冻保温层厚度,具体公式如下：

$$\frac{\delta_0}{\lambda_0} = \frac{\delta_1}{\lambda_1}$$

式中：δ_0——气象资料中的最大冻结深度(m),可查阅相关气象资料获得；

λ_0——地表覆盖松散岩(土)体的导热系数[W/(m·℃)]；

δ_1——换算后围岩的最大冻结深度(m)；

λ_1——隧道围岩的导热系数[W/(m·℃)]。

$$\frac{1}{2\pi\lambda_1}\ln\frac{r+d}{r} = \frac{1}{2\pi\lambda_2}\ln\frac{r+\delta}{r}$$

式中：λ_2——隔热防冻层的导热系数[W/(m·℃)]；

r——隧道当量半径(m)；

d——换算或实测所得围岩的最大冻结深度(m)；

δ——隔热防冻层的计算厚度(m)。

δ_0、d 由隧道设计资料直接或间接得到。其他计算参数,当缺少相应的试验数据时,可根据相关的规范、文献并结合现场隧道实际情况进行选取。

按上述公式计算,得到聚氨酯材料保温层厚度在51~66mm,酚醛材料保温层厚度在69~88mm。

5 鹤大高速隧道保温优化方案

5.1 保温方案优化结果

根据隧址气温及隧道地下水情况、纵坡方向和坡度、洞口朝向等因素,确定必须施作保温层的隧道9座,隧道洞口300~830m范围内需设置防冻保温层,累计长度20 971m,3座隧道缓做保温层,其余隧道保温层暂时不做；建议对缓做和不做保温层的隧道应加强运营期间的观测,必要时补做保温层,并强调隧道中心排水沟杂物应及时清理,保证隧道内排水通畅,严格控制隧道洞外保温出水口施工质量,确保其出水通畅。

5.2 具体优化方案

根据计算结果,并结合项目组现场调研和施工调研,给出了各隧道保温层的铺设位置和设计长度；考虑轻钢龙骨冷桥效应对保温层导热系数的影响,给出了各隧道保温层设置厚度建议值,具体结果如表6~表8所示。

鹤大高速公路隧道保温层铺设厚度与长度表（1） 表6

隧道名称		荒沟岭隧道	马鹿沟岭隧道	柞木台隧道	大蒲柴河隧道	二道岭隧道	回头沟隧道	朝阳隧道	高丽沟隧道	闹枝隧道
保温层铺设长度(m)	鹤岗端	不设	300	450	400	全长	全长	810	全长	750
	大连端	缓做(830)	750	830	830	全长	全长	810	全长	750
聚酚醛保温层铺设厚度(cm)		7	7	7	7	7	7	7	7	7

鹤大高速公路隧道保温层铺设厚度与长度表（2） 表7

隧道名称		小沟隧道	白水滩隧道	东南岔隧道
保温层铺设长度（m）	鹤岗端	缓做（全长）	810	缓做（810）
	大连端		缓做（810）	缓做（810）
聚酚醛保温层铺设厚度（cm）		7	7	7

鹤大高速公路隧道保温层铺设厚度与长度表（3） 表8

隧道名称		后崴子隧道	荒沟门隧道	十道羊岔隧道	兴林隧道	光华隧道	马当隧道
保温层铺设长度（m）	鹤岗端	不设	不设	不设	不设	不设	不设
	大连端						
聚酚醛保温层铺设厚度（cm）		7	7	7	7	7	7

5.3 材料指标要求

为保证隧道保温效果满足预期设计，鹤大高速隧道保温材料应满足以下要求：

（1）聚酚醛保温材料导热系数必须满足不大于0.024W/(m·K)，燃烧性能不低于B1级，吸水率不大于4%。

（2）其他性能指标应满足《绝热用硬质酚醛泡沫制品（PF）》（GB/T 20974—2014）要求。

（3）保温结构龙骨材料应加强金属防腐蚀设计。

参 考 文 献

[1] 中华人民共和国交通行业标准.《公路工程抗冻设计与施工技术细则》（报批稿）[S]，2015.
[2] 罗彦斌. 隧道冻害发生机理及其防治措施的研究[D]. 西安：长安大学，2007.
[3] 吴岩. 寒冷地区隧道保温防冻技术的研究[D]. 西安：长安大学，2012.
[4] 陈金玉. 寒区隧道保温防冻技术研究[D]. 西安：长安大学，2007.

衬砌施工缝蝶形止水带及其在朝阳隧道的应用

孙鹏程

(吉林省高等级公路建设局　吉林　长春　130033)

摘　要：寒冷地区隧道常因渗漏水引发各种冻害,隧道渗漏水多发生在施工缝(包括变形缝)处。敦化至通化高速公路建设项目靖宇至通化段隧道试验应用蝶形止水带等技术设防隧道施工缝渗漏水。该止水带断面呈蝶形。安装时从侧面(先浇衬砌段一侧)将止水带压向衬砌段的端头模板,使后浇衬砌段一侧的止水翼变形紧贴端头模板,并用铁钉从肋部间隔适当距离逐点固定止水带;先浇衬砌段浇筑并养护一段时间后拆模,之前被压平的止水翼在橡胶材料弹性的作用下恢复变形,再浇筑后浇段衬砌混凝土,即可完成一道施工缝的防水施工。蝶形止水带的优点是:安装方便,容易保证止水带施工质量,进而提高施工缝防水的可靠性。

关键词：隧道　施工缝　防水　止水带

1　引言

渗漏水引发的各种冻害多年来一直困扰着我国北方地区公路隧道的安全行车与运营管护。这种现象在吉林、河北、甘肃、青海等省份尤为严重[1-6]。由于渗漏水至今仍是隧道与地下工程界普遍关注的难题,在寒冷地区,隧道的渗漏水还会与冰冻相互影响,互为因果,使问题变得更为复杂。一些隧道虽然采取了防排水和保温措施,使隧道的冻害有所缓解,但至今仍鲜有不漏不冻的隧道范例。分析隧道渗漏水与冰冻产生的原因,有的源于对问题认识不清,有的因为设计方案不当,更多的则是由于施工疏漏和材料不佳。众所周知,隧道渗漏水及其引发的冻害易防难治,即相对而言,在设计和施工时采取措施对病害进行设防较为容易,在隧道运营中发生渗漏和冰冻后进行处治较难。国道鹤壁至大连高速公路穿越长白山区,在吉林省境内有多座隧道正在建设。长白山区年降水量较大,冬季气温低,当地数座既有隧道已深受渗漏水和冰冻的困扰。为了防患于未然,在加强施工管理的基础上,建设单位尝试采用新技术、新材料和新工艺等对隧道渗漏水和冰冻进行重点防范。本文涉及的隧道衬砌施工缝蝶形止水带便是所采用的新技术之一。

2　混凝土工程缝用蝶形止水带

蝶形止水带是一种用于隧道与地下工程施工缝变形缝等工程缝中的新型中埋式橡胶止水带[7]。其横断面如图1所示。蝶形断面使其容易安装与准确就位(图2),有利于保证施工质量,所以可有效防止施工缝的渗漏水。

蝶形止水带有四支蝶翼,翼的长短可视需要灵活调整,翼上有若干止水棱条。上、下翼之间为中肋。

3　朝阳隧道工程概况

朝阳隧道是国道鹤壁至大连高速公路上的一座特长隧道(上行线长3 070m,下行线长3 095m),位于吉林省白山市境内。设计行车速度:80km/h。隧道建筑限界:0.75m(左侧检修道)+0.5m(左侧路缘带)+2×3.75m(行车道)+0.75m(右侧路缘带)+0.75m(右侧检修道)=10.25m;建筑限界高度为5.0m。

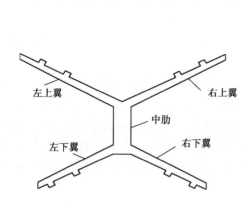

图 1 蝶形止水带断面

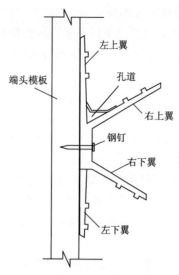

图 2 蝶形止水带安装示意图

3.1 气象水文

朝阳隧道属亚温带大陆性季风气候,冬季寒冷漫长,夏季短暂湿热多雨。大雪集中在11月至来年1月,积雪厚度40～52cm,雨季集中在7、8月,占年降水量的60%。隧道所在地区年降水量1 238.4mm,年平均气温为5℃左右,历史最低气温－42.2℃。区内最大冻深1.45m。隧道区两侧进出口溪水发育,流量较小,雨季流量增大,洞身区段两侧沟谷内泉水发育,流量受季节控制。

3.2 区域地质概况

隧道区位于中朝地台测区辽东隆起区的东部铁岭—靖宇隆起区南段,构造格架受燕山运动影响,北东、北北东向构造发育,控制了区域构造轮廓。

地层岩性:第四系全新统冲洪积层(Q_4^{al+pl});第四系全新统坡洪积层(Q_4^{dl+pl});第四系全新统残坡积地层(Q_4^{el+pl});太古界鞍山群杨庄组(Ary)。

区域构造:本区大地构造单元为中朝准地台之胶辽台隆东部之铁岭—靖宇台拱南段。近东西向构造体系为区内形成的最早构造体系,具有多次活动、长期发展的特点,并有近东西向扭性、张性断裂伴随。燕山期以来构造活动强烈,控制了区域构造格架,北北东—北东向构造发育,同时也控制了岩浆活动。同时与新华夏系复合部位控制了整个地段中生代火山岩的喷出和岩浆侵入。对测区范围影响较大的区域性断裂主要有5条,其中有4条断裂长度超过10km。区域构造对隧道工程影响很大。

3.3 水文地质条件

本区地下水类型主要有第四系孔隙水和基岩裂隙水,第四系孔隙水主要赋存于沟谷及边坡地带的冲、坡洪积的碎石土、角砾层中,埋藏浅,水量受季节影响变化较大,4～5月积雪融化,7～8月雨季对地下水有补给作用。基岩裂隙水,呈网状、似层状的形式赋存于花岗片麻岩、闪长玢岩风化裂隙带中,局部具微承压性质。水位埋深随季节的变化幅度较大。

隧道区段内无大的地表水体,地下水类型简单,含水介质透水性差,水位、水量受季节变化的制约较强。主要接受大气降水补给,以垂直蒸发、地下径流和泉的方式排泄。概略计算隧道涌水量约2 241.3m³/d。

4 朝阳隧道施工缝防水

目前,工程上常用的衬砌段间施工缝防水构造主要有三种,一是在衬砌厚度的中部沿环向设置中埋式止水带;二是在同样的位置设置遇水膨胀橡胶条;三是《公路隧道设计规范》[8]推荐的背贴式止水带与中埋止水条组合。三种构造的防水效果均不甚理想,其主要原因如下:

(1) 渗水下排不畅

衬砌施工缝渗水下排不畅有两种情况，一是沿施工缝环向下排不畅，二是施工缝下部下排不畅。

在衬砌基础以上，穿过防水板的渗水常向施工缝汇聚。施工缝虽然具有一定的宽度和一定的渗水下排能力，但此排水能力往往较小，不能满足渗水的下排要求。特别是在雨季，洞内气温仍然相对较高，由于衬砌线膨胀原因，施工缝的宽度较小，渗水下排阻力较大，造成施工缝止水带外侧水压增高，从而引发渗漏。

在全断面一次衬砌情况下，衬砌基础常是先于衬砌施工。衬砌基础施工的分段位置往往与上部衬砌的分段位置不重合，因此，在衬砌施工缝的下部常常没有与隧道排水系统相连通的衬砌基础施工缝。设想上部衬砌施工缝中已经饱水，此水便很难下排，从而在止水带或膨胀橡胶条与防水板之间形成较高的水压，该水压可能会引发施工缝渗漏。在基础混凝土与防水板之间存在缝隙，但此缝隙极小，难以满足上部施工缝渗水下排的要求。忽视施工缝渗水的下排是目前隧道防排水设计中普遍存在的问题。

(2) 止水带、膨胀橡胶条周围不密实

常规的中埋式止水带安装就位比较难，导致工程质量不能保证，后期地下水很容易顺着止水带的两侧外流。背贴式止水带在隧道初期支护后的轮廓规整时容易安装，但在隧道顶部，衬砌混凝土浇筑比较困难，背贴式止水带周围混凝土的密实性不易保证。特别是当隧道超挖时，背贴式止水带的防水效果更是无法保证。

在施工缝中采用膨胀橡胶条止水是我国公路隧道设计规范中推荐的技术之一，但从实际使用效果来看，该技术尚存在一定的问题。部分隧道在建成后不久便出现了严重渗漏。事实上，隧道建成后随着季节的更替，当气温升高时衬砌段伸长，当气温降低时衬砌段收缩，环向施工缝也随之相应地闭合张开，同时膨胀橡胶条也经历了一个加载、卸载周期。一年之中，隧道围岩内的地下水也有丰水期和枯水期之分。在丰水期，膨胀橡胶条会遇水膨胀；在枯水期，膨胀橡胶条会失水变干。在如此复杂的工作环境下，遇水膨胀橡胶条很难长期有效发挥作用，最终势必导致膨胀橡胶条与衬砌施工缝两侧混凝土间出现间隙，使渗水沿此间隙渗出，引发施工缝渗漏。

鉴于上述原因，朝阳隧道在Ⅲ级围岩区段尝试应用蝶形止水带防水新技术。蝶形止水带在造型上已不能称之为带，它在功用上与传统的止水带一样，所以仍称之为止水带。它以工厂的复杂加工，换来了隧道工地的简便应用。蝶形止水带在施工缝中的设置位置与既有的完全相同，只是在隧道的两隅角，需要完善细部构造。

若止水带施工时在其沿线的某一位置存在接头，则该位置容易出现渗漏水，所以蝶形止水带应通条中间无接头。若衬砌施工时有基础，则需事先在衬砌基础内按环向施工缝的间距预留止水带安装槽。安装止水带时，止水带下端需插入到预留的安装槽内，并使蝶形止水带下部设置的滤水波纹排水管穿过防水层与隧道纵向排水管相通。然后用混凝土固定植入在安装槽内的止水带(图3)。最后浇筑衬砌混凝土。如果衬砌浇筑时无基础，则只需酌情解决施工缝下端的排水问题。

5 蝶形止水带装设要点

(1) 截长定中，对称架空。即截取适当的长度，标出止水带的中点；将止水带架设在模板台车上，并使止水带中点与台车中点重合。

(2) 生根见底，居中固定。即止水带应整条装设到衬砌基底；止水带应固定在衬砌厚度的中线上。

(3) 展翼压肋，装模钉钉。即将止水带贴于端头模板一侧的翼缘展平，再按压止水带的中肋，边装端头模板边钉铁钉固定止水带(图4)。

(4) 工具横板，搭桥封顶。即止水带装至隧道顶部时，需要借助一块工具木板，其长度方向与止水带走向一致，先将止水带的中央一段钉在工具木板上，再将工具木板水平放置，木板的两端分别钉在已装好的端头模板上，通过工具木板的桥梁作用，解决洞顶止水带的设置问题(图5)。

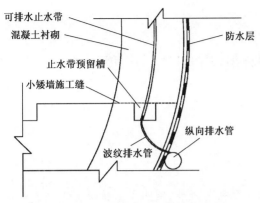

图3 止水带下部连接构造

图4 钉铁钉安装止水带

(5)拆模勿忘,展翅整形。即衬砌混凝土达到一定的强度后拆模时,一定要注意将没有自动恢复自然形状的止水带段,人工为其整形(图6)。

图5 拱顶安装照片

图6 拆模后止水带恢复变形

6 结语

在朝阳隧道的Ⅲ级围岩段试验了用蝶形止水带设防施工缝渗漏水。结果表明,蝶形止水带因具有特殊的外形构造,便于安装、利于保证施工质量,是一种能取得理想防水效果的隧道施工缝中埋式止水带。施工缝是隧道防水的重点部位,蝶形止水带为设防施工缝渗漏水提供了一条新途径。

参 考 文 献

[1] 山西省公路局.公路工程八大通病分析与防治[M].北京:人民交通出版社,2000.
[2] 刘庭金,朱合华,夏才初,等.云南省连拱隧道衬砌开裂和渗漏水调查结果及分析[J].中国公路学报,2004,17(2),64-66.
[3] 杨新安,黄宏伟.隧道病害与预防[M].上海:同济大学出版社,2003.
[4] 张祉道,王联.高海拔及严寒地区隧道防冻设计探讨[J].现代隧道技术,2004,41(3):1-6.
[5] 吴紫汪,赖远明.寒区隧道工程[M].北京:海洋出版社,2003.
[6] 周东勇,雒庆林,展轩.浅析昆仑山隧道渗漏水成因及治理技术[J].施工技术,2008,37(2):87-89.
[7] 吕康成.特殊隧道工程[M].北京.人民交通出版社.2013.
[8] 中华人民共和国行业标准.JTJ D70—2004 公路隧道设计规范[S].北京:人民交通出版社,2004.

可替代沥青材料的生物沥青研究进展

李凤尊[1]　曹　羽[2]　胡雪峰[1]　肖桂清[3]　董泽蛟[2]

(1.吉林省交通规划设计院　吉林　长春　130021；2.哈尔滨工业大学　黑龙江　哈尔滨　150090；
3.天津市市政工程设计研究院　天津　300051)

摘　要：本文主要概述了生物沥青在道路工程中的应用研究与进展，阐明了生物沥青作为一种石油沥青的可替代资源的可行性及其优势。分别从生物沥青的化学结构组成、沥青及沥青混合料性能评价及改性研究等方面对现阶段生物沥青应用情况进行了总结。发现生物沥青在元素及四组分上与石油沥青具有相似的化学组成，并且生物沥青的性能决定因素很多，需要针对不同来源、不同加工工艺的生物沥青具体分析。

关键词：沥青材料　研究进展　性能评价　生物沥青

1 引言

高速公路的快速发展极需大量优质的沥青材料，传统的沥青多为进口原油炼制而成，成本较高。当前我国高速公路里程迅猛增长，截至2014年底，高速公路里程达到11.2万公里。统计表明，修建每公里高速公路需要沥青400余吨，巨大的市场需求推动沥青价格快速上涨，2011年，我国沥青价格达到5 200元/t。而美国劳动统计局数字表明，自2003年起的5年间，沥青价格每年增长25%，2008年达到300%的增长高峰。

目前，我国90%以上的高速公路为沥青路面，现有水泥混凝土路面的维修改建也多采用"白加黑"形式，可以预见未来对沥青的需求量有增无减。迄今为止，道路建筑中使用的沥青大多来自于化石燃料，尤其是原油。而原油作为不可再生能源，其储量日益减少，寻找石油沥青的替代材料势在必行。选择之一是改用水泥混凝土路面，但水泥路面不仅耗费大量不可再生的石料，同时舒适性差，维修困难。因此，开发新的沥青替代品尤为重要。

2 国内外研究现状及分析

生物质在真空环境中快速热解得到生物油，对生物油进一步改良升级便制成为可能替代传统石油沥青的生物沥青。生物质可以来自于植物也可以来自于动物，现国外将这两种来源的沥青统称为生物沥青。2009年，Aggregates Industries的海伦·贝利研制出了一种"植物沥青"(Vegetex)的材料，其来自于废弃植物油，具有可再生和环境友好的特点。另外，因为植物沥青只需低温加工，所以能耗更低。同时，植物沥青来源广泛，造价较低，应用在道路中可以产生较大的经济效益。

目前，国内外对生物质的应用主要集中在作为生物可再生能源代替化石燃料，也有少量学者对生物质制成生物沥青的化学组分、流变特性以及生物沥青改性方法进行了探索性研究。结果表明，生物沥青作为传统石油沥青的替代品是技术可行的，但需要进行深入而系统的研究。

2.1 化学组分及结构分析

2.1.1 原料及生产过程分析

生物沥青(图1)的主要来源是生物油，生物油的化学性质非常复杂，包含300多种化学物质[1,2]，得到生物油的全部化学成分非常困难。油由水、易挥发的有机物、大量不易挥发的糖及低聚酚类物质组成。因此，为了得到较纯的生物油，必须进行蒸馏提纯(图2)。Oasmaa的研究表明，在蒸馏期间，对生物油的慢速加热将导致一些活性成分发生聚合。另外,生物油中含有大量的有机酸,其中大部分为甲酸和乙酸,致使其 pH 值为 2~3。因此,生物油对常规的建筑材料都有腐蚀性,比如碳钢和铝,但对于不锈钢没有腐蚀性,而且温度的升高和水含量的增加都能导致腐蚀性的加剧。基于这一点,生物沥青在道路中应用前,必须对其主要化学成分进行检验,以判断是否能够作为路用材料。

由于原材料中存在原始水分,且热解过程中会发生脱水反应,因此生物油中含有一定的水分。根据原料来源及处理环境的不同,含水率在 15%~30% 变动。Oasmaa 的研究表明,由于一些极性亲水化合物(如分子量较低的酸、醇类、羟基醛和酮类)溶解度的影响,水一般易与从木质素中得到的低聚物混合[3]。Mohan 等的研究表明,从生物质得到的生物油含有 25% 不易分离的水,这就是碳氢燃料和生物油在特性上不同的根本原因[4]。尽管热解得到的液体被称为"生物油",但由于其具有高极性和亲水性的本质,实际上它和液态烃不同。水的存在,改善了生物油的流动特性。

图 1　生物沥青

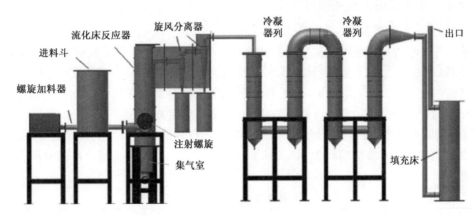

图 2　生物质热解设备流程

生物油中的纤维素、半纤维素和木质素等,彼此之间可以发生反应形成更大的分子。主要化学反应可以总结如下:

(1)双键化合物聚合。

(2)羟基、羰基和羧基发生醚化和酯化反应,反应的副产物就是水。

由于这些反应的存在,生物油的物理性质随时间而发生改变,也就是沥青材料的"老化"。老化可以导致黏性的增加以及敏感性降低。老化导致的水分释放非常少,并且这个影响通过生物油平均分子量的增加得到了过度的补偿,黏度增加的速率直接关系到平均分子量的增加,这可以作为一种测试老化速率的方法。老化速率依赖于许多因素:生物油分的组成(原材料的类型)、热解条件、残渣清除和产品收集的效率等。其中,研究表明最重要的因素是温度,它以指数形式影响老化的速率。对生物沥青黏性行为以及老化机理的研究直接关系到改性聚合物的选择和掺配工艺,进而影响生物沥青在路用材料方面的应用。

2.1.2　特殊官能团及结构分析

生物沥青与石油沥青的化学特性还不能完全反映二者在化学组成和官能团构成的不同,所以许多研究学者采用一些常用的高分子材料测试方法来研究生物沥青与石油沥青的组成差异,包括傅里叶变换红外光谱法、气相色谱—质谱联用分析法、核磁共振波谱法等。这些方法近年来在高分子材料中的应用已越来越广泛,可以对生物沥青材料的化学本质有更好的了解。

Elham 等采用傅里叶红外光谱法发现生物沥青的谱图和石油沥青有很大不同:在前者的谱图中碳

碳和碳氢单键并没有出现在后者出现的区域;在1 700cm^{-1}和1 000cm^{-1}处用来评价老化程度的羰基和亚砜在区域内无法区分;对照已有材料的谱图发现在生物沥青中存在脂肪族、烯族、芳香族以及一些羰基、醛、胺等碳氧官能团[5,6]。Adam Zofka等采用傅里叶红外光谱分析了咖啡豆及提取咖啡后残渣的化学成分,观察到了咖啡豆作为抗氧化剂的原因,缘于成分中含有绿原酸、木质素、咖啡因等[7]。Joseph等发现大豆脂肪酸具有与沥青相似的化学成分,主要包括长链型的脂肪酸,可以归类为羧酸类[8]。

Elham等采用气相色谱—质谱分析法对照NIST图库,发现来自于猪粪的生物沥青分子量大多集中在250～450g/mol,而传统石油沥青的分子量要大得多,大概集中在700g/mol。从试验结果推测分子结构,暗示生物沥青中以烯烃形式存在大量不饱和的碳[5,6]。

Elham等使用核磁共振波谱法的氢谱发现了来自于猪粪的生物沥青存在烯烃、醇类和羧酸酯,这也被其他方法所证实[5,6]。由于在传统石油沥青中没有以这些形式存在的碳,它们的发现对应用生物沥青意义重大,且可以预测氢化过程的程度。另外其中还存在一些典型的长链型脂肪族化合物和芳香族化合物,并且在C^{13}的碳谱中也可以发现长链型的脂肪族和烯烃形式的碳氢化合物存在。

总结已有的研究发现,生物沥青中化学成分和传统石油沥青存在较大的区别,生物沥青主要是以脂肪族、烯族、芳香族、羰基、醛基氨等形式存在的碳氢化合物。另外还存在一些特殊的官能团,需要系统地对生物沥青展开研究,确定其应用的可行性。

2.1.3 沥青四组分含量分析

传统石油沥青是中等原子量的烃类化合物构成的复杂混合物,主要包括脂肪族和芳香族化合物、适量的硫、少量的氧和氮及微量的过渡金属元素[9]。物理化学性质是材料构成的反映,来源不同的沥青,包括生物沥青,各种性质会因此而不同。分析每一种化学成分对沥青性质的影响并不现实,所以,已经有大量学者探究沥青四组分含量对沥青性质的影响,并建立了相关关系[10]。

Elham等对猪粪在真空下进行热分解得到的生物沥青和两种普通石油沥青进行了四组分分析,发现生物沥青中的饱和酚和芳香酚均较少,胶质和沥青质较多[5,6],如表1所示,各组分所占含量明显不同于石油沥青。

不同沥青组分含量对比　　　　　　表1

沥青类型	四组分	饱和酚	芳香酚	胶质	沥青质
生物沥青	质量百分比(%)	1.84	1.22	44.90	48.76
吹制沥青(最脆)		10.40	52.70	28.40	7.00
AAD-1(最软)		8.60	41.30	25.10	20.50

2.2 生物沥青性能评价

将生物沥青作为道路沥青使用,必须对其几方面的性质加以研究,包括:黏度、劲度、延展性、蠕变、黏结性及防水特性[11]。目前国外的研究主要是将生物沥青作为改性剂掺入不同PG分级的基质沥青中,并对混合改性之后的性质加以探究。

2.2.1 生物沥青的流变特能

国外学者对生物沥青和石油沥青的流变特性进行了比较,研究集中在把前者作为后者替代品的可行性上。有研究表明,生物沥青与石油沥青表现出不同的流变特性,生物沥青更适合用来作为硬沥青的改性剂。也有研究学者表明,即使在温度敏感性上有一些不同,生物沥青在一定程度上也表现出与石油沥青相似的流变特性[18]。而考虑在黏弹性相互转化的能力上,生物沥青与聚合物改性沥青表现出几乎相同的流变特性。Airey、Wan Nik和Abdel Raouf的研究表明,流变特性在描述和预测生物沥青的行为特性上具有重要的作用,其中包括黏弹性、温度敏感性、剪切敏感性以及老化[18~20]。

(1)黏弹特性,指材料同时表现出黏性和弹性的特性。沥青作为一种典型的黏弹性材料,高温时表现出类似于黏性材料的性质,而低温时表现出类似于弹性体的性质。Ingram研究表明,不同生物沥青黏性温度范围随原材料和聚合物改性剂的类型而改变,需要单独测定[21]。一般而言,生物沥青的黏性温度范围比石油沥青低30~40℃。因此,若将生物沥青应用到热拌沥青混合料中,必须采取聚合物改性,提高生物沥青的黏性温度范围。

(2) 温度敏感性,即材料性质随温度变化的速率。一般采用黏度—温度敏感性指标 VTS 进行沥青温度敏感性的评价。Raouf 的研究表明,相比于剪切速率,温度对生物沥青黏度的影响更大[20]。这说明生物沥青与石油沥青具有类似的温度敏感性,在不同剪切速率下黏度和温度的关系可以使用对数线性关系进行描述。

(3) 剪切敏感性,为材料黏度随剪切速率的变化速率。对于牛顿流体,由于黏度是独立于剪切速率的,因而没有剪切敏感性。而对于沥青这种非牛顿流体材料,其黏度随剪切速率的增加而增大。因此,不同的剪切速率下,生物沥青的剪切敏感性不同。研究表明,生物沥青与石油沥青在剪切敏感性和温度敏感性方面不同。

因此,采取合适的聚合物改性剂和改性方法改善生物沥青的剪切敏感性和温度敏感性,是生物沥青可以作为路用材料的前提。

2.2.2 生物沥青的高温性能

复数剪切模量 G^* 是沥青在服役期间高温硬度的量化标准。Superpave 采用参数 $G^*/\sin\delta$ 对沥青的抗车辙性能进行分级,其值越大,则抗车辙性能越好,同时,$G^*/\sin\delta$ 为 1kPa 时的温度为 PG 分级的高温值。为了保证抗车辙性能,美国 ASTM D7175 中规定未经老化的沥青车辙因子要不小于 1kPa。Elham 等在复数模量主曲线的研究中发现,随着生物沥青掺量的增加,复数模量降低,且在频率跨度上小于未改性的沥青,说明掺入生物沥青后温度敏感性降低[5],主要原因是沥青质含量过高。$G^*/\sin\delta$ 同样随着生物沥青掺入量的增加而降低。Elham,You 及 Wen 等分别对来自于猪粪和废弃食用油的生物沥青进行 PG 分级,发现高温性能下降的同时低温性能得到了改善[5,6,8,12,13]。对于高温性能的评价指标,Robert Kluttz 和 D'Angelo 等称蠕变柔量 J_{nr} 比 $G^*/\sin\delta$ 对其高温分级效果更好,尤其是对于改性沥青,在很宽的范围内与车辙性能关联较好[9,14]。原因是多重压力蠕变和恢复试验 (multiple stress creep and recovery,MSCR) 在预期的高温下进行,其试验结果未受时温叠加影响。Wen 等发现经生物沥青改性的沥青 J_{nr} 提高,只有 PG58-28,掺量 60% 的生物沥青没有增加,与前面的 DSR 试验结论一致[13]。值得注意的是,在测定生物沥青主曲线时,由于其温度范围可能不同于传统石油沥青,所以要包含路面最低温度到拌合温度的范围,对比在不同温度处与石油沥青性质的差异。

2.2.3 生物沥青的低温性能

BBR 试验可以提供一种测试沥青结合料低温刚度和松弛特性的方式,可以用来预测沥青的热开裂趋势,试验结果是蠕变柔量、刚度、m 值和开裂温度 T_{cr}。因此研究学者经常采用 BBR 试验法评价生物沥青的低温性能。Elham 等研究发现掺入生物沥青会降低改性后沥青的刚度,提高 m 值(改善应力松弛性能),降低石油沥青的开裂温度,且随着其掺量的增加,开裂温度降低的幅度增大[5,6]。不过也有不同的研究结果,Williams 和 Raouf 等将来自于橡木、柳枝和玉米秸秆的生物沥青掺入石油沥青中进行改性。对改性后的沥青进行 DSR 和 BBR 试验,发现生物沥青的加入增大了 $G^*/\sin\delta$,表明抗车辙性能增加,高温和中温性质很好,与沥青相似;BBR 试验发现 m 值降低,即低温抗开裂性能降低。原因是该生物沥青过于坚硬,导致改性后的沥青在低温容易发生开裂[15,16]。两者矛盾的原因就在于不同来源的生物沥青性质不同,同时生物沥青的低温开裂性能可能也不同于传统石油沥青,故仅仅是 BBR 试验可能并不充分,需要进行其他一些开裂试验,比如直接拉伸试验[9]。

2.2.4 生物沥青的疲劳性能

目前,国内外有很多测试沥青疲劳性能的试验,但迄今为止 Superpave 的 $G^*/\sin\delta$ 依旧是描述疲劳性能最有效的指标。然而为了增加疲劳因子描述生物沥青疲劳性能的准确性,研究人员普遍在正常幅度内扩大了温度和应力或应变范围[9]。Johnson 等研究描述沥青材料疲劳性能的方法发现,通过单调断裂试验(monotonic fracture test,包括单调常数剪切试验)获得的临界应变能密度(CSED)与沥青路面实际的疲劳行为相关性也很好[17]。生物沥青还处于研究阶段,许多研究人员正对其疲劳性能应用上述有效的方法进行了探究,但还未有成果发布。

2.3 基于相容共混理论的改性研究

Abdel Raouf 研究表明生物沥青的高温性能等级相比于石油沥青可能变化不是很明显,但是由于生物沥青中的含氧量高,低温性能等级与石油沥青相比变化很大[16]。对生物沥青是否能取代传统石油沥青,国外的一些学者进行了尝试。Joana Peralta 的研究表明非原油沥青可以有效地取代典型路用等级地沥青,如 PG64-22 的沥青[22]。但想全面地应用生物沥青,还有大量的研究工作要做。正如 Airey 强调的,只有对生物沥青的物理和力学性质,如高温黏度、热稳定性、黏附性以及耐久性等方面进行全面的评价研究[18],不足之处加以改进,才能将生物沥青作为石油沥青的替代品进行利用。

2.3.1 生物沥青作为改性剂的研究

目前,沥青的改性剂多为聚合物,是由结构完全相同的许多重复单元构成的长链分子。自 20 世纪 70 年代早期,从石油中提炼出来的聚合物就被用来与石油沥青进行混合,通过降低其温度敏感性或增加黏聚力来改善沥青的流变特性。应用表明,沥青中掺入聚合物改性剂可提高其抗疲劳性,改善低温抗裂性,降低温度敏感性和增加高温抗变形能力等。

一般来讲,道路中使用的聚合物改性可以分为弹性改性(75%)、塑性改性(15%)和橡胶或其他改性(10%)。根据 Nien 的研究,弹性共聚物在高温下能增加聚合物改性沥青的抗车辙性能,改善延性、弹性和混合料的低温抗开裂性能[23]。Sengoz 研究表明,弹性体(比如 SBS 共聚物)的强度和弹性来自于分子转化为一个三维网络的物理和交叉连接[24]。Roberts 则得到弹性改性是通过其高弹性响应以及当应力去除时恢复其最初状态的能力来抵抗永久变形,并且直到这种聚合物被拉长,它的抗拉强度才随拉长量而增加,这时方能显著提高沥青结合料的强度[25]。而塑性聚合物包括聚乙烯、聚丙烯、聚氯乙烯等。

生物沥青的改性效果依赖于很多因素,如基质沥青、生物沥青来源、生物沥青与沥青材料的掺配比例等。国外在进行的研究中,生物沥青多是作为改性剂掺入到石油沥青中。目前两者的混合大多是采用不同掺量:将生物沥青和石油沥青分别加热至 60℃ 和 120℃,而后在 120℃,搅拌速率为 3 000 转/min 的条件下,搅拌 30min,进行混合。改性后沥青的性能往往是低温性能得到很大改善,高温性能降低较多,原因在于生物沥青降低了其初始黏度。

Elham 等对不同量生物沥青掺入 PG64-22 沥青改性后的沥青在 100~135℃ 温度下的黏度做了测试,发现在同一温度下随着掺量的增加,黏度越来越低,且在不同温度下均具有相同的下降趋势。这样可以降低沥青的拌和和压实温度,从而改善沥青混合料的工作"和易性",进而减少能量消耗和碳排放。反过来也减轻了施工过程中沥青的老化问题,提高了沥青路面在服役期间的性能[6]。从这点可以看出其在温拌沥青混合料中可以大展拳脚。Joseph 等对大豆脂肪酸改性的沥青分别在 135℃、150℃、165℃ 下测试旋转黏度,发现基质沥青和改性后的沥青当黏度和温度取对数坐标时,呈直线关系,脂肪酸的掺量越多,该平行线下移得越大,表明黏度下降越多,只有掺量为 1% 的 AAM 号沥青基本没有改变,但当掺量达到 3% 时黏度同样发生降低[8]。

Elham 和 You 等将以猪粪为原料的生物沥青作为改性剂分别掺入石油沥青中,发现增加生物沥青的含量可以降低改性后沥青的开裂温度,改善了低温抗开裂性能[6,12]。Wen 等采用废弃食用油聚合得到的生物沥青以不同比例与不同 PG 分级的传统石油沥青进行混合改性,最后结论与 Elham 和 You 的结论一致,且抗疲劳性降低[13]。Williams 等将不同来源的生物沥青分别掺入到传统石油沥青中 3%、5%、9% 进行研究,表明生物沥青可以使改性后沥青的高温等级提高将近 6℃;而将生物沥青的含量提高到 9% 时,生物沥青改性的沥青高温等级得到明显改善,即生物沥青作为改性剂可以改善抗车辙性能,但也同时降低了抗开裂性能[15]。这在前面已经交代,不同来源的生物沥青性能相异,导致出现的结论相悖。

结合改性后沥青出现的问题,目前有研究将其与回收沥青路面材料(RAP)进行混合,利用RAP的高模量改善生物沥青刚度小及混合后高温抗变形能力不足的问题,同时解决了废旧沥青路面沥青浪费的问题。应用RAP出现的主要问题是老化沥青导致刚度较大,使用时容易发生低温断裂,所以即使RAP的掺量越大,经济效益越好,一般用作表面层材料时也不能超过20%。生物沥青本身刚度很小,很"软"(大部分研究结论),有容易出现车辙等高温稳定性不足的问题,但低温流变性能较好。如果其能与RAP很好地进行融合,那么两者混合使用将解决各自单独使用时的弊端。Joseph等将大豆脂肪酸用作生物改性剂改善四种SHRP沥青及RAP的低温性能[17],结果发现,当在RAP中掺入3%的大豆脂肪酸时,不同温度下复数剪切模量曲线发生下移,即模量值降低。这对普通沥青来说,降低了其高温抗变形能力,然而对于有较高硬度的RAP就可以降低其硬度,增加抗开裂能力及改善工作和易性。Walaa等研究发现RAP和生物沥青改性的沥青混合程度很好[26]。从研究结果来看,将生物沥青作为沥青改性剂是可行的,且效果显著。

2.3.2 生物沥青的改性研究

若想成功地使生物沥青完全替代传统石油沥青作为路用沥青,需要寻找一种合适的材料,对生物沥青进行改性升级。根据现有研究总结可知,生物沥青主要问题是高温黏度过低、水稳定性不足及低温弹性性能较弱导致抗开裂能力较差。而可以对其改性的材料很多,有可能是高分子聚合物,也可能是无机非金属材料或者金属材料。常见的高温改性剂有聚合物和多聚磷酸,尤其是多聚磷酸,自从1970年以来一直被用来改善沥青的高温流变性能。但是其与沥青的相互作用非常依赖于沥青的来源[27],所以需要经过试验验证。国内也有不少学者对多聚磷酸改性的沥青性能做了研究[28~30]。张恒龙等采用多聚磷酸对两种沥青进行改性,发现流变性质和热稳定性得到明显改善,但程度不尽相同,同时解释了多聚磷酸的改性机理[31]。

Raouf的研究结论是需要改性剂改善生物沥青的低温性能[16]。Joana Peralta等向其中掺加橡胶对其进行改性[32],评价了其化学相容性,发现橡胶能吸收线性脂肪族链而发生膨胀,所以具有较好的相容性,且低温研磨橡胶的改性效果相对更好。对橡胶改性后的生物沥青采用DSR和BBR进行PG分级,发现含10%和15%的低温研磨橡胶,为PG58-22和PG64-22,含10%和15%的室温机械粉碎橡胶,分别为PG58-16和PG64-16,表明掺入橡胶,尤其是低温研磨改性后的生物沥青与传统石油沥青相近。

2.4 生物沥青混合料性能评价

2.4.1 室内试验研究

目前为止还没有将生物沥青完全替代传统石油沥青作为路用沥青的研究。在混合料性能方面,已有的研究是采用经生物沥青改性后的混合生物沥青作为结合料进行混合料拌和,来研究混合料的性能。前面已经涉及的生物沥青黏度较小,高温稳定性不足,出现车辙病害的概率较大。所以在进行混合料研究时将其与RAP进行混合,取长补短,以达到传统石油沥青的性能。生物沥青改性的沥青混合料在拌和时温度较石油沥青温度高5℃,使混合料获得均匀涂层[33]。

在不同剪切情况下,生物沥青与石油沥青混合料的响应可能不同。所以不同压实方式制成的混合料,试验结果可能不同。Robert Kluttz建议进行混合料的模量试验、流动性试验、汉堡车辙试验、车辙及水损坏试验、冻融循环试验等[9]。

Walaa等采用四种材料做对比,一种均使用原始材料,一种掺入40%的RAP作为集料,一种使用经5%生物沥青改性后的沥青作为结合料,另外一种是掺加5%生物沥青改性的沥青并加入40%的RAP作为集料[26]。研究中发现使用生物沥青的混合料空隙率偏小,究其原因在于生物沥青黏度偏小,混合料成型时达到了较小的空隙率和较好的压实效果。动态模量试验常用来测试沥青混合料的硬度。Walaa等对四种混合料在不同温度和不同频率下进行了动态模量试验,采用模量主曲线形式评价不同混合料的刚度。结果发现使用RAP的混合料在同等条件下模量最大,而使用生物沥青改性的混合料最低,使用原始材料和使用生物改性沥青并加入RAP的混合料相近。这样能很好地解决单独使用生物沥青和RAP各自的弊端。Wen等对不同分级的沥青采用不同含量的生物沥青进行改性,测试了混合料在不同频率下的动态模量,并绘制了模量主曲线。结果表明在混合料中使用经来自于废弃食用油的生物沥青改性的沥青,降低了混合料的硬度,与Walaa结论一致。同时Wen等采用 −10℃的间接拉伸试验(IDT)评价生物沥青改性混合料的低温开裂性,结果发现增加了混合料的断裂能(FE),即增加了低温抗裂性[13]。

Walaa等使用路面抗裂性能测试仪(Overly Tester)测试不同混合料的抗疲劳开裂性能及开裂敏感性,发现掺加40% RAP的混合料最易开裂。从上述动态模量试验知其动态模量最大,而使用生物沥青改性混合料的抗开裂性能得到了改善。Wen等采用20℃下的间接拉伸试验评价生物沥青改性的沥青混合料的疲劳性能,发现在混合料中加入生物沥青降低了断裂强度、断裂能和断裂功密度,增加了抗疲劳开裂性能[13],同时中间温度的间接拉伸试验结果与混合料现场的疲劳性能关联性很好[26]。

有研究表明沥青中含有的一些极性官能团,比如氮、氧,与集料的相互作用可以改善沥青混合料抵抗水损坏的能力[33,34]。由于生物沥青中极性组分极其丰富,沥青混合料中加入生物沥青可能可以改善其水稳定性[5]。在AASHTO标准中,可以选用水敏感试验(moisture susceptibility test)评价水稳定性。Wen等对生物沥青改性后的混合料进行水敏感试验,试验得到的拉伸强度比(TSR)均满足AASHTO的最低要求80%,没有剥落现象发生[13]。Walaa等采用汉堡轮辙试验检测了上述四种混合料的水稳定性,发现经生物沥青改性后的沥青混合料水稳定性较差,而掺入RAP的混合料水稳定性较好,使用生物沥青改性的沥青同时掺入RAP的混合料水稳定性与石油沥青混合料比较相近[26]。

2.4.2 试验路铺筑研究

目前,生物沥青的应用已经到了试验路铺设阶段。2009年,英国Aggregates Industries的专家们利用生物沥青代替20%的石油沥青铺设沥青路面,取得了一定的成果。国内在2011年,于杭州市江干区的德胜东路工程路段铺筑了1.165km的生物沥青试验路段。试验路中仅表面层采用了生物沥青,试验段施工结束1h后通车,路段的车流量为70~80辆/min。通车一定时间后,对试验段跟踪检测了压实度、厚度、平整度、弯沉等指标,结果表明生物沥青路面各项性能指标均符合技术要求。

但是在实际应用生物沥青作为路用结合料时,必须对其工作和易性进行评价。和易性是来源于水泥混凝土的名词,用以评价现场拌和混合料的难易程度及能耗问题。现在使用较多的仪器是Asphalt Workability Device(AWD),拌和时难易程度及能耗反映为扭矩的大小,扭矩越大,工作和易性越差。Walaa等对四种混合料的和易性做了试验研究,得到的结果通过前面的分析也可以预测到,掺入RAP的混合料和易性最差,相反使用生物沥青改性后的混合料和易性最好,在黏度层面反映了该原因[26]。Robert Kluttz在研究的基础上给出了生物沥青混合料在实际施工中需要考虑的问题,比如层间黏结情况,普通黏结层是否可以有效工作;运输中的离析问题,采用什么预防措施进行处理;混合料压实方式是否需要更改;及冷却之后是否可以立刻开放交通等等[9]。

3 结语

生物沥青的来源十分广泛,各种生物质经过快速热解都可以被制成生物沥青。其成分虽然不尽相同,但是却具有一定的相似性。总结已有的研究发现生物沥青中的化学成分和传统石油沥青十分相似,含有C、H、O、N和S等元素,可以按照四组分进行分离,并且都具有芳香族、烯族等官能团。故生物沥青是一种十分具有发展前景的沥青替代品。利用生物沥青部分替代石油沥青对沥青性能影响有好有坏,可以在一定程度上降低沥青的温度敏感性并且改善低温性能,但是同时高温性能会变差。

通过对国内外学者的研究结果总结发现,现在针对生物沥青的研究还主要停留在沥青性能水平的层面,对于沥青混合料性能的研究较少。这样就忽视了许多只能在混合料层面表现出来的问题,不能对生物沥青的工程应用进行指导。而且生物沥青的来源及制备工艺不同,对于生物沥青的化学组成、相关性能及石油沥青的影响也不同。所以对于生物沥青的课题需要具体问题具体分析,针对生物沥青自身组成特点制定研究方案。

参 考 文 献

[1] S. Czernik. Storage of Biomass Pyrolysis Oils[C]. Proceeding of Specialist Workshop on Biomass Pyrolysis Oil Properties and Combustion, Estes Park, CO, 1994:67-76.

[2] S. Czernik, A. V. Bridgwater. Overview of Applications of Biomass Fast Pyrolysis Oil[J]. Energy & Fuels, 2004(18): 590-598.

[3] Oasmaa, Anja, S. Czernik, et al. Stability of Wood fast Pyrolysis Oil[J]. Biomass Bioenergy, 1999(7):187-192.

[4] Mohan, Dinesh, Charles, et al. Pyrolysis of Wood/Biomass for Bio-oil: A Critical Review[J]. Energy and Fuels, 2006, 20 (3):848-889.

[5] E. H. Fini, E. W. Kalberer, G. Shahbazi. Application of Bio-Binder from Swine Manure in Asphalt Binder[J]. TRB 2011 Annual Meeting, 2011: 1-14.

[6] E. H. Fini, S. H. Yang, S. N. Xiu. Characterization and Application of Manure-Based Bio-binder in Asphalt Industry[J]. TRB 2010 Annual Meeting, 2010: 1-13.

[7] A. Zofka, I. Yut. Investigation of Rheology and Aging Properties of Asphalt Binder Modified with Waste Coffee Grounds[J]. TRB 2012 Annual Meeting, 2012: 61-72.

[8] J. C. Seidel, J. E. Haddock. Soy Fatty Acids as Sustainable Modifier for Asphalt Binders[J]. TRB 2012 Annual Meeting, 2012: 15-22.

[9] R. Kluttz. Considerations for Use of Alternative Binders in Asphalt Pavements Material Characteristics[J]. TRB 2012 Annual Meeting, 2012: 2-6.

[10] 沈金安. 沥青及沥青混合料路用性能[M]. 北京:人民交通出版社,2001:241~244.

[11] M. G. Bouldin, R. Dongre', G. M. Rowe, et al. Predicting Thermal Cracking of Pavements from Binder Properties: Theoretical basis and field validation[J]. Journal of Association of Paving Technologists, 2000: 455-496.

[12] Z. You, J. M. Beale, H. E. Fini, et al. Evaluation of Low Temperature Binder Properties of Warm Mix Asphalt, Extracted and Recovery RAP and RAS, and Bioasphalt[J]. Journal of Materials in Civil Engineering, 2011.

[13] H. F. Wen, S. Bhusal, B. Wen. Laboratory Evaluation of Waste Cooking Oil-Based Bioasphalt as Sustainable Binder for Hot-Mix Asphalt[J]. TRB 2012 Annual Meeting, 2012: 49-60.

[14] J. D'Angelo, R. Kluttz, R. N. Dongre, et al. Revision of the Superpave High Temperature Binder Specifications: The Multiple Stress Creep Recovery Test[J]. Journal of the Association of Asphalt Paving Technologists, 2007.

[15] R. C. Williams, J. Satrio, M. Rover, et al. Utilization of Fractionated Bio Oil in Asphalt[C]. Presented at the 88th Annual Meeting of the Transportation Research Board, Washington D. C., 2009.

[16] M. A. Raouf, M. Metwally. Development of Non-Petroleum Binders Derived from Fast Pyrolysis Bio-Oils for Use in Flexible Pavement[C]. PhD Thesis, Iowa State University, 2010.

[17] C. Johnson, H. Wen, H. Bahia. Practical Application of Viscoelastic Continuum Damage Theory to Asphalt Binder Fatigue Characterization[J]. Journal of Association of Asphalt Paving Technologist, 2009(78):597-638.

[18] Airey, D. Gordon, M. H. Mohammed. Rheological Properties of Polyacrylates Used as Synthetic Road Binders[J]. Rheological Acta, 2008(47):751-763.

[19] W. S. Wan Nik, S. G. Giap, H. H. Masjuki, et al. Application of Modified Power Law and Arrhenius Relationship in Studying Rheological Behavior of Bio oils[J]. Materials Science Forum, 2006:

147-152.

[20] M. A. Raouf, C. R. Williams. General Rheological Properties of Fractionated Switchgrass Bio-Oil as a Pavement Material[J]. Road Materials and Pavement Design, 2010: 325-353.

[21] I. Leonard, D. Mohan, M. Bricka, et al. Pyrolysis of Wood and Bark in an Auger Reactor: Physical Properties and Chemical Analysis of the Produced Bio-oils[J]. Energy Fuels, 2008, 22(1): 614-625.

[22] J. Peralta, H. M. R. D. Silva, A. V. Machado, et al. Development of a Rubber Modified Fractionated Bio-oil for Use as a Non-crude Petroleum Binder[J]. Semana da Escola de Engenharia, 2011.

[23] Y. H. Nien, P. H. Yeh, W. C. Chen, et al. Investigation of Flow Properties of Asphalt Binders Containing Polymer Modifiers[J]. Polymer Composites, 2008: 518-525.

[24] Sengoz, Burak, G. Isikyakar. Evaluation of the Properties and Microstructure of SBS and EVA Polymer Modified Bitumen[J]. Construction and Building Materials, 2007, 22: 1897-1905.

[25] F. L. Roberts, P. S. Kandhal, E. R. Brown, et al. Hot Mix Asphalt Materials Mixture Design and Construction[M]. National Asphalt Pavement Association, Lanham, Maryland, 1996.

[26] S. M. Walaa, H. F. Ellie, J. A. Alexander, et al. Performance Characteristics of High RAP Bio-Modified Asphalt Mixtures[J]. TRB 2012 Annual Meeting, 2012: 1-16.

[27] G. L. Baumgardner, J. F. Masson, J. R. Hardee, et al. Polyphosphoric Acid Modified Asphalt: Proposed mechanisms[J]. Journal of Asphalt Paving Technologists, 2005(74): 283-305.

[28] 付力强,王子灵,黄晓明,等. 多聚磷酸改性沥青的性能研究[J]. 公路交通科技, 2008, 25(2): 16-19.

[29] 曹卫东,刘乐民,刘兆平,等. 多聚磷酸改性沥青的试验研究[J]. 中外公路, 2010, 30(3): 252-255.

[30] 赵可,杜月宗. 多聚磷酸改性沥青研究[J]. 石油沥青, 2010, 24(3): 4-10.

[31] 张恒龙,史才军,余剑英,等. 多聚磷酸对不同沥青的改性及改性机理研究[J]. 建筑材料学报, 2013, 16(2): 254-260.

[32] J. Peralta, R. C. Williams, M. Rover, et al. Development of Rubber-Modified Fractionated Bio-Oil for Use as Noncrude Petroleum Binder in Flexible Pavements[J]. TRB 2012 Annual Meeting, 2012: 23-36.

[33] S. C. Huang, R. E. Robertson, J. F. Branthaver. Physico-Chemical Characterization of Asphalt-aggregate Interactions under the Influence of Freeze-thaw Cycles[J]. Paper No. 06-2831, the 81th Transportation Research Board Annual Meeting, Washington D. C., 2002.

[34] J. C. Petersen, J. F. Branthaver, R. E. Robertson, et al. Effects of Physicochemical Factors on Asphalt Oxidation Kinetics[J]. Transportation Research Board Annual Meeting, Washington D. C., 1993: 1-10.

收费广场复合式路面研究与应用

崔洪川　崔　雷　刘铁山　栾　海

(吉林省交通规划设计院　吉林　长春　130021)

摘　要：为消除道路薄弱环节，提高公路收费广场路面结构的耐久性和减少水泥混凝土面板表面功能的破坏，收费广场可以采用复合式路面。复合式路面具有优良的承载能力，能够有效对重载、超载提供较好的路用性能，并可在较长使用期内不发生结构性破坏，只需对沥青混合料面层进行养护，具有长寿命的特点，从建设和运营总成本效益来分析，比水泥混凝土路面具有更好的长期经济效应，具有广阔的应用前景和推广价值。

关键词：收费广场　橡胶沥青　荷载应力　温度应力

1　引言

公路收费广场虽为高等级公路的不可缺少的一部分，但因路面铺装面积小，对其路面材料耐久性和结构耐久性并没有结合其荷载特点进行研究。因此收费广场路面结构方案一般情况采用两种：方案一选用沥青路面结构，其施工方便，工期短，但经过一定时间的使用，会产生车辙、拥包、推移等病害，且后期的维修养护费用较大，一般情况下较少采用；方案二为解决沥青路面在频繁起车、停车下的剪切变形，选用水泥混凝土路面，此方案在收费广场设计时被普遍采用，但经过对已使用的收费广场调查发现，该方案收费广场在使用3~5年以后，大多出现板角断裂、唧泥和错台现象，甚至有些发生断板等病害，使后期的维修困难增大。为了避免或减少上述问题的发生，国外一般采用钢筋混凝土或者预应力钢筋水泥混凝土路面来解决断板等结构性病害的发生，但也并没有解决网裂和唧泥等功能性病害，同时其造价高、施工工艺复杂，与我国广泛采用小型机具施工不十分匹配，不便推广。采用复合式路面即可解决收费广场强度问题，同时我省地处寒冷地区，冬季除雪撒盐对钢筋混凝土路面侵蚀破坏严重，复合路面既能避免除雪剂的侵蚀，又保持了耐久性，且便于维修。

2　沥青混凝土性质

2.1　沥青

本次研究基质沥青为辽宁盘锦90号，橡胶改性沥青采用江苏宝利沥青，5%SBS改性沥青采用吉林嘉瑞沥青。针对以上几种沥青，分别进行单质及复合改性后的试验研究，并进行相关力学性能和功能性能的对比，具体结果详见表1。

沥青单质试验结果　　　　表1

沥青种类	针入度 0.1mm		软化点 ℃	5℃延度 cm	弹性恢复 %	180℃旋转黏度 Pa·s	密　度 g/cm³
	15℃	25℃					
橡胶改性沥青	28	61	65.0	34.7	86	1.2	1.035
90号			43.5	>100			0.996
5%SBS			69.5	48	85		1.020

2.2　集料

所用集料来自吉林省某石场，经检测后集料各项主要指标均满足规范要求，具体结果详见表2。

集料单质试验结果　　　　表2

矿料规格（cm）	矿料名称	表观相对密度（g/cm³）	毛体积相对密度（g/cm³）	吸水率（%）	压碎值（%）	含泥量（%）	坚固性（%）
9.5~19	石灰岩	2.705	2.672	0.46	14.6	0.3	5
4.75~9.5	石灰岩	2.710	2.655	0.76	—	1.0	5
2.36~4.75	石灰岩	2.706	2.659	1.03	—	1.5	—
0~2.36	机制砂	2.699	2.644	0.78	—	0.5	—
9.5~19	玄武岩	2.916	2.782	1.66	13.2	0.4	4
4.75~9.5	玄武岩	2.932	2.797	1.42	—	0.3	4

2.3 矿粉

所用矿粉产自吉林省某矿粉公司,为石灰石磨制的石粉,矿粉技术性质测定结果见表3。

矿粉试验结果　　　　表3

试验项目	亲水系数	表观相对密度 g/cm³	粒度范围 %		
			<0.6mm	<0.15mm	<0.075mm
测定结果	0.912	2.736	100	96.6	90.1

2.4 纤维

所用纤维为吉林某木质素纤维有限责任公司生产,各项指标检测结果详见表4。

纤维试验结果　　　　表4

试验项目	纤维长度 mm	灰分含量 %	pH值	吸油率	含水率 %
测定结果	7.83	22.8	7.3	6.9	0.9

2.5 石灰

为了改善沥青混合料的水稳定性,本研究在上面层路面结构中用1.5%的石灰代替矿粉,石灰产自吉林省,消解后测定其有效氧化钙氧化镁含量为61.5%,为Ⅱ级钙质消石灰。

3 沥青混合料性能研究

3.1 集料与沥青黏附性试验

本试验将不同的岩石裹覆70号、90号沥青、SBS改性沥青、橡胶改性沥青,比较其剥落的时间,试验结果见表5。由表5可以看出:从集料与沥青黏附性试验看,橡胶改性沥青的水稳定性、耐久性远远好于SBS改性沥青,橡胶改性沥青在水中煮沸5.5h剥落达80%~90%,而SBS改性沥青仅0.5h剥落达80%~100%,和70号、90号沥青相当。

3.2 马歇尔试验结果与性能

针对研究所用集料的筛分结果,根据不同层位的设计要求,适配出AC-20、SMA-13结构的级配曲线,其中AC-20型混合料矿料采用石灰岩、SMA-13型混合料大于4.75部分矿料采用玄武岩,同时掺加0.3%的木质素纤维,两级配的马歇尔试验结果和水稳定性、高低温性能如表6~表9所示。

通过以上沥青混合料的配合比研究可以看出,AC-20橡胶改性沥青在最佳油石比的情况下,其性能指标优于5%SBS改性沥青,具有良好的路用性能;高温稳定性较好,低温性能及水稳定性也比较好,对于橡胶改性沥青SMA-13,高温性能及低温性能也较突出,证明橡胶改性沥青也是一种可以和SBS改性沥青相媲美的路面材料,改性效果良好。

沥青黏附性试验结果表　　　　　　　　　　　　　　　　表5

种类	70#剥落面积(%)				90#剥落面积(%)				SBS剥落面积(%)				橡胶改性剥落面积(%)			
时间	安	玄	凝	石	安	玄	凝	石	安	玄	凝	石	安	玄	凝	石
3min	10	0	10	0	20	20	20	20	无明显变化				无变化			
5min	20	0	15	0	40	40	40	40	5	5	15	5				
7min	40	10	25	10												
10min									10	10	40	10				
15min	70	60	65	60	80	80	80	80	50	50	90	50				
30min	85	70	80	70	90	100	90	90	80	80	100	80				
1h	100	100	100	100	100		100	100	100	100		100	10	10	10	0
2h													30	30	30	10
4h													80	80	80	60
5.5h													90	90	90	80

AC-20级配马歇尔试验　　　　　　　　　　　　　　　　表6

沥青种类	油石比 %	密度 g/cm³	空隙率 %	间隙率 %	饱和度 %	稳定度 kN	流值 mm
橡胶改性沥青	4.5	2.412	4.1	13.5	69.5	12.0	3.4
5%SBS	4.3	2.413	4.2	13.3	68.7	9.0	3.5
90号	4.3	2.412	3.8	13.9	70.5	8.9	3.4

AC-20级配性能检验结果　　　　　　　　　　　　　　　　表7

沥青种类	残留稳定度 %	残留强度比 %	动稳定度 次/mm	低温弯曲破坏应变 με	渗水系数 mL/min
橡胶改性沥青	92.5	87.2	8 267	3 817	0
5%SBS	95.8	88.1	4 753	3 210	0
90号	90.3	75.9	1 050	2 472	0

SMA-13级配最佳油石比　　　　　　　　　　　　　　　　表8

沥青种类	油石比 %	密度 g/cm³	空隙率 %	间隙率 %	饱和度 %	稳定度 kN	流值 mm	析漏 %	飞散损失 %
橡胶改性	6.5	2.455	3.3	16.8	80.6	6.7	3.4	0.07	7.2
5%SBS	6.4	2.433	4.3	17.4	77.3	8.1	3.8	0.08	8.0
90号	5.8	2.431	3.9	17.6	77.6	6.2	3.3	0.08	12.3

SMA-13级配性能检验结果　　　　　　　　　　　　　　　　表9

沥青种类	残留稳定度 %	残留强度比 %	动稳定度 次/mm	低温弯曲破坏应变 με	渗水系数 mL/min
橡胶改性	85.8	87.8	8 532	7 555	0
5%SBS	92.0	80.6	1 252	2 452	0
90号	88.5	90.2	4 226	3 017	0

4 水泥混凝土板块优化研究

在我国的水泥混凝土路面设计中,板内的温度应力和荷载应力是分别计算的,然后考虑在临界荷载位置处(板纵缝边缘中部的板底)的叠加作用不小于板的抗弯拉强度。而美国的ASSHTO2002刚性路面设计指南中板的力学响应计算是考虑温度与荷载的同时作用,并且临界荷载位置包括三个:板纵缝中部板底、板纵缝中部板顶和板角处的板顶,其中后两个临界位置重点就是考虑了温度和轴载的耦合作用,如图1所示。

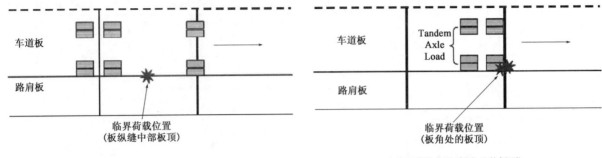

a)临界荷载位置(板纵缝中部板顶)　　　　　　b)临界荷载位置(板角处的板顶)

图1　美国AASHTO2002临界荷载位置

国内有的研究者通过有限元方法建立模型,对单自由板在轴载和温度共同作用下的变形和应力进行了计算,计算中考虑了正向和负向温度梯度和轴载作用板不同位置时的工况,计算结果表明不同工况下水泥路面板最大应力将发生变化,将造成板不同的开裂方式,发现了与美国AASHTO2002设计指南相同的结论:板内存在负温度梯度时,水泥路面板最大拉应力出现在板顶,荷载作用于不同位置时,水泥路面板产生纵向裂缝的拉应力较大,因此水泥板易出现板顶—板底的纵向开裂;板内存在正温度梯度时,水泥路面板最大拉应力出现在板底,荷载作用于板边时,水泥板易出现板底—板顶的纵向开裂,荷载作用于板中时,水泥板易出现板底—板顶的横向开裂。

4.1　模型的建立

本文建立的水泥混凝土路面板温度与轴载耦合作用模型是在前文所述的温度翘曲模型的基础上,施加轴载应力,以板长4m,板宽4m的板为例建立的,其模型如图2所示。

如图2所示,考虑两种情况:a)轴载作用在纵缝边缘,按行车方向从AB作用到CD;b)轴载中心线与板纵向中心线重合,按行车方向从AB作用到CD(图3)。

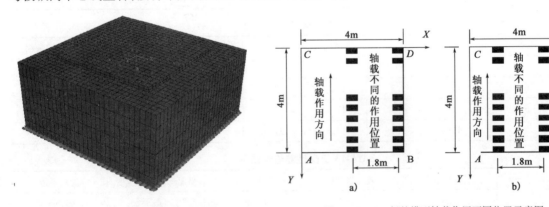

图2　4m×4m板的模型施加轴载示意图　　　　图3　4m×4m板的模型轴载作用不同位置示意图

4.2　轴距对面板应力的影响分析

在4m×4m水泥混凝土路面板上布置4m轴距的轴载,即最不利位置,如图4所示,轴重取100kN,由于考虑轴距对板长方面的影响,所以计算时应该考虑板顶纵向的最大应力。计算在此条件下,温度与轴载耦合作用下,板顶纵向的最大应力,以及单轴双轮和双轴双轮作用在水泥混凝土路面板的纵向边缘中部处的板顶纵向的最大应力,并进行比较,如图5所示。

从图5可以看出,4m×4m水泥混凝土路面板上,轴距为4m的两个轴同时作用在板的边角处时,所产生的板顶纵向最大应力,比单轴双轮或双轴双轮轴载作用在板纵向边缘中部时,所产生的板纵向最大应力大得多,这说明4m的轴距会使板长为4m的水泥混凝土面层板,在温度和轴载的共同作用下,产生很大的应力,这对水泥混凝土面层板是非常不利的,很可能会引起板的开裂。

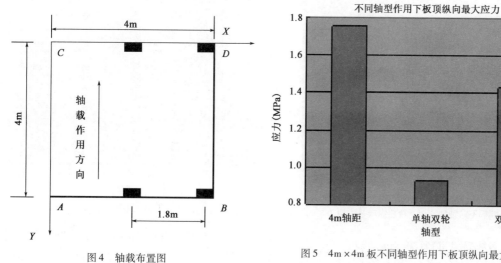

图4 轴载布置图

图5 4m×4m板不同轴型作用下板顶纵向最大应力

按照与上述同样的方法来分别比较4.5m×4m和5m×4m的水泥混凝土路面板的情况,在4.5m×4m水泥混凝土路面板上布置4m、4.2m和4.5m轴距的轴载,在5m×4m水泥混凝土路面板上布置4.2m、4.4m、4.6m、4.8m和5m轴距的轴载,在温度和轴载的共同作用下,板顶产生的纵向最大应力的计算结果如图6和图7所示。

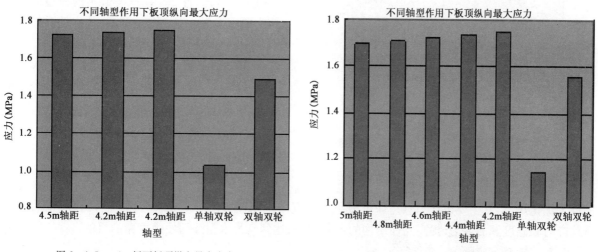

图6 4.5m×4m板下板顶纵向最大应力

图7 5m×4m板下板顶纵向最大应力

从上述两图中能够看出,水泥混凝土路面板受温度的影响翘曲后,接近板长的轴距的轴载作用在水泥混凝土路面板上,使板顶产生的纵向最大应力远大于单轴双轮或双轴双轮轴载作用在板纵向边缘中部时,所产生的板顶纵向最大应力,这说明目前经常在水泥混凝土路面上行驶的载重车辆的轴距,在很大程度上影响着水泥混凝土路面的开裂。

4.3 轴距小尺寸面板应力的影响分析

考虑载重车辆的轴距,在很大程度上影响着大水泥混凝土板块路面的使用寿命,这里我们分析轴距对小尺寸路面板在荷载和温度耦合作用下的影响。

水泥路面板平面尺寸考虑如下三种情况:3m×3m、3m×2m和2m×2m,当轴距为4~5m时,两轴不可能同时作用于上述几种板上,所以仅考虑双轴和三轴双轮分别作用于3m×3m和3m×2m的水泥混凝土路面板纵缝边缘上的情况。通过模型计算板顶纵向应力,结果如图8~图10所示。

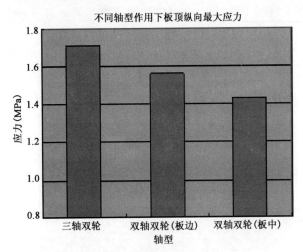

图8　3m×3m板不同轴型作用下板顶纵向最大应力

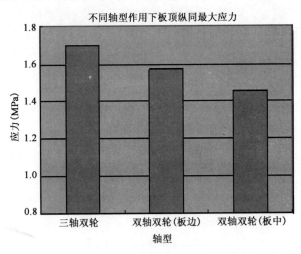

图9　3m×2m板不同轴型作用下板顶纵向最大应力

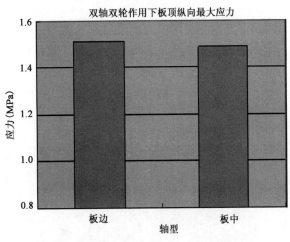

图10　2m×2m板不同轴型作用下板顶纵向最大应力

由于在所有调查的车辆中,双联轴对板作用的次数远远多于三联轴对板作用的次数,而且就3m长单块板而言,三联轴中经常只有两轴作用于路面板上,所以考虑双联轴对板的作用。通过上面几图可以看出,在双联轴的作用下,无论是作用于板角还是板纵向边缘中部,板顶所产生的纵向最大应力都不大,在1.5MPa左右,而且2m×2m所产生的板边顶纵向最大应力要小于3m×3m和3m×2m的水泥混凝土路面板,这种现象是由于温度和轴载耦合作用下,板顶的最大主应力随着板长的增加而增加,所以从板的受力方面考虑,受到目前载重车辆轴距影响较小的水泥混凝土路面板的尺寸为3m×3m、3m×2m和2m×2m。

5　收费广场复合式路面应用

针对收费广场路面结构设计面临的问题,本文结合收费站平面规划特点,对水泥混凝土路面板尺寸进行了优化研究,其主要设计思想是通过减小水泥混凝土路面板的平面几何尺寸(板长和板宽),降低荷载应力和温度翘曲应力,提高路面结构的承载能力,达到延长水泥路面使用寿命的目的。

5.1　面层类型

收费车道:28cm钢筋混凝土面板。
收费广场:4cm橡胶改性沥青SMA-13+6cm橡胶改性沥青AC-20+24cm水泥混凝土。
板块平面尺寸:收费广场2.5m×3m,收费车道3.0m×3.5m。

5.2　基层类型

采用水泥稳定碎石基层。

5.3　层间结合

采用橡胶改性沥青同步碎石封层。

6　结语

通过研究及推广项目,可以得出如下结论。室内研究表明橡胶改性沥青混凝土的性能优于普通

SBS改性沥青,橡胶改性沥青混凝土路用性能优秀,其在收费广场具有较好的抗车辙能力。同时在荷载应力、温度应力及两者耦合作用下完成了不同平面尺寸下的水泥路面板荷载应力计算,从计算结果可知,基层和板厚相同时,随着板尺寸的减小,板内荷载应力在减小,当板平面尺寸小于2.5m×3m时,降低幅度大约处在15%~30%。因此,采用小尺寸水泥混凝土路面板能够有效地降低板内的荷载应力,提高使用寿命。同时复合路面避免了除雪剂的侵蚀且便于维修,具有极高的推广应用价值。

参 考 文 献

[1] 蒋应军.重载交通水泥混凝土路面材料与结构研究[D].长安大学,2005.
[2] 寇继海.关于高速公路服务区停车场路面设计与施工的探讨[J].东北公路,2000(1):8-10.
[3] Yuhji Kohsada,姚琳.废轮胎在日本的再利用[J].橡胶技术与装备,2001,27(8):51-52.
[4] Rostami,H. Lepore,J. Silverstraim. Use of Recycled Rubber Tires in Concrete. Proc. Int. Conf. Concrete 2000,University of Dundee,UK,1993:391-399.
[5] 韦金城,崔世萍.基于AASHTO力学经验设计法的材料参数综述[J].山东交通科技,2008(1):21-24.

鹤大高速公路榆树川互通钢箱梁施工技术

张峰峰　山纪洪　方　利　原晓斌

（中交一航局第五工程有限公司　秦皇岛　066000）

摘　要：随着桥梁结构多样化发展和技术的日趋进步,钢桥以受力稳定、跨越能力大、安装速度快、对既有线影响小等特点逐渐成为现代桥梁建设的选择。本文结合鹤大高速公路榆树川互通钢箱梁桥,对钢箱梁加工及制作、现场组装、吊装及涂装等施工技术作以详细介绍,为类似工程施工提供了一定的参考。

关键词：钢箱梁　临时支架　吊装作业　安全

1　引言

钢箱梁结构在现代公路和市政工程中日渐增多,因其具备安装快捷、高效,工厂化生产程度高、质量可靠,施工不影响对既有线路通行等特点,在后期跨线及其他特殊项目中会更多被采用。受施工条件影响,每座钢箱梁桥安装方式方法都有不同,分块位置、支架结构的选择、吊装设备选定都需要针对不同项目进行计算确定,因此总结和提炼大块型钢结构安装技术有利于为同类工程施工提供借鉴。

作为公司首次承建的大型钢结构制作、安装项目,经验少,风险高。同时,大块段型钢结构的准确就位和无应力焊接技术本身难度较大,国内对现场焊接质量仍然主要依靠焊工技能来保证,检测手段单一。故本文将结合榆树川互通钢箱梁制作、安装和检测验收的全过程,对钢箱梁施工技术进行总结提炼,后期同类工程摘选使用。

2　工程概况

2.1　工程概述

榆树川枢纽互通立交位于靖宇县榆树川镇北侧,抚松县西侧,是本项目的终点,同时也是营松高速的终点,为连接两条高速的枢纽互通立交,本立交枢纽跨越营松高速(营城子—松江河)段为钢箱梁形式,钢箱梁桥全长100m,跨径组合为(30+40+30)m,见图1。

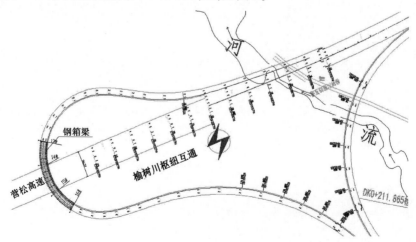

图1　榆树川互通钢箱梁与既有线路位置平面布置图

2.2 工程难点

(1)该桥处在半径=80m的左偏圆曲线中,结构为变截面并非对称形式,加工过程中对线性尺寸控制难度较大。

(2)本钢箱梁桥中间40m跨下为36.53m宽的营松高速,净高为5m,其桥面距地面近22m高,吊装高度较大,施工风险大。

(3)钢箱梁现场分块对接,具有较高的匹配度。

2.3 钢箱梁结构形式

本钢箱梁为单箱双室,内侧腹板梁高1.70m,外侧腹板高2.07m,桥面宽10.25m,按底板水平顶板同桥梁横坡6%设计。钢箱梁的顶板兼作桥面承重结构,按正交异性板设计,钢箱梁顶、底板、悬臂部位采用纵向肋加劲。

3 钢箱梁施工技术

3.1 钢箱梁加工及制作

3.1.1 桥体制作思路

由于受道路运输、厂内交通及起重限制的影响,采取整体制作,按需切割,分段运输,现场拼装,逐段吊装的方法,将该桥纵向分为7段,横向分为2段,共计14段,为保证分块组装匹配精度,采用平口焊接的形式组装焊接。

3.1.2 钢箱梁制作

根据箱型桥梁的特点,钢箱梁的组成部分包括底板、顶板、腹板、横隔板、U形肋等构件,这些构件均在厂房内完成,在成型后进行组装、焊接、剪力栓钉焊接、焊缝检测,检测合格后按预留好的切割点将整体制作的桥段分割开,进行转场喷涂底漆和中漆。构件在制造完成后在场内整体的预拼装,拼装合格后进行分段进场,由于道路运输等原因,翼缘板在厂房内不与主体桥焊接,待进场后再进行拼装焊接。

在钢桥制作前对钢箱梁桥结构尺寸、厚度、加工精度、焊接质量及喷漆质量,项目技术及质检人员驻地对其进行监控,委托第三方检测公司对焊缝检测,保证了钢桥在制作阶段质量。

3.2 钢箱梁现场施工工艺

3.2.1 支架布置图

支架布置图见图2、图3。

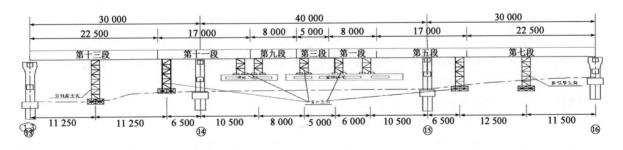

图2 支架立面布置图(尺寸单位:mm)

3.2.2 临时支架基础

施工现场临时支撑基础采用砂砾换填,之后进行现浇,基础规格为300mm×2500mm×2500mm。施工前对支架基础支点受力及混凝土局部受力进行验算,地基承载力只要大于$p_{k\max}=200.8$kPa就能满足要求,现场满足要求。

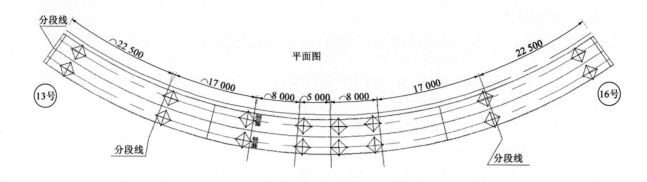

图3 支架平面布置图(尺寸单位:mm)

既有线路临时支架坐落于路面上,为减少集中受力,在柱脚处加设钢拍子,以增大柱脚与桥面接触面积,并用方木衬垫柱脚,从而避免了对路面的破坏,同时对营松高速桥受力进行验算,验算合格后搭设支架。

3.2.3 支架搭设

(1)支撑体系

支架为多用途临时支架,支撑体系由钢支撑架、沙漏千斤顶、附属设施等构成,见图4。吊装前将临时支撑体系就位,并用90°钢将此横向支撑连接一起,形成刚性体系。

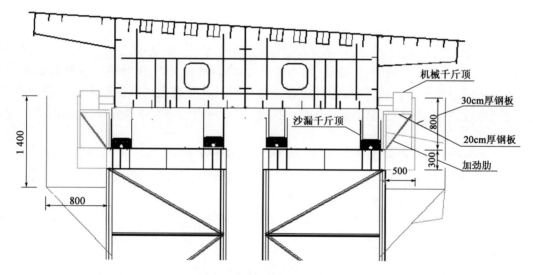

图4 多用途支架细部示意图(尺寸单位:mm)

(2)临时支撑

临时支撑形式为 2m×2m 的4肢柱斜腹杆形式,顶部设置 H 形横梁,最高达19m。构件截面:

肢柱(弦杆)　圆钢管 140×4　　Q345
腹杆　　　　 圆钢管 60×4　　 Q345
横梁　　　　 H450×300×12/12 Q345

对临时支撑采用 Midas 建模,对支架长细比、轴线应力、弯曲应力、整体稳定性、剪切强度等进行详细的计算,计算合格后方可进行支架的支立。

(3)支架其他设施

支架顶部设置沙漏千斤顶,钢箱梁底面与沙漏千斤顶接触,进行标高的调节。

在临时支架的两侧分别设置站人挂框,用于桥段吊装时人员对桥段的控制的摆正。附加牛腿焊接于临时支架顶部,在吊装到位后进行用机械千斤顶对桥段进行微调。

3.2.4 钢箱梁吊装

(1) 吊装顺序

由靠近 15 号墩的 8m 长双腹板桥体为第一吊,依次吊装,吊装顺序第一至第十四段见表 1。

吊 装 顺 序　　　　　　　　　　　　　　　　　表 1

第十三段	第十一段	第九段	第三段	第一段	第五段	第七段
22.5m	17m	8m	5m	8m	17m	22.5m
56.3t	43.4t	20t	12.5t	20t	43.4t	56.3t
第十四段	第十二段	第十段	第四段	第二段	第六段	第八段
22.5m	17m	8m	5m	8m	17m	22.5m
48.8t	37.7t	16t	10t	16t	37.7t	45t

(2) 吊车及钢丝绳选型

① 根据现场实际情况、吊装重量及吊车性能,选择 250t 履带吊吊装梁片,25t 汽车吊进行小型构件吊装作业。

② 吊装时,吊绳与水平面的角度不得小于 45°,计算钢丝吊绳时按 59.61° 计算,每个钢丝绳受力为 17.3t。经查表,现场采用 4 根 12m、直径为 39mm 钢丝绳吊装,钢丝绳经计算满足吊装要求。

(3) 吊装前准备工作

① 在吊车驻位前,对吊车驻位进行平整压实处理,保证吊车起吊时平稳。吊车在桥下驻位进行第 1 至 4 桥段、9 至 10 桥段吊装作业时,驾驶员视线受到影响,在正式起吊之前进行试吊,确保顺利吊装。

② 在吊装之前对支架基础及支架进行初始测量,设置监测点,基础设置四个观测点,支架上设置三个观测点,在吊装前后进行高程和垂直度的对比,防止支架倾覆。

③ 在吊装之前对支架标高进行复核,采用三维测量对预拱度进行设置,其中边跨跨中起拱 22mm,中跨跨中起拱 55mm。

(4) 吊点设置

桥段吊装其平衡性尤为重要,通过 Midas 结构分析软件建模后自动生成重心位置,吊耳位置根据桥体重心平衡布置,保证吊点位置准确无误。吊点设置在横向纵向隔板交界处,并加装吊耳,吊耳位置在腹板上方、采取坡口焊形式焊接于上桥面板,若下方未有横隔板,将另设置加劲措施保证吊装强度。在设置吊耳之前对拉力、焊缝进行验算。

由于吊耳位置依据重心进行平分、平衡划分,但桥体纵向有一定的坡度,为保证桥体吊装保证设计坡度,将采用 6 个卡环进行吊装,其中 4 个卡环是起重卡环,另外两个是纵向找坡卡环,放置在桥体标高较低的一侧,进行吊装。第一、二、九、十桥段重心位置及吊耳位置如图 5 所示。

(5) 工况分析及吊装作业

本桥结构类型两侧对称且现场地形情况也类似,以最不利吊装桥段为例进行工况分析根据吊装顺序及吊车就位位置,对吊装高度、吊杆长度、吊装重量与 250t 吊车性能表比较分析,确定其安全储备状况。第一段吊装分析如下,其余不做详细叙述。

第一段吊装:此段质量 20t,吊装半径 20.04m,吊装高度 21m,吊杆距既有高速外沿 7.5m,查表得:杆长 48.5m,半径 21m,起质量为 42.4t 满足要求,且有安全储备,见图 6。

(6) 钢箱梁落架

桥面焊接完成后进行落架,由中间向两边落架(图 7)。落架时将支架顶处的沙箱阀门打开,统一放沙,使桥底板与临时支撑分离,确定桥墩支座完全承载钢桥自重后,做好沉降观测点,24h 后复测桥梁沉降及变形情况,做好记录,核实数据无误后拆除千斤顶及附属设施。

钢箱梁全部桥段吊装完毕后立即对桥梁高程进行测量,对不符合高程部位通过沙漏千斤顶进行调节,待完全焊接完成落架后再进行测量验收,测量合格。

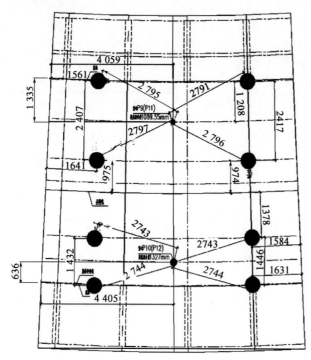 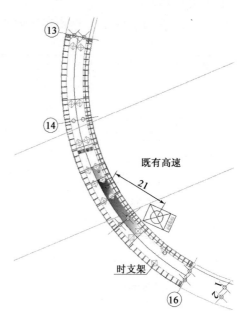

图5 第一、二、九、十段重心位置及吊耳位置(尺寸单位:mm)　　　图6 第一段吊装示意图(尺寸单位:m)

(7)桥段吊装细部处理方法

①桥段临时固定措施。当两段桥体合并后采用门刀进行临时固定,随后进行整体焊接。构件落在临时支撑上之后采用千斤顶进行标高的微调。轴线定位采用全站仪进行定位,局部采用焊接门刀,千斤顶进行微调,手板葫芦、钢丝绳辅助校正。

②钢箱梁定位。由于本工程采用分段高空吊装的方法,吊装前应对支架的定位进行控制。根据主体结构的吊装尺寸,划出支架的十字线,将预先制作好的支架吊上支架基础,定对十字线。把十字线驳上支架的顶端面和侧面,并加以明显标记。用全站仪检测支架顶标高是否控制在预定标高之内。主体结构钢箱梁的吊装定位全部采用全站仪进行精确定位,在吊装过程中对钢箱梁两端进行测量定位,采用多用途支架上机械千斤顶微调,发现误差及时修正。

图7 钢箱梁落架后

3.2.5 现场焊接

(1)焊接作业

钢箱梁焊接采用V形坡口,单面焊接,一次成型。其中顶板及底板为16~32mm对接水平焊缝,腹板为14mm对接立焊缝,横隔板为20mm对接立焊缝。顶板、腹板、横隔板采用厚度、6mm宽度50mm衬板,底板采用陶瓷衬垫的焊接方法。

(2)焊接顺序

采用双数焊工从中间逐渐向外,左右对称的顺序焊接,焊接方法为先二氧化碳气体保护打底,随后对待焊区域的铁锈、氧化皮、污垢、水分等有害物质清除干净,使其表面露出金属光泽,完成后再进行焊接。由于钢箱梁受日照、温度影响,焊缝自身随着温度降低也会引起收缩,现场选择与厂内焊接时温度相近的时间段安装合龙段,减少了温度的影响。

(3)焊缝检测

焊接结束后,对焊缝进行外观检查、超声波探伤检测和X射线探伤抽样检测,焊缝的焊波应均匀,不得有裂纹、未融合、夹渣、焊瘤、咬边、弧坑和气孔等缺陷,焊接区无飞溅残留物,焊接的位置、外形及焊缝检测必须符合相关规定,现场检测焊缝100%合格。

3.2.6 涂装工艺

焊缝检测合格后进行面漆的涂装,面漆颜色根据色差对比卡进行确定为73B0B淡灰色,涂料按照涂装配套设计进行,在涂装前对焊缝进行除锈、打磨及对表面清理,焊缝处涂刷底漆和中漆,处理完构件表面后进行喷涂面漆,面漆采用高压无气喷漆机进行喷涂。

涂漆完毕后漆膜厚度进行检测,本工程要求钢箱梁外表面总干膜厚度为240μm,箱内表面总干膜厚度为250～350μm,并且漆膜厚度不得大于设计的3倍,如漆膜厚度不够对其进行补喷。

4 安全保证措施

(1)营松高速与鹤大高速衔接,在施工时未通车,为了在施工期间尽可能少影响营松高速施工车辆的通行,前期在既有线路两边分口处进行封闭,并在施工现场安排专职人员值班,后期半封闭状态,减少了对交通影响。

(2)由于本工程所用个别支架,对较高支架将采用缆风绳进行拉锚固定,采用手拉葫芦对其进行校紧、纠偏,保证支架的稳定性。

(3)跨线梁体落架之后,在箱梁两侧设置邻边防护。钢箱梁吊装时必须有专人指挥,各人员岗位分工明确,确保吊装作业安全。

(4)为保证架梁顺利进行,在每次吊装前对钢丝绳、卡环、吊车零部件进行检查,确保无隐患状态下进行作业。

5 结语

(1)在搭设支架前,对支架的验算尤为重要,验算时对其最不利工况进行验算,不仅包括长细比、稳定性等的验算,而且也要注重对既有线路受力验算及支架坐落位置的优化,同时加强对连接螺栓的松紧及焊接质量的控制。

(2)从吊装情况看,吊点位置的正确设置是吊装平衡的关键,本工程采用软件对重心位置及吊点位置分析,进而确定吊点的位置,为此工程的亮点,在施工过程中也充分验证了其重要性,对以后类似工程具有一定的参考价值。

(3)从焊接情况看,采用二氧化碳气体保护焊、陶瓷衬垫双面成型的方法效果显著,超声波探伤及X射线检测合格率均为100%,一次成型,保证了焊缝焊接质量。

(4)从涂装效果看,喷涂作业时采用高压无气喷涂工艺,除个别焊缝等采用刷涂方式,其余均采用喷涂,喷涂层表面平整、均匀一致,无漏涂、起泡、裂纹、气孔和返锈等现象,施工效果较好。

参 考 文 献

[1] 中华人民共和国行业标准.JTG/T F50—2011 公路桥涵施工技术规范[S].北京:人民交通出版社,2011.

[2] 中华人民共和国国家标准.GB 50205—2001 钢结构工程施工质量验收规范[S].北京:中国计划出版社,2002.

[3] 中华人民共和国国家标准.GB 50017—2003 钢结构设计规范[S].北京:中国计划出版社,2003.

[4] 中华人民共和国行业标准.JT/T 722—2008 公路桥梁钢结构防腐涂装技术条件[S].北京:中国标准出版社,2008.

季节性冻土地区高速公路路基路面长期使用性能研究应用

王书娟[1] 于丽梅[1] 魏志刚[2] 张 羽[3] 陈志国[1] 韩树涛[3]

(1.吉林省交通科学研究所 吉林 长春 130012;2.吉林省高等级公路建设局 吉林 长春 130033;3.中交路桥南方工程有限公司 北京 101121)

摘 要:本项目依托鹤大高速公路工程,通过路面结构性能的监测和表面功能的观测开展季冻区路基路面长期使用性能研究,文中详细介绍了项目开展的意义、典型路面结构和实施路段的确定过程,以及监测与观测方案的设定原则和内容,从而实现路基路面长期性能研究的推动和交流,进而实现季冻区高速公路建设质量和水平的提升。

关键词:季节性冻土地区 路基路面 长期使用性能 监测

1 引言

我国季节性冻土地区分布广泛,约占国土面积的53.5%,遍及全国14个省市自治区。季冻区气候条件鲜明,夏季炎热多雨、冬季寒冷漫长。并且近年来公路运输呈现出"重载、大流量和渠化交通"的特点,在恶劣气候条件和交通荷载的综合作用下,季节性冻土地区高速公路一些路段过早的出现车辙、坑槽、冻胀、翻浆、低温开裂等病害,不仅影响正常的使用功能和公路的使用寿命,甚至存在安全运营的诸多隐患,不符合四个交通的发展需求。

鹤大高速公路小沟岭至抚松段地处吉林省长白山区,路线经过地区属中温带大陆性季风气候区,四季变化明显。春季干燥多风,夏季炎热多雨,每年6~8月是雨季,年平均降水量为621.8~863.8mm;秋季凉爽,昼夜温差大,秋末、冬初路面经常出现雨后结冰,影响行车安全;冬季漫长而寒冷,年平均日照时间为2 153~2 548h,极端最高气温为36.1℃,极端最低气温为-41.9℃,年平均降雪量为320~750mm,最大积雪深度为46cm,最大冻结深度为1.84m。季节性冰冻气候特征明显,十分适宜依托该工程开展季节性冻土地区高速公路路基路面长期使用性能研究,因此,"长白山区鹤大高速公路资源节约循环利用科技示范工程"将其列为攻关类科技示范项目。

本项目结合鹤大高速公路环境特点,修筑目前国内外研究探索的5种典型路面结构,通过埋设传感器,采集路面运营过程中的相关数据,采用相关数学模型进行分析,并结合100km路段表面功能观测数据,研究路面受力状态及性能演变规律,提出季冻区路面典型结构及设计参数,提升季冻区高速公路建设质量和水平。

2 典型路面结构

本项目针对季节性冻土地区气候特点,考虑季冻区高速公路路面结构阶段成果、发展趋势及吉林省高速公路远近期建设目标,确定了进行长期性能研究的典型路面结构(表1)。5种典型路面结构确定的具体思路如下:

(1)主线原结构

积累了大量成熟经验的半刚性基层路面仍将是吉林省乃至季冻区今后一段时期继续采用的重要路面结构形式。

(2)结构一:抗冻少裂结构

半刚性基层路面的反射裂缝是影响其长期使用性能的重要原因,应加以重视并进行防治,因此,增加抗裂功能层抵抗反射裂缝形成抗冻少裂沥青路面。

(3)结构二:长寿命

目前国内外正致力于长寿命沥青路面的研究,国内长寿命路面结构是在半刚性基层结构基础上,增加沥青层厚。结构二正是基于这种思想提出的,并已在吉延高速公路使用,效果良好。

(4)结构三(柔性基层)及结构四(组合式基层)

国外长寿命路面结构主要是柔性基层和组合式基层结构,考虑到与国际研究接轨及今后我国路面结构长期发展,设计了该种结构形式。

试 验 路 结 构 表1

结构一:抗冻少裂结构	结构二:长寿命	结构三:柔性基层	结构四:组合式基层	原 结 构
4cm SMA-13	4cm SMA-13	4cm SMA-13	4cm SMA-13	4cm SMA-13
12cm AC-25	6cm AC-20	6cm AC-20	6cm AC-20	6cm AC-20
2cm SMA-5	15cm ATB-30	8cm AC-25	8cm AC-25	8cm ATB-25
34cm 水稳碎石	30cm 水稳碎石	15cm ATB-30	10cm ATB-25	34cm 水稳碎石
16~18cm 低剂量水稳碎石	16cm 低剂量水稳碎石	20cm 级配碎石	20cm 级配碎石	16~18cm 低剂量水稳碎石
20cm 级配碎石	—	20cm 级配碎石	30cm 水稳碎石	20cm 级配碎石
沥青层厚 18cm	沥青层厚 25cm	沥青层厚 33cm	沥青层厚 28cm	沥青层厚 18cm
路面总厚 88cm	路面总厚 71cm	路面总厚 73cm	路面总厚 78cm	路面总厚 88cm

3 实施路段

实施路段应根据研究内容及鹤大高速公路实体工程条件综合确定,本项目典型路面结构段落分布确定时依据的原则如下:

(1)适当规模:从观测和施工角度,每种结构修筑2km(单幅)。

(2)可比性:5种结构的路线平纵面、路基高度、基础及相关处治情况应基本相同。

(3)突出季冻区要求:监测断面选择在低填、挖方及细粒土填筑路段。

(4)可靠性:采用光纤和传统两种传感器进行路基路面长期性能监测。

(5)经济合理:光纤监测需220V固定电源,5种典型路面结构应尽量连续。

在上述原则的基础上,选择了鹤大高速公路小沟岭至抚松段K610~K620右幅作为试验路段,该路段K610+678处设有贤儒管理处,整个段落以低填为主;地质概况为表层种植土,下为粉质黏土,适宜作为试验路段,具体的段落分布见表2。

路面结构段落分布 表2

结构类型	段落	结构类型	段落
主线原结构	K618~K620	结构三:柔性基层沥青路面	K612~K614
结构一:抗冻少裂沥青路面	K616~K618	结构四:组合式基层沥青路面	K614~K616
结构二:长寿命沥青路面	K610~K612		

4 监测方案

详细分析和对比了美国明尼苏达试验路(MnROAD)、国家沥青研究中心(NCAT)试验路和联邦公路局加速加载试验路,从试验道平面布置、测试单元结构和试验轴载方面分析了典型美国足尺试验路的建设和运行经验,并充分借鉴了国内通丹高速公路长寿命路面试验段、北京市通州区综合试验场、山东滨州滨大长寿命路面等沥青路面长期使用性能监测基地的实践经验,确定了具体的监测方案(图1、图2)和断面(表3)。

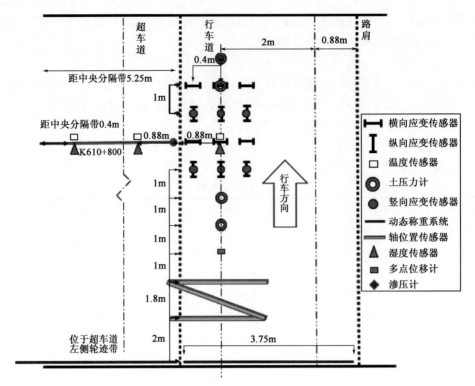

图1 传感器布设平面图

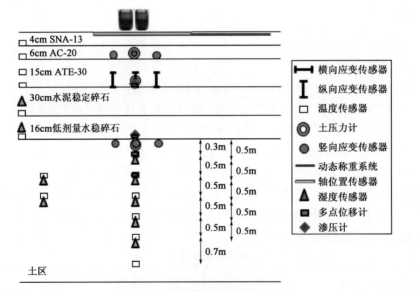

图2 传感器布设横断面图

试验路监测类型划分 表3

结构类型	桩号	传感器类型
结构一:抗冻少裂沥青路面	K617+600	传统监测传感器
结构二:长寿命沥青路面	K610+800	光纤光栅传感器
	K611+600	传统监测传感器
结构三:柔性基层沥青路面	K613+000	传统监测传感器
结构四:组合式基层沥青路面	K615+300	光纤光栅传感器
	K615+650	传统监测传感器
主线原结构	K619+000	传统监测传感器

监测方案设计中传感器布设的原则如下：

(1) 沥青应变传感器

在每个试验路段沥青层底部埋设水平沥青应变传感器(纵向和横向)用于评定水平应变与疲劳特性的关系，埋设竖向应变传感器用于评定竖向应变与抗变形特性的关系。同时，基于NCAT试验轨道的经验，准备多余的沥青应变传感器，用来解决在建设和开放交通初期沥青应变仪的损坏或丢失问题。其中，水平沥青应变传感器沿轮胎中心线左右对称布设3个，沿轮胎中心线前后布置2排，形成应变测试矩阵；竖向应变传感器均沿轮胎中心线左右对称布设。

(2) 土压力传感器

土压力传感器用来测定动荷载作用下的垂直压力，确定路面面层实际应力状态，评定路基对车辙的贡献。考虑测试精度及施工期间压路机荷载，所有断面均采用油压土压力传感器。根据NCAT测试轨道的使用经验，土压力计比较耐用，在施工期间没有损坏现象，每个区段使用2个土压力计，沿轮胎中心线前后布置。

(3) 温度计、湿度计

路基路面的温、湿度特征是季冻区路基路面长期性能研究的重要组成部分，因此在路面各结构层及路基冻深范围内均设置了温、湿传感器，位于路面结构每层层底及距路基层顶部30cm、80cm、130cm、180cm、230cm、300cm深度处，并对路床范围内的传感器进行备份。

(4) 渗压计

在ATB层底部和土基顶部埋设渗压计，测量孔隙水压力，监测和研究水损坏产生机理。

(5) 多点位移计(4点)

多点位移计Multi-Depth Deflectometer(MDD)主要用于测量路面结构和土基在环境及荷载作用下的变形，测点分别位于基层顶面、路基顶面、上路床底面及下路床底面。

(6) 轴位置传感器

布设于沥青上面层，垂直于车辆行驶方向，长度单车道按3.75m计，用于现场应变实测时车辆位置定位，前后平行条实现车辆速度测试，中间条成45°角，实现车辆加载位置测试。

(7) 动态称重系统

动态称重系统包括弯板式和压电式两种，其中，弯板式方法略为成熟，主要由弯板传感器、传感线圈、数据采集柜和避雷装置等几个大的部分构成。通过弯板式动态称重系统能够直接测得车辆经过弯板时的瞬时速度大小、车辆的轴数、轴重分布和车辆的总质量等参数，建立车辆荷载和路面响应之间的关系，并作为路面力学建模分析的边界条件。

(8) 气象站

在K610~K620右幅中间位置设置数字高精度自动气象站，采集高速公路通车年限内环境温湿度、风向、风速、雨量、蒸发、路面温度、日照时数等信息，分析年极端最高、最低气温等基础气象资料，建立气象基础资料数据库，为本项目高速公路长期使用性能评价及预测提供依据，同时为季节性冻土区公路工程抗冻性研究积累基础数据。

5　观测方案

沥青路面长期性能观测是开展高速公路沥青路面长期性能研究的必要手段，只有通过沥青路面长期性能的观测数据才能准确建立沥青路面结构长期性能与结构设计、材料设计、施工、养护、交通以及环境等因素之间的关系，已被国际公认为不可替代的研究方式。因此，除路面结构性能监测工作外，本项目还将对100km路段进行路面表面功能观测工作，观测内容及时间见表4。

路面表面功能观测内容及频率　　表4

指 标 类 型	观 测 指 标	观 测 频 率	备　注
疲劳破坏	龟裂率	竣工完成 每年5月1次 每年10月1次	柔性路面观测指标
疲劳破坏	弯沉	竣工完成 每年5月1次 每年10月1次	柔性路面观测指标
疲劳破坏	纵向裂缝率	竣工完成 每年5月1次 每年10月1次	柔性路面观测指标
永久变形	车辙深度	竣工完成 每年5月1次 每年10月1次	
水损害	松散	竣工完成 每年5月1次 每年10月1次	
水损害	坑槽	竣工完成 每年5月1次 每年10月1次	
路表功能	构造深度	竣工完成 每年5月1次 每年10月1次	
路表功能	摩擦系数	竣工完成 每年5月1次 每年10月1次	
路表功能	平整度	竣工完成 每年5月1次 每年10月1次	
路面损坏	路面损坏	竣工完成 每年5月1次 每年10月1次	除表中之外的路面损坏
冻害	纵裂	竣工完成 每年10月1次 每年1月1次 每年5月1次	
冻害	冻胀	竣工完成 每年10月1次 每年1月1次 每年5月1次	
冻害	翻浆	竣工完成 每年10月1次 每年1月1次 每年5月1次	
低温开裂	裂缝指数	竣工完成 每年10月1次 每年1月1次 每年5月1次	
养护与维修	养护时间	养护维修记录	
养护与维修	主要病害	养护维修记录	
养护与维修	养护维修方案	养护维修记录	
养护与维修	养护效果	养护维修记录	

6　结语

本项目采用先进的仪器设备对路基的温湿度、变形、路面的应力状态进行自动采集和远程传输,并定期对路面表面功能进行调查,实现对季冻区路基路面的长期观测和监测,获取路基路面长期性能规律,提出路基路面设计指标和典型结构,延长路面使用性能。通过本项目研究,对季冻区高速公路沥青路面长期性能有一个全面深入的认识,有助于进一步提高路面修筑技术、管理水平和公路建设投资效益。

季冻区公路路基温度场实测分析

李冬雪[1]　王书娟[1]　陈志国[1]　孙宗元[2]

（1.吉林省交通科学研究所　吉林　长春　130012；2.同济大学　上海　201804）

摘　要：准确计算任意时刻季冻区路基0℃线位置是路基抗冻保温设计与冻胀翻浆治理工作的基础，为此需建立涵盖时间与深度参量的路基温度预估模型。依托季冻区典型填方路基性能长期监测项目，获取了连续14个月的路基温度实测数据。基于路基温度变化规律与各层0℃出现时机，将路基温度曲线归并为3个阶段。采用统计分析及数学推导的方法，对温度监测数据的年循环规律及温度的纵向传递规律进行了系统分析。甄选正弦函数与指数型函数曲线形式并结合路基温度的时空相关性，集成建立了时间-位置型路基温度预估模型。季冻区路基温度预估模型的建立实现了以地表温度对各个时段路基温度场的直接预估，为准确探得路基0℃线及翻浆等其他隐性病害位置提供了新的思路。

关键词：路基　预估模型　长期监测　路基温度　季冻区　温度阶段　冻融循环

1　引言

随着我国季冻区工程建设深度与广度的日益扩大，由于季节性冻土性能弱化而引起的工程问题也日益引起建设人员的关注。虽然水分是导致路基性能下降的主因之一，然而水分质与量的变化是以热量即温度为主导的，所以路基温度才是重中之重。因此，路基温度是季节性冰冻地区道路修筑技术研究的核心问题。

目前，关于季节性冰冻地区路基温度的研究主要体现在多年冻土路基温度场，而针对季节性冻土地区的路基温度场研究则是以铁路路基温度居多[1-6]。另外，季冻区路基的水、热耦合作用等问题也是研究的热点[7-14]。由此可以看出，现阶段与道路路基温度相关的研究主要是温度作用下的路基湿度迁移，而对季节性冰冻地区道路路基温度场的研究相对较少。

影响季冻区路基温度的因素多且杂，多数情况下很难以一种理论模型综合考虑各个因素的影响。但若能进行温度的现场调查，则可采用基于数理统计的力学-经验法建立季冻区路基温度场。因此，本文依托季节性冻土地区的高速公路路基性能进行长期监测项目，提取填方路基多个层位的温度原位长期监测数据，分析路基温度时间及空间分布特征和内在原因，采用理论分析、数理统计及数学推导等手段，对季冻区路基温度的时间、空间变化规律进行深入系统的分析，并甄选恰当的曲线形式对监测数据进行非线性拟合，以建立原理清晰、计算简便的温度预估数学模型，为提高季冻区路基抗冻保温设计质量及完善冻胀翻浆养护工作提供新途径。

2　监测路段选取与监测方案

调研选择中国东北季节性冻土地区进行，路线所经地区属于中温带大陆性季风气候区，受西伯利亚和蒙古燥风影响，四季分明，冬季严寒漫长，春季干旱多风，夏季温暖短促，秋季晴朗温差大。该地区年平均气温为4.5～6.8℃，极端最高气温为36.9～39.5℃，极端最低气温为-39.8～-36.1℃，年平均降雨量为304.8～593.8mm，70%雨量集中在6～8月份。初雪期一般在10月下旬，雪期为6个月，最大积雪深度为16～24cm，最大冻结深度为1.7～1.8m。

测试路段路基宽度10m，路面宽度9m，路面结构采用4cm细粒式沥青混凝土，5cm中粒式沥青混凝土，30cm石灰粉煤灰砂砾，18cm石灰粉煤灰土，总厚度为57cm。根据测试路段实际情况埋设了传感器用于路基温度场自动监测,本文连续监测了该断面路肩以及1/4路基的温度变化情况,传感器布设如图1所示,横跨14个月涵盖1个冻融循环周期,共获取约374组的有效数据。

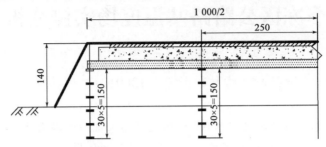

图1 路基温度监测示意图(尺寸单位:cm)

3 路基本体的冻融现象

当某层位路基的温度监测数据出现0℃,标志着该层路基土进入冻结阶段。若以 $Z = 1.5\text{m}$ 作为路基工作区深度,则当 $Z = 1.5\text{m}$ 的温度传感器达到0℃时,认为路基工作区路基完全冻结。图2是路基各个层位的温度随时间的变化情况。其中,h 表示路基深度(m),并以埋设在 $h = 0.3\text{m}$ 处传感器返回值代表 $0 \sim 0.3\text{m}$ 层位路基的温度。

由图2中可知:10月~次年2月初的秋冬冻结期,$0 \sim 0.3\text{m}$ 的路基土完全冻结共历时19d,降温幅度为7℃,降温速率0.40℃/d/30cm;$0.6 \sim 0.9\text{m}$ 范围内降温幅度为3.5℃,冻结持续21d;$0.3 \sim 0.6\text{m}$ 与 $0.6 \sim 0.9\text{m}$ 的降温速率接近。2月~4月中旬的春季融化期,$0 \sim 0.3\text{m}$ 路基土融化历时9d,升温幅度为3.6℃,升温速率较快;$0.9 \sim 1.2\text{m}$ 及 $1.2 \sim 1.5\text{m}$ 层位的下部界限融化时间均早于上部界限融化时间,说明路基在上部热量传递融化的同时,也由于底部热量的出现而开始融化;$0.6 \sim 0.9\text{m}$ 在双向热传递的作用下,虽然融化历时短,但升温幅度和升温速率均小于 $0.3 \sim 0.6\text{m}$。

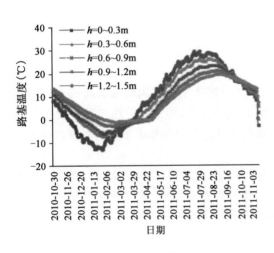

图2 路基温度随时间变化曲线

4 路基温度状态的阶段性划分

将连续测得的路基温度数据以深度为纵坐标绘制变化曲线,如图3所示。通过对监测数据的初步分析可以看出,路基本体温度分为3个阶段。

阶段Ⅰ为冻结过渡及完全冻结期(11月~次年3月),如图3a)所示。靠近路基顶面的温度明显低于深埋土体温度,越靠近路基顶面温度越低,冻结过程的发展规律与指数函数分布形式相符合,表明路基的正向冻结特征。

阶段Ⅱ为融化过渡及完全融化期(4月~8月),如图3b)所示。与阶段Ⅰ相反,靠近路基顶面的温度明显高于深埋土体温度,温度沿深度方向大体呈现逐渐降低的趋向,可以符合指数函数形式。尽管如此依然可以发现,4月融化初期的下半部曲线与上半部曲线发展趋势相反,出现双向升温的现象,表明了路基的双向融化特征。

阶段Ⅲ为平衡期(8月~10月),如图3c)所示。此阶段路基本体温度沿深度方向的发展相比前2个阶段较为微弱,但温度依然呈现出上高下低的特征,说明此时路基本体的热量主要来源于太阳辐射。值得注意的是,当时间进入10月后,路基顶面温度显著降低,而路基深处温度几乎没有变化,这一现象与外界气温的变化直接相关。

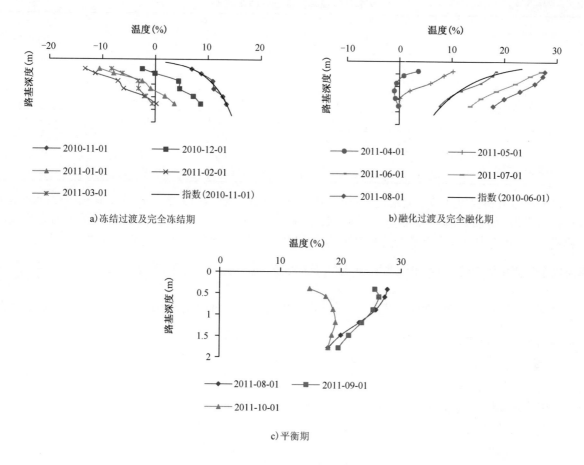

图3 路基温度沿深度变化曲线

5 季冻区路基温度预估模型

5.1 路基温度的年循环规律

路基温度由空气(或地表)温度、地球内部的热流以及土的热学属性等因素共同确定。由于路基温度无论在一天或是一年循环内均呈现近似的周期性变化关系,通过最小二乘法以及专业数学回归软件,对不同工况下路基温度长期监测数据按模型公式进行非线性拟合。拟合方程如式(1)所示,非线性拟合过程如图4所示。

$$y = y_0 + A\sin\left(\pi\frac{x-x_c}{w}\right) \quad (1)$$

式中: y——温度(℃);

x——温度监测持续的天数(d);

y_0、x_c、w、A——回归系数。

对系数进行回归分析,结果见表1,R^2均大于0.98,达到显著水平,参数回归有效。

由拟合结果可知,在路基工作区范围内,季冻区路基内部土体温度的年变化特征符合正弦曲线形式,以正弦曲线可以很好地描述各层温度的年循环规律。此外,各层的温度变化曲线形式一致,但存在滞后性。

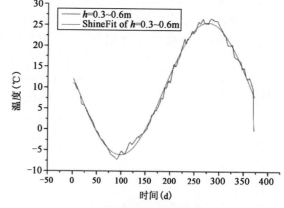

图4 年循环内路基温度拟合曲线
($h=0.3\sim0.6m$,1/4 路基)

年循环内路基温度正弦回归结果   表1

路基深度 h(m)	回归参数				
	y_0	x_c	w	A	Adj. R-Square
0~0.3	9.393 15	177.568 7	181.953 9	18.884 52	0.985 94
0.3~0.6	9.734 03	187.321 3	177.616 2	15.828 71	0.991 74
0.6~0.9	8.667 47	196.688 7	182.019 9	14.094 56	0.992 62
0.9~1.2	8.712 22	205.949 9	180.928 9	11.887 61	0.991 36
1.2~1.5	8.386 1	209.876	174.861 2	10.286 07	0.982 89
取值范围	$y_0>0$ 8.3~9.3	$x_c>0$ 177~209	$w>0$ 174~182	$A>0$ 10~18	—

以上数据分析仅仅从数学关系角度开展,以物理学角度分析回归方程是进一步修正与完善路基温度场预估模型的必要过程。深入分析各项回归系数不难发现,y_0为偏距,反映在坐标系上则为曲线的上移或下移,其物理意义代表平均温度,对应层位路基的全年平均温度,单位为℃;A是振幅,对应层位路基温度全年变化范围的一半,单位为℃;w是正弦曲线周期的一半,对应的路基温度周期是1年;$\frac{2\pi x}{2w} - \frac{2\pi x_c}{2w}$是相位,表示此时温度曲线的状态;$-\frac{2\pi x_c}{2w}$是初相,为$x=0$时的相位,反映在坐标系上则为温度曲线的右平移。综上,数学拟合方程可写为时间型温度预估模型如式(2)所示。

$$T_{s,t} = T_m + A_s \sin\left(\frac{2\pi x}{p} - \frac{2\pi \varphi}{p}\right) \quad (2)$$

式中:$T_{s,t}$——某层位某时刻路基温度(℃);

T_m——某层位路基的年平均温度(℃),可取y_0的拟合值;

A_s——某层位路基温度全年变化范围的一半(℃),$A_s>0$,可取A的拟合值;

p——周期,以365d计;

φ——滞后的相位,可取x_c的拟合值;

t——时间(d)。

5.2 路基温度的层间传递规律

在季节性冻土地区采用挖除换填等方式进行道路冻胀翻浆的养护与治理时,对最佳开挖时机、挖除范围、换填深度等指标的确定存在着经验性。尽管上文已建立了时间型路基温度预估模型,若要确定抗冻保温与养护设计指标,还需掌握路基各层的温度传递规律。由冻土力学的相关内容可知[15],在状态不变的均质土中,土壤温度随着深度z增加而逐渐衰减,但在季节性冻土地区情况却并非如此。由于填方路堤大部分填土暴露在地表面以上,且路基环境具有明显的季节性特征,太阳辐射与地心热量的交换作用频繁复杂。由原位监测数据的统计结果可知,在冻结过渡及完全冻结期,路基正向冻结;在融化过渡及完全融化期,路基双向融化。鉴于以上分析,对路基温度监测数据随深度变化情况进行回归分析,拟合方程如式(3)所示,非线性拟合结果如图5、图6所示。

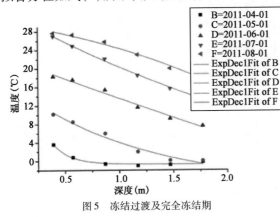

图5 冻结过渡及完全冻结期

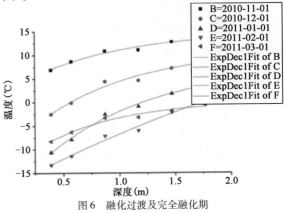

图6 融化过渡及完全融化期

$$T_z = a_0 + ae^{-z/b} \tag{3}$$

式中：T_z——路基温度（℃）；

z——路基深度（m）；

a_0、a、b——回归系数，b 与土的热扩散系数有关的参数。

参数回归结果见表2、表3，R^2 均大于0.95，达到显著水平，参数回归有效。

分析表2的冻结过渡及完全冻结期拟合曲线参数回归结果可知，$a_0>0$，$a<0$，$b>0$。分析表3的融化过渡及完全融化期拟合曲线参数回归结果可知，$a_0<0$，$a>0$，$b>0$。计算时可依据测试给定位置地表温度的具体时间选择各参数具体取值。

冻结过渡及完全冻结期拟合曲线参数回归结果 表2

时间	回归参数			
	a_0	a	b	Adj. R-Square
2010-11-01	14.840 29	−12.429 8	0.834 77	0.960 44
2010-12-01	10.858 14	−21.261 4	0.833 6	0.958 29
2011-01-01	7.519 91	−27.807 5	0.922 91	0.986 5
2011-02-01	0.094 49	−14.846 3	0.671 95	0.954 35
2011-03-01	29.548 18	−47.578 4	3.676 18	0.977 69
取值范围	$a_0>0$ 0.09~30	$a<0$ −47~−12	$b>0$ 0.8~3.6	—

融化过渡及完全融化期拟合曲线参数回归结果 表3

时间	回归参数			
	a_0	a	b	Adj. R-Square
2011-04-01	−0.698 35	48.571 36	0.161 13	0.956 5
2011-05-01	−5.686 41	22.583 55	1.181 05	0.959 22
2011-06-01	−146.132	168.321 3	19.017 84	0.973 91
2011-07-01	−17.329 4	49.301 43	3.721 51	0.996 22
取值范围	$a_0<0$ −146~−0.6	$a>0$ 22~168	$b>0$ 0.1~19	—

5.3 时间—位置型路基温度预估模型

根据路基温度状态的归并分析以及上述回归结果不难看出，虽然路基温度表现出不同的阶段，但路基温度的层间传递规律依然存在，在路基工作区深度范围内且均可以采用指数形式拟合，差别之处主要在于温度的传递方式与传递速率不同。

为进一步建立任意深度与时间的路基温度计算公式，将公式（2）与公式（3）集成可得：

$$T_{z,x} = T_m + (a_0 + a)e^{-\frac{z}{b}}\sin\left(\frac{2\pi t}{p} - \frac{2\pi\varphi}{p}\right) \tag{4}$$

模型中的自变量 t 与 z 分别代表给定位置的路表温度和计算点路基埋深，根据此公式可计算路基本体任意时刻与深度的温度，因此该模型具有时间与空间的全尺度含义。

6 结语

本文依托东北湿润季冻区二级区划中冻区典型填方路基温度长期原位监测项目，以路基温度变化规律及0℃出现时机为依据，将路基温度划分为冻结过渡及完全冻结期、融化过渡及完全融化期及平衡期3个阶段。

监测区域的路基温度的年循环规律符合正弦曲线形式，且不同深度处温度年变化曲线存在滞后性。

路基温度在纵向层间以指数形式传递,且无论是冻结期还是融化期路基温度的纵向传递过程都存在能量的衰减。

结合路基温度的正弦周期型时间变化规律及指数型纵向传递规律,集成建立了时间-位置型季冻区路基温度预估模型。

考虑到本文的监测数据仅来源于一个路基监测工程,样本量存在一定的局限性,但本文提出的研究方法依然可以为类似的工程提供行之有效的借鉴。若能够补充同一地区的其他路基温度监测数据,即可提高回归参数的有效性,增强预估模型的适用性。此外,回归参数 b 是与路基土的热传导系数有关的参量,应进一步分析其定量关系,进而完善季冻区路基温度预估模型。

参 考 文 献

[1] Vaswani N, Case studies of variations in subgrade moisture and temperation under road pavements in virginia[J]. Transportation Research Rrcord, 1975, 532:30-42.

[2] Latheef S, Raghavan N. Influence of seasonal variation of subgrade moisture on the design and performance of flexible pavements [J]. Highway Research Bulletin, 1984, 24:27-55.

[3] 张喜发,辛德刚,张冬青,等. 季节冻土区高速公路路基土中的水分迁移变化[J]. 冰川冻土,2004,8,26(4):454-460.

[4] Zuo G, Drumm E, Merer R. Environmental effects on the predicted service life of flexible pavements [J]. Journal of Transportation Engineering, 2007(1):48-56.

[5] Spencer G, Michener J, Wilson B. Effects of environmental factors on construction of soil-cement pavement layers [J]. Transportation Research Record, 2009 2104:71-79.

[6] 毛雪松,杨锦凤,张正波,等. 温度—湿度—荷载综合作用下路基冻融过程试验研究[J]. 冰川冻土,2012,4,34(2):427-434.

[7] Vaswani, N. K.. Case Study of Variations in Subgrade Moisture and Temperature under Road Pavements in Virginia [C]. Highway Research Record 532, Highway Research Board, 1975, 30-42.

[8] Stevens, T. C., Maner, A. W., and Shelburne, T. E., Pavement performance correlated with soil areas [C]. Proceedings, V. 29, Highway Research Board, 1949.

[9] Marks, B. D., III, and Haliburton, T. A., Subgrade Moisture variations studied with nuclear depth gages [C]. Highway Research Record 276, Highway Research Board, 1969, 14-24.

[10] Cumberledge, G., Hoffman, G. L., Bhajandas, A. C., and Cominsky, R J.. Moisture variation in highway subgrades and the associated change in surface deflections [C]. Highway Research Record 497, Highway Research Board, 1974, 40-49.

[11] 刘帅,于贵瑞,浅沼顺,等. 蒙古高原中部草地土壤冻融过程及土壤含水量分布[J]. 土壤学报,2009,46(1):46-51.

[12] Heydinger A G. Evaluation ofseasonal effects on subgrade soils [C]. Transportation Research Record 2003, 1821:47-55.

[13] Rainwater N R, Yoder R E, Drumm E C, et al. Comprehensive monitoring systems of measuring subgrade moisture condition. [J] Transportation engineering . 1999, 125(5):439-448.

[14] Miller, R. D. Freezing and heaving of saturated and unsaturated soils [R]. Highway Research Report. 1972,393,1-11.

[15] Orlando B. Andersland, Branko Ladanyi/Yang Ranghong, Li Yong, Translation, 2011. Frozen Ground Engineering, 2nd Edition/Beijing:China Architecture & Building Press.

氯盐融雪剂对水泥混凝土盐冻破坏的试验研究

陈晓冬[1]　边子麟[2]　高培伟[3]　曹春梅[1]　李晓红[1]

(1.吉林省交通科学研究所　吉林　长春　130012;2.哈尔滨工业大学　黑龙江　哈尔滨　150090;3.南京航空航天大学　江苏　南京　210016)

摘　要：本文在大量室内试验的基础上,对氯盐类融雪剂对混凝土盐冻破坏的方式、程度等进行了深入研究,对盐冻对混凝土外观形貌、质量损失率、动弹模量和强度的影响进行了试验检测,定量观测氯盐融雪剂对于混凝土盐冻破坏的影响方式和影响程度,研究结论对提高寒冷地区公路和桥梁的服役寿命和安全性具有重要意义。

关键词：氯盐融雪剂　混凝土　盐冻　剥蚀　动弹模量

1　引言

在冬季,我国广大的北方地区大量撒布氯盐融雪剂融冰除雪。氯盐融雪剂的主要成分为氯化钠、氯化钙、氯化镁、氯化钾等,是将原盐经粉碎、筛分为一定粒度的颗粒或将盐溶于水成盐水,再用机械抛洒于路面或其他场地进行融雪作业。然而氯盐融雪剂在融化道路冰雪保持畅通和安全运营的同时,在冻融循环和交通荷载的共同作用下,对包括混凝土在内的公路交通基础设施造成破坏,严重影响路面和桥梁等交通基础设施的正常使用功能和寿命,污染路域环境,长期大量使用危害极大。氯盐融雪剂对混凝土的破坏作用已引起业内的高度重视,研究其所产生的盐冻作用机理,对提高寒冷地区公路和桥梁的服役寿命和安全性具有重要意义。本文在大量室内试验的基础上,对氯盐类融雪剂对混凝土盐冻破坏的机理进行了深入研究。

2　试验方案

对水泥混凝土进行冻融试验,试件采用公路工程中常用的C30和C50两种混凝土,配合比见表1。选用3%、5%和20%三个浓度(质量分数)盐水溶液。将标准养护28d的混凝土试块分为两组,一组置于浓度分别为3%、5%和20%的A、B氯盐溶液中(各个浓度下的Cl^-含量见表2)全浸泡至预定龄期(28d、60d、90d和180d),另一组分别置于相应浓度氯盐溶液中干湿循环至规定龄期,干湿循环制度为：在氯盐融雪剂溶液中浸泡18h,再于60℃烘箱中烘6h。

混凝土配合比　　表1

编号	混凝土拌和物用量(kg/m³)						减水剂(%)	引气剂(‰)	抗折强度(MPa)		抗压强度(MPa)	
	水泥	粉煤灰	硅灰	水	砂	石子			7d	28d	7d	28d
C30	250	30	0	165	702	1 248	0.90	3.8	6.59	8.17	27.8	37.3
C50	360	40	0	145	665	1 182	1.60	3.8	8.69	9.91	45.1	66.1

注：引气剂品种为TS-AE型。

三种浓度的A和B氯盐溶液的Cl^-含量(%)　　表2

项　目	3	5	20
A融雪剂	1.75	2.91	11.64
B融雪剂	1.61	2.68	10.72

3 氯盐类融雪剂对水泥混凝土盐冻试验分析

3.1 盐冻对混凝土外观形貌的影响

(1)冻融循环次数对混凝土外观形貌的影响

图1是C30混凝土未经冻融合在浓度为3%的A融雪剂溶液中冻融75次和200次之后的外观形貌。

a)未冻融　　　　　　　　　　　b)冻融75次　　　　　　　　　　　c)冻融200次

图1　C30混凝土在3%的A融雪剂溶液中经不同冻融循环后外观形貌

与图1a)未冻融混凝土试块对比,冻融75次后的试块表面上的浮浆剥落有50%~75%,肉眼可看到混凝土中的石子和砂粒,部分集料裸露,试块边角略有缺损;冻融200次的试块一侧边角部分大量混凝土材料溃散、掉落,试块表面有断裂。说明普通C30混凝土由于强度低、孔隙率大等因素影响,其抗盐冻性比较差,冻融75次后表面基本剥落。

(2)氯盐浓度对混凝土外观形貌的影响

C30混凝土在不同浓度融雪剂溶液中冻融150次后的表观形貌如图2所示。

a)3%的B融雪剂溶液　　　　　　b)5%的B融雪剂溶液　　　　　　c)20%的B融雪剂溶液

图2　C30混凝土在不同浓度的B融雪剂溶液中冻融150次的外观形貌

由图2可见,C30混凝土在不同浓度融雪剂溶液中冻融150次后的表观形貌不同。在3%氯盐融雪剂溶液中冻融循环150次后,混凝土表面凹凸不平、浆体全部脱落,集料几乎完全裸露;在5%溶液中试块表面浮浆脱落、部分边角材料已溃散剥落,破坏程度最严重;在20%溶液中试块表面浮浆虽有脱落,但试块的总体结构保持完好。氯盐融雪剂溶液浓度不同,对混凝土盐冻破坏程度也不同,依次为5%>3%>20%。

3.2 盐冻对混凝土质量损失率的影响

混凝土在遭受冻融过程中由于其表面剥落导致混凝土试件的质量损失,随冻融循环次数的增加,混凝土表面浆体和集料逐层剥落甚至溃散,使质量损失逐步增加,质量损失和外观形貌的优劣状态有一定的对应关系。图3为C30和C50混凝土分别在浓度为3%、5%和20%的A和B氯盐融雪剂溶液中冻融后的质量变化。

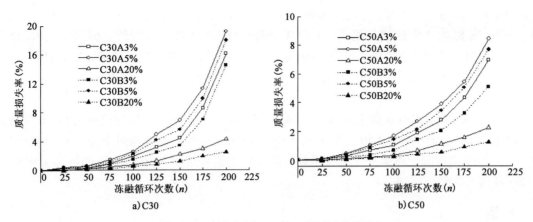

图3 氯盐品种和浓度对混凝土质量损失率的影响

从图3可见,C30混凝土经盐冻循环100次后,质量损失率低于5%;盐冻100次后,在5%氯盐融雪剂溶液中盐冻的混凝土质量损失率超过5%;盐冻175次后,在3%氯盐融雪剂溶液中盐冻的混凝土质量损失率也超过5%;即使盐冻循环200次,在20%氯盐融雪剂溶液中盐冻的混凝土质量损失率也未超过5%;浸泡在A3%、A5%、A20%、B3%、B5%和B20%溶液中,冻融200次后质量损失率分别为16.15%、19.23%、4.35%、14.56%、17.98%和2.55%。

随冻融循环次数的增加,混凝土质量损失率逐步增大,在盐冻后期,质量损失率的增长幅度较大。这主要是由于冻融循环前期水泥浆体的剥落和少量集料脱落导致质量损失,在冻融循环后期大量的集料与水泥浆体失去黏聚力而大面积脱落,严重的可使整个混凝土试件解体。C50混凝土抗盐冻性能明显好于C30混凝土,这主要是由于C50混凝土水灰比低、胶凝材料多、内部结构比较密实等因素引起的。氯盐融雪剂溶液浓度对混凝土抗盐冻性能有一定影响,对混凝土质量损失率大小变化规律为5%>3%>20%,且3%与20%的质量损失率差值明显大于5%与3%的差值。氯盐对混凝土的抗冻性能具有双重作用,浓度高,冰点低,有利于抗冻;混凝土饱水度大,不利于抗冻。试块在A溶液中冻融后的质量损失率稍微大于B溶液中的。主要是因为A氯盐融雪剂中的$CaCl_2$含量比B融雪剂多,而$CaCl_2$溶液对硅酸盐水泥具有很强的渗透性和腐蚀性,使混凝土表层产生剥落和膨胀开裂。

3.3 盐冻对混凝土相对动弹模量的影响

本文采用CUT-201超声仪测试超声波在混凝土试件中的波速,然后根据公式算出试件的动弹性模量。图4为C30和C50混凝土分别在浓度为3%、5%和20%的A、B氯盐融雪剂溶液中冻融后的相对动弹模量变化。从图4中可见,随冻融循环次数的增加,混凝土相对动弹性模量快速下降。C30混凝土在A5%溶液中冻100次后的相对动弹模量为57.34%,在B5%、A3%、B3%、A20%和B20%溶液中冻至规定次数,相对动弹模量分别下降至66.24%、74.32%、81.43%、90.68%和92.83%,在A20%、B20%

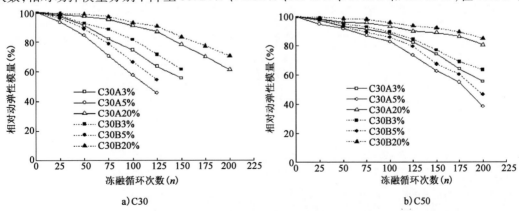

图4 融雪剂品种和浓度对混凝土相对动弹模量的影响

溶液中冻融200次后相对动弹模量仍超过60%;C50混凝土在A3%、A5%、A20%、B3%、B5%、B20%溶液中冻融150次相对动弹模量分别为74.11%、62.61%、88.94%、76.75%、67.25%、92.15%,在A20%、B20%溶液中冻200次后仍达80%;C30混凝土冻融后期,试块冻裂并溃散,难以测试。

在不同品种、浓度的氯盐融雪剂溶液中冻融循环后,相对动弹模量的变化规律为5%>3%>20%,且对于同浓度下试块在A融雪剂溶液中冻融后的相对动弹模量稍微大于B融雪剂中的试块,与前面质量损失率试验结果一致。C30混凝土在A5%溶液中冻100次之后的相对动弹模量为57.34%,达到规范要求的破坏标准(小于60%),C50混凝土在A5%中冻150次相对动弹模量下降至62.61%,接近冻融破坏。综合氯盐对混凝土质量损失率和相对动弹模量的研究结果,C30混凝土的抗冻融循环为100次,而C50可达150次。

4　结语

本文在大量室内试验的基础上,对混凝土盐冻破坏机理进行了深入研究,得出以下研究结论:

(1)氯盐融雪剂溶液浓度不同,对混凝土盐冻破坏程度也不同,依次为5%>3%>20%。

(2)强度较高的混凝土有更强的抗盐冻性能,掺加适量的硅灰和引气剂有利于提高混凝土的抗盐冻性能。

(3)氯盐对混凝土的抗冻性能具有双重作用,浓度高,冰点低,有利于抗冻;混凝土饱水度大,不利于抗冻。

(4)冻融循环对混凝土强度有显著影响,随盐冻循环次数增加,混凝土强度不断降低。

参 考 文 献

[1] 蒲计生,魏瑾.寒冷地区高速公路融雪剂的环境危害及对策研究[J].黑龙江农业科学,2010(3):46-48.

[2] 洪乃丰.氯盐环境中混凝土耐久性与全寿命经济分析[J].混凝土,2005,190(8):29-34.

[3] 孙璐.盐类环境中硬化混凝土界面区的组成和结构[D].安徽:合肥工业大学,2009.

美国足尺加速加载试验路运行经验及借鉴
——以鹤大高速公路为例

王书娟[1]　李长江[2]　陈志国[1]　张广庆[2]　李新军[3]　魏志刚[2]

(1.吉林省交通科学研究所　吉林　长春　130012；2.吉林省高等级公路建设局　吉林　长春　130033；3.长安大学公路学院　陕西　西安　710064)

摘　要：足尺加速加载试验能在较短时间内较为真实地模拟交通荷载对道路长期作用的影响。修建足尺加速加载试验路有助于研究路面在真实车辆荷载下的力学响应，对制定路面设计新方法、推广新材料、新工艺具有促进作用。本文以美国典型足尺加速加载试验路（AASHO试验路、MnRoad、WesTrack和NCAT试验路）为例，从试验路平面布置、测试单元结构和试验轴载等方面分析了美国足尺加速加载试验路的建设和运行经验，提出了我国足尺加速加载试验路项目选址、测试单元建设方案设计、加载方式等方面的建议，并介绍了鹤大高速公路足尺加速加载试验路的选址和设计方案。

关键词：道路工程　足尺加速加载试验路　路面结构　运行经验　鹤大高速公路

1　引言

足尺加速加载路面试验是采用重型轮轴加载装置重复施加荷载于已知路面结构的测试单元，以期在数周试验时间内模拟道路数年服务时间内的荷载作用效果，具有研究周期短、模拟效果佳和高产出的优点[1-4]。随着1995年美国SHRP计划完成，足尺加速加载试验路研究在美国迅速兴起。20世纪50年代，美国国有公路运输管理员协会（AASHTO）修建了AASHO试验路，项目研究成果奠定了AASHTO路面设计方法。20世纪70年代初，宾夕法尼亚州修建的试验路为该州及其周边州路面设计做出了重要贡献。仍在服役的明尼苏达研究计划的MnRoad为美国北部各州路面设计做出了卓越贡献。20世纪90年代美国联邦公路局资助了著名的西部环道工程（West Track），推动了热拌沥青混合料材料设计和施工技术的进步。2000年修建的NCAT试验路致力于降低公路建设成本，对已有道路研究工作进行了大量改进与优化[5]。

然而，足尺加速加载路面试验目前在我国尚未广泛普及，归其原因在于足尺加速加载试验路高昂的建造和运营成本[6,7]。本文选取美国典型足尺加速加载试验路为代表，从试验路平面布置、测试单元结构和试验轴载方面分析了美国足尺加速加载试验路的建设和运行经验，以期为我国足尺加速加载试验发展提供借鉴与参考意义，并依托鹤大高速公路科技示范工程介绍了足尺加速加载试验路的选址和设计方案。

2　AASHO试验路运行经验概况

AASHO试验路是真正意义上的第一条足尺试验路，位于美国伊利诺伊州渥达华市，地处美国中西部，是典型夏季温和、冬季寒冷的温带气候。AASHO试验路项目主要研究路面结构层厚度对其性能的影响。AASHO试验路为6条双车道环道，平面布置如图1所示。AASHO试验路各环道包含288个长30m，路面结构组合各异的测试单元，各单元间为5m过渡段。AASHO试验路柔性路面结构组合如表1所示。AASHO试验路施加不同轴型和轴重的荷载共计1 114 000次，采用路面限时服务指数（PSI）评价各测试单元的路用性能。

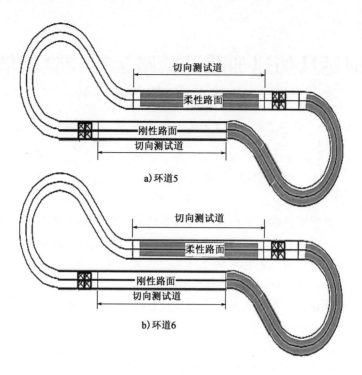

图1 AASHO试验路平面布置图

AASHO试验路柔性路面结构组合　　　　　表1

环道编号	沥青混凝土面层厚度(cm)	基层厚度(cm)	底基层厚度(cm)
1	2.5	—	—
	7.6	15.2	20.3
	12.7	—	40.6
2	2.5	—	—
	5.1	7.6	10.2
	7.6	15.2	20.3
3	5.1	—	—
	7.6	7.6	10.2
	10.2	15.2	—
4	7.6	—	10.2
	10.2	7.6	20.3
	12.7	15.2	12.0
5	7.6	7.6	10.2
	10.2	15.2	20.3
	12.7	22.9	30.5
6	10.2	7.6	20.3
	12.7	15.2	30.5
	15.2	22.9	40.6

AASHO试验路被誉为20世纪举足轻重的路面研究项目，项目成果主要用于制定1972年和1993年版的AASHTO路面设计指南，同时还提出了等效轴载系数(LEFs)等诸多路面设计新概念，用于评价测试单元性能的PSR系数亦是广为熟知的限时服务指数(PSI)的雏形。AASHO试验路项目对于提高路面结构设计、路面性能预测、等效轴载换算、气候因素影响等研究水平做出了历史性的贡献。

3 MnRoad 运行经验概况

MnRoad 由明尼苏达州交通运输厅主持修建,被认为是继 AASHO 试验路后重点建设的第二代足尺试验路。MnRoad 位于明尼阿波里斯市北部,冬季寒冷干燥,夏季温暖潮湿,年平均气温仅为 7℃,气温季节性波动较大。MnRoad 目前完成了两阶段研究:阶段一(1994—2006 年)前期旨在对低温地区路面设计方法、路用性能进行评估和优化,后期用于验证 SUPERPAVE 路面及 SHRP 沥青结合料 PG 分级方法;阶段二(2007—2015 年)由美国交通工程和道路研究联盟(TERRA)主持,超过 20 家科研、教育单位、企业及国际机构合作共同资助,核心研究领域包括力学设计方法、新型施工方式、预防性养护技术、回收道路材料技术、智能交通系统等方面。

MnRoad 主线长 3.5 英里,作为美国洲际 94 号公路的一部分采用开放交通进行研究,分为主线道和低载道,低载道长 2.5 英里,平行毗邻于主线道,为封闭环道。MnRoad 的平面布置图如图 2 所示。

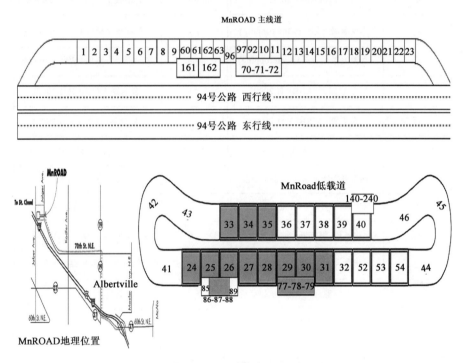

图 2 MnRoad 整体平面布置图

MnRoad 共建有 43 个测试单元,每个测试单元长约 152m,各测试单元路面类型分别如图 3 和图 4 所示。轴载方面,主线道交通来源于洲际 94 号公路的实际交通,低载道采用 18 轮 5 轴半挂车模拟交通荷载。1994—2008 年,外车道为轴载 102kN 的重载车道,内车道为轴载 80kN 的标载车道。为使两车道等效换算轴载保持一致,外车道一周仅加载一次。2008 年以后,外车道作为研究环境因素对道路性能影响的测试单元,不再承受车辆荷载。截至 2011 年,主线道柔性单元共加载等效轴载 900 万次,刚性单元共加载等效轴载 1 400 万次;低载道柔性单元(内车道)共加载等效轴次 26 万次,刚性单元(内车道)共加载等效轴次 43 万次。

MnRoad 是当今世界上鲜有的综合性道路试验设施。MnRoad 开发、优化、推广了一系列新型设备用于快速高效评价路面性能,同时影响了明尼苏达州交通运输政策,提高了寒区路面性能,降低了养护成本。MnRoad 一阶段获得了寒区道路与低温开裂和冻融破坏性能相关的宝贵经验,验证了沥青结合料 PG 分级在寒区及对聚合物改性沥青的适用性;二阶段验证了寒区路面力学设计方法(MEPDG),尤其是低温条件下路面开裂模型,同时进行了包括 SHRP 复合路面、多聚磷酸改性沥青路面的研究,提出了新型施工方法以及路面材料回收技术等一批先进技术。

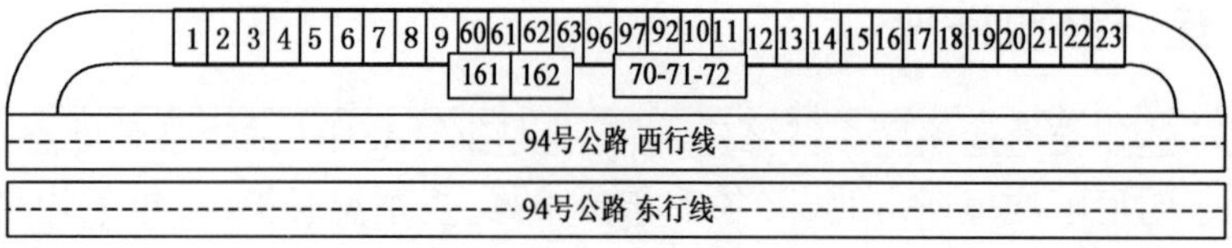

测试单元编号	材料类型	测试单元号	材料类型
1	普通热拌沥青混凝土	2	全厚式再生沥青路面
3	全厚式再生沥青路面	4	全厚式再生沥青路面
7	普通水泥混凝土	8	普通水泥混凝土
9	普通水泥混凝土	60	水泥混凝土罩面(Whitetopping)
61	水泥混凝土罩面(whitetopping)	62	水泥混凝土罩面(Whitetopping)
63	水泥混凝土罩面(whitetopping)	96	水泥混凝土罩面(Whitetopping)
70	复合路面(SHRP II 2009)	71	复合路面(SHRP II 2009)
72	复合路面(SHRP II 2009)	73	复合路面(SHRP II 2009)
12	普通水泥混凝土	113-513	超薄水泥混凝土罩面
114-914	病害沥青路面水泥混凝土罩面	15	温拌沥青混合料
16	再生基层,温拌沥青混合料面层	17	再生基层,温拌沥青混合面层
18	再生基层,温拌沥青混合料面层	19	再生基层,温拌沥青混合面层
20	再生沥青混合料(低温抗裂研究)	21	再生沥青混合料(低温抗裂研究)
22	再生沥青混合料(低温抗裂研究)	23	角岩温拌沥青混合料

图3　MnRoad 主线道各测试单元的路面类型

4　西部环道(West Track)运行经验概况

West Track 于1995年由美国联邦公路局(FHWA)和国家公路合作研究项目(NCHRP)投资建设,位于美国内华达州的内华达州汽车测试中心(NATC),该地区年平均降水量为100mm,冬季气候温和。WesTrack 的两大目标是:①通过评价材料性能,包括沥青含量、矿料级配、空隙率和施工质量对路面低温开裂、水损害、疲劳开裂、车辙性能的影响,完善热拌沥青路面性能相关规范;②验证 SUPERPAVE 性能预估模型,完善沥青混合料体积设计方法。

West Track 为2.9km 环道,采用双车道设计,宽3.7m,其平面布置图如图5所示。WesTrack 环道的切向段各设13个长约70m 的测试单元,各测试单元路面结构统一为:150mm 热拌沥青混凝土面层,分两层铺筑;300mm 碎石基层;450mm 填土路基。

荷载方面采用无人加载技术结合 GPS 定位系统,同时在路基和加载仪器上安装传感器以配合计算机控制,轴载为88.9kN,计划在两年研究期内加载约1千万次80kN 的等效轴载,加载设备以64km/h日运行20小时,每两周关闭两天以进行性能评估。

5　NCAT 试验路运行经验概况

NCAT 试验路由美国联邦公路局、各州交通运输部及多家民营企业共同资助修建,由美国国家沥青

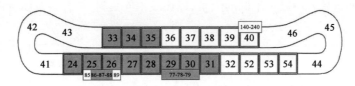

测试单元编号	材料类型	测试单元编号	材料类型
南线			
54	梅萨比硬岩水泥混凝土	53-56	设计寿命60年水泥混凝土
52	普通水泥混凝土	32	普通水泥混凝土
79	全厚式再生沥青路面	78	全厚式再生沥青路面
77	全厚式再生沥青路面	25	全厚式再生沥青路面
27	土工复合毛细排水格栅(GCBD)	89	水泥混凝土排水路面
88	多孔热拌沥青排水路面	87	多孔热拌沥青排水路面
86	多孔热拌沥青排水路面	85	水泥混凝土排水路面
24	沥青路面老化研究		
北线			
33	梅萨比硬岩多聚磷酸改性沥青路面	34	多聚磷酸改性沥青路面
114-914	多聚磷酸改性沥青混合料	15	普通水泥混凝土
16	普通水泥混凝土	17	普通水泥混凝土
18	排水式水凝混凝土罩面	19	普通水泥混凝土

图4　MnRoad低载道各测试单元的路面类型

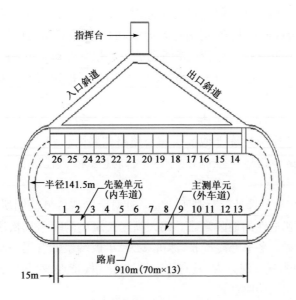

图5　WesTrack平面布置图

技术中心(NCAT)负责运营管理。NCAT试验路修建于2000年,位于美国阿拉巴马州,全年气候温和、湿热多雨。由于是多方共同出资修建,NCAT试验路允许各资助商自行选择原材料组成、混合料设计方法和施工方案修建其测试单元,借此评估不同类型路面的性能。

NCAT试验路是总长为2.7km的环道,由46个柔性路面测试单元组成,各测试单元长约61m,其平面布置图如图6所示。NCAT试验路各测试单元的路面结构统一采用12英寸(30.48cm)的路床,6英寸(15.24cm)的花岗岩碎石基层,5英寸(12.70cm)的沥青稳定碎石基层和4英寸(10.16cm)的面层,面层材料组成是各测试单元中唯一不同的因素,以比较不同集料、结合料及沥青混合料设计方法对路面性能的影响。

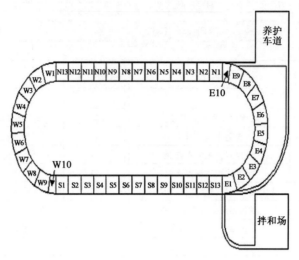

图6 NCAT试验路平面布置图

NCAT试验路第一阶段主要研究集料、结合料及沥青混合料设计方法对路面性能的影响,尤其体现在路面车辙上;第二、三阶段主要针对疲劳开裂等结构性病害进行研究,通过建立结构性测试单元,验证并校正新的力学－经验设计法转移函数,制定基于力学的材料性能规范值,描绘柔性路面结构改建过程中的路面力学响应,确定长寿命路面疲劳次数阈值。

6 我国足尺加速加载试验路的借鉴——以鹤大高速公路为例

近些年来,我国公路服务模式逐步朝重载化发展,重型汽车重载、超载现象普遍,对道路路用性能的要求与日俱增。因此,以Superpave、长寿命路面等为代表的一批新型路面设计方法应运而生。同时,伴随着新材料、新技术、新工艺的出现,各种新型沥青路面等也相继得到应用,并对道路试验也提出了新的要求[8-10]。美国足尺加速加载试验路的运行经验表明,采用足尺加速路面试验对新型路面结构与材料进行测试是一种行之有效的方法。

为获取季冻区高速公路路基路面长期性能演化规律,提出季冻区高速公路沥青路面的合理路面结构、材料设计指标与方法。"季节性冻土地区高速公路路基路面长期使用性能研究应用"科技示范项目依据美国足尺加速加载试验路运行经验,依托鹤大高速公路工程进行了足尺试验路选址与方案设计。

(1)建造足尺试验路时,项目选址应有利于研究。针对全国或区域范围研究的试验路,应当选择在环境因素干扰小,气候具有普适性的地区修建。鹤大高速公路小沟岭至抚松段经过地区属中温带大陆性季风气候区,四季变化明显。冬季寒冷漫长,冰冻多雪,年极端最低气温－38.4℃,夏季炎热多雨,极端最高气温34.5℃,秋季凉爽昼夜温差大,具有季节性冰冻气候特点,对我国幅员辽阔的季冻区气候特点具有代表性,适宜作为足尺试验路选址。

(2)足尺试验路可以是现场试验路(如MnRoad主线路),作为普通高速公路的一部分,其荷载来源于运营期交通,但是维修改建和数据监测均不方便。目前建造更多的是环道试验路和直道试验路,前者由于其封闭性不易受外界因素干扰,在加载方式和数据收集方面具有明显优势,但其缺点在于必须对测试单元进行长期维护和改建,否则会影响加载,而后者在加载速度和模拟条件方面不及前者。鹤大高速公路的足尺加速加载试验路选择在K610～K620右幅,共有5处,每处均位于路面结构传统监测断面附近。足尺加速加载试验路虽然属于鹤大高速公路的一部分,但加载位置设为距硬路肩2m处(图7),有效避免了行车荷载对路面的重复加载干扰。

(3)测试单元的建设方案要反复论证,尤其是环道试验,其测试单元一旦损坏便会影响其他单元的加载。例如,AASHO 试验路起初没有注意到这个问题,其路面评价方式是一旦测试单元 PSI 值下降到 1.5 则必须更换测试单元。在 2 年试验期内,332 个测试单元中有 264 个测试单元在加载完成前便出现了损坏。此后修建的足尺试验路大部分的设计疲劳次数均大于预期加载次数。WestTrack 设计时采用内外双车道,内车道作为先验车道,混合料配合比和施工方法在先验车道确定后转移至外车道进行加载试验,同时亦可作为养护车道。

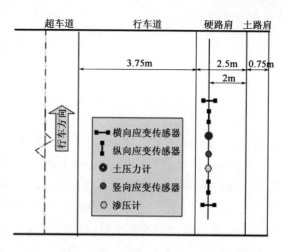

图7 鹤大高速公路足尺加速加载试验路平面布置图

鉴于此,鹤大高速公路足尺加速加载试验路主要在路面结构层布设了水平应变传感器、竖向应变传感器、土压力计、渗压计、和温度传感计(图8),并结合路面加速加载设备 PAPLS 的有效加载长度 8~10m,将传感器布设在 6m 的范围之内,土基和气候环境的影响将结合气象站和监测传感器的数据,通过模拟分析软件进行系统分析。鹤大高速公路的足尺加速加载试验路和监测路段相辅相成,优势明显。

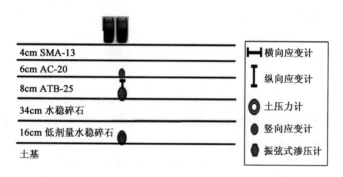

图8 鹤大高速足尺加速加载试验路传感器布置示意图

(4)荷载方面,为了保证安全和效率,尽可能使用计算机控制的无人加载机械。鹤大高速公路的足尺加速加载试验路采用路面加速加载设备 PAPLS 自动加载,既可避免行车荷载对该路面的重复加载干扰,又可实现足尺加速加载试验结果和长期监测数据的相互验证,使路基路面使用性能数据分析更为客观和全面。

(5)测试单元的长度会影响施工的难易程度、传感器的布置以及监测数据的收集。采用统一的路面结构便于比较原材料和施工工艺对路面性能的影响,而使用不同的路面结构却便于结构对比研究。鹤大高速公路针对季节性冻土地区气候特点,借鉴美国足尺加速加载试验路的路面结构,设计了包括柔性基层沥青路面和长寿命沥青路面在内的 5 种不同典型路面结构,每种路面结构 2km,并针对不同路面结构确定了相应的监测方案,既可完成原材料的对比,又可实现路面结构的对比研究。

7 结语与展望

本文分析了美国典型足尺试验路的概况与运行经验,足尺试验路与真实路面情况的契合度高、短时、高效,具有如下贡献:①路面结构、材料和荷载类型的比较研究;②新型路面材料和设计方法的验证与改进;③路面理论模型和材料力学行为的验证;④等效轴载的换算;⑤轮胎与路面响应关系的研究等。在此基础上提出了我国足尺试验路项目选址、测试单元建设方案设计、加载方式等方面的建议,并介绍了鹤大高速公路足尺加速加载试验路的选址和设计方案,为我国足尺加速加载试验路的修建和路面设计提供借鉴与参考。

参 考 文 献

[1] Kwon J, Wayne M, Norwood G, et al. The implementation of findings from accelerated pavement testing in pavement design and construction practice[J]. Advances in Pavement Design through Full-scale Accelerated Pavement Testing, 2012, 425.

[2] Perez S A, Balay J M, Tamagny P, et al. Accelerated pavement testing and modeling of reflective cracking in pavements[J]. Engineering Failure Analysis, 2007, 14(8): 1526-1537.

[3] Korkiala-Tanttu L, Dawson A. Relating full-scale pavement rutting to laboratory permanent deformation testing [J]. International Journal of Pavement Engineering, 2007, 8(1): 19-28.

[4] Gilchrist M D, Hartman A M, Owende P, et al. Full scale accelerated testing of bituminous road pavement mixtures [J]. Key Engineering Materials, 2001, 204: 443-452.

[5] Brown S. Accelerated pavement testing in highway engineering[J]. Proceedings of the ICE-Transport, 2004, 157(3): 173-180.

[6] Epps M A, Walubita L, Hugo F, et al. Pavement response and rutting for full-scale and scaled APT [J]. Journal of Transportation Engineering, 2003, 129(4): 451-461.

[7] Cai M, Wang S. Accelerated pavement testing in Chinese mainland[J]. Procedia-Social and Behavioral Sciences, 2013, 96: 104-113.

[8] 孙立军.沥青路面结构行为理论[M].北京:人民交通出版社,2005.
SUN Li-jun. Structural Behavior Study for Asphalt Pavements[M]. Beijing: China Communications Press, 2005.

[9] 崔鹏,孙立军,胡晓.高等级公路长寿命路面研究综述[J].公路交通科技,2006,(10):10-14.
CUI Peng, SUN Li-jun, HU Xiao. Perpetual Pavements on High-grade Highway[J]. Journal of Highway and Transportation Research and Development, 2006, (10): 10-14.

[10] Sharp K. Full scale accelerated pavement testing: a southern hemisphere and Asian perspective[C]. Proceedings of the 2nd International Conference on Accelerated Pavement Testing, 2004.

综合勘探方法在熔岩台地区隧道勘察中的应用

孔祥礼　隋一楠

(吉林省交通规划设计院　吉林　长春　130021)

摘　要：鹤大高速公路小沟岭至大蒲柴河段位于敦化低山丘陵盆地谷地区，该区在大地构造上属吉黑褶皱带敦化隆起区，第三纪以来发生断陷，大面积多期玄武岩喷溢，形成熔岩台地。该段高速公路沿线有3座隧道在熔岩台地区，隧道围岩为玄武岩。该区玄武岩具有多期喷发形成的层状构造、岩石状态及完整性差异大、节理裂隙发育、岩石破碎、赋水性强等特点，勘察过程中采用了地质调绘、多种物探手段、钻探及孔内测试等综合勘探方法，查清了该区3座隧道的工程地质条件，为隧道设计和施工提供了真实、准确、可靠的地质资料，在施工中未出现重大变更，为玄武岩地区隧道勘察积累了宝贵经验。

关键词：隧道　综合勘探　熔岩台地　玄武岩

1　引言

鹤大高速公路(G11)为《国家高速公路网规划》中的一纵，纵贯黑龙江、吉林、辽宁三省，主要承担区域间、省际以及大中城市间的中长距离运输，是区域内外联系的主动脉。它的建设将开辟黑龙江和吉林两省进关达海的一条南北快速通道。其中小沟岭至大蒲柴河段位于敦化低山丘陵盆地谷地区，其中3座隧道分别为小沟岭隧道，全长1 165m；荒沟岭隧道，全长1 557m；马鹿沟岭隧道，全长1 404m。隧址区为熔岩台地，围岩为玄武岩，其工程地质、水文地质条件复杂，且勘察设计周期短，工程地质勘察任务极其艰巨，如何快捷、准确地查清其地质情况尤为重要。

2　自然地理概况

2.1　气候、气象

路线经过地区属中温带大陆性季风气候区，四季变化明显，春季干燥多风，夏季炎热多雨，每年7月至8月是雨季。年平均气温2.6℃，极端最高气温为34.5℃，极端最低气温为-38.3℃，年平均降水量621.8mm，最大日降水量93.5mm，年平均蒸发量1 263.0mm，年平均日照时间2 477h，平均风速3.2m/s，最大冻土深度184cm，最大积雪深度33cm，一般初霜出现在9月中旬，终霜在5月上旬，年平均无霜期120天。

2.2　地形、地貌

敦化市境内山岭环抱，西有张广才岭，南有牡丹岭、黄泥岭，北东有大黑岭，属低山丘陵区，主要山脉呈东北~西南向分布，少数呈西北~东南向延伸，路段地形起伏较大，海拔高度一般为400~830m，相对高差为200~500m，最高点在琵琶顶子，海拔1 696m，最低点在镜泊湖入口处，海拔340m。

3　区域地质概况

隧道区在大地构造上位于吉黑褶皱带敦化隆起区，主要区域构造为敦化—密山岩石圈断裂带。该断裂带走向北东，中新生代以来活动频繁，控制了区域构造轮廓，北东、北东东向构造发育。第三纪以来发生断陷，大面积的多期玄武岩喷溢，成为熔岩盆地。形成北东向的玄武岩分布区带，晚更新世以来趋于稳定状态，没有发现火山活动的迹象，玄武岩盖层中没有发现较大的断裂构造，说明晚近时期构造活动不强烈,隧道围岩主要为第四系上更新统军舰山组玄武岩。本区地震动峰值加速度<0.05g,地震基本烈度<Ⅵ度,地震分组为第一组,地震动反应谱特征周期0.35s,属区域构造基本稳定区。

4 主要地质问题

隧道地处低山丘陵熔岩台地地区,围岩为玄武岩,其节理裂隙较发育,节理主要有两组,一组是垂向节理,为玄武岩凝固时形成的原生节理,另一组是近水平节理,平行岩浆流动面破裂形成。含水层主要以风化裂隙含水层为主,呈网状~似层状,局部见微承压性质。含水层厚度不均匀,水位变化较大,季节性变化的随机性较强,不具备相对稳定的补给和透水边界,杏仁状玄武岩中的方解石杏仁体易风化流失,形成空洞,加上风化裂隙发育,富水性相对较好,微风化层透水性较弱,但垂向节理发育带透水性较强。要查明工程地质条件及水文地质特征、准确划分围岩等级难度较大,单一的勘察方法不能满足勘察要求,必需采取多种勘察手段。

5 综合勘查方法

隧道勘察采用了遥感影像地质判释、工程地质调绘、工程物探、地质钻探、地质测试及水质分析等综合勘察手段,各方法相互辅助及相互验证,并对成果资料进行分类汇总与综合分析,查明隧道区工程地质及水文地质条件。

5.1 遥感影像地质判释

在实地勘察工作之前,首先收集了遥感影像图片,并对其进行判释解译,宏观地掌握了隧址区地形、地貌,水系发育情况,区域性断裂、滑坡、崩塌、泥石流等不良地质现象[1]。

通过遥感影像地质判析,未发现隧址区有明显的断裂构造及滑坡、泥石流等不良地质现象,发现小沟岭隧道附近没有较大的河流,进口1km外小沟屯北侧有一条小河流过,汇入牡丹江,出口外有一座水库;荒沟岭隧道附近也没有较大的河流,出口外约0.7km处有一条小河流过,汇入牡丹江;马鹿沟岭隧道附近牡丹江从出口右侧约200m处流过。对遥感图片中发现的异常点在地形图中进行了初步标识及定位,由于隧道影像具有一定的不确定性,同时不能够具体量化,必须进行实地调查、验证。

5.2 地质调查及测绘

地质调查及测绘是地质工作的基础,在野外采用远观近察、由面到点、点面结合的方法获得第一手野外资料[1]。对隧址区进行1:2 000地形图的工程地质调查及测绘,以隧道左右中心线为中心,分别向两侧各外延200m,洞口处向外延长50m为界。以路线穿越法为主,追索法为辅,地质观测点定位以高精度手持GPS定点。

首先对遥感初步判释解译异常点进行实地调查,查明小沟岭隧道进口小沟屯北侧小河流流量较小,且随季节变化,隧道出口处小水库现开发为避暑度假村,水面标高352.19m以下,出洞口底板标高为370.98m,相对高差18.79m,对隧道不能造成危害。荒沟岭隧道附近没有较大的河流,出口外约0.7km处有一条小河流过,汇入牡丹江,流量较小,受季节控制,对隧道影响不大。马鹿沟岭隧道附近牡丹江从出口右侧约200m处流过,河床水位标高370.44m,洞口顶板标高为405.05m,相对高差34.61m,对隧道施工和运行无影响。

根据地表水水文地质调查,小沟岭隧道进口段地表较干燥,进口附近及洞身段两侧没有发现泉水,距出口左下侧约110m处,有一泉水,标高为376.20m,标高与隧道出口标高378.53m,相差2.33m,流量0.40L/s(测量时间为4月24日,正值冰雪融化期),6月24日枯水季节复测,泉眼干枯无水,预测隧道涌水量不大。

5.3 综合物探方法及成果

近年来,随着物探技术的逐渐成熟和山区高速公路的迅猛发展,物探勘探方法越来越广泛地应用到隧道勘察中来,并逐渐被作为不可或缺的主要勘察手段之一[2]。在小沟岭隧道、荒沟岭隧道及马鹿沟岭隧道勘察中地面物探主要采用了高密度电法及 EH_4 大地电磁测深法,主要确定覆盖层厚度,特别是第四系的分层、风化带、基岩面的起伏状态,了解隧道围岩的性质和分布范围,推测断层构造空间分布和发育情况。

高密度电法:高密度电阻率法仪器使用重庆奔腾数控技术研究所研制生产的 WGMD-2 高密度电阻率测量系统,该系统包括主机、WDJD-2 型多功能数字直流激电仪、WDZJ-2 多路电极转换器,该系统具有存储量大、测量准确快速、操作方便等特点,主要功能有信号自动采集、自动存储、实时曲线显示、数据双向通信等,多路电极转换器最多接 120 路电极,系统配备国内先进的高密度电法正反演解释软件,极大地提高了物探解释精度和效率。物探测线沿两洞轴线布设 2 条纵向物探测线,长度为隧道轴线长度,且两端各外延 50m,在洞口以上 30~100m 范围各布设 2 条横向物探测线,与洞轴线垂直或大角度相交,在隧道洞身段一般布设 2~4 条横向测线,与纵向测线相互验证。横向测线长度为洞轴线向两侧各延伸 150m,各测线均为连续放线。

EH_4 大地电磁测深法:使用美国产 EH_4 型连续电导率测试仪,该仪器探测深度为 0~1 000m,既可以使用天然场源的大地电磁信号,又可以使用人工场源的电磁信号,测试深度大,分辨率高。该方法与高密度电法相互印证的情况下,还可解决高密度电法深度不足的问题,在超过 100m 埋深段均布置 EH_4 大地电磁测线。

经对以上 3 个隧道的高密度电阻率法断面图显示,视电阻率拟断面、拟合视电阻率拟断面和二维模型断面图形态基本相近,水平方向上色带分层层次连续分布,纵向方向上出现低高色带分布规律。上部低电阻率反映为第四系松散层,电阻率为 25~50Ω·m,下部为全风化玄武岩,电阻率为 50~70Ω·m,强风化玄武岩,电阻率为 75~125Ω·m,中风化玄武岩,电阻率为 125~300Ω·m,局部出现相对低阻异常,电阻率为 40~50Ω·m,推测为岩石破碎引起。局部段落 EH_4 大地电测深法出现低阻异常,电阻率一般为 40~60Ω·m,同样推测为岩石破碎引起。

5.4 钻探及地质测试

钻探是原始的、直接的一种勘察手段,可以对岩芯进行观察,较为准确地划分岩土层,定性地判断岩石破碎程度,能够进行孔内试验并可通过室内试验获取岩土的物理力学指标,定量进行围岩级别划分[2]。

孔位根据遥感判释、物探资料及不同地质情况和勘探目的而定,并采取岩样,进行物理、力学及水理试验[3]。由于熔岩台地隧址区工程地质条件较差,尤其洞口段围岩更差,在满足《公路工程地质勘察规范》的基础上,在洞口段针对性地多布置了几个钻孔。为了隧道顺利进洞,在洞门位置附近两条洞壁外侧不小于 5m 处各布置一个钻孔,查清洞门附近横向地质条件,再向洞身段方向 100~200m 左右再布置 1 孔,查清洞口段纵向地质情况。洞身段钻孔基本布置在地层分界线、断层破碎带、物探异常点或地下水发育地段,山体完整段也布置相应的钻孔查明其围岩情况。根据以上布孔原则,小沟岭隧道布置钻孔 8 个,进尺 270.20m,荒沟岭隧道布置钻孔 8 个,进尺 327.00m,马鹿沟岭隧道布置钻孔 8 个,进尺 335m。隧道区岩体风化程度不均,总体全、强风化程度较弱,呈不连续分布状态,厚度一般小于 15m,由中部向两侧进出口变薄。局部受断裂挤压破碎影响,风化带厚度可达 30m,中风化带巨厚,各钻孔均未揭穿。隧道围岩岩体破碎~较破碎,个别区段不能采取单轴饱和抗压试验样品的采取点荷载进行换算[4]。钻探过程中对隧道洞身及洞口各钻孔进行压水试验,试验位置为洞顶板以上 2 倍洞径范围,并计算出围岩透水率、裂隙系数、渗透系数以及评价围岩岩体完整性。为了确定岩体完整性,在钻孔内使用非金属声波检测仪,对隧道底板以上 4 倍洞径范围内岩体和岩块进行纵波波速测试,以二者纵波波速平方比值计算出岩体的完整性指数[4]。

5.5 涌水量预测

通过对隧道区水文地质单元进行丰、枯水期水文地质调查,采用两种方法对洞室涌水量进行估算。方法 1 为地下水径流模数法,公式为 $Q = 3.1536FM$;方法 2 为水平廊道法,公式为 $Q_总 = Q_w + Q_j$。地下水径流模数法渗透系数利用压水试验计算取值,隧道段(或分段)疏干影响宽度依据计算值并结合区域内水文地质单元实际情况取值。由于勘察期为冰雪融化季节,属相对丰水期,地下水位及地下水径流模数测算结果偏大,导致隧道涌水量计算结果也可能偏大。根据枯水期野外再次调查发现,隧道两侧的水沟、溪水已断流,说明地下水径流量较小,隧道内涌水量也不会很大,该方法计算结果可视为最大涌水量。水平廊道法计算结果相对较小。

鉴于地下水径流模数法和水平廊道法计算结果相差较大,参数选择为区域性的水文地质参数,地下水径流模数法计算结果数据偏大,主要原因是径流模数值选择的区域数据可能偏大,因此设计涌水量建议采用两种方法的平均值。

6 主要勘察成果

(1)隧道区工程地质条件较复杂,隧道围岩以棕褐色杏仁状玄武岩为主,夹有灰黑色块状玄武岩,且红黑交替出现,具有似层状构造特征,层面近水平或缓倾斜,层间结合力差,垂向节理发育,隧道掘进时容易发生掉块、塌方现象;而杏仁状玄武岩易风化,节理裂隙发育,物理力学性能差,属于软岩~较软岩,特别是棕褐色、灰褐色(有时呈砖红色)杏仁状玄武岩大部分属于软岩,部分属于极软岩,建议设计、施工阶段应引起高度重视,隧道掘进时遇到此类岩石应采取超前支护等措施防止塌方、冒顶。

(2)棕红色气孔状、杏仁状玄武岩层位不稳定,变化较大,因此实际施工时,隧道围岩岩性变化较大,勘察期间难以全部查明。建议施工阶段加强地质超前预报和监控,根据岩性变化调整围岩等级。

(3)隧道围岩节理裂隙发育,岩体破碎~极破碎,围岩级别以Ⅴ级为主,局部洞身段为Ⅳ级,围岩工程地质参数建议值详见表1。

围岩工程地质参数建议值　　　表1

岩 性	围岩级别	重度 γ (kN/m³)	弹性抗力系数 k (MPa/m)	变形模量 E (GPa)	泊松比 μ	内摩擦角 φ (°)	黏聚力 C (MPa)
强风化杏仁状玄武岩	Ⅴ	17	100	1	0.45	25	0.1
中风化杏仁状玄武岩	Ⅴ	19	160	2	0.38	27	0.15
中风化杏仁状玄武岩	Ⅳ	20	200	3	0.35	30	0.2
强风化玄武岩	Ⅴ	18	150	1.8	0.4	28	0.14
中风化玄武岩	Ⅳ	22	280	5	0.32	39	0.5

(4)隧道出口处山体坡度缓,开挖110m洞顶埋深仅为15m左右,应加强防护。

(5)如果隧道中部设停车区,需加宽坑道断面宽度地段,围岩级别按降一级处理。

(6)地下水以基岩风化裂隙水为主,水文地质属于较简单类型。小沟岭隧道洞室最大涌水量约1 244m³/d,出口外有一个小型水库(大沟水库),水面高程与洞口底板高程相对高差18.79m,对隧道不能构成安全隐患。荒沟岭隧道洞室最大涌水量1 530m³/d,附近地表没有较大的水体。马鹿沟岭隧道洞室最大涌水量约1 517m³/d。

(7)根据隧道区泉水水质分析结果,地下水水化学类型为硫酸重碳酸钠钙型,对混凝土腐蚀等级为微腐蚀。

(8)隧道区地震动峰值加速度<0.05g,相当于地震基本烈度小于Ⅶ度区,可按Ⅶ度设防。

(9)本区近50年内最大冻深为1.84m。

7 结语

该玄武岩区隧道勘察工作严格按照技术要求执行,采用遥感解译、地表调绘、浅层地震和高密度电法、地质钻探、声波测试、压水试验等勘探及测试手段,室内进行了岩石物理力学性质试验工作。查明了隧道区工程地质条件及水文地质条件,详细划分了隧道围岩级别,对洞口边坡及仰坡稳定性做出了正确评价,为隧道施工图设计和工程施工提供了工程地质依据,多种勘察方法的运用取得了良好的效果。目前隧道已经全线贯通,未出现重大变更,勘察成果基本正确、可靠。

该段3个隧道的勘察过程中,多种勘察手段的应用、工作量的布置原则、勘察成果的具体数据,对今后吉林省东部山区的越岭隧道,尤其是熔岩台地区的隧道勘察,积累了丰富的经验和可供参考的宝贵数据。

参 考 文 献

[1] 黄勇.综合勘察技术在木寨岭特长隧道中的应用[J].重庆交通大学学报(自然科学版),2009,28(6):1011-1015.
[2] 王亚伟.公路越岭隧道勘察方法的选择[J].公路,2008(8):258-261.
[3] 中华人民共和国行业标准.JTJ 05—93 公路工程地质勘察规范[S].北京:人民交通出版社,1993.
[4] 中华人民共和国行业标准.JTG D70—2004 公路隧道设计规范[S].北京:人民交通出版社,2004.

东北季冻区桥梁耐久性设计

张立敏　白万鹏　郑剑飞

(吉林省交通规划设计院　长春　130021)

摘　要：鹤岗至大连高速小沟岭至抚松段工程项目所处区域为典型的东北季冻区气候，桥梁结构混凝土主要病害原因为冻融循环及盐腐蚀、盐冻破坏。本文结合吉林省多条高速病害调查、原因分析，找到病害成因及主要影响因素，在鹤大高速双示范工程设计中采取有针对性的防水、防冻、防盐、防锈蚀等具体措施，以保证桥梁主体结构100年使用寿命的长远目标。

关键词：季冻区　盐腐蚀　耐久性设计

1　引言

我国幅员辽阔，环境多样化突出，从客观上增加了混凝土桥涵耐久问题的复杂性，耐久性问题不仅直接影响桥涵的使用及安全性能，还会造成巨额的维修成本和更深层次的负面社会影响。由于近年来经济发展迅速，交通流量大，尤其重车较多，导致省内多条高速现役桥梁的桥面铺装及整体化混凝土调平层断裂、接缝处损坏等原因导致桥面水流渗入主梁。另外东北严寒地区桥梁所处的野外自然环境恶劣，体积反复收缩膨胀，冻融循环造成混凝土冻胀开裂，加上冬季使用大量除冰盐，除冰盐中的氯离子渗入到主梁内，造成盐腐蚀、盐冻破坏。严重影响混凝土结构的耐久性。为提高严寒地区冻融和氯盐侵蚀共同作用下混凝土桥涵结构的耐久性，本文就桥涵在盐冻环境下易遭受侵蚀的终点部位，在鹤大高速设计中采取有针对性的防水、防冻、防盐、防锈蚀等具体措施，保证桥梁结构的耐久性。不仅可提高桥梁使用寿命，而且可以带来良好的经济效益、社会效益。

2　项目所处自然条件概述

鹤大高速工程项目位于我国东北地区中部，属于季风气候区。大部分地区属公路自然区划Ⅱ1区，为典型的季节性冰冻地区，冬季寒冷而漫长，自然环境恶劣，平均冻结指数变化在1 100~2 000℃；最热月平均气温变化范围19.1~24.5℃；最冷月均气温 -12.9~-19.8℃；省内全年平均气温3.5℃，最大冻土深度1.84m。冰冻时间长达6个月之久。

3　省内现役桥梁主要病害及原因分析

3.1　主要病害

通过对吉林省境内长吉、长营、长平及长榆等多条高速多座现役桥梁的检测、外观检查，结构物出现的主要病害归纳为：

(1)构件裂缝，部分上部主梁混凝土出现纵、横向结构性裂缝。且有些裂缝处有水蚀现象，伴随有混凝土剥落、结晶析出及骨料外露现象。

(2)桥面混凝土渗水、铺装软弱层酥散，表面泛白浆。接缝破损，梁体内积水，梁底、腹板及盖梁水蚀面积较大，尤其边梁、边板及过渡墩盖梁较为严重。

(3)构件混凝土表面风化严重，混凝土出现局部脱落、孔隙大。钢筋外露，碳化深度大，锈蚀膨胀，伴有梁体钢筋锈蚀裂缝。

(4)护栏底座、混凝土防撞墙、伸缩装置预留槽、桥面铺装、梁底、盖梁等部位水蚀、盐蚀严重，导致某些非结构性裂缝,出现混凝土麻面、剥落、空洞现象,如图1所示。

上述病害的出现均会降低桥梁承载能力,如果任其发展,将会影响桥梁的正常使用和功能要求。如梁底的横向裂缝、桥墩柱竖向裂缝,会降低结构的耐久性及刚度,降低结构的承载能力;主体结构钢筋锈蚀,会导致钢筋有效截面减小,导致主体结构承载能力不足或降低桥梁的使用寿命。

3.2 病害原因分析

图1 梁底渗水、析盐

调查中发现几乎所有的病害都与水有关,加上严寒地区反复冻融,混凝土构件将产生微裂缝进水,进而引发相关病害。引起病害的原因总结如下:

(1)桥面防排水及梁端泄水的影响。多数桥梁采用简支结构,桥面连续,近年来交通量逐年增加,桥面在经受车辆重复荷载的振动、冲击、拉伸、剪切等不利因素的影响,以及由于温度、气候变化引起膨胀、收缩后,往往会产生裂缝而引起桥面渗水,水的侵入引起铺装层与桥面板间的界面破坏,黏结力严重下降,从而导致铺装层产生脱层、坑槽损坏。另外渗水沿梁端部流入箱体内,由于梁体长期处于饱水状态,造成混凝土丧失碱性环境,不但本身强度降低,而且会导致钢筋锈蚀,影响桥梁结构的耐久性。

(2)个别预制梁振捣不充分的影响。个别主梁预制时混凝土振捣不充分,混凝土中的胶结材料与骨料分布不均匀,混凝土孔隙大,导致碳化深度大,降低了混凝土结构的密实程度和抗渗性能。

(3)养护不到位的影响。调查发现多数桥梁桥面泄水管堵塞严重甚至被堵死,伸缩装置内杂物填充严重,橡胶条脱落卡死。泄水管堵塞严重会造成桥面积水,伸缩装置内杂物填充严重会造成橡胶带的损坏,最终导致水流沿伸缩装置渗入到主梁内。

(4)冬季除冰盐氯离子侵蚀的影响。由于主线交通量大,为了快速清除冬季路面积雪而大量采用除冰盐,造成水及氯离子的侵入,使钢筋出现锈胀现象,钢筋锈胀后会挤破混凝土保护层,最终导致主梁外表混凝土破损,降低结构耐久性。

总之,之前的桥梁构造物设计,主要是关注其结构设计,然而对于其桥面铺装材料、易受侵蚀部位的设计和施工等方面未给予足够的重视,这就导致了后期桥梁正常使用期间产生桥面坑槽、裂缝、松散、剥落、水蚀、盐蚀等病害,导致桥梁路用性能受到了很大的损害。

4 耐久性设计

通过以上的论述,认识到东北严寒地区冬季漫长寒冷,桥涵所处野外自然条件恶劣,水蚀、冻害、钢筋锈蚀等问题较严重,且冬季大量使用除冰融雪剂,环境等级为E级,对墩台结构、主梁、护栏底座、混凝土护栏、桥面铺装、桥面整体化混凝土及伸缩装置预留槽混凝土等部位有一定侵蚀性。为了提高混凝土抗冻耐久性,在本次鹤大高速公路双示范工程建设中,设计人员借鉴以往工程经验,采用多种实用措施及新技术、新工艺改善了混凝土结构抗冻耐久性。

4.1 提高混凝土保护层质量

混凝土保护层的施工质量要求对桥涵耐久性起着决定性的作用,提高保护层质量的方法归纳如下:

(1)提高混凝土强度等级,伸缩装置预留槽、护栏底座、防撞墙及桥面铺装等易受氯离子侵蚀部位混凝土强度等级不低于C50,春、秋直接受水冻融影响的桥墩下部混凝土强度等级不低于C40。

(2)加大混凝土保护层厚度。按照《公路钢筋混凝土及预应力混凝土桥涵设计规范》(JTG D62—2004)的要求,采用Ⅱ类环境的钢筋保护层要求。

(3)提高混凝土密实度。模板质量要有保证,支撑要牢固,保证混凝土不跑浆;混凝土振捣必须到位,避免混凝土表面出现蜂窝、孔洞;掺入优质粉煤灰,改变混凝土内部孔隙结构,提高混凝土密实度,同时增加对氯离子扩散的阻力。

（4）提高混凝土水灰比要求，采用较小的水灰比以提高混凝土密实度、降低混凝土碳化速度、保护钢筋。

（5）采取措施，控制混凝土有害裂缝：

①防止混凝土碱集料反应引起混凝土裂缝，比如特大桥和大桥混凝土中最大碱含量控制在 $1.8 kg/m^3$，其余混凝土最大含碱量控制在 $3.0 kg/m^3$。不使用碱活性的集料，不使用含碱的化学外加剂等。

②防止集料膨胀反应引起的混凝土开裂，对集料生产、运输堆放及搅拌等工序进行科学管理，防止将含氧化镁或硫酸盐的膨胀集料或生石灰碎块混入集料中。

③防止因温度变化引起混凝土开裂，合理设置、安装桥梁伸缩装置与支座，加强桥梁养护，及时清理伸缩装置、泄水管中杂物。

④尽量采用预应力结构。

⑤应用设计允许的最小水泥用量和能满足和易性要求的最小用水量，不用过大的坍落度，均匀浇筑混凝土，并及时对混凝土进行养护，施工现场的材料堆放要合理，避免施工超载。

（6）钢筋混凝土要求：最大水胶比0.45，最小水泥用量 $320 kg/m^3$，最大氯离子含量0.15%。

（7）预应力混凝土要求：最大水胶比0.4，最小水泥用量 $350 kg/m^3$，最低混凝土强度等级C40，最大氯离子含量0.06%。

（8）为防止雨水从构件侧面流向侧面及底面，桥梁外边梁底面设置滴水槽。桥面沥青混凝土铺装与混凝土调平层之间设置高效防水层。

4.2 控制氯离子含量

侵入混凝土内部的自由状态存在的氯离子，会破坏附着在钢筋外表面的钝化膜，是钢筋锈蚀产生的主要原因。氯离子会直接对桥梁的钢筋起锈蚀作用，严格将氯离子含量控制在一个范围内是提高桥梁耐久性的一项重要措施，具体措施归纳如下：

（1）混凝土中氯离子含量对钢筋腐蚀的影响极大，所用胶凝材料最大氯离子含量控制在0.06%，氯离子扩散系数 $DRCM$（28天龄期，$10 \sim 12 m^2/s$）<4。

（2）针对氯离子对护栏底座、伸缩装置预留槽、桥面铺装等部位的侵蚀，通过以下措施增加结构耐久性：

①通过优质混凝土矿物掺和料和新型高效减水剂复合，配以与之相适应的水泥和级配良好的粗细骨料级配，形成低水灰比、低缺陷，高密实度、高耐久性的混凝土材料，增加对氯离子扩散的阻力。

②设置附加防腐蚀措施，在易受侵蚀的混凝土表面进行异辛基三乙氧基硅烷膏体浸渍处理，以降低氯离子与水的渗透作用，从而提高结构耐久性。

（3）对桥面整体化及调平层混凝土、桥梁防撞墙、桥梁护栏底座混凝土、桥梁伸缩装置预留槽混凝土均采用防腐蚀混凝土。

4.3 提高结构物防水、防冻功能

钢筋锈蚀主要是因混凝土保护层碳化和氯化物侵蚀，这两种腐蚀现象都是以水为载体进行，故桥梁防水设计应是桥梁结构防腐的第一道屏障。大量的桥梁检测资料表明，由于桥面防水层的过早破坏，加之桥面排水不畅，水从桥面渗入到桥面板下的板、梁、墩台等部位，加速了桥梁结构混凝土的碳化和混凝土内钢筋的锈蚀。提高结构物防水、防冻的功能，具体方法如下：

（1）由于季冻区气候夏季高温而多雨、冬季寒冷而干燥，对桥面铺装材料的高温稳定性、低温抗裂性和水稳定性等路用性能提出了更高要求。应选择优质高效的桥面防水层并精心铺设，防水层应在混凝土铺装强度达到设计强度的100%方可施工，施工前应将结构物表面清理干净并对水泥混凝土铺装进行抛丸处理，表面清除最小厚度不应小于2mm。待表面完全干燥后，以异辛基三乙氧基硅烷膏体浸渍处理，然后再施工SBS改性沥青防水黏结层。选择良好的抗渗、抗剪、抗拉的防水层，在防水设计中，

把混凝土铺装设计成防水混凝土,或在混凝土表面涂抹抗渗剂,以达到自防水效果,即刚性防水和柔性防水相结合。防水层技术要求见表1。

防水层技术要求　　　　表1

项 目	指 标
外观	黑色黏稠液体
延伸性	≥6mm
断裂延伸率	≥80%
低温柔韧性(−25±2℃)	无断裂纹
黏结强度(25℃)	≥1.00MPa
剪切强度(25℃)	≥1.00MPa
干燥性(25℃)	表干≤4h
	实干≤12h
不透水性(0.3MPa)	30min 不渗水
耐热性	160±2℃,无流淌和滑动
抗冻性(−20℃)	20 次不开裂
抗刺破及渗水	暴露轮碾试验(0.7MPa,100次)后,0.3MPa 水压下不渗水

(2)通过掺加矿质填料及调整配合比等方式增强桥涵构造物护栏底座等混凝土的抗冻耐久性,保证混凝土的冻融循环指数不低于300,抗渗等级不低于W8。

在建鹤大高速项目优化了C50混凝土配合比设计。确定配合比为:水泥:水:砂:碎石:减水剂:硅灰(为质量比)=446:166:657:1169:5.69:28.5,如表2所示。

C50 混凝土配合比　　　　表2

项 目	试验结果	结 论
抗冻耐久性指数 $DF(\%)$ ≥85	97.2	符合要求
含气量 4~6(%)	4.2	符合要求
抗渗等级为 W8	W10	符合要求

(3)加强简支结构桥梁端封端混凝土、铰缝施工质量控制,避免梁端和铰缝渗水。

(4)桥面混凝土现浇层采用补偿收缩防水混凝土,防止桥面漏渗降低桥涵使用寿命,其抗渗等级不低于W8。

4.4　应用防腐蚀混凝土

针对季冻区特点,施工图设计阶段,在了解和掌握混凝土结构所处环境的基础上,根据气候条件和侵蚀因素,选择适宜的化学添加剂和矿物掺合料,针对混凝土不同结构和特殊部位进行防腐蚀混凝土专项设计,主要对桥面调平层、混凝土护栏、护栏底座混凝土采用C50防腐蚀混凝土,其技术如下:

(1)混凝土最大水胶比为0.36,胶凝材料(水泥与矿物掺和料)用量为360~450kg/m³,最大氯离子含量0.06%。

(2)混凝土使用非碱活性集料。

(3)通过掺加火山灰和粉煤灰等矿质填料及调整配合比等方式增强桥涵构造物混凝土的抗冻耐久性。冻融环境下混凝土胶凝材料中的粉煤灰掺量不超过20%,并限制所用粉煤灰的含碳量不大于2%。

(4)混凝土必须掺用引气剂,适宜含气量可参考《公路工程混凝土结构防腐蚀技术规范》表4.2.5的要求:适宜含气量为6%,气泡间距系数不大于200μm。

(5)混凝土的抗冻性(抗冻耐久性指数 DF)不低于85%。

(6)在除冰盐(氯盐)环境下,不单独采用硅酸盐或普通硅酸盐水泥作为胶凝材料配置混凝土,掺加矿物掺和料,并加入少量的硅灰(掺量5%左右)。

(7)混凝土 28 天龄期的氯离子扩散系数 $DRCM<4$。

(8)电通量和含气量是评价防腐蚀混凝土耐久性的重要指标,在设计中应对电通量提出等级指标要求,如表 3 所示。

氯盐环境下混凝土的电通量　　　　表 3

环境作用等级	E
56d 电通量(C)	<800

5　结语

本文针对严寒季冻地区多座现役桥梁的病害归纳、原因分析,深入地进行了桥梁构造物重点部位耐久性技术研究,多项有效及适用的措施已应用到鹤大高速双示范项目设计当中,同时也为鹤大工程项目施工及其日后养护提供了可靠数据资料和具体的技术建议。文中各项设计、施工措施提高了鹤大高速桥梁的结构施工质量及结构耐久性,延长了桥涵构造物的使用寿命,也为未来我省季冻区交通基础设施建设提供了重要参考。

参 考 文 献

[1] 陈晚香.混凝土结构耐久性影响因素及提高措施的探讨[J].建筑学研究前沿,2013.

[2] 何世钦.氯离子环境下钢筋混凝土构件耐久性能试验研究[D].大连理工大学,2004.

[3] 邹超英,赵娟,梁锋,等.冻融作用后混凝土力学性能的衰减规律[J].建筑结构学报,2008,29(1):117-123.

[4] 卫军,张晓玲,赵霄龙.混凝土结构耐久性的研究现状和发展方向[J].低温建筑技术,2003(2):1-4.

[5] 王威.寒区大跨度桥梁沥青混凝土桥面铺装的研究[J].黑龙江交通科技,2006,29(9):90-92.

隧道围岩分级与支护参数优化探讨

陈 维 刘义河

(吉林省交通规划设计院 吉林 长春 130021)

摘 要：本文在总结鹤大高速公路隧道设计变更和已建隧道检测成果的基础上，提出隧道围岩分级与支护参数优化思路。在保持工程造价基本相当的前提下，使隧道的综合安全系数更趋均匀，综合效益显著，对以后隧道工程设计具有借鉴意义。

关键词：隧道工程 围岩分级 支护参数 优化

1 引言

鹤大高速公路雁大段共设置4座隧道，单洞长度14 058m。设计速度80km/h。从鹤大高速隧道施工情况来看，隧道工程围岩级别划分总体还是比较准确的，没有发生大段落的隧道围岩级别变更，但个别隧道仍存在Ⅴ级围岩偏多，Ⅲ级围岩偏少的现象。吉林省东部山区隧道围岩基本以岩质为主，大多隧道仅洞口浅埋段有碎石土。围岩的整体稳定性都不错，个别段落节理裂隙发育，存在松散掉块现象。

2 各级围岩的支护参数

设计过程中根据以往工程类比并结合理论分析结果确定了各级围岩的支护参数。复合衬砌参数一般根据围岩级别，工程地质水文地质条件，地形及埋置深度，结构跨度及施工方法等采用工程类比法进行设计，并通过理论分析进行验算。复合式衬砌按照新奥法原理进行设计和施工，以锚杆、喷混凝土或钢筋网喷混凝土、钢拱架为初期支护，模筑混凝土或钢筋混凝土为二次衬砌，共同组成永久性承载结构。

初期支护：对于Ⅳ～Ⅴ级围岩由工字钢拱架（或钢筋格栅）、径向锚杆、钢筋网及喷射混凝土组成，钢拱架之间用纵向钢筋连接，并与径向锚杆及钢筋网焊为一体，与围岩密贴，形成承载结构。而对于Ⅲ级围岩则由径向锚杆、钢筋网及喷射混凝土组成。洞口浅埋段或断层带以大管棚或小导管预注浆作为超前预支护措施。

二次衬砌：一般情况下采用素混凝土，以方便施工，当设计荷载较大，特别是在浅埋软弱围岩地段后期荷载较大时则采用钢筋混凝土，以确保隧道支护结构的安全。二次衬砌施作的合理时间应根据施工监测数据确定，尽可能发挥初期支护的承载能力，但又不能超过其承载能力。各级围岩支护参数见表1。

隧道支护设计参数 表1

项目		单位	支 护 形 式				
			PYQM5	QM5	SM5	SM4	SM3
喷混凝土	C25	cm	26	26	24	21	12
径向锚杆	规格	mm	φ25	φ25	φ25	22	22
	长度	cm	400	400	350	300	300
	锚杆布置	cm	80×60	100×75	100×80	120×100	120×120
钢筋网	规格	mm	φ8 双层	φ8 双层	φ8	φ8	φ8 拱部
	钢筋布置	cm	20×20	20×20	20×20	25×25	25×25
钢架	工字钢架	型号	I20a	I20a	I18	—	—
	格栅钢架	型号	—	—	—	H-15	—
	纵距	cm	60	75	80	100	—

续上表

项 目		单位	支 护 形 式				
			PYQM5	QM5	SM5	SM4	SM3
二次衬砌	C30	cm	—	—	—	40	35
	C30 钢筋	cm	50	50	45	—	—
仰拱	喷混凝土	cm	26	26			
	C30	cm	—	—	—	40	
	C30 钢筋	cm	50	50	45	—	—
超前支护	类型	—	小导管	小导管	小导管	超前锚杆	
			$\phi42$	$\phi42$	$\phi42$	$\phi25$	—
	间距	cm	41.8	41.6	41.6	40.3	
	长度	m	4.1	4.1	4.4	4.1	—

3 问题的提出

3.1 鹤大高速隧道变更情况

隧道施工过程中，Ⅲ级围岩段落，出现拱顶部位局部有节理或掉块现象，经现场勘察，虽然围岩整体稳定性尚可满足Ⅲ级围岩的要求，但有掉块的情况下，难以保证施工人员的人身安全。因此，为保证施工人员的人身安全，经研究决定，对局部拱顶有掉块现象的段落增加了型钢钢架。

3.2 已建成隧道检测情况

结合2014年度对吉林省高速公路管理局辖区范围内的高速公路隧道定期检查结果，也表明隧道二次衬砌开裂的段落在Ⅱ、Ⅲ级围岩范围内的居多。经地质雷达检测，裂缝集中的段落大都存在衬砌背后空洞。分析其原因，主要是Ⅱ、Ⅲ级围岩段落，由于光面爆破效果不理想，未设置钢架支护的情况下，超挖部分没有回填密实，导致衬砌后存在空洞，导致二次衬砌受力不均匀，继而使衬砌产生开裂。

4 围岩分级与支护参数优化

从表1的支护参数可以看出，Ⅳ级围岩与Ⅲ级围岩的支护参数变化幅度较大，围岩的变化应该是逐渐过渡的，Ⅳ级围岩段有格栅钢架、超前锚杆、喷射混凝土厚度21cm，Ⅲ级围岩段未设置钢架和超前支护、喷射混凝土厚度12cm。通过鹤大高速的实际情况认为，在Ⅳ级围岩和Ⅲ级围岩之间增加一种过渡的支护形式，喷射混凝土16cm，格栅钢架高度10cm，钢架间距120cm，不设置超前支护，用于Ⅲ级围岩偏差的段落。由于鹤大高速地处长白山脉，围岩以岩质为主，洞口浅埋段虽然划分为Ⅴ级围岩，但稳定性尚可，为了控制工程造价，可适当减少Ⅴ级围岩浅埋段的段落长度，这样在保证整个隧道的总造价变化不大的前提下，使隧道的综合安全系数总体保持比较均匀，综合效益显著。经鹤大高速几座隧道的支护参数优化调整后，施工期间的安全风险大大降低，获得了施工人员的极大好评。

5 结语

隧道工程设计是根据地质勘察结果划分的围岩级别进行的预设计，而隧道围岩是极其复杂的地质体，条件千差万别，往往与预设计时的围岩有一定差距，因此根据施工期间揭露的围岩情况进行动态调整支护参数是隧道工程设计的核心内容之一，鹤大高速公路隧道工程设计施工中实践了隧道工程动态设计的理念，取得了较好的工程效益。

参 考 文 献

[1] 中华人民共和国行业标准.JTG D70—2004 公路隧道设计规范[S].北京：人民交通出版

社,2004.
[2] 中华人民共和国行业标准. JTG/T D70—2010 公路隧道设计细则[S]. 北京:人民交通出版社,2010.
[3] 鹤大高速公路小沟岭至抚松段施工图设计文件. 长春:吉林省公路勘测设计院.

移动荷载作用下沥青路面动力响应影响因素分析

马宪永[1]　王书娟[2]　陈志国[2]　董泽蛟[1]

（1. 哈尔滨工业大学　交通科学与工程学院　黑龙江省　哈尔滨市　150090；
　2. 吉林省交通科学研究所　吉林省　长春市　130012）

摘　要：沥青路面的动态响应分析是研究沥青路面损害机理的基础。为了深入研究沥青路面动力响应影响因素，借助有限元软件ABAQUS，建立了移动荷载作用下半刚性基层沥青路面结构的动力响应模型，分析了沥青路面动力响应的影响因素。结果表明，移动荷载作用下，沥青路面动力响应受温度、路面结构、轮胎对路面的纵、横向荷载的影响；温度越高，路面结构的竖向变形越大，车辙产生的速率越大；竖向应变与模量变化相协调，且存在各层之间的模量组合，只有模量匹配时，整体路面结构受力才比较均匀，在路面设计过程中应尽量考虑模量的组合；轮胎对路面的横、纵向荷载的施加将引起路面结构相应应力的增加，不利于沥青路面的抗车辙性能，在路面使用过程中，应尽量控制超载现象以减轻路面结构所承受的水平力。上述模拟结果对季冻区路基路面长期使用性能的提高有良好的借鉴意义。

关键词：沥青路面　影响因素　数值模拟　三向移动荷载　动力响应

1　引言

现行路面设计方法采用竖向静载作用下弹性多层体系的理论模型。对于实际道路上行驶车辆，由于路面不平整而产生振动，路面受到的车辆荷载随时间和路表特性而变化，是一个典型的动力荷载。路面结构的力学响应是高度动态的，这与静态荷载作用下的模型存在较大的差异。所以本文从影响沥青路面动力响应因素的角度来分析温度、路面结构、轮胎对路面的横、纵向荷载等因素对路面结构动力响应的影响，为路面结构的设计及使用提供理论基础。

近年来已有学者从不同角度对沥青路面的动力响应做了相关研究。2009年刘小云等建立了移动载荷作用下梁的动力学模型并求得了模型解析解，但模型中将沥青路面简化为支撑在黏弹性地基上的黏弹性梁，没有考虑到路面真实尺寸对于动力响应的影响[1]。2010年长安大学朱洪波研究了不平整沥青路面的动力响应，分析了不同平整度、不同车速、不同荷载对沥青路面结构的动态应力、应变的影响规律[2]；黄万坦等在2012年，对比了竖向静载和半正弦波动载作用两种情况下，路面各结构层竖向位移和竖向应力的分布规律[3]。以上两位学者的研究中，有限元模型都没有采用更接近沥青路面真实情况的黏弹性本构模型，而是采用弹性模型；研究中虽然采用动荷载进行瞬态动态力学分析，但并没有实现荷载的移动。2011年董忠红建立了移动荷载下黏弹性层状沥青路面动力模型，并验证了模型的有效性；董泽蛟、任瑞波等建立了移动荷载作用下饱和沥青路面和无水沥青路面的有限元模型，并分析得出了三向应力、应变响应的时程变化规律以及竖向应力场的三维分布情况[4-7]，但都未对沥青路面动力响应的影响因素进行说明。所以本文建立移动荷载作用下沥青路面结构黏弹性有限元模型来分析沥青路面动力响应的影响因素，包括温度、结构模量、水平力等，这些模拟结果对季冻区路面结构设计和路基路面长期使用性能的提高具有良好的指导意义。

2　有限元模型的建立

2.1　边界条件

三维有限元模型的尺寸取1200mm（横向）×1860mm（纵向）×1600mm（竖向），层间接触条件为完全连续。荷载作用区域网格加密,并沿横向及竖向逐渐变疏,为了加快收敛速度,采用八节点六面体线性减缩积分单元(C3D8R),整个模型包括67 116个单元。模型边界条件四周法向固定,底部三向固定。表1给出三种路面结构及材料参数。

三种路面结构材料参数表 表1

路面结构	材料	层位	厚度(cm)	瞬态模量(MPa,45℃)	泊松比	密度(kg/m³)
LH 断面	SMA-16	上面层	4	1 550	0.35	2 400
SBS 断面	SMA-13			1 750	0.35	2 400
PR 断面	SMA-13			1 750	0.35	2 400
LH 断面	AC-25	中面层	5	1 250	0.35	2 400
SBS 断面	AC-20			2 200	0.35	2 400
PR 断面	AC-20			3 150	0.35	2 400
LH/SBS/PR 断面	AC-30	下面层	7	2 450	0.35	2 400
LH/SBS/PR 断面	水泥稳定碎石	基层	38	10 000	0.25	2 100
LH/SBS/PR 断面	水泥稳定土	底基层	36	2 000	0.35	1 900
LH/SBS/PR 断面	—	路基	—	250	0.4	1 900

2.2 移动荷载的实现

对路面结构各个节点而言,动力响应是时间与坐标的函数,所以采用移动的分布荷载来反映车辆荷载的动力响应更为合理。当车辆荷载在路面上移动时,轮胎印记和接地应力会同时发生变化。如果假设接地应力不变,那么轮胎印记会发生变化,这种变化很难找到规律;所以本模型中假设接触应力不变且已知,这样轮胎在路表面的印记没有变化,即接触面积没有随时间发生改变。随着动荷载的变化,竖直方向的应力发生改变。轮胎接地压力的大小和分布对路面的力学响应影响十分显著[8],在沥青路面动力响应分析三维有限元模型中,加载方式采用非均布移动荷载形式,时程变化和空间分布参考美国I. L. Al-Qadi教授测试结果,并基于现场实测均布荷载进行等效换算,具体荷载值及分布见图1和表2[9]。在ABAQUS中采用子程序DLOAD来模拟,具体将车轮荷载简化为在路面相应区域移动的荷载。

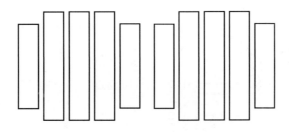

图1 双轮荷载接地花纹有限元中简化模型

双轮荷载参数表 表2

参数	R1	G1	R2	G2	R3	G3	R4	G4	R5
竖向应力(kPa)	600	—	1 100	—	1 200	—	1 100	—	600
纵向应力(kPa)	95	—	174	—	190	—	174	—	95
横向应力(kPa)	−60 160	—	−220 100	—	−140 140	—	−100 220	—	−160 60
长(cm)	15.0	—	18.0	—	18.0	—	18.0	—	15.0
宽(cm)	3.0	1.0	3.0	1.5	3.0	1.5	3.0	1.0	3.0

注:R表示肋宽,G表示肋间距,两轮胎内侧距为8.0cm。

3 温度因素

沥青混合料作为一种复合材料,是典型的弹、黏、塑性综合体,在低温小变形范围内接近线弹性体,在高温大变形活动范围内表现为黏塑性体,而在通常温度的过渡范围内则为一般黏弹性体[10]。室内蠕变试验是基于沥青混合料流变特性的试验方法,能够反映沥青混合料黏弹性和黏塑性的变形性质,且试验操作简单方便,数据采集和处理分析均较易实现。本文中的单轴动态蠕变试验采用圆柱试件,其直径×高度为100mm×150mm,采用旋转压实成型以精确控制其尺寸和空隙率。荷载波形是动态蠕变试验的一个重要参数,为使每两次重复加载间隔试件仅留下不可恢复的塑性变形,本文采用 MTS-810 较易实现且能较好地模拟实际行车荷载作用的矩形波加载,加载时间为 0.1s,间歇时间为 0.9s,1s 为一周期,加载频率即为10Hz。通过对室内蠕变试验曲线进行拟合得到相应的本构模型参数。

选择五个不同温度条件分析其对沥青路面动力响应的影响,包括15℃、25℃、35℃、45℃和55℃五个水平。以 AC-30 为例,不同温度条件下松弛模量主曲线如图2所示。

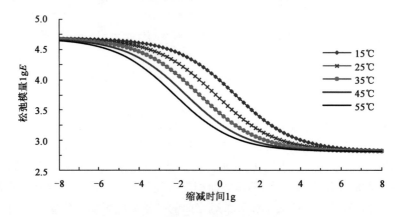

图2 AC-30 不同温度条件下松弛模量主曲线

以中面层中间点为分析点,给出不同温度条件下沥青路面竖向应变、应力,剪应力、剪应变的时程变化,如图3和图4所示。

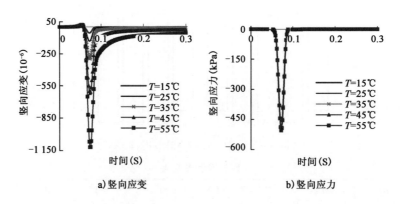

a) 竖向应变   b) 竖向应力

图3 不同温度条件下竖向应变和应力时程变化

可以看出,温度越高,沥青混合料松弛模量越低,其弹性越弱,黏性越强。不同温度下的动力响应时程变化和空间分布规律基本一致,区别在于其幅值的大小和残余变形的恢复。随着温度升高,竖向应变和剪应变幅值逐渐增大,55℃的竖向最大应变约为15℃时的20倍,且55℃时的剪应变约为15℃时的20倍;高温时发生车辙的速度远大于低温时发生车辙的速度,温度较高时,车辙的发生是个短暂的过程,不需要长时的累积变形。在此温度范围内,沥青混合料表现为非弹性体,变形在卸载后具有不可恢复性,且温度越高,其残余变形值越大。而应力值随温度变化不敏感,不同温度下沥青路面结构受力基本相当。由此可见,温度是影响沥青路面抗车辙性能的重要因素之一,温度越高,沥青路面的稳定性越差。

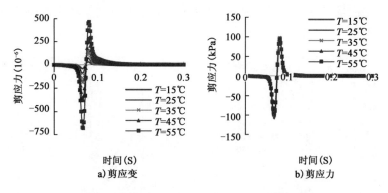

图 4　不同温度条件下剪应变和剪应力时程变化

4　结构因素

为分析不同结构在同一荷载条件下动力响应的差异,本节选择三种典型路面结构:LH 原路段(结构设计有问题)、SBS 试验段(常用结构)和 PR 试验段(抗车辙结构设计),通过三个结构的对比分析路面结构影响规律。图 5 为三种结构各层模量的对比图,其中 LH 的上面层模量略低,PR 与 SBS 上面层模量相同;PR 中面层模量明显高于 SBS,而 SBS 又高于 LH;三种结构下面层模量相同,但 LH 中面层模量比下面层模量低很多,PR 中面层模量为 3 150MPa 比下面层模量 2 450MPa 高很多,只有 SBS 中面层 2 200MPa 与下面层 2 450MPa 模量相当。

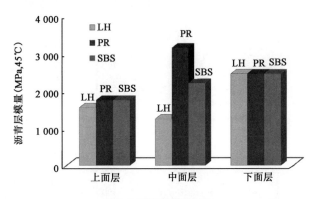

图 5　三种结构模量对比

图 6 给出了 LH 试验段、SBS 试验段和 PR 试验段实测参数下竖向应变分布规律。可以看出 LH 试验段结构内部出现了明显的高应变区域,竖向高应变出现在车轮作用的路表面,随着深度的增加,竖向应变逐渐减小。LH 试验段上面层模量最小,所以其上面层的竖向应变最大;LH 试验段中面层与 SBS 试验段中面层模量远小于 PR 试验段,这也与 PR 竖向应变最小相协调,LH 试验段的中面层模量略小于 SBS 试验段,其竖向最大应变也略大于 SBS 试验段;虽然三种结构下面层模量相同,但 SBS 试验段的竖向应变最小,LH 与 SBS 试验段都较大,与此同时 LH 中面层比下面层模量低很多,PR 中面层比下面层模量高很多,只有 SBS 试验段中下面层模量相当,所以模量的组合与竖向应变具有一致性。由此可以看出,路面结构设计时,中、下面层模量应大体相同,不应相差很多,如果为了减少车辙而单纯提高中面层模量,会使竖向应变集中到下面层,所以竖向应变与模量变化相协调,且存在各层之间的模量组合,适宜的模量组合使得各层材料受力相协调,应变达到较为理想的状态以减少车辙的产生。

图 7 给出了 LH 试验段、SBS 试验段和 PR 试验段实测参数下剪应变分布规律。同样可以看出 LH 试验段结构内部出现了明显的高应变区域,剪应变在上面层和中面层均出现了高应变区域,最大值在

300με 左右。相比之下，PR 试验段中面层出现的高应变区域并不明显，说明 LH 试验段在高温情况下抵抗剪切破坏的能力较差，尤其是中面层必然会出现车辙病害，这与实际路面损坏调查的结果是一致的。整体提高沥青面层模量，尤其是中面层模量有助于改善路面结构整体力学响应，同时可以看出 LH 试验段模量组合不合理是导致车辙病害产生的重要原因。

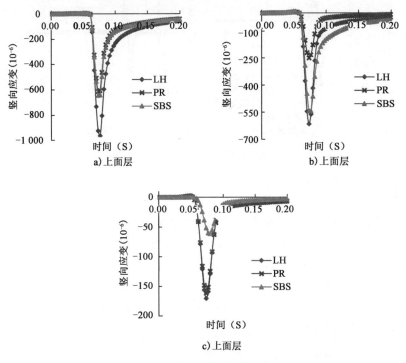

图 6 沥青面层内竖向应变

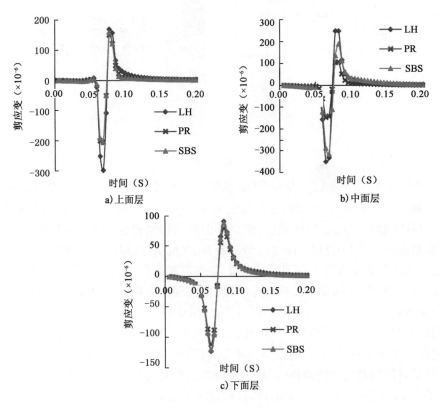

图 7 沥青面层内剪应变

5 纵向水平力与横向水平力

行驶的汽车除了施加给路面垂直压力之外,还施加水平力。特别在起动和制动过程中,水平力相当大,另外在有较大坡度的路段,轮载作用也将产生沿路表面的水平分量[11]。对于沥青路面结构,过大的水平力能够使道面产生波浪、拥包和剪切破坏等损坏[12]。因此在研究轮胎与路面之间相互作用力时,水平力不可忽略。水平力的大小又分为与行车方向平行的纵向水平力和与行车方向垂直的横向水平力,其大小都是非均匀分布的。纵向水平力的特点是车轮前部受向后的纵向水平力,而车轮后部受向前的纵向水平力;横向水平力的特点为每一个加载条左右两侧横向应力作用方向相反,幅值不同,但总横向应力合力接近于零,而幅值方面则表现为纵向和横向中间大、两侧小。纵向水平力与横向水平力的大小如表1所示。

图8中横坐标为深度,纵坐标分别为纵向、横向应变和应力,两条曲线分别表示有、无水平力时沥青路面的动力响应。图中所标注的数据点分别为上、中、下面层的中间点,从图中可以看出,水平力对路面结构的影响随着深度的增加而逐渐减弱,尤其是直接与车轮接触的上面层差异较大,而到了底面层有无纵向水平力的动力响应几近重合。所以本文以下选用PR结构中间加载条中心点在上面层竖向中间点处的动力响应进行分析。

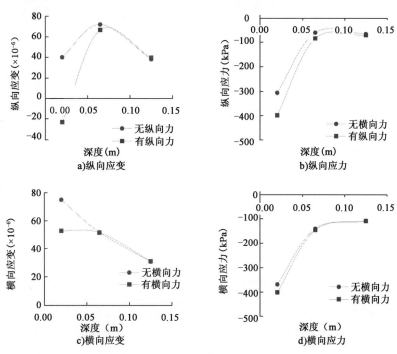

图8 应变和应力随深度变化曲线

从图9可以看出,有无纵向水平力时纵向应变时程变化存在差异。当有纵向力时,其纵向应变峰值为负值 $-23.91\mu\varepsilon$,而无纵向力时,其纵向应变峰值为正值,达到 $48.55\mu\varepsilon$。这是纵向水平力的特点导致的:车轮前部受向后的纵向水平力,而车轮后部受向前的纵向水平力,对于路面结构中的同一点而言,会先后经历方向相反的水平纵向力,因此,有水平纵向力时纵向应变的峰值要小于无水平纵向力时的峰值。由纵向应力时程曲线可看出,有无纵向水平力时,纵向应力时程变化规律基本一致,都是随着荷载向分析点靠近,纵向应力逐渐增加,当荷载中心到达分析点正上方时,纵向应力达到峰值。无纵向水平力作用时,其峰值为 -306.55 kPa;有纵向水平力作用时,其峰值为 -398.84 kPa,相差30%。所以有纵向水平力作用时,纵向力增加,且增加效果较为明显。从图10可以看出,纵向水平力的加入,没有改变剪应变时程变化规律,即先负后正的变化规律,但纵向力的加入,使得剪应力和剪应变幅值减小。其中,剪应变的正、负幅值分别减小了47%和56%;剪应力的正负幅值分别减小了52%和50%。

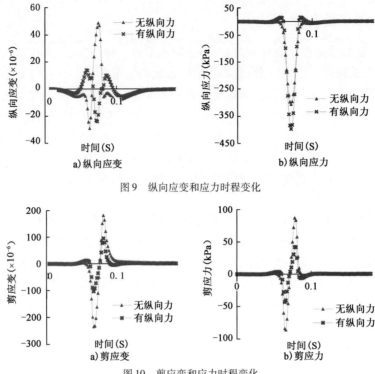

a)纵向应变　b)纵向应力

图9　纵向应变和应力时程变化

a)剪应变　b)剪应力

图10　剪应变和应力时程变化

从图11可以看出,加入横向水平力时,横向应变时程变化规律一致,而幅值则因横向水平力的加入而减小,从无水平力的81.5με减小到57.5με;横向应力随着横向水平力的加入而变大,从-293.3kPa变化到-319.2kPa。由图12可知剪应变、剪应力随着横向水平力的加入,其时程变化规律和幅值基本一致,且对其幅值变化影响较小,说明横向水平力对其影响偏小。

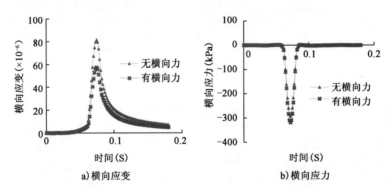

a)横向应变　b)横向应力

图11　横向应变和应力时程变化

a)剪应变　b)剪应力

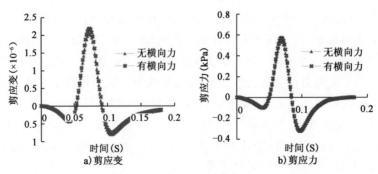

图12　剪应变和应力时程变化

由此可见,纵向水平力和横向水平力都是影响沥青路面动力响应的重要因素,同时也成为影响路面抗车辙性能的重要因素。

6 结语

本文基于通用有限元软件 ABAQUS,建立了移动荷载作用下半刚性路面结构的动力响应模型,分析了温度、路面结构及路面受纵、横向载荷因素对动力响应的影响,得出如下结论:

(1)温度是影响沥青路面抗车辙性能的重要因素之一,温度越高,沥青路面的稳定性越差。随着温度的变化,沥青混凝土路面的竖向应变和剪应变变化规律一致,但幅值和残余变形均随温度的升高而增大,应力值随温度变化不敏感;高温时发生车辙的速度远大于低温时发生车辙的速度。

(2)路面结构设计时,中、下面层模量应大体相同,不应相差很多,如果为了减少车辙而单纯提高中面层模量,会使竖向应变集中到下面层。

(3)竖向应变与模量变化相协调,沥青混凝土路面结构三个面层之间模量不宜相差太大,且各层之间存在最佳模量组合,使得各层材料受力相协调,应变达到较为理想的状态,以减少车辙的产生。

(4)水平力对路面结构的影响随着深度的增加而逐渐减弱,尤其是直接与车轮接触的上面层差异较大,而到了底面层有无纵向水平力的动力响应几近重合。

(5)水平纵向应力的作用改变纵向应变的时程变化规律,使得纵向应变的幅值减小,但没有改变纵向应力、剪应变、剪应力的变化规律,只是加大了纵向应力的幅值,减小了剪应变和剪应力的幅值。

(6)水平横向应力的作用没有改变横向应变的时程变化规律,减小了横向应变的幅值,但增大了横向应力、剪应变、剪应力的幅值。

在路面结构设计中应综合考虑温度、路面结构及路面受纵、横向载荷因素对路面动力响应的影响,模拟结果对完善季冻区路面结构设计和提高路基路面长期使用性能具有良好的借鉴意义。

参 考 文 献

[1] 刘小云,田润利.解析解下沥青路面动力响应分析及应用[J].郑州大学学报(理学版),2009,41(2):120-124.

[2] 朱洪波.不平整沥青路面动力响应分析[D].西安:长安大学,2010.

[3] 黄万坦,魏为成.半刚性基层沥青路面动力响应分析[J].黑龙江交通科技,2012,1(1):53-54.

[4] 董忠红,吕彭民.移动荷载下黏弹性层状沥青路面动力响应模型[J].工程力学,2011,28(12):153-159.

[5] 董泽蛟,曹丽萍,谭忆秋,等.移动荷载作用下沥青路面三向应变动力响应模拟分析[J].土木工程学报,2009,42(4):133-139.

[6] 董泽蛟,曹丽萍,谭忆秋.饱和状态沥青路面动力响应的时程分析[J].武汉理工大学学报(交通科学与工程版),2009,33(6):1033-1036.

[7] 任瑞波,祁文洋,李美玲.移动荷载作用下饱和沥青路面动力响应三维有限元分析[J].公路交通科技,2011,28(9):11-16.

[8] 孙立军.沥青路面结构行为理论[M].上海:同济大学出版社,2003.

[9] AL-QADI I L, ELSEIFI M, YOO P J. Pavement Damage Due to Different Tires and Vehicle Configurations[R]. Report of Michelin Americas Research and Development Corporation, 2004: 23-35.

[10] 封基良,许爱华,席晓波.沥青路面车辙预测的黏弹性分析方法[J].公路交通科技,2004,21(5):12-14.

[11] 苏凯,孙立军,王永新,等.行车荷载及路面结构对车辙影响的有限元分析[J].同济大学学报(自然科学版).2007,35(2):187-192.

[12] 游庆龙,凌建明,赵鸿铎.考虑飞机制动力的机场沥青道面力学响应分析[J].同济大学学报(自然科学版).2012,40(2):223-227.

高寒季冻生态区钢波纹管涵施工技术应用

陆文斌[1]　金隆海[2]　王宝良[2]

(1. 中交一航局总承包分公司　天津　300457；
2. 中交一航局城市交通工程有限公司　天津　300457)

摘　要：高速公路位于吉林省抚松县境内，途经重要的湿地区域，地下水系丰富，部分路段已沼泽化，地势平坦低洼，个别地区段落为软土层，具有地理位置特殊，冬期时间长，昼夜温差大，气候寒冷等特点。为了更好适应地基与基础变形，解决地基基础不均匀沉降导致的涵洞破坏问题，及解决公路工程建设对生态环境产生的破坏，保护湿地水环境，保障湿地原生生态系统的完整性和连贯性，采用大直径钢波纹管涵及小直径钢波纹管+碎石盲沟施工工艺，通过将软土地基处置、柔性基础处理、台背回填技术、碎石盲沟技术应用于工程实践中，成功地解决了上述问题，为高寒季冻生态区钢波纹管涵推广应用提供了借鉴。

关键词：高寒季冻　生态湿地　钢波纹管涵　碎石盲沟　施工技术

鹤大高速公路 ZT08、ZT09 标段位于吉林省抚松县境内，沿线途经重要的湿地区域，地下水系丰富，不良地质地段多为山涧沟谷，部分路段已沼泽化，地势平坦低洼，个别地区段落为软土层。具有地理位置特殊，冬期时间长，昼夜温差大，气候寒冷等特点。针对这一特殊的地理、水文、气候条件，将大直径钢波纹管涵和小直径钢波纹管+碎石盲沟相结合两种技术应用于高速公路施工中，一方面能够适应地基与基础变形，解决地基基础不均匀沉降导致的涵洞破坏问题；另一方面更好地解决了公路工程建设对生态环境产生的破坏，保护湿地水环境，保障湿地原生生态系统的完整性和连贯性，为我国季冻地区高速公路施工起到良好的示范和推动作用。两个标段共将 53 道钢筋混凝土盖板涵变更为钢波纹管涵，其中大直径4m，共2道；直径2~3m，共32道；小直径0.75m，共19道，长度共计1 827.6m。

1　钢波纹管的选择

1.1　常规钢筋混凝土盖板涵或圆管涵的质量通病

对特殊的岩土地区，如多年冻土、膨胀土、软土、湿限性黄土等地区，一般情况下在路基工程中普遍采用的是钢筋混凝土盖板涵或圆管涵，但发现在使用过程中均出现了不同程度的损坏，一是地基或基础不均匀沉降引起的应力集中所导致的涵洞墙身和基础出现横向裂缝；二是由于高寒地区温度低、昼夜温差大所导致混凝土施工受到影响以及质量不能得到有效保证；三是不可避免地会出现混凝土结构物与路基交界处的"错台现象"，从而影响行车的舒适度与安全性。另外，普通钢筋混凝土涵洞对地基承载力要求较高，一般为300kPa 以上，而钢波纹管涵对地基的承载力要求一般为 200kPa 即可；钢波纹管涵还具有环保优势，可回收利用率高，克服了钢筋混凝土材料回收难题。

1.2　钢波纹管涵的受力计算

1.2.1　埋地钢波纹管可承受的压力计算

施压在埋地管上的荷载取决于管结构及周围土的劲性，导致结构物受到土压力作用，产生挠曲，反过来挠曲又决定土压力。

对于柔性钢波纹管，当垂直荷载造成管挠曲时，它反过来形成水平支撑土压力。假设：①在沟槽内为一棱柱土体；②回填土和管的沉降，在槽帮上产生剪切力或摩擦力；③黏聚力可忽略不计。可计算出钢波纹管上的最大荷载 W_d。

以鹤大高速公路 K710+723 处一道钢波纹管进行受力分析,管径为 3.0m,沟槽开挖宽度为 4m,管道长度为 38.5m,管道最大处埋深为 4.71m,回填土为黏土,且夯实,这道钢波纹管施工完成后可承受的最大荷载 W_d 为:

$$W_d = \frac{\gamma B_d^2}{2K\mu'}(1 - e^{-2K\mu'hB_d}) \tag{1}$$

式中:W_d——管道荷载($1bf/ft^2$);
γ——回填土单位重度($1bf/ft^3$);
K——土体压力系数;
e——自然对底数,取 2.718;
B_d——沟槽开挖宽度,取 4m;
μ'——回填土与沟帮摩擦力系数;
h——管上回填土高度,取 4.71m。

依据上述已知数据及表 1 数据可得:

$$\begin{aligned}W_d &= \frac{\gamma B_d^2}{2K\mu'}(1 - e^{-2K\mu'hB_d}) \\ &= \frac{120 \times 4^2}{2 \times 0.37 \times 0.3} \times (1 - 2.718^{-2\times0.37\times0.3\times4.71\times4}) \\ &= 8.648 \times 0.985 = 8\,518.9bf/ft^2\end{aligned}$$

由于 1bf=0.102kg,则上式中 8 518.9bf=868.9kg,1ft^2=0.093m^2,取 1kg=9.8N,可得上式为 8 518.9(bf/ft^2)=9 1601.1kg/m^2=93.5kN/m^2。

土重度、土压力系数及对沟槽侧帮摩擦系数　　表1

土 类 别	土重度($1bf/ft^3$)	土压力系数 K	摩擦力系数 μ'
湿顶土不完全夯实	90	0.33	0.50
饱和顶土	110	0.37	0.40
湿黏土不完全夯实	100	0.33	0.40
黏土	120	0.37	0.30
干沙土	100	0.33	0.50
湿沙土	120	0.33	0.50

1.2.2 施工后钢波纹管上受力计算

当我们计算出钢波纹管施工完成后所能承受的最大荷载后,就可以对钢波纹管在后期使用过程中进行受力分析,在钢波纹管投入使用后,将会受到两种垂直压力及一种水平力,竖向力分别为填土对钢波纹管的垂直压力,以及车辆荷载对钢波纹管的垂直压力,水平力一般为车辆荷载引起,可忽略不计,如垂直压力小于钢波纹管所能承受的最大荷载,可认为选择钢波纹管方案合理。

(1)填土对钢波纹管的垂直压力计算

假定管顶土压力全部由钢波纹管承担,钢波纹管所承受的最大荷载 W_{d1} 为:

$$W_{d1} = \gamma H \tag{2}$$

式中:H——管上回填土高度,取 4.71m;
γ——土的重度,由现场试验数据可知,重度为 18kN/m^3。

依据上述数据可得:

$$W_{d1} = \gamma H = 4.71 \times 18 = 84.8kN/m^2$$

(2)车辆荷载对钢波纹管的垂直压力计算

车辆荷载作用涵洞上的垂直压力与洞顶填土高度、路堤内压力分布情况有关,可按照半无限性弹体理论计算,本条道路活载采用我国汽车公路Ⅰ级,作用于路面上车辆最大载重为55t,集中荷载为180kN,当地面上最大车辆载重通过时,管顶至路面顶垂直距离(均为4.71m)处钢波纹管所受的垂直压力最大,最大垂直压力 σ_V 为:

$$\sigma_V = \frac{3PH^3}{2\pi R^5}$$

式中:σ_V——计算点处的垂直应力(kPa);

P——集中荷载,取180kN;

H——计算点处距离地面的深度,取4.71m;

R——施力点与计算点间的距离,取4.71m。

依据上述数据可得:

$$\sigma_V = \frac{3PH^3}{2\pi R^5} = \frac{3 \times 180 \times 4.71^3}{2 \times 3.14 \times 4.71^5} = \frac{56\,423.04}{14\,556.74} = 3.88 kPa = 3.8 kN/m^2$$

(3)钢波纹管施工后,管顶填土及车辆荷载对钢波纹管的垂直应力 W_1 为

$$W_1 = W_{d1} + \sigma_V = 84.8 + 3.8 = 88.6 kN/m^2$$

1.2.3 埋地钢波纹管可承受的压力与车辆荷载对钢波纹管的垂直压力进行对比

$W_d - W_1 = 93.5 - 88.6 = 4.9 kN/m^2$,可得 $W_d > W_1$。

由上述计算可知,埋地钢波纹管涵可承受的压力大于车辆荷载对钢波纹管的垂直压力,则我们认为,选择钢波纹管完全能够满足各方应力要求。

1.3 钢波纹管涵的优越性

首先钢结构是一种柔性结构,具有良好的延展性,其抗拉、抗压、抗剪强度较高。所以在力学性能方面,如果相同围压时,波纹管与普通圆管的径向最大位移相当,但波纹管的轴向位移明显大于普通圆管,表现出波纹管具有轴向补偿位移的功能;波纹管的内部应力拉压相间,会充分发挥金属材料各向同性的优良特性,而普通圆管内部拉应力较小,压应力较大。其次钢波纹管涵是采用波纹状管或由波纹状板通过连接、拼装成的一种涵洞形式,从材料、结构、功能的关系上分析,柔性、高强度的钢波纹管涵洞不仅能适应地基与基础变形,解决地基基础不均匀沉降导致的涵洞破坏问题,还能改善软土地基结构物与路堤交界处的"错台现象",避免行车跳车,保证行车安全。而且由于钢波纹管涵的轴向波纹使其具有优良的受力性能,能够分散荷载的集中效应,更好地发挥钢结构的优势,具有较强的适应能力,经过防腐处理过的钢波纹管涵洞能够使用50年。再次钢波纹管涵施工过程对地基扰动小,且不渗水,有利于保持多年冻土地区的水热平衡。

其次,钢波纹管涵是采用波纹状管或由波纹状板通过连接、拼装成的一种涵洞形式,所以施工操作简便,涵身快速成型;同时,解决了北方寒冷冰冻地区对涵洞混凝土结构破坏、南方多雨地区施工困难问题。在东北地区应用,受霜冻影响小,质量易于保证,有利于软土、膨胀土等地基结构物不均匀沉降问题。

然后,钢波纹管涵施工速度快,圬工数量少,造价低。具有缩短施工周期,施工过程简单,节省用工,工作效率高等显著的工期效应,有利于整个工程的进度目标的实现;能够大大减少混凝土用量,进而节省常规建材,如水泥、砂、石子、钢材的使用,减少对环境的破坏。

2 大直径钢波纹管涵在高寒季冻区施工技术应用

2.1 湿地区域CFG桩地基处理技术

鹤大高速公路大部分大直径钢波纹管涵位于湿地区域,此段区域上部含有机质粉质黏土,土孔隙率及含水量较大,有机质含量超过5%,压缩系数大于0.5,局部孔隙比大于1.0,含水量大于液限35%,压

缩系数大于1.0，地基沉降严重，需要选取一种切实有效的地基处理工艺，降低软土地基沉降量，提升地基承载力，使其能够满足大直径钢波纹管涵地基承载力要求，经过研究，决定采用打入CFG桩的方式进行地基处理，待桩身检测合格后，在其上铺设0.5m厚碎石垫层，采用碾压方法压实，以形成复合地基。

2.2 大直径钢波纹管涵柔性基础处理技术

钢波纹管涵作为一种柔性结构，它需要一个符合在湿地区域中能够更好地分散轴向力的一种柔性基础。众所周知，柔性基础抗变形能力强，能够适应钢波纹管变形对路基造成的影响，确保钢波纹管涵整体性及高速公路路基质量。柔性基础施工前，对施工场地进行平整，安排布置各种材料有序堆放，组织机械设备进场。施工前组织测量人员根据设计文件放出管涵轴线，打好中边桩，在涵管中轴线和基础范围边缘撒上白色灰线，测出原地面高程。基础施工不得长期浸泡，每一涵洞均要检测承载力，检测次数不低于3次，如发现承载力或地基模量不均匀时应及时采取补救措施。基础回填分层填筑、分层压实，填筑基础砂砾层压实度不小于95%，分层施工压实后厚度不大于25cm。基础填筑完成后设置预留拱度，其大小根据地基土可能出现的下沉量、涵底纵坡和填土高度等因素综合考虑，通常可为管长的0.2%～1%，以确保管道中部不出现凹陷或滑坡，同时预留拱度高度不高于进水口高度，柔性基础施工完成后，及时进行钢波纹管涵安装工作。

2.3 大直径钢波纹管涵管身安装技术

安装前，全面地检查波纹钢管涵底部平整度、压实度，高程；确定涵管的位置、中心轴线。钢波纹管的外观质量，在运输过程中是否出现质量缺陷，一旦有质量问题，应立即进行修理，直至满足施工规范要求。下管采用25t吊车起吊，在波纹管内穿横旦，两头钢丝绳挂钩，人工扶持稳吊稳放。钢波纹管连接法兰间，采用防水橡胶垫连接完成后，连接部位，采用耐候胶进行再次处理，防止渗漏。安装过程中，管内管外需搭设操作平台，安装完成后，检查钢波纹管涵竖直度及接口，检查合格后进行二次防腐处理（图1）。

图1　大直径钢波纹管现场组装

2.4 大直径钢波纹管涵密封防腐处理技术

钢波纹管涵是采用波纹状管或由波纹状板通过连接、拼装形成的一种涵洞形式，材料采用Q235热轧钢板制作，需要一种合理的钢结构防腐方案，确保钢结构在后续使用中减少腐蚀，增加钢波纹管涵使用寿命，钢波纹管在制作过程中首先在表面进行热浸镀锌，然后在管壁内表面涂装环氧底漆、环氧云铁中间漆、环氧面漆，其性能应符合《公路桥梁钢结构防腐涂装技术条件》(JT/T 722—2008)的规定。涂装的总厚度不小于240μm。表面应均匀光滑、连续，外观清洁，无肉眼可分辨的小孔、空隙、裂缝、脱皮、脱扣及其他缺陷。钢波纹管涵现场敷设完成后进行密封防腐处理的现场作业。在桥涵结构板重叠搭接处、圆管端部结合处、紧固件连接的螺栓孔孔隙处，通过专用胶枪用耐候胶填封，固化后以提高圆管涵的整体密封性，然后对外露部分涂刷沥青涂层，保护镀锌层不受到破坏，沥青涂层的厚度为0.5～1mm，如图2所示，经过防腐处理的钢波纹管涵能够满足后续使用要求。

2.5 大直径钢波纹管涵涵背回填技术

钢波纹管涵的轴向波纹使其具有优良的受力特性，在轴向和径向同时分布荷载，能够分散集中应力。正确的涵管回填工艺，对钢波纹管涵使用寿命起到重要影响，能够更好地发挥钢结构的优势，为保证涵管的回填质量，管底两侧楔形部位处的填筑，采用最大粒径不超过3cm的级配碎石回填，然后用小型夯实机械斜向夯实，确保管底的回填质量。管身两侧50cm外使用18t压路机碾压，50cm范围内使用小型夯实机械夯实,如图3所示。填筑时分层填筑、分层压实,每层压实后的厚度为20cm,压实度要求达到96%方可进行下层填筑。填筑前在管节两侧上,用红色油漆按每20cm高度标注,填筑时按标注线控制。

图2　密封防腐后的钢波纹管涵

图3　钢波纹管涵涵背回填

管顶填土厚度小于50cm时,不得使用大于6t的压路机械碾压,也不允许施工机械通行。管体两侧及顶部10m范围内不允许使用强夯机械。

2.6　大直径钢波纹管涵现场试验

2.6.1　测试涵洞基本情况

以鹤大高速公路K673+494处钢波纹管直径4m的钢波纹管涵洞为依托项目,钢波纹管波高55mm,波长200mm,采用Q235A热轧钢板制成,防腐采用表面热浸镀锌,且现场安装前管壁内外均匀涂刷沥青二次防腐。进出口为八字墙结构。

2.6.2　试验仪器布置

(1)应变片布置

通过对钢波纹管涵洞管周内壁不同角度粘贴应变片,测定钢波纹管涵洞随填土高度变化的应变变化规律。现场应变片布置如下:

管周内壁应变片布置:路中心0°、15°、30°、45°、60°、90°、120°、150°、180°的波峰、波谷、波侧三个测试断面沿管周径向布设,共计27个测点。具体布设如图4、图5所示。

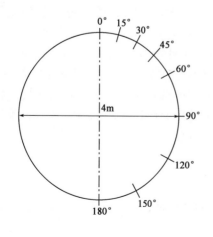

图4　管内测试应变片布置截面图

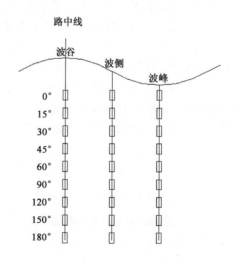

图5　管内测试应变片布设平面示意图

(2)土压力盒布置

通过对钢波纹管涵洞管周外壁不同角度布置土压力盒,测定钢波纹管涵洞随填土高度变化的土压力变化规律。现场土压力盒布置如下:

管周外壁土压力盒布置:分别在路中心0°、30°、60°、90°、120°、150°、180°位置,管壁与压力盒之间距离为6cm处采用细砂填充,分层填筑压实,共计7个测点。如图6所示。

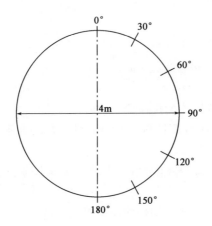

图6 管壁外土压力盒布置截面图

2.6.3 测试工况

管内应变及管外土压力测试工况相同,具体如表2所示。

K673+494 钢波纹管涵洞测试工况　　表2

工　况	填　土　高　度	
1	管顶+0.2	每层填土压实后,机械停止并远离路基后进行测试
2	管顶+0.5	
3	管顶+1.0	
4	管顶+1.6	

2.6.4 测试结果及分析

(1)施工过程路中管内壁切向应变测试结果分析

①路中波峰随填土高度增加切向应变。

由图7可以看出:

a. 当填土至管顶+0.2m时,整体为拉应变。

b. 随着填土高度的增加,管顶0°、管侧15°、管侧150°、管底180°拉应变值逐渐增大,但管侧120°填土至路基顶时减小,这可能是由于应变片粘贴不牢固所致。

c. 管侧30°、管侧45°、管侧60°、管侧90°在填土管顶+0.5m时转变为压应变,后随填土高度的增加逐渐增大。

d. 填土初期各测点应变值有重新分布的过程,当填土至路基顶(管顶+1.6m)时,管顶和管底位置附近以拉应变为主,而管中90°位置附近以压应变为主。

②路中波谷随填土高度增加切向应变。

由图8可以看出:

a. 当填土管顶+0.2m时,整体为拉应变。

b. 随着填土高度的增加,管侧120°、管侧150°、管侧180°初期(管顶+0.5m至1.0m)增长较快,后期(管顶+1.6m)增长趋于平稳;其余测点随着填土高度增加,拉应变与压应变在0值附近交替变化,最终整体为压应变。

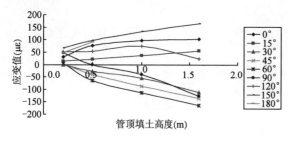
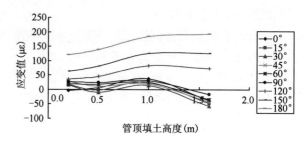

图7　路中波峰随填土高度增加切向应变变化规律图　　图8　路中波谷随填土高度增加切向应变变化规律图

③路中波侧随填土高度增加切向应变。

由图9可以看出：

a. 当填土管顶+0.2m时，整体依然为拉应变。

b. 随着填土高度的增加，管顶0°~管侧90°应变值逐渐增大，管侧120°~管底180°初期为拉应变后转化为压应变。

c. 填土初期各测点应变值有重新分布的过程，当填土至路基顶(管顶+1.6m)时，钢波纹管涵洞上半圆整体受拉，下半圆整体受压。

④路中波峰、波谷、波侧随填土高度增加切向应变对比分析。

由图8~图9可以看出：

相同点。总体上路中波峰、波谷、波侧变化规律相似：当填土初期均为拉应变，随着填土高度的增加，分为两个阶层，第一阶段为一些测点由拉应变转化为压应变，且有压应变继续增加的趋势；第二阶段为另一些测点压应变逐渐增大。

不同点。波峰管顶和管底位置附近以拉应变为主，而管中90°位置附近以压应变为主；波谷为拉应变与压应变在0值附近交替变化；波侧为整个圆管上半圆整体受拉，下半圆整体受压。

⑤路中波峰沿管周角度变化切向应变。

由图10可以看出：

a. 各工况下整体上管顶0°→15°为拉应变逐渐减小，30°转化为拉应变(管顶填土+0.2m工况时接近0值)，45°→90°先增大后减小(在管周60°为最大)，120°转化为拉应变，后逐渐增大。

b. 管顶0°、15°、120°、150°及180°所受为拉应力，其他管周角度位置所受为压应力。在管周60°处出现应力集中。

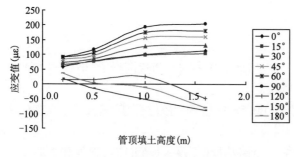
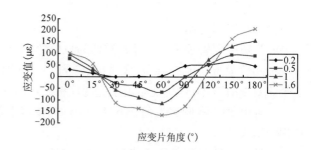

图9　路中波侧随填土高度增加切向应变变化规律图　　图10　路中波峰随测试位置切向应变变化规律图

⑥路中波谷沿管周角度变化切向应变。

由图11可以看出：

除管顶填土+1.6m外，整体上各角度均为拉应变，且管周0°→90°增长缓慢，120°→180°快速增长。当管顶填土+1.6m时，各角度应力重新分布，0°→90°为压应变，且在管周30°时压应变最大；120°→180°为拉应变，在管底180°时拉应变最大。

⑦路中波侧沿管周角度变化切向应变。

由图12可以看出：

整体上管顶0°→管周120°为拉应变,且先逐渐增大至90°后迅速减小;管周150°→180°不同填土高度应变不同,有正有负,总体上趋于平稳。90°位置应力集中。

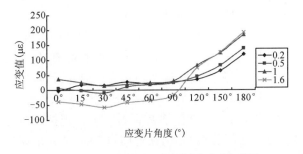

图11　路中波谷随测试位置切向应变变化规律图　　　　图12　路中波侧随测试位置切向应变变化规律图

⑧路中波峰、波谷、波侧沿管周角度变化切向应变对比分析。

由图11～图12可以看出:

a. 波峰、波谷、波侧均在管周120°出现拉压应变交替变化。波峰在管顶0°→120°(除了0°和15°)整体为压应变,管周150°→180°为拉应变;波谷整体上各角度均为拉应变;波侧在管顶0°→管周120°为拉应力,管周150°→管底180°总体上为压应变,且趋于平稳。

b. 波峰、波侧分别在管周60°和90°处出现应力集中,且都在管周120°出现拉压应力交替变化。因此施工时管周60°、90°及120°应作为重点部位进行观测。

(2)施工过程路中管外壁土压力测试结果分析

①各工况下管周外壁土压力测试结果如图13所示。

由图13可以看出:

a. 随着填土高度从管顶+0.2m填筑至路基顶(管顶+5.90m),管周外侧土压力逐渐增加。

b. 90°处土压力基本为零或为负值(可能受到局部影响),说明管中部位水平土压力值较低。

c. 填土高度<管顶+0.5m时,0°垂直土压力>30°径向土压力>120°径向土压力>60°径向土压力>150°径向土压力;填土高度>管顶+0.5m时,总体上0°垂直土压力>30°径向土压力>60°径向土压力>120°径向土压力>150°径向土压力。

d. 120°处土压力与填土高度的增长斜率小于其他角度,总体较低。

e. 由于施工使压力盒毁坏,管底180°处土压力值未能测出。

②将上述图形绘制成按角度变化的趋势如图14所示。

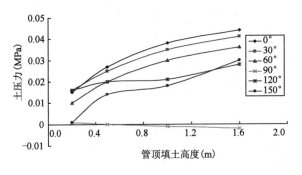 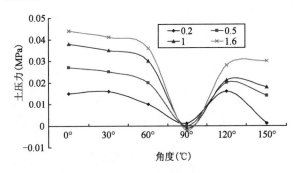

图13　土压力随填土高度增加变化规律图　　　　图14　土压力随角度变化规律图

从图14中更能直接看出:

a. 随着角度从管顶至管底的变化,0°～90°压力值逐渐减小,在90°处出现低谷值(接近0),之后120°逐渐增加,150°又减小。

b. 总体上各工况的变化趋势基本一致,仅120°～150°当填土至路基顶时(管顶+1.6m)表现为增加、填土高度较小时表现为减小,说明管外土压力随着填土高度增加存在力的重新分布。

2.6.5 结论

通过对高寒季冻区进行大孔径钢波纹管涵洞现场试验,得出管内应变及管外土压力的受力变化规律,对钢波纹管涵洞在该地区设计、施工有一定的借鉴作用(图15)。主要规律如下:

图15 大直径钢波纹管进行现场压力测试

(1)路中管内波峰、波谷、波侧应变变化规律相似:当填土初期均为拉应变,随着填土高度的增加,分为两个阶层:①一些测点由拉应变转化为压应变,且有压应变继续增加的趋势;②另一些测点压应变逐渐增大。

(2)波峰、波谷、波侧均在管周120°出现拉压应力交替变化。波峰、波侧分别在管周60°和90°处出现应力集中。因此施工时管周60°、90°及120°应作为重点部位进行观测。

(3)随着填土高度增加,路中管壁外侧土压力逐渐增加,且0°垂直土压力大于其他角度径向土压力。

(4)管周90°既在管周内侧应变时出现应力集中,又在管外土压力出现极值,说明此处受力最不均匀,因此钢波纹管生产、安装及施工时应在此处采取一定的加固措施。

(5)通过此钢波纹管涵洞的施工应用,及后续对其检测,整体稳定性要优于同类混凝土涵洞。钢波纹管作为一种环境友好型材料,有力避免了对天然路基及自然环境的破坏和干扰,最大程度地保持原有生态环境平衡,取得了显著的环保效益。

3 小直径钢波纹管+碎石盲沟在高寒季冻区施工技术应用

鹤大高速公路ZT09标沿线途经重要的湿地区域,湿地保护是鹤大高速公路建设过程中重要的生态保护内容,按照"尊重自然,保护优先"的原则,优先保护公路占用及周边天然湿地资源,保护湿地水环境,维持原有的湿地水文连通性,保障湿地原生生态系统(动植物、土壤和水系)的完整性和连贯性,决定采用小直径钢波纹管涵+碎石盲沟的施工方案,如图16所示,来解决上述问题,为了进一步保证路基两侧植物根系水系的连贯性,在桥涵两侧各50m外,平均每间隔60m,增加横跨路基的波纹钢管,钢管采用直径75cm的波纹钢管,洞口为平头式洞口,并延伸至坡脚外3m,洞口加盖水箅子过滤杂草、树根等异物,钢管轴向设置预拱度,以防止基地沉降盆对钢管排水性能的影响。

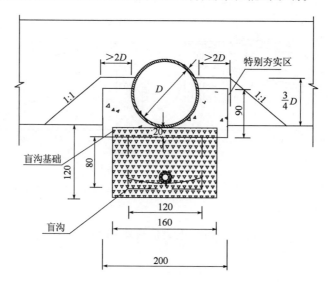

图16 小直径钢波纹管涵+碎石盲沟横断面示意图(尺寸单位:cm)

3.1 碎石盲沟施工技术

施工测量人员根据设计图纸,确定钢波纹管涵的中线、边线以及基础的开挖线。碎石盲沟的长度为坡脚线外每侧2m。根据测量放线开挖碎石盲沟。开挖宽度为120cm,开挖深度以原地面为准向下开挖1m,槽底横坡0.5%。凿除开挖范围内的CFG桩(高出槽底的部分)。盲沟进口与出口处设置喇叭口过渡段,长度为1m,喇叭口尺寸为160cm×120cm,待盲沟基槽开挖完成后,在基槽内铺透水土工布,然后在槽底土工布上浇筑15cm厚的C30混凝土基础,其上设直径20cm的多孔隙中空塑料管。铺设完塑料管的基槽内填筑碎石,填筑过程中确保土工布的完好性,待碎石填筑完成后用土工布将碎石包裹。碎石盲沟施工完成后填筑20cm钢波纹管涵基础。基础垫层材料采用级配碎石或砂砾填筑。

3.2 小直径钢波纹管管节安装技术

管身安装前,准确放出管涵的轴线和进、出水口的位置,拼装时,注意端头板片和中间板片的位置,管涵的安装,严格按照正确的轴线和图纸所示的坡度敷设。管身安装应紧贴在砂砾垫层上,使管涵能受力均匀。基础顶面坡度与设计坡度一致,并且在管身沿横向设预拱度为管节长度的0.2%~1%,以确保管道中部不出现凹陷或逆坡。每安装5m进行一次管节的位置校正。如出现偏位,采用千斤顶在偏位的方向向上顶管节进行纠偏。管节全部拼装完成后,检查管节位置是否符合设计要求。并在管节拼缝处采用密封胶进行密封防止泄漏。

3.3 洞口一字墙及八字墙处理技术

洞口一字墙施工需在涵洞两侧回填后进行施工。施工前进出水口的沟床应整理顺直,使上下游水流稳定畅通。同时,施工前进行地基处理,符合要求后,支立模板,浇筑一字墙混凝土,一字墙采用C20混凝土。八字墙采用M10砂浆砌片石修筑,砌筑时,杜绝出现漏放砂浆出现空洞现象,过夜或砌筑中断(砌完)时,砌体上不许堆放石料或用重物撞击成型砌体,避免刚终凝的砂浆和石料产生松动,影响砌体整体强度,并覆盖和洒水养护。砂浆初凝后,洒水覆盖养生7~14d,养护期间避免碰撞、振动或承重(图17)。

图17 施工完成后的一字墙及八字墙

4 取得的成绩

通过钢波纹管涵在鹤大九标的成功应用,合理地保护了湿地生态资源,维持了原有的湿地水文连通性,保障了湿地原生生态系统的完整性和连贯性,对湿地周边动植物及生态平衡的破坏降到最低,同时,解决了高寒地区地基基础不均匀沉降导致的涵洞破坏问题,为我国季冻地区高速公路施工起到良好的示范和推动作用。

钢筋混凝土涵洞在高寒地区一般只有5~6个月施工时间,时间紧任务重;而钢波纹管涵可有10个月施工期。钢筋混凝土涵洞从基坑开挖至涵背回填全部完成共需要25d,而钢波纹管涵,从基坑开挖至完工共需要13d,节约工期12d。产生可观的工期效益及经济效益,有利于整个工程的进度。

2015年6月4日,中国公路建设行业协会召开2015年度科技创新成果研讨会,我方上报的高寒季冻生态敏感地区钢波纹管涵洞施工技术成果,获得三等奖,及国内先进称号。

随着钢波纹管涵成功应用于高寒地区的路基涵洞施工,在多工程领域方面发挥出组装快速、施工简单、适应性强等独特优势。钢波纹管涵的生产和施工规模得到相应提升后,钢波纹管的综合造价将进一步降低。我们将绿色低碳和生态保护的理念在鹤大高速公路建设中实施得到广泛认可,由于其施工安全、高效、环保、质优,得到了相关单位的一致好评。

参 考 文 献

[1] 李祝龙.公路钢波纹管涵洞设计与施工技术[M].北京:人民交通出版社,2007,1-31,73-83,189-246.
[2] 张东山.南方多雨山区大直径钢波纹管涵施工技术[J].公路,2015,10(1),69-70.
[3] 谭国湖.钢波纹管涵在软土地基中的应用[J].湖南交通科技,2011,37(2),145-146.
[4] 李祝龙,章金钊.高原多年冻土地区波纹管涵应用技术研究[J].公路,2000(2),28-31.
[5] 王军刚,刘强.钢波纹管涵在山区高速公路中的应用[J].中外公路,2009,29(2),165-167.
[6] 李祝龙,刘百来,李自武.钢波纹管涵洞力学性能现场实验研究[J].公路交通科技,2006,23(3),79-82.

二道松花江特大桥施工关键技术

王际好　王　敏

(中交一航局第三工程有限公司　辽宁　大连　116001)

摘　要：鹤大高速公路 ZT07 标段二道松花江特大桥在施工过程中形成了一系列新技术成果。采用国内先进 SR315RC 型旋挖钻机进行超长桩基施工；采用克服坚硬地质静压植桩技术进行超厚砂、卵石层承台钢板桩施工；发明了体外劲性骨架和高空防坠落网装置，并将其用于高墩翻模施工中；通过冬期施工保温措施，优化施工配合比，确保严寒气候条件下 0 号、1 号块的施工质量；通过连续梁结构优化，进行施工监控，采取菱形挂篮进行连续刚构施工。实践表明，该桥在施工中采用的一系列关键技术，能够有效解决施工难题，降低安全、质量风险，加快施工进度和节约施工成本。

关键词：特大桥　旋挖钻　静压植桩　高墩翻模　连续梁　关键技术

1　概述

二道松花江特大桥桥梁全长 1 260m，主桥结构形式为(66m+120m+66m)三跨变截面预应力混凝土连续刚构桥，边中跨比为 0.55。11 号、12 号主墩为截面 6m×5m 矩形薄壁空心墩，墩高 38m。承台为整体式矩形+两端半圆弧防撞形状，11 号墩、12 号墩承台底高程分别为 420.81m 和 422.01m，顶高程分别为 424.81m 和 426.01m，单个承台混凝土方量 1 169m³。承台下为 13 根 70m 长直径 ϕ2.0m 钻孔灌注桩，均按摩擦桩设计(图 1)。

1.1　地质条件

桥梁位于二道松花江河谷上，主墩位于松花江主河槽两侧河滩地上，地表覆盖 6~9m 厚砂、卵石层，粒径一般为 2~8cm，最大可达 18cm，卵石含量在 70% 以上，主要充填物为中粗砂，透水性强、易坍塌；地表下 9~32m 为强风化粉砂质泥岩；32~75m 为中风化泥质粉砂岩，中厚层状结构，节理裂隙发育，岩质新鲜，岩芯呈短柱—长柱状(图 2)。

1.2　水文条件

桥址处最大河流为二道松花江，河槽断面呈"U"形，主河槽正常年份水位高程 426~428m(高于承台底高程 6~8m)，水面宽约 100m，其主要接受长白山区数条大小不等的山间河流补给，流量随季节变化较大。

1.3　气象条件

桥梁所处区域属中温带大陆性季风气候区，四季变化明显，春季干燥多风，夏季炎热多雨，秋季凉爽昼夜温差大，冬季漫长而寒冷，项目区季节性冻土标准冻结厚度为 1.6~1.8m，最大积雪厚度 33cm，初霜为 9 月中旬，终霜至 5 月上旬，年平均气温 2.6℃，极端最低气温 -38.3℃。

2　工程施工特点、难点和施工关键点分析

特大桥工程为全线 11 个标段两个关键控制性工程之一，施工工期特别紧；加之所处特殊地理位置、复杂地质条件及工程自身特点；需要从科研、设计、施工、监控等多方面进行控制。其主要施工难点和关键点如下：

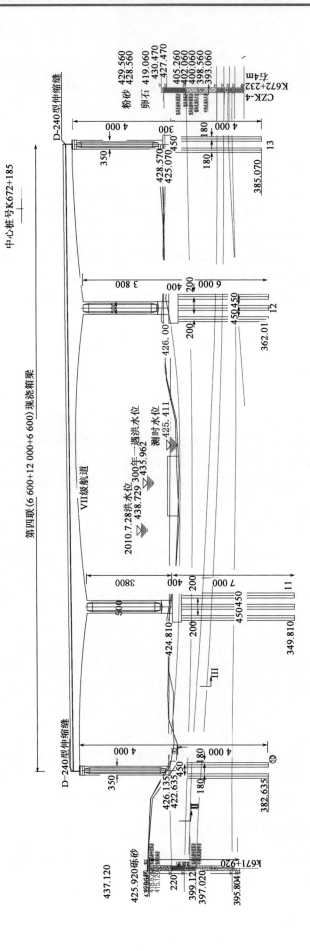

图 1　特大桥主桥型布置图（尺寸单位：cm）

钻 孔 柱 状 图							
工程名称	二道松花江特大桥补勘						
工程编号				钻孔里程	k672+015		
孔口高程	426.43m	坐标	x=4 736 937.62m	开工日期	2014.2.28	稳定水位深度	0.50m
孔口直径	127.00mm		y=485 979.14m	竣工日期	2014.3.11	测量水位日期	2014.3.12

地层编号	时代原因	( )底高程	( )底深度	( )层厚度	1:100 柱状图	岩土名称及其特征	动探击数	取样	承载力基本容许值(kPa) / 承载力标准值(kPa)
①	Q_4^{al+pl}	419.73	6.70	6.70		卵石：卵石：褐灰色，骨架颗粒成分以砂岩、花岗岩为主，粒径一般2~8cm，最大18cm，呈压圆形，磨圆度较好，含量约占70%，主要充填物为中粗砂，饱和，中密	N₆₃.₅=16.3 N₆₃.₅=18.8	1 1.00~1.20 2 4.00~4.20	400/160
		394.73	31.7	25.00		强风化粉砂质泥岩：紫红色，风化强烈，原岩结构部分破坏砂泥质结构，中厚层状构造，主要由粉砂及黏土矿物组成，节理裂隙很发育，失水易龟裂，岩芯呈短柱状，手掰易断。岩质较软，局部夹粉砂岩		3 31.70~31.90	300/80
		351.43	75.00	43.30		中风化泥质粉砂岩：紫红色，粉砂质结构，中厚层状构造，主要由粉砂及黏土矿物组成，泥质胶结，节理裂隙较发育，岩质较新鲜，岩芯呈短柱－长柱状，风干易龟裂，此层与粉砂质泥岩互层		75.00~75.20	500/110

图 2　地质柱状图

（1）桥梁跨越二道松花江，主墩基础及下部结构施工受雨季、汛期洪水潜在威胁，如何优化施工工艺，确保工程质量，加快施工进度至关重要。

（2）桥梁主墩施工区域地质条件复杂，地表覆盖超厚砂、卵石层，下为超厚强风化、中风化泥岩层，给桩基施工及承台止水、支护带来一定难度。

（3）主墩高墩施工节段多，周期长，安全风险点多，墩柱钢筋绑扎质量要求高，墩柱施工工艺选择既要保证施工作业人员安全，又要加快施工进度、保证施工质量。

（4）根据总体施工进度安排，为保证上部连续刚构按期完工，主墩4个0号、1号块必须进行冬期施工，优化施工配合比，采取合理保温、养护方案，在严寒气候条件确保混凝土施工质量。

（5）主桥上部连续刚构悬浇施工节段多、施工周期长、安全风险大、技术含量高，是整个项目的重点、难点及控制性工程,施工中即要缩短梁段施工周期、控制好连续刚构线形,同时也要优化梁段结构,避免裂缝出现。

3 总体施工技术方案综述

3.1 桩基施工

主墩桩基施工投入3台新型大功率三一SR280RC、SR285RC、SR315RC型旋挖钻机进行钻孔施工;护筒沉放采用冲击钻钻孔穿透砂、卵石层后,履带吊+振动锤集中下放钢护筒;钢筋笼后场分节制作,运至现场后,履带吊下放;清孔采用气举反循环工艺。

3.2 承台施工

根据承台所处复杂地质,综合考虑工期及方案可行性,通过比选,最终选择克服坚硬地质的静压植桩施工技术进行钢板桩围堰施工;大体积混凝土施工时采取了一系列温控措施,避免大体积混凝土裂缝出现。

3.3 主墩施工

主墩采用翻模施工工艺,分7个施工节段,为加快施工进度,确保施工作业人员安全,保证工程质量,高墩施工采用项目部自主设计的体外劲性骨架+高空防坠落网装置。同传统工艺相比,既提高墩柱分段施工效率,又可以保证施工作业人员在钢筋绑扎及模板支、拆过程中的安全。

3.4 0号、1号块施工

根据总体施工进度安排,为保证上部连续刚构按期合龙,主墩4个0号、1号块进行冬期施工,采用支架现浇施工工艺,通过优化混凝土施工配合比,采取冬期施工保温措施,进行温度监控,按期保质地完成4个0号、1号块混凝土浇筑施工任务。

3.5 连续刚构挂篮悬浇施工

上部连续刚构采用挂篮悬浇施工,左右幅4个"T"构共投入4对菱形挂篮。施工前通过研究类似桥梁施工工艺及质量病害,对连续梁配筋及预应力体系进行优化,同时加强施工监控量测,做好线型控制,通过设计、施工、监控几个方面保证连续刚构施工质量。

4 几项施工关键技术

4.1 超长桩施工

4.1.1 护筒沉放

(1)护筒长度及直径确定

桩位处地表覆盖超厚砂、卵石层,为避免钻进过程中泥浆流失及坍孔,钢护筒穿透砂、卵石层,入稳定泥岩层50cm以上,钢护筒直径较桩径大20cm,护筒壁厚与直径之比不宜小于1/150,以保证其自身刚度,钢护筒钢板壁厚选择14mm厚钢板。

(2)护筒沉放工艺优化

分节沉放护筒:利用旋挖钻引孔钻进,履带吊吊振动锤沉放钢护筒,下沉一节,对接一节,如此循环,直至护筒穿过卵石层进入稳定泥岩层。此方案缺点:对接钢护筒焊接时间长,涉及工序多,且沉放护筒过程容易坍孔,需旋挖钻反复引孔,且护筒垂直度不好控制,占用设备多,尤其占用旋挖钻。

整根沉放护筒:先在桩位处埋设一节1.5m短护筒,护住孔口,利用冲击钻钻孔直至穿透砂、卵石层进入泥岩层,冲击钻成孔直径确保2.2m以上,然后将预先加工的整根钢护筒吊放入孔内,利用振动锤微振,保证钢护筒入泥岩层。此方案优点:护筒沉放工序避免占用旋挖钻,只需投入几台冲击钻机,集中沉放护筒,施工效率高,垂直度控制较好,因此最终选择整根沉放护筒工艺。

4.1.2 旋挖钻钻进工艺

(1)旋挖钻钻进效率高

通过工艺试验对比发现,针对砂、卵石层及泥岩层,这种大功率旋挖钻钻进效率明显高于冲击钻机。冲击钻钻进平均每天进尺1~2m,单桩成孔要在1个月以上,而选择SR280RC、SR285RC、SR315RC型旋挖钻机,可保证在48~72h内完成70m长桩成孔,施工效率特别高。

(2)针对坚硬地质旋挖钻钻进技术

针对坚硬地质层旋挖钻钻进效率如此之高,其关键是除了动力系统外,可根据地层不同选择钻杆和钻具。

①旋挖钻钻杆。

旋挖钻钻杆分摩阻杆和机锁杆,特点如下:

摩阻杆:操作简便,钻深大(比机锁杆层多),提钻时无钻杆内外层脱锁问题,提钻顺利;靠摩擦力向钻具传递主机加压力,下压力较小,不适合钻进硬地层。

机锁杆:钻杆上有固定锁点,通过动力头使钻杆之间互相锁住,无损耗传递加压力,适合钻进硬地层,钻杆采用高强合金管材,抗扭能力大;缺点是提钻慢,钻进深度浅,比摩阻杆短一节,增加操作难度、时间。

②旋挖钻钻具。

旋挖钻钻具主要有钻斗、岩层双底钻头、嵌岩筒钻、离心卸渣钻具、扩孔钻等,可钻进黏土层、砂砾层、卵石层和岩层。

遇硬质地层,可先用直径小的桶钻钻进,再用直径大的钻头钻进,形成逐级扩孔工艺。

(3)旋挖钻钻进参数统计(表1)

旋挖钻钻进参数表　　　　表1

旋挖钻型号	最大钻孔直径	钻深	最大加压力	最大扭矩	整机重量	效　　率
三一SR285RC8	2.3m	88m	260kN	285kN·m	98t	卵石层:1.1m/h;强风化泥岩:2.5m/h;中风化泥岩:1m/h
三一SR315RC8	2.5m	88m	270kN	315kN·m	105t	卵石层:1.2m/h;强风化泥岩:2.54m/h;中风化泥岩:1.18m/h

4.2 克服坚硬地质静压植桩施工技术

4.2.1 静压植桩施工原理

植桩设备抓住数支已完成压入的桩材,与岩层成为一体,利用其被拔出的阻力作为反力,对下一根桩施加静荷载,把桩压入地下,为破除压入过程中桩端压力球根,通过螺旋钻并用压入,利用"除芯理论",在压入桩材的同时,通过与静压植桩机主体联动螺旋钻钻掘来降低贯入阻力,实现压入作业。适用于泥岩、砂岩、花岗岩等软岩及中硬岩层。植桩工艺原理详见图3。

4.2.2 设备组成

静压植桩设备由动力单元、静压植桩机、吊装钢板桩吊车组成(图4)。

4.2.3 静压植桩关键技术要点

(1)正式施工前,通过进行工艺试验确定植桩参数。

正式施工前,需在施工现场附近进行试桩试验,确定植桩参数及钢板桩规格,同时根据地质层不同,确定不同植桩方式,为正式植桩施工做好准备。

(2)钢板桩选择及处理。

①静压植桩施工钢板桩选择新出厂热轧板桩桩材,锁口咬合具有严密性。

②植桩之前将板桩锁口全部灌入止水材料,如黄油混合物油膏。

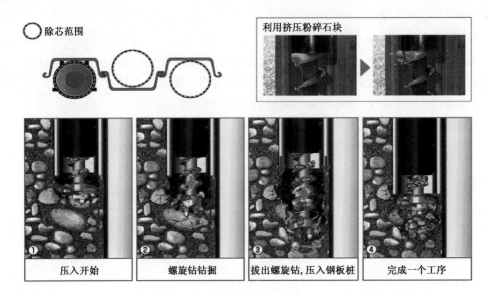

图3 静压植桩工艺原理

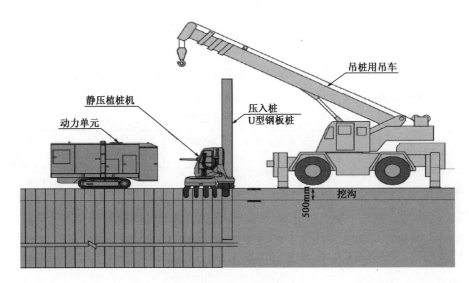

图4 静压植桩设备组成

(3)初期压入控制要点:压入场地必须整平,整平面积满足施工要求,初始压入反力必须满足压入条件,反作用力配重可以使用钢板桩或混凝土预制块。

(4)预掘除芯质量控制。

①螺旋钻预掘除芯时,为防止钻头损坏已压入钢板桩及更好固定钻头位置,需要安装定位导标。

②预掘过程利用空压机向钻头送高压风,提高预掘效率。

③渣体清理和成孔。

预掘过程中,及时清理出渣。为确保钻进深度准确,预先在钻杆上相应位置做标记线。

④提钻并冲洗。

预掘完成后提钻前,安装钻杆刮泥器,提钻过程中,需要用高压水枪冲洗钻杆,使钻杆保持清洁。

(5)植桩过程严控其垂直度及线形,垂直度及线形可利用激光镭射仪及靠尺进行控制。

(6)为防止因螺旋钻扰动出现桩端渗径,植桩最后50cm,完全静压至设计高程。

(7)焊接钢板桩锁口。

静压完成后,将新植入钢板桩锁口与前一根钢板桩锁口焊接,前后钢板桩形成整体,便于静压植桩机稳定作业。

4.2.4 施工注意事项及操作要点

(1)在钢板桩施工前期,要通过具体的地质条件分析或试验选取适合的钢板桩型号,若钢板桩强度不够,会影响植桩质量且容易出现损伤;若强度过高,则造成材料浪费及施工费用增加。

(2)在植桩过程中严格控制植桩精度,避免造成误差积累,最后很容易出现桩身倾斜,植桩设备无法调整,导致不能正常合龙。

4.3 承台大体积混凝土温度控制

承台大体积混凝土施工,主要从以下几个方面进行温度控制:

(1)从原材料控制混凝土入模温度,保证入模温度不超过28℃,采用高性能减水剂及优质骨料,降低混凝土水化热,对砂石料覆盖,降低混凝土出机温度。

(2)优化混凝土配合比:满足混凝土强度的前提下,控制水泥用量。

(3)浇筑时间:选取一天中低温时段进行混凝土浇注。

(4)浇筑设备:加快浇筑速度,减少暴露时间,选用布料机替代输送泵浇筑。

(5)混凝土内部埋设温度传感器,快速、准确测定混凝土温度。

(6)混凝土内冷却水循环,有助于混凝土内部水化热的散失。

(7)混凝土养护:白天洒水养护及覆盖土工布保湿,夜间覆盖棉被保温的方式进行混凝土表面养护,侧面则采取了及时拆模、快速回填的方式,来降低混凝土内外温差。

4.4 高墩翻模工艺及体外劲性骨架技术

主桥主墩为截面6m×5m矩形薄壁空心墩,墩高38m,共分7个施工节段,采用翻模施工工艺,高墩施工难度较大,主要体现在钢筋绑扎质量控制难、施工效率低及施工人员作业时安全隐患较大,高墩施工最常用的做法是采用搭设外脚手架作为施工平台,但因搭设脚手架整体性要求高、钢管用量大、施工效率低而制约着墩柱的施工进度,为了提高高墩施工进度,解决钢筋绑扎作业平台问题为首要任务。除起始段采用脚手架工艺,其余节段采用体外劲性骨架+防坠落网技术进行高墩施工。

4.4.1 体外劲性骨架

从墩身第二节段施工开始,将四周脚手架拆除,利用安装在外模顶口的活动式劲性骨架作为施工平台(图5)。

劲性骨架由槽钢及角钢加工而成,分内外两层,根据墩柱分层高度,设置劲性骨架高度,一般不超过9m高,加工完成后的劲性骨架就是一个封闭的操作平台,底部和墩柱模板采用螺栓连接,劲性骨架外侧挂防护网,根据作业人员身高设置走台,人员在操作平台内进行墩柱钢筋绑扎施工。

劲性骨架同脚手架相比有三个优点:

(1)通过螺栓与模板顶口连接,安装时间短,比搭设脚手架省时省工,加快施工进度。

(2)可以在钢筋绑扎施工工序中保证作业人员施工安全。

(3)劲性骨架内层可以定位主筋,保证墩柱钢筋绑扎质量。

4.4.2 防坠落网

为保证高墩施工及拆模过程中作业人员安全,在墩身靠近外模下方设置防落网结构。防落网骨架由槽钢、角钢焊接而成。在槽钢内侧设置竖向滚轮,滚轮紧贴墩面设置,并预留适当的间隙以保证防落网向上提升时能自由滚动,每侧设置两个滚轮,上下提升由挂在墩柱模板上的8个手拉葫芦来完成,其中4个手拉葫芦始终挂在最上层模板上,所以拆装模板不影响防坠落网。

4.5 严寒气候0号、1号块施工技术

为保证下一步连续刚构工期,主墩4个0号、1号块必须进行冬期施工。

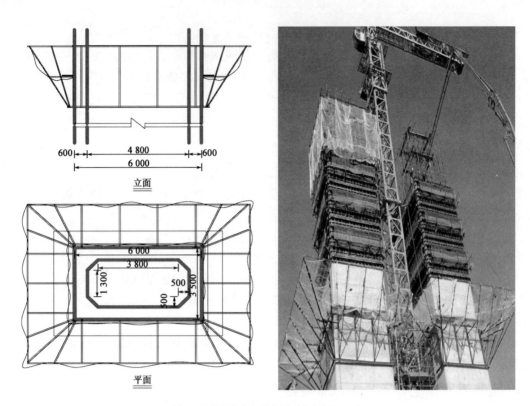

图5 体外劲性骨架结构图(尺寸单位:cm)

0号、1号块施工采用支架法现浇施工工艺,通过优化混凝土施工配合比,采取冬期施工保温措施,进行温度监控,按期保质完成施工任务。

4.5.1 优化混凝土配合比

(1)混凝土配置原则

①冬期施工,气温寒冷,混凝土水胶比不宜过大。

②早期强度要求高,满足早期抗冻要求,可以缩短梁段施工周期。

③从裂缝控制角度出发,要求混凝土具有高强、低收缩、低徐变的特点,配比中考虑到:混凝土强度随水泥用量增加而增大。但增至一定量时,不仅不能提高强度,反而不利于某些使用性能,如增加收缩和徐变等。

④配合比设计时考虑混凝土材料的性能决定了桥梁的工作性能和耐久性。若混凝土性能不好,即使设计再先进,施工再精细,也不能保证不发生开裂。

(2)配合比设计要求及原材料情况(表2)

配合比设计要求及原材料情况表　　表2

混凝土设计强度	C50	混凝土配制强度(MPa)		≥59.9
水泥品种	P.O52.5	厂家		冀东水泥
粉煤灰	I级			
粗骨料(碎石)	5~10mm(30%),10~20mm(70%)二级配			
外加剂	1	减水剂	厂家	景鑫、建凯
试验检测依据	JGJ 55—2011,JTG/T F50—2011			

(3)试验数据(表3)

混凝土配合比试配数据 表3

序号	水胶比	水泥 (kg/m³)	粉煤灰 (kg/m³)	粉煤灰掺量 (%)	砂 (kg/m³)	碎石 (kg/m³)	水 (kg/m³)	外加剂 (kg/m³)	含气量 (%)
1	0.3	408	72	15	751	1 081	144	8.64	2.6
2	0.3	432	48	10	755	1 086	144	8.64	2.8
3	0.32	399	70	15	749	1 077	150	8.44	2.5
4	0.32	450	50	10	633	1 124	160	6.0	3.1
5	0.32	450	50	10	633	1 012	160	16.5	2.9
6	0.32	450	50	10	633	1 012	160	15.0	3.3
7	0.32	450	50	10	633	1 012	160	6.0	3
8	0.33	485	0	0	644	1 144	160	6.1	2.7
9	0.34	424	47	15	660	1 123	160	6.6	3.2

(4)试验数据(图6)

3号配比能保证早期强度和后期强度,和易性好,很好地满足施工要求,并经济合理。

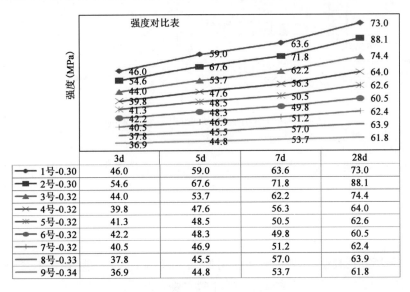

图6 混凝土配合比试配强度

4.5.2 混凝土冬期施工保温

(1)混凝土运输罐车保温

为防止混凝土在运输过程中温度损失过大,保证入模温度,采用新型复合材料"平光革加针刺昵复合材料"对罐车罐体进行保温,在运输时长1~1.5h、环境气温-12~-10℃之间时温度损失在0~2℃之间。

(2)混凝土输送地泵保温

地泵管利用泡沫保温材料包裹,施工现场配备热水箱,混凝土浇筑前利用热水通泵管,然后再打砂浆。

(3)0、1号块混凝土保温及养护

采取暖棚+蒸汽养护方案:采用蒸汽养护,梁体养护受热均匀,不会存在死角,同时蒸汽养护符合混凝土强度增长及收缩的机理,保持潮湿及高温的环境,利用混凝土强度增长。

①暖棚结构。

暖棚骨架分棚顶桁架、侧面桁架及底部结构。棚顶桁架及侧面桁架由∠75×75×5和∠50×50×5角钢组焊而成,预先在陆上分片加工,暖棚底部利用0号、1号块支架顶层满铺纵向木跳板、槽钢,木跳板及槽钢上全部铺满防水保温被。

②蒸汽管线布设。

设置1台1t蒸汽锅炉,主供热竖管采用DN65无缝钢管,主管线设置三通,分管线主要用于0号、1号块梁体养护,采用DN32镀锌钢管,暴露在外侧的管线用玻璃丝棉缠绕,避免管线受冻。

单个0号、1号块共布设三道蒸汽管线,箱室内部布设一道管线,箱梁两侧各布设一道管线,管线上每隔50cm设置一个直径2.5mm的出气孔,出气孔方向平行于模板,避免蒸汽直吹模板(图7)。

11号、12号墩4个0号块蒸汽养护时间在9~11d不等,混凝土强度均达到设计强度,才停止蒸养。

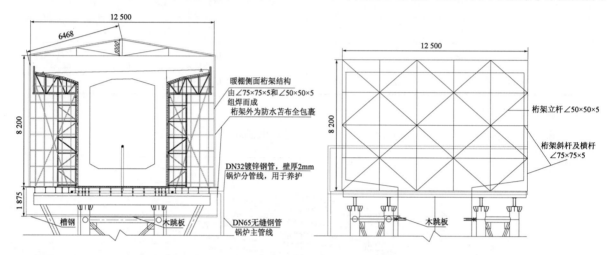

图7　0号、1号块保温管线布置图(尺寸单位:mm)

(4)混凝土测温

在0号、1号块体内及暖棚内埋设测温感件,通过无线网卡传输数据,登录网站可以在远程随时了解混凝土内部及暖棚内温度,及时调整保温和养护措施,延缓升降温速率,保证混凝土不开裂。

4.6　连续梁挂篮施工技术

4.6.1　挂篮设计

连续刚构施工采用菱形挂篮,主要由承重主桁架、锚固系统、前支点装置、行走系统、悬吊系统、模板系统、工作平台组成(图8)。相比三角挂篮,菱形挂篮主要有以下几个优点:

图8　菱形挂篮BIM模型

(1)菱形主桁架各杆件轴力相差较小,在挂篮制作时,可采用统一规格截面,加工制作简单。

(2)菱形挂篮变形较小,更利于桥梁线性的控制。

(3)菱形挂篮重心较高,施工作业空间大。

挂篮的设计要求:挂篮质量与梁段混凝土的质量比值宜控制在0.3~0.5之间,根据分段浇筑梁体质量,挂篮总重控制在90t以内,本工程挂篮及模板重量为51t。

4.6.2 悬浇施工质量控制

(1)控制拌和混凝土原材料的质量

大跨径预应力混凝土桥梁要求混凝土具有高强、低收缩、低徐变的特点,因此需要从原材料、混凝土控制指标、施工工艺等多方面,对高强高性能混凝土的配合比进行优化。

(2)混凝土施工工艺控制

从原材料质量、混凝土拌制运输、浇筑方法、浇注顺序、振捣方式、养护方式、施工周期等方面,重视施工精度、施工质量、施工工艺对箱梁裂缝的影响,严格模板支立、钢筋绑扎、混凝土浇注、混凝土养生、拆模时机、现浇节段界面处理、施工龄期等施工工艺的控制措施。

特别要注重混凝土原材料控制和混凝土养生工艺,要针对高强度等级混凝土的特点,采用适当的养生方法,本特大桥顶面采用洒水喷淋的方式,箱室底板外侧、腹板外侧及翼缘板下部均采用喷涂养护液的形式进行养护。

(3)严格控制钢筋施工质量

钢筋在连续梁整个受力体系中起着至关重要的作用,施工中必须重视钢筋的绑扎质量,使梁体所承受的应力合理分配到各部位的混凝土中,避免混凝土因局部拉应力变形过大而出现开裂。

(4)预应力施工工艺控制

在预应力施工中,先通过模拟现场施工的方法,测试预应力筋在锚固过程中的应力损失情况,制定出张拉、锚固的施工工艺,达到控制竖向预应力筋应力损失的目的。

4.6.3 桥梁梁段线型控制

大跨径预应力混凝土连续刚构桥施工监测的目的就是在悬臂施工过程中,通过监测主墩和主梁在各个施工阶段的应力和变形,达到及时了解结构实际行为的目的。

变形观测是控制成桥线型的最主要依据。主梁变形监测主要包括主梁高程测量、主梁中心线测量两部分,作为高程或位移的控制测量结果,一般包括五个工序中的测量和控制:0、1号块高程;挂篮就位高程;混凝土浇筑后高程;预应力张拉前高程;预加应力后高程;合龙段高程。

测点布置在每个悬浇块件上布置5个对称的高程观测点,观测点布置在离块件前端约20cm处,利用短型钢在垂直方向与顶板的上下层钢筋点焊牢固,并要求竖直。测点露出箱梁混凝土表面5cm,测头磨平并用红漆标记。

5 结语

二道松花江特大桥虽然规模不大,桥梁结构也不复杂,但鉴于其特殊的地质、水文条件,有效作业天数少,施工工期紧,若想按期完工,其施工难度较大,在施工过程中,通过优化施工工艺,引进先进设备,通过设计、科研和施工的紧密结合,将施工关键技术研究贯穿整个建设过程,在主墩超长桩基、承台钢板桩围堰、高墩翻模、0、1号块、上部连续刚构等分项施工中进行了多项技术创新,提高了施工效率,有效地控制了工程的安全、质量,保证了特大桥的按期合龙,为类似工程积累了宝贵的经验。

参 考 文 献

[1] 中华人民共和国行业标准.JTG F80/1—2004 公路工程质量检验评定标准[S].北京:人民交通出版社,2004.

[2] 中华人民共和国行业标准. JTG/T F50—2011 公路桥涵施工技术规范[S]. 北京：人民交通出版社，2011.
[3] 范立础. 桥梁工程(上)[M]. 北京：人民交通出版社，2001.
[4] 南澳大桥专用施工技术规范[S]. 2009.
[5] 王际好. 高墩钢筋绑扎体外劲性骨架，中国，ZL 2015 2 0693678.2，2015-09-09.
[6] 王际好. 高墩施工防坠落网装置，中国，ZL 2015 2 0693832.6，2016-01-27.

鹤大高速高液限黏性土工程特性改良及其施工技术探究

夏全平[1,2] 杨永富[2] 孙兆云[2]

(1. 长安大学公路学院 陕西 西安 710064；
2. 山东省交通科学研究院 山东 济南 250031)

摘 要：鹤大高速公路大抚段途经长白山林区，部分路段的路基填料为高液限黏性土，采用掺加不同剂量石灰改良的方式对其进行了室内试验研究，使填料的液塑限、CBR等指标满足规范要求和工程需要。试验结果表明，试验所用土样在掺加3%石灰进行改性处理后，其液限降低、塑性指数提高，CBR值得以改善增大，满足高等级公路路基填料的工程要求。同时，针对该工程的现场实际状况，对其施工方法进行了优化总结，从路基填料的含水率、碾压遍数等控制路基的压实度，直至达到工程要求。

关键词：高液限 黏性土 塑性指数 CBR

1 引言

高液限黏性土是我国公路路基填料研究中的一个重要问题。在路基工程中，高液限黏性土通常不能直接作为路基填料应用于路基，需进行必要的物理或化学改性处置。

关于高液限黏性土的改性机理及应用有关学者已进行了大量研究，但基于不同地区土的工程性质的差异性，在实际的应用过程中仍需进行大量的现场试验来确定工程参数以及施工工艺。

因此，在鹤大高速大抚段的路基工程中，在高液限黏性土路段取样进行了室内试验，采用掺加不同剂量石灰改良的方式对其进行了室内试验研究，以确定其工程性质及施工工艺。

2 工程概况

吉林省鹤岗至大连高速公路是国家"7918"高速公路网规划的9条南北纵线的第1纵，是东北区域骨架公路网中的纵1线的重要组成部分。

吉林省鹤大高速小沟岭至抚松段位于吉林省东南部地区，途经吉林省延边州的敦化市和白山市的抚松县，长约232km，该高速公路的设计速度为80km/h，双向4车道。

2.1 水文地貌

该地区地处温带大陆性季风气候区，年平均降雨744.3mm，冬季持续时间长且温度较低，年平均气温和极端最低气温是-4.3℃和-37.7℃，最高温度29℃，最大冻深126cm，最大积雪厚度39cm。

2.2 沿线工程路基条件评价

项目区地处吉林省东南部山区，地形起伏较大，线路区内的特殊类土为沉积软土及季节性冻土。

1) 软土

该线路区内的软土，为全新统沼泽地的沉积层，主要分布在山岭间河流较多以及山间地势较低、地面以及地下水丰富地区，通常软土地区分布有较多水草植被。表现为灰黑色淤泥质土，土质为粉质黏土、黏土等，水量大，土体处于软塑状态，厚度0.5~3m，其容许承载力为100kPa。

2) 冻土

该线路区冻土类型为季节性冻土，最大冻深为1.5m。季节性冻土夏季融化后处于软~流塑状态，发生融陷。冻土作为高等级路基填料时工程性质较差,通常与淤质泥土伴随分布,主要分布在山岭之间的河谷,沿河以及地势平缓且水量较丰富的区域。

3 常见改良措施及其机理

路基工程中常见的高液限黏土含水率为18%~26%,液限48%~64%,塑限22%~40%,塑性指数17~39,容重1.73~1.93,饱和度95%左右。这种土吸水膨胀,自由膨胀率一般为35%~48%,干燥后收缩,收缩率一般为11%~21%。

本工程中的土样的液限>50,塑性指数>26,天然含水率较高。需通过技术手段对其进行改良才能用作高等级公路路基填料。黏性土的黏粒含量较高,导致其塑性指数偏大、渗透性较差;晾晒后极易硬结,且晾晒后经常出现土块外部干燥而内部含水率较大的情况,在路基碾压的过程中极易出现"弹簧"现象,碾压完成后路基表面易出现裂缝,施工填筑压实后,即使一开始路基强度满足要求,也会因长期雨水冲刷、风干、晾晒以及荷载等作用下导致路基出现网状裂缝、固结沉降加大、路堤强度不足等现象。高液限土在我国分布广泛,若在工程的实际施工过程中弃之不做处理利用,产生的弃土容易对道路工程周边环境造成破坏。

目前对高液限黏性土的处理方式主要有物理改性和化学改性两种方式。其中物理改性主要是通过掺加碎石、砂等改变原土体的颗粒级配以求在压实过程中更好地压实挤密,利用机械强夯压实或者直接用碎石或沙砾进行换填处理;化学改性主要是通过在高液限黏性土中加入改性剂,固化土体,从而使其满足工程应用。常用的化学改性剂包括有石灰、粉煤灰、水泥等。

其中,将石灰作为改性剂对高液限土的进行改良当前最常应用的一种改良方式,也是一种比较成熟的方法,其施工要求相对较低,现场施工人员容易掌握施工技巧,石灰的成本相对低廉,可以节省工程开支,高液限黏性土经过掺加生石灰改良后,其 CBR 值明显提高,满足施工规范的要求,并且随着时间的增长,改良反应会持续进行,路基强度也会逐渐增大。

目前,对高液限黏性土进行石灰改良的机理分析得到了广泛的认可,主要包括以下几个方面。

1)离子交换作用

依据化学元素规律,阳离子置换能力大小为 $Li^+ < Na^+ < K^+ < Mg^{2+} < Rb^{2+} < Ca^{2+} < Al^{3+}$。依据元素周期规律,可知高价阳离子的置换能力要大于低价阳离子,在土体中加入生石灰改良的原理就是利用高价阳离子掺入后置换高液限黏性土低价阳离子,增加颗粒间吸附力,使颗粒间静电作用变强间距减小。随着生石灰的加入,Ca^{2+} 离子置换低价的阳离子使颗粒水膜变薄,颗粒间距减少,分子间作用力增大,小颗粒团聚成较大颗粒。土体孔隙及结构发生变化,相应的物理性质也会发生变化,组成一个相对稳定的骨架结构。

2)结晶作用

在土体中掺入生石灰后,生石灰会与土体中水反应产生 $Ca(OH)_2$,随之溶液中的 Ca^{2+} 与低价阳离子发生置换反应,离子交换的反应程度有限,绝大部分的 $Ca(OH)_2$ 自行结晶,在颗粒表面形成具有胶结性的膜,反应的化学式为:

$$Ca(OH)_2 + nH_2O \rightarrow Ca(OH)_2 \cdot nH_2O$$

3)火山灰作用

火山灰反应是石灰改良高液限黏性土强度和稳定性提高的关键过程,但该反应需长时间进行。同时,随着反应的继续,$Ca(OH)_2$ 与土体中活性氧化硅或者氧化铝发生反应,形成以水化硅酸钙为主体的水化产物,其水化产物均能在水中硬化,提高土体后期强度。主要反应如下:

$$Ca(OH)_2 + SiO_2 + nH_2O \rightarrow xCaO \cdot SiO_2 \cdot (n+1)H_2O$$
$$Ca(OH)_2 + Al_2O_3 + nH_2O \rightarrow xCaO \cdot Al_2O_3 \cdot (n+1)H_2O$$

4)碳化作用

在土体中掺入生石灰后,生石灰与土壤中的水发生反应生成 $Ca(OH)_2$,生成的 $Ca(OH)_2$ 与土体孔

隙空气中的 CO_2 发生反应,生成强度较高的 $CaCO_3$ 晶体并释放出水分,发挥胶结作用,反应式如下:

$$Ca(OH)_2 + CO_2 \rightarrow CaCO_3 + H_2O$$

4 改良试验与成果分析

本文通过室内击实试验来对土样的击实特性进行研究分析,以确定扰动土在一定的击实功下干密度随含水率变化的规律。

4.1 击实试验结果分析

通过重型击实试验获取高液限黏性土不同含水率条件下的干密度,绘制几何曲线。素土及掺灰改良后的液塑限成果如表1所示。

液塑限试验数据汇总　　　表1

项　目	素　土	掺灰2%	掺灰3%	掺灰4%
液限	52.4	50.6	50.1	49.3
塑限	25.2	27.5	28.3	29.6
塑性指数	27.2	23.1	21.8	19.7

由表1可以看出,该土样的塑性指数随掺灰量的增加而降低,掺加的石灰有效地降低了该土样的亲水性。未掺加生石灰之前该土样的塑性指数为27.2,随着掺灰量的增加,其塑性指数逐渐降低为19.7。

素土及掺灰改良后的击实成果如图1~图4所示。

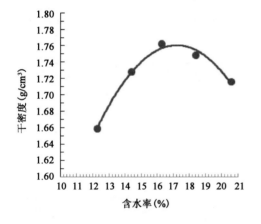

图1　素土击实曲线

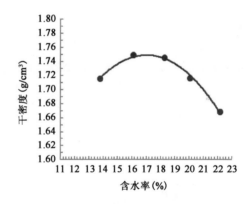

图2　掺灰2%击实曲线

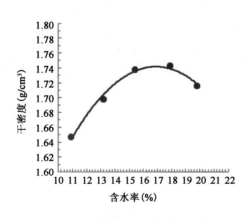

图3　掺灰3%击实曲线

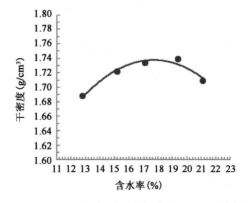

图4　掺灰4%击实曲线

素土土样以及各比例掺灰土样的最佳含水率和最大干密度如表2所示。

各土样最佳含水率和最大干密度　　　　表2

项　目	最大干密度 ρd_{max}（g/cm³）	最佳含水率 ωop（%）
素土	1.760	17.0
掺灰2%	1.747	17.4
掺灰3%	1.741	17.6
掺灰4%	1.738	17.9

从图1~图4以及表2中可以看出,该土样在掺灰前的最大干密度要高于掺灰后的最大干密度,为1.760g/cm³,随着掺灰量的增加,其最大干密度逐渐减小,当掺灰量为4%时,其最大干密度为1.738g/cm³;该土样的最佳含水率则随着掺灰量的增加而增加,素土的最佳含水率为17.0%,当掺灰量为4%时,其最佳含水率提高至17.9%,说明对该土样进行掺灰处理后其最佳含水率得到提高。

4.2　CBR实验结果分析

CBR(加州承载比)是评定土基及路面材料承载能力的指标,主要考察路基在垂直荷载作用下的抗变形能力,以求得该土样的CBR。高等级公路路基填料技术标准见表3。

高等级公路路基填料CBR技术标准　　　　表3

项目分类（路面以及底面以下深度）		填料最小强度（%）	填料最大粒径（mm）
路床	土路床(0~30cm)	8.0	10
	下路床(30~80cm)	5.0	10
路基	上路堤(80~150cm)	4.0	15
	下路堤(>150cm)	3.0	15
	路堑路床(0~30cm)	8.0	10

对该土样的素土以及掺灰土的CBR测试结果汇总如表4所示。

CBR测试结果汇总　　　　表4

项　目	对应压实度的CBR值（%）			
	93	95	98	100
素土	2.2	3.4	4.7	5
掺2%石灰	5.3	6.7	7.9	8.2
掺3%石灰	10.2	12.6	15.4	16.1
掺4%石灰	12.4	13.8	17.9	18.5

从表4中可以看出,该土样素土的CBR值在不同压实度的条件下均不能满足路基填筑要求,需对其进行改性处理后方能达到路基填筑要求,且从表4中可以看出,随着掺灰量的增加,其CBR值提高明显,即其强度明显提高。掺加2%生石灰,在压实度为93%以下时,不能满足路基填筑要求,在压实度达到95%~98%时,其CBR值满足下路床填筑要求,在压实度为100%时,其CBR值满足要求;掺加3%、4%生石灰,其CBR值均满足上、下路床路基填筑要求。依据现场的实际施工情况,以及可能会出现的撒布以及拌和不均匀等问题,为稳妥起见,最终决定采用掺加4%生石灰来对高液限黏性土进行改性。

5　掺灰改性高液限土施工技术

现将掺灰改性高液限黏性土施工要点归纳如下:

1)清表

对公路用地范围内的所有树墩、树根和其他有机物进行彻底掘除并挖至原地面30cm以下深度,在公路用地范围内的所有树木、围墙和垃圾均进行清除、外运至指定的弃土场。

2）运土以及整平

将经过晾晒的高液限黏性土通过自卸车运至施工现场，按计算好的上土数量运至白灰方格卸车布土。用推土机将填料推平在制定的上土灰格内并进行粗平，若工期和条件允许，可在整平后进行二次翻晒，并随时检测含水率，直至含水率比最佳含水率高3%~5%时可利用平地机进行精平工作。在精平过程中，应严禁任何车辆通行，用水准仪测出控制点的高程，确定松铺厚度，控制松铺厚度不大于30cm。

3）布灰及摊灰

按计算好的上灰数量将灰转运到规定的灰格内。先用平地机将成堆的石灰均匀打开，打开过程中注意操作，避免局部石灰压实，造成布灰不均匀，然后用人工对缺漏部分进行补灰，初步灰剂量测算可依据摊灰厚度完成，随时对石灰摊铺的均匀度进行检查，以便随时调整。

4）粉碎拌和

为了更好地达到拌和均匀、颗粒细度满足要求，以及有效控制拌和时间，可采用铧犁、小型拌和机、大型拌和机组合的方式进行拌和。先用铧犁翻拌，接着用小型拌和机初步拌和1遍，然后用大型拌和机拌和，拌和过程中，拌和深度到层底0.5~1cm，保证无夹层，拌和宽度每道重合20cm，拌和过程中随时检查拌和深度及搭接宽度，1遍后检查拌和效果，检查灰土是否均匀，土体颗粒是否满足设计及规范要求（最大粒径不大于100mm），不满足要求则进行2次拌和，2次拌和仍不能满足要求则进行3次拌和，对于边角、墙背等机械难以施工处，可通过人工进行粉碎拌和。

5）试验检测

拌和均匀后，检测灰剂量及含水率，若灰剂量不满足规定要求，需安排现场工人及时补灰，重新拌和。含水率达到最佳碾压含水率上下2个点范围时开始碾压工序。

6）碾压

碾压前应先进行整平并对松铺厚度进行检查。碾压遍数通常为4~6遍，确保边缘压实，压实速度一般不超过2.5km/h。碾压时由两边向中间、由低向高、先轻后重、先慢后快，纵向进退式进行。采用振动压路机以1/3~1/2轮宽稳压1遍，随后弱振1遍，接着用三轮压路机碾压5~6遍，三轮压路机一般重叠后轮宽的1/2。每压1遍进行压实度检查，采用直到压实度达标，再用振动压路机静压收面消除轮迹。

7）检测

填筑完成后，应由试验技术人员对包括压实度、路基厚度、平整度等进行检测，经检测合格后，方能允许组织下一道工序施工；如不合格，及时采取相应的措施进行处理直至符合要求。

6 结语

本文通过实验分析，对于该地区高液限路基填料可得如下结论：

路基填料的 CBR 值与其压实度有接近正相关的关系，在一定条件下压实度越高，CBR 值越高，因此，提高 CBR 值的最简单有效的方法是提高路基填料的压实度。但对于高液限黏性土，仅依靠提高其压实度仍难以满足工程需求，故可以通过掺加生石灰的化学改良方法来提高填料强度，且该方法效果非常明显。

在施工过程中，依据室内试验结果，采用控制路基压实度的方法来控制路基强度，并在施工过程中注意含水率的控制、拌和和碾压的遍数以达到要求的压实度。对于含水率，在摊铺的过程中应控制其略高于最佳含水率，掺灰的过程中应注意对掺灰量进行检测，粉碎以及拌和的过程中应注意对填料粒径的控制以及拌和均匀度的控制。

在该地区以后的高速公路项目中，应通过试验加强现场的路基填料评价，确定压实度、CBR 值以及回弹模量等指标之间的关系，以求为后续工程提供参考依据。

参 考 文 献

[1] 中华人民共和国行业标准.JTG D30—2004 公路路基设计规范[S].北京：人民交通出版社，2006.

［2］ 中华人民共和国行业标准.JTJ 033—95　公路路基施工技术规范［S］.北京：人民交通出版社,2002.
［3］ 高星林,任文峰.高液限黏土路基填筑技术［J］.筑路机械与施工机械化,2005(12):52-53.
［4］ 兰永红,刘世平,张俊.高液限黏土的物理力学性能及在工程中的应用［J］.公路交通技术,2003(3):16-18.
［5］ 王建明.石灰粉煤灰稳定高液限黏土的路用技术性能［J］.粉煤灰综合利用,1998(3).
［6］ 陈清松,李志忠.路基填筑中高液限黏土的利用与施工［J］.公路交通技术,2003(6):13-14.
［7］ 方涛,何晓玲.高液限黏土路基的施工［J］.湖南交通科技,2001,27(2):28-29.

鹤大高速公路沥青路面离析防治与解决措施

杨惠宇　李银山

(苏交科集团股份有限公司　江苏　南京　211112)

摘　要：本文依托吉林省鹤大高速公路，阐述混合料摊铺过程中出现的离析现象及危害，分析了造成离析现象的原因，从混合料配合比设计、拌和设备、摊铺机的选择及操作等多方面展开深入研究，同时介绍了离析的解决措施，以全面提升沥青路面施工质量，为广大技术人员施工时提供技术参考。

关键词：混合料　离析　摊铺机械　解决措施

1　引言

随着我国公路沥青路面项目建设的增多，沥青混合料离析这一质量通病已愈来愈引起公路专家、技术人员的关注。沥青混合料在生产过程中，混合料拌和、运料车装卸料、运输过程、摊铺等环节中均有可能产生离析，导致沥青混合料摊铺不均匀。本文结合鹤大高速公路靖通段施工实践，分析了沥青混合料离析现象的产生原因，提出了控制措施，将影响离析的因素控制在可控范围内，大大提高了沥青路面的施工质量以及使用寿命。

2　沥青混合料离析的现象及危害

2.1　沥青路面水损坏

沥青路面水损坏是沥青混合料离析的重要危害之一。路面水损坏发生的位置主要集中在空隙率过高的部位，由于粗集料过多，相对的细集料含量较少，路面在多雨的季节易产生严重的渗水现象，在外部行车荷载的反复作用下，路面防水层也会随之破坏，最终形成坑槽病害，直接影响道路使用寿命。

2.2　沥青路面车辙病害

沥青混合料的离析还会危害到路面结构的局部组成，比如行车道位置的"条带"离析，粗集料和细集料相分离(油石分离也十分常见)，从而使得路面的受力状况发生改变，离析部位混合料的强度和黏结力分布不均，在行车荷载的累积作用下，发生变形推移，从而加速了车辙的形成，严重的直接产生坑槽病害。

2.3　路面推移拥包病害

混合料结块是温度离析的主要表现形式，结块会使局部位置混合料难以摊铺均匀，由于结块位置混合料级配不良，使得抗行车荷载能力较为薄弱，易产生局部推移拥包病害。

2.4　路面平整度及行车舒适性降低

粗集料过于集中在某些部位，对路面的平整度和行车舒适性会有较大影响。粗集料过于集中的位置，形成所谓的"窝"状离析，在摊铺碾压过程中不易压实，导致局部平整度指标的波动，使行车舒适性大打折扣，同时，由于表面构造深度过大，连通空隙较多，经过整个冬季的数次冻融循环后，离析位置极易产生裂缝，久而久之形成网裂、坑槽等病害，对行车安全性也会造成不利影响。最终导致巨额的后期养护成本。

3 鹤大高速沥青混合料离析的类型及成因

所谓的"沥青路面离析"就是路面某一区域内沥青混合料较配合比设计的不统一,包括:油石比、级配组成、外掺剂含量以及体积指标等,沥青路面离析成因主要有两个方面,一为沥青混合料自身的离析,二为沥青路面摊铺过程中的离析。

笔者结合鹤大高速公路实际情况,进行了以下分析总结。

3.1 沥青混合料自身的离析

在混合料生产过程中,原材料堆放、冷料进料、混合料拌和、混合料储存及运料车装料的任一环节中均有可能产生混合料的离析。

3.1.1 级配离析

热拌沥青混合料在生产、运输过程操作不当造成混合料中粗细集料分布不均,产生级配离析。如:

(1)装载机从料仓装料至拌和站的过程中,铲斗贴地铲料,将底部级配偏粗的集料带入生产线,导致与生产级配发生偏离。

(2)冷料仓窜料,导致级配不稳定。

(3)热料仓、沥青、矿粉称量的波动。

(4)拌和站拌和时间不足。

(5)运料车未按"前+后+中"顺序装料,如较为普遍的"前+中+后"顺序装料,料斗上部混合料级配偏细,底部级配偏粗。

(6)摊铺机前挡板未安装硬胶皮,混合料中粗集料集中在底部,形成上下离析。

3.1.2 温度离析

热拌沥青混合料在运输、摊铺的过程中,由于不同位置的混合料温度下降不一致,使混合料产生温度离析。如:

(1)运料车车斗未做好保温措施,毡布覆盖不完全,导致车内混合料外侧与内测温差较大,表面与四周混合料形成硬壳、结块现象。

(2)摊铺过程中,未遵循"紧跟、慢压"的基本要求,混合料摊铺后,未及时碾压,导致混合料表面与内部温差较大。

(3)摊铺机在前后梯队作业过程中,由于两侧混合料温差较大,中间接缝位置形成温度离析。

3.2 沥青路面摊铺离析

沥青路面摊铺离析是指沥青混合料在摊铺、碾压等环节控制过程中产生的离析,主要包括以下几种类型:

3.2.1 料车末端离析

在刚摊铺完的一幅内出现翼状的离析(图1),翼状的离析区域粗集料比较集中,与原设计相比,这些离析区域的混合料级配更像开级配,如果离析较为严重,沥青路面短期内将会破坏,路面出现坑洞。料车末端离析主要原因是料车不正确的卸料及摊铺机每次把运料车卸料铺完后才装料。

图1 卡车末端离析

3.2.2 中线离析

中线离析(图2)一般是在摊铺的中间粗集料较为集中,这是由于摊铺时摊铺机将混合料由输送带卸到螺旋布料器时,粗集料滚到螺旋布料器的变速箱前面,集中在摊铺机的中间而造成的中线离析。同时,也会存在中间细集料集中的"条带"离析的情况,这主要是由于摊铺机螺旋布料器中间未安装反向小螺旋,粗集料往两侧集中导致的。

图2　中线离析

3.2.3　接缝、边缘离析

接缝、边缘离析(图3)通常出现在摊铺宽度的边缘,是由于摊铺机的螺旋布料器的转速不够,从而导致粗集料滚到了摊铺区域的边缘而形成的级配离析。

图3　接缝、边缘离析

3.2.4　一端离析

一端离析情况如图4所示,这是料车末端离析的一种特殊形式,这往往是由于拌和楼热料仓不正确的卸料而引起的。

图4　一端离析

4　沥青混合料离析的防治措施

4.1　混合料配合比设计

正确的配合比设计对防治离析也很重要的。不考虑级配的因素,低沥青含量比高沥青含量的混合料更容易离析。

反"S"形级配(粗集料多,细集料也多)容易离析,在最大理论密度线以下弓形曲线不易离析,级配曲线大概平行于最大理论密度线的混合料不易发生离析,但最大理论密度线只能作为评判组成级配均匀的标准之一,其他体积指标如VMA、空隙率、稳定度等均要满足设计要求。

4.2　堆料方式

在料场、拌和站正确的堆料方法才能保证材料的均匀性。不同规格的材料要分开堆放。在堆料的过程中易形成离析,大粒径的料滚到下面而小粒径的料则留在料堆上面。采用如图5所示水平分层堆料、斜坡分层堆料,可以保证材料的均匀性,减少离析。推土机的操作员要注意减少级配的离析,尤其是处理石灰岩等集料时要特别注意。

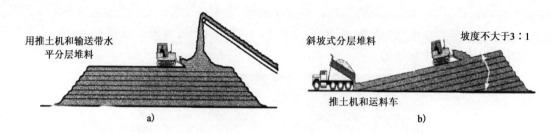

图5 正确的堆料方法

4.3 运料车装料和卸料

为快速装料,驾驶员经常在装料时将运料车停在储料仓下的一个固定位置等料,这样装料容易离析,粗料将会滚到运料车料堆的前端、后面及旁边,导致运料车卸料时,粗集料将最先或最后从运料车卸到摊铺机中,致使运料车每卸一次料,粗集料就会集中在摊铺机的两翼,路面将产生一处粗集料集中区域,发生典型的料车离析现象。

因此装料时应分成三堆,第一堆靠近运料车的前端,第二堆靠近运料车的尾部,第三堆卸在运料车的中间。这样能保证第一次倾斜的料比较均匀,因为粗集料已经在卡车中间混合过。

当卸料车卸载时,将料一次性卸到摊铺机中是很重要的。要做到这一点,运料车的车箱底要比较光滑,为了保证料一次性卸掉,需使车厢倾斜一定的角度,然后将运料车的后尾厢打开,一次性将料卸到摊铺机中,尽量减少停顿,防止粗集料滚到摊铺机料斗的两边。

4.4 摊铺机摊铺过程控制

熨平板必须拼接紧密,不应存有缝隙,拼接长度应与摊铺宽度相一致,熨平板最大宽度不宜大于7m,螺旋布料器长度应与熨平板拼接长度相匹配,螺旋与熨平板侧挡板间距控制在10~30cm为宜,两台摊铺机横向搭接控制在15~25cm之间。

摊铺机螺旋变速箱前设置橡胶挡板和反向螺旋,熨平板前端和侧挡板位置设置橡胶挡板减少粗集料的滚落和垂直离析。

调节摊铺机熨平板的伸缩,使摊铺机能从料斗的两端均匀的进料,或者可使卸料车向需要料多的一侧偏移一些,使螺旋布料器两端进料平衡。

正确的安装料位传感器(图6)。料位传感器应该安装在螺旋布料器的上前方,正好在熨平板的内侧,超声波应照射在螺旋布料器料槽前方坍落的料堆下部。

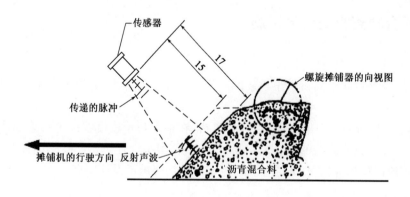

图6 正确安装料位传感器

摊铺机摊铺速度应根据拌和楼产量、施工机械配套情况、摊铺宽度厚度确定,做到均匀、缓慢、不间断摊铺。

应有专人指挥自卸车在摊铺机前20~30cm停车,让摊铺机推着卡车前进,指挥自卸车起顶卸料,防止撞击摊铺机和将混合料撒在摊铺机料斗外。

摊铺时需至少保证两台运输车等待摊铺,尽量缩短运输车更换的间隔时间,保证螺旋布料器连续旋转,施工中应保证螺旋运转的时间在80%以上。

保证螺旋布料器中混合料料位恒定,施工时料位应控制在布料器的2/3位置,如图7、图8所示。

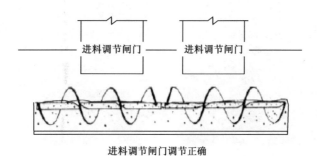

图7　正确的供料量

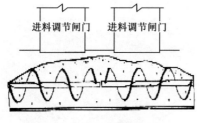 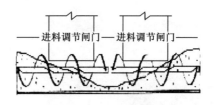

图8　不正确的供料量

不应把每车卸的料都铺完,不应将摊铺机上刮板输送带露出来,任何时候摊铺机中的混合料都不应少于其装载量的30%。粗集料容易聚集在运料车的两边,卸料时直接滚到摊铺机料斗的两侧,把粗集料留在摊铺机中,与下一车的细料重新拌和,可以减少混合料的离析。

尽量减少收斗次数,只有必要时摊铺机方可进行拢料,拢料后仍不得露出摊铺机的刮板输送带。如果混合料暂时不能供给,摊铺机不得不停下来时,为保证平整度、厚度均匀而无离析,摊铺机应该"快停快启"。

摊铺过程中发现局部粗集料比较集中,应给予挖除并填补新拌混合料。

5　鹤大高速沥青路面离析防治措施应用情况

鹤大高速在沥青混合料离析防治措施应用后,路面外观质量得到了有效的提高。如图9～图14所示。

图9　摊铺机铺面均匀,无离析　　　　　　　　图10　摊铺机铺面均匀,无离析

图 11　钢轮压路机紧跟,保证碾压温度

图 12　摊铺机不收斗,余料 30% 左右

图 13　大吨位胶轮压路机紧跟

图 14　最终铺面效果,无离析

6　结语

沥青混合料离析导致路面的力学性能骤变,出现不良结构,从而降低路面的使用寿命。由于鹤大高速公路前期的施工工艺,沥青混合料离析不能完全杜绝,所以采取各种措施控制和减少混合料的离析是保证鹤大高速公路路面质量的关键。

一条公路路面质量的好坏,不只是施工方面的原因,还取决于原材料、拌和、摊铺、碾压等各个方面,任何一个环节的疏漏都会使沥青路面质量受到影响,因此需要我们加强各个环节及施工过程中细节的管理。

参 考 文 献

[1] 贾沁霞.探讨沥青路面离析的防治[J].中国科技博览,2010,34.
[2] 马劲.浅谈沥青路面离析的危害及防治[J].黑龙江科技信息,2010,10.
[3] 徐志辉.沥青混合料离析原因分析及预防[J].广东建材,2012,7.

鹤大高速公路水泥稳定碎石基层裂缝成因及应对措施

顾生昊　杨惠宇

（苏交科集团股份有限公司，江苏南京211112）

摘　要：本论文以吉林省鹤大高速公路建设项目为依托，项目位于吉林省东部山区，昼夜温差大，设计中考虑其气候特点，基层采用了骨架密实型抗裂水稳型级配，但在施工初期不同的施工季节、不同的施工时间存在不同形式的反射裂缝，对此进行了深入研究，采取了相应的应对措施，取得了良好的效果，笔者在文中对其进行分析阐述，以求为同类施工项目提供技术参考。

关键词：骨架密实型　裂缝　基层　水泥稳定碎石　级配

1　概述

目前，我国高等级公路基层设计上多采用水泥稳定碎石，随着水泥稳定碎石基层的广泛应用，发现采用水稳基层的沥青路面在早期即出现了裂缝，由裂缝引起的水损害危及整个路基路面结构，还导致了沥青面层网裂、坑槽等病害的形成。水泥稳定碎石混合料的主要特性是脆性大，对温度和湿度的敏感性强，易因温度和湿度的变化产生裂缝，从而反射到沥青路面，直接造成路面结构强度和路用性能的大大降低。考虑到吉林省东部山区昼夜温差大，因此为了改善和提高水泥稳定碎石基层抗裂性能，鹤大高速公路采用了骨架密实型级配抗裂水稳基层。

2　裂缝产生的原因

此前，国内有关提高水泥稳定碎石基层抗裂性能的研究主要集中在水泥稳定碎石混合料干缩性和温缩性方面，水稳材料的干缩和温缩是引起基层结构裂缝的主要原因，对沥青面层的裂缝，特别是反射裂缝的发生有很大影响。目前，提高水稳基层抗裂性能的研究主要是利用不同的温度、含水率、粗集料含量和水泥剂量等条件下成型试件的试验数据进行分析。

对于沥青路面半刚性基层，往往要求其具有较小的收缩性，以减少裂缝的产生。半刚性材料的收缩主要来自两个方面：一是由水含率减小而产生的干缩；二是由环境温度降低而产生的温缩。

裂缝产生的主要原因包括以下几点：

1）干缩性裂缝

水泥稳定碎石基层在干燥空气中逐渐硬化的过程中，随着水分的减少结构发生收缩变形，导致基层每隔一段距离即产生均匀的干缩裂缝现象，究其原因，主要是水泥稳定碎石压实成型到正常养护期（一般为7d）期间，由于混合料本身的水分和养护洒水的水分蒸发以及混合料内部水化作用发生的毛细管作用、分子间吸附作用力和碳化收缩作用等，引起基层混合料体积在一定程度趋于减小而收缩，出现拉裂的现象。如果这段时间天气正常，气温没有太大变化，混合料（基层）从最佳含水率到较干燥的干缩过程可称之为一次性的干缩，其产生的裂缝是有限的。从基层养护期满后到施工沥青封层或透层、摊铺沥青混凝土面层之间，如果这段时间间隔较长，自然天气从晴到雨，从雨到晴，风吹日晒雨淋，基层料从"较干燥→饱水状态→较干燥→饱水状态"反复循环作用，水分反复的"蒸发、饱和、蒸发、饱和"，多次重复干缩过程，必然会使基层出现更加严重的拉裂现象，在应力集中的位置就表现为不规则裂缝，这种破坏在多雨的地区特别明显。因此，鹤大高速公路在建设过程中，采用养生结束后先清扫基层，随即喷洒透层沥青的方式，以及在清扫干净的基层上，直接施工下封层的方式，来防止基层干缩裂缝的产生。

2) 温缩性裂缝

由于水泥稳定碎石混合料中水泥含量约为5%,因此混合料具有热胀冷缩的性质。在混合料硬化初期,由于水化过程中释放出较多的热量,但散热过程较慢,因此其内部温度较外部偏高,内部混合料体积膨胀,而当遇到外部气温急剧降低,外部混合料冷却收缩,在内胀外缩的相互作用下,产生较大的应力,一旦应力超过其极限抗弯拉强度则形成温缩裂缝。温缩裂缝多数是横向分布。

3) 荷载性裂缝

荷载性裂缝一般发生在基层的底部,由于车辆荷载的反复作用,裂缝逐渐向上扩展至表面。车轮荷载作用下产生的裂缝反映在面层,往往不是单独的、稀疏的或较有规则的裂缝,而是稠密的,有时是相互联系的。

4) 路基不均匀沉降产生裂缝

路基不均匀沉降产生裂缝,如果水泥稳定碎石基层产生纵向裂缝多,则大都是由于局部土基层压实度达不到规范要求引起的。在重车的作用下产生的反射裂缝有时呈弧状分布且表面形成一定的高度差。

3 抗裂水稳配合比设计及裂缝防治措施

(1) 取工地实际使用的碎石,全部进行水洗筛分,按颗粒组成进行计算,确定各规格碎石的组成比例。要求组成混合料的级配应符合表1规定。

抗裂型水泥稳定碎石推荐级配范围 表1

级配	通过下列筛孔(mm)的质量百分率(%)						
	31.5	19	9.5	4.75	2.36	0.6	0.075
上限	100	86	58	32	28	15	3
下限	100	68	38	22	16	8	0

注:关键筛孔的控制范围宜按以下控制:19.0mm为80%~83%;4.75mm为32%~28%;2.36mm为20%~22%;0.6mm以下,越少越好;0.075mm通过率宜控制在3.0%以下。

(2) 取工地使用的水泥,按不同水泥剂量分组试验,根据鹤大高速公路设计文件要求水泥剂量分别按4.0%、4.5%、5.0%、5.5%、6.0%,采用重型击实法确定各组混合料的最大干密度和最佳含水率。

(3) 为减少基层裂缝应做到三个限制:在满足设计强度的基础上限制水泥用量;在减少含泥量的同时,限制细集料、粉料的用量;根据施工时气候条件限制含水率;碎石合成级配中0.075mm颗粒含量宜不大于3.0%,含水率不宜超过最佳含水率的1.0~2.0%。

(4) 根据确定的最佳含水率和最大干密度拌制水泥稳定碎石混合料,按要求压实度(静压法标准98%)制备混合料试件,标准条件下养护6d,浸水1d后取出试件进行无侧限抗压强度试验,不同水泥剂量所对应的无侧限抗压强度值见表2。

不同水泥剂量所对应的无侧限抗压强度值 表2

水泥剂量(%)	无侧限强度(MPa,7d)	水泥剂量(%)	无侧限强度(MPa,7d)
4.0	3.65	5.5	6.77
4.5	4.56	6.0	7.82
5.0	5.68		

根据鹤大高速公路设计文件要求基层强度为4.5MPa,为保证基层强度,水泥剂量选择4.5%。

(5) 由裂缝产生的机理分析可以看出,改善混合料的组成结构和及时消除基层的不均匀应力,是在施工过程中减少水泥稳定碎石基层裂缝的有效途径。决定水泥稳定碎石基层开裂的主要因素是其材料的胀缩系数,因此,在施工中应尽量采用胀缩系数小的材料作为基层原材料或者采取措施尽量使材料胀缩系数变小一点。总结国内外的研究成果,有许多措施可以用来减少水泥稳定碎石基层的收缩和收缩裂缝。这些措施包括:

①水泥稳定碎石基层级配和压实度的好坏,不但影响水泥稳定基层的干缩性,而且还影响到水泥稳定基层的耐冻性。所以,控制好级配和压实度可预防裂缝的产生。

②由于细料比表面积大,水泥稳定碎石基层材料中细料越多,材料内部孔隙也就越多,从而在水作用下其收缩也就越大。所以,应控制粒料中细料含量和塑性指数,通过0.075mm筛孔的细料含量控制在0~3%之间;细土的塑性指数应尽可能地小。

③在满足要求的情况下,用最小水泥剂量。因为随着水泥用量增加,其收缩也随之增加。

④摊铺完成后,要及时用渗水土工布、麻袋布覆盖进行洒水养护,防止基层因混合料内部发生水化作用和水分的过分蒸发引起表面的干缩性裂缝现象。如果在冬天施工温度较低,则可以用"一布一膜"或薄膜加草帘覆盖养生,不一定需要洒水养护。可能的情况下,养护期结束,立即进行沥青封层或透层的施工,及时摊铺沥青混凝土面层,这样水稳层裸露在外界自然环境下的时间短,能有效地减少"重复干缩"产生的裂缝。该措施是非常有效的。

以上几条措施都是从改善水泥稳定碎石基层材料的整体抗收缩性能的角度出发,来提高材料的抗裂性能,以期达到减少基层收缩裂缝的目的。

4 试验段的实施过程

根据室内对骨架密实型抗裂水稳配合比的设计,2016年6月23日在鹤大高速公路ZT19标段K372+344~K372+647.653右幅进行了试铺。

(1)水泥稳定碎石基层摊铺机摊铺工艺见表3。

摊铺机摊铺工艺　　　　　　　　　　　　　　表3

摊铺机前等待卸料运料车数量		2~3辆
摊铺机情况	型号	VOLVO
	数量	2辆
摊铺机行驶速度(m/min)		起步1.0,稳定后2.0
夯锤振捣频率		60%~80%
螺旋布料器中料位		整体料位基本始终达到2/3以上的理想状态
摊铺机找平方式		走钢丝
铺面效果		铺面整体相对均匀(局部由于收斗产生区域性离析)

(2)水泥稳定碎石基层碾压工艺见表4。

碾压工艺　　　　　　　　　　　　　　表4

碾压阶段	压路机类型	碾压遍数
初压	徐工26t单钢轮(1台)	前静后振1遍
复压	天工20t胶轮(1台)	全幅碾压5遍
终压	徐工26t单钢轮(1台)	全幅碾压1遍

(3)本次试验段在单钢轮碾压后采用灌砂法对压实度进行了检测,结果见表5。

压实度检测结果　　　　　　　　　　　　　　表5

序　号	压实度(%)	桩　号	距中距离(m)
1	99.4	K372+350	4.0
2	99.8	K372+550	3.5

(4)碾压完成后,及时采用单层土工布覆盖,土工布重叠宽度大于10cm,采用砂袋压实防止掀起土工布,如图1所示。

(5)养生7d后对试验段进行了钻芯取样及现场验收工作,如图2所示。

图1　覆盖土工布、洒水养生　　　　　　　　图2　现场芯样

从本次试铺段过程分析及各项检测数据结果来看,鹤大高速公路ZT19标骨架密实型抗裂水稳基层18cm试验段,施工组织方案完善可行。路面集料嵌挤均匀,无明显离析现象,面层表面没有因干缩和温宿而产生裂缝,能取出完整芯样(图2上下基层36cm)。

5　结语

通过对水泥稳定碎石基层裂缝的类型和裂缝产生机理的分析,可以采取有针对性的措施改善材料的组成结构,提高混合料的抗裂性能。从试验段的实际效果可以看出,改善基层材料的组成结构可以有效地减少裂缝的产生,表明骨架密实型抗裂水稳型级配具有良好的工程路用性能。同时,在施工的过程中严格控制水泥稳定碎石基层混合料的粉料和水泥含量,可以明显地提高基层的抗裂性,减少由于材料干缩和温度变化造成的基层裂缝。

参 考 文 献

[1] 中华人民共和国行业标准.TG/T F20—2015　公路路面基层施工技术细则[S].北京:人民交通出版社,2005.

[2] 中华人民共和国行业标准.JTG E51—2009　公路工程无机结合料稳定材料试验规程[S].北京:人民交通出版社,2009.

寒区隧道施工缝防排水

郑海东　尹广河　于晓明

（吉林省公路工程监理事务所 HDJ14 驻地办）

摘　要：凡位于季节性冰冻地区修建的隧道，最大的耐久性问题是冻害，而产生冻害的起因则是渗漏水。近些年修建的隧道虽都采用了专门的防水层进行防水，但仍有相当多隧道在建成不久后便出现渗漏水现象。特别是寒区隧道，防水层背后的环向排水往往因为冰冻而堵塞、失效；加之防水层在施工期间和服务期间会受到各种损伤，当地下水压较大时，渗水会穿过防水层。在这种情况下，混凝土衬砌的防水，就成为整个隧道工程防水的关键，而施工缝则无疑是衬砌结构防水的薄弱环节。工程实践证明，隧道环向施工缝渗漏是富水区隧道的通病。本文分析了隧道衬砌施工缝渗漏水产生的原因，并根据贺大高速公路朝阳隧道现场实际应用操作经验，推荐使用两款新型止水带——"蝶形中埋式可排水止水带""梯形背贴式可排水止水带"，并对两款止水带的具体应用及优势做了详细论述。

关键词：隧道冻害　施工缝　防水　止水带

1　引言

随着我省交通事业的快速发展，将会修建越来越多的隧道。我省属于季节性冰冻区，过去曾修建并已投入使用的隧道，常发生夏季刚竣工，冬季就发生冻结的问题，需要花费大量的人力、物力、财力养护维修，既浪费财力又影响行车安全。冻害发生的原因是衬砌结构混凝土处于潮湿饱水状态，而渗漏水就是产生冻害的最主要水源，施工缝及沉降缝正是衬砌防水混凝土渗漏的薄弱环节。

2　隧道施工缝防排水主要措施

现代隧道防排水采用防水板在二次衬砌外设置防水层，提高硅酸盐水泥混凝土的抗渗性，并在施工缝沉降缝处设止水带，三种技术相结合，刚柔互补，这个体系理论上被认可。

（1）提高硅酸盐水泥混凝土的抗渗性。其理论基础是硅酸盐水泥混凝土是耐水性材料，具有一定的渗透，混凝土的抗渗透性能可以通过提高混凝土的密实度、减少施工缺陷（骨料离析、施工缝、温度裂缝等）得到提高。当混凝土维护结构的抗渗性足够高时，被认为能满足工程防水要求。然而实际工程中混凝土结构的各种弊病是难以避免的，一旦直接面对外环境的压力水，渗漏也是难以避免的，尤其是在施工缝、沉降缝等薄弱处。

（2）采用防水板在二次衬砌外设置防水层。柔性防水板为完全不透水防水层，其防水原理则是利用不透水的薄膜防水层将二次衬砌构筑物完全包裹起来，将环境水与建筑物隔离开。

然而渗漏水却依然存在，因为通常材质（PVC/EVA/ECB/PE）的防水板与后浇筑的混凝土二次衬砌是完全的物理界面接触，两者之间没有任何结合力，对水的渗透扩散没有任何阻力。防水板在施工过程中，抑或在运行过程中存在很多破坏因素，防水板出现不同程度的损伤破坏是不可避免的。防水板只要出现破坏点，对应的混凝土二次衬砌结构就会出现一个相当范围的面积面对水环境（蹿水问题），渗水常向施工缝处汇聚，目前工程上常用的衬砌段施工缝防水构造有三种：一是在衬砌厚度的中部沿环向设置中埋式止水带；二是在同样位置遇水膨胀橡胶条；三是《公路隧道设计规范》推荐的背贴式止水带与中埋止水条组合。

传统的中埋式止水带位于止水带与防水层之间的一段缝隙，多少还有一些渗水下排的能力，会在一定程度上有助于施工缝的排水,但此排水能力较小,不能满足渗水的下排要求。特别是在地下水丰富地段,洞内温度仍相对较高,由于衬砌线膨胀的原因,施工缝宽度较小,渗水下排阻力较大,造成施工缝止水带外侧水压增高,从而引发渗漏。在全断面一次性衬砌情况下,衬砌基础常常先于衬砌施工,衬砌基础施工的分段位置往往与上部衬砌的分段位置不重合,因此常常在衬砌施工缝的下部没有与隧道排水系统相连通的衬砌基础施工缝。设想上部衬砌施工缝中已经饱水,此水很难下排,从而在止水带或膨胀橡胶条与防水板之间形成较高的水压,该水压可能会引发施工缝渗漏。诚然,在基础混凝土与施工缝之间存在缝隙,但此缝隙极小,难以满足上部施工缝渗水下排的要求。而即有的背贴式止水带在设计指导思想上便是只堵不排的。忽视施工缝渗水的下排是目前隧道防排水设计中普遍存在的问题。

传统的中埋式止水带安装质量也不易保证,施工方法为挡头板模板钻钢筋孔,固定钢筋卡,固定止水带,灌注混凝土,拆挡头板,下一环止水带定位。止水带延衬砌环向0.5~1m钻一12mm钢筋孔,将制成的钢筋卡穿过挡头板,内侧卡紧止水带一半,另一半止水带平靠在挡头板上,待混凝土凝固后拆除挡头板,将止水带拉直,然后弯钢筋卡紧止水带。操作方法复杂不易操作。止水带与橡胶条周围不密实,造成常规止水带周围不密实原因主要是混凝土干缩和端头模板漏浆。前者在混凝土浇筑时,混合料与止水带虽然紧密接触,但在混凝土凝结硬化过程中,混凝土会产生一定量的干缩,使止水带与其周围混凝土的界面出现间隙,此间隙便为渗水提供了外渗的通道。特别是在止水带固定钢筋的周围,这种间隙更大,渗水更容易绕过止水带;后者则由于衬砌端头模板构造复杂,一些隧道衬砌端头模板由木板拼装而成,端头模版在止水带两侧不够严实,混凝土浇筑时容易漏浆,使止水带周围混凝土不密实,导致隧道建成后渗水绕过止水带从混凝土中渗出。

在施工缝中采用膨胀橡胶条在实际应用中效果也不理想,隧道建成后随着季节交替,气温升高时衬砌段伸长,气温降低时衬砌段收缩,环向施工缝也随之相应地闭合张开,同时橡胶条也经历了一个加载、卸载周期。一年之中,隧道围岩内的地下水也有丰水期和枯水期之分,在丰水期膨胀橡胶条会遇水膨胀,在枯水期橡胶条会失水收缩。在如此复杂的工作环境下,遇水膨胀橡胶条很难有效地发挥作用,最终势必导致膨胀橡胶条与衬砌施工缝两侧混凝土间出现间隙,使渗水沿次间隙渗出,引发施工缝渗漏。

3 施工缝止水带防排水概念的提出与实际应用

针对我省隧道一直受冻害困扰,鹤大高速公路大胆创新,引进新工艺、新材料。新型背贴止水带为梯形,它的技术优点:

(1)将横断面设计为梯形,使两翼能稳定深入衬砌混凝土内部,保持翼缘两侧有足够大的空间填充混凝土,从而为止水带周围紧密创造条件。

(2)在迎水面设置了排水孔,排水孔上附有滤水土工布,排水孔下端与隧道排水体系相通,该排水孔给背贴止水带赋予了排水功能。

(3)通过人工假顶使背贴式止水带在洞顶成为准中埋式止水带,从而解决背贴式止水带在洞顶其周围不密实的问题。

(4)通过在衬砌基础埋管留槽安装止水带时将其两端插入槽内并接通排水管,可实现止水带无中间接头,整条一次安装,避免止水带中间接头渗漏水。因本身材质轻便,操作简单,两名工人即可轻松安装,既节省了人力,又提高了工程质量。在实际操作中得到现场技术人员及工人的一致好评。梯形止水带被广泛应用于四级、五级围岩当中。但梯形背贴式止水带 在无拱架支护段落应用时(如三级围岩段落)不宜应用。

新型中埋式止水带为蝶形可排水止水带。该止水带断面呈蝶形,安装时将蝴蝶的头部朝向施工缝的迎水侧;从侧面(先浇衬砌段一侧)将止水带压向衬砌段的端头模板,使后浇衬砌段一侧的止水翼变形紧贴端头模板,并用带垫片的钢钉从肋部间隔适当距离逐点固定止水带;先浇衬砌段浇筑并养护一段时间后拆模,先前被压平的后浇衬砌的止水翼在橡胶等材料弹性的作用下恢复原形,浇筑后浇段衬砌混凝土,即可完成一道施工缝的防水施工。蝶形可排水止水带的优点是安装方便,容易保证止水带施工质量,属中埋式,可保证在隧道两侧和顶部其周围均能密实,具有可排水功能,在无压力或小压力条件下工作,减少了渗漏机会。

经实际施工验证,蝶形止水带能实现先排后堵,是一种能取得理想防水效果的隧道施工缝中埋式止水带。蝶形可排水之水止水带采用无中间接头施工工艺,以免因中间接头而导致施工缝封堵不严。

4 结语

寒区隧道工程冻害防治是一项综合工程,需要多方面综合治理方能取得较为理想的效果,解决冻害的首要有效措施是防排水。鹤大高速公路靖通段在隧道施工缝防排水方面大胆引进新工艺新技术,使工程质量进一步得到保障,为其他隧道工程的施工提供借鉴和先进的科学依据,并希望鹤大高速公路的成功能激励建设者们勇于创新,将更多新工艺、新材料、新方案应用到工程实际当中去,为更好解决寒区隧道工程冻害尽一份心,出一份力。

参 考 文 献

[1] 吕康成.隧道防排水工程指南[M].北京:人民交通出版社,2005.

浅析高寒山区隧道防排水施工技术

郭书博　赵　欣　张绍凯

(中国建筑第六工程局桥梁公司　辽宁　沈阳　110000)

摘　要：通过对寒区隧道防排水施工工艺的研究与实践，发现了针对寒区隧道防排水施工的重点与难点，并提出了解决此类问题的施工方法。尤其是在防水板与止水带的施工方法上，提出了独特的见解，经过实际施工中反复实践，最终很好地证明了关于此类问题的解决方案是有效的。

关键词：寒区　隧道　防排水

1　引言

寒区隧道渗水是影响隧道正常施工、正常运营的重要因素；如果防排水措施设计不合理、施工不完善，可能引起隧道渗漏，不但会影响隧道工程的使用，而且可能会使混凝土主体结构产生腐蚀、钢筋锈蚀、地基沉降，危及工程安全，在运营期间将造成洞内通信、供电、照明等设备长期处于潮湿的环境中而发生锈蚀、甚至使路面积水结冰，造成打滑危及行车安全。因此隧道工程的防排水极其重要。

2　工程概况

光华隧道位于吉林省通化市通化县境内，是鹤大高速公路ZT19标控制性工程之一，隧道左线全长2 024m，右线全长2 063m；工程地质条件复杂，光华隧道区位于长白山西南麓支脉岗山岭腹地，山体总体走向北东，周围群山叠嶂，海拔高程447～1 138m，为中低山地貌。隧道区气候属亚温带大陆性季风区，冬季寒冷漫长。工作区年降水量1 238.4mm，年平均气温为5℃左右，历史最低气温-42.2℃，本区霜冻期5～6个月，区内最大冻深1.45m。隧道岩性主要为花岗片麻岩，节理裂隙发育，洞口段为Ⅴ级围岩，洞身段为Ⅲ～Ⅴ级围岩，其中Ⅲ级围岩497m、Ⅳ级围岩1 272m、Ⅴ级围岩2 269m。地下水类型主要有第四系孔隙水和基岩裂隙水，第四系孔隙水主要赋存于沟谷及边坡地带的冲、坡洪积的碎石土、角砾层中，埋藏浅。基岩裂隙水，呈网状、似层状的形式赋存于花岗片麻岩、变粒岩风化裂隙带和构造破碎带中，局部具微承压性质。水位埋深一般在3.5～14.0m。隧道采用"新奥法"原理设计施工。

3　防排水设计原理

防排水设计遵循防、排、截、堵相结合，因地制宜综合治理的原则。采取切实可靠的措施，达到防水可靠，排水流畅，经济合理，不留隐患的目的。同时注意环境保护，尽量减少水土流失的原则。地表水和地下水妥善处理，洞内外形成一个完整的排水系统，保证隧道结构和设备正常使用，行车安全。防水重视初期支护防水，以衬砌结构自身防水为主体，以施工缝、变形缝施工为重点，辅以注浆防水和防水层加强防水。

3.1　光华隧道采用的防水措施及参数

(1)复合式衬砌的初期支护与二次衬砌之间设置了EVA防水板，EVA采用厚度1.5mm产品，内衬土工布，土工布采用400g/㎡产品。EVA防水板采用无钉铺设，防水板接头质量采用充气检验。EVA防水板的设置是整个隧道防水系统中最重要的一项措施，其施工质量的好坏直接影响到隧道使用及衬砌结构的安全。

(2) 隧道的施工缝使用梯形背贴式止水带,沉降缝及变形缝使用蝶形中埋式止水带,防止施工缝和沉降缝处渗漏水。在洞口段明暗洞交接处及土石分界处设置沉降缝,洞内段每隔36m及衬砌结构变化处设置沉降缝或变形缝。在模板台车分节段浇筑衬砌相接处设置沉降缝,设置沉降缝及变形缝处不设置施工缝。

(3) 明洞采用EVA防水板加两层土工布作为防水层,纵向盲沟汇水,并采用横向排水管把水引至中心排水沟。

(4) 二次衬砌采用防水混凝土,抗渗等级不低于S8,即在二次衬砌中掺高效抗裂膨胀防水剂(产量为水泥用量的8%,与水泥等量置换),以提高对衬砌结构的自防水能力和结构的耐久性。

(5) 隧道拱顶预埋注浆管,将两衬砌间的空洞进行压浆填筑,确保拱部不留空隙,防止空隙部位成为储水空间,在冻融环境下形成局部积水冻胀。

3.2 光华隧道采用的排水措施及参数

(1) 隧道初期支护与围岩之间设置环向渗排水片材及土工布汇水,衬砌的边墙底用φ160mm纵向排水管集水,纵向排水管延隧道纵向贯通,纵坡同隧道纵坡,然后由φ160mm横向排水管将水引至中心排水沟排出洞外。环向渗排水半圆管的纵向间距Ⅴ、Ⅳ级围岩4m、6m一道,局部水量大时酌情增加。局部涌水处在围岩表面设置了Ω形塑料排水管。

(2) 隧道中心排水沟设置于隧道中心线处,仰拱以下,中线排水沟根据洞内涌水量情况采用内径40cm或50cm,壁厚8cm或10cm的钢筋混凝土圆管,洞内和洞外均设置中心检查井,用于检查疏通中心排水沟,检查井间距100m左右。

(3) 为保证冬季破冰水顺畅,在中心排水沟出口处设置了保温出水口。保温出水口参照设计图纸中给定的位置设置,如地形与设计不符可适当调整保温出水口位置。保温出水口在冬季用柴草等掩埋,保证排水通畅。

(4) 隧道行车道较低侧内径设置25cm排水边沟,纵向每隔25m左右设置一处沉沙井,用于排除路面积水和消防用水及检查疏通排水边沟,使其排水通畅。

4 防排水施工要点

4.1 进洞前防排水系统的完善

4.1.1 进洞前要做好洞口排水系统的必要性

从文明施工和水土保持的角度出发,保持洞口施工环境及防止水土流失;从安全的角度出发,防止雨水冲刷及渗水破坏边仰坡土体的稳定性造成的土体坍塌,确保施工安全;从确保工程质量角度出发,按照隧道施工技术规范做好洞口排水系统,可以减少土体的不稳定因素,防止后期土体不稳定对明洞衬砌的破坏。主要从以下几个方面做好洞口防排水。

4.1.2 洞顶截水沟

根据地形,提前在开挖线5m以外砌筑洞顶截水沟,并将水引排至自然排水沟或与路基排水系统连接,防止水流入施工范围。

4.1.3 边仰坡土体封闭

按照设计要求采用喷射混凝土对坡面及时封闭,渗水量大时埋入排水管进行引排。

4.1.4 提前做好洞内水外排系统

开挖至洞口时应着手做好洞内水外排方案,如果洞口向外为下坡,可采用道路两侧设置排水沟(或埋设水管)排水;如果洞口向外为上坡,可以在洞口一侧设置集水井采用水泵抽水外排。注意集水井设置安全防护(最好采用井盖封闭),确保安全。

4.2 隧道支护防排水措施

在初期支护时作好第一道防排水屏障(原则大堵小排,堵混排清,限量排放)。光华隧道出口右线

30m浅埋段施工,在开挖前特别是浅埋段作好超前防水措施,浅埋段在隧道外部设置地表锚杆,用钢筋网连接浇筑混凝土使之成为一个整体,这样做既能稳固岩体,又起到了阻截外界水入侵浅埋段的作用。

为堵截岩缝中的水,在岩体较发育的围岩段可设置超前注浆小导管,超前注浆能够有效地稳固岩体和堵截岩缝中的裂隙水入侵洞身。开挖时认真观察围岩的实际渗水情况,对渗水的区域做好详细记录,并制订相应的引、排措施。当涌水较集中时,喷锚前可先设置水管连接到涌水孔处排水,边排水边喷射。初期支护完成后通过引水导管的引导及喷射混凝土的堵截作用形成永久性地下水排水设施。经过这样的处理,使围岩的大部分地下水与侵入水通过排水设施排出洞外。

4.3 防水层安装与控制

防水层进场时除按必要的工作程序进行取样检查外,还应检查防水板表面是否存在变色、皱纹(厚薄不均)、斑点、撕裂、刀痕、小孔等缺陷,存在质量缺陷时,应及时处理。防水层铺挂前,先对初期支护喷射混凝土进行量测,对欠挖部位加以凿除,对喷射混凝土表面凹凸显著部位应分层喷射找平。外露的锚杆头及钢筋网应齐根切除,并用水泥砂浆抹平,使混凝土表面平顺。防水层铺挂结束,隧道工程师对其焊接质量和防水层铺设质量进行检查。检查方法有:

(1)用手托起防水板,看防水板铺设是否松紧适度并有富余量。

(2)看防水板表面是否有被划破、扯破、扎破等破损现象。

(3)看焊接或黏结宽度(焊接时,搭接宽度为10cm,两侧焊缝宽度应不小于2.5cm;黏结时,搭接宽度为10cm,黏结宽度不小于5cm)是否符合要求,且有无漏焊、假焊、烤焦等现象。

(4)拱部及拱墙壁露的锚固点(钉子)是否有塑料片覆盖。

(5)每铺设20~30延长米,剪开焊缝2~3处,每处0.5m。看是否有假焊、漏焊现象。

(6)进行压水(气)试验,看其有无漏水(气)现象等,检查防水板铺挂质量。如果发现存在问题,除应详细记录外,应立即通知作业班组进行修补,不合格者坚决要求返工。

4.4 排水管的施工

中心排水沟是隧道排水系统中的重点,横向排水管和环向排水管等排水措施最终将水都排到中心排水沟中,在施工中严格控制中心排水沟的高程,使水能顺利地流向隧道的进出口处,将水排出隧道。针对隧道位于寒区的特点,在接近隧道两端设置保温出水口,采用内径20cm的UPVC塑料排水管。

4.5 防水衬砌混凝土施工

(1)衬砌混凝土拌和物必须按配合比准确计量,水泥质量偏差不得超过±1%,集料质量偏差不得超过±2%,水及外加剂质量偏差不得超过±1%。

(2)二次衬砌模板必须具有足够的强度、刚度和稳定性,表面光滑、接缝严密,内外模之间不得用螺栓拉杆穿透固定,以免留下透水通道。

(3)浇筑拱顶时应防止防水板绷紧,施工中可将绷紧的防水板割开,并将切口处封焊严密再浇筑混凝土,确保封顶混凝土的厚度。

(4)衬砌混凝土拌和物在运输时不得出现离析、撒落,否则必须进行二次搅拌,当坍落度损失后不能满足施工要求时,应加入原水灰比的水泥浆或二次掺加减水剂进行搅拌,严禁直接加水。

4.6 止水带安装与控制防水

混凝土施工缝是衬砌防水混凝土间隙灌注施工造成的,对于施工缝的防排水处理,采用梯形可排水背贴式止水带,沉降缝采用蝶形中埋式止水带。在浇筑二次衬砌混凝土前,在衬砌混凝土浇筑完4~12h内,用高压水将混凝土表面冲洗干净,并检查止水带接头是否完好,止水带在混凝土浇筑过程中是否刺破,止水带是否发生偏移。如发现有割伤、破裂、接头松动及偏移现象,应及时修补和处理,以保证止水带防水功能。做好详细检查记录,如存在问题时,应立即进行修补或返工处理。

止水带埋设位置应准确,止水带定位时,应使其在界面部位保持平展,防止止水带翻滚、扭结。如发现有扭结不展现象应及时进行调整。止水带固定在挡头模板上,先安装一段,浇筑混凝土时,另一端应用附加钢筋固定,固定时只能在止水带允许的部位上穿孔打洞,不得损坏止水带本体部分,在固定止水带和灌筑混凝土过程中应防止止水带偏移,以免单侧缩短,影响止水效果。止水带下端与预埋的塑料排水管相连通,预埋的塑料排水管穿透防水层与隧道纵向排水管相通。

在二次衬砌浇筑过程中,二次衬砌混凝土拱顶部位局部填充密实,在拱顶出现空洞,此时止水带不能很好地起到止水的作用。现将拱顶部位的止水带放置在半月牙形假顶木板之下,则可以有效防止空洞处的水向下渗流。待二次衬砌强度达到100%,再进行拱顶回填注浆,将空洞回填密实。如图1、图2所示。

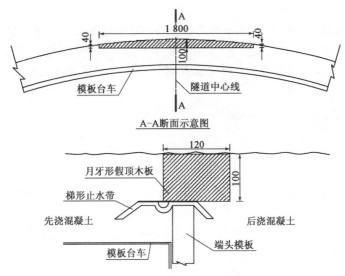

图1 梯形背贴式止水带人工假顶施工方法示意图(尺寸单位:cm)

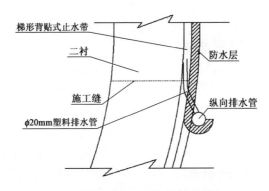

图2 梯形背贴式止水带下部连接构造

5 结语

根据鹤大高速公路ZT19标光华隧道的施工经验,要做好隧道防排水,必须从隧道施工过程的每一道工序做起,超前小导管预注浆、初期支护、排水盲管和防水板铺设、二次防水衬砌、排水设施等每道工序的施工质量都对隧道防排水效果产生很大的影响,施工中的一点疏忽可能造成渗漏水隐患。因此,每道工序的施工质量都要达到设计预期的效果,才能使隧道防排水工程质量有所保证。

参 考 文 献

[1] 中华人民共和国行业标准.JTG D70—2004 公路隧道设计规范[S].北京:人民交通出版社,2004.
[2] 彭立敏,刘小兵.隧道工程[M].长沙:中南大学出版社,2009.
[3] 吕康成,崔凌秋.隧道防排水指南[M].北京:人民交通出版社,2005.

富水玄武岩季冻区路基冻胀防治措施研究

李 茜　刘恩华

（中交路桥北方工程有限公司　北京　100110）

摘　要：东北地区路基施工的重点之一就是防止冻胀，特别是在地下水丰富的玄武岩地区路床施工。玄武岩垂直节理裂隙发育，从表面上看难以判断裂隙是否有横向贯通，因此，如何判断富水类型、确定裂隙发展方向并采取相对应排水措施排除水的影响，成为该地区路床施工的关键。

关键词：东北地区富水玄武岩　路床施工

1　引言

东北地区冬季严寒而漫长，地表冻深根据地域不同而不同，路基的施工一般需要考虑冻深的影响，特别是富水地区。挖方路床作为路基施工的最后一道工序，路面施工前的一项重要控制工序，必须要减小水源的影响，尤其是玄武岩地质，多为垂直节理裂隙发育，如处理不当，极易导致通车后冬季路面冻胀，严重影响高速公路质量和冬季行车安全。

2　工程概况

鹤大高速公路小沟岭至抚松段 ZT01 标段地处吉林省敦化市，起于敦化市的小沟岭（省界），止于雁鸣湖镇东南互通立交，路线整体呈南北走向。

工程地质呈中低山地貌，地形起伏较大，主要岩性为船底山组玄武岩，黏性土及砂砾石覆盖层厚度一般 4~10m，沟谷及林地茂密地段有薄层泥炭质土分布，厚度一般 0.5~1.2m。沿线河流较多，多受降水影响，4~6 月为平水期，6~9 月为丰水期，10~3 月枯水期，地下水以孔隙水、基岩裂隙水为主，其补给来源主要为大气降水、地下水，排泄方式为水平径流、垂直蒸发。

路线沿线气候寒冷，极端最低气温 -38.3℃，最大积雪深度 33cm，沿线土壤最大冻结深度 184cm，每年从 10 月开始冻结，次年 4~5 月全部融化，经历时间长达 5~6 个月，季节温差 56.7℃。沿线路基主要病害为冻胀破坏。

3　案例分析

路基冻胀主要存在以下几个方面的原因：地表水下渗导致路床表面发生普遍冻胀；地下水侵入路堑基床底层加剧路基冻胀；路基防排水系统存在设计问题。以上原因均是路基本体赋存积水和地下水无法顺畅排出，加剧了路基冻胀。因此路基冻胀的主要因素是水，如何排水是防止路基冻胀的关键。

ZT01 标段起点山体表层覆盖植被茂密，路基设计为挖方，整体式路基断面，路基宽度 24.5m，长约 200m，设计中心线位置最大挖深 27.2m，边坡最大挖深 37.2m，路面厚度 88cm。该段主要工程地质为全、强风化玄武岩，以全风化为主，黄褐色-棕褐色，表层泥土状，岩体破碎夹泥，开挖至设计位置后，局部岩体坚硬。

该段路基挖至距离路床顶 7m 左右时，开挖面开始渗水，渗水量较小，出水量约为 $0.5m^3/d$。

3.1　原因分析

该地段刚开始渗水时，初步分析可能存在以下三个方面的原因：

(1)山体局部有泉眼。当路基开挖面高程低于泉眼部位水位高程时,泉眼水开始向开挖面渗流,出水量与泉眼富水量有较大关系,会随着高差的增大而增大。

(2)植物茂密丛生,冬季降雪融入地表,地表含水层较浅。通过路基表面挖至含水层时,会导致路床出水,出水量一般与降雪因素有关,通常一次性出水量较大,通过一段时间会有所减小。

(3)地下水位较高,当开挖面开挖至地下水位面时,地下水会通过路基顶面渗出,出水量会随着路基向下开挖逐渐增大。

施工过程中发现路基冒水情况初期,不能确定为何种原因渗水,因此施工时在道路两侧设置临时排水沟,缓解开挖面积水情况。继续开挖后,开挖面持续渗水,但两侧开挖山体边坡面干燥少水,一般如果地表水丰富的话,坡面肯定有潮湿含水的现象,因此否定了地表水的说法。

开挖至路床设计标高时,路床范围内出现积水,临时排水沟水流量加大,出水量达到了 $5m^3/d$ 。但开挖面不是单处渗水,查阅地勘报告显示附近未有泉眼,泉眼水出水一般在泉眼周围比较集中,随着距离泉眼的远近出水量会有所不同,而现场实际开挖面出水比较分散,出水量比较均匀,因此否定了泉眼水的说法。

因地下水位较高导致的路基出水,出水位置一般比较均匀,出水量也比较均匀,结合现场施工实际情况,因此判定现场出水为地下水位较高导致。

起点挖方大部分为全风化玄武岩,多数围岩浸水后强度降低软化,因此必须采取有效的降排水措施,保证路床的质量。具体现象见图1～图4。

图1 路床潮湿含水、部分积水

图2 山体边坡干燥少水

图3 临时排水沟内汇水

图4 临时排水沟部分段落岩层坚硬

3.2 处理方案

当开挖临时排水沟时,局部段落的围岩坚硬完整,呈黑～灰色,隐晶质结构,挖机满功率作业仍挖不动。围岩虽然大部分为全风化破碎玄武岩,局部出现坚硬岩层,如不开挖后或重新进行地质勘查,无法确定路床以下范围的围岩情况。玄武岩为垂直节理裂隙发育,如路床范围以下均是此坚硬岩层,如果横向裂隙不发育,单纯降低地下水位不能有效排除路床范围内积水。下面分析了可能会发生的几种情况,制订了相应的处理方案,处理原则就是依靠围岩裂隙降低地下水位、排除路床范围内的水源。

3.2.1 路侧增设盲沟

将路床两侧设置排水盲沟,如围岩横向节理裂隙较发育,不管是地下水位较高还是存在泉眼,通过降低两侧排水沟的排水标高,可以有效降低水位,并根据最大冻深的要求,将水降至该界限以下。

3.2.2 超挖后设置滤水层

此种方法适用于加深双侧排水沟后,路床渗水情况虽有改善,但仍潮湿含水。路床底部岩层如临时排水沟部分段落所示,部分围岩不是很破碎,裂隙垂直方向较发育,单纯降水效果不明显,如地下水再存在一定的压力,路床范围仍会有水渗出。可根据路床不同位置的出水情况,通过超挖至最大冻深以下设置不小于20cm的碎石滤水层,滤水层坡度略大于路面横坡,降水排至两侧的排水沟内,如图5所示。

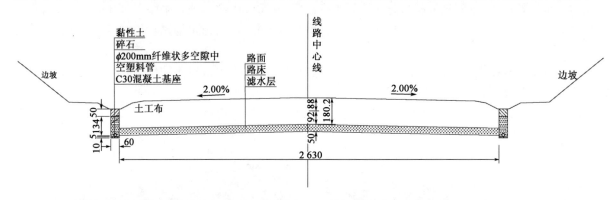

图5 超挖后设置滤水层示意图

该方法能有效隔断地下水位,保持路床干燥,防止冬季时发生冻胀,但是超挖后回填碾压破坏了原有岩层致密的结构,尽量不采用此方法,除非路床渗水的情况一直无法改善,且对于围岩风化程度越大、越破碎的地段,开挖成本较小。

3.2.3 模拟横向裂隙

此种方法适用于加深双侧排水沟后,路床渗水情况未见改善,可判断路床顶以下部位多为坚硬岩层,垂直节理裂隙发育,如果人工创造出横向裂隙,则在最大冻深限界下将水通过横向裂隙排至两侧排水盲沟内,同样达到了降水的效果。

横向裂隙可通过预裂爆破的方式,通过控制装药量进行微爆破,将路床冻深高度附近的岩层人工制造横向裂隙,爆破后产生的裂隙用石屑填塞,压路机重新进行压实,以保证路床的压实度要求。

此方法适用于坚硬岩层垂直节理裂隙发育的地段,通过人为创造横向裂隙,可将水排至两侧的排水沟内。与设置滤水层一样,均破坏了原有坚硬密实的路床结构,且爆破必须由成熟经验的人员根据需爆破效果完成。预裂效果好,横向裂隙发育,对围岩扰动较小,不影响路床的压实度要求,一旦孔位的深度、密度、倾斜角度、装药量控制不好,或者未达到预想的横向裂隙,或者造成路床岩层过分松动,需投入更多的人力和机械设备重新修整路床,以达到设计要求。故此方法对爆破人员经验有极高的要求。

3.2.4 地表注浆堵水

此方法适用于围岩整体性较好的玄武岩地段,因围岩垂直节理裂隙发育导致的路床渗水,可通过对渗水路床梅花形布置钢花管,深度不小于最大冻深,表面用混凝土封闭后,通过一定的注浆压力进行注浆,堵塞冻深范围内岩石裂隙,依靠注浆压力的阻力,迫使地下水位降低。通过地质情况和扩散半径计算注浆量,采用间隔打孔的检测效果注浆,注浆效果不好的地段,补充注浆。

该方法对封堵地下水具有显著效果,但是因不确定路床底的裂隙发育情况,如出现局部裂隙非常发育,水泥浆会沿此裂隙无限延伸,注浆过程中根据注浆量控制每孔的注浆时间不能相差太大。地表注浆可采用水泥浆,成本较高,对岩层的要求也较高。

3.3 方案选择及处理效果

现场实际出水量为 5m³/d,方案一施工速度较快且成本较低,现场施工过程中优先选择第一种方案进行排水施工,如方案一实施后,渗水情况不见好转,则说明路床底部可能为坚硬玄武岩层,横向裂隙不发育,路床范围内的水无法排至两侧盲沟内。再采用其他方案进行排水。

事实证明在采取第一种处理措施时,即达到了降水排水的目的,同时也证明了路床以下的岩层如开挖面的情况一致,大部分为全风化岩层,破碎夹泥,地下水的渗流为多方向的,通过降低地下水位将路床范围内的水排除。

鹤大 ZT01 标 2014 年施工完成起点段挖方路堑,2015 年完成路基交验并铺筑路面基层和沥青下面层,2016 年开工对现场进行排查,路基未发生冻胀破坏,证明实施方案一排水情况良好。

4 结语

东北地区路床范围内如水存在,且不能满足最大冻深要求时,冬季必然会引起冻胀,严重影响结构质量和行车安全。尤其是玄武岩地区,虽多为垂直节理发育,但地下岩层的情况复杂,不能简单地用垂直或者横向来定义。即便再次进行地质勘查,也很难根据勘查结果制定出行之有效的处理方案,就像案例所述,经过详细的调查分析,结合围岩自身的特性,逐一排除可能存在的情况,最终达到降低排除路床范围内水源的目的。

以上仅为项目施工过程中通过借鉴路基碎石盲沟、隧道施工中的注浆堵水原理引申出的思考,处理措施可能对以后类似地区的路床施工有一定的借鉴和参考意义。主要还是玄武岩地区多为垂直节理裂隙发育这一特性,水的来源虽然已确定,但是围岩的裂隙发育情况一般比较复杂,甚至相同部位的不同段落围岩情况都不一致,在制订处理方案时,必须结合现场的实际情况,综合考虑施工成本、施工进度等各方面的因素,制订行之有效的处理措施。

参 考 文 献

[1] 贾福海.中国玄武岩地下水[M].北京:地质出版社,1993.

大厚度摊铺与双机分层摊铺水稳基层施工工艺比较分析

第海东　商艳

（中交路桥北方工程有限公司　北京　100024）

摘　要：结合目前水泥稳定碎石基层施工工艺其在公路建设中的应用现状，通过分析对比，系统地介绍了不同施工方式条件下厚层水泥稳定碎石基层的技术性能。根据我国公路交通行业的未来发展趋势，结合各种施工工艺在鹤大高速公路建设中的应用，针对水稳基层采用传统并机分层铺筑存在上下施工层黏结不牢、平整度不理想、纵向接缝处理困难、离析、施工效率低下等问题，提出了大厚度一次性整体摊铺碾压施工工艺，取得了良好效果。

关键词：基层　整体摊铺　分层摊铺　施工工艺

1　引言

《公路路面基层施工技术规范》（JTJ 034—2000）规定：基层分层施工时，下基层成型、碾压完毕后，至少需要养生7d后才可铺筑下一层。但工程实践表明，这种施工方法存在一定的问题和弊端，如整体性差、并机分层铺筑生产率低、平整度差以及拼缝离析严重等。

2015年5月19日交通运输部颁布了《公路路面基层施工技术细则》（JTG/T F20—2015），并于2015年8月1日起实施。该细则提出：以提高基层施工质量均匀性为核心，以修建耐久性路面基层为目标。同时还提出：具有足够的摊铺能力和压实功率时，可增加压实厚度，具体的摊铺厚度应根据试验结果确定。大厚度的摊铺施工时，应增加相应拌和能力。

新细则解除了基层摊铺厚度方面的约束，吸收了近年来出现并形成的新技术、新材料和新工艺，形成了一个指导公路路面基层施工的新技术规范。此细则的实施将推动单机一次性整体铺筑水稳基层施工工艺将得到全面的推广。2015年，单机一次性整体铺筑水稳基层施工工艺在鹤大高速ZT06标成功实施。

2　国内现状

水泥稳定碎石半刚性基层作为最普遍的路面基层结构，主要承载路面传递的荷载，其整体厚度基本为30~40cm，国内路面结构设计中，一般设计为分两层摊铺施工。主要是由于传统摊铺设备性能不能满足大厚度摊铺压实的需要。历史形成将基层分层，每层厚度不超过20cm摊铺、碾压的传统的施工工艺。2003年云南砚平高速开始采用整体摊铺的施工工艺。随着抗离析大功率摊铺机、大吨位大激振力压实设备的研发应用，目前逐步形成了超过20cm层厚水稳基层整体摊铺碾压成型的新工艺。经过实践证明，一次性大厚度整体施工水泥稳定碎石基层的新工艺满足施工要求。2015年5月19日交通运输部颁布了《公路路面基层施工技术细则》（JTG/T F20—2015），2015年8月1日起实施。该细则明确了大厚度摊铺的具体要求，2014年鹤大高速ZT06标水泥稳定碎石基层采用一次性摊铺成型工艺，取得了一定成效。

3　技术性对比

鹤大高速ZT05标段水泥稳定碎石基层采用并机分层摊铺施工工艺，ZT06标段采用单机一次性整体摊铺碾压成型工艺，就两种施工工艺技术性进行对比。

3.1 并机分层铺筑不能消除纵向接缝,单机一次性摊铺碾压成型则无接缝

接缝是路面工程的薄弱环节,处理不好,将直接影响路面质量。双机并铺产生的纵向接缝正好处于行车道重车的左轮位置,承载能力大,接缝处水稳碎石混合料级配不均匀,强度低,运营时间长,将会造成路面产生反射裂缝。一次性整体摊铺碾压成型则不会引起此类问题。

(1)并机分层铺筑时,前机沿纵缝下沿会形成大料滚落带,形成滚落离析,如图1、图2所示。后机摊铺时,或能掩盖,但最终形成强度不足,形成质量病害。若搭接不够,后机也形成滚落离析,二者重叠,形成明显离析带,压实度更达不到要求。

(2)后机与前机搭接处重复振捣和塞料,使搭接处初始密实度偏高,压路机碾压时形成一个硬支点。则会造成此处压不下去,标高偏高,也会造成引起支撑钢轮,两侧会形成两条无效碾压带,压实度不能满足要求。

(3)大厚度一次性摊铺宽度可达20m,单机整幅摊铺无纵缝。

图1 并机摊铺接缝

图2 纵向离析带

3.2 并机分层铺筑横坡偏差较大,单机一次性摊铺偏差较小,可形成一字坡

理论上只要精度测量、摊铺机行走稳定、下承层压实度及横坡满足要求,并机分层铺筑横坡可以保证一致,横坡形成一字坡。但因为以下客观因素并机分层铺筑,横坡几乎不能完全保持一致,一般会形成人字坡或V字坡,会出现横坡与设计不符或相反的情况。

(1)铝合金梁支撑点不能提前测量,施工时测量受运料车、摊铺机及人员的影响,容易造成误差。

(2)架设铝合金梁时,测点小钢尺或直尺容易产生测量误差。

(3)铝合金梁挠度和变形,会形成沿纵缝高程误差。

(4)后机传感器在摊铺层上滑行,传感效果不如在钢丝上的传感效果,容易产生偏差,见图3、图4。

图3 一次性整体摊铺效果

图4 摊铺机传感器

（5）一次性整体摊铺不需在中间架设铝合金梁，熨平板是刚性整体，横坡不会形成 V 字坡或人字坡。

3.3 离析分析

传统摊铺机械受功率、输料槽的宽度、高度限制，施工时使混合料不能满埋料槽输料，产生横向离析；施工过程中角笼端部存在粒料滚落、底层大料多、上层大料不足的现象，造成并机结合处纵向离析。而大功率抗离析摊铺机摊铺宽度可达 20m，单机整幅摊铺可以彻底消除纵向接缝。加大了螺旋料槽宽度，畅通物料输送通道，改善横向和纵向离析。通过超级满埋螺旋、二次搅拌、改善了料车装卸料、摊铺机收斗等工序造成的离析，大小物料均匀输，改善片状、V 字形离析。均匀输料和布料，有效克服横向、竖向、纵向离析。螺旋反向叶片数量可变，角度可调，提高了塞料能力。

4 平整度检测

为研究水泥稳定碎石基层表面平整度，选取并机分层铺筑 K621+400～K620+600 段与单机一次性整体铺筑 K640+400－K640+600 段采用 3m 直尺进行平整度检测（图5），每段检测 2 处，每处 10 尺，根据检测结果，数据进行汇总分析见表1。

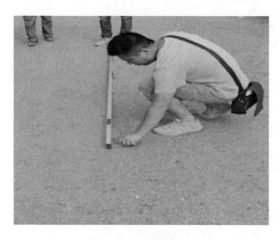

图5 基层顶面平整度检测

平整度检测汇总表　　　　　　　　　　　　　　　　　　　　　　表1

标段	桩号	左(mm)	中(mm)	右(mm)	单机左	单机中	单机右	标段	桩号	左(mm)	中(mm)	右(mm)	单机左	单机中	单机右
ZT05标	K620+450	6 7 9	7 7 8	7 8 8				ZT06标	K640+450	5 6 8	6 8 7	6 7 8			
		7 8 7	9 8 8	8 5 7						7 6 6	6 8 5	7 6 6			
		7 7 10	8 8 9	7 6 8						6 6 8	6 6 5	7 4 6			
	K620+500	6 7 10	8 9 6	7 9 8					K640+500	5 6 7	7 8 5	6 7 7			
		7 8 8	10 9 8	8 7 6						7 7 6	5 5 7	6 6 6			
		6 7 9	6 9 6	9 5 8						6 8 6	6 8 6	7 6 7			
	K620+550	8 7 9	7 6 8	9 7 8					K640+550	7 6 5	6 7 8	7 6 6			
		9 4 9	7 8 7	8 9 8						7 6 7	6 5 6	7 6 7			
		8 5 7	10 7 9	8 8 6						6 6 6	7 6 5	6 7 5			

由表1可以分析得出，并机分层铺筑与单机整体铺筑水稳基层平整度均小于12mm，均能满足规范要求，且中间接缝处的平整度数值较大。

由图6、图7分析得出并机分层摊铺基层顶面左、中、右平整度分部较为离散，且单机一次性整体铺筑基层顶面左、中、右平整度分部较为均匀。分析原因为并机分层摊铺基层中间部分平整度偏差较大，由摊铺机接缝不平整引起。

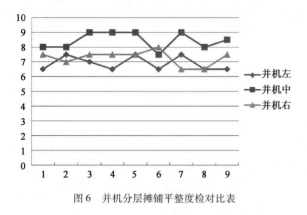

图6 并机分层摊铺平整度检对比表

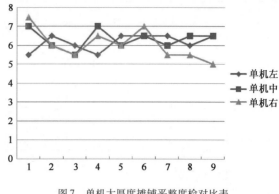

图7 单机大厚度摊铺平整度检对比表

5 压实度检测

传统的并机分层并铺经过多年验证,起摊铺压实机械组合均能满足规范要求,而对单机一次性整体厚度铺筑水稳基层施工工艺的压实度检测没有明确的规定,按照现行的规范《公路路面基层施工技术规范》(JTG 034—2000)的规定:"水泥稳定土的结构用12~15t三轮压路机碾压时,每层厚度不超过15cm,用18~20t三轮压路机碾压时,每层压实厚度不得大于20cm,对于水稳定中粒、粗粒土采用能量大的振动压路机碾压式,每层压实厚度,根据试验可以适当增加,压实厚度超过上述规定时应分层修筑",随着压路机械功率不断增大,厚层水泥稳定碎石基层的不断推广,全面检测整个结构层整体压实质量的方法各不相同。本次选取鹤大五标并机分层铺筑K621+400~K620+600段基层与六标一次性整体摊铺K640+400~K640+600段进行灌砂法压实度检测(图8),其中,一次性整体摊铺采用分层检测法,即先检测上部17cm,后检测下部17cm压实度。本次检测基层压实度,汇总如表2所示。

图8 基层顶面压实度检测

压实度检测结果汇总表　　表2

序号	桩号	位置	层位	试坑内湿土质量(g)	烘干质量(g)	灌砂质量(g)	含水率(%)	压实度(%)
ZT05	K621+400	左1.75m	上层	12 656	11 896.64	7 108	6.0	98.5
			下层	12 754	12 001.51	7 239	5.9	96.8
	K621+450	中	上层	12 634	11 875.96	7 068	6.0	98.9
			下层	12 816	12 047.04	7 255	6.0	97.0
	K621+500	右1.75m	上层	12 605	11 861.31	7 088	6.0	98.4
			下层	12 829	12 059.26	7 267	6.0	96.9
	K621+550	中	上层	12 671	11 910.74	7 080	6.0	99.0
			下层	12 818	12 048.92	7 250	6.0	97.1
	K621+600	左1.75m	上层	12 659	11 912.12	7 059	5.9	99.2
			下层	12 839	12 068.66	7 248	6.0	97.2

续上表

序号	桩号	位置	层位	试坑内湿土质量(g)	烘干质量(g)	灌砂质量(g)	含水率(%)	压实度(%)
ZT06	K640+400	左1.75m	上层	13 020	12 251.82	7 090	5.9	101.7
			下层	12 599	11 843.06	7 103	6.0	97.4
	K640+450	中	上层	12 852	12 080.88	7 123	6.0	99.8
			下层	12 548	11 807.67	7 121	5.9	96.8
	K640+500	右1.75m	上层	12 664	11 929.49	7 091	5.8	99.0
			下层	12 542	11 789.48	7 105	6.0	96.9
	K640+550	中	上层	12 734	11 969.96	7 098	6.0	99.3
			下层	12 550	11 797.00	7 101	6.0	97.0
	K640+600	左1.75m	上层	12 799	12 031.06	7 075	6.0	100.1
			下层	12 592	11 861.66	7 129	5.8	97.1

由表4分析可以得出，两种工艺压实度均大于96%，满足规范要求。由于并机分层铺筑段落，分层厚度17cm，分层压实度较为均匀。一次性整体摊铺段落，上部17cm有个别超百，下部7cm基本比上部17cm压实度低3%点左右。分析原因为36t压路机激振力激振力达到104t，由上到下，压路机对集料的压实应力逐渐减弱，造成上部集料密实、压实度过高、下部集料压实度相比上部低的情况。

因此，一次性整体摊铺施工水泥稳定碎石基层，下部压实度基本比上部压实度低3个百分点，并机分层铺筑压实度由于分层的原因较为均匀，两种工艺施工水稳基层，压实度均能满足要求。

6 抗压强度

水泥稳定碎石半刚性基层的抗压强度是评价其结构强度与稳定性的力学指标，在季冻区特殊的地理环境中，这一指标显得尤其重要。

水稳混合料需在水泥终凝前完成圆柱状试件制作，试件模具为圆柱内高与内径相同，按照水稳中最大骨料粒径选用试件规格，利用土工试件成型机上制作，试件两侧分别按规定锤击数及时，试件成型后，需进行外观和尺寸检查，合格时间在水中养护6d，干置1d，在土工压力机上进行无侧限抗压强度试验（图9）。为了研究并机分层摊铺与单机一次性整体摊铺水稳基层现场实体的抗压性能，本次选取鹤大五标并机分层铺筑基层与六标一次性整体摊铺段7d、14d、28d芯样，在试验室进行无侧限抗压强度试验。整体摊铺段钻芯取样3个，芯样进行切割为上部与下部，分别检测抗压强度；分层铺筑段基层分别取上层和下层个3个，试验结果进行了汇总，如表3所示。

抗压强度检测结果统计表　　表3

标段	桩号	试件高度(mm)	试件直径(mm)	龄期(d)	强度(MPa) 上层	强度(MPa) 下层	标段	桩号	试件高度(mm)	试件直径(mm)	龄期(d)	强度(MPa) 上层	强度(MPa) 下层
ZT05	K620+400	150	150	7	3.81	3.78	ZT06	K640+400	150	150	7	3.96	3.68
				14	5.70	5.55					14	5.90	5.31
				28	6.62	6.28					28	7.14	6.08
	K620+450			7	3.78	3.67		K640+450			7	3.92	3.52
				14	5.38	5.22					14	5.54	5.01
				28	6.23	6.04					28	6.56	5.80
	K620+500			7	3.78	3.72		K640+500			7	3.97	3.57
				14	5.43	5.27					14	5.59	5.06
				28	6.28	6.09					28	6.61	5.85

续上表

标段	桩号	试件高度(mm)	试件直径(mm)	龄期(d)	强度(MPa)		标段	桩号	试件高度(mm)	试件直径(mm)	龄期(d)	强度(MPa)	
					上层	下层						上层	下层
ZT05	K620+550	150	150	7	3.80	3.69	ZT06	K640+550	150	150	7	3.94	3.54
				14	5.40	5.24					14	5.55	5.03
				28	6.25	6.06					28	6.57	5.82

由图10～图12分析得出,两种施工工艺的抗压强度均满足规范要求。一次性整体摊铺段芯样平均强度上部高于下部10%左右。并机分层铺筑的抗压强度平均值上层比下层高3%左右。一次性整体摊铺上部强度高于分层铺筑上层强度4%,下部强度低于分层铺筑的下层强度4%左右。分析原因为并机分层铺筑基层上层与下层压实过程中,水稳集料的压实应力相差不大,压实效果均匀。一次性整体摊铺基层施工,厚度较大,大激振力压路机碾压过程中,上部集料所受压力过大,压实度存在超百现象,强度高于分层铺筑的上层强度,应力传递至底层时,损失大,下部水化程度低,造成下部强度低于分层铺筑下层强度。

图9 抗压强度检测

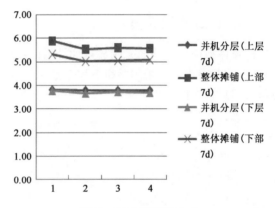

图10 7d抗压强度对比表

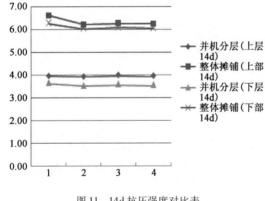

图11 14d抗压强度对比表

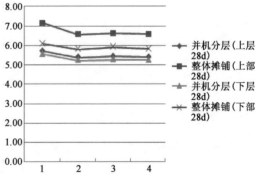

图12 28d抗压强度对比表

7 芯样表观

本次选取鹤大五标并机分层铺筑基层与六标一次性整体摊铺段7d、14d、28d芯样,上下层各1个。主要分析一次性整体摊铺基层底部密实情况。芯样如图13所示。

通过现场钻芯取样,ZT06标段一次性整体摊铺基层与底基层整体50cm一起取出,基层与底基层黏结牢固,接缝处无明显痕迹,无空洞松散现象,芯样整体表面圆滑、密实无空洞,无缺棱掉角现象。ZT05

标段并机分层铺筑路段只取出基层芯样34cm,表面密实无空洞,底部无缺棱掉角现象。

a)现场钻芯取样

b)分层摊铺基层

c)整体摊铺基层与底基层整体芯样

图13 芯样

8 基层表面外观质量

一次性整体摊铺基层顶面无明显规律性横向离析及纵向离析带,表面均匀、平整密实,无浮石、弹簧现象,粗细颗粒分布均匀。采用并机分层铺筑水稳基层施工工艺路段基层表面,并机接缝处及基层边缘部分段落有明显规律性离析现象。一次性整体摊铺相比并机分层铺筑基层表观质量好,见图14。

a)整体摊铺表观

b)并机摊铺表现

图14 外观表现

9 功效及经济性分析

传统的并机分层摊铺需要将原本整体的基层至少分两层施工,同时需2套摊铺设备及2组施工人员,人力投入大、能源消耗大,成本投入大。单机一次性整体摊铺,仅需1套摊铺设备及1组配套施工人员,工艺简便。

在不考虑分层等强的条件下,单从施工工序方面分析,单机一次性整体摊铺比传统的施工工艺在模板支护、摊铺、碾压、养护等工序方面均减少一半。在里程相同的条件下,单机一次性整体摊铺所需时间仅为并机分层铺筑所需的时间为40%～50%。设备和施工人员大大减少,减少设备租赁费、人工费及物资消耗费等相关费用,提高了施工效率,经济效益明显。

10 结语

水泥稳定碎石基层是我国主要的基层结构形式,整体厚度一般为30～40cm,施工工艺较多。本文结合鹤大五标并机分层铺筑基层与六标一次性整体摊铺段工艺实例分析,证明两种施工工艺均能满足规范要求的各项指标。整体摊铺段水稳基层施工工艺的离析现象大幅度降低,消除了并机接缝对平整度及横坡的影响,缩短了工期,节约了成本,实体质量更好,作为路面结构的主要持力层,其整体性更好。因此,一次性整体摊铺水泥稳定碎石基层施工工艺,正是以提高基层施工质量均匀性为核心,以修建耐久性路面基层为目标的新工艺,应该被大面积推广应用。

参 考 文 献

[1] 李花磊,程伟涛.厚层水泥稳定碎石基层的技术特性及发展趋势[J]黑龙江交通科技,2013(9).
[2] 项柳福.大厚度水泥稳定碎石基层研究[D].西安:长安大学,2009.
[3] 韩庆.整体性基层发展现状及展望[D].西安:长安大学,2011.
[4] 姚怀新.高等级公路摊铺工艺与摊铺机技术发展方向讨论[J].建筑机械技术与管理,2005(8):41-44.

复杂地质超长桩旋挖钻施工技术

王际好　赵世龙　王　敏　邹开泰

（中交一航局第三工程有限公司　大连　116001）

摘　要：鹤大高速公路ZT07标段二道松花江特大桥主墩超长桩基施工采用了新型大功率、大扭矩SR280RC8、SR285RC8、SR315RC8系列钻机，本文从克服坚硬地质层钢护筒沉放、钻进成孔、超长钢筋笼制安、反循环清孔及混凝土浇筑等方面，介绍了超长桩旋挖钻施工关键技术技术及操作要点。

关键词：旋挖钻　护筒沉放　成孔　反循环清孔　关键技术　操作要点

旋挖钻机在中国是近几年推广使用的一种较先进的桩基施工机械,可通过配合不同的钻杆、钻具适应于多种地质条件下桩基成孔作业,旋挖钻机具有装机功率大、输出扭矩大、轴向压力大、机动灵活、施工效率高及多功能特点。

随着机械工业的发展,目前旋挖钻在各种坚硬地质层也有很好的应用,并且研究旋挖钻机技术意义重大。

1　工程概况

鹤大高速公路ZT07标段二道松花江特大桥,桥梁全长1260m,主桥结构形式为(66m+120m+66m)三跨变截面预应力混凝土连续刚构。主桥跨越二道松花江,11号、12号主墩位于主河槽两侧河滩地上,主墩基础采用13根钻孔灌注桩,桩径2m,呈梅花形布置,桩长70m,均为摩擦桩,桩位布置见图1。

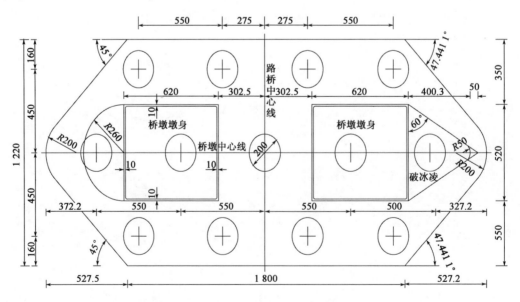

图1　11号、12号墩桩基布置图(尺寸单位:cm)

1.1　工程水文

桥位处河槽断面呈"U"形,主河槽正常年份水位标高426~428m(高于承台顶标高),水面宽约

100m,桥址区最大河流为二道松花江,另有两条小溪经桥址区小桩号流向二道松花江。其主要接受长白山区数条大小不等的山间河流补给,流量随季节变化较大。

1.2 工程地质

桥址区位于贝水滩盆地的二道松花江地段。地势两端高,中间开阔平坦,承台所处区域地表覆盖6~9m厚砂、卵石层,卵石粒径一般为2~8cm,最大可达18cm,呈亚圆形,卵石含量在70%以上,主要充填物为中粗砂,透水性强、易坍塌;地表下9~32m为强风化粉砂质泥岩;32~75m为中风化泥质粉砂岩,中厚层状结构,节理裂隙发育,岩质新鲜,岩芯呈短柱—长柱状。地质柱状图见图2。

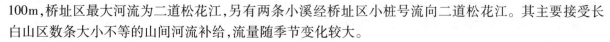

图2 钻孔柱状图

2 施工重点、难点分析

（1）特大桥为全线11个标段两个关键控制性工程之一，施工工期特别紧，而主墩钻孔灌注桩施工是全桥施工的核心，加之主墩桩位所处地质条件复杂，位于松花江主河槽两侧，易受河水影响。

（2）主墩桩基所处区域地表覆盖6~9m厚砂、卵石层，卵石含量在70%以上，透水性强、易坍塌，桩位钢护筒沉放是钻孔桩施工的必要措施，必须穿透砂、卵石层，进入稳定的强风化粉砂质泥岩，如何进行护筒沉放工艺选择是施工的关键。

（3）泥浆各项指标及工作性能是成孔的关键，如何优化配比，保证泥浆工作性能，是钻孔灌注桩施工的难点。

（4）钢筋笼直径大、长度长，线形及对接精度不易控制，如何优化钢筋笼制安工艺及提高安装效率至关重要。

（5）桩基混凝土灌注是施工风险中最大的环节，如何保证混凝土成功封底及后续连续灌注，是控制的重点。

3 施工中采取的对策及方法

3.1 护筒沉放

为避免钻进过程中泥浆流失及坍孔，主墩桩基钢护筒以穿透砂、卵石层，进入稳定泥岩层50cm以上，钢护筒内径2.2m，比桩径大20cm，采用壁厚14mm、Q345钢板卷制而成，以保证其自身刚度。现场见图3~图7。

图3 旋挖钻引孔

图4 振动锤分节振沉钢护筒

图5 冲击钻钻透砂、卵石层

图6 护筒整体沉放

图7　护筒集中沉放完成照片

3.1.1　护筒沉放工艺选择与优化

针对砂、卵石层地质条件，钢护筒沉放工艺进行了调整和优化，先期采用护筒分节沉放工艺，后经优化调整为整根沉放工艺。表1为方案比选表。

护筒沉放工艺对比　　　　　　　　　　　　　　　　　　　　　　　　　　表1

序号	方案名称	方案要点	优缺点
1	护筒分节沉放	利用旋挖钻引孔钻进，50t履带吊吊DZJ-60型振动锤沉放钢护筒，下沉一节，对接一节，如此循环，直至护筒穿过卵石层进入稳定泥岩层	方案缺点：对接钢护筒焊接时间长，涉及工序多，且沉放护筒过程容易坍孔，需旋挖钻反复引孔，且护筒垂直度不好控制，占用设备多，尤其占用旋挖钻
2	护筒整根沉放	先在桩位处埋设一节1.5m短护筒，护住孔口，利用冲击钻钻孔直至穿透砂、卵石层进入泥岩层，冲击钻成孔直径确保2.2m护筒可下放，然后将预先加工的整根钢护筒吊放入孔内，利用振动锤微振，保证钢护筒入泥岩层	方案优点：通过冲击钻对砂卵石层地反复冲击和摩擦，对护筒周围松散的砂卵石层进行了挤压和密实，保证了成孔地层的稳定，提高了桩基的施工质量。护筒沉放工序避免占用旋挖钻，只需投入几台冲击钻机，集中沉放护筒，施工效率高，垂直度控制较好

3.1.2　钢护筒沉放工艺改进后效果对比

(1) 工效统计

工效统计见表2。

改进方法前后时间对比　　　　　　　　　　　　　　　　　　　　　　　　表2

改进前工序	所需时间	改进后工序	所需时间
钻机钻进	4h	护筒整体吊装	1h
护筒对接	12h		
护筒下沉	2h	振动下沉	0.5h
合计	18h	合计	1.5h

(2) 改进后效果及建议

通过护筒沉放工艺的改进，解决了护筒沉放速度慢，占用旋挖钻时间长及沉放质量难以保证的难题，采用分节沉放护筒工艺，一个主墩护筒沉放就需要占用旋挖钻13d时间；采用整根沉放护筒工艺，旋挖钻直接投入到桩基钻孔之中。

对于沿河地区，遇砂卵石地层，振动锤无法沉护筒且地层透水性强时，建议采取此种工艺沉放钢护筒。

3.2　旋挖钻钻进

3.2.1　冲击钻、旋挖钻工效对比

针对特大桥主墩地质情况，对冲击钻和旋挖钻钻孔工效对比，冲击钻钻进效率低，每天钻进深度在

2m以内,利用冲击钻单桩成桩至少需1个月。即便增加设备数量,也无法满足施工进度要求,而采用旋挖钻机可保证70m超长桩在2～3d内成孔。

3.2.2 旋挖钻施工工艺原理

旋挖钻机钻进成孔是通过钻机自有的行走功能和桅杆变幅机构使得钻具能正确地就位,利用桅杆导向下放钻杆将底部带有活门的桶式钻头置放到孔位,钻机动力头装置为钻杆提供扭矩、加压装置通过加压动力头的方式将加压力传递给钻杆钻头,钻头回转破碎岩土,并直接将其装入钻头内,然后再由钻机提升装置和伸缩式钻杆将钻头提出孔外卸土,这样循环往复,不断地取土、卸土,直至钻至设计深度。

3.2.3 针对不同地层的钻进工艺

钻进过程中应根据地质情况控制钻进速度,由硬地层钻进至软地层时,可适当加快钻进速度;当软地层变为硬地层时,要减缓速度;在易缩径的地层中,需适当增加扫孔次数,防止缩径;对硬塑层采用快转速钻进,以提高钻进效率;砂、卵石层则采用慢转速慢钻进并适当增加泥浆比重和黏度。

在主墩桩基的钻进过程中,出现了地质变化情况,有较硬的岩石夹层,旋挖钻的施工效率很低,桩头磨损严重,而且成孔的时间较长。考虑到小钻头的钻进效果好,先用直径1.2m的小钻头钻到设计深度,再用符合设计桩径的大钻头扩孔直至成孔,形成逐级扩孔工艺,见图8。

图8 大小钻头的使用

3.2.4 旋挖钻钻杆、钻具

针对坚硬地质层旋挖钻钻进效率如此之高,其关键是除了动力系统外,可根据地层不同选择钻杆和钻具。

(1)旋挖钻钻杆

旋挖钻钻杆分摩阻杆和机锁杆。

摩阻杆:操作简便,钻深大(比机锁杆层多),提钻时无钻杆内外层脱锁问题,提钻顺利;靠摩擦力向钻具传递主机加压力,下压力较小,不适合钻进硬地层。

机锁杆:钻杆上有固定锁点,通过动力头使钻杆之间互相锁住,无损耗传递加压力,适合钻进硬地层,钻杆采用高强合金管材,抗扭能力大,缺点是提钻慢,钻进深度浅,比摩阻杆短一节,增加操作难度、时间。

(2)旋挖钻钻具

旋挖钻钻具主要有土层双底捞沙钻斗、嵌岩双底捞沙钻斗、嵌岩筒钻(自动扶正型筒钻和十字筒钻)等,可钻进黏土层、砂砾层、卵石层和岩层。针对特殊地层,还有与地质相适应的特殊钻具,以满足高效施工的需求。

十字筒钻:筒钻中心十字形导板设计;筒钻环切同时十字导板将岩层破碎;携渣能力、定位效果较普通筒钻明显增强;适用地层:回填土层、卵石层、强、中风化斜岩面层。

自扶正型钻具:主要适用大桩径分级钻进;截齿与牙轮钻齿可相互替换;钻进时,自扶正机构支撑孔壁,防止斜孔;适用地层:中、微风化基岩,硬质基岩,超硬基岩层。

3.2.5 旋挖钻机施工参数

11号、12号主墩桩基施工投入三种类型旋挖钻,分别为三一SR280RC、SR285RC8、SR315RC8。通过现场的施工情况,对三种旋挖钻在不同地质条件下的参数性能总结如表3所示。

旋挖钻施工参数表　　　　　　表3

旋挖钻型号	最大钻孔直径	钻深	最大加压力	最大扭矩	整机质量	效率
三一SR280RC8	2.2m	84m	220kN	280kN·m	80t	卵石层:0.9m/h;强风化粉砂质泥岩:2m/h 中风化粉砂质泥岩:0.8m/h
三一SR285RC8	2.3m	88m	260kN	285kN·m	98t	卵石层:1.1m/h;强风化粉砂质泥岩:2.5m/h 中风化粉砂质泥岩:1m/h
三一SR315RC8	2.5m	88m	270kN	315kN·m	105t	卵石层:1.2m/h;强风化粉砂质泥岩:2.54m/h 中风化粉砂质泥岩:1.18m/h

3.3 泥浆护壁

桩基泥浆采用膨润土+火碱+水配置,配合比为5∶0.3∶100,钻进过程中,配备专门试验人员及时检测泥浆指标,在泥浆池中用搅浆机将泥浆搅拌好后,泥浆补充采用泥浆泵泵入孔内,旋挖钻均匀缓慢钻进,这样既钻进又起到泥浆护壁的作用。钻进时掌握好进尺速度,随时注意观察孔内情况,及时补加泥浆保持液面高度。泥浆制备应注意两个方面:一是泥浆的指标问题,其比重一般应控制在1.05~1.1之间,黏度控制在18~22s,砂率控制在4%以内。钻进过程中随着地质的变化适当调整泥浆比重。

3.4 初次清孔

成孔后,立即进行清孔,以免时间过长沉渣沉淀,造成清孔困难。清孔采用换浆法,钻孔达到设计标高后,将钻头提起距离孔底20cm左右空钻,然后注入净化泥浆,形成循环。利用循环将孔内泥浆土渣排出。严禁用加深孔底的方法代替清孔。清孔时,注意保持孔内泥浆面高度始终在地下水位或河流水位以上1.0~2.0m,以及泥浆比重是否合适,防止塌孔缩孔。在钢筋笼下放后,要进行沉渣复测,防止在下钢筋笼过程中沉渣回升太大,沉渣厚度不能大于0.2倍桩径。

3.5 钢筋笼制作、安装

按照设计图纸,主墩70m桩长钢筋笼长65.7m,分成三节进行制作和安装,分别为25m、22m、18.7m。

采用数控钢筋笼滚焊机进行钢筋笼制作,钢筋笼骨架内设加强筋和内撑架防止在运输和就位时变形,钢筋笼每2.0m加设一道支撑筋(F形式),并且设置两个吊点,第一吊点设在骨架下部,第二吊点设在骨架长度的中点到三分之一处之间。利用两台吊车配合将钢筋笼竖转,使骨架垂直地面,见图9。

另外,钢筋笼安装过程中,涉及吊环的制作,其中吊筋的选择特别重要,需通过受力计算选择合适的吊筋,须为圆钢,一般考虑6倍安全系数,以防发生意外。

3.6 二次清孔

由于特大桥主墩桩基桩长较长,常规清孔方法不能彻底清除孔底沉渣,采用气举反循环法能够解决这一难题。

(1)气举反循环清孔原理。气举反循环清孔原理是利用空气压缩机压缩空气,通过安装在导管上的风管向孔内送风,通过风管末端气液混合器,将高压风与泥浆混合,形成负压,导管内的泥浆沿导管上升将泥浆排出,泥浆池不断补充泥浆。

(2)相对其他清孔工艺,气举反循环清孔效率更高,设备投入相对较少,只需要空压机一台,风管一套,泥浆泵一台。

(3)操作要点。

①导管下放面距离沉淤面0.4m左右,风管下放深度为0.55~0.65倍清孔深度左右。

图9 钢筋笼定位下放

②主要参数:空压机风量为 6~20m³/min,导管直径为 250~300mm,导管上出水管直径为 200mm,风管一般选择无缝钢管,直径 25mm 左右,在风管端部长 1m 左右范围内设置 6~8 排小孔,每排 4 个 φ8mm 孔。

③保证桩孔内泥浆面,排出的泥浆要将沉渣充分过滤并除砂,将优质泥浆补充到孔内。

④随清孔沉淤面下降,同步跟进导管口距沉淤面距离。

3.7 水下混凝土灌注

3.7.1 灌注设备选择

(1)导管

混凝土在搅拌站集中拌制,罐车运输,导管法灌注,导管直径选用 300mm。导管使用前,进行过球、水密、承压及接头抗拉试验。其中水密试验压力为水深静水压力的 1.3 倍,水密前应先在平整场地拼接好导管,然后往导管内注水,并密封。然后加压,加到要求值后持荷 15min,观察导管有无漏水,若无漏水则合格,每节导管组装编号,循环使用的过程中按号数组装,并建立检验复核制度。

(2)储料斗

储料斗的作用是储放灌注首批混凝土必需的混凝土方量,储料斗的容量(即首批砼储备量)应使首批灌注下去的混凝土能满足导管初次埋置深度的需要,现场实际选用 10m³ 的储料斗。

3.7.2 水下混凝土灌注控制要点

(1)安装导管并放入钻孔内,导管下口离孔底 30~40cm,上口与储料斗相连,储料斗的容积不小于前式计算所得结果。确保首批混凝土灌注后导管埋入深度大于 1m。

(2)导管安装后,再次探测孔底沉渣厚度,如超过设计要求,则需进行二次清孔至合格为止。由于桩长太长,测绳在下放过程中可能会缠绕在已下放的钢筋笼上,测不到孔底,此时应该将测绳从导管内下放至孔底,这样才能测出准确的孔深。

(3)混凝土运至现场时,要检查混凝土的和易性、坍落度,如不符合要求,则进行二次拌和,二次拌和后仍不符合要求的,混凝土就不再使用。

(4)水下混凝土灌注连续进行,中途不能中断,并尽量缩短拆除导管的时间。当导管内混凝土不满时,可徐徐灌注,以防产生高压气囊压漏导管。为防止灌注过程中发生坍孔、缩孔,要保持孔内水位高度。

(5)为防止钢筋骨架上浮,混凝土顶面距钢筋骨架底部1m左右时,应减慢混凝土的灌注速度。混凝土顶面上升距钢筋骨架底部4m以上时拔除导管,使导管底口高于钢筋骨架底部2m以上后,再以正常速度灌注混凝土。

(6)灌注桩混凝土的顶面标高比设计标高高出0.5~1.0m,以保证混凝土质量,超灌的桩头在浇筑承台前凿除。

(7)灌注将结束时,核对灌入的混凝土数量,以确定所测混凝土顶面高度是否正确。

4　结语

在二道松花江特大桥主墩超长桩施工过程中,通过现场实际应用,发现旋挖钻机不仅可以在软土层进行钻进,在砂、卵石层及比较坚硬强风化、中风化地质层中也有不错的成孔效果,拥有较高的施工效率。施工中通过总结、优化,解决从清孔到混凝土灌注坚硬地质超长桩基施工一系列难题,为后续施工提供了时间和质量上的保证。主墩11号、12号的26根桩基全部被评定为Ⅰ类桩。施工效果较好,对今后类似工程具有非常好的借鉴意义。

参 考 文 献

[1] 中华人民共和国行业标准.JTG F80/1—2004　公路工程质量检验评定标准.北京:人民交通出版社,2004.
[2] 中华人民共和国行业标准.JTG/T F50—2011　公路桥涵施工技术规范.北京:人民交通出版社,2011.

低液限黏质土改良作为路基填料应用研究

刘玉辉　穆乃亮　高　峰　胡春明

（中交一航局城市交通工程有限公司　天津　300457）

摘　要： 鹤大高速公路ZT10标段地处长白山林区，土质为低液限黏质土，CBR值无法满足现场路基填筑的需要，生石灰作为一种有效的外掺剂可以显著改善黏质土的物理力学性能，提高其强度。通过掺加不同剂量石灰对土体进行改良试验研究，确定了既经济、合理又满足工程需要的石灰掺量，并用于现场施工，取得了良好效果。

关键词： 鹤大高速　软弱路基土　改良　试验

1　引言

近几年，随着公路建设的蓬勃发展，高速公路建设每年以几千公里的速度递增，从地区分布上看，新建项目主要集中于西南、东北等地区，这些地区地处山区、林区，地质、水文、气象等条件非常复杂，路基填料质量不能满足规范和设计要求，这就要求建设者们对当地的材料采取一定的技术措施，对不能满足要求的填料进行改良，以满足规范和设计要求。

2　工程简介

鹤岗至大连高速公路是国家高速公路"7918"网中的9条南北纵线中的第一纵，也是东北地区和吉林省高速公路网规划的重要组成部分。鹤大高速公路小沟岭至抚松段ZT10标段位于吉林省抚松县境内，起止里程桩号为K711+000~K734+600，途经砬子河村、泉阳镇、北岗镇，设置有抚松服务区、泉阳互通立交等，标段内土方填方共147.53万 m^3，其中利用挖方填筑98.13万 m^3，取土场借土填筑49.4万 m^3。

3　土工试验

工程开工前，试验室将规模较大的挖方段及取土场的土，按照《公路土工试验规程》（JTG E40—2007）规定的方法进行取样，共计11个土样，对土样进行了天然含水量、颗粒分析、界限含水量、击实和CBR试验。

3.1　天然含水量试验

所取土样保持天然含水量密封保存，在室内采用烘干法进行天然含水量检测，试验结果见表1。

路基填料天然含水量试验结果（%）　　　表1

土样编号											
1号	2号	3号	4号	5号	6号	7号	8号	9号	10号	11号
35.4	28.8	32.3	29.1	29.3	28.6	30.1	35.4	29.5	36.5	28.4

3.2　颗粒分析试验

用四分法取代表性烘干土样，按照《公路土工试验规程》（T 0115—1993）筛分法进行试验，试验结果见表2。

路基填料颗粒分析试验汇总表　　　　　表2

通过率(%)		土 样 编 号										
		1号	2号	3号	4号	5号	6号	7号	8号	9号	10号	11号
筛孔(mm)	5	100.0	100.0	100.0	100.0	100.0	100.0	100.0	100.0	100.0	100.0	100.0
	2	99.3	99.2	99.9	98.1	98.1	99.0	98.8	99.1	100.0	95.5	98.5
	1	97.2	97.1	97.3	92.0	92.9	95.4	96.1	94.2	96.9	91.2	89.6
	0.5	91.9	95.7	93.1	89.0	87.6	93.5	91.0	91.6	91.0	87.5	85.3
	0.25	84.3	93.1	85.8	84.5	82.2	91.8	85.1	84.2	87.3	84.7	81.4
	0.075	76.3	88.7	82.4	79.5	77.7	88.2	79.7	77.4	80.6	79.5	78.6

3.3　界限含水量试验

将过0.5mm筛的烘干土样按照《公路土工试验规程》(T 0118—2007)液限和塑限联合测定法进行试验,试验结果见表3。

路基填料界限含水量试验汇总表　　　　　表3

土样编号	1号	2号	3号	4号	5号	6号	7号	8号	9号	10号	11号
液限(%)	41.3	47.9	47.2	46.7	48.5	45.3	45.9	46.8	49.5	41.5	45.6
塑限(%)	24.8	26.2	24.2	26.7	25.6	25.6	25.1	25.1	27.8	24.0	24.8
塑性指数(%)	16.5	21.7	23.0	20.0	22.9	19.7	20.8	21.7	21.7	17.5	20.8

3.4　击实试验

根据《公路土工试验规程》(T 0131—2007)进行了重型Ⅱ-2类别击实试验,试验结果见表4。

路基填料击实试验结果汇总表　　　　　表4

土样编号	1号	2号	3号	4号	5号	6号	7号	8号	9号	10号	11号
最佳含水率(%)	17.0	17.7	17.6	16.1	17.4	17.5	17.3	17.9	17.4	17.3	17.4
最大干密度(g/cm³)	1.81	1.80	1.80	1.83	1.80	1.79	1.80	1.79	1.81	1.80	1.81

3.5　CBR试验

CBR试验是根据击实试验得出的最大干密度和最佳含水量制备试件,试件分三种干密度,每层击数分别为30、50和98次,使试件干密度从低于95%到等于100%的最大干密度,CBR试验结果见图1。

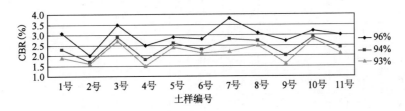

图1　路基填料不同压实度条件下CBR值

3.6　试验结果分析

根据土样颗粒筛分析和界限含水率试验结果,结合细粒土塑性图分析得出:11个土样均为低液限黏质土。

根据土样CBR试验结果分析得出:11个土样CBR值均小于4,不能满足《公路路基施工技术规范》(JTG F10—2006)中高速公路对路基填料强度的要求值[1](表5),不宜直接作为路基填料,需要使用时,可采取掺石灰、固化材料等技术措施,对该黏质土进行改良,以改善土质,提高其强度。

路床顶面以下深度(m)	上路床 0~0.30	下路床 0.30~0.80	上路堤 0.80~1.50	下路堤 >1.50	零填及挖方路基 0~0.30	零填及挖方路基 0~0.30
压实度(%)	≥96	≥96	≥94	≥93	≥96	≥96
填料最小强度(CBR)(%)	8	5	4	3	8	8

高速公路路基填料最小强度要求　　　表5

4 灰土试验

针对路基填料CBR值强度不能满足规范要求的问题,项目部根据现场的实际情况,确定采取掺石灰措施对该黏质土进行改良。通过在路基填料中掺加不同掺量生石灰,经过反复试验,对不同石灰掺量下石灰土最大干密度、最佳含水率、CBR值的变化规律进行研究。

4.1 生石灰试验

本工程采用长春市双阳区衡亿矿业有限公司生产的生石灰,依据《公路工程无机结合料稳定材料规程》(JTG E51—2009)对石灰有效氧化钙和氧化镁及未消化残渣含量进行检测,检测结果见表6。

生石灰检测结果　　　表6

项　目	有效氧化钙和氧化镁	未消化残渣含量
检测结果(%)	71.1	12

由表6检测结果可知:该石灰品质属于Ⅲ级生石灰,其技术指标符合设计要求。

4.2 灰土击实试验

土样分别按1.5%、2.0%、2.5%、3.0%和4.0%的掺量掺入生石灰,然后加入不同水量与试料拌和均匀,将试料装入塑料口袋内浸润20h后进行击实试验,试验结果见表7。

路基填料掺灰击实试验结果汇总表　　　表7

石灰掺量(%)	1.5	2.0	2.5	3.0	4.0	1.5	2.0	2.5	3.0	4.0
序号	最佳含水率(%)					最大干密度(g/cm³)				
1	17.4	17.6	17.8	18.1	18.5	1.80	1.79	1.79	1.77	1.75
2	17.9	18.2	18.3	18.5	18.8	1.79	1.79	1.78	1.77	1.75
3	17.8	18.1	18.3	18.6	18.9	1.79	1.78	1.77	1.76	1.74
4	16.5	16.7	16.8	17.2	17.5	1.82	1.81	1.80	1.78	1.77
5	17.5	18.0	18.3	18.6	18.8	1.79	1.78	1.77	1.75	1.74
6	17.7	18.0	18.2	18.3	18.7	1.78	1.77	1.76	1.76	1.75
7	17.6	18.1	18.3	18.6	18.7	1.79	1.78	1.77	1.76	1.75
8	18.0	18.3	18.4	18.6	18.7	1.79	1.77	1.76	1.75	1.73
9	17.6	17.9	18.1	18.4	18.7	1.79	1.78	1.77	1.75	1.74
10	17.6	18.0	18.2	18.6	18.7	1.79	1.79	1.78	1.77	1.75
11	17.6	17.9	18.0	18.4	18.7	1.80	1.79	1.78	1.76	1.74

4.3 CBR试验

根据灰土击实试验得出的最大干密度和最佳含水率制备CBR试件,按《公路土工试验规程》(T 0134—1993)规定的试验方法测定浸水96h的CBR强度。不同压实度要求下的灰土CBR试验结果见图2~图4。

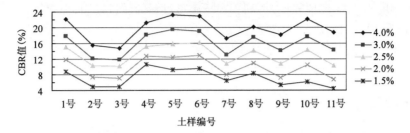

图 2　93%压实度下不同石灰掺量 CBR 值

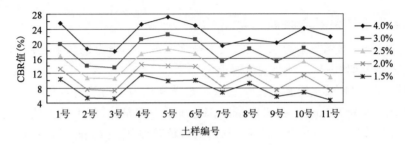

图 3　94%压实度下不同石灰掺量 CBR 值

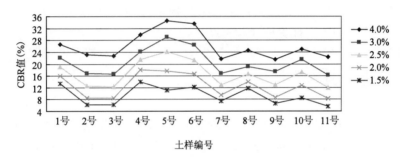

图 4　96%压实度下不同石灰掺量 CBR 值

4.4　灰土试验结果分析

4.4.1　掺加生石灰对土体击实特性的影响

由表 5 可以得出：土中掺入生石灰，随着石灰掺量的增加，最大干密度逐渐降低，最佳含水量逐渐升高。这是因为"生石灰在土中的消解水化膨胀作用使最大干密度降低；最佳含水量升高是因为生石灰中的 Ca^{2+} 与土颗粒表面的阳离子发生交换作用，改变了土颗粒表面的带电性质，使胶体颗粒加速絮凝，消耗一部分水分；另一方面，生石灰在土中进一步消解水化，需要更多的水分来减少颗粒间摩擦力，达到最佳压实效果"[2]。

4.4.2　掺加生石灰对土体 CBR 值的影响

由图 2～图 4 可以得出：在相同压实度时，随着石灰掺量增加，土体 CBR 值增加；在石灰掺量相同时，随着压实度增加，土体 CBR 值同样增加。这是因为："生石灰掺入土中时，发生了阳离子交换作用和絮凝作用，同时还发生了吸水膨胀和碳化胶结作用。一方面，由于水化作用，生石灰吸收了土中的水分，体积膨胀，放出热量，使土体发热和水分蒸发，从而改善了土质。另一方面，土中掺和生石灰后一部分生石灰和空气中的 CO_2 发生反应，形成 $CaCO_3$ 这种较弱的钙—黏结物质，使土碳化，提高了土体的强度，因此土体 CBR 值随着掺灰量增加而增加"[3]。

4.5　路基施工石灰掺量的确定

由图 2～图 4 的 CBR 试验结果分析可以得出：土中掺 1.5% 生石灰，93% 和 94% 压实度下 CBR 值可以满足规范要求，当用于上路床时 2 号、3 号、7 号、9 号、11 号土样 CBR 值不能满足规范要求；土中掺 2.0% 生石灰，试验土样能满足 93%、94% 和 96% 下路床压实度的 CBR 值要求，但有 2 号、3 号、11 号土样96%上路床压实度的CBR测值较低，不利于现场施工过程的质量控制；土中掺2.5%生石灰，不同压实度条件下CBR值均大于10，满足规范要求。

根据以上分析结果，结合价值工程原理，同时考虑到施工现场土方调配的不确定性、施工质量管理的易控性、土方掺灰施工的便利性及方案经济合理性等原则，路基施工按2.5%掺加生石灰。

5 石灰土典型施工

针对研究成果，选取了塑性指数最大的3号土样土场的土，在K715+050～K715+200进行了典型施工。

5.1 加强石灰土的焖料与拌和

（1）生石灰分批进场，做到既不影响进度，又不过多存放。加强对进场生石灰的试验检测，确保每批进场的生石灰技术指标均满足设计及规范要求。

（2）由于黏质土含水量大，土质黏土与生石灰很难拌和均匀。为了使石灰与土拌和达到最大程度均匀，首先在取土场将土挖开晾晒2～3d，降低一部分土的含水量，并将大的土块破碎至符合规定要求的粒径，然后再将生石灰掺入土中焖料2d，使土砂化，颗粒变细，保证拌和后没有素土夹层，且混合料色泽一致，基本没有灰条、灰团。

（3）林区对环保要求高，石灰土拌和会产生很大的扬尘，要求工作人员尽职尽责，尽量减少拌和时生石灰的损失和对环境的污染，并能保证拌和质量。

（4）石灰土拌和均匀后及时进行石灰剂量检测，对于检测结果不符合设计要求，应进行二次拌和，重新检测，确保石灰剂量符合设计要求。

5.2 加强碾压

碾压采用振动式压路机（徐工18t）和三轮压路机（徐工21t）联合完成。18t压路机振动碾压2遍，21t三轮压路机碾压4遍，碾压速度前两遍采用1.5～1.7km/h，以后采用2.0～2.5km/h，至无明显轮迹。

5.3 加强试验检测

在施工过程中，进行了石灰剂量、压实度（设计值≥93%）和回弹弯沉检测［设计值≤232.9（0.01mm）］，检测结果见表8。

2.5%灰土试验检测汇总表　　　表8

取样桩号	K715+060	K715+080	K715+100	K715+120	K715+140	K715+160	K715+180
石灰剂量(%)	3.2	3.4	3.1	3.0	3.0	3.1	3.2
压实度(%)	94.9	93.7	94.3	93.7	94.3	95.4	94.3
回弹弯沉值(0.01mm)	60	90	80	94	82	90	60

由表6的试验检测结果可知：掺加2.5%生石灰的灰土，通过加强焖料、拌和、碾压等施工控制措施，灰土石灰剂量、压实度和回弹弯沉检测结果均符合设计及规范要求，为后续施工质量控制提供依据。

6 施工效果检验

在后续施工中，项目部严格按照典型施工确定的工艺参数进行施工，加强了对灰土石灰剂量、压实度和回弹弯沉检测的控制。

（1）石灰剂量共检测4 378次，平均值3.1%。

（2）压实度共检测12 683次，其中下路堤（设计值≥93%）8 769次，平均值94.1，上路堤（设计值≥94%）1 979次，平均值95.3，路床（设计值≥96%）1 935次，平均值96.9，按照《公路工程质量检验评定标准》(JTGF 80/1—2004)进行评定,评定结果均满足设计及规范要求。

(3)回弹弯沉共检测3976次,平均值172.8(0.01mm),小于设计值。

7 评价

(1)石灰土用作路基施工具有良好的整体性、板体性,具有一定的刚度,能提高路基的整体强度。

(2)黏质土本身CBR值较小,均在4以下。掺入生石灰不但能有效改善该黏质土的物理力学性能,而且路基填料强度大幅度提高。

(3)对于本标段的土质,掺加2.5%的生石灰,通过施工过程的质量控制,灰土石灰剂量、压实度、回弹弯沉检测结果均符合设计及规范要求。其他工程仅供参考,不可照搬使用。

(4)生石灰处理后黏质土的击实特性发生了明显变化,随着生石灰掺量的增加,最大干密度降低,最佳含水率升高。

8 结语

生石灰改良软弱路基土试验研究在本标段得到了成功的应用,施工现场严格控制各个施工环节,经过对现场路基施工效果检验,效果良好。

参 考 文 献

[1] 中华人民共和国行业标准.JTG F10—2006 公路路基施工技术规范[S].北京:人民交通出版社,2006.

[2] 汪文莉,曾宪伟,索旭方.生石灰改良黏性土的作用机理[J].山西交通科技,2003.

[3] 王雁然,曹定胜.改性膨胀土CBR值的试验研究[J].岩土力学与工程学报,2004.

季冻区沥青路面的补充设计指标研究

张熙颖[1]　魏志刚[2]　孙东雨[3]　王书娟[4]

(1. 吉林建筑大学交通科学与工程学院　长春　130033；
2. 吉林省高等级公路建设局　长春　130000；
3. 中交四公局一公司　长春　130000；
4. 吉林省交通科学研究所　长春　130012)

摘　要：鹤大高速公路是"7918"公路网纵贯线中的一支。自然区划属于季冻区，其气候特点是冬严寒、夏酷暑，沥青路面结构会较早出现高温或低温病害，这严重影响其路用性能及经济性。我国的沥青路面设计规范中设计指标体系面向全总区域适用，没有针对季冻区的专门措施。本文结合鹤大高速公路沿线自然条件，选择6种典型沥青路面结构，采用BISAR中的应力应变模块计算结构在重载作用下的七种荷载响应。采用灰理论建立灰关联空间，通过形成差异信息空间，确定环境参数，计算出灰关联系数及灰关联度。以路表设计弯沉值代表路面结构性能，各荷载响应与路表弯沉值间的灰关联度即代表某一指标对结构路用性能的影响程度。通过这一方法，找出各设计参数对于路用性能影响程度的排序，形成针对季冻区的"国标＋"设计指标体系。

关键词：季冻区　灰理论　差异信息空间　灰关联度　国标＋

鹤大高速公路是我国"7918"公路网9条南北纵贯线中的一条，全长约1 450km，空间跨越黑吉辽三省，自然区划上大多属于季冻区。季冻区气候特点是夏酷暑、冬严寒。这种极端的自然条件使沥青路面结构高温性能及低温性能面临极大的挑战，常见病害发育表现为出现早、发展快、破坏性强等特点[1-2]。

我国的行业规范《公路路基设计规范》(JTG D30—2015)及《公路沥青路面设计规范》(JTG D50—2006)中，没有针对季冻区的专门措施，仍是采用全国通用的两级设计指标体系(设计弯沉值及层底拉应力)，而这两个指标无法全面代表导致结构出现病害的诱因。

本文结合鹤大高速公路的沥青路面形式，选择6种典型路面结构，计算出对路面结构性能最为敏感的8个荷载响应数据，应用灰理论建立起针对季冻区沥青路面设计的指标库，以灰关联度确定各指标对于路面结构使用性能影响程度的顺序。此顺序一经确定，设计者可根据项目具体环境条件从指标库中选择若干指标作为设计参数。这样的设计指标能够从数据上对应路面结构运营中的各种损害，从设计上控制及预防病害的出现。

1　典型路面结构的提出及符合性验算

典型路面结构在道路工程较发达的国家发展较早，我国部分地区及学者也都有研究并推荐出适合各自区域的典型路面结构[3]。"典型结构"针对性及适应性均较强，尤其适合疆域辽阔、气候多变的我国。

在综合考虑了吉林季冻区的路基土质(东部山区多石、中部多低液限黏土、西北部多高液限粉土)、气温条件(夏季高温、冬季寒冷，东部多雨、西北部干旱)、行车荷载(中部通道交通量大)、现有公路路面结构类型(二灰碎石基层结构多)等因素后，本文选择了6种典型路面结构为研究对象。并且对其按现行规范方法进行了验算，各结构均符合现行设计要求。6种结构的几何参数见表1。

季冻区典型路面结构几何参数（单位：cm）   表1

结构类型	P_1	P_2	P_3	P_4	P_5	P_6
SMA 13		4	4			
AC 13	4		5		7	7
AC 16	5	5	6	7	10	8
AC 25	6	6		8	13	9
沥青碎石			12	30	12	12
级配碎石				30	25	
水稳碎石		30				
二灰碎石	30		18			30
石灰土	18	25	18			
天然砂砾	15	15	15	15	15	15

注：表中的 P_i 代表某一类型路面结构；二灰碎石配合比为8:7:85；水稳碎石及石灰土的配合比，结合料含量均为5%。

2 路面结构设计参数库的建立

将典型路面结构照弯沉等效的原则换算成三层体系，表2为三层体系换算结果表。相关文献及工程实践表明，沥青层层底拉应力、层底拉应变、基层层底拉应力、基层层底拉应变、土基顶面压应力、压应变及轮隙处路面竖向位移这七项荷载响应分别能够最大程度地反映路面结构不同的破坏状态[3]，本文计算出所有结构的荷载响应，构成典型路面结构设计参数库。基于目前路面上通行车辆轴载偏大的现状，计算中采用单轴双轮组130kN的轴载，计作ckz130，计算软件采用壳牌石油公司BISAR软件中的应力应变模块进行计算。计算中，层与层之间按照连续计算。荷载响应计算结果如表3所示。表中的设计弯沉值采用现行规范中的方法计算。

典型路面结构的三层体系   表2

结构类型	长寿命沥青路面结构					
	P_1	P_2	P_3	P_4	P_5	P_6
h(cm)	15.80	15.73	15.80	43.46	31.49	25.34
H(cm)	33.61	33.33	63.02	36.94	28.21	86.05
E_1(MPa)	1 200	1 200	1 200	600	1 200	1 200
E_2(MPa)	1 300	1 400	600	300	600	600

典型路面结构的荷载响应   表3

荷载响应	路面结构					
	P_1	P_2	P_3	P_4	P_5	P_6
l_d(0.01mm)	21.2	21.7	21.7	34	31.9	21.5
σ_1(kPa)	−157.6	−159.9	−138.1	−48.1	−61.4	−18.5
ε_1(με)	−81.2	−81.2	−86.6	−18.5	−13.2	−3.2
σ_2(kPa)	240.9	251.7	83.6	57.1	121.6	44.7
ε_2(με)	135.2	131	106.2	150.1	152.8	57.3
σ_0(kPa)	−15.9	−15.7	−9.7	−12.8	−14.5	−5.0
ε_0(με)	−111.7	−107.8	−88	−141	−130.8	−46.2
l(μm)	759.6	753.7	636.6	697.8	720.8	468.6

注：σ_1-沥青层层底压应力；σ_2-基层层底拉应力；ε_1-沥青层层底压应变；ε_2-基层层底拉应变；σ_0-土基顶压应力；ε_0-土基顶面压应变；l-轮隙处路表竖向位移

3 基于灰关联分析的路面设计参数排序

邓聚龙教授于 1982 年发表了"Control Problems of Grey Systems",这标志着灰系统理论的诞生[4],"灰"介于"白"和"黑"之间。

灰理论适用于数据不够完整、信息量不够大的问题[5]。灰理论中,某一个数据命题的第 k 个数据点表示为 $(k,v(x(k)))$,这样的一个顺序排列即为一个灰序列。若 x 是有限的,则称此序列为有限序列。灰序列分为最大值序列、最小值序列及适中值序列[6]。

3.1 灰空间的生成

本文中荷载响应对于路用性能的影响符合灰关联分析的特点,上文计算出来的 8 个荷载响应序列可构成一个灰空间,如公式(1)所示。

$$@INU = \{\omega_i | i \in I = \{1,2,3,4,5,6\}\}, \tag{1}$$

$$\begin{cases} \omega_1 = \{21.2, 21.7, 21.7, 34, 31.9, 21.5\}, \\ \omega_2 = \{-157.7, -159.9, -138.1, -48.1, -61.4, -18.5\}, \\ \omega_3 = \{-81.2, -81.2, -86.6, -18.5, -13.2, -3.2\}, \\ \omega_4 = \{240.9, 251.7, 83.6, 57.1, 121.6, 44.7\}, \\ \omega_5 = \{135.2, 131, 106.2, 150.1, 152.8, 57.3\}, \\ \omega_6 = \{-15.9, -15.7, -9.7, -12.8, -14.5, -5.0\}, \\ \omega_7 = \{-111.7, -107.8, -88, -141, -130.8, -46.2\} \\ \omega_8 = \{759.6, 753.7, 636.6, 697.8, 720.8, 468.6\} \end{cases} \tag{2}$$

3.2 差异信息空间的生成

为了对空间进行灰关联分析,需去除量纲对运算的影响,本文采用初值化处理的方法,具体处理方法见式(3)。

$$\begin{cases} x_1 = INIT\omega_1 \\ \omega_1 = (\omega_1(1), \omega_1(2), \omega_1(3), \omega_1(5), \omega_1(6),) \\ \quad = (21.2, 21.7, 21.7, 34, 31.9, 21.5), \\ x_1 = (x_1(1), x_1(2), x_1(3), x_1(4), x_1(5), x_1(6),) \\ \quad = (1, 1.024, 1.024, 1.604, 1.505, 1.014) \end{cases} \tag{3}$$

初值化生成后的灰关联空间中的数据要进一步差异化处理。本文中,采用设计弯沉值代表结构的路用性能,称之为标准序列,记作 x_0。而其他 7 个荷载响应被称作参考序列。差异化处理就是将每一个参考序列与标准序列中对应的数值做差,形成一个新的差异序列。具体计算方法见式(4)。

$$\Delta_{0i}(k) = |x_0(k) - x_i(k)| \tag{4}$$

3.3 环境参数的确定

经差异化处理的 7 个新序列形成的空间称为差异信息空间。差异信息空间数据见文献[1]。在此差异信息空间中,需引入环境参数。环境参数计算如下:

$$\Delta = \{\Delta_{1i}(k) | i = 2,3,4,5,6,7,8; k = 1,2,3,4,5,6\}$$

$$\Delta_{1i}(\max) = \max_i \max_k \Delta_{1i}(k) = 1.376$$

$$\Delta_{1i}(\min) = \min_i \min_k \Delta_{1i}(k) = 0$$

其中:$\Delta_{1i}(\max) \in \Delta$

$\Delta_{1i}(\min) \in \Delta$

引入分辨系数 ξ,按照最少信息原理,如果没有更多信息可以利用,则要尽可能充分利用现有信息,

此时取 $\xi = 0.5$ [6-7]。

在确定上述参数后,灰关联信息空间可表达如下:

$$\Delta_{GR} = (\Delta, \xi, \Delta_{1i}(\max), \Delta_{1i}(\min))$$
$$\Delta_{GR} = (\Delta, 0.5, 1.376, 0)$$

3.4 灰关联系数及灰关联度的计算

灰关联系数的采用式(5)计算:

$$\gamma(x_0(k), x_i(k)) = \frac{\min_i \min_k \Delta_{1i}(k) + \xi \max_i \max_k \Delta_{1i}(k)}{\Delta_{1i}(k) + \xi \max_i \max_k \Delta_{1i}(k)}$$
$$= \frac{0.5 \times 1.376}{\Delta_{1i}(k) + 0.5 \times 1.376}$$
$$= \frac{0.688}{\Delta_{1i}(k) + 0.688} \quad (5)$$

对于每一个差异信息序列,逐一计算参考序列与标准序列每一对数据间的灰关联系数,每一组灰关联系数的算术平均值即为灰关联度[8-9]。灰关联度的计算方法见式(6)。

$$\gamma(x_1, x_2) = \frac{1}{6} \sum_{k=1}^{8} \gamma(x_1(k), x_2(k)) \quad (6)$$

计算出来标准序列与全部比较序列间的灰关联系数及灰关联度数据见表4。由表4的数据,可以得到下面的灰关联度由大到小的顺序:

$$\gamma(x_1, x_7) > \gamma(x_1, x_8) > \gamma(x_1, x_5) > \gamma(x_1, x_6) > \lambda(x_1, x_3) > \gamma(x_1, x_2) > \gamma(x_1, x_4)$$

分析上述计算结果,在6种典型路面结构中,以路表设计弯沉值作为标准序列代表路面结构路用性能,在ckz-130作用下所计算出来的荷载响应中,对路面性能的影响程度由大到小排序为:路基顶面压应变 > 轮隙中心处路面竖向位移 > 沥青层层底压应变 > 基层层底拉应变 > 路基顶面压应变 > 沥青层层底压应力 > 基层层底拉应力。

4 结语

季冻区由于其自然环境的独特性,现行国标两级指标不能完全反映路面结构破坏状态。采用典型路面结构,依托于灰理论,建立灰关联空间,对空间中的序列进行初值化处理及差异信息处理后,计算出标准序列与参考序列的灰关联系数及灰关联度,就可以按照对路面性能影响程度的强弱得出参数库中各参数序列的排序(表4)。季冻区的公路设计者在掌握了项目的设计任务、交通组成及交通量、自然条件(高温、低温)、水文条件、地质条件、水文地质条件等设计影响要素的前提下,明确了设计中矛盾主次顺序后,即可在参数库指标中有序地选择出一个或多个参数作为自己设计的补充指标。形成具有季冻区特色的针对沥青路面的"国标+"设计体系。

标准序列与比较序列间的灰关联度 表4

序列	$\gamma(x_1,x_2)$	$\gamma(x_1,x_3)$	$\gamma(x_1,x_4)$	$\gamma(x_1,x_5)$	$\gamma(x_1,x_6)$	$\gamma(x_1,x_7)$	$\gamma(x_1,x_8)$
灰关联度	0.661	0.665	0.627	0.690	0.678	0.757	0.739

采用"国标+"设计方法所完成的季冻区路面结构,与未来运营中所要面临的具体条件(荷载条件、自然条件)能更好地匹配,更能准确地与路面损害状态相对应,可以弥补现在的路面设计指标体系中所遗漏的部分,是对现行设计方法的完善和补充。这一方法同样适用于更多类型的路面结构间的参数比选,对于其他自然区划下的沥青路面设计也同样适用。

参 考 文 献

[1] 张熙颖. 基于全寿命周期的季冻区典型路面结构研究[D]. 吉林大学, 2013.12: 13-28.

[2] 沈金安.沥青及沥青混合料路用性能[M].北京.人民交通出版社,2001.

[3] 周正峰,苗禄伟等.典型沥青混凝土路面结构力学响应的分布[J].公路,2015.08：46-48.

[4] Deng JuLong. Grey Information Space[J]. The Journal of Grey System. 1989.02：01-05.

[5] 施国洪.灰色系统理论在故障诊断决策中的应用[J].系统工程理论与实践,2001.04：120-123.

[6] 陈莉霞.基于熵—灰理论的建筑工程造价影响因素分析与评价[M].兰州交通大学,2014,07：112-115.

[7] 黄晓明,许涛,曾磊,等.基于灰靶理论的隧道路面结构类型选择[J].公路交通科技,2008.08,01-05.

[8] 刘思峰,党耀国,等.灰色系统理论及其应用[M].科学出版社,1999:48-52.

[9] 郭欢.基于灰理论的短时交通流动力学建模预测与优化研究[M].武汉理工大学,2013,12:08-10.

季冻区柔性基层 ATB-25 配合比设计及施工质量控制

陈 磊　明翠柳

(中交路桥北方工程有限公司　北京　100024)

摘　要：本文结合吉林省延边地区天气的特点，以鹤大高速公路工程 ZT06 标段柔性基层 ATB-25 为例，对沥青混合料病害分析、原材料要求、配合比设计、施工质量控制等方面进行了总结。

关键词：季冻区柔性基层　配合比设计　质量控制

1　引言

ATB 柔性基层具有较高的抗剪强度、抗弯拉强度和耐疲劳特性，不易产生收缩开裂和水损害等特点。ATB 是针对基层设计的一种材料，与传统用于面层的沥青混凝土相比，粒径偏大、级配偏粗、沥青用量偏少，对原材料的要求相对于面层偏低。与沥青碎石相比，它的细集料和填料用量较多，级配和原材料要求相对较高。鉴于沥青稳定碎石的材料特性，如何将其应用于半刚性基层为主的沥青混凝土路面结构，已成为一个重要课题。因此，在基层与面层之间设置一层过渡性结构的想法应运而生。即利用沥青稳定碎石下面层延缓基层裂缝向中、上面层反射，从而提高路面的抗车辙能力。

2　工程概况

本标段鹤大高速公路 ZT06 标路线全长 18.392km，桩号 K632+700～K651+092.268，位于吉林省敦化市境内，路线经光明林场，大蒲柴河镇北绕线，跨富尔河至终点。本地区属于中温带大陆性气候区，四季变化明显，春季干燥多风，夏季炎热多雨，但秋末、冬初路面经常出现雨后结冰，影响行车安全。冬季漫长而寒冷，涎流水、冰冻、积雪(风吹雪)、冻胀和翻浆为公路主要病害。

敦化市年平均气温 2.6℃，最低月平均气温 -28.8℃，最高月平均气温 27.9℃，极端最高气温为 34.5℃，极端最低气温为 -38.3℃，年平均降水量 621.8mm，最大日降水量 93.5mm，年平均蒸发量 1263mm，年平均日照时间 2477h，平均风速 3.2m/s，大冻土深度 184cm，最大积雪深度 33cm，一般初霜出现在 9 月中旬，终霜在 5 月上旬，年平均无霜期 120d。

3　配合比设计及材料检验

3.1　目标配合比设计

3.1.1　马歇尔技术指标和路用性能要求

ATB-25 混合料配合比采用马歇尔设计方法进行设计，按照《公路沥青路面施工技术规范》(JTG F40—2004)、《吉林省高速公路施工标准化管理指南(试行)》执行，混合料各项指标符合技术要求(表1～表3)。

沥青稳定碎石沥青稳定碎石马歇尔试验配合比设计技术标准　　　表1

试验指标	单　位	密级配基层(ATB)
最大公称粒径	mm	26.5
马歇尔试件尺寸	mm	φ152.4mm×95.3mm
击实次数(双面)	次	112
空隙率 VV	%	4～6

续上表

试验指标	单位	密级配基层(ATB)	
稳定度,不小于	kN	15	
流值	mm	实测	
沥青饱和度 VFA	%	55~70	
矿料间隙率 WMA(%) 不小于		设计空隙率	ATB-25
		4	12
		5	13
		6	14

ATB-25 混合料技术指标　　表2

指标	残留稳定度	动稳定度	冻融劈裂强度
ATB-25	不小于80%	不小于800	不小于75%

工程设计级配范围　　表3

筛孔(mm)	通过下列筛孔的质量百分率(%)											
	31.5	26.5	19	16	13.2	9.5	4.75	2.36	1.18	0.6	0.3	0.15	0.075
ATB-25	100	90~100	60~80	50~68	43~62	36~52	28~35	18~25	12~18	8~13	5~11	4~8	4~6

3.1.2 材料的选择和性质检验

按照《公路沥青路面施工技术规范》(JTG F40—2004)、《吉林省高速公路施工标准化管理指南(试行)》、施工图纸设计要求,参考东北高速项目历年的 ATB-25 配合比设计数据,吸取他们的经验,并对当地材料取样试验并分析调整。

(1)沥青

ATB-25 柔性基层采用辽河石化生产的70号 A 级道路石油沥青,其技术指标检测符合规范要求,结果见表4。

70号 A 级道路石油沥青检测指标及检测结果　　表4

检测项目	技术指标	实测数据	判定结果
针入度25℃、100g、5s	60~80	72.6	合格
针入度指数 PI	-1.5~1.0	-0.3	合格
延度10℃,≥	25	大于100	合格
延度15℃,≥	100	大于100	合格
软化点,≥	45	47	合格
含蜡量,≤	2.2	2.1	合格
60℃动力黏度,≥	160	194.1	合格
闪点℃,≥	260	276	合格
溶解度%,≥	99.5	99.8	合格
质量变化%,≤	±0.8	-0.2	合格
残留针入度比25℃,≥	61	84.3	合格
残留延度10℃,≥	6	23	合格

(2)粗集料

选用吉林省敦化市建通石场生产的玄武岩碎石,其技术指标检测符合规范要求。检测结果见表5。

粗集料检测结果 表5

检 测 项 目	技 术 指 标	实 测 结 果	判 定 结 果
压碎值(%),≤	20	15.2	合格
洛杉矶磨耗损失(%),≤	25	B:8.06,C:13.54,D18.03	合格
针片状颗粒含量(%),≤	18	9.7	合格
吸水率(%),≤	2.0	0.98	合格
与沥青地黏附性(级),≥	4	4	合格
坚固性(%),≤	12	3.6	合格
水洗法<0.075mm颗粒含量(%),≤	1	0	合格
软石含量(%),≤	3	0	合格
毛体积相对密度(g/cm3)	—	2.805	合格
表观相对密度(g/cm3),≥	2.50	2.889	合格

(3)细集料

选用吉林省白山金刚水泥厂生产机制砂,母材选用石灰岩,其技术指标检测符合规范要求。检测结果见表6。

细集料检测结果 表6

检 测 项 目	技 术 指 标	实 测 结 果	判 定 结 果
表观相对密度(g/cm^3),≥	2.6	2.737	合格
坚固性(%),≤	10	4	合格
亚甲蓝值(g/kg),≤	3	1.2	合格
砂当量(%),≥	75	84	合格
棱角性(S),≥	30	31.1	合格

(4)填料

选用吉林省白山金刚水泥厂生产矿粉,矿粉干燥、洁净、无团粒结块,其技术指标检测符合规范要求。检测结果见表7。

矿粉检测结果 表7

检 测 项 目	技 术 指 标	实 测 结 果	判 定 结 果
表观密度(g/cm^3),≥	2.5	2.733	合格
含水率(%),≤	0.8	0.1	合格
亲水系数,<	1.0	0.72	合格
外观	无团粒结块	无团粒结块	合格
塑性指数,≤	4	2.1	合格
加热安定性	颜色基本不变	颜色无变化	合格
粒度范围(%)	<0.6mm 100	100	合格
	<0.15mm 90~100	98.4	合格
	<0.075mm 90~100	94.2	合格

3.1.3 马歇尔试验方法配合比设计

根据规范规定的级配范围和集料筛分结果合成ATB-25柔性基层沥青碎石目标配合比矿料级配设计过程中,试验结果显示筛孔通过量的变化对设计空隙率影响明显,经设计调整后,确定原材料用量比例为16~26.5:9.5~16:4.75~9.5:2.36~4.75:机制砂:矿粉=35:25:9:6:20:5,沥青混合料合成级配计算表见表8。矿料级配设计曲线图见图1。

ATB-25型沥青混合料目标配合比级配合成计算表　　　　表8

筛孔尺寸 (mm)	矿料规格						合成级配	工程设计级配范围		
	16~26.5	9.5~16	4.75~9.5	2.36~4.75	机制砂	矿粉		上限	中值	下限
31.5	100						100	100	100	100
26.5	93.9	100					97.9	100	95	90
19	21.2	99.0					72.2	80	70	60
16	1.3	82.0	100				61.0	68	59	50
13.2	0	46.8	98.0				51.7	62	52.5	43
9.5		5.5	1.2	100			41.2	52	44	36
4.75		0	0	80	100		29.9	35	31.5	28
2.36			0.7	78.2			20.7	25	21.5	18
1.18				0	49.6		14.9	18	15	12
0.6					28.8	100	10.8	13	10.5	8
0.3					19.8	99.6	8.9	11	8	5
0.15					9.9	98.4	6.9	8	6	4
0.075					5.4	94.2	5.8	6	5	4
合成比例	35	25	9	6	20	5	100			

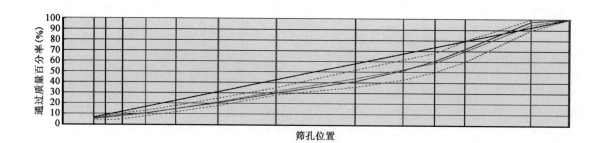

矿料级配设计曲线图

依据JTG F40—2004规范要求,对所需矿料进行检测,检测结果见表9。

矿料检测结果　　　　表9

组成材料	表观相对密度	标杆相对密度	毛体积相对密度	吸水率
26.5	2.880	2.839	2.817	0.77
19	2.886	2.844	2.823	0.78
16	2.890	2.841	2.815	0.93
13.2	2.889	2.837	2.810	0.98
9.5	2.894	2.840	2.811	1.04
4.75	2.906	2.842	2.808	1.21
2.36	2.927	2.837	2.790	1.68
机制砂	2.737	—	2.610	1.78
矿粉	2.733	—	—	—
沥青	1.005			
矿料合成	2.861	—	2.775	—

(1) 马歇尔试验

根据选定沥青碎石混合料级配中各材料的比例,成型马歇尔试件,沥青加热温度为155℃,矿料加热温度为168℃,击实温度为143℃。采用表干法测定马歇尔试件的毛体积相对密度,并根据沥青混合料实测理论最大相对密度计算各组试件的空隙率、矿料间隙率、沥青饱和度等各项指标,将试件静置于60℃±1℃的恒温水浴中,30~40min后,在测定各组试件的马歇尔稳定度和流值等物理力学指标,初步确定最佳油石比为3.9,在此基础上进行油石比为3.3、3.6、3.9、4.2、4.5的5个不同沥青用量的马歇尔试验确定最佳油石比,目标孔隙率设计为4.5(表10)。

马歇尔试验参数　　　　　　表10

油石比(%)	毛体积密度(g/cm³)	马歇尔稳定度(kN)	流值(mm)	空隙率(%)	矿料间隙率(%)	沥青饱和度(%)
3.3	2.501	21.0	3.11	5.9	12.8	53.1
3.6	2.510	22.8	3.23	5.2	12.7	59.3
3.9	2.513	23.4	3.45	4.6	12.9	64.2
4.2	2.510	22.5	3.54	4.2	13.2	67.9
4.5	2.507	20	3.72	3.9	13.6	71.1
技术标准	—	>7.5	—	4~6	12.5~13.7	55~70

(2) 最佳油石比

根据油石比与各项马歇尔指标关系曲线走势(图2)确定最佳沥青用量:

$$OAC_1 = (a_1 + a_2 + a_3 + a_4)/4 = (3.9 + 3.9 + 4 + 3.8)/4 = 4.0$$

$$OAC_2 = (OAC_{min} + OAC_{max})/2 = (3.3 + 4.35)/2 = 3.83$$

计算最佳油石比:$OAC = (OAC_1 + OAC_2)/2 = (4.0 + 3.84) = 3.9$

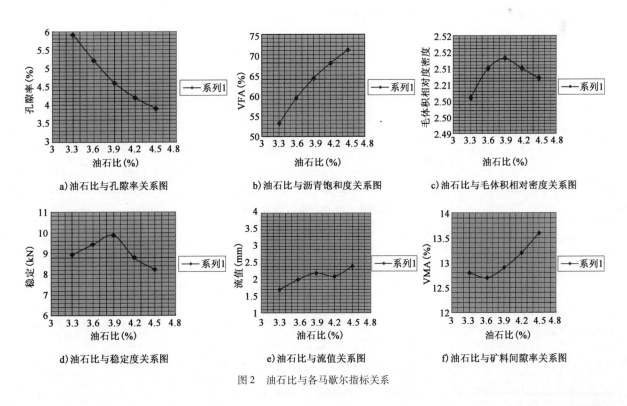

a) 油石比与孔隙率关系图　　b) 油石比与沥青饱和度关系图　　c) 油石比与毛体积相对密度关系图

d) 油石比与稳定度关系图　　e) 油石比与流值关系图　　f) 油石比与矿料间隙率关系图

图2　油石比与各马歇尔指标关系

3.1.4 按最佳油石比3.9进行马歇尔试验,并进行路用性能检验。

配合比设计检验结果见表11。

配合比设计检验结果　　　　表11

指　标	残留稳定度(%)	动稳定度次(mm)	冻融劈裂强度(%)	毛体积相对密度	空隙率(%)	稳定度(kN)	流值(mm)	饱和度(%)	矿料间隙率(%)	飞散损失(%)	析漏损失(%)
设计要求	≥80%	≥800	≥75%	—	4~6	≥7.5	1.5~4	55~70	≥12.5	实测	实测
检测结果	96.6	2926	84.9	2.513	4.6	23.4	3.45	64	13.3	6.7	0.14
结论	检验结果满足施工图纸设计要求										

3.1.5 目标配合比确定

最佳油石比3.9%,毛体积相对密度2.512 g/cm³、最大理论相对密度2.634 g/cm³、空隙率4.6%、有效沥青含量3.53%、粉胶比1.6%,矿料比例16~26.5:9.5~16:4.75~9.5:2.36~4.75:机制砂:矿粉=35:25:9:6:20:5,级配设计见表12。

级　配　设　计　　　　表12

筛孔	通过下列筛孔的质量百分率											
	31.5	26.5	19	16	13.2	9.5	4.75	2.36	1.18	0.6	0.3	0.15	0.075
级配范围	100	90~100	60~80	50~68	43~62	36~52	28~35	18~25	12~18	8~13	5~11	4~8	4~6
设计级配	100	97.9	72.2	61	51.7	41.2	29.9	20.7	14.9	10.8	8.9	6.9	5.8

4　生产配合比设计

4.1　级配合成

我标段采用吉公4500型间歇式拌和站,根据各个热料仓筛分结果,对照目标配合比合成级配调整生产配合比矿料级配,调整后确定柔性基层ATB-25型沥青碎石生产配合比中各热料仓矿料比例为:6号热料仓:5号热料仓:4号热料仓:3号热料仓:2号热料仓:1号热料仓:矿粉=18:22:20:12:4:20:4。热料仓矿料密度吸水率、筛分结果及生产级配设计,见表13、表14。

矿料密度、吸水率　　　　表13

热　料　仓	表观相对密度	表干相对密度	毛体积相对密度	吸　水　率
1	2.818	—	2.718	1.2
2	2.867	2.774	2.727	1.84
3	2.920	2.828	2.780	1.72
4	2.906	2.811	2.761	1.80
5	2.908	2.832	2.792	1.42
6	2.900	2.846	2.817	1.02

沥青混合料生产配合比合成计算表　　　　表14

筛孔(mm)	1号仓 0~2.36	2号仓 2.36~4.75	3号仓 4.75~9.5	4号仓 9.5~13.2	5号仓 13.2~19	6号仓 19~26.5	矿粉 26.5~31.5	合成级配1	合成级配2	工程设计级配范围	
31.5	100.0	100.0	100.0	100.0	100.0	100.0	100.0	100.0	100.0	100	100
26.5	100.0	100.0	100.0	100.0	100.0	75.0	100.0	95.0	95.5	90	100
19	100.0	100.0	100.0	100.0	67.7	2.5	100.0	73.4	75.3	60	80
16	100.0	100.0	100.0	94.8	22.2	0.5	100.0	62.1	64.0	50	68
13.2	100.0	100.0	100.0	33.9	1.4	0.5	100.0	46.5	47.2	43	62
9.5	100.0	100.0	90.9	3.4	0.2	0.5	100.0	39.6	39.7	36	52

续上表

筛孔 (mm)	1号仓 0~2.36	2号仓 2.36~4.75	3号仓 4.75~9.5	4号仓 9.5~13.2	5号仓 13.2~19	6号仓 19~26.5	矿粉 26.5~31.5	合成级配1	合成级配2	工程设计级配范围	
4.75	99.6	98.2	10.0	0.2	0.2	0.4	100.0	29.2	29.2	28	35
2.36	81.6	8.3	1.0	0.1	0.1	0.4	100.0	21.0	20.9	18	25
1.18	40.5	4.0	0.8	0.1	0.1	0.4	100.0	12.8	12.5	12	18
0.6	27.2	2.0	0.8	0.1	0.1	0.4	100.0	10.1	9.7	8	13
0.3	20.6	1.4	0.8	0.1	0.1	0.4	100.0	8.8	8.4	5	11
0.15	11.3	1.0	0.8	0.1	0.1	0.4	99.8	7.0	6.5	4	8
0.075	4.5	0.9	0.8	0.1	0.1	0.4	99.9	5.6	5.1	4	6
比例1	19.5	4	12	18	22	20	4.5				
比例2	20	4	12	20	22	18	4				

4.2 生产配合比检验

根据目标配合比选定的最佳油石比为 3.9% ±0.2%,分别采取 4.1、3.9、3.7 三个油石比制作试件并进行马歇尔试验,检验结果见表 15。

沥青混合料性能检测结果　　　　　　表 15

油石比 (%)	最大理论相对密度(g/cm³)	毛体积相对密度(g/cm³)	空隙率(%)	马歇尔稳定度(kN)	流值(mm)	沥青饱和度(%)	矿料间隙率(%)
4.1	2.629	2.511	4.5	22.2	2.87	65.2	12.9
3.9	2.634	2.502	5.0	24.3	3.19	61.7	13.1
3.7	2.641	2.491	5.7	24.3	3.19	58.6	13.7
技术标准	—	—	4-6	≥7.5	—	55-70	12.5-13.7

4.3 沥青拌和站热料调试

经以上试验数据经验,并对 4.1、3.9、3.7 三个不同油石比进行调试,取样检测结果见表 16。

4.1、3.9、3.7 油石比检测结果　　　　　　表 16

生产油石比	4.1	3.9	3.7	结　论
抽提后油石比	4.1	3.92	3.71	
抽提后筛分				
31.5	100	100	100	
26.5	96.0	95.8	96.5	
19	75	74.7	75.2	
16	60.2	60.3	60.8	
13.2	46.1	46.3	46.1	
9.5	39.1	38.7	38.5	
4.75	31.0	30.9	30.7	拌和站对各种材料计量和级配控制满足施工要求
2.36	22.1	21.1	21.0	
1.18	14.1	14.3	14.0	
0.6	12.2	11.8	11.6	
0.3	8.1	8.1	8.0	
0.15	6.7	6.5	6.3	
0.075	5.8	5.6	5.4	

4.4 生产配合比确定

按照选定的矿料级配和最佳油石比 3.9% 制作马歇尔试件,分别进行浸水残留稳定度、冻融劈裂、动稳定度试验,各项技术指标均符合规范要求,检测结果见表 17。

检 测 结 果　　　　　　　　　　　　　　表 17

技 术 指 标	动稳定度(次/mm)	残留稳定度(%)	冻融劈裂强度(%)
技术要求	不小于 2 500	不小于 80	不小于 75
检验结果	2 783	97.9	85.2

考虑本地区冬季漫长寒冷,为保障混合料的低温抗裂性能,油石比提高 0.1%,以 4.0% 的油石比作为生产配合比的最佳油石比,生产级配按(表 13)合成级配 1 控制。

4.5 性能检测

按照选定的矿料级配和最佳油石比制作马歇尔试件,分别进行浸水残留稳定度、冻融劈裂和车辙试验,以检测沥青混合料抵抗水损害的能力和高温稳定性能,经检测上述指标符合规范要求,检测结果见表 18。

性能检测指标及结果　　　　　　　　　　　　表 18

最佳油石比	检测项目	技术要求	检测结果
3.9%	空隙率(%)	4~6	4.8
	沥青饱和度(%)	55~70	64
	矿料间隙率(%),≥	13.0	13.1
	马歇尔稳定度(KN),≥	7.5	23.9
	流值(mm)	—	3.5
	动稳定度(次/mm),≥	2 500	2 926
	冻融劈裂残留稳定度(%),≥	75	84.9
	浸水残留稳定度(%),≥	80	96.6

由以上试验结果可知,ATB-25 沥青稳定碎石混合料的各项指标均符合设计要求,可用于试验段的试铺工作。

5 试验段铺筑

在目标配合比设计的基础上进行生产配合比设计及试拌,于 2015 年 8 月 11 日在本标段 ZK643+400~ZK643+600 处铺筑 200m 试验段。

5.1 拌和

ATB-25 沥青混合料试验,采用二次除尘设备间歇式 4000 型拌和楼进行拌和,每盘生产时间为 55s,其中干拌时间为 5s,拌和过程中沥青加热温度为 160℃,骨料加热温度在 175℃。

5.2 运输

(1)沥青混合料采用 30t 自卸车装运,车厢顶部采用厚棉被覆盖,以确保混合料温度。
(2)混合料装车前,车厢内壁涂隔离剂,顺序为前、后、中,以减少混合料离析。
(3)混合料装车时,混合料出机温度控制在 160℃ 左右。

5.3 摊铺

(1)松铺系数经现场检测,计算结果为 1.2。
(2)在摊铺前对熨平板提前 1h 预热,使熨平板温度不低于 100℃。
(3)铺筑过程中应选择熨平板的振捣或夯锤压实装置具有适宜的振动频率和振幅,提高路面的初始压实度。

(4)摊铺机速度调整到一个稳定速度均衡,两侧应保持有不少于送料器2/3高度的混合料,减少在摊铺过程中混合料的离析。

(5)局部离析及明显欠缺部位,应采用人工洒布细料适当补好。

5.4 碾压

在摊铺的沥青混合料上面,采用双驱式振动压路机和轮胎压路机尽快在高温下碾压,以达到最佳压实效果。粗粒式沥青碎石的压实分为初压、复压、终压(包括成型)三个阶段进行,沥青混合料压实遵循"紧跟、少水、慢压、高频、低幅"的碾压原则。具体如下:

(1)初压:采用双钢轮压路机前静后振碾压1遍,要求压路机紧跟摊铺机,速度为2.0~3.0km/h。初压应在混合料摊铺后较高的温度下进行,温度不低于130℃,压路机从内侧向外侧进行碾压,相邻碾压带重叠1/3~1/2轮宽。当边缘无遮挡时,在边缘处留出宽30~40cm,待压完第一遍后,再碾压边部。

(2)复压:双钢轮振压2遍→胶轮碾压1遍→双钢轮振压1遍→胶轮压路机碾压1遍→双钢轮压路机碾压1遍→胶轮压路机碾压1遍,碾压共计7遍。复压的目的是使混合料密实、稳定、成型。因此复压应在较高温度下并紧跟初压进行。

(3)终压:采用双钢轮静压2遍,消除碾压过程中由于振动引起的微小波纹和轮迹,精心整平所铺筑的路面,碾压速度2.0~3.0km/h。碾压终了的表面温度不低于70℃。

5.5 沥青混合料马歇尔试验结果及抽提情况

马歇尔试验结果见表19和表20。

马歇尔试验结果　　　　　表19

油石比(%)	最大理论相对密度(g/cm³)	毛体积相对密度(g/cm³)	孔隙率(%)	马歇尔稳定度(kN)	流值(0.1mm)
3.78	2.497	2.770	5.4	10.035	25.7

抽提试验结果　　　　　表20

筛选尺寸(mm)	31.5	26.5	19	16	13.2	9.5	4.75	2.36	1.18	0.6	0.3	0.15	0.075
筛上量(g)	0.0	69.2	272.6	220.6	204.8	112.5	128.3	115.4	103.8	38.9	51.9	18.8	25.9
	0.0	53.0	332.4	193.4	197.7	16.0	97.4	166.2	93.1	33.0	33.0	18.6	10.0
分计筛余(%)	0.0	4.8	18.96	15.3	14.2	7.8	8.9	8.0	7.2	2.7	3.6	1.3	1.8
	0.0	3.7	23.2	13.5	13.8	7.4	6.8	11.6	6.5	2.3	3.7	1.3	0.7
累计筛余(%)	0.0	4.8	23.7	39.0	53.2	61.0	69.9	77.9	85.1	87.8	91.4	2.7	94.5
	0.0	3.7	26.9	40.4	54.2	61.6	68.4	80.0	86.5	88.8	92.5	93.8	94.5
通过率(%)	100.0	95.2	76.3	61.0	46.8	39.0	30.1	22.1	14.9	12.2	8.6	7.3	5.5
	100.0	96.3	73.1	593.6	45.8	38.4	31.6	20.0	13.5	11.2	7.5	6.2	5.5
平均通过率(%)	100.0	95.8	74.7	60.3	46.3	36.7	30.8	21.0	14.2	11.7	8.0	6.8	5.5
规范值(%)	100~100	90~100	60~80	50~68	43~62	36~32	28~35	18~25	12~18	8~13	5~11	4~8	4~8

综合以上检测结果,该试验路段铺筑成功,可以进行大面积施工。

6 质量控制

6.1 原材料控制

原材料质量是ATB-25沥青混合料施工质量的控制源头,须从以下几个方面进行严格控制:

(1)4.75mm以上集料针片状含量的控制:集料针片状颗粒过多,那么在对混合料进行拌和和碾压过程中,针片状颗粒很容易被折断,导致混合料的级配发生改变,影响施工质量。

(2)粗、细集料的小于0.075mm颗粒含量的控制:若集料小于0.075mm颗粒含量超出规范要求,在混合料拌和过程中,由于粉尘颗粒的比表面积较大,吸附的沥青就越多,容易导致混合料拌和不均匀。

(3)严格控制集料中风化颗粒含量:风化颗粒的影响因素可归纳为两个方面,第一由于碎石在大气中经过长期的物理、化学风化作用导致其强度大大降低,第二风化颗粒与沥青的黏附作用较差,混合料拌和过程中易出现"花白料"现象而影响混合料的耐久性。

6.2 混合料运输、摊铺、碾压各个环节的控制

(1)由于沥青混合料是一种黏弹性材料,温度的降低引起黏度的增大,从而会影响混合料的施工和易性,因此:第一在混合料运输过程中必须用篷布对其表面进行完全覆盖,气温较低时还应加盖棉被,覆盖过程中必须保证混合料被完全覆盖,避免出现车厢尾部或者两侧覆盖不到位等现象,以免出现温度离析;第二现场运输车辆等待摊铺时以及卸料时篷布都必须保持覆盖,以保证摊铺温度符合规范要求;第三压路机应紧跟摊铺机在混合料较高温度下进行碾压,还应注意钢轮压路机喷水量不要过大,以不黏轮为宜。

(2)离析的控制:在现场施工过程中离析现象时有发生,但我们可以通过对各个施工细节的控制尽量减少离析的发生;第一运输车辆装料时必须"前、后、中"来回移动进行装料;第二在摊铺的过程中应做到连续、均匀的摊铺避免出现摊铺机等料现象,避免摊铺机频繁收斗,对于摊铺过程中摊铺机中部和螺旋挂杆处易出现带状离析的现象,可以在摊铺机中部变速箱处和螺旋挂杆处安装反向叶片来解决带状离析问题。

(3)沥青膜脱落现象的控制:沥青膜脱落严重的话会影响混合料的耐久性,进而缩短沥青路面的使用寿命,因此应向胶轮压路机轮上喷洒或涂刷含有隔离剂的水或者植物油溶液,喷洒应呈雾状,数量以不粘轮为宜,并且禁止使用柴油和机油的水混合物喷涂。

7 结语

通过ATB-25柔性基层目标配比、生产配合比设计及对其施工工艺的探讨和应用,结果分析证明具有较高的抗剪强度、抗弯拉强度和耐疲劳特性,不易产生收缩开裂和水损害等特点,如何从施工过程中的每个环节加以控制来提高施工质量,取得了良好的应用效果。ATB-25柔性基层由于其抵抗反射裂缝能力的优势明显,必将在今后的高速公路建设中得到广泛的应用。

参 考 文 献

[1] 交通部公路科学研究院. JTG F40—2004 公路沥青路面施工技术规范[S]. 北京:人民交通出版社,2004.

[2] 交通运输部公路科学研究院. JTG E20—2011 公路工程沥青及沥青混合料试验规程[S]. 北京:人民交通出版社,2011.

[3] 吉林省高速公路施工标准化管理指南(试行)[M].

[4] 中交路桥鹤大高速公路项目ZT06标段.柔性基层ATB-25配合比组成设计报告(目标配合比、生产配合比)[R].2015,07.

[5] 交通部公路科学研究院. JTG E60—2008 公路路基路面现场测试规程[S]. 北京:人民交通出版社,2008.

[6] 交通运输部公路科学研修院. JTG/T F20—2015 公路路面基层施工技术细则[S]. 北京:人民交通出版社,2008.

[7] 中交公路规划设计院. JTG D50—2006 公路沥青路面设计规范》[S]. 北京:人民交通出版社,2006.

机制砂在严寒地区混凝土中的应用

鹿 平 高明臣 徐成乾 陈 琦

(中交一航局第五工程有限公司 秦皇岛 066000)

摘 要：随着天然砂资源日益短缺,混凝土中应用机制砂已经成为行业的发展趋势。本文通过机制砂在鹤大高速公路ZT11标段混凝土中的应用研究,通过相关的试验分析,总结出了机制砂在严寒地区使用时对混凝土的力学性能、耐久性等技术指标的影响,从而验证了机制砂在严寒地区使用的可行性,并分析了机制砂在混凝土中应用的经济性。

关键词：机制砂 混凝土 严寒地区 力学性能 耐久性 经济性

1 引言

机制砂已在全国多地应用近二十年,但未见在寒区应用的相关研究成果。鹤大高速公路工程地处中国东北长白山地区,最低气温可达－38.3℃,由于该工程处于松花江源头,当地天然河砂匮乏,远距离运输河砂成本较高,从而选用机制砂。本工程通过对混凝土用机制砂的研究和应用,论证了机制砂在严寒地区混凝土中使用的可行性。

2 机制砂概述

2.1 机制砂的定义

所谓的机制砂,是指凡经人工处理的机制砂、混合砂。具体机制砂的定义是：由机械破碎、筛分制成的,粒径小于4.75mm的岩石颗粒,但不包括软质岩、风化岩的颗粒。

2.2 国内用砂现状

我国改革开放三十多年来,建筑业得到迅猛发展,混凝土在工程中大量应用,作为其组成材料占近三分之一的河砂需求量也随之增大。由于天然砂属于短期难以再生的自然资源,我国很多地区已出现天然砂资源枯竭情况,砂的供需矛盾尤为突出,砂价连年上涨,工程造价也显著增加,河砂私挖滥采时有发生,使土地、环境遭到破坏。另外随着建筑技术的发展,高强度、高性能混凝土使用越来越多,对砂的技术指标要求也越来越高。机制砂可就地取材,且可采用尾矿料生产,成本低廉,改善环境,为此机制砂应用而生。

自20世纪90年代以来,浙江、云南、四川、湖南、北京、山西等地都建立了机制砂生产线,也出台了机制砂相关标准和使用规程。可以说,机制砂作为混凝土、砂浆等建筑用砂已得到广泛应用,大量工程实践已充分证明机制砂在混凝土中使用的可行性、经济性。

2.3 混凝土用机制砂质量控制标准

根据《公路桥涵施工技术规范》(JTG/T F50—2011)要求,机制砂主要检测指标有细度模数、级配、碱活性膨胀率、石粉含量、压碎指标等,只有各种指标检测合格后,方可用于混凝土。机制砂质量参数须满足表1规定。

机制砂技术参数要求   表1

序 号	检测项目	满足要求
1	细度模数	$2.3 \leq \mu_f \leq 3.0$
2	级配区	Ⅱ区

续上表

序　号	检测项目	满足要求
3	碱活性膨胀率	14d 膨胀率＜0.10%
4	石粉含量	MB 值＜1.4 或合格 ≤7.0%；MB 值≥1.4 或不合格≤3%
5	压碎指标	Ⅱ类＜25%

注：石粉是指粒径小于 0.075mm，矿物组成和化学成分与母岩相同的颗粒含量。规范标准特别规定了测机制砂石粉含量必须进行亚甲蓝 MB 值的检验，亚甲蓝 MB 值的检验是专用于检测小于 0.075mm 的物质主要是石粉还是泥土的试验方法。

2.4　机制砂优点

混凝土生产涉及水泥、掺合料、砂、石及各种外加剂等多种原材料。对于工程而言，如果原材料质量不稳定，混凝土质量管控难度将增大，而机制砂相对于天然砂质量是较为稳定的，从而易于保证混凝土质量的稳定。

2.4.1　含泥量较少

地材中含泥量对混凝土性能影响非常大，会导致混凝土结构耐久性降低，甚至产生裂缝。机制砂是用岩石经过机械破碎所得，在破碎的过程中，可对母材进行选料并在加工中水洗或干式除尘，这样就能很好地控制机制砂的含泥量。

2.4.2　机制砂的物理力学性能好

机制砂生产时可以有意识地选择硬质岩石生产机制砂，避免采用软质、风化岩石，成分与母材、碎石一致，热学性能一致，对大体积混凝土技术效果尤为显著，且表面粗糙、尖棱、黏结性好，适合做高强混凝土。

2.4.3　机制砂的级配可控性较强

机制砂的颗粒级配、细度模数可以根据工程的需要并结合母材的特点和混凝土的要求调整。机制砂级配的调整主要是在生产工艺上调整，可通过人工进行有效地控制。

2.4.4　机制砂中适量石粉对混凝土性能有利

机制砂中含有适量石粉对改善混凝土性能是有利的，有石粉的存在，弥补了机制砂配制混凝土和易性差的缺陷，同时它对完善混凝土特细骨料的级配，提高混凝土密实性都有益处，进而起到提高混凝土综合性能的作用，但过多的石粉含量，反而会给混凝土的生产及混凝土性能带来诸多不利的影响。

3　机制砂在鹤大高速公路 ZT11 标段中的应用情况

3.1　鹤大高速公路概况

鹤大高速公路是国家高速公路"7918"网南北纵向中的第一纵，是由国务院批准的《东北地区振兴规划》中确定的重点建设的六大通道之一。鹤大高速公路 ZT11 标段位于白山市境内，起讫桩号 K734+600~K753+648.79，路线全长 19.049km。起点位于抚松县万良镇，经抚松镇，至靖宇县的榆树川乡，与在建的营城子至松江河高速公路相接。施工内容有桥梁、隧道、涵洞、边坡排水沟等混凝土构筑物，主要构件设计抗压强度为 C30、40、C50，抗冻等级 F300，抗渗等级 P8，全线混凝土用量约 47 万 m^3。

由于鹤大高速公路位于我国东北，冬季漫长严寒，夏季短促温暖，降水集中在夏季，冬季降雪较多，冬季最冷月平均气温低于 -10℃，且日平均温度低于 5℃ 的天数在 145d 以上，属于严重受冻地区，在这种环境下，对于混凝土除了强度要求严格外，还需要考虑到耐久性。

3.2　鹤大高速公路 ZT11 标段周边砂源调查

鹤大高速公路 ZT11 标段地处松花江源头，本地优质河砂资源匮乏，沿江砂场所产河砂细度模数大多为 3.0 以上，属于粗砂，但质量不稳定，砂中常含有大量大于 4.75mm 的颗粒，不利于工程。朝阳镇河砂细度模数为 2.6，质量稳定，但朝阳镇距离抚松县 120km，运距较远，成本增加。工程所处地靖宇盟胜机制砂厂生产的机制砂采用石灰岩,细度模数2.9,质量可控,且距离鹤大高速公路ZT11标段2号搅拌0.3km,距离1号搅拌站10km。

根据以上调查结果,鹤大高速公路ZT11标段部分混凝土选用机制砂代替河砂。

3.3 机制砂配置混凝土各项技术指标试验研究

3.3.1 机制砂与河砂技术指标对比试验

按照规范《公路桥涵施工技术规范》(JTG/T F50—2011)的有关规定,我们用朝阳镇天然河砂和靖宇盟胜机制砂分别进行了颗粒筛分、含泥量试验,结果见表2。

河砂和机制砂分析 表2

工程粒径(mm)		4.75	2.36	1.18	0.06	0.03	0.015	细度模数	含泥量(%)	石粉含量(%)
颗粒级配要求	Ⅰ区	0~10	5~35	35~65	71~85	80~95	90~100			
	Ⅱ区	0~10	0~25	10~50	41~70	70~92	90~100			
	Ⅲ区	0~10	0~15	0~25	16~40	55~85	90~100			
实际累计筛余(%)	河砂	9	15	32	57	85	96	2.6	2.1	
	机制砂	0	15	46	64	78	91	2.9	—	MB<1.4,5

从筛分试验结果看,此组试验样品中的天然砂属Ⅱ区中砂;机制砂不含4.75mm以上颗粒,级配比天然河砂更为均匀连续,属Ⅱ区中砂。此两组试验样品筛分试验前均未过9.5mm筛,均为原砂。机制砂石粉含量符合要求,两种砂均满足规范《公路桥涵施工技术规范》(JTG/T F50—2011)的要求。

同时我们还检测了机制砂的其他指标,包括压碎值为13%,云母含量为0.5%,轻物质含量为0.2%,氯离子含量为0.003%,14d碱活性膨胀率为0.07,各项指标均符合规范要求。

3.3.2 混凝土中其他材料的技术指标

我们以C30和C50混凝土为例,在试验室配置配合比,相关数据如下:

水泥采用金刚水泥P.O42.5和P.O52.5,机制砂采用靖宇盟胜所生产的机制砂,碎石采用永发石场19~31.5mm、9.5~19mm和4.75~9.5mm三种规格碎石,粉煤灰采用白山晟泓Ⅰ级粉煤灰,外加剂采用山西华凯聚羧酸减水剂。原材料经试验测定指标见表3~表6。

水泥性能指标 表3

水泥等级	标准稠度用水量	安定性	抗折强度(MPa)		抗压强度(MPa)	
			3d	28d	3d	28d
P.O42.5	27.8%	合格	5.5	8.3	29.4	51.9
P.O52.5	28.0%	合格	6.8	9.8	38.8	59.4

粗骨料性能指标 表4

石料规格(mm)	含泥量(%)	泥块含量(%)	压碎值(%)	针片状含量(%)	表观密度(kg/m³)
4.75~31.5	0.2	0	18.3	12.3	2.748
4.75~19	0.3	0	18.7	10.5	2.753

粉煤灰性能指标 表5

细度(%)	需水量比(%)	烧失量(%)	安定性
10.5	94	3.8	合格

聚羧酸减水剂性能指标 表6

减水率(%)	泌水率比(%)	含气量(%)	抗压强度比(与空白对比)比		
			3d	7d	28d
27	35.3	4.5	164	160	152

3.3.3 机制砂与河砂配合比设计比选

配合比按照《普通混凝土配合比设计规程》(JGJ 55—2011)进行设计,试验混凝土拌和物坍落度采用《普通混凝土拌和物性能试验标准进行》(GB/T 50080—2002),混凝土抗压强度测定采用《普通混凝土力学性能试验方法标准进行》(GB/T 50081—2001)。抗冻性和抗渗性依据《普通混凝土长期性能和耐久性能试验方法》(GB/T 50082—2009)和《预拌混凝土》(GBT 14902—2012)进行,混凝土试验试验结果见表7、表8。

两种砂混凝土配合比 表7

编号	设计抗压强度	水 泥		粉煤灰	砂		碎 石		水	高效减水剂
		P.O42.5	P.O52.5	I级	河砂	机制砂	4.75~31.5	4.75~19	自来水	山西华凯
1	C30	302	—	76	815	—	1037	—	168	3.78
2	C30	302	—	76	—	815	1037	—	168	3.78
3	C50	—	450	50	734	—	—	1056	160	8.5
4	C50	—	450	50	—	734	—	1056	160	8.5

抗压、抗折、抗渗结果 表8

编号	设计强度	28天强度(MPa)			坍落度(mm)	和易性	备注
		抗压	抗折	抗渗			
1	C30	39.5	4.6	P8	175	良好	河砂
2	C30	42.2	5.3	P10	165	一般	机制砂
3	C50	60.4	—	—	180	良好	河砂
4	C50	64.5	—	—	170	良好	机制砂

从试验结果可看出,相同配合比下,用机制砂配制的混凝土抗压强度要高于用河砂配制的混凝土抗压强度。另外用机制砂配制的混凝土抗折、抗渗等级明显高于用天然河砂配制的混凝土。从混凝土抗折试件断面看,用机制砂配制的混凝土,骨料与胶凝材料间更密实,使其机械啮合力增强。

混凝土抗冻性能试验结果见表9、表10。

C50混凝土抗冻性能试验结果 表9

冻融循环次数	50		100		150		200		250		300	
	机制砂	河砂	机制砂	河砂	机制砂	河砂	机制砂	河砂	机制砂	河砂	机制砂	河砂
重量损失率(%)	0.03	0.03	0.05	0.06	0.05	0.06	0.17	0.18	0.58	0.58	1.85	1.89
相对动弹模量(%)	100	100	99	99	97	96	97	96	93	93	88	86

C30混凝土抗冻性能试验 表10

冻融循环次数	50		100		150		200		250		300	
	机制砂	河砂	机制砂	河砂	机制砂	河砂	机制砂	河砂	机制砂	河砂	机制砂	河砂
重量损失率(%)	0.04	0.05	0.05	0.06	0.06	0.07	0.14	0.18	0.42	0.56	1.74	1.80
相对动弹模量(%)	100	100	98	97	98	96	97	95	95	92	87	83

试验结果表明,利用机制砂配置的混凝土抗冻性要略高于天然砂混凝土抗冻性,完全符合寒冷地区对于抗冻性的要求。

3.3.4 机制砂砂率对混凝土性能的影响

基于机制砂多棱角、不规则形状、粗糙、均匀的特性,机制砂的细度模数较大,普遍都在2.7以上,机制砂配置的混凝土坍落度偏小,和易性稍差,易泌水。为了保证混凝土有良好的和易性,在施工过程中需提高砂率。我们单独以机制砂配置混凝土,强度等级C40,砂率分别控制在37、39、41进行对照试验。试验数据见表11、表12。

配 合 比 表 格　　　表11

编号	材料用量(kg/m³)						砂率
	砂	碎石	粉煤灰	水泥	减水剂	水	
1	681	1160	65	363	5.8	170	37
2	718	1123	65	363	5.8	170	39
3	755	1086	65	363	5.8	170	41

新拌混凝土技术指标　　　表12

编号	拌和物坍落度(mm)			工作性能	抗压强度(MPa)		
	初始	30min	60min		3d	7d	28d
1	140	125	100	泌水、流动性不好	20.4	31.0	51.7
2	170	160	135	流动好、稍泌、较黏	24.8	34.5	55.1
3	180	165	145	流动性大、无泌水、黏性大	22.3	35.9	54.2

试验数据表明,砂率对拌和物泌水性能影响较大,确定合理砂率是制备性能良好的混凝土的重要措施,如果砂率偏小,易出现泌水现象,影响混凝土使用功能。

4 机制砂拌制的混凝土施工过程质量控制

4.1 机制砂加工质量控制

机制砂加工选材要求母材抗压强度分别不小于:水成岩60MPa、变质岩80MPa、火成岩100MPa;云母、轻物质、硫化物、有机物含量分别≤1%。岩石山体避免选择覆盖层厚、夹层含泥较多、白云石含量较大的,岩石分层成片状。

机制砂级配可通过生产过程控制,最好采用锤式或冲击式制砂机(锤式和冲击式优于反击式、圆锥式和旋盘式,锷式、辊式和旋回式最差),并采用不少于3层的振动筛,合理的配备各种筛网尺寸的大小,及时检查筛网的完好情况,可以有效防止机制砂出现级配不良的情况。

采用湿法制砂,可更为有效地控制机制砂中石粉的含量,另外生产不受雨天影响,且利于环保。

4.2 施工配合比控制

因为机制砂含有石粉且细度模数偏大,混凝土和易性不易控制。针对这一现象,我们在试验室配合比的基础上又进行了施工配合比调整。调整措施有以下两种:

(1)在试验室配合比的基础上适当增加减水剂掺量,保证出机混凝土不泌水离析的前提,增大出机坍落度。

(2)调整粗细集料比例,增加砂率,保证水泥砂浆富余量,增大出机混凝土流动浆体比例。

以河东大桥墩柱10-Y3为例,混凝土采用C40普通混凝土。现场施工配合比调整数据见表13。

施工配合比如下表　　　表13

混凝土强度C40	水泥	粉煤灰	机制砂	碎石	水	减水剂	砂率(%)
调整后配合比	363	65	773	1 068	170	6.0	42
含水量	—	—	7.3	2.1	—	—	—
施工配合比	363	65	830	1 090	91	6.0	42

4.3 混凝土生产质量控制

由于机制砂混凝土的和易性不好控制,为了便于施工,我们采取以下措施保证混凝土质量:

4.3.1 机制砂含水率控制

湿法制砂在生产过程中会使用大量的水,有时甚至超过10%。机制砂含水率不均匀不但影响混凝土拌和物,而且含水率偏大还会影响料仓下料。因此机制砂应提前备料,避免含水率不均匀的机制砂投入使用。

4.3.2 机制砂拌和质量控制

试验人员在施工过程中随时监测砂石料含水量变化,及时调整施工配比;即时监测搅拌站拌和系统,保证计量偏差在设计允许范围内;保证混凝土拌和时间,条件允许时可适当延长。混凝土出站时加强坍落度检测,对于坍落度不合格的混凝土不允许出厂。

4.3.3 机制砂浇筑质量控制

施工时合理安排混凝土供应,减少罐车发车时间间隔,缩短现场等待时间。

选择合适的混凝土泵车进行作业,尽量减少泵管长度,避免坍落度损失。

严格控制混凝土的下灰高度不超过2m;避免振捣过振,以混凝土停止下沉、无气泡逸出、表面泛浆为基准。

5 机制砂拌制的混凝土实物质量调查情况

我们以河东大桥C40普通混凝土墩柱10-Y3为例。

现场坍落度检测及含气量检测数据见表14、表15和图1。

现场坍落度数据   表14

施工部位	混凝土强度等级	出机坍落度(mm)			现场坍落度(mm)		
河东大桥10号Y3	C40普通	160	150	150	150	145	145

现场含气量检测   表15

集料最大粒径(mm)	31.5		
	1	2	3
规范要求(%)	3.5–6.5		
含气量(%)	3.9	4.0	3.9

图1 坍落度试验

通过施工中的严格控制,混凝土强度均满足施工和设计要求,混凝土质量优良,具体数据如表16~表18所示。

28 天墩柱回弹数据 表 16

测区 构件名称	设计强度 (MPa)	1	2	3	4	5	6	7	8	9	10	平均值 (MPa)
		测区值(MPa)										
河东大桥10号 Y3 墩柱	C40 普通	45	44	51	46	49	45	43	45	46	48	46.2

28 天标准养护试件强度 表 17

序号	检测项目	试件组数	平均强度	标准差	最小强度	变异系数
1	抗压强度	45 组	49.6MPa	1.12MPa	45.5MPa	—
2	抗折强度	45 组	6.23MPa	0.97MPa	—	0.156

预留试块抗冻性试验 表 18

冻融循环次数	50	100	150	200	250	300
重量损失率(%)	0.04	0.06	0.06	0.19	0.60	1.93
相对动弹模量(%)	100	98	97	96	92	88

通过现场检查,成品墩柱表明光滑无气泡、水纹、漏石等现象,表观质量较好(图2)。

图 2 墩柱成品图

鹤大高速公路 ZT11 标段施工已经历了两个冬季,我们对采用机制砂并历时两个冬季的现浇桥梁墩柱、预制箱梁等混凝土构件外观质量进行检查,未发现掉皮、起鼓、裂缝等混凝土缺陷,这充分说明机制砂是能够满足严寒地区混凝土使用要求的。

6 机制砂经济效益分析

鹤大高速公路 ZT11 标段中所使用的靖宇盟胜所生产的机制砂,就地取材降低了成本,取得了较好的经济效益。使用靖宇盟胜所生产的机制砂和使用朝阳镇河砂做细骨料成本对比分析见表19。

经济效益分析表 表 19

名称	每吨出厂单价(元)	每吨运费(元)	每吨总价(元)	每吨节约成本(元)
河砂	36	41	77	
机制砂	49	7	56	21

从表19中可以看出,机制砂生产成本虽然比河砂高,但是由于运费的降低,每吨机制砂相比于河砂总价可节省21元,施工成本降低率为27.3%,并且由于机制砂运距短,搅拌站可节省部分备料场地,也

降低了租用场地的费用。

7 结语

通过鹤大高速公路 ZT11 标段机制砂的应用,验证了机制砂在寒区混凝土工程中应用的可行性和经济性。在缺少天然河砂资源的地区,可有效地解决当地砂源匮乏问题,降低工程成本,保证工程质量,并取得良好的经济效益和社会效益。如果能够充分利用当地尾矿资源,不仅会降低机制砂生产成本,而且利于环保。

经过实践证明,机制砂更宜用于高性能混凝土,用机制砂配置的低强度等级混凝土时更易出现泌水现象。为确保混凝土和易性,要重点控制机制砂的生产工艺,优化机制砂级配,严控石粉含量;另外还应合理进行混凝土配合比设计,宜选用引气型高效减水剂和优质掺合料,适当增加砂率,适当延长混凝土拌和时间。由于混凝土中砂率的增加,混凝土收缩变形增大,对结构抗裂不利,这方面还需进一步地深入研究。

参 考 文 献

[1] 杨旭. 机制砂在混凝土中的应用[J]. 山西建筑,2012,38(22):132-133.
[2] 张波,张亚明. 机制砂在预拌混凝土中的试验研究及应用[J]. 中国商品混凝土可持续发展论坛,2007,157-159.
[3] 刘恩福. 分析机制砂在混凝土中的应用与发展[J]. 路桥、航运与交通专栏,169-171.
[4] 邹文裕,韦银华,陈晓刚. 机制砂在普通混凝土中的应用[J]. 混凝土与水泥制品,2015,7,30-34.
[5] 中华人民共和国行业标准. JGJ 55—2011 混凝土配合比设计规程[S]. 中国建筑工业出版社,2011.
[6] 中华人民共和国国家标准. GB/T 14902—2012 国家预拌混凝土标准[S]. 中国标准出版社,2012.
[7] 中华人民共和国国家标准. GB/T 50082—2009 普通混凝土长期性能和耐久性能试验方法[S]. 光明日报出版社,2009.
[8] 中华人民共和国国家标准. GB/T 50082—2009 普通混凝土力学性能试验方法标准[S]. 中国建筑工业出版社,2001.
[9] 中华人民共和国行业标准. JTG/T F50—2011 公路桥涵施工技术规范[S]. 人民交通出版社,2011.

季冻区火山灰作为胶凝材料在大体积混凝土中的应用

刘 冰[1] 岳小东[2] 王建军[1]

(1. 中交一航局总承包分公司 天津 300457；
2. 中国交建鹤大高速公路项目总部 敦化 133700)

摘 要：火山灰水泥已得到广泛的推广及应用，但是火山灰作为胶凝材料直接应用在混凝土拌和过程中尚未得到推广及认可，本文通过鹤大高速公路科技示范工程"火山灰作为胶凝材料在混凝土中的应用"项目，通过对比相同结构采用不同材料拌制的混凝土得出相关结论，为后续类似工程项目施工起到指导作用。

关键词：火山灰 水化热 强度增长

1 工程概况

鹤大高速公路位于吉林省抚松县境内，火山灰资源丰富。"火山灰作为胶凝材料在大体积混凝土中的应用"作为科技示范工程在鹤大高速公路 ZT09 标段互通 A 匝道桥 2 号承台施工中应用。其主要目的是为后续工程项目推广成熟科技成果，形成系列标准和工法。提升工程建设项目的科技含量和技术水平，对全国季冻区高速公路建设起到示范和带头作用。

本论文依据现场施工所采用的不同胶凝材料进行对比试验，论述火山灰在混凝土应用中的可行性。承台结构尺寸为 14.02m×4.5m×1.5m 王子型承台，0 号承台为普通混凝土，2 号承台为胶凝材料掺入火山灰混凝土。

2 火山灰在混凝土施工中应用的目的与意义

随着国家队基础建设投入的加大，混凝土在其中扮演着不可或缺的角色。据统计，我国现每年混凝土的用量达到 1.8 亿 m^3。其主要成分水泥用量不断加大，在成产水泥的过程中无法避免地造成环境污染及能源消耗。在今后的施工过程中减少水泥用量，采用新能源材料是一种发展趋势。

在混凝土拌制过程中加入工业废料如粉煤灰等材质代替水泥已是目前的成熟做法，但随着我国对火力发电的不断抑制，粉煤灰作为燃煤电厂排出的主要固体废物，随着绿色环保理念的不断深入及科技的发展，火力发电已逐步退出历史舞台，必然会不断减少，我国的一些地区，已经出现粉煤灰紧张、单价上涨的情况。对施工的成本产生了较大影响。

随着在不断研究的过程中发现利用火山灰、矿渣等代替水泥也可使混凝土达到相关技术要求，同时还可在一定程度上提高混凝土性能。其中火山灰作为一种自身价格比较低廉的普通材料，它具有隔温性能好、化学活性高等特点。且在东北长白山等地区存在较为广泛，便于开采。利用火山灰替代水泥进行混凝土拌制，在降低工程成本的同时也可带动当地的经济发展及保护当地环境。

3 技术原理及目前应用情况

火山灰是在火山喷发时，由于压力的急剧减小，内部气体迅速逸出膨胀而形成的。其活性成分含量高，SiO_2 含量达 50% 以上，Fe_2O_3 含量达 20% 以上，这决定了火山灰掺合料具有较高的活性；加工后的火山灰掺料具有细度较大、比表面积较大、保温隔热良好、吸附性强等特点，在水硬性激发剂作用下有明显水硬胶凝性质。

目前国内外较多的是在生产水泥的过程中加入火山灰,提高水泥的硬化效率、强度。但在混凝土中加入火山灰尚未得到大范围推广。

4 混凝土施工原材技术指标

4.1 水泥

水泥采用生产厂家为冀东水泥磐石有限公司生产的 P.O42.5 普通硅酸盐水泥。相关技术标准检测结果见表1。

水泥相关技术指标检测结果　　　表1

序号	检测项目		技术指标	检测结果	结果判定
1	密度(kg/m³)		—	3080	—
2	比表面积(kg/m²)		≥300	357	合格
3	标准稠度用水量(%)		—	29.2	—
4	凝结时间(min)	初凝时间	≥45min	152	合格
		终凝时间	≤600min	211	合格
5	安定性		≤5.0mm	1	合格
6	抗折强度(MPa)	3天	≥3.5	5.1	合格
		28天	≥6.5	7.3	合格
7	抗压强度(MPa)	3天	≥17	26.1	合格
		28天	≥42.5	53.5	合格

4.2 砂

砂采用抚松县露水河镇采沙场的河沙,相关技术标准检测结果见表2。

细集料相关技术指标检测结果　　　表2

序号	检测项目	技术指标	检测结果	结果判定
1	含泥量(%)	II类:≤3.0	1.0	合格
2	泥块含量(%)	II类:≤1.0	0	合格

4.3 粗集料

砂采用抚松县露水河镇采沙场的河沙,相关技术标准检测结果见表3。

粗集料相关技术指标检测结果　　　表3

序号	检测项目	技术指标	检测结果	结果判定
1	含泥量(%)	II类:≤1.0	0.4	合格
2	泥块含量(%)	II类:≤0.5	0	合格
3	针、片状颗粒含量(%)	II类<15	4.2	合格
4	压碎值(%)	II类<20	19.1	合格

4.4 火山灰

采用吉林省靖宇生产的火山灰。相关技术指标检测结果见表4。

火山灰相关技术指标检测结果　　　表4

火山灰产地	比表面积(kg/m²)	烧失量(%)	密度(g/cm³)	SiO_2(%)	Fe_2O_3(%)	Al_2O_3(%)
吉林靖宇	370	0.45	2.927	50.15	14.19	7.15
火山灰产地	SO_3(%)	CaO(%)	MgO(%)	氯离子含量(%)	碱含量(%)	安定性(mm)
吉林靖宇	0.18	7.37	2.74	0.017	0.19	1.3

5 混凝土施工配合比

混凝土施工配合比及技术指标见表5。

混凝土施工配合比及技术指标　　　表5

材料名称混凝土类别	每立方米混凝土各材料单位用(kg)						水灰比	砂率	坍落度(mm)
	水泥	粉煤灰	火山灰	水	粗集料	细集料	外加剂			
普通C30混凝土	312	55	—	100	1 095	851	3.67	0.45	44%	150±20
参入火山灰C30混凝土	323	—	57	163	1 077	780	3.8	0.43	42%	150±20

6 施工流程及施工方法

6.1 施工流程

钢筋制作及安装──→模板安装──→混凝土拌和──→混凝土运输──→混凝土浇筑──→模板拆除──→混凝土养生──→硅烷浸渍。

6.2 施工方法

承台钢筋制作安装完成验收合格后,安装模板。混凝土由拌和站集中拌和,15%掺火山灰,混凝土运输车运至现场,采用汽车吊+料斗方式浇筑,振捣棒人工振捣密实,达到强度后拆除模板,贴透水模板布,28d后浸渍硅烷。

7 混凝土性能试验内容及结果

互通A匝道桥0号承台与2号承台的结构形式、施工方法相同,施工时间相近且均属于大体积混凝土,通过对2个承台的混凝土试验结果对比,查看掺入火山灰后对混凝土性能的影响。

7.1 混凝土力学性能试验

(1)试验方法:主要检测混凝土标准试块在标准养护情况下的抗压强度(图1)。
(2)试验结果:与普通混凝土前期龄期强度相当,后期强度由于普通混凝土。

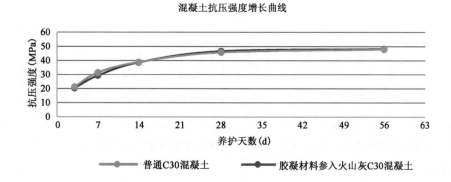

图1　混凝土抗压强度增长曲线图

7.2 混凝土水化热对比检测

(1)检测方法:在承台内部布置测温管,每2h测温1次,记录数据进行统计、整理(图2)。
(2)检测结果:水化反应产生的水化热明显降低,降低了混凝土的绝热温升,较普通混凝土而言适用于大体积混凝土。

7.3 耐久性对比检测

分别对两种混凝土进行耐久性实验对比,结果见表6。

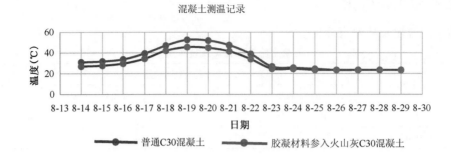

图2 混凝土内部温度变化曲线图

冻融循环试验结果　　　　　　　　　　　　　　　　　　　　　　　　　　　　　表6

冻融循环次数	质量损失(%)		相对动弹性模量(%)	
	普通混凝土	掺入火山灰混凝土	普通混凝土	掺入火山灰混凝土
50	0.07	0.05	95.8	96.6
100	0.22	0.19	94.8	95.5
150	0.64	0.60	92.7	93.3
200	1.28	1.21	90.3	90.9
250	2.13	2.08	87.5	88.0
300	2.64	2.55	83.7	84.1

试验结果表明掺入火山灰的混凝土抗冻性比普通混凝土性能较好，适用于季冻区施工。

7.4 坍落度损失比较

混凝土由1号预制场统一拌制，运至现场进行浇筑，混凝土坍落度损失情况详见表7。

混凝土坍落度损失记录表　　　　　　　　　　　　　　　　　　　　　　　　　　表7

混凝土类别	车次	第一车坍落度	第二车坍落度	第三车坍落度	第四车坍落度	第五车坍落度	第六车坍落度	第七车坍落度	备注
普通混凝土	出站	165mm	165mm	160mm	170mm	165mm	165mm	170mm	1.运输时间约30min。2.浇筑温度相同
	现场	160mm	165mm	160mm	165mm	165mm	160mm	165mm	
	损失	5mm	0mm	0mm	5mm	0mm	5mm	5mm	
掺入火山灰混凝土	出站	160mm	165mm	165mm	170mm	170mm	170mm	170mm	
	现场	145mm	150mm	150mm	160mm	160mm	155mm	160mm	
	损失	15mm	5mm	15mm	10mm	10mm	15mm	10mm	

通过对比可知，胶凝材料掺入火山灰C30混凝土，坍落度损失较普通混凝土大。

7.5 环保性对比：

按照每吨水泥综合耗能115kg标准煤计算，该技术的应用减少15%水泥用量，每吨胶凝材料可减少能耗17.25kg，更加有利于生态工程的发展。

8 结语

在混凝土拌制过程中掺入火山灰，可有效提高混凝土的和易性、强度、抗冻性及较少水化热。但在施工过程中需要增加专业的投放设备及适当增加搅拌时间。

在火山灰资源丰富地区，火山灰作为胶凝材料应用在混凝土中是必然的趋势，减少污染的同时也可带动当地经济发展，为以"三低三高"(低能耗、低排放、低污染、高效能、高效率、高效益)、"一耐久"(抗耐久性)为特征的绿色基础设施体系的建设提供有效的技术支撑,为美丽中国和生态文明建设提供支撑保障。

参 考 文 献

[1] 刘丰铭.火山灰及石灰石粉作为掺合料在拱坝混凝土中的研究应用[D].

[2] 施正友,吕刚斐,芙蓉.火山灰在混凝土中的应用与研究[R].中国水利水电第四工程公司.

[3] 胡震奇,谢马贤,谢明.火山灰在大体积混凝土中的应用与研究[R].中交路桥华南工程有限公司.

水泥稳定碎石基层高寒季冻区抗冻性试验研究

穆乃亮[1] 连 军[1] 岳吉双[2] 孟洋波[1] 王小明[1]

(1. 中交一航局城市交通工程有限公司 天津 300457；
2. 中交天航港湾建设工程有限公司 天津 300457)

摘 要：水泥稳定碎石基层，因其具有良好的承载力和板体性、可以就地取材、造价低廉等优点，为我国公路建设和经济发展起到了非常大的推动作用，但其抗冻性不足、受冻后强度损失大，尤其是在季节性冰冻地区，水泥稳定碎石基层的冻融损害成为其最常见的病害，如何提高其抗冻融性能成为工程领域急需解决的问题。本文从原材料、施工速度、压实程度、养生、抗冻性、现场取芯等方面进行了室内和室外试验研究，解决了水泥稳定碎石基层裸露过冬的抗冻性问题，为以后在高寒季冻区水泥稳定碎石基层施工提供了宝贵经验。

关键词：道路工程 水泥稳定碎石 高寒季冻区 抗冻性 试验研究

1 引言

高寒季冻区在我国分布广泛，主要分布于东北、西北以及西南部分地区，约占国土面积的1/3。冬季寒冷干燥、昼夜温差变化大以及季节性冻融作用等特点，使水泥稳定碎石基层的冻融损害成为其最常见的病害之一，尤其是近年来随着交通量的增大、频繁变化的极端恶劣气候，水泥稳定碎石基层面临更加严峻的考验。

目前，国内的一些研究机构仅对水泥稳定碎石基层的冻融破坏机理进行了相关的理论研究，如何提高其抗冻融性能成为工程领域急需解决的问题。提高水泥稳定碎石基层抗冻融性能，不但能够减轻季冻区沥青路面的破坏，提高沥青路面的使用性能和耐久性，而且能够降低沥青路面养护维护费用，对社会发展具有现实意义。

2 项目简介

鹤岗至大连高速公路是国家高速公路网"7918"网中的9条南北纵线中的第一纵，也是东北地区和吉林省高速公路网规划的重要组成部分。鹤大高速公路ZT10标段里程长度为23.6km，设有抚松服务区、泉阳互通立交等，全线水泥稳定碎石底基层(4:96)62.5万m^2，水泥稳定碎石基层(5:95)61.2万m^2。

项目所在地属中温带大陆性季风气候，四季变化明显，春季干燥多风，夏季炎热多雨，秋季凉爽且昼夜温差大，冬季漫长而寒冷，年平均气温2.6~4.3℃，极端最高气温29~34.5℃，极端最低气温-38.3~-37.7℃，最大冻结深度1.84m，属于高寒季节性冰冻地区。

3 影响水泥稳定碎石强度的因素

3.1 原材料的影响

3.1.1 水泥

3.1.1.1 强度的影响

水泥强度对水泥稳定碎石的强度起着决定性的作用。在确定水泥品种和品牌时，首先对项目周围水泥企业进行了考察，了解水泥性能等综合特性。在本工程中，经过联合考察、询价等经济性比对，最终选用了冀东水泥磐石有限责任公司生产的"盾石"牌 P.S.A32.5 级水泥。其强度检测结果见表1。

"盾石"牌 P.S.A 32.5 级水泥强度检测结果　　　表1

技 术 指 标	3d	28d
抗折强度(MPa)	4.5	8.0
抗压强度(MPa)	19.6	40.6

在施工过程中,如果水泥的强度波动大,势必导致水泥稳定碎石强度的不稳定,甚至有可能出现强度不满足要求的情况。在本工程中,经过对水泥强度多次试验检测,该水泥强度指标稳定,保证了水泥稳定碎石强度均匀性。

3.1.1.2 凝结时间的影响

《公路路面基层施工技术细则》(JTG/T F20—2015)中规定"所用水泥初凝时间应大于3h,终凝时间应大于6h且小于10h。"[1]在本工程中,选用水泥时,充分考虑水泥稳定碎石混合料生产、运输、摊铺、碾压等各个施工环节,提前与水泥厂家进行了沟通,要求水泥出厂初凝时间调节至4h以上,终凝时间必须符合技术规范要求。实测进场水泥凝结时间为:初凝时间338min,终凝时间413min。

3.1.2 碎石

3.1.2.1 碎石强度的影响

碎石强度对水泥稳定碎石无侧限抗压强度起着重要的作用,在选用破碎碎石母材时,宜选用各种硬质岩石或砾石,选用针片状颗粒少、破碎面多、棱角性好的反击破碎石生产设备。本工程中选用了抚松县鑫源采石场生产的碎石,各种指标检测结果如表2所示,检测结果均满足设计和规范要求。

碎石检测结果汇总表　　　表2

检测项目	碎石压碎值(%)	针片状颗粒含量(%)	岩石饱水抗压强度(MPa)	抗冻性能(%)	
				抗冻系数	质量损失率
标准要求	≤22	≤18	>80	>75	<2
检测结果	14.5	3.5	91.3	97	0.2

3.1.2.2 碎石级配的影响

在本工程中选用了 0~4.75mm、4.75~9.5mm、9.5~19mm、19~31.5mm 四种工程粒径的原材料,首先对四种原材料进行筛分,得出各自筛分曲线,然后根据设计要求的混合料级配范围确定各种碎石比例。具体试验结果如表3所示。

各筛孔尺寸的矿料通过百分率(%)　　　表3

筛孔尺寸(mm)		31.5	19	9.5	4.75	2.36	0.6	0.075
集料规格	19-31.5	100	33.3	1.2	0.8	0.7	0.6	0.4
	9.5-19	100	92.8	24.4	6.6	3.0	2.4	0.8
	4.75-9.5	100	100	98.8	19.6	12.2	4.6	1.0
	0-4.75	100	100	100	96.5	55.3	29.9	8.9

矿料按照 19~31.5mm:9.5~19mm:4.75~9.5mm:0~4.75mm = 33%:25%:16%:26% 的比例进行混合,其合成级配见表4。

矿料合成级配通过百分率(%)　　　表4

筛孔尺寸(mm)	31.5	19	9.5	4.75	2.36	0.6	0.075
要求通过百分率	100	86-68	58-38	32-22	28-16	15-8	3-0
合成通过百分率	100	76.2	48.3	30.1	17.3	9.3	2.8

通过改善集料级配,可以明显提高混合料的无侧限抗压强度。在相同无侧限抗压强度下,良好的矿料级配可以明显降低水泥用量,从而减小水泥稳定碎石的收缩性,防止收缩裂缝的产生,确保工程质量。

3.2 容许延迟时间的影响

从加水拌和到碾压终了的延迟时间对水泥稳定碎石强度有明显影响,延迟时间越长,混合料强度损失越大。为了验证强度与延迟时间的关系,在同一配合比例的前提下,分别按立刻成型、焖料 1h 再成型、焖料 2h 再成型、焖料 4h 再成型、焖料 6h 再成型等条件,成型标准试件,经过标准养生后,检测混合料 7d 无侧限抗压强度,具体试验数据见表 5。

不同延迟时间条件下材料强度损失　　　　表 5

延迟时间(h)	0	1	2	4	6
实测强度(MPa)	5.1	5.0	4.9	4.5	3.8
达到标准强度百分比(%)	100	98.0	96.1	88.2	74.5
备注	按照最大干密度的98%成型,以0小时所对应的强度为100%。				

由表 5 可以看出,当混合料放置 2h,混合料无侧限抗压强度与标准强度没有明显变化,随着延迟时间的延长对水泥稳定碎石强度影响越加明显,4h 强度降低约 11.8%。"因为水泥从水加入后就开始水化反应,如果延迟时间过长,当碾压时,要首先破坏已形成的水泥胶结硬化作用,额外耗费压实功,影响压实度,而且已形成的水泥胶结体被破坏后就再不能发挥其胶凝作用。"[2]

本工程在实际施工过程中,采用了拌和效率高的机械设备,并采取加强集中搅拌、苫布覆盖运输、摊铺机摊铺、压路机碾压等技术措施,使工序紧紧相接,尽可能缩短从加水拌和到压实成型的间隔时间,很好地解决了延迟时间这一问题,保证了 4h 以内拌和到碾压完毕,从而保证了本标段的水稳施工质量。

3.3 压实度的影响

在施工过程中,无侧限抗压强度是在现场摊铺机后取样,室内成型,经过 7d 标准养护最后 1 天浸水试验得到的强度。在实际施工过程中,水泥稳定碎石施工质量是通过压实度和无侧限抗压强度双控来实现的,但应采用 7d 无侧限抗压强度为主要控制指标。水泥稳定碎石在 7d 无侧限抗压强度试验试件成型时,是按现场设计压实度标准折算混合料干密度,计算强度试验所需混合料质量,而不是直接采用击实试验确定的混合料最大干密度。

在水泥剂量不变的情况下,如果压实度不能满足设计要求,无侧限抗压强度就无法保证,甚至可能出现不合格。为了验证压实度与强度的关系,在室内按照 98%、97%、96%、95% 4 种压实度标准成型试件进行强度试验,其压实度与强度的关系见表 6。

水稳混合料压实度和强度的关系　　　　表 6

压实度(%)	98	97	96	95
强度 MPa	5.1	5.0	4.7	4.3
达到标准强度的百分比(%)	100	98.0	92.2	84.3
备注	根据最大干密度,按照压实度要求成型,以98%的压实度所对应的强度为100%			

3.4 养生的影响

水泥稳定碎石材料层碾压完成并经压实度检测合格后,应及时养生。温度是影响养生效果的主要因素,养生温度对水泥稳定碎石强度影响很大,温度越高,水泥稳定碎石强度发展越快。但是养生过程中需要保证充足的水分,不能使水泥稳定碎石表面过于干燥,特别在夏季炎热高温地区,水分蒸发量比较大,需要及时洒水,保持水泥稳定碎石材料层表面湿润,避免因表面过于干燥,产生强烈的干缩现象,导致裂缝产生。

4 水泥稳定碎石基层现场施工控制

通过以上对水泥稳定碎石无侧限抗压强度影响因素的分析,结合现场实际情况,从各种原材料控制着手，不断优化配合比，加强施工过程中混合料离析控制，保证水泥稳定碎石基层的强度，对于水泥稳定碎石基层裸露过冬抗冻性提高起到了很好的作用。

4.1 加强原材料检测

碎石料源选定后，进场备料过程中，根据《公路路面基层施工技术细则》(JTG/T F20—2015)规定的检测项目和试验频率，按照《吉林省高速公路施工标准化管理指南》中质量要求，严格做好每一进场批次检测，对于不合格材料，坚决清退出场。水泥品质在保证各种指标合格前提下，严格控制水泥的初凝和终凝时间，当天气气温较高时，水泥初凝时间可以适当延长，以保证工程质量。

4.2 配合比优化

在施工过程中，对拌和站储料场各种碎石单质每天进行两次水洗筛分，根据筛分合成矿料级配曲线与标准曲线进行对比，当超出规定偏差范围时，对混合料中矿料比例进行调整，调整后需及时向拌和站下发水泥稳定碎石配合比施工通知单。同时在拌和站取样检测水泥稳定碎石混合料水泥剂量、含水量和混合料矿料级配，根据结果及时进行相应调整，并进行击实试验、成型无侧限抗压强度试件，击实试验得出的最大干密度和最佳含水率作为当天压实度的控制标准。

4.3 加强施工过程中混合料离析控制

4.3.1 对混合料拌和过程的控制

在上料斗之间设立隔板，并保证上料装载机的斗宽小于料斗宽度，上料过程中不应把料斗装得过满，装载机上料上举高度易高于料斗高度不超过50cm，以防过高时碎石下落产生离析。

4.3.2 对运输车装卸料过程的控制

拌和机卸料前应关闭卸料仓门，待仓内储备一定混合料后打开仓门卸料，运输车在装料过程中，按照前、后、中三次装料的方法接料。料仓出料口距离自卸汽车车厢顶部的距离宜在50cm以内，避免在卸料过程中因重力作用导致粗细集料分离。运输车向摊铺机受料斗卸料时，液压货箱不能一次升得过高，货箱快速升高，混合料卸料高度增大，离析现象就会增大。

4.3.3 对混合料摊铺过程的控制

首先，自卸车卸完料时，下一料车应紧跟着卸料，避免刮料器把前一车料刮完，这样前后两个料车的料可以混合，通过刮料器送至分料室，螺旋布料器再次搅拌，减少粗细集料的离析现象。其次，摊铺机在摊铺过程中，尽量减少受料斗的收斗次数，使两侧板的粗粒料少进入分料室，侧板堆积集料过多时，可以辅以人工将粗集料重新分布其中，以减少离析。再次，摊铺机螺旋布料器应均匀连续运转，与摊铺机速度和受料量相匹配，送出的混合料在摊铺机两侧数量一致，减少由于布料器不连续运转和运料不均带来的离析，摊铺机在摊铺过程中尽可能匀速摊铺，中途不停机，减少速度不均产生的离析。

4.4 水泥稳定碎石基层裸露过冬的保护措施

为了保证水泥稳定碎石基层材料的质量，防止低温冻融损伤，在施工过程中，项目部制定了周密的施工计划，合理安排水泥稳定碎石基层和沥青混凝土面层的施工时间，尽力避免水泥稳定碎石基层裸露过冬。在实际施工过程中，施工完毕的水泥稳定碎石基层，由于各种原因，上面的沥青混凝土面层未施工完成，该部分水泥稳定碎石基层不得已需要直接暴露过冬。针对该问题，项目部采取在水泥稳定碎石基层上面铺设一层塑料布，在塑料布上覆盖100mm的石屑保护层的措施。

5 水泥稳定碎石基层抗冻性验证

通过室内试验对水泥稳定碎石基层配合比进行了抗冻性能验证，抗冻性能良好。按照过冬措施对现场裸露过冬的水泥稳定碎石基层保护，在经历了一个冬天的冻融后，复工后对该基层进行了钻芯取样，检查外观质量和测定芯样强度，钻取芯样没有出现端头松散现象，芯样强度符合设计要求。

5.1 室内抗冻性能试验验证

"水泥稳定碎石基层材料的抗冻性以冻融残留抗压强度比来表征,是按28d规定龄期的水泥稳定碎石材料在经过5个冻融循环后的饱水无侧限抗压强度与冻前饱水无侧限抗压强度的比值。"[3]

本试验采用配合比设计得到的水泥稳定碎石混合料最大干密度和最佳含水率标准制备试件,静压法成型压实度取98%,试件采用直径150mm的圆柱体,高径比为1:1,每组试件个数为2×9个,养生温度20℃±2℃。冻融试验采用恒温冰箱,冷冻温度-18℃±1℃,保持冰冻16h±1h,试件在室温20℃水槽中融化,保持8h±1h,完成一次冻融循环。根据试验要求,冻融5个循环后,将试件放入水槽中饱水24h,饱水结束后从水中取出试件,拭去表面的自由水,称重、量高,保持速率约为1mm/min,进行无侧限抗压强度试验,试验结果见表7。

水泥稳定碎石基层材料冻融循环试验结果(MPa)　　表7

项目	1	2	3	4	5	6	7	8	9	平均值	BDR(%)
冻前强度 R_c	7.1	8.0	7.3	6.9	7.5	6.8	8.3	7.4	7.6	7.4	86.5
冻后强度 R_{dc}	6.2	6.6	5.8	6.9	6.6	6.2	6.8	5.9	6.3	6.4	

注:BDR-水泥稳定碎石基层材料冻融残留抗压强度比(%),BDR=(R_{dc}/R_c)×100

通过水泥稳定碎石基层配合比冻融循环试验,得出该水泥稳定碎石基层材料冻融残留抗压强度比为86.5%,该水泥稳定碎石基层材料的抗冻性能满足吉林省交通厅《公路工程抗冻设计与施工技术指南》中要求,该指南对路面半刚性基层混合料抗冻性能的要求为:中、重冻区28d龄期5次冻融循环后残留抗压强度比不小于50%,轻冻区不小于40%。

5.2 裸露过冬水泥稳定碎石基层性能检测

在第二年春季冰雪溶化复工后,项目部安排试验和质检人员对裸露过冬的水泥稳定碎石基层进行了专项检查,首先仔细查看了水泥稳定碎石基层表面的情况:表面没有出现大面积松散颗粒、没有出现下沉、裂缝等病害。对外观检查合格的段落进行钻芯取样,从取芯情况看,芯样没有出现端头松散现象,所有芯样均能够完整取出,且上、下端平整,侧壁有较少孔洞,保持了很好地完整性,见图1。

图1　水泥稳定碎石基层过冬后取芯样品

对所取芯样切割成15cm×15cm的标准试件,试件数量为9个,进行无侧限抗压强度试验,试验结果见表8。

裸露过冬的水稳基层芯样强度试验结果(MPa)　　表8

项目	1	2	3	4	5	6	7	8	9	平均值	变异系数(%)
强度 R_c	5.1	4.0	6.3	4.9	4.5	4.8	6.3	4.4	5.6	5.1	16.0

6　结语

(1)本文从水泥稳定碎石所用原材料、施工速度、压实程度、养生等四个方面加强控制,提高其无侧限抗压强度,进而可以提高水泥稳定碎石基层抗冻融性能。

(2)通过对水泥稳定碎石基层配合比进行室内抗冻融性能验证,试验结果满足吉林省交通厅《公路工程抗冻设计与施工技术指南》中的要求。

(3)在施工过程中,通过加强原材料检测、混合料配合比的优化、离析控制,保证了水泥稳定碎石无侧限抗压强度,解决了水泥稳定碎石基层裸露过冬的抗冻性问题。

(4)过冬前,需对裸露过冬的水泥稳定碎石基层进行合理保护,通过对裸露过冬的水泥稳定碎石基层现场取芯,芯样保持了很好地完整性,芯样强度满足设计要求。

参 考 文 献

[1] 中华人民共和国行业标准.JTG/T F20—2015,公路路面基层施工技术细则[S].人民交通出版社,2015.
[2] 冯德成.半刚性基层冻融损伤及其抗冻性能研究[D].哈尔滨:哈尔滨工业大学,2006.58-59.
[3] 吉林省交通厅.公路工程抗冻设计与施工技术指南[S].

第三篇

生态环保

鹤大高速公路资源环境保护管理及成效

李长江[1] 王佣[2] 王新军[2] 赵琨[2]

(1.吉林省高等级公路建设局 吉林 长春 130033;2.交通运输部科学研究院 北京 100029)

摘 要:鹤大高速公路纵贯黑龙江、吉林、辽宁东北三省,其中吉林省段(小沟岭至抚松)为长白山区高速公路,被交通运输部列为"资源节约循环利用科技示范工程",又是部"绿色循环低碳公路主题性项目",是目前全国唯一一条新建的双示范高速公路。由于鹤大高速公路吉林段沿线动植物自然资源丰富、水系发达、土壤肥沃,途经了众多的自然保护区和森林公园,是吉林省重要的生物多样性分布区,因此高速公路建设过程中的资源环境保护显得尤为重要。以鹤大高速公路小沟岭至抚松段建设中的资源保护与利用工作为依托,在公路设计和施工阶段进行了资源保护利用对策和措施的现场实施,最后通过总结阶段的实施成效,形成了鹤大高速公路资源环境保护管理的经验。研究成果对吉林省乃至全国其他公路规划和建设过程中开展环境保护工作具有很好的示范与借鉴意义。

关键词:鹤大高速 资源 环境保护 管理成效

1 引言

目前我国公路建设仍处于飞速发展阶段,公路是关系国民经济与社会发展的重要基础设施,因此公路建设规模大、涉及面积广,建设过程中不可避免要对沿线的自然环境和社会环境产生较大的影响,特别是可能会造成较为严重的环境污染、资源破坏和水土流失等重大环境问题[1]。鉴于我国环境问题已成为公众关注的交点,公路环保领域的研究人员借鉴了国外公路建设的环保经验,并结合工程建设实际情况进行优化调整,已取得了较多的成绩。例如云南思小路建设中的环保措施使西双版纳地区热带雨林得到了有效保护,并成为全国唯一一条 AA 级景区高速公路;川九路加强了环保设计和技术创新,打造了景观环保示范的景区连接线;吉延路转变了传统的设计和建设理念,强调了公路生态恢复、自然恢复和人工导入结合的资源环境保护与利用措施,实现了公路景观环保的大跨越。以上诸多成绩使我国在公路环境保护与恢复生态设计和技术水平上已处于国际先进水平[2-3],但是与国外实际情况相比,我们在管理上还存在很多问题[4]。现阶段我国已具有了先进环保技术,而且有些也建立了相关环保制度,但是如何根据自身特点去实践、落实和推动,还亟待加强。特别是在公路建设的规划、施工等整个过程中,没有系统全面地实施全过程环境管理。而对公路项目,全程的环境管理是公路环境保护的重要基础工作。目前国内对公路项目前期的环境保护比较重视,主要体现在实施期环境影响评价制度[5],但在项目建设期和运营期的环境管理还比较薄弱,比如施工期环境监理和竣工环保验收等措施的落实力度不够,无法形成完整的环境管理体系。现阶段已建设的环保示范路,无一例外都将环保提升到了一个新的高度,环境管理的经验多集中在新理念、新技术的提出和开发,以及管理机构的组织建设。但是对于如何推动新理念、新技术的应用和实施,管理机构如何有效运转等这些直接与工程建设挂钩的环境管理经验尚且不足,而且很多已有的经验比较零碎都不系统,缺乏环保施工管理的经验总结。

本文将通过分析鹤大高速小沟岭至抚松段沿线的自然环境特点和主体工程特点,并在大量总结已有公路环保工作经验的基础上,提出公路设计和施工期的资源环境保护与利用的对策建议和技术方法,并在全线进行有效的推广落实,通过最后的成果总结,探索适合我国林区高速公路建设的资源保护利用的管理体系。希望该研究成果可以为吉林省开展公路网规划设计、环保施工建设,以及类似区域公路建设中开展相关研究和探索提供示范。

2 项目概况

2.1 工程概况

鹤岗至大连高速公路是国家"7918"高速公路网规划的 9 条南北纵线的第一纵,是东北区域骨架公路网中的纵一线,也是《吉林省高速公路网规划》的"五纵、五横、三环、四联络"中五纵的第一纵。本项目研究的是鹤大高速路中的两段,一是小沟岭到抚松段,二是靖宇到通化段。

小沟岭到抚松段全长 230.943km,主线全部为新建沥青混凝土路面,路基宽度 24.5m。全线桥、隧、涵洞众多,服务区 4 处,主线占地 1 657.48 hm², 多为林地,工程共砍伐与赔偿树木超过 300 万株。靖宇到通化段全场为 107.817km,主线全部为新建沥青混凝土路面,路基宽度 24.5m。全线桥、隧、涵洞众多,服务区 2 处,主线永久占地 588.86hm², 多为林地和农田,本工程砍伐、移植林木总数量 225.1 万株,其中需对 9cm 以下树木进行移栽,移栽树木总数约 63.38 万株。

2.2 生态环境概况

本项目所在区域属于吉林东部长白山地生态区,鸭绿江中低山林生态亚区及长白山熔岩中低山林生态亚区,是吉林省重要的生物多样性分布区,环境的敏感性使得开展公路建设中的资源环境保护显得十分必要。

2.2.1 地形起伏,景观优美

鹤大高速公路穿越长白山区腹地,沿线地形起伏变化较大。路段地貌类型主要包括河谷平原、低山丘陵、中高山地,长白山系东倾盆地、中山低山区,起伏的地形构成了一幅幅美丽的图画。

2.2.2 水系发达,环境敏感

小沟岭至大蒲柴河路段所在区为牡丹江水系,水系发达,公路跨越多条河流,沿线是长白山区域重要的水源涵养地,其中最为敏感的路段临近雁鸣湖湿地,以及穿越敦化市第一生活饮用水源,多次跨越敏感水体;靖宇至回头沟路段所在区为第二松花江水系和鸭绿江水系,水系发达,公路跨越多条河流,最为敏感的路段穿越靖宇矿泉水天然保护区实验区。

2.2.3 土壤肥沃,表土深厚

公路沿线土壤肥沃,土壤类型主要以黑钙土、淡黑钙土、草甸土为主,表土层深厚,富含腐殖质。

2.2.4 资源丰富,亟须保护

公路沿线地表植被以森林为主,森林资源十分丰富,按植物地理区划属长白山植物区系、红松针阔混交林为其地带性植被的顶级群落。但目前原始森林植被大部分消失,仅有小面积零散分布,现存的森林绝大部分属于天然次生林,而且典型的以红松为建群种的针阔混交林已不多见,区域森林处于不同的退化阶段。山地分布的多为次生的红松—云冷杉为主的针阔混交林;谷地则多为次生的阔叶林,形成了大面积的杂木林、蒙古栎林、杨桦林、柞桦林、柞树榛子灌丛及色、椴、榆、枫、桦等组成的次生阔叶林。

3 资源环境保护措施

3.1 工程建设环境问题分析

综合分析鹤大高速工程建设特点及沿线自然环境特点,鹤大高速除了具有一般公路工程建设带来的环境问题外,还具有以下突出特点。

3.1.1 森林砍伐量巨大

鹤大高速属于林区公路,全线穿越多个林场和自然保护区,主线和临时工程均将占用大片林地,砍伐大量森林,对该区域林木蓄积量造成了一定的损失。根据统计数据,项目共砍伐树木约 470 万株,占用林地 1 300hm² 以上,造成森林蓄积量减少约 12 6000m³, 换算成生物量约为 7.55×10^4t。森林的大量砍伐将在一定程度上对该区域森林生态系统结构和功能造成一定负面影响,例如减少林地水源涵养量、

水土保持量以及森林供氧和空气净化的效益,这种影响将可能在局部路段比较凸显。因此在公路建设过程中采取切实可行的生态保护措施和植被恢复措施十分必要。

3.1.2 破坏湿地生态系统

湿地被称为"地球之肾",具有涵养水源、保持水土、调蓄洪水、减缓下游河道径流量、维持生物多样性等多种生态功能。鹤大高速工程施工占用了一定面积的湿地,包括靖宇国家级保护区和通化市饮用水水源保护区湿地哈泥河源头地区的部分湿地,占用面积约 $3.2hm^2$,可能会引起湿地生态功能有所下降。其中靖宇国家级保护区主要是保护矿泉水资源而设立的,因此区内湿地对于涵养矿泉水资源具有十分重要意义。鹤大高速对湿地的破坏除了造成调蓄洪水和地下水补给功能有所降低,以及小气候变化外,最主要的影响是破坏沿线的湿地植被,造成湿地退化,加速水土流失。因此在施工过程中应从工程优化和生态保护两方面入手予以解决。

3.1.3 表土资源流失量加剧

自然表层腐殖质是土壤有机质的一种,是动植物残体经微生物分解后,转化又重新合成的复杂的相当稳定的有机胶体,是土壤的重要组成部分,具有较高的肥料价值,含有植物生长所需的多种碳、氮、磷、硫等多种养料。表层腐殖土的转化是一个极其漫长的过长,本身是一种非常珍贵的自然资源。鹤大高速途经的长白山林区,大面积分布的土壤类型为暗棕壤和白浆土,表层腐殖质肥厚,其各种养分含量均较高,比较适于耕种及林地树木生长。鹤大高速施工过程中重点关注表土的保护和利用,从这两方面来减少资源的流失。

3.1.4 珍稀野生植物资源损失

公路所经过的地区处于长白山腹地,区内野生珍稀植物种类丰富,例如国家保护物种红松、水曲柳、黄檗、紫椴等均有分布。由于历史的原因,长白山森林已经遭受了较大的破坏,珍稀树种更是偷伐的对象。目前看来,公路沿线的国家和吉林省重点保护的野生植物如红松、紫椴、黄檗、水曲柳、五味子等均有分布,但是没有成片分布区,而胡桃楸分布较广,在本区域属于广布种。根据估算,需砍伐或移栽红松约 4 800 株,水曲柳约 5 400 株,黄檗约 2 300 株,因此减少主体和临时工程对林地的占用,是减少野生植物资源损失的关键。

3.2 工程建设资源环境保护措施

鹤大高速工程建设的资源环境保护措施贯穿于工程建设的整个阶段,从公路选线、工程设计到施工建设等阶段都将资源环境保护的理念和技术方法纳入,并确保能在工程建设中有效实施,最大限度保护沿线资源环境。

3.2.1 加强环保培训,增强环保意识

工程建设前开展环保培训能够提高建设人员的环保意识,是工程前期重要的环保措施。鹤大高速公路在开工建设前,根据建设人员的机构、职责、层次等不同,开展了两次环保培训,分别针对工程建设管理人员和基层施工人员,培训的目的和内容均有所侧重。第一次环保培训的对象为高建局、建设单位、工程指挥部、监理单位的管理者,培训的内容重点为环保监督管理、环保组织机构的建设、环保规章制度等。第二次环保培训在施工单位进场前进行,培训对象为工程各指挥部的指挥长、技术人员、施工单位的现场负责人、驻地监理等现场人员,培训的重点为工程环保技术和措施等的实施。鹤大高速开展的两次环保培训分别针对管理人员和施工人员,区别培训重点内容,易于不同人员的理解和实际操作,培训效果更佳。

3.2.2 建设管理小组,提高环保地位

鹤大高速采取了"领导小组、执行小组、技术咨询小组及宣传小组"的组织管理模式,及"政、产、学、研、用"有机结合的机制。其中领导小组由吉林省交通运输厅主要领导牵头,吉林省交通运输厅各处室相关负责人组成,其中有小组成员专门负责工程环境保护工作,将环境保护的地位提高到与工程质量和工程进度同等的地位。执行小组由吉林省高等级公路建设局主要领导及鹤大高速公路项目建设指挥

部、设计代表、项目监理、技术服务、施工单位领导组成,小组中的多名副组长和成员均有长期环保施工经验,便于环保措施的现场落实。技术咨询小组由行业知名专家组成,其中包括多名环保领域的知名专家,能够在环保关键技术以及阶段成果的总结上进行技术咨询和把关。宣传小组由吉林省交通宣传中心和吉林省交通运输厅科技处构成,委派有专人及时对工程环境保护进展情况进行跟踪报道。

3.2.3 注重景观专项设计,展现景观特色

景观设计与主体工程设计同步进行,在对沿线自然环境和社会环境深入分析研究的基础上提交设计方案和建议。按照设计原则,并根据鹤大高速公路途径的保护区和景区以及周边用地性质,首先将全线分为九大景观段,包括雁鸣湖景观段、田园景观段、城镇景观段、水源地保护区段、山谷溪流景观段、松花江三湖保护区段、矿泉水保护区段、乡村景观段、哈尼河保护区段。针对每个景观段,在具体的设计中给出不同的景观设计方案,使鹤大高速公路的每个段落都独具特色。

路线总体布设方案优化建议也坚持安全选线、环保选线、地质选线的原则,综合考虑了沿线城市规划、地形、地物、地质、水文、气象、特大桥桥位、隧道进出口、村镇分布和不同的自然风光,使路线方案最大限度地与自然环境相协调。路线设计优化充分考虑沿线生态环境敏感要求,提出生态、环保、旅游、文化的长白山腹地南北大动脉建设定位,以体现区域生态特色,展示旅游资源,展现地域文化特色。遵循尊重自然、保护优先、借景为主、优化景观、节约资源、综合利用、系统规划、全面设计、以人为本、安全第一、体现和谐、公众满意的原则,使公路主体融入自然,通过对沿线敏感段落、动植物自然保护区采取相应的保护措施达到保护性建设。在地形及视野开阔区域设置雁鸣湖服务区,毗邻雁鸣湖自然保护区,可以欣赏湿地景观及周围的湖光山色。依托敦化南服务区,展示古代渤海国遗址及六顶山佛教文化,打造历史人文景观,通过江源服务区展示松花石文化的魅力,在通化服务区,使用秦汉古长城文化的元素,向游客讲述秦汉长城遗址的重大考古发现。

3.2.4 加强环保专项设计,贯彻环保理念

为了严格保护鹤大高速沿线的植物、表土、动物和水资源,分别进行了专项环保设计。根据公路周围环境特点提出了"砍伐线保护"的设计理念,即公路清表范围原址上只能清理到树木砍伐线的位置,砍伐线至占地界之间的范围不再清表施工,全线可以保留大量的原生树木,维护原始植被景观。根据沿线植被类型特点提出了"植被分级保护"的设计方案,根据植被的类型、径级、保护等级指标等确定施工中植被的保护等级,并分别采取针对性的方法。针对施工影响范围内的植被,设计了挂牌、绑草绳、挡土墙、加固、移栽等一系列保护技术。针对沿线大量珍贵的表土资源,设计了标准化的表土堆放场和堆放方法,便于表土的储存和计量。根据沿线多种动物活动规律的特点,在全线多次涵洞、桥梁和跨线桥附近设计了动物通道,并与主体工程结合施工。在全线多个位置设计了人工湿地,对路面径流进行收集和净化。在跨越敏感水体的桥梁段设计了桥面径流收集处理系统,防止径流和危化品的污染。设计利用隧道弃渣生产生态砌块,在全线边坡生态防护进行推广,做到资源循环利用,减少工程防护量。

3.2.5 落实环保技术应用,提高技术水平

利用已有成熟的专利环保技术"公路清表分步施工法"在全线路基清表施工中进行推广应用,切实做好沿线植物资源和表土资源的保护与利用。利用已有成熟的专利环保技术"敏感水体桥梁段危险化学品泄漏控制及应急处理系统"和"一种雨水径流收集及净化系统"在鹤大高速全线敏感水体路段推广应用,保护沿线的水源地和湿地生态系统。成熟技术的大规模使用可以带来良好的环境、社会和经济效益,同时通过技术反馈也能够可以提高技术水平。

3.2.6 开展环保咨询工作,提升环境保护水平

为保证环境保护工作的顺利进行,鹤大高速建设单位高度重视环保咨询工作,包括专家咨询和现场咨询工作两部分内容。在景观环保设计方案制订、实施,景观环保课题科研、大纲等关键阶段,聘请国内知名专家进行把关,并与专家保持紧密的联系和沟通,及时解决工程实施工程中可能出现的关键技术问题和技术难题,确保环境保护工程的效果和质量。在工程建设阶段,聘请环保咨询工程师开展施工阶段

全过程的定期环保咨询工作,对施工过程进行有效控制。环保咨询工程师主要针对施工过程中的植被保护、表土收集和储存、临时工程选址等情况进行检查和监督,发现已有和潜在的环保问题并给予现场指导,确保环保设计有效落实。每期工作结束后提交建设单位正式的环保咨询工作报告,或者专项咨询报告。建设单位根据咨询报告意见,对施工单位下相应的发整改意见,督促落实。

3.2.7 严格执行奖惩制度,调动人员积极性

鹤大高速建设指挥部预留了2%的工程额作为项目月度质量、安全和环保综合考评的考核金额,在清表施工阶段提高植被保留成效的考核系数,以及提高表土收集量的考核系数,在路基建设阶段提高景观环保保护效果的考核系数。通过考核奖励调动施工单位落实植物和表土资源保护的积极性。同时针对现场环保情况,及时提出例如重点保护植物(如黄檗)保护移栽等方面的专项奖励措施,调动施工单位主动保护的积极性。

4 环保措施应用效果

4.1 保留大量原生林木

通过植被保护技术的实施,主线路基砍伐线位置,以及互通匝道环内的大量植被得以完整保留(图1、图2),经过统计全线共计保护原生林地总面积约700 000 m²,原地保留成材的原生树木共计约345 041 棵,其中保护树种红松353棵,黄檗20棵,水曲柳55棵,节省了大量后期景观绿化恢复的成本,减少了原生景观的破坏。

图1　主线路基保留的成片红松林　　　　　图2　互通匝道环内保留的成片原生林

4.2 移栽珍稀保护植被

通过现场环保咨询,工程占地界内的大量保护树种黄檗得以移栽到隧道鼻端等位置,提高了后期景观效果,生态效益显著。移栽保护树种黄檗见图3。

图3　移栽保护树种黄檗

4.3 收集保护利用表土资源

通过表土保护和收集措施的实践,全线共收集表土 3 727 633.465 m³,并储存于规范的表土堆放场,可用于后期绿化恢复,节省了绿化用土成本,保护了珍贵的资源(图4)。

a)

b)

图4 表土收集与堆放

4.4 现场环保咨询成果斐然

通过现场专家技术咨询、建设单位加强管理以及奖惩机制的应用,施工现场的环境保护工作取得了显著的成果,现场植被、表土、水体的保护得到了进一步加强,重要节点位置的环境保护生态和景观效果显著,提高了路线整体的景观环保水平(图5、图6)。

图5 隧道洞口植被保护效果

图6 分离式大桥之间树木保留

5 结语

本项目的环境保护工作贯穿于整个建设项目的设计和施工阶段,其运作过程协调了多个单位、部门密切配合以实现。在项目设计阶段,建设单位协调环保景观绿化设计单位和主体设计单位的密切配合,将环保措施融入了项目设计中;在项目施工过程中,建设单位根据环保设计的要求,指导和监督承包商的施工活动,确保施工计划与进度的及时执行、环保投资的正确使用、施工质量应符合要求,防止施工活动对周围环境的污染和破坏,促使施工单位做到文明施工。

公路建设环境保护归根结底应以防为主,即不破坏就是最大的保护,目的是发展经济、保护环境。虽然我国生态公路的建设起步较晚,但是只要善于借鉴国外的先进经验,积累国内的有益实践,就能形成符合我国国情的高速公路环境保护技术、对策、管理体系等,能够完善环保工作,实现经济、社会、环境效益的协调发展。

参 考 文 献

[1] 张艳杰,师利明.试论公路建设中的环境问题和环境保护[J].西北农林科技大学学报:自然科学版,2004,32(11):133-136.
[2] 孙中党,赵勇,吴明作.公路建设项目对生态环境影响及保护对策[J].公路交通科技,2004,21(3):128-131.
[3] 陈爱侠,冀德学,邓顺熙.公路建设中生态环境保护的设计原则与要求[J].西安公路交通大学学报,1999,19(增刊):15-25.
[4] 王倜,陆旭东,张传武.环长白山旅游公路建设中的植物保护技术[J].交通建设与管理,2010,(1):80-83.
[5] 董小林.公路建设项目全程环境管理体系研究[J].中国公路学报,2008,21(1):100-105.

鹤大高速公路施工中植被保护管理实践

杨伟平　崔巍武　孙凌成　郭明洋　袁铁权　周亚君

（吉林省高等级公路建设局　吉林　长春　130033）

摘　要：鹤大高速公路吉林段位于吉林东部长白山生态区，是吉林省重要的生物多样性分布区，沿线森林资源丰富，植物保护显得尤为重要。建设单位重视植被保护工作，通过加强组织保障、宣传培训、现场咨询、严格执行奖惩等一系列管理措施，取得了显著的成效，为我国高速公路建设中系统地开展植被保护工作积累了经验，提供了有益借鉴。

关键词：高速公路　施工期　植被保护　环境管理　长白山

1　引言

公路建设规模大，涉及面积广，其施工建设必然会对沿线植被造成破坏，进而导致坡面裸露，为水土流失带来隐患，也增加了后期植被恢复的难度和费用[1]。当前很多研究侧重于后期的植被恢复，对于公路建设中的植被保护工作并未引起足够的重视，缺乏管理实践经验[2]。

2013 年 11 月，习近平总书记在党的十八届三中全会上做出关于《中共中央关于全面深化改革若干重大问题的决定》的说明时深刻指出，"山水林田湖是一个生命共同体，人的命脉在田，田的命脉在水，水的命脉在山，山的命脉在土，土的命脉在树"。这一重要论述，科学阐述了自然生态系统各组成部分的相互关系、人与自然之间的辩证关系，强调了植被作为生态系统基础的重要性。这一论述也对高速公路建设中植被保护工作提出了更高的要求。

鹤岗至大连高速公路吉林段是交通运输部资源节约循环利用科技示范工程和建设绿色循环低碳公路主题性试点项目（以下简称"双示范工程"），项目位于长白山区腹地，丰富的植被资源，对于保护生物多样性、保持水土、净化大气、展现自然景观和生物资源的永续利用，都有着极为重要的作用[3]。因此，植被保护是"双示范工程"建设的重要内容。施工过程中植被保护对于展现鹤大高速公路沿线自然风貌和特色景观、打造原生态高速公路景观、实现公路与周围自然环境的和谐相融具有十分重要的意义。

为此，按照吉林省交通运输厅"早期介入、全程跟踪"的要求，吉林省高等级公路建设局鹤大高速公路项目大抚建设指挥部自开工伊始就开展了植被保护管理工作，取得了显著的成效。本文总结了相关管理措施与经验，以期为今后公路建设中的植被保护等环境管理工作提供有益借鉴。

2　组织管理保障

2.1　组织管理框架

公路建设产生的生态影响主要发生在施工阶段，然而生态保护在这一阶段并未引起足够的重视，目前依旧是环境管理的薄弱环节[4]。组织体系建设是行之有效的管理的重要保障。为此，指挥部根据项目对环境保护工作的要求，专门设置环境保护管理工作组，设置专业人员开展本项目环境保护管理工作，并在环境保护管理工作中引入环境保护咨询机构，对本项目植被保护工作实行全过程指导，以保证环保措施的落实。

2.2　管理工作模式

指挥部环境管理工作又可分为内业管理和外业管理两部分。内业管理主要包括环境咨询报告、施工单位环保工作开展情况报告、取弃土场位置及恢复方案报告、植被保护计划工作报告、临时用地整改情况工作报告等资料的收集和归档。其主要的管理模式如图2所示。

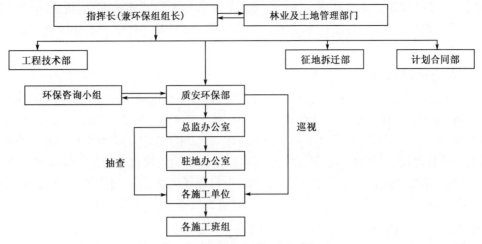

图1　指挥部总体环境管理组织结构图

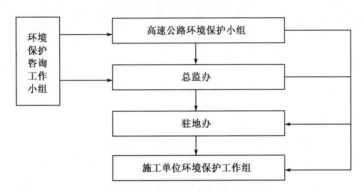

图2　指挥部内业资料管理工作模式图

外业管理主要进行工地巡查和季度、年度检查,指挥部会同监理单位、施工单位以及咨询单位一起进行工地检查,现场发现问题、提出问题、解决问题。其主要的管理程序如图3所示。

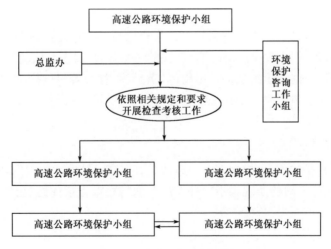

图3　指挥部外业管理工作程序

3　植被保护管理措施

3.1　加强宣传培训

明确目标,统一思想是大抚(大蒲柴河至抚松段)工程建设指挥部环保工作迈出的第一步。宣传培训是提高公路建设环保工作水平的重要手段,指挥部专门邀请具有丰富环保经验的技术专家,为指挥部管理人员、施工单位的现场负责人、技术人员、监理人员等参建人员就环保理念、清表施工注意事项、植被保护具体措施等内容进行培训,强化基层人员对环保的理解与认识,便于实际操作。通过培训与指导,统一思想,凝聚人心,加聚力量。

3.2 清表全过程管理

指挥部高度重视植被保护工作,采取了事前、事中、事后全过程的管理。清表前,指挥部召开了环保专题会议,明确了红线、砍伐线及清表线;在考虑安全因素的基础上,为最大限度保护植被,规定挖方段坡口线外1.0m处为砍伐线(红线、清表线如图4所示),要求施工单位提交清表计划和植物资源保护方案,待指挥部确认后再按计划实施;每月工程建设调度会上,都会就植被保护工作要求进行重点布置、反复强调;清表中,要求监理单位按照批准的清表方案,进行现场旁站监理;指挥部人员加强工地检查,发现问题及时纠正;施工后,指挥部对现场植物保护效果进行核查,并将其纳入月度考评。

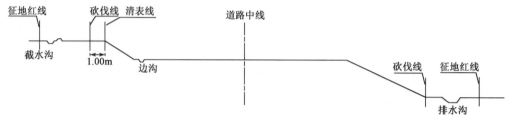

图4 红线、砍伐线、清表线示意图

3.3 注重沟通协调

鹤大高速公路占用了大量的林地,按相关规定,林业部门要对占地界内所有林木进行砍伐。为了保护不干扰公路施工的植被,清表前,指挥部多次与当地林业管理部门沟通,耐心细致地讲解公路部门的环保理念、清表过程中具体做法并了解林业部门的相关要求,寻找满足双方利益的平衡点,争取其理解和支持,最终林业部门同意将征地红线至开挖线之间的植物资源予以保留;清表施工中,指挥部要求施工单位加强与砍伐人员的沟通,确保重要植被得以保留。

3.4 执行奖惩制度

施工单位是环保措施的执行者,如何调动施工单位的积极性,是决定环保工作成败的关键,也是管理者需要解决的难题。指挥部按照吉林省高等级公路建设局工程建设管理办法的相关规定,预留最高2%的工程额作为项目月度质量、安全、环保综合考评的考核奖金,清表阶段动态调整植被保护工作的考核系数,并针对现场情况,及时提出重点保护植物(如黄檗等)移栽等保护措施的专项奖励,同时对于植被保护工作不利的施工单位进行亮牌处罚,通过奖优罚劣的手段有效调动了施工单位落实植被保护工作的积极性。

3.5 现场监督指导

为保证施工期植被保护的效果,指挥部专门邀请具有丰富植被保护经验的环保技术人员,赴施工现场进行监督指导,发现问题及时给予现场指导并形成书面材料报告指挥部,指挥部根据咨询报告意见,对施工单位下发相应的整改意见,督促落实。

4 保护成效

指挥部通对植被保护工作高度重视以及加强内部组织管理、宣传培训、沟通协调、现场监督检查、严格执行奖惩等一系列管理措施,沿线植被都得到了很好的保护。植被保护工作不仅减少了坡面裸露,降低了水土流失带来的隐患,同时也减少了后期植被恢复的费用,为实现公路与自然环境的和谐发展奠定了坚实的基础。如图5~图12所示为本项目植被保护成效。

图5 隧道出口鼻梁端与仰坡植被保护

图6 边坡植被保护

图7 隧道出口采取坎墙保护地形与植被

图8 保留植被挂牌保护

图9 隧道进口仰坡高大乔木保护

图10 红线内高大乔木保护

图11 互通匝道环内植被保护

图12 保护物种采取移栽措施

5 结语

鹤大高速公路建设者将植被保护工作作为公路建设中至关重要的工作内容,秉承环保就是红线的理念,坚持最大限度地保护、最小程度地破坏,通过建立组织保障体系、宣传培训、现场监督检查、严格执行奖惩等一系列管理措施,使得植被保护工作取得了显著的成效,保护了鹤大高速公路沿线自然风貌,为实现公路与自然环境的和谐发展奠定了坚实的基础,同时也为我国高速公路建设中系统地开展植被保护工作积累了经验,提供了借鉴。

通过鹤大高速公路建设,笔者认为从公路建设全过程来看,对环境影响的决定性阶段在于设计,因此,建议设计之初即避免高填深挖,减少取弃土场,同时明确红线、砍伐线、清表线,合理分摊林地补偿费用,为施工阶段的环保工作奠定良好基础。

参 考 文 献

[1] 王倜,陆旭东,张传武.环长白山旅游公路建设中的植物保护技术[J].交通建设与管理,2010,(1):80-83.
[2] 高硕晗,王新军,李长江,等.公路建设环境管理现状及对策[J].交通标准化,2014,42(9):16-22.
[3] 李长江,王倜,王新军,等,鹤大高速公路资源环境保护管理及成效[J].交通建设与管理,2014,(11):7-12.
[4] 董小林.公路建设项目全程环境管理体系研究[J].中国公路学报,2008,21(1):100-105.

鹤大高速公路(吉林境)几种边坡生态恢复技术应用分析

周 剑 陈建业 陆旭东

(交通运输部科学研究院 北京 100029)

摘 要：鹤大高速公路穿越吉林东部山区，不可避免地产生了较大的填挖方，形成了多种形式的公路边坡。通过对本项目采用的多种边坡生态恢复技术的设计实践进行总结，为同等条件区域的高速公路边坡恢复技术提供借鉴。

关键词：鹤大高速 公路边坡 生态恢复技术

1 引言

鹤岗至大连高速公路是国家"7918"高速公路网规划的9条南北纵线的第一纵，是东北区域骨架公路网中的纵一线，也是《吉林省高速公路网规划》的"五纵、五横、三环、四联络"中五纵的第一纵。鹤大高速公路纵贯黑龙江、吉林、辽宁三省，起点在鹤岗，途经佳木斯、鸡西、牡丹江、敦化、白山、通化、丹东，终点在大连，全长1 390km。主要承担区域间、省际以及大中城市间的中长距离运输，是区域内外联系的主动脉。

鹤大高速公路在吉林省境内共分4段分期进行建设，其中，抚松至靖宇段和通化至新开岭高速公路已建设完成，于2011年9月通车；小沟岭至抚松段，靖宇至通化段自2010年起开始设计工作，目前已进入施工阶段，预计2016年底通车。本文作者依托这两段工程设计工作的实践，总结出了高速公路资源节约环境保护方面的设计原则，并通过工程案例阐述这些原则的落实情况。

2 鹤大高速公路边坡特点分析

鹤大高速公路穿越吉林东部山区，其公路边坡有以下几个特点：①高填深挖路段比重大，需要处理的边坡较多；②边坡立地条件迥异，有土质、风化砂、土夹石、风化岩、硬岩等，高度从1m到30m左右不等；③防护形式多种多样，有无工程防护、叠拱防护、挡墙防护、生态砌块防护、护面墙防护等多种类型。

由于路堑边坡处于行车过程中的视线重点部位，其景观效果直接关系到整条路，所以路堑边坡景观恢复与再造是鹤大高速公路景观设计的重之重。路堑边坡的设计主要是加速自然恢复，针对不同的边坡类型采取不同的人工导入方式，为自然恢复创造条件。

路堤边坡在公路行车视线之外，但是关系到填方路堤的稳定性，因此重点关注的应是边坡水土保持功能和生态效益方面的考虑。路堤边坡在设计时还需要考虑与路外景观的协调，注重展现优美景观、遮挡不良景观。

3 鹤大高速公路边坡生态恢复要点

鹤大高速公路吉林境内段落地处吉林东北的长白山区，生态环境十分敏感，而公路建设中的土方工程不可避免地对原生态造成了较大的破坏，这就要求我们加大力度重视公路边坡的生态恢复工作。主要需要注重以下几方面的内容：

3.1 尊重自然，保护优先

公路建设应最大限度地保护植物资源、土地资源、景观资源，最大限度地保护自然、尊重自然，高度重视景观生态环境、水环境、声环境等的保护工作,努力做到"最大限度地保护",避免传统公路建设中"先破坏,后恢复"的现象。

3.2 借景为主,优化景观

公路沿线地形地貌独特、植被覆盖率高、河流水系发达、旅游资源丰富,这些特点都为公路建设提供了很好的自然景观条件。因此,边坡设计应以自然风光为背景,借山之雄壮、水之旷美以形成山水相依的沿途景观,从而达到近水远山虽非我有而若为我备的境地。

3.3 系统规划,和谐统一

将公路全线作为一个整体予以系统考虑,对全线景观进行系统规划,以全线景观序列规划为基础,在边坡植物选择、色彩搭配、配置方式上体现变化,打造出和谐统一的高速公路边坡景观。

3.4 以人为本,安全第一

全面把握公路使用者的视觉感受和行车心理,充分考虑道路感觉的多样性以及视觉导向、安全设施的色彩及尺度、视觉连续性等交通心理因素,通过合理的植物配置和柔化遮挡作用,优化公路行车环境,增强行车的舒适性。努力通过"生态保护""自然恢复""人工恢复"等技术最大限度地保护和恢复公路沿线植被,公路构造物设计弱化人工痕迹,使公路完全融入自然之中。

4 鹤大高速公路边坡生态恢复设计方案

4.1 无工程防护的土质边坡

这类边坡一般不高于4m,尽量放缓坡度,将坡顶、坡脚处理为圆弧形,与周围自然过渡;采用覆盖表土、自然恢复的方式或普通喷播植草,形成比较自然的草地景观;喷播草种配比根据阴坡和阳坡特点分别设计(图1)。

4.2 叠拱防护路堑边坡

在强风化岩石(碎石状)夹泥路段和高度大于4m的土质路堑边坡,采用了叠拱防护。为保证公路景观视线的开敞性,下面两层叠拱采用普通喷播(草灌结合),两层以上叠拱部分采用普通喷播(灌木为主),形成以灌木为主的效果(图2);喷播草种配比根据阴坡和阳坡特点分别设计。

图1 鹤大高速公路10标无防护土质边坡绿化施工过程

图2 叠拱防护回填种植土施工过程

4.3 挡墙防护的路堑边坡

挡墙防护的碎落台位置留有栽植空间,采用小乔木和灌木间植的方法进行绿化,并在挡墙上部、下部种植藤本植物,对挡墙起到覆盖遮挡作用(图3)。矮挡墙两端种植乔灌木,如红皮云杉、榆树、刺槐、山杨、旱柳、沙棘、山杏、茶条槭、东北珍珠梅等。

4.4 石质路堑边坡

开挖后自然裸露的稳定岩石边坡,如属于硬岩类,则保持坡面裸露,依靠自然条件进行自然恢复;如属于裂隙丰富的风化岩,则采用客土喷播恢复边坡植被,一方面增加生态效益,另一方面起到生物防护作用(图4)。种子配比根据阴坡和阳坡分别设计。

图3　鹤大高速公路1标挡墙碎落台栽植施工过程

图4　鹤大高速公路岩石边坡客土喷播施工过程

4.5 SNS网防护路堑边坡

对于风化较严重、岩石节理发育、随时有碎落的可能的石质挖方路段,采用SNS网防护。对这种石质边坡采用普通喷播的方式,促进自然恢复,形成以裸露为主、点缀少量植物的效果。

4.6 生态砌块防护的路堤边坡

机制生态砌块是鹤大高速公路首次大规模采用的边坡防护技术。这项技术是利用本项目隧道出渣,经一系列生产工序生产出样式新颖、透水性好、利于植物生长的生态砌块,主要用于高填边坡(图5)。针对此类型边坡,设计采用了覆盖种植土后撒播植草并栽植紫穗槐的方式进行绿化恢复,达到了稳固边坡、美化路外景观的目的。

4.7 锚索框架梁防护的路堑边坡

对于岩石结构不稳定,有滑塌风险的石质边坡,设计采用了锚索框架梁的防护形式(图6、图7)。对此类边坡景观设计中考虑采用挂土工格室的方式增加种植土的回填空间。在土工格室中回填满种植土后,采用普通喷播加栽植紫穗槐的方式,进行绿化,柔化圬工体,形成良好的植物景观效果。

图5　鹤大高速公路机制生态砌块示范段效果

图6　鹤大高速公路7标锚索框架梁边坡

4.8 特殊类型的路堑边坡

在鹤大高速公路沿线,有个别边坡开挖后边坡稳定,同时整体景观效果较好,对此类边坡设计采用了整体裸露、点缀草花的形式来展现这些特色景观,突出长白山区的地质特点。比如在鹤大11标就有一段柱状玄武岩边坡,是长白山喷发形成的特殊地质构造,在设计中被完整地保留下来(图8)。

a)　　　　　　　　　　　　b)

图7　锚索框架梁内加土工格室回填种植土

图8　鹤大高速公路11标柱状玄武岩边坡

5　鹤大高速公路路堑边坡生态恢复预期效果分析

5.1　自然恢复法

鹤大高速公路穿越长白山区,周围土壤肥沃、植被茂密、雨量充沛,具有极强的自然恢复能力。对于部分难以快速恢复的边坡需借助长白山区强大的自然恢复能力,逐步实现边坡的生态恢复。预计5~8年内能够达到边坡的植被全覆盖。

低矮边坡覆盖表土后,植被很快就能自然恢复,达到一定的覆盖度。自然恢复的植被均是当地野生草本、灌木,与周围环境协调,初期成本和养护成本都非常低;但容易造成水土流失,并且自然恢复的草本以一年生草本为主,枯黄时间早、绿期短。因此,覆盖表土自然恢复的技术关键在于边坡开挖后迅速覆盖表土,并避开雨季,减少水土流失;植被枯黄早的问题只有经过几年以后,边坡上有一定数量的灌木生长时,才能得到改善。

硬岩类的裸露石质边坡,在岩石裂隙处、坑凹处也会很快自然恢复出当地先锋植物,主要是蒿、杨树、柳树类植物,随着岩石的不断风化,自然恢复的植物也不断增多,景观效果也不断变好(图9、图10)。

图9 边坡自然恢复的蓼科植物　　　　　　图10 石质边坡自然恢复的杨树

5.2 普通喷播技术

普通喷播(湿法喷播)是由交通部科学研究院于1995年从瑞士引进的湿法喷播技术,具有施工效率高、适用范围广、绿化效果好的优点。

通过近些年的具体实践,普通喷播(湿法喷播)技术已经在吉林省范围内得到了普遍认可。普通喷播中采用当地乡土树种、草种,并根据不同景观段落的主题选择不同的植物种类,既可以达到生态恢复、防治水土流失等功能性要求,还能形成草灌结合、错落有致、非常自然的效果,达到丰富边坡景观效果的作用(图11、图12)。

图11 喷播25天后覆盖率100%　　　　　　图12 胡枝子、无芒雀麦等

预计鹤大高速公路边坡普通喷播的成活率、植被覆盖度、景观效果等指标均能达到理想的效果,能够形成草灌结合、灌木为主的边坡景观。

5.3 客土喷播技术

客土喷播技术已在广东、湖南、北京、陕西、西藏等省区推广应用,吉林地区也在吉延高速公路、营松高速公路、图珲高速公路等项目上推广使用。根据试验效果,客土喷播的石质边坡与未喷播的边坡有明显的差异;后经反复研究论证,最终确定鹤大高速公路石质边坡推广使用客土喷播技术约19万 m^2,如此大面积推广客土喷播技术,在吉林省属于首次。

根据对试验段和部分设计边坡的实施效果的观测分析:客土喷播对于改善岩石边坡的景观效果具有积极意义,但由于长白山区的特殊自然条件,绿期仅在6~9月份,不到半年时间,且灌木的成活密度和生长质量不高(图13)。因此,为形成以灌木为主、可持续发展的边坡效果,客土喷播的种子配比尚有待进一步研究。

图 13　风化岩边坡客土喷播与未客土喷播的效果对比

（左侧为喷播试验段，右侧未喷播）

6　结论

（1）充分认识到路堑边坡的地形修整和工程防护是生态恢复的骨架，要形成比较好的边坡景观效果，首先要重视边坡的景观骨架，如土质边坡坡顶、坡脚应圆弧化；硬质防护的挡墙砌筑尽可能自然，多采用干砌片石、石笼防护等方式。

（2）充分利用长白山区的自然恢复能力，在防治水土流失、边坡植物防护等功能性要求达到的前提下，尽可能少地加入人工干预。

（3）尽可能采用植物生态防护的形式，并充分利用攀援植物和不同形式的灌木组合对硬质防护进行遮挡和柔化，减少硬质防护的边坡面积。

（4）如要迅速达到绿化效果要求，可通过普通喷播、客土喷播等人工导入方式加速自然恢复进程，种子配比要兼顾近期、远期效果，要努力形成可持续发展的植物群落。

参 考 文 献

［1］于少华.景婺黄（常）高速公路景观设计理念与实践[J].中外公路，2007（1）.
［2］张玉国，周斌，黄拓.关于高速公路生态绿化的思考[J].中外公路，2007（4）.
［3］李平.吉林绿色第一路——G11 鹤（岗）大（连）高速公路吉林境内段推进绿色公路"双示范"工程的实践[J].中国公路，2015（15）.

鹤大高速公路资源节约、环境保护设计原则及实施案例

周 剑 陈建业 陆旭东 朱时雨

（交通运输部科学研究院 北京 100029）

摘 要：从节约资源、保护环境等角度综合考虑，对高速公路路线设计、路基防护及排水设计、桥隧设计、服务区规划设计、绿化环保专项设计等方面进行分析和研究，提出鹤大高速公路在工程设计环节中资源节约、环境保护方面的设计原则。同时列举部分设计过程中出现的实例，阐述设计原则的具体落实情况，为同等条件区域的高速公路设计提供借鉴。

关键词：鹤大高速公路 设计原则 实施案例 资源节约 环境保护

1 引言

鹤岗至大连高速公路是国家"7918"高速公路网规划的9条南北纵线的第一纵，是东北区域骨架公路网中的纵一线，也是《吉林省高速公路网规划》的"五纵、五横、三环、四联络"中五纵的第一纵。鹤大高速公路纵贯黑龙江、吉林、辽宁三省，起点在鹤岗，途经佳木斯、鸡西、牡丹江、敦化、白山、通化、丹东，终点在大连，全长1 390 km。主要承担区域间、省际以及大中城市间的中长距离运输，是区域内外联系的主动脉。

鹤大高速公路在吉林省境内共分4段分期进行建设，其中，抚松至靖宇段和通化至新开岭高速公路已建设完成，于2011年9月通车；小沟岭至抚松段，靖宇至通化段自2010年起开始设计工作，目前已进入施工阶段，预计2016年底通车。本项目位于长白山区，生态敏感度高，环境资源极其珍贵，因此在设计过程中需要在资源节约、环境保护方面加倍重视。

我国现有高速公路设计的标准规范已相当完善，但从资源节约、环境保护角度的相关要求仍然不足，设计工作缺少理论支撑。本文作者希望能通过鹤大高速公路的设计实践经验，总结出高速公路资源节约环境保护方面的设计原则，并通过工程案例阐述这些原则的落实情况，使未来的设计工作得到借鉴，进而最终形成相关设计标准和规范。

2 路线设计

2.1 设计原则

我国传统的公路选线主要采取经济评价、财务评价以及工程技术等比较方案的优劣，一定程度上忽视了环境、社会等方面的影响。国外尤其是欧美发达国家关于路线设计的理论已经从单纯考虑汽车的动力学要求，逐渐向注重考虑驾驶员的生理心理特征，提倡以人为本的设计理念，注重线形设计后使用上的舒适性，并在公路设计的安全性、连续性、一致性、经济性等方面进行了研究。我国在借鉴国外研究的基础上，积极开展研究，在选线过程中逐步提出环保选线、安全选线等理论，并在鹤大高速公路设计中进行了积极实践，提出了以下几个设计原则：

2.1.1 生态原则——不扰为上、利用为本

生态选线的基本要求是考虑线位与环境敏感点的距离及其影响，寻找环境代价较小的解决方案。即把生态环境作为一项控制指标，根据沿线不同的生态区域调整路线的布局位置，以便合理地布置公路路线，保护生态环境，使工程项目发挥整体效益。

由于公路修筑以及汽车运行所产生的影响与污染等问题,具体应考虑以下几方面:高填、深挖对自然景观植被的影响;公路的分割与横阻对珍稀动植物资源的影响;对水土流失的影响;填方、取土、弃土对农业资源、土壤耕作条件的影响;对农田水利排灌系统的影响;路面径流对养殖业水体的影响;开挖、弃方堆砌、爆破作业等诱发地质灾害的影响;噪声污染的影响;空气污染的影响;与环境敏感点的距离的影响。

2.1.2 顺应原则——形态吻合、总体协调

公路线形要与地形相适应,尊重地形、地物、地貌等特征,尽可能减小工程量和对环境的破坏;合理选用各种线性要素,在满足规范的前提下尽量做到与地形地貌的结合;在困难路段可以采用左右分离、上下分离、半路半桥、半路半隧等多种分离式路基方式,做到与地形地势的协调,将对环境的破坏减少到最小。

针对不同地形,采用不同的选线对策,如低山丘陵地形的路线选择需结合地物、挖填平衡等条件,充分利用荒山、荒坡地、废弃地、劣质地布设线,尽可能减少对耕地、林地的占用;傍山陡坡地形路线一般应选择在山脚,避免对山坡的开挖,当受纵面高程控制时,且地形自然生态较好的路段,路线可选择在山腰,以桥梁形式通过,避免高填深挖,维持原有景观和自然环境,减小破坏;越岭(山)地形路线应选择在地质条件好、隧道设置长度短、纵坡平缓、有利于隧道分线、隧道进出口地形地质条件良好的地段布设路线方案。但对山体较小、较低、山岙狭窄的越岭地形可选择从山中穿过,以减少边坡开挖高度和防护工程数量;山间平原地形的路线尽可能选择在平原区边沿,以保持耕地的完整性。

2.1.3 避绕原则——避让为主、处理为辅

在线形设计中,要尽量避免对生态敏感区的直接干扰,公路建设应避免穿越自然保护的核心区及缓冲区、风景名胜区的核心景区、饮用水水源一级保护区等依法划定的需要特殊保护的生态敏感区,并避免对珍稀植物、原始森林等分布区的直接切割。因工程条件和自然因素限制必须穿越自然保护区试验区、风景名胜区核心景区以外范围、饮用水水源二级保护区或准保护区的,一定要进行路线的多方案比选,并通过架设桥梁、敷设全埋式管道等方法最大限度地减少对生态敏感区的扰动。

以自然保护区为例,公路中心线距自然保护区边缘不宜小于100m;公路不得穿越自然保护区的核心区和缓冲区;当公路必须进入自然保护区的试验区时,应当经自然保护区行政主管部门批准。以生活饮用水地表水源保护区为例,在一级保护区内不得新建、扩建公路项目;在二级保护区内新建、扩建公路项目,不得向水体排放污染物;对于跨越水环境敏感区的公路,最好从水体下游而不是从上游跨越。跨越河流时,应尽量选取河道顺直、水流平稳、水面窄处正交(或接近正交)通过。应注意保护自然水流,尽量不改变水流的方向,不压缩水断面,更不得堵塞、阻隔水流。

2.1.4 灵活原则——巧于因借、安全合理

长白山区地形地貌独特、植被覆盖率高、河流水系发达、旅游资源丰富,这为公路景观选线提供了很好的自然条件。选线过程中应充分利用自然条件巧于因借,以自然风光为背景,将优美的自然景观纳入到公路景观中,使公路和自然环境融为一体,最大限度地达到自然协调。达到"利用地形,巧于结合外因,冶内外于一炉,纳千里于咫尺",即借山之雄壮、水之旷美以形成山水相依的沿途景观,从而达到近水远山虽非我有而若为我备的境地。

本项目地形情况较为复杂,公路建设若强拉长直线,或采用过高平纵指标,不仅加大工程量,使工程费用增加,而且会由于高填、深挖造成严重的地质灾害,破坏自然环境和生态平衡,造成水土流失。公路选线应根据生态敏感要素的特性及其分类、分级,在保持线形连续、均衡,确保行驶安全、舒适的基础上,正确、灵活运用技术指标。

2.2 实施案例

在鹤大高速公路选线阶段就有景观环保专业设计人员参与,从景观和美学角度提出意见和建议供路线组参考。根据上述四条原则,主要提供了如下几处参考意见:

（1）K520～K541路段临近雁鸣湖自然保护区，该段落生态和水源敏感度都很高，植被覆盖率较高，并且在林内栖息着多种鸟类，需要有针对性地进行保护。K530附近对线路进行微调，在满足公路转弯半径的前提下进行路线偏移，取消隧道的设置，选择对山体破坏较小、更加环保生态的路线（图1）。

图1　雁鸣湖自然保护区段落线路比选方案

（2）鹤大高速公路K266～K285段落为靖宇矿泉水保护区段，路线不可避免地要穿越靖宇保护区实验区。根据保护区情况，推荐选线与现有省道平行布设，尽可能减少对原地形和植被的破坏。同时线路要尽可能远离和避让已探明的矿泉水泉眼，保护珍贵的地下水资源免受干扰和影响（图2）。

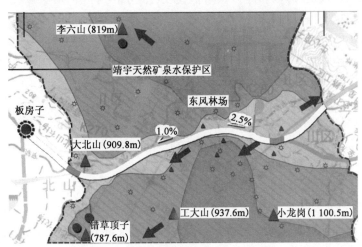

图2　靖宇自然保护区段落线路比选方案

（3）在K323+100附近植被覆盖度很高，生态环境十分敏感。原设计线位为了追求线性指标选用了一条穿山而过的线路，造成了较大量的深挖方，对生态环境破坏很大。建议适当延长路线长度、降低线性指标，从山谷中绕行，保护生态廊道的完整性（图3）。

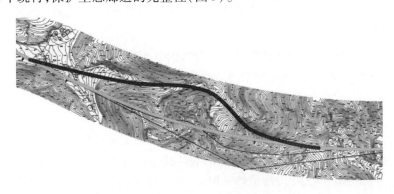

图3　K323段落的线路比选方案

3 路基防护及排水设计

3.1 设计原则

生态敏感区高速公路路基防护及排水设计不仅要考虑工程对公路本身的保护作用及建设过程中对生态环境的影响,还要考虑开始运营后可能带来的长期污染。根据生态敏感区的不同特点,从生态保护、景观协调等角度出发,提出包括路基边坡坡率控制、路基防护形式、路基排水等方面的基本原则。

3.1.1 灵活性原则

路基断面形式应与沿线自然环境相协调,避免因深挖、高填造成的不良影响,根据生态价值高低灵活选择路基断面形式,如可以采用左右分离、上下分离、半路半桥、半路半隧等多种分离式路基方式,减少填挖量;边坡坡率应灵活自然、因地制宜、顺势而为,不宜采用单一坡度,以减少人工痕迹;横断面设计上,从减少人工痕迹、融入自然入手,不采用单一坡度,在增加工程量不大的情况下,边坡能缓则缓,尽量与自然起伏的地形相适应,与原地貌融为一体,从而美化环境,提高行车安全。

各种排水设施和形式应根据沿线地形地貌、路基填挖高度、降雨量、汇水面积、各种排水设施的泄流能力等实际情况灵活选择排水设施的断面类型,并从安全、视觉效果上与周围环境相协调。生态敏感路段,如沿溪线等的排水系统应自成体系,有条件地段还应设置在视线之外。

3.1.2 协调性原则

将公路路肩、边坡、护坡道、边沟、碎落台、路堑、坡顶、截水沟等几何形状以接近自然的曲线为主设计,边坡造型及绿化应与现有景观相适应,弥补挖方或填方对自然景观的破坏。山区挖方边坡的坡脚、坡顶,应取消折角,采用贴近自然的圆弧过渡;低填路段应尽量将边坡放缓,与原地貌融为一体,形成缓冲带,可具美化环境、提高行车安全的功能。边坡防护则应尽量避免高大的圬工混凝土或浆砌工程。在满足安全的前提下,优先选择中刚性结构与柔性结构相结合,多层防护与生态植被防护相结合的方法进行边坡治理,避免多年后圬工防护坡面与周围的自然环境形成强烈反差。力争经过几年生态恢复,边坡外形与周围环境融为一体,看不出明显挖(填筑)痕迹。采用草灌结合或多种形态的植被进行边坡绿化时,应使边坡绿化本身自然外,还应与周围环境达到自然过渡。

3.1.3 生态性原则

在满足安全要求的前提下,优先选择刚性结构与柔性结构相结合,多层防护与生态植被防护相结合的方法进行边坡治理。上边坡切忌采用高挡墙进行大段落防护,尽量减少挡墙设置。排水工程防护应尽量采用植被防护的浅碟形生态边沟,这样既与环境相协调,又兼具防止水流冲刷及生物过滤作用,能减轻敏感水域的水质恶化。

3.1.4 景观性原则

对于自然裸露的稳定岩体(如独石),只要对行车没有影响,可不作任何处理,使其本身构成风景。对于地表土体裸露、无法绿化,但地质结构基本稳定,对路基及行车安全不构成威胁的边坡,可以采用"封"的办法进行遮挡,比如采用移栽乔木和灌木遮挡视线的方法。

3.2 工程实践

根据鹤大高速公路不同段落生态敏感性的不同特点,从生态保护、景观协调等角度出发,提出包括路基边坡坡率控制、路基防护形式、路基排水等方面的设计意见和建议,对路基排水工程与生态环保的融合方面做出了优化:

(1)鹤大高速公路K630~K660段落位于狭窄谷底,沿山脚蜿蜒延伸,以半填半挖的形式为主,对原生植被的破坏量较大。建议在该路段采取分路基的形式,双向车道分高程布置。可有效地减少开挖量,更多地保护原地形和植被不受破坏,有效减弱对植被版块的破坏,使驾驶员获得更好的驾驶体验(图4)。

(2)鹤大高速公路K290~K310段落地势平坦,分布着较多的村庄,路外以农田景观为主。建议在路线纵断指标满足的前提下,适当降低路基高度,采用平路基甚至下沉式路基的形式。这样可以有效地减少路线对生态廊道的破坏,扩展驾乘人员的视线范围,路侧的自然地形也能够形成天然的声屏障,降低噪声对周边居民的影响(图5)。

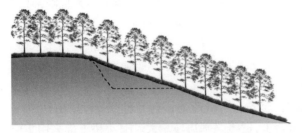
a) 传统路基

b) 分路基

图4 传统路基与分幅路基在环境保护方面的对比

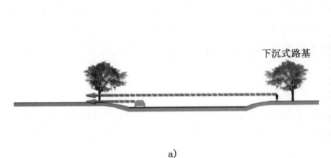
a)

b)

图5 下沉式路基在公路景观展现方面的优势

4 桥隧设计

公路桥梁隧道能保护环境、防治地质病害、保障行车安全、节约用地。生态敏感区地质、水文、植被等要素较为敏感,桥梁隧道能在一定程度上缓解公路建设对生态敏感区的影响,达到生态环保的目的。

4.1 设计原则

4.1.1 保障生态安全格局原则

合理的桥隧设置是保护生态敏感区景观连通性的关键。应充分利用遥感(RS)为主、地理信息系统(GIS)和全球定位系统(GPS)为辅的"3S"技术手段,以景观生态学和路域生态学等理论为基础,从公路沿线景观格局保护、野生动物资源保护、湿地水系连通性保护等角度出发,对重要的生态廊道的位置应设置公路桥梁或隧道,以最大限度地保护生态敏感区的生态安全格局。

隧道位置应根据地形、地质条件,结合环境,选择在稳定的地层中,尽量避免穿越工程地质和水文地质较为复杂甚至严重不良的地段。如避免选择与地质层构造线平行的轴线;避免顺沟进洞;避免选择垭口位置穿越山体;避免岩层陡倾时顺岩层走向布置隧道。洞口位置要避免选择在岩层松散,风化较为严重,受洪水、泥石流威胁的位置或等高线与隧道轴线斜交的位置,若实在不可避免,必须采用合理有效的防护措施,确保工程安全,生态格局相对稳定。

4.1.2 环境保护原则

桥梁应远离水源保护地及城镇饮水源,同时注意防洪排涝等环境问题。隧址的选择应综合考虑接线设计、洞内外排水设计、弃渣处理、施工和营运管理等,并提出必要的环保措施;隧址应避开或保护储水结构层和蓄水层,保护地下水径流和地表植被等。

大桥施工阶段,桥墩的施工不少是在水中进行,虽然大桥施工技术在不断改进提高,但在桥墩施工初期,对相应水域所产生的影响仍是不可避免的。其主要影响为进行明挖基础施工、钻孔桩基础及围堰设置,造成水体中泥沙量的大量增加,导致水体悬浮物和浊度的大幅增加。同时,在施工中由于各种建筑材料在运输过程中免不了有少量泄漏而影响水环境的质量。因此,桥梁施工时,尽量不扰动河岸,不能改变现有河道,不能改变过水断面形式。施工时避免泥沙泛起使水体浑浊,在浇筑桥墩前要做好施工围堰,避免泥浆使水体浑浊。在钻孔桩旁设沉渣桶,沉淀钻孔出来的沉渣,岸上设泥浆坑,灌注水循环使用;经沉淀以后的泥渣集中存放于附近的低洼地;施工结束后及时清除围堰填筑土方、基坑弃土及草袋围堰等物;加强施工机械的检修,严格施工管理,建设施工机械的跑、冒、滴、漏,避免机械油污污染水体。采用先进的施工工艺,减少作用面和影响面;保护地表水体,开挖的工程弃方不能随意丢弃到河流中或岸边,应暂时堆放在距离水体较远的地带,防止冲刷或坍落进入水体;基坑开挖挖出的土壤、泥炭、岩石等,应集中后运送至弃渣场,其中湿度较大的泥炭或底泥,应先运至低洼地进行自然吹干,再运输;对于有机质含量较高的底泥和泥炭等,经自然吹干后作为腐殖土,覆盖路基边坡。大、中、小桥上部采用集中预制方案,以减小施工场地对环境的破坏。大、中桥扩大基础开挖,采用木挡板支护坑壁,减少开挖面积,减小对环境的破坏。

隧道进出口的处理对环境影响最大,应采用零开挖洞口,淡化洞处理,而不应开挖后强调人工化的洞结构形式。涵洞形式应根据涵洞所处位置、地质、填土等条件进行选择,常用的形式有明盖板涵、暗盖板涵、石拱涵、圆管涵、箱涵等,对公路两侧动物栖息地及迁徙路径必须进行严格调查与深入研究,提出通道的位置、数量等规划方案。

4.1.3 景观协调性原则

桥梁等构造物在塑造公路的风格中扮演着重要角色,很多桥梁已成为地方的标志物,桥梁造型是公路建设的一个重点。人们主要从两个角度欣赏桥梁:在桥面行驶时,驾乘人员可以看到桥面、护栏及两侧风景;从桥侧观察,可看到桥侧及桥下的土地、水体等。因此桥梁结构应选形美观,使桥梁成为路线或立交的一个景观,与自然景观协调,桥隧交叉的总体布置应贴近自然,充分与环境协调,与周围山川、沟谷等自然景观成比例,如跨山谷桥梁可采用梁式桥结构,同时为追求美学效果,部分路基段应以桥代路,减少山体破坏。设计形式要充分考虑美学效果,结构外观应与当地建筑风格一致。

桥梁必须服从于公路线形,在平面上和纵面上与公路线形融为一体。隧道进出口的设计要追求自然,提倡早进洞、晚出洞。桥涵构造物进出水口的设置是反映其与自然景观是否融合的关键部位。进出口导流设施在满足排水需要前提下,要与地面平顺自然衔接,避免采用固化模式。上跨主线结构物结构形式选择主要影响公路行驶视觉效果,其孔跨布置不宜过于局促;上部结构轮廓线条应明快简洁,下部结构尺寸选择不宜笨重,结构轻巧不压抑。

4.2 工程实践

总体上来看,鹤大高速公路地形地貌多样,生态敏感性也因段落不同而存在不同特点,桥梁和隧道的使用能够减少公路对路域环境的隔离,使周边环境更加协调统一。但应注意施工期对自然的扰动,避免造成较大的生态影响。

鹤大高速公路 K266～K285 段落为靖宇矿泉水保护区段。该段落分布着茂密的原始森林,动物种类十分多样。公路路基穿过会造成显著的阻隔作用,对动物迁徙、物种延续存在很大的威胁。设计在该路段增大桥隧比例,使动物可以从桥下和山顶穿越公路线位。

5 服务区规划设计

服务区是展现公路沿线地域文化的窗口。从展现和利用公路沿线自然景观、挖掘和展示公路沿线地域文化、保护沿线生态环境等角度着手,研究提出服务区选址、服务区场地布局、服务区房建、绿化景观等设计的基本原则。

5.1 设计原则

5.1.1 适宜性原则

服务区作为高速公路的重要节点,占地面积大,对生态环境的影响相应也较大。在生态敏感度较低的区域根据地形地貌选择适宜的区域建设服务区能在一定程度上减小公路建设对生态环境的影响,例如结合地形条件采用非对称布局、台地式布局等。在地质稳定、生态安全性较高的前提下,选择风景优美、山水俱佳的位置设置服务区,使得驾乘人员在加油、休息的同时可以领略到优美的自然景观。

5.1.2 自然性原则

服务区占地面积较大,对原有地形及原生植被的破坏较大。建设过程中,要因地制宜,灵活应用高差,尽量减少土方和地貌破坏,而不能一平了事;设计初期就要做好植被保护的现场勘探工作,将有特色、珍贵的树木(林)保留下来,融入服务区的整体设计规划中,而不是在服务区建筑完成之后再种植新的树木;服务区周边的景色也应尽量维持原貌,在满足服务区功能的前提下,减少占地和人工开采;建筑材料上尽量采用与周边环境相适应的乡土材料,并避免二次污染;铺装在满足功能的前提下多使用透水砖,减少对地面径流和地下水的影响。

5.1.3 节能减排原则

高速公路服务区作为大型公共设施,有着较大的建筑面积、复杂的结构和功能、大量的设备及众多的使用人数,使得其在使用过程中消耗了大量的资源和能源。大多数服务区远离城镇,排放的废气、废水、固体废弃物也比同类建筑物难处理,其对当地自然生态、经济、人文环境的影响比对高速公路其他设施较大,特别是当处于较为敏感的自然环境中时,对生态环境的能源流动、土壤资源、水资源等都有较为显著的影响。因此,生态敏感区高速公路服务区设计和建设中,要尽量利用成熟的新技术,降低能耗,减少污染排放,加大废物回收利用,做到节能高效。

5.2 工程实践

(1)江源服务区现状为一片次生林地,在设计时应利用这一先天优越条件,尽可能保护起伏的地形和茂密的原生植被,将服务区建筑、道路"嵌入"原有林地中,打造山林特色服务区(图6)。

a)   b)

图6   山林式服务区设计意向

(2)雁鸣湖服务区南区现状为农田和鱼塘,原设计需大量填方提高场区高程,最深处填方达10m。建议优化服务区匝道纵坡和平面布局,将停车区布设在地势较低处,减少土方填筑,将建筑布设在地势较高处,结合最高点的观景区进行人流设计,打造特色服务区(图7、图8)。

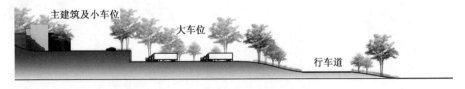

图7   台地式服务区布设断面意向图

雁鸣湖服务区利用原有土丘设置了一处观景台,在减少挖填量的同时营造了一处观景空间。该观景台是服务区周边区域内的最高点,可眺望雁鸣湖景区。在观景台入口处设置了吉林八景亭,向初到吉

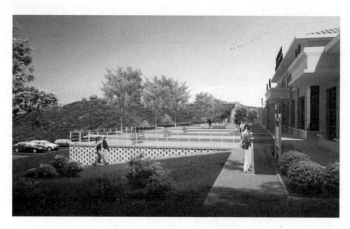

图 8　台地式服务区人视效果图

林的游客介绍通向吉林省最著名景点的路线;观景台区域内设置了木质栈道,为游人提供散步休闲的空间;在观景台之上还有木质的解说牌,向人们介绍雁鸣湖内各种常见和重点保护的鸟类。服务区内小品以体现雁鸣湖特有的湿地文化与鸟类文化,采用雕塑、小品等多种形式,向人们展示景观特色(图9、图10)。

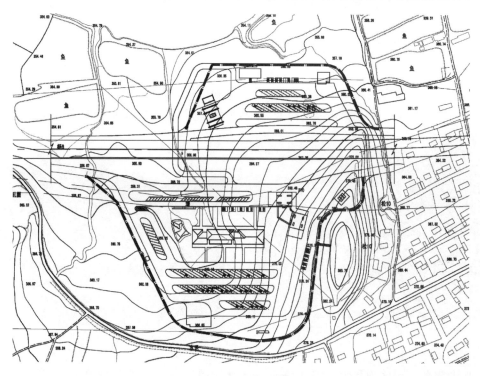

图 9　雁鸣湖服务区平面设计图

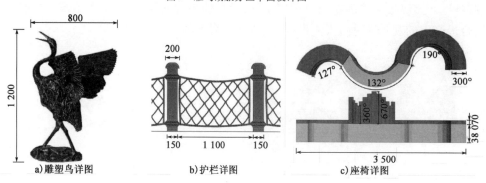

a) 雕塑鸟详图　　　b) 护栏详图　　　c) 座椅详图

图 10　雁鸣湖服务区小品意向小品(尺寸单位:cm)

6 绿化环保设计

6.1 设计原则

结合国内外相关研究与实践,提出以下景观与环保设计原则:

6.1.1 保育原则

生态保育要求对生物物种及其栖息地进行保存与维护,在对生态系统造成影响后要积极进行恢复、改良和重建工作。对于优美的自然景观应予以最大限度的保护,并在合适的情况下进行展示。对生态敏感度较高的地区要以维持现状为主,尽量不要扰动,使其维持目前的平衡状态。保护原生植被是对当地植物群落最好的保护,也是保护区域生境、动物及其栖息地的最好方法。在不得不破坏的地方应采用与周围环境相同、相似、相协调的树种进行恢复,使得人工种植的植物群落与周围自然环境能融为一体,形成一个整体的自然环境。如在路堑上方必要段落设置的截水设施是以黏土拦水槛为主,减少对自然植被的破坏,拦水槛施工时,可清理灌木,遇到较大树木时应合理利用树间空隙绕行,不得砍伐较大树木。

6.1.2 乡土原则

乡土原则要求设计时减少人工层次,加强自然环境的利用,更加注意自然环境设计,使人工环境和自然环境有机交融。善于因地制宜利用一切可以运用的因素和高效地利用自然资源,减少各种资源和材料的消耗。建设过程中注重生态建筑的地方性,尽量利用地方性材料,在减小损耗的同时可以与地方特色相呼应。如在经过林区的高速公路中设置仿木护栏。

由于土壤中含有当地植物种子和根系,应重视原有土壤的保护和利用,主要采取回填清表土壤的方式,使植被自然生长,最大限度地减少人工痕迹,减少水土流失,避免引入外来物种对当地生态环境造成影响。

6.1.3 易于养护管理原则

高速公路的植物养护是相对粗放的,不可能像城市小区或公园那样进行精细管理和养护。因此,应选择耐贫瘠、易养护、抗病虫害的当地生物品种,降低养护成本,并减少生物入侵。

6.2 工程实践

对强风化岩挖方边坡采用10~12cm挂网客土喷播技术进行防护边坡防护(图11)。

a)

b)

图11 石质边坡客土喷播前后效果对比

边沟、排水沟等部位首先覆盖15cm厚种植土,之后采用撒播植草(白三叶、紫羊茅等)方式进行绿化恢复,局部段落结合蒸发池种植菖蒲等水生植物(图12)。

图12 生态边沟效果

7 结语

鹤大高速公路穿越吉林东部山区,环境十分敏感。在这样敏感的区域内进行高速公路建设需要加倍重视环境保护方面的设计、施工工作。本文从鹤大高速公路设计实践出发,提出了生态敏感区高速公路的设计原则。希望能为广大公路设计工作者提供有益的借鉴,提升我国高速公路设计的整体水平。

参 考 文 献

[1] 陆旭东,鲁亚义,李子军,等.长白山区高速公路景观规划设计初探——以吉林至延吉高速公路为例[J].中外公路,2008,28(6):6-10.

[2] 李平.吉林绿色第一路——G11鹤(岗)大(连)高速公路吉林境内段推进绿色公路"双示范"工程的实践[J].中国公路,2015,15:69-72.

[3] 李长江,王佣,王新军,等.鹤大高速公路资源环境保护管理及成效[J].交通建设与管理.2014,22:14-19.

鹤大高速公路靖宇保护区段野生动物通道设计

王云[1] 王德民[2] 关磊[1] 王新军[2] 孔亚平[2]

(1. 交通运输部科学研究院 北京 100029;2. 吉林省高等级公路建设局 长春 130033)

摘 要:鹤大高速公路(以下简称"鹤大路")穿越了靖宇国家级自然保护区的试验区,该保护区被纳入了东北虎保护的九大优先区之一,在高速公路沿线至少有9种中大型兽类活动,包括3种国家级保护物种。结合高速公路穿越保护区路段的桥梁和涵洞设置,从工程设计(栅栏、动物小道、交通工程)、环境设计(植被、地形、水体)和管理措施三个角度阐述了动物通道设计要点。本路野生动物通道设计是国内为数不多的自然保护区路段野生动物通道专项设计。

关键词:公路 动物通道 长白山 设计 道路生态学

1 背景

公路、铁路等线形交通基础设施建设已经对全球生物多样性产生不可避免的影响,包括对野生动物多样性的影响。全球很多国家建设了不同类型的野生动物通道来缓解交通对野生动物的负面影响,主要分布于欧洲、北美、澳大利亚,亚洲的日本、韩国、新加坡、中国台湾也建设了动物通道,我国的野生动物通道的典范为青藏铁路藏羚羊通道,其他多为人兽共用型通道。高速公路穿越自然保护区试验区会设置许多桥梁和涵洞等多功能野生动物通道,但国内在如何优化设置符合野生动物习性的桥涵通道方面还缺乏系统总结。

鹤大高速公路穿越了靖宇国家级自然保护区的试验区如图1所示,该保护区虽被定位于"自然遗迹类",但野生动物也较为丰富,据保护区科考调查,靖宇国家级自然保护区内发现的野生动物种类较多,其中两栖纲2目6科13种,爬行纲1目3科12种,鸟纲15目24科93种,哺乳纲7目15科40种。其中已被列入《国家重点保护野生动物名录》的有22种(据《鹤岗至大连高速公路靖宇至通化段环境影响报告书》)。保护区生境也被纳入了东北虎保护的九大优先区之一。另据课题组对鹤大高速公路穿越靖宇国家级自然保护区路段的冬季3次调查(2011年2月、12月和2013年3月):有9种中大型兽类活动在拟建鹤大高速公路路域见表1,包括国家一级保护动物紫貂、国家二级保护动物青鼬和豹猫。另外,国家二级保护动物花尾榛鸡分布也较多。

靖宇保护区内鹤大高速公路路域中大型兽类出现频次　　　　表1

物种	拉丁名	保护级别	样线出现频次	百分比(%)
西伯利亚狍	Capreolus pygargus	*	22	31.88
黄鼬	Mustel asibirica	*	18	26.09
松鼠	Sciurus vulgaris	*	11	15.94
野猪	Susscrofa	*	9	13.04
东北兔	Lepus mandschuricus	*	3	4.35
青鼬	Charronia flavigula	Ⅱ	3	4.35
紫貂	Martes zibellina	Ⅰ	1	1.45
伶鼬	Mustela nivalis	*	1	1.45
豹猫	Felis bengalensis	Ⅱ	1	1.45

注:国家Ⅰ级保护动物用"Ⅰ"表示;国家Ⅱ级保护动物用"Ⅱ"表示;列入《国家保护的有益的或者有重要经济、科学研究价值的陆生野生动物名录》的用"*"表示。

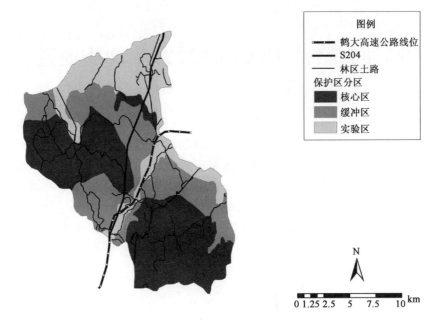

图 1 鹤大高速公路与靖宇自然保护区位置关系图

根据我们对环长白山旅游公路(以下简称"环长路")的多年监测,路域500m范围有13种中大型兽类活动,有8种与鹤大路路域相同;公路造成了动物致死、动物阻隔等负面影响,但已有6种中大型兽类利用桥涵穿越公路,冬季动物偏好于自然保护区段穿越公路(原始红松阔叶林段落)。环长路为二级公路,而鹤大路为高速公路,鹤大路对兽类的阻隔效应可能更大,见表2,但通过野生动物通道的科学合理设置及设计会减缓负面效应,维持两侧栖息地连通性。

环长路与鹤大路野生动物影响的对比分析及预测　　　　表2

环长路的影响	鹤大路的影响
道路致死野生动物	小型动物(中小型兽类、两栖类和爬行类、鸟类)
影响域(阻隔效应,集中于路域200m范围)	加大
动物穿越偏向于质量高生境处	类似
动物通道被利用	类似

2 野生动物通道规划

本路中大型动物通道密度达到1.25km/个,对比北美的1.9km/个(环长路的3.28km/个),本路大中型动物通道密度较为理想,另外还有大量涵洞通道,见表3。

鹤大路动物通道设置情况　　　　表3

编号	名称	桩号	类型	尺寸(m)	高度(m)	目标物种	备注
1	砬门河大桥	K274+620	桥梁	8×20=160	4-5	大中小型兽类	距S204约3.2km
2	汽车通道	K276+400	桥梁	1×6=6	3.5	中小型兽类	以土质基底连通两侧森林
3	中桥	K277+200	桥梁	3×20=60	8-9	大中小型兽类	两侧植被丰富
4	大桥	K277+975	桥梁	4×25=100	>5	大中小型兽类	两侧植被丰富,下部有条小溪,路线距S204约1.6km
5	盖板涵	K275+500 K275+683 K275+731 K275+780 K275+855 K275+950	涵洞	1-3m	2.5	两栖类,爬行类,中小型兽类	两侧植被丰富

3 野生动物通道设计

3.1 工程设计

3.1.1 栅栏

栅栏的高度依据动物的体型而变化,如针对北美的驼鹿、马鹿等,建议高 2.4m。

①针对靖宇保护区大型动物,如野猪、西伯利亚狍等,现有高速公路隔离栅(1.4m 高)能够满足要求。

②针对靖宇保护区中型动物,如鼬科动物(黄鼬、青鼬、伶鼬和紫貂等)、松鼠、东北兔和豹猫,我们在高速公路隔离栅下部附上更为细致的隔离栅(1m 高,网孔规格 20mm×20mm),以阻止中型动物进入高速公路路面;针对可能存在喜欢钻洞的物种——狗獾,应将栅栏材料埋入地下 15~20cm;针对两栖类动物,沿隔离栅设置 0.6m 高、不透明、光滑的铁皮挡板如图 2 所示。

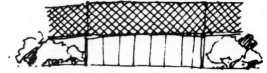

图 2 隔离栅和两栖类动物挡板立面图(绘图:王融)

3.1.2 动物小道设计

①针对汽车天桥等多用途通道,人群使用应尽量限制到通道设施的一侧,以留出较大空间给野生动物使用,野生动物小道宽度不小于 1m;尽量不要将野生动物小道底部硬化,铺设土质,进行植被恢复;兽道与人行道之间不要设置隔离,应自然过渡。

②针对改良涵洞更易被小型兽类利用,小兽的小道宽度最好为 0.6m,小道高于雨季洪水位,小道与公路两侧生境自然连接如图 3 所示。

3.1.3 交通工程设计

①针对汽车天桥、桥梁、涵洞等多用途通道,设置警告标志和禁令标志,提示过往车辆禁鸣,为动物活动创造一个安静的空间如图 4 所示。

图 3 涵洞内部干平台小道与外侧边坡自然连接示意图
(Clevenger&Huijser,2010)

图 4 鹤大高速公路穿越靖宇保护区段设置的警告和禁令标志牌

②在高速公路穿越保护区试验区的路段,选择合适位置设置告示标志,宣传本路在野生动物保护方面的成果,提示过往车辆该路段为野生动物保护示范路段,不仅增强了道路使用者野生动物保护的意识,更提高了鹤大高速公路在野生动物保护领域的知名度。

3.2 环境设计

环境设计的原则是将通道两侧的生境在通道内部复制,甚至提高通道内部的生境质量,以引诱野生动物的利用。主要通过植被、地形和水体设计三方面来完成。

3.2.1 植被设计

首先尽量减少公路施工对通道周边的植被破坏；其次在破坏的地方，尽量进行植被恢复，模拟自然生境；再次，在通道建设完成后，营造动物喜欢的生境，采用植被废弃物保持微生境的复杂性（倒木、根系、石块等），种植动物喜食的结果类植物，如狗枣猕猴桃、山葡萄、越橘等；最后，在隔离栅的高速公路一侧密植植被，起到遮挡车辆灯光及噪声的作用。

3.2.2 地形设计

该设计主要是在通道边缘通过土堆设计屏蔽交通车辆的光线和噪声对通道内部环境的干扰，维持野生动物安全宁静的穿越空间；在通道内部及周边，通过地形设计形成小型洼地，聚集水流，形成小型湿地（但路面水流不应直接排入湿地，应通过过滤；另外湿地底部采用防渗设计，避免湿地干涸），吸引野生动物靠近，并自然地穿越通道，尤其对于两栖类动物至关重要，相当于"脚踏石（Stepping Stone）"的功能；在通道内部，要营造土质基底，自然过渡到两侧自然生境，以利于野生动物自然通行。

3.2.3 水体设计

在通道两侧及内部，可能的情况下，设计自然水流，野生动物喜欢沿着水体活动，因此可诱导野生动物自然利用通道，但要避免通道出入口发生水淹情形。本研究中，将在涵洞出入口、桥梁下部挖掘深度30~60cm的水池，水池的面积和数量依据地形而定如图5所示。

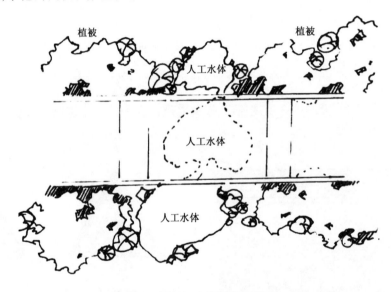

图5 桥梁平面图（绘图：王融）

3.3 管理措施

3.3.1 土地利用

避免通道周边的土地被用于开发；附近的人类扰动区应当与下穿式通道保持一定的距离，以不干扰下穿式通道的长期功能。长远规划中应当确保邻近区域不被开发和利用，以使野生动物廊道网络的功能保持正常。

3.3.2 人群管理

尽量避免机动车辆以及越野车在通道内通行。减少任何人为、活动以及其他干扰，以确保通道的正常功能，使野生动物能够最大程度的使用。

3.3.3 通道设施维护的计划

要对野生动物通道进行定期的监测，至少应当进行阶段性调查以确保通道中或附近没有障碍物和外来物影响野生动物的使用；尤其是对栅栏应当定期检查、维护并定期修理（最少一年一次）。

4 结语

鹤大路野生动物通道设置是国内自然保护区高速公路中为数不多的从主体工程优化、栖息地创造等角度营造利于野生动物通行的动物通道。鹤大路靖宇保护区段设置了桥梁类、涵洞类两种类型的动物通道，主要目的是为了便于高速公路两侧两栖类、爬行类、兽类等野生动物的穿越，课题组拟在动物通道施工完毕后，采用红外相机监控技术，监测动物通道的效果，以不断优化桥梁和涵洞类野生动物通道的设计技术。

参 考 文 献

[1] 关磊,王云,孔亚平,等.公路建设前期野生动物生境调查技术研究——以鹤大高速公路为例[J].交通建设与管理,2015,22(22):1-6,12.

[2] 李振新,Zimmermann F,Hebblewhite M,等.中国长白山区东北虎潜在栖息地研究[M].北京:中国林业出版社,2010.

[3] 王云,简丽,顾晓锋.关于赴日本参加2015年国际野生动物管理学大会的报告[J].交通运输研究,2015,1(5):104-110.

[4] 王云,朴正吉,关磊,等. 环长白山旅游公路对野生动物的影响[J].生态学杂志,2013,32(2):425-435.

鹤大高速公路生态环境保护技术对策与措施

赵 琨[1] 李劲松[2] 霍长顺[3] 谢志儒[1] 姜 硕[1]

(1. 交通运输部科学研究院 北京 100029；
2. 吉林省高等级公路建设局 吉林 长春 130033；
3. 吉林省交通科学研究所 吉林 长春 130012)

摘 要：公路建设不可避免地会对生态环境产生影响，以往我国在公路建设环境保护与生态恢复方面已经取得了很多技术成果，新《环境保护法》的实施为公路建设环境保护工作提出了更高的要求。鹤大高速公路作为全国唯一一条新建的双示范高速公路，在环境保护方面做了大量示范性工作。本文通过梳理总结鹤大高速公路沿线的重要环境保护目标和已采取的有针对性、创新性的生态保护、污染防治措施，为其他公路建设开展环境保护研究、设计和施工提供借鉴和示范。

关键词：鹤大高速公路 生态 环境保护 技术措施

随着我国公路建设的跨越式发展，截至2014年底，全国公路总里程达到446.39万km，其中高速公路总里程11.19万km。如此规模的公路建设不可避免地会对生态环境产生影响。以往我国在公路建设环境保护与生态恢复方面已经取得了很多技术成果。新《环境保护法》实施以来，国家环境管理的思路由事前审批逐渐转变为事后监管。根据《环境保护部审批环境影响评价文件的建设项目目录(2015年本)》(环保部2015年17号公告)，国家高速公路竣工环境保护验收下放至省级环境保护部门审批。这些都为公路建设环境保护工作提出了更高的要求。鹤大高速公路作为交通运输部"资源节约循环利用科技示范工程"和"绿色循环低碳公路主题型项目"，是全国唯一一条新建的双示范高速公路。由于项目沿线动植物资源丰富，水系发达，生态环境敏感，公路建设过程中的环境保护工作尤为重要。本文通过梳理总结鹤大高速公路沿线的重要环境保护目标和已采取的有针对性、创新性的生态保护、污染防治措施，以期为其他公路建设开展环境保护研究、设计和施工提供借鉴和示范。

1 项目概况

1.1 工程概况

鹤岗至大连高速公路为《国家高速公路网规划》《东北区域骨架网》中的纵一线，同时也是《吉林省高速公路网规划》中的"五纵、五横、三环、四联络"中的第一纵的重要组成部分。其中，小沟岭(与黑龙江省交界)至抚松段、靖宇至通化段是吉林省"十二五"期间高速公路建设项目中地形最复杂、桥梁隧道比例最高、工程造价最大的高速公路，该路段全长339.429km。采用双向四车道高速公路标准建设，设计行车速度80km/h，路基宽度24.5m。全线共设置特大桥5 380/4座，大桥31 892/87座，中小桥2 547/40座，涵洞497道，隧道30 802/18座，互通立交15处、分离立交23处，通道164处，天桥31座，服务区7处。

1.2 生态环境概况

项目所在区域属于吉林东部长白山生态区，是吉林省重要的生物多样性分布区，也是吉林省乃至东北地区的水系发源地。沿线地貌类型主要包括河谷平原、低山丘陵、中高山地，长白山系东倾盆地、中山低山区，地形起伏变化大。沿线水系发达，公路跨越多条环境敏感河流。公路沿线土地肥沃，土壤类型主要以黑钙土、淡黑钙土、草甸土为主，表土层深厚，富含腐殖质。公路沿线地表植被以森林为主，按植物地理区划属长白山植物区系、红松针阔混交林为其地带性植被的顶级群落。现存的森林绝大部分属于天然次生林。丰富的珍稀动植物资源、多彩的自然景观和脆弱的生态环境是该区的典型特征。

2 生态环境

2.1 生态环境保护目标

鹤大高速公路位于长白山腹地,生态环境敏感,公路建设涉及的生态环境保护目标较多,其中应重点保护的为自然保护区、国家地质公园、国家重点保护动植物等,见表1。

鹤大高速公路涉及的重要生态环境保护目标　　　　表1

序号	路段	保护目标	保护对象	公路与保护目标位置关系
1	靖宇至通化段	吉林靖宇国家级自然保护区	主要保护对象为天然矿泉群及其赋存和形成的自然环境	公路穿越试验区,通过段长度14.9km
2		吉林靖宇火山矿泉群国家地质公园	火山椎体、矿泉群、湿地、其他地质遗迹	距三道老爷府景区最近距离约为2.7km,距矿泉水产业园区最近距约3.0km
3		吉林哈泥国家级自然保护区	山地、河流、湿地、森林	路线距保护区边界约5km
4	小沟岭至抚松段	雁鸣湖国家级自然保护区	湿地保护区,保护其湿地生态系统的完整性	高速公路距离保护区试验区110m,中间隔有国道201老路
5		吉林省松花江三湖保护区	保护对象为森林生态和水资源	高速公路约78.9km、抚松连接线新建段约3.0km、改造的泉阳连接线约6km穿越保护区的远湖区
6	全线	国家重点保护植物	红松、黄檗、水曲柳等天然次生林	公路沿线
7		国家重点保护动物	黑熊、马鹿等	公路沿线

2.2 生态环境保护技术对策与措施

鹤大高速公路作为被交通运输部批准的"双示范"项目,在生态保护方面推行了许多新技术和理念。

(1)湿地保护技术对策与措施

鹤大高速公路涉及的湿地较多,公路建设可能会对湿地生态系统造成影响,导致湿地面积萎缩、珍稀动植物减少、水系连通性及地下水文条件发生变化。

鹤大高速公路针对靖宇保护区内东风湿地进行特殊设计,采用两座特大桥跨越湿地,最大程度保护湿地原始地貌环境。同时,采用了生态敏感路段湿地路基修筑技术,保持高速公路两侧湿地水资源的平衡、流通,在ZT12标东风湿地处修筑了部分湿地路基,施工段落为K283+314.5～K283+580,共施工5道碎石盲沟+波纹管涵,同时埋设了试验监测设备,如图1所示。

a)　　　　　　　　　　　　　　　　b)

图1　湿地路基修筑

为补偿公路建设可能影响的天然湿地资源,在路域征地范围内采用口袋湿地、立交区、服务区建设景观湿地等人工方式进行湿地营造,实现湿地生态系统补偿、路面径流的净化及美化景观等功能,在国内公路交通领域属首次大规模应用湿地保护技术,也是鹤大高速公路"双示范"的一项特色技术。

(2)野生动物保护技术对策与措施

鹤大高速公路沿线野生动物资源丰富,其中公路对野生动物影响最为敏感的路段有两段:一是大蒲柴河段,约50km,位于长白山国家级自然保护区与松花江三湖自然保护区之间。该区域植被茂密,曾是熊类等大型兽类迁移的重要走廊。本路段高速公路建设中应重视熊、野猪、狍子等大中型兽类的通道建设;二是位于靖宇自然保护区试验区路段,长约14km,路侧植被覆盖度高,至少有10种中大型动物活动。此外,这两段区域水系发达,两栖爬行类广布,如中国林蛙、中华大蟾蜍等,容易遭受车辆碾压死亡。

作为本次"双示范"中亮点,鹤大高速公路施工图设计充分考虑了动物的通行需要,在大蒲柴河段和穿越靖宇保护区段设计了大量隧道、桥梁和涵洞,为动物通道的设计奠定了基础。此外,技术支持单位交科院在建设前期对该区域进行了多年野生动物生境调查,采用生境适宜度指数(HIS)模型预测野生动物的生境分布,为线位优化、现有通行结构物优化设计及补充完善设计提供了技术支持。鹤大高速公路对林蛙的保护提出针对性的设计方案,重点是隔离栅的长度与高度、两栖类繁殖场的规模设计等;对兽类从动物通道设计、配套设施、栖息地营造等方面提出保护技术设计方案。

(3)植被保护与恢复技术对策与措施

鹤大高速公路沿线植物资源丰富,公路建设过程中植物资源的保护、路域植被的恢复十分重要。作为"双示范"技术之一的植被保护与恢复技术,在原生植被保护和路域植被营造方面有许多创新尝试。

①原生植被保护。

鹤大高速公路路基施工之前先划出"环保绿线"(即路基压实边界到公路征地界范围的区域),"环保绿线"区域是植物资源保护的重点。第一次清表时环保绿线范围的所有原生植被(包括乔木、灌木、草本以及林业部门采伐树木后留下的树桩)实行强制性保护。第二次清表根据开挖后地质情况、地形特点、周边环境确定分台高度、边坡坡率、排水形式、施工需要等确定清场范围,第二次清场最大限度保留环保绿线范围所有原生植被。

②路域植被营造。

在详细调查公路沿线边坡原生态植物分布及生长比例基础上,按合理配比混播边坡草种;考虑碳汇能力和景观效果,在路侧按合理配比栽植灌木、乔木;中央分隔带使用减碳能力较强的植物进行防眩设计;立交区在满足交通功能前提下,通过诱导栽植、标志性栽植和明暗过渡栽植,提升景观效果,并选取碳汇能力强的植物物种,充分发挥立交区的碳汇作用。

3 水环境

3.1 水环境保护目标

鹤大高速公路沿线水系发达,水环境敏感,是长白山区域重要的水源涵养地,水环境保护要求高。靖宇至通化段跨越河流主要为头道花园河支流、浑江源头区、哈泥河及其支流、二密河支流,其中哈泥河为通化市地表水水源地;头道花园河、哈泥河及其支流部分河段属于高敏感段河流,水质目标为Ⅱ类。小沟岭至抚松段跨越河流为松花江一级支流的牡丹江水系(水质目标为Ⅲ类)及第二松花江水系(水质目标为Ⅱ类)。公路以桥梁、路基的形式穿越两处水源保护区。公路建设不可避免地会对敏感水环境保护目标产生一定影响。以上水环境保护目标需采取有效的水污染防治措施,将公路建设的污染降至最低,见表2。

鹤大高速公路涉及的饮用水源保护区   表2

序号	路段	桩号	保护目标	公路与保护目标的位置关系
1	靖宇至通化段	K318+500~K363+250	通化市饮用水水源保护区	路线穿越准保护区段长度约为44.0km,穿越二级保护区段长度约为5.2km
2	小沟岭至抚松段	K595+000~K631+00	敦化市第一水源	穿越水源准保护区36km
3		K725+450	抚松县大蒲春河水源	不穿越保护区,公路距离二级保护区边界230m

3.2 水环境保护技术对策与措施

(1) 服务区污水处理回用技术

高速公路服务区每日消耗大量用水,主要包括生活用水、消防用水、洗车用水、浇灌绿化用水等。除生活用水水质指标要求严格,只能采用市政供水或自备水源外,其他用水均可采用经处理后的生活污水作为中水回用,这样不仅可以彻底消除污染物排放对周边区域的污染,同时节约大量新鲜用水量。本次鹤大高速公路全线7处服务区均建设污水处理及回用工程,实现污水零排放。

寒冷地区污水处理设施冬季基本全部无法满足达标排放的环保要求。针对这一行业瓶颈,本次"双示范"污水处理回用技术是吉林省交通厅科技项目《寒区高速公路沿线附属设施污水处理关键技术研究》的技术成果,可彻底解决寒冷地区冬季污水处理无法稳定达标问题。

其工艺为:多介质滤池处理技术利用供暖回水余热对污水进行保温增温处理,多介质滤池采用多种复合网泡载体,微生物负载量比传统工艺提高10~20倍,在多介质滤池中投加经过驯化的耐寒专属菌种,通过微生物固定化及载体流化技术,实现有机物降解和氨氮总氮去除功能。能够解决季冻区服务区污水处理冬季不达标和运行成本高的问题。在低成本、低维护和生态化前提下,能够达到城市杂用水或中水回用标准,用作洗车、绿化、冲厕等,实现水资源循环利用。与常规技术相比,采用该技术可节能50%,减少污泥产量80%。

该生态型污水处理及回用技术具有生态环保、运行成本低、管理养护简单、处理效果好等优点,通过保温加温措施,可解决冬季污水处理设施运行稳定达标问题,作为本次"双示范"特色技术对其他寒冷地区污水处理具有借鉴指导价值。

(2) 桥面径流净化与应急技术

桥面径流是指桥面上货物抛撒、汽车尾气降落、汽车燃油的滴漏及轮胎与桥面的磨损物等随雨水冲刷形成径流,具有较大污染。若直接排入河中,会造成水体的污染。另外,当运输危险化学品的车辆在跨越敏感水体的桥梁处发生事故造成危化品泄漏,若没有防范措施,会污染河流水质甚至威胁居民饮水安全。

鹤大高速公路沿线敏感水体较多,多次跨域源头水和饮用水源保护区。为避免桥面径流及危险化学品泄漏对敏感水体的污染,在确保安全和技术可行的前提下,在桥梁单侧或两侧安装径流收集管道,将桥面径流引入桥梁两端设置的处理池。处理池内部设有隔油沉淀、吸附过滤等功能区,用钢板或钢筋混凝土板封顶,通过沉淀、隔油与净化处理后,用于周围绿化或自然蒸发,确保桥面径流不排入沿线敏感水体。桥面径流处理池,可兼作事故池,按照危险品储存的相关要求进行防渗设计。

4 声环境

鹤大高速公路沿线无大型工矿企业,声环境质量较好。根据环评报告书,靖宇至通化段高速公路两侧200m范围内共有噪声敏感点19个,其中居民16处,学校1处,敬老院2处;小沟岭至抚松段公路两侧200m范围内共有噪声敏感点29个村屯、2所学校。由于环评报告书是依据工可报告编写,实际建设中敏感点情况可能发生变化,为更好落实环评及批复要求提出的声环境保护措施,建设单位会同设计单位在施工图设计阶段重新核实了公路两侧200m范围内的噪声敏感点,在严格落实环评提出的声屏障等措施的同时,对新增敏感点也参照环评要求采取声屏障措施,确保沿线村庄、学校等声环境质量满足《声环境质量标准》(GB 3096—2008)。

5 环境空气

鹤大高速公路地处寒冷地区,冬季寒冷漫长,年极端最低气温-41.9℃,采暖期长达7个月,要消耗大量的煤炭资源。沿线共有服务区7处,管理处6处,养护工区6处,收费站14处。按一般要求,这些场区采用配有除尘脱硫设备的燃煤锅炉供暖,做到废气达标排放便可满足环保要求。

地源热泵技术作为一种能有效降低能耗、减少大气污染和 CO_2 排放的供热新技术,在公用、民用、工业等建筑的制冷供热中得到了大量应用。本次鹤大高速公路在部分场区采用地源热泵取暖技术,节约煤炭资源的同时做到了废气零排放,进一步降低了对环境空气的影响。

6 结语

随着全国大范围雾霾天气的多次出现,人们越来越切身体会到环境的恶化。环境污染防治形势日益严峻促使《大气污染防治行动计划》《水污染防治行动计划》陆续出台。同时,新《环境保护法》也于2015年1月开始实施。这些都对公路建设项目环境保护提出了更高的要求。在新形势下,采用先进工艺、技术措施解决公路建设中的环境问题势在必行。因此,本文针对鹤大高速公路沿线生态环境敏感的特点,从生态环境、水环境、声环境、环境空气等方面梳理了针对性的技术措施,以期为其他公路建设开展环境保护研究、设计和施工提供借鉴和示范。

参 考 文 献

[1] 2014年交通运输行业发展统计公报[R].交通运输部综合规划司,2015,07.

[2] 李长江,王倜,王新军,等.鹤大高速公路资源环境保护管理及成效[J].交通建设与管理,2014.

[3] 关磊,王云,孔亚平,等.公路建设前期野生动物生境调查技术研究——以鹤大高速公路为例[J].交通建设与管理,2014.

[4] 杨云峰,赵剑强,董小林,等.中国西北地区高速公路建设与水资源保护[J].长安大学学报(自然科学版),2003,2(6):75-78.

鹤大高速公路小沟岭至抚松段水土保持工作的做法及成效

刘 涛[1] 李劲松[2] 易 泽[1] 邰春龙[1] 霍长顺[3]

(1.交通运输部科学研究院 北京 100029;2.吉林省高等级公路建设局 吉林 长春 130033;
3.吉林省交通科学研究所 吉林 长春 130012)

摘 要:鹤大高速公路小沟岭至抚松段地处吉林省东部山区,地形及地质条件复杂,极易产生水土流失。作为交通运输部"资源节约循环利用科技示范工程"和"绿色循环低碳公路主题型项目",该项目水土流失防治工作成效显著。本文系统阐述了该项目水土保持工作的先进做法和典型经验,以期为其他公路建设项目开展水土保持全过程管理提供借鉴。

关键词:鹤大高速公路 小沟岭至抚松段 水土保持 做法 成效

《中华人民共和国水土保持法》经第十一届全国人大常委会第十八次会议修订通过,于2011年3月1日起施行。新水土保持法细化了生产建设项目的监管内容,并强化了违反本法应承担的法律责任,对公路等生产建设项目的立项审批、设计、施工、竣工验收、管理运行等各阶段的水土保持工作提出了更为严格的要求。鹤大高速公路小沟岭至抚松段(以下简称"鹤大高速小抚段")作为交通运输部"资源节约循环利用科技示范工程"和"绿色循环低碳公路主题型项目",是全国唯一一条新建的双示范高速公路。该项目地处长白山区,沿线生态环境敏感,降水丰沛,加之施工过程中挖填方量大,对原生地貌扰动剧烈,在工程建设过程中的开展水土流失防治工作尤为重要。本文结合项目建设特点及气候环境特征,在进行水土流失影响因素分析的基础上,系统阐述了鹤大高速小抚段水土保持工作的先进做法和典型经验,以期为其他公路建设项目开展水土保持全过程管理提供借鉴。

1 项目概况

1.1 工程概况

鹤大高速小抚段是国家高速公路网规划中第一纵,是国家高速公路网的重要组成部分,也是连接东北三省的重要交通通道。本项目位于吉林省延边州敦化市和白山市抚松县境内,地理位置介于东经127°01′~129°13′、北纬41°42′~44°30′之间,线路呈东北至西南走向,起于吉黑两省交界,与鹤大高速黑龙江省宁安至复兴段相接,途经雁鸣湖镇、官地镇、敦化市郊、大蒲柴河镇、沿江乡、露水河、北岗镇、泉阳、万良镇、抚松镇,止于靖宇榆树川,与在建营城子至松江河高速公路相接,路线全长232.262km。

主线按照双向四车道全封闭高速公路标准建设,路基宽度24.50m,设计行车速度为80.0km/h。共设置特大桥2 668.0m/2座,大桥22 821.0m/57座,中桥1 195.0m/20座,小桥84.0m/4座,涵洞共297道,隧道20 805.0m/19座;设互通式立交12处,分离式立交19处,天桥23座,通道47道,U形转弯2处;设服务区5处,停车区5处,养护工区4处,管理处9处,收费站11处(其中,主线收费站1处,匝道收费站10处)。连接线5条,全长27.163km。本项目于2014年4月正式开工建设,计划于2016年12月建成通车,计划建设工期33个月,由吉林省高等级公路建设局负责建设。

1.2 项目区水土流失现状

根据《关于划分国家级水土流失重点防治区的公告》(中华人民共和国水利部2006年第2号文)和《吉林省人民政府关于划分水土流失重点防治区的公告》(吉政发[1999]30号),项目区属国家级重点预防保护区——长白山预防保护区,同时也属吉林省人民政府公告的省级重点预防保护区。项目区属水力侵蚀类型区中的东北黑土区,土壤容许流失量为200t/(km²·a)。

根据吉林省水土保持工作总站卫星影像目视解译《吉林省各地、县土壤侵蚀强度分级面积统计表》,并结合吉林省水利厅2003年5月发布的《吉林省水土流失公告》,工程沿线各地区土壤侵蚀以水力侵蚀为主,其中轻度侵蚀所占比例为64.3%~79%,中度侵蚀所占比例为21%~35.7%。地面植被破坏和人为影响是水土流失的主要原因,项目区内雨量丰富且较为集中,从而加重了土壤侵蚀,也是产生水土流失的原因。沿线各地区中度侵蚀区主要分布在低山丘陵区居民点附近的山麓地带,现多开垦为坡耕地,坡度在8°~15°左右,有少量的荒坡地,植被稀疏,多为疏林、灌丛,覆盖度一般在30%左右,坡耕地上有浅沟发育,可见部分切沟。针对项目区域的地形、地貌、降雨、土壤、植被等水土流失影响因子的特性及区域土壤受扰动情况,确定项目各区域原生地貌综合土壤侵蚀模数为500~2 500t/(km²·a)。

2 水土流失影响因素分析

2.1 水土流失影响因子

水土流失的影响因素主要有自然因素和人为因素,自然因素主要是降雨、地貌和地面组成物质等(包括土壤和植被)。

(1)降雨

项目区所经地段年平均降水量621.8~764.4mm,降水主要集中在6~9月,20年一遇的24小时最大降雨量127.38~131.95mm,降水量时空分布不均匀,随地形地貌变化而出现差异。暴雨对土壤的侵蚀影响最大。

(2)地貌

地貌因素中坡度和坡长与侵蚀量的大小最为密切。本项目沿线地形起伏较大,坡度均大于5°,大多数坡长超过50m,局部山坡坡角和坡长均接近临界值,土壤侵蚀受地貌影响较大。

(3)植被

植被是抑制水土流失的重要因素。植被能够减缓降雨打击力,调节地表径流,改良土壤团粒结构,提高土壤抗蚀力。项目区处于吉林东部低山丘陵林区,植被覆盖率高,水土流失受植被覆盖影响较大。

(4)人为因素

公路建设过程中引发的人为水土流失因素主要是施工过程中路基开挖、取土、填筑、弃渣等对原地貌的扰动,在施工过程和施工结束后如不采取防护措施,都会加剧水土流失。

2.2 水土流失敏感单元分析

公路建设过程中填筑路基、桥涵施工,修建路面排水系统、路基防护以及取土、弃土、修筑施工便道、建设临时设施等活动,会扰动原有地貌和植被,导致表层土壤颗粒细化,结构疏松,加剧水土流失。根据本项目特点,分为施工准备期、施工期和自然恢复期进行水土流失敏感单元分析。

(1)施工准备期水土流失敏感单元分析

本项目在施工准备期主要以"三通一平"、拆迁安置等工程为主,发生水土流失的区域主要为施工便道区和施工生产生活区。施工便道修筑过程中,改变原地形地貌,扰动地表土壤和植被,若不采取水土保持措施,极易造成沟水土流失。施工生产生活区作为主体工程的施工生活区、桥梁工程的预制场、拌和场和堆料场,分布于路基两侧,由于破坏了原地貌土壤、植被,也较易引起水土流失。

(2)施工期水土流失敏感单元分析

本项目施工期对项目区地表植被进行铲除或掩埋,破坏了地表土壤的保护层,同时在挖填方处又改变了原地面的坡度与坡长等。这些人为的工程行为与不易改变的气候因素、土壤因素等影响公路建设期间项目区内的水土流失,各区域水土流失的影响因素又有一定差异,水土流失形式亦有所不同。由于路基工程区、取土场区、弃渣场区和施工便道区占地面积大,对地表扰动剧烈,是本项目施工期极易产生水土流失的敏感单元。

(3) 自然恢复期水土流失敏感单元分析

本项目自然恢复期，路面、建筑物等已硬化，不会产生土壤侵蚀。对于采取工程护坡的一些重塑地貌坡面单元，由于砌石或混凝土预制块护坡直接将土壤侵蚀源与侵蚀动力分隔开来，所以正常情况下不会再产生新的水土流失。对于采取土地整治进行防护的工程单元，土壤侵蚀会逐渐得到控制。对于采用植物措施进行防护的工程单元，在自然恢复期植物措施尚未完全发挥其保水保土功能之前，受降雨和径流冲刷，仍会有轻度的水土流失发生。随着后期植被覆盖度的增加，水土流失将会逐渐得到控制。

3 水土保持工作做法及成效

3.1 依法开展水土保持方案编报工作

根据《中华人民共和国水土保持法》等有关法律法规的要求，为保护和合理利用水土资源，改善生态环境，防治工程建设引起的新增水土流失，本项目在工程可行性研究阶段及时委托水土保持方案甲级资质单位开展水土保持方案的编制工作，并按照开发建设项目水土保持方案编报审批管理程序，向水利部上报审批，水利部以水保函[2010]189号文予以批复。本项目水土保持方案及批复文件对工程后续各项水土保持工作的开展起到了很好的指导作用。

3.2 加强设计和施工管理，认真贯彻落实各项水土保持措施

鹤大高速公路小抚段始终贯彻"水土保持措施与主体工程同时设计、同时施工、同时发挥效益"的三同时原则，以"不破坏就是最好的保护"作为项目管理、设计、施工理念，确保本项目水土保持工作的贯彻落实。

(1) 设计阶段

在主体工程设计阶段，建设单位对水土保持工作进行专项管理，将水土保持设计纳入主体工程设计，认真落实水行政主管部门批复的水土保持方案的设计内容。重点体现在以下方面：

①控制征地红线范围，减少林地、耕地等土地占用面积，降低工程对自然环境、地貌等方面的扰动和破坏程度。

②增加对隧道出渣、挖方弃方的利用率，减少弃土场使用面积，减少环境污染。

③合理确定取土场面积、取土深度和取土方式，确保取土场能短期恢复生态平衡，降低环境破坏程度。

④增加项目桥隧比例（本项目桥隧比例为28%），减少大填大挖段落，特殊路段特殊设计（如靖宇保护区内东风湿地处采用两座特大桥跨越湿地），最大程度保护项目沿线原始地貌、环境。

⑤增加防护绿化面积，加密防护排水系统工程，减少水土流失。

(2) 施工阶段

本项目成立了以指挥长为组长，副指挥长及总监理工程师为副组长，驻地代表及项目经理为组员的水土保持工作领导小组，负责本项目水土保持管理工作。项目指挥部组织监理、施工单位编制水土保持工作制度和工作方案，并由总监办负责审批通过后实施。工程建设过程中，实行项目法人负责、监理控制、企业保证与政府监督相结合的水土保持质量管理体系，设置专人负责水土保持日常监督、管理工作，做到层层抓管理、层层抓落实，将水土保持工作的检查结果纳入指挥部的每月综合考评，根据检查结果对施工监理单位进行奖惩。

由于管理体系完整，管理职责明确，本项目公路主线表土剥离及防护、原生植被保护、路基开挖填筑、桥涵基础开挖填筑、填挖边坡防护、路基排水工程、取土场及弃渣场区土地平整及削坡、施工场地土地平整等各项水土流失防治措施都得到了贯彻落实，发挥了较好的水土保持效果。

3.3 加强水土保持监测、监理工作，强化施工过程控制

水土保持监测是防治公路建设项目水土流失的一项基础性工作和重要的技术环节，对搞好建设项

目水土保持工作具有十分重要的意义。本项目委托水土保持监测甲级资质单位开展施工期水土保持监测工作，要求其全面、有效地监测项目建设区水土流失状况、危害以及各类水土保持措施的防治效果，掌握项目建设过程中的水土流失形成过程和演变规律，对水土保持方案设计的防治措施进行评价并及时提出可行的补充措施。鼓励监测单位应用先进技术对项目现场进行数据和影像资料等的收集及分析，如采用组装式径流小区监测系统、无人机等技术观测了土壤流失量、扰动土地面积等指标。

高速公路建设过程中临时占地、取土场开挖、弃渣堆放等生产活动造成的水土流失现象十分突出。为保证水土保持设施的工程质量，确保水土保持工作落到实处，我局严格落实水土保持监理制度，将水土保持监理纳入主体工程监理一并招标，并要求具有相应资质的水土保持监理单位负责水土保持措施的监理工作，与水土保持监测单位联动，将监测结果与监理工作紧密结合的效果，提高了本项目水土保持工作的科学性和可靠性。

3.4 转变建设理念，打造生态环保高速公路

本项目建设在坚持以人为本的前提下，始终追求人与自然的和谐发展，尊重自然，高度重视对建设区内生态环境和水土资源等的保护，在建设前期争取最大限度地保护，后期尽最大努力恢复，避免"先破坏，后恢复"现象的发生。项目施工过程中采用分步清表施工，收集表土资源并进行集中堆放，建立标准化存放点，采取防尘网苫盖、装土编织袋拦挡、修建临时排水沟等防护措施。利用表土进行植被恢复，从而避免清表施工造成环境破坏过大的问题，有利于原植物群落的生态恢复，防止外来物种入侵。同时，通过严格控制环保绿线，划分征地界限和环保绿线，施工中严格将施工红线控制在环保绿线范围内，不破坏环保绿线外的一草一木，最大限度地保护原生植物资源。

3.5 以水土保持设施专项验收为契机，全面提高水土流失防治水平

根据《开发建设项目水土保持设施验收技术规程》的有关规定，本项目将水土保持档案管理工作贯穿于工程施工建设管理的各个环节，将项目所涉及的工程设计、监理报告、监测报告等资料全部归档管理。同时，项目指挥部会同监理单位、施工单位，对已完成的各项水土保持设施按单位工程、分部工程进行了自查初验，并对自查初验中发现的问题要求施工单位进行限期整改，为本项目顺利通过水土保持设施专项验收奠定了坚实基础。

4 结语

随着我国公路事业的快速发展，公路建设项目的数量和规模不断扩大，公路水土保持与生态建设的需求日益增强。以新水土保持法的颁布实施为契机，鹤大高速小抚段在建设过程中十分重视水土保持工作，通过加强水土保持过程管理，健全水土流失防治措施体系，有效地控制了工程建设中的水土流失，保护了路域生态环境，实现了人与自然的和谐相处（图1、图2）。

图1 表土资源保护

图2 原生植物资源保护

参 考 文 献

[1] 张声林,黄永华.关于当前贯彻执行新水土保持法的几点思考[J].中国水土保持,2011(5):11-12.
[2] 郭索彦,李智广.我国水土保持监测的发展历程与成就[J].中国水土保持科学,2009(5):19-24.
[3] 贾天会,张东为,李菲.开发建设项目水土保持方案实施中存在的问题及对策[J].中国水土保持,2010(4):40-41.
[4] 姜德文.开发建设项目水土保持全程管理简述[J].中国水土保持,2004(6):9-10.
[5] 孙厚才,赵永军.我国开发建设项目水土保持现状及发展趋势[J].中国水土保持,2007(1):50-52.

鹤大高速绿色公路科技示范工程展馆设计与实现

王 涛[1] 李长江[2] 谢志儒[1] 李劲松[2] 赵 琨[1] 霍长顺[3]

(1. 交通运输部科学研究院 北京 100029；2. 吉林省高等级公路建设局 吉林 长春 130033；
3. 吉林省交通科学研究所 吉林 长春 130033)

摘 要：为充分发挥科技创新对交通运输建设发展的支撑和引领作用，系统展示交通运输部绿色公路主题性项目与科技示范工程科技成果及示范效果，以鹤大高速为例，首先通过问卷调查和专家打分法，选取26项"绿色循环低碳公路主题性项目与资源节约循环利用科技示范工程"的内容；然后选择在敦化南服务区布设示范展馆，通过运用数字模拟方法进行展馆设计，并展示设计的全部过程；最后，通过3D Max软件建模，实现构筑三维展馆虚拟实景模型。提出的数字展馆模型设计方法，有望为交通行业示范展馆设计提供参考。

关键词：道路工程 展馆设计 模拟法 绿色公路 3DMax

1 引言

交通行业是全球能源消耗和二氧化碳排放的重点领域，其中，我国交通行业能源消费量约占全社会能源消费总量的8%[1]。为节约资源、提高能效、控制排放、保护环境，将生态文明建设融入交通运输发展全过程，加快推进绿色循环低碳交通运输发展，近年来，交通运输部开展了绿色低碳交通省区、城市区域性试点和绿色低碳港口、绿色低碳公路等主题性试点工作。其中2013年首批设立了7条绿色低碳试点公路，截至2015年年底，全国共设立绿色公路主题性项目20个[2]，申请补助资金19 780万元[3]，绿色公路已经成为发展绿色交通的重点领域、建设美丽中国的重要标志[4]。

"十一五"以来，为推动交通建设科技成果转化，充分发挥科技创新对交通运输建设发展的支撑和引领作用，依托国家高速公路等重大工程建设，交通运输部先后启动实施了湖北沪蓉西、四川雅泸等8项科技示范工程，集中示范了复杂条件下工程建设技术、生态环保技术、节能安全以及资源节约等关键技术[5]，提升了行业整体创新能力。

示范工程展馆作为交通工程建设工作的促进手段和宣传载体，可以作为公路建设成果的平台，吸引全国高速公路建设者进行互相交流、学习，从而为后续的高速公路建设起到良好的示范和推动作用。鹤大高速公路吉林段地处吉林省生态敏感的季冻区，地质条件复杂，公路建设难度大。为有效解决公路建设中的技术难题，吉林省高等级公路建设局围绕"绿色、循环、低碳"的建设目标，开展了大量的科技攻关与集成创新，并分别于2013年、2014年获得交通运输部批准开展资源节约循环利用交通科技示范和绿色循环低碳公路主题性项目工程建设，也是全国第一条在建高速公路双示范工程。鹤大高速公路是季冻区高速公路建设的典型代表项目，对未来10年我国季冻区即将建设的2万多公里高速公路具有重要的示范意义。因此，开展鹤大高速绿色公路科技示范工程展馆建设对于宣传示范成果极具现实意义。

为此，本文以吉林省鹤大高速公路为例，选取敦化南服务区通过运用数字化展示设计的创作流程对"绿色公路科技示范工程展馆"（以下简称展馆）进行设计，并通过3D Max软件建模，构筑三维展馆虚拟实景模型，以期为我国交通行业示范展馆设计、建设提供参考。

2 鹤大高速公路工程概况

本项目位于吉林省境内长白山区腹地鹤岗至大连高速公路小沟岭（与黑龙江省交界）至抚松段、靖宇至通化段，路线全长339.429km，项目设计批复总概算250.30亿元，平均每公里造价7 374万元。项目开工时间为2013年9月,预计2016年10月建成通车,建设工期4年。

鹤大高速公路科技示范工程围绕"资源节约、循环利用"的主题,开展了高速公路资源节约推广技术示范、高速公路资源节约攻关技术示范、高速公路循环利用推广技术示范、高速公路循环利用攻关技术示范4大类,7个专项,22个子项的科技示范工程。鹤大高速绿色主题性项目以"抗冻耐久、低碳节能、循环利用、生态环保、通畅优美"为指导目标,实施了32项绿色主题性项目。

3 展示内容

3.1 展示内容筛选原则

展示内容结合鹤大高速绿色公路科技示范工程确定以下3点筛选原则:

(1)突出反映鹤大高速公路区域性、环保性、科技性、示范性的特点。

(2)针对双示范项目内容丰富的特点,提出将双示范项目内容进行归类合并,相同内容共同展示,特色内容分开展示,重点内容丰富展示。

(3)在展示内容选择上要采用可展示性和便于实施的项目。

3.2 展示内容的确定

项目组通过发放问卷调查表和专家打分两种方式进行展示内容的筛选。根据吉林省高速公路建设特点,突出鹤大高速绿色公路科技示范特点,编制了《鹤大高速绿色公路科技示范工程展示内容调查表》,问卷调查对象为鹤大高速绿色循环低碳公路主题性项目和资源节约循环利用科技示范工程项目的研究人员及设计人员、吉林省高速公路建设管理人员等专业技术人员,以确保问卷调研结果的科学性、合理性、适用性。本次发放调查问卷35份,收回有效问卷21份。通过对调研内容整理,将展示内容按照投票的多少进行排序,并在听取相关专家意见后得出。具体内容见表1。

鹤大高速绿色公路科技示范工程展示内容　　　　表1

	资源节约循环利用交通科技示范工程	绿色循环低碳公路主题性项目
高速公路资源节约推广技术示范	火山灰作为胶凝材料在大体积结构水泥混凝土中的推广应用	火山灰利用
	填料型火山灰改性沥青混合料技术推广应用	
	高寒山区隧道保温防冻技术推广应用	隧道保温防冻
	植被保护与恢复技术推广应用	植被保护与恢复
	季冻区柔性组合基层沥青路面合理结构形式的推广应用	耐久性路面
	火山灰作为胶凝材料在大体积结构水泥混凝土中的推广应用	耐久性桥涵
	填料型硅藻土改性沥青混合料技术推广应用	
	寒区高速公路房屋建筑工程节能保温技术推广应用	公路沿线设施绿色建筑
	民俗文化及旅游服务与沿线设施景观融合技术应用	旅游服务与低碳展示
高速公路资源节约攻关技术示范	生态敏感路段湿地路基修筑关键技术研究应用	
	基于环境感知的高速公路隧道及服务区照明节能与智慧控制技术研究应用	公路节能照明
高速公路循环利用推广技术示范	寒区公路边坡生态砌块及道面铺装成套技术推广应用	隧道弃渣利用
	弃渣弃方巨粒土路基填筑技术推广应用	
	季冻区服务区污水处理与回用技术推广应用	服务区污水资源化
	煤矸石筑路技术推广应用	
高速公路循环利用攻关技术示范	植物沥青混合料路用性能研究与应用	
	油页岩沥青混合料路用性能研究与应用	
	基于生态补偿的湿地营造技术研究应用	湿地保护与补偿
	应对极端气候的橡胶粉SBS复合改性沥青成套技术研究与应用	废旧橡胶沥青路面

续上表

资源节约循环利用交通科技示范工程	绿色循环低碳公路主题性项目
	野生动物保护
	分布式智慧供电系统
	公众服务及低碳运营指示
	桥面径流净化与应急
	车辆超限超载不停车预检系统
	环保型融雪剂
	隧道温拌阻燃沥青
	隧道通风智能控制系统
	创新成果展示

3.3 展示区域的划分

按照全面系统、示范效果明显、反映地区特点、可展示性强的原则,最终确定 26 项展馆展示内容(其中 1 项为创新成果展示)。对展示项目进行归类,将展馆划分为 6 个展览区域:前言、抗冻耐久技术展示区、循环利用技术展示区、节能减排技术展示区、生态环保技术展示区、结束语。如图 1 所示。

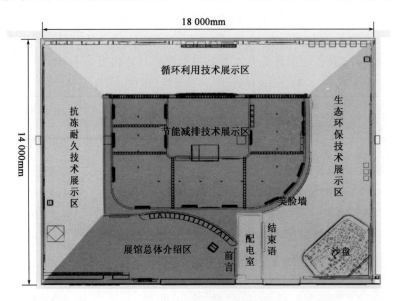

图 1　展示区域平面图

4　展馆设计思路

4.1　展馆设计主题及流程

突出"绿色、科技引领鹤大"的主题目标,达到示范绿色交通建设新模式,展示公路沿线地域文化,推广绿色循环低碳公路技术成果,为实现吉林省绿色公路转型发展起到引领示范作用。

一个完整全面的展馆设计需要遵循通用的设计流程,即第一根据展示内容的实际情况,建立展馆的设计要求;第二在调研分析的基础上,获得展馆的功能定位和展示风格设计;第三通过平面设计软件,利用数字化建模技术构建展馆三维模型;最后,通过互动和界面渲染实现三维实体展馆,模拟展馆的基本功能,实现展馆的系统、全方位展示。流程图如图 2 所示。

4.2 展馆设计原则

运用多种展示形式全方位展示鹤大高速绿色公路科技示范工程技术成果，反映鹤大高速技术特色，突出科普教育，展示内容直观易懂、便于展示，使展馆设计融入敦化南服务区整体布局，体现长白山区民族文化及历史底蕴。

展馆设计围绕抗冻耐久、循环利用、节能减排、生态环保等内容突出以下几点：

（1）针对双示范项目内容丰富的特点，提出将双示范项目内容进行归类合并，相同内容共同展示，特色内容分开展示，重点内容丰富展示。

（2）展览的设计和装修用材要突出资源节约、绿色环保的理念，形成展馆与服务区整体规划和谐统一。

（3）按照节能的原则，选择展厅电子设备。同时突出循环利用的理念，使所有电子设备在展厅后期撤出时能够重新使用。

（4）用绿色元素营造环保低碳的氛围，用全息投影（3D）、pad互动、光控、声控等传递科技内涵。

4.3 展示形式设计

展示设计[6]是一门具有综合性及交叉性的艺术学科。展示设计旨在展馆设计、会展活动、文化宣传及社会活动中，以空间为媒介运用多种形式传递信息和文化。其功能及意义不仅是艺术表现的审美性，更多的融合了社会性、科技性等属性。在形式设计上，突出展示形式多样化，利用展板、实物、模型、沙盘、多媒体、视频动画、全息投影（3D）、画板等形式展示鹤大双示范项目内容。将展馆展示活动的主导权更多的交给参观者掌握，充分满足不同参观者体验的需要，从而使展示形式更多地为参观者服务。

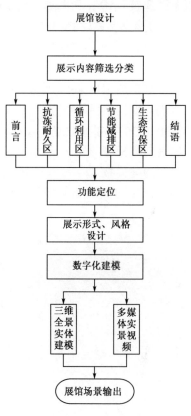

图2 展馆设计流程图

4.4 展示风格设计

展馆拟设在敦化南服务区，是到长白山旅游必经之地，占地面积约 78000m²。根据鹤大公路沿线服务设施方案设计整体要求，敦化南服务区风格体现为"渤海盛国"。展馆坐落在敦化南服务区西区。为使展馆设计融入服务区整体布局，展馆整体设计风格主要体现古渤海国政治文化中心的特点，将古渤海文化元素体现在展馆中。展馆主色调以绿色为主，同时通过实木天然的颜色与其相搭配，向参观人群传递节能减排、绿色环保、循环利用理念。展板的设计融合渤海道鹤大路的设计元素，结合绿色主色调组合而成。敦化南服务区提供展馆面积 252m²，展馆建筑尺寸为 14m×18m。

5 基于3D Max的展馆建模及实现

5.1 3D Max软件简介

3D Max 是由美国的 Auto Desk 公司开发的一种基于矢量的三维造型和动画设计软件，它可以制作出非常逼真的广播级三维实体及动画。它主要是运用计算机图形生成和图形处理功能技术模仿真实现象，建立具体的模型，产生形象逼真的图像或动画[7]。利用 3D Max 进行虚拟现实展馆制作，在 3D Max 中虚拟现实是一项先进的应用技术，虚拟现实技术可以为计算机的使用者提供一个虚拟的模拟空间，并且让用户能够获得视觉、听觉的体验，这种技术在虚拟展馆设计领域应用广泛。

5.2 虚拟展馆模型的建立

（1）划分展馆场景单元

在展馆模型构建中，根据真实场景中展示区域进行划分，分成相对独立的几个虚拟展示单元。利用服务区建筑 CAD 平面图划分出不同的虚拟展示单元。

（2）建立实体模型

3D Max 常用的建模技术有基本几何体建模、二维图形建模、挤压建模、车削建模、放样建模、多边形建模等技术[8]。结合不同的对象特效，需要选择合适的建模技术。

在虚拟展馆场景中，展馆内各展区都出现的展板、画板、显示器模型主要采用标准的长方标准几何体实现。这样不但能够方便、提高建模的速度，而且 3D Max 中标准几何体可以用虚拟现实建模语言（VRML）中的标准函数直接表示，从而可以提高展馆预览的速度。展馆地面建模主要利用平面建模工具实现对象模型的建立，然后设置材质，完成地面建模。

多边建模技术[9]就是利用小平面模拟曲面，可制作出三角形、不规则多边形的三维物体，利用多边形建模方便、简单的优点可以制作出全息投影（3D）模型和沙盘模型具有不规则形状的物体。如图3、图4所示。

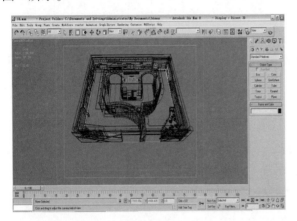

图3　展馆设计模型

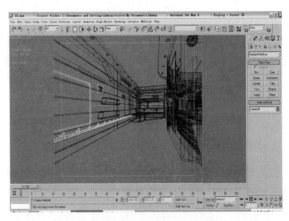

图4　循环利用展区设计模型

（3）展馆模型材质与贴图实现

3D Max 软件的优势在于可以通过系统材质与贴图功能，增加模型的真实感和立体效果，更好地提高展馆模型的逼真度。3D Max 提供了材质编辑器，通过材质编辑器可以给模型赋予一定的实体属性，比如展馆的隧道切面、墙体、沙盘模型等区域可以将 Photoshop 处理过的位图图片粘贴在模型表面，提高展馆模型的真实效果。如图5、图6所示。

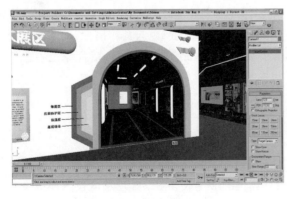

图5　添加材质后展馆模型效果

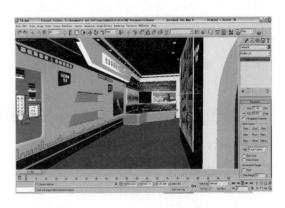

图6　添加位图后展馆模型效果

（4）展馆模型灯光设计

3D Max 技术主要有自由聚光灯、目标聚光灯、自由平行光、目标平行光、区域聚光灯、泛光灯、天光、区域泛光灯等灯光效果[10]，同时系统还提供了根据模型情景需要自由设计灯光类型。

在展馆虚拟现实灯光设计中，可以通过调节颜色、角度、衰减、投影等参数，来实现展馆场景效果。如当灯光和场景的角度增大时，展馆的表面就会越亮，而且灯光的强弱变换和亮度调节都是在角度参数确定后才能确定。本展馆设计中主要通过目标聚光灯和泛光灯的衰减度来融合展馆氛围,达到丰富光影的变化效果。如图7、图8所示。

图7 聚光灯下展馆模型效果

图8 泛光灯下展馆模型效果

6 结语

通过对鹤大高速公路绿色循环低碳公路主题性项目与资源节约循环利用科技示范工程内容进行梳理,最终筛选出能够反映吉林省高速公路建设特点的项目26项,并选取敦化南服务区为展馆选址,结合长白山区民族文化特点,围绕抗冻耐久、循环利用、节能减排、生态环保的四方面展示内容,运用3D Max虚拟仿真技术,通过建立虚拟展馆模型的方式,将展馆设计生成真实场景,为我国交通行业绿色公路科技示范宣传工作提供了新路径,为示范展馆设计提供了参考。本研究是以虚拟建模的方式提出的方法,还需要通过实地进行展馆搭建来验证和完善。

参 考 文 献

[1] 李振宇,江玉林,陈徐梅. 低碳城市交通发展模式的实现途径和政策建议[C]//中国科学技术协会. 第十二届中国科协年会论文集. 福州,2011.
[2] 刘杰,徐洪磊,傅毅明. 绿色公路内涵解析与评价指标体系[J]. 科技成果管理与研究,2013,(4):36-40.
[3] 谭洪河,段跃华,章玉. 绿色公路的发展政策探索[J]. 交通建设与管理,2015,(6):43-45.
[4] 欧阳斌,李忠奎. 绿色公路发展的战略思考[J]. 交通建设与管理,2014,(22):128-132.
[5] 张孟伟,陈凤链,陈禹江,等. 毕都高速公路科技示范工程的管理与创新[J]. 公路交通科技,2014,(6):420-421.
[6] 黄建成. 空间展示设计[M]. 北京:北京大学出版社,2007.
[7] 李积元. 基于3DMax三维虚拟景观的设计技术探讨[J]. 大众科技,2010(7):36-37.
[8] 何晓田. 基于3D Max实现虚拟校园场景建模[J]. 电脑知识与技术,2011,7(22):5365-5366.
[9] 吴婧,冯永忠,刘军. 基于3D Max的建筑建模[J]. 甘肃科技,2015,31(25):119-120.
[10] 庄钢波. 3D Max技术在虚拟场景设计中的应用[J]. 山东工业技术,2015(11):125.

鹤大高速湿地营造设计初探

王新军[1] 张广庆[2] 王岩松[2] 石 鑫[3] 刘学欣[1] 杨艳刚[1]

(1.交通运输部科学研究院 北京 100029；2.吉林省高等级公路建设局 吉林 长春 130033；
3.吉林省交通科学研究所 吉林 长春 130012)

摘 要：为缓解高速公路建设对湿地的破坏，本文以鹤大高速公路雁鸣湖互通立交区为例，从湿地位置的选择、规模和形态的确定等方面探讨了湿地营造的设计思路，以期为公路建设中的湿地保护和恢复工作提供有益借鉴。

关键词：湿地保护 高速公路 计算方法

1 引言

湿地被誉为地球之肾，有巨大的环境功能和效益，具有保护水源、净化水质、蓄洪防旱、调节气候、美化环境和维护生物多样性等重要功能，还为人类的生产生活提供了丰富的自然资源。随着我国经济的发展，人类的开发建设使得中国湿地血液正被一滴滴的抽离，轰轰烈烈的"整容"行动让湿地面目全非。湿地保护成为重要而紧迫的社会课题，如何更有效地推进湿地保护成为亟待回答的科学问题。

鹤大高速公路小沟岭至抚松段、靖宇至通化段位于长白山区腹地，途经雁鸣湖国家级自然保护区湿地、牡丹江支流沿岸、大蒲柴河镇附近的富尔河沿岸、沿江乡附近的二道松花江沿岸、露水河镇附近的二道松花江小支流沿岸、抚松县城二道松花江沿岸等6处成片分布的湿地，沿线其他路段尚有零星分布的小块湿地，共涉及路段约40km。如果湿地保护工作处理不当，公路建设会对湿地生态系统造成一定程度破坏，导致湿地面积萎缩、草地退化及地下水文条件发生变化等严重后果。

为此，本研究通过选取鹤大高速公路典型湿地路段，模拟自然湿地进行营造，以期达到湿地补偿，同时兼顾路面径流净化的目的。本文以鹤大高速公路雁鸣湖互通立交区为例，探讨了湿地营造的设计思路，以期为公路建设中的湿地保护和恢复工作提供有益借鉴。

2 湿地营造的设计理念与原则

2.1 理念

（1）自然设计：与传统的规则式设计相对应，通过植物群落设计和地形起伏处理，从形式上表现自然，立足于自然的人工环境。

（2）乡土化设计：通过对基地及其周围环境中植被状况和自然史的调查研究，使设计切合当地的自然条件并反映当地的景观特色。

（3）保护性设计：对区域的生态因子和生态关系进行科学的研究分析，通过合理设计减少对自然的破坏，以保护现状良好的生态系统。

（4）恢复性设计：在设计中运用种种科技手段来恢复已遭破坏的生态环境。

2.2 原则

（1）主题性原则

营造的湿地接近自然的湿地生境，兼具一定的净化路桥面径流功能。湿地建成后要防止对敏感水体的污染，提升区域水质和景观水平。

(2) 生态原则

总体设计依据湿地生态系统的修复原理,以该区域水生生态系为基础进行湿地营造,保持湿地系统与周边景观的完整性及协调性,以较低的能量输入维持系统最佳平衡状态,遵循湿地自然演替的特点。

(3) 长期性原则

湿地运行与控制具有一定的灵活性,要满足系统不同季节、不同降雨特征下的处理能力,体现湿地系统长期、健康、稳定的运转。

(4) 教育与示范原则

通过路域湿地的营造,展现自然与人工湿地景观,表达保护湿地、生态治污思想。通过展板、标牌及现场介绍宣传来体现其教育及示范意义。

3 设计过程与方法

3.1 位置的选择

通过对鹤大高速公路沿线敏感水体、保护区、湿地分布的 GIS 分析(图 1)以及结合现场的调研,选择雁鸣湖立交区开展湿地营造设计。

雁鸣湖互通周边以水田景观为主,同时互通区内有河流经过,属于典型的湿地环境[图 2a)、图 2b)]。由于地形等原因,互通区内汇集的雨水和路面径流排放困难,同时路面径流不宜外排,在此营造湿地既可以增加湿地补偿量,又可对路面径流进行净化处理,同时也与周边景观相融合。

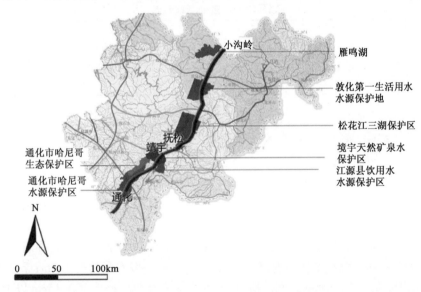

图 1 鹤大高速公路沿线敏感水体及保护区分布图

图 2 鹤大高速公路雁鸣湖互通航拍图

3.2 湿地规模的确定

3.2.1 水量计算

水量主要来自于径流,按照径流量计算采用下式:

$$Q = q\Phi F \tag{1}$$

式中:Q——设计流量(L/s);

q——设计暴雨强度[L/(s·hm^2)];

Φ——径流系数;

F——汇水面积(hm^2)。

3.2.2 设计暴雨强度 q 的确定

选择距离雁鸣湖项目区最近的暴雨强度公式的城市为牡丹江市,采用牡丹江市城建局采用数理统计法编制的黑龙江省牡丹江市暴雨强度公式为:

$$q = \frac{2550(1 + 0.91\lg P)}{(t + 10)^{0.9}} \tag{2}$$

式中:P——暴雨设计重现期;

t——设计降雨历时(min)。

3.2.3 径流系数 Φ 的选择

径流系数 Φ 一般根据路面覆盖径流系数取值,见表1。

路面单一覆盖径流系数表 表1

覆盖种类	径流系数	覆盖种类	径流系数
各种屋面、混凝土和沥青路面	0.90	非铺砌土地面	0.30
大块石铺砌路面、沥青路面处理的碎石路面	0.60	绿地和草地	0.15
干砌砖石和碎石路面	0.40		

3.2.4 汇水面积 F 的确定

根据施工图进行计算,求得互通汇水区汇水面积。

3.2.5 湿地水深范围的选取

湿地植物是湿地的重要组成部分,只有在保证植物生长所需水量基础上,才能保证植物生长旺盛,从而维持湿地环境,达到良好的景观视觉效果和污染物处理效果。因此,湿地水深的确定需要考虑湿地植物生长所需水量。

湿地植物一般分为挺水植物、沉水植物、浮水植物。挺水植物如水葱、慈姑、香蒲、鸢尾、芦苇等,需水深度一般在0.15~0.6m;沉水植物如狸藻、黑藻、金鱼藻等,一般水深约为1.2m;浮水植物如风信子、浮萍等,一般需水深度在0.4~1.8m之间。所以,湿地水深度至少应该保证在15cm以上。

3.2.6 湿地面积的确定

通过目前国内对路桥面径流的研究成果可知,通常从降雨初期到形成径流的30min内,雨水中的悬浮物和油类物质的浓度比较高,半小时之后,其浓度随着降雨历时的延长下降较快,降雨历时40~60min之后,径流污染物的浓度相对稳定在较低水平。因此研究针对降雨初期1h考虑。

通过径流量公式计算出总的水量,根据选取的湿地水深,可以计算出湿地面积。

3.3 植被缓冲带的确定

如前所述,雨水径流是湿地水量的主要补给源。为防止夏季降雨量过大,导致湿地水满溢流,对穿过互通区的河流造成污染,在靠近河流一侧设置植被缓冲带,强化极端条件下对径流的处理。因此需要对植被缓冲带进行相关计算。

植被缓冲带根据雨量平衡计算公式见下式,参数选择参考地表漫流处理系统。

$$Q = L_w \times S \tag{3}$$

式中：$Q = h \times F$；

Q——年均雨量（m^3）；

h——年均降雨（m），牡丹江市年平均降雨量为531.9mm；

F——汇水面积（m^2）；

L_w——水力负荷，一般取1.5~7.5m/a；

S——缓冲带面积。

其中$S = L \times B$；L为缓冲带长度（m）；B为缓冲带宽度（m）。

3.4 湿地形态的确定

根据湿地总面积大小，提出湿地设计方案（图3）：湿地外围的植被浅沟将雨水收集后，从入水口进入湿地1号池，如果水量超过池容量，溢流进入2号池，2号池末端接溢流口，并设有排水阀门，当来水量过大时溢流进入排水管道。从径流净化处理的功能角度考虑，为达到污染物去除的目的，将1号池的功能定位于沉淀池，从而结合满足植物生长的湿地水深的范围，可以分别确定每个1号池和2号池的水深和面积。

图3 湿地剖面示意图

4 结语

湿地面积的计算是人工湿地设计中首要解决的问题。目前国内外的人工湿地规模的计算有多种方法。比如有适用于中小流域尺度内的CDAW（湿地与汇水面积比）计算法，有适用于城市雨水处理的容量法和流量法，也有适用于污水处理的水力停留时间计算法、表面负荷计算法以及反应器理论方法等。然而针对高速公路路域范围内人工湿地规模的计算尚缺乏相关的研究与报道。由于降雨的随机性和初期冲刷规律的复杂性，雨水湿地规模的确定是一个公认的难题。虽然本文以互通立交区为例，初步探讨了湿地营造的方案，但是相关方法还有待进一步检验。最近，有学者尝试了利用雨洪管理模型（SWMM）确定人工雨水湿地规模，为我们提供了新思路。

高速公路是典型的线形工程，处于全封闭状态，受征地所限，高速公路路域范围内可进行湿地营造的面积有限。同时，以湿地保护和恢复为目的营造又不同于常规的人工湿地设计。因此，在进行湿地规模确定时，应考虑多种方法进行比较分析，同时通过现场试验进行实践检验。

参 考 文 献

[1] 龚清宇,王林超,唐运平.中小流域尺度内雨水湿地规模模拟与设计引导[J].建筑学报,2009,(02):48-51.

[2] 唐宁远,车伍.城市雨水处理设施规模确定方法分析[J].给水排水,2009,(11):43-48.

[3] 熊家晴,高延雄,刘瑞.雨水处理自然流人工湿地面积计算方法[J].中国科技论文在线,2010,5(7):505-508.

[4] 李学东,王佳,史荣新.基于SWMM水量模拟的人工雨水湿地规模确定方法[J].环境保护科学,2014,40(5):8-11.

高速公路水土保持预测及治理措施

吕东冶　王心毅　高莹

（吉林省交通科学研究所　吉林　长春　130000）

摘　要： 由于白山至临江段高速公路地处山区，工程建设有较大的填挖方，为了防止水土流失过大，造成自然环境破坏。需要对该项目进行水土流失预测和治理措施，预测采用分单元的方式进行计算，根据《吉林省水土保持普查公报数据》中提供的资料，借鉴周围项目的治理经验和数据，利用经验公式法计算地表流失量。通过对主体工程区、取土场区、弃土场区、施工场地区、临时道路区的防治，减少水土流失量。采取拦挡、固化等工程措施，将工程产生的临时堆土基本拦住，防止临时堆放土方的再次流失；采取植物绿化措施，有效地控制松散土的流失，随着植被发育及覆盖率的逐步提高，项目建设各区域在自然恢复期侵蚀强度明显降低。工程建设期采用有效的水土流失防治措施后，减少水土流失总量约为 97 599.08t。

关键词： 水土流失　预测结果　治理措施　水土流失量

1　引言

为支持振兴东北老工业基地战略的实施，加快吉林省交通基础设施建设，吉林省交通运输厅对《吉林省高速公路网规划（2005～2030 年）》方案进行了适当调整，将"辉南至白山至临江"等 4 条高速公路纳入了高速公路网规划布局中，由于地处山区，水土流失防治更加重要。本文基于白山至临江段高速公路的水土流失预测结果，提出相关的水土流失治理措施，降低水土流失量。在水土保持方面，欧洲国家起步较早，由于曾经的黑色风暴，对欧洲各国造成了巨大的经济损失，因此从 19 世纪开始，欧洲各国开始对水土保持进行研究，其中以俄罗斯、美国、奥地利等国家为主的一系列水土保持预测分析方法开始出现，根据分析结果，结合工程实际情况制订了相关的水土流失治理措施。近年来，我国也越来越重视水土流失的治理，提出了小流域综合治理的理念，按照地貌特征和水土流失的规律进行流失量的预测，对水土流失的预测形成了相对完整的体系。从国内外的研究中可以看到，水土流失的预测和治理已经有很多研究，但多数都是在小流域范围内，属于水利或者农业方面，对于公路方面的水土流失预测和治理稍显不足，因此，本文以白山至临江高速公路为契机，对高速公路方面的水土流失进行预测和防治，使白山至临江高速公路更加切合绿色高速的发展理念。

2　水土流失预测

2.1　水土流失预测范围和时段的划分

2.1.1　水土流失预测范围

根据白山至临江高速公路的各功能区界定，水土流失预测在主体工程设计功能的基础上，根据自然条件和本工程的生产、建设特点及工程扰动地表状况，将水土流失的预测范围分为主体工程区、取土场区、弃土场区、施工场地区和临时道路区。各区占地面积和类型见表 1。

2.1.2　水土流失预测时段

根据本工程施工建设、生产运行的不同特点，以及所引起的水土流失因素分析结果，本工程建设期水土流失预测时段按施工期、自然恢复期两个阶段进行，本工程水土流失预测重点内容为施工期水土流失。

水土流失预测范围一览表　　表1

时　段	预测单元	占地类型	预测面积(公顷)
施工期	主体工程区	耕地、林地、其他土地	285.19
	取土场区	林地	7.72
施工期	弃土场区	耕地、林地	28.28
	施工场地区	耕地、其他土地	73
	临时道路区	耕地、林地	9.07
自然恢复期	主体工程区	耕地、林地、其他土地	170.07
	取土场区	林地	7.72
	弃土场区	耕地、林地	28.28
	施工场地区	耕地、其他土地	73
	临时道路区	耕地、林地	9.07

(1)施工期时段

根据工程进度计划,施工期为4年。根据公路工程建设特点,本项目水土流失主要是发生在施工期。工程建设新增加水土流失主要来源于路基工程、涵洞、桥梁、隧道、互通立交、排水防护工程以及取(弃)土场、施工场地、临时道路等可能造成水土流失地点。工程建设阶段水土流失严重,属于重点预测时段,故工程施工阶段推荐方案水土流失预测时间为4年,即2015年1月~2018年12月。

(2)自然恢复期时段

稳定的结构仍需一段时间。因此,根据项目区自然环境条件,确定本项目自然恢复期为2年,即2019年~2020年。

2.2 水土流失预测内容和方法

2.2.1 水土流失预测内容

依据水土保持相关法律法规、开发建设项目工程设计文件及相关技术资料,利用设计图纸,结合实地调查,对以下内容进行预测:

(1)开挖扰动原地表面积预测;

(2)损坏水土保持设施的数量预测;

(3)水土流失量预测;

(4)新增水土流失量预测;

(5)可能造成的水土流失危害预测。

2.2.2 水土流失预测方法

根据项目区土壤侵蚀背景资料和工程建设特点,本项目位于白山市八道江区、江源区和临江市,所经区域主要以水蚀为主。水蚀是在土壤侵蚀的主要动力降雨、径流和斜坡重力等因素的作用下,造成水土流失。

水土流失预测将根据吉林省水土保持普查公报数据,确定原生地貌土壤侵蚀模数,根据可研报告、工程区地形图、查阅省内水土流失研究文献、土壤侵蚀分布图、土地利用现状图、当地水保部门提供的资料和其他相关资料,并结合营城子至松江河高速公路工程的现场查勘后,确定扰动后土壤侵蚀模数,并采用经验公式法计算地表流失量。

2.3 水土流失预测结果

本项目位于白山市八道江区、江源区和临江市境内,所经区域侵蚀类型主要以水力侵蚀为主,土壤侵蚀容许值为$200t/km^2 \cdot a$。通过外业实地调查和资料分析,针对项目区水土流失现状,根据项目区降雨特征、地形地貌、地面组成物质、土地利用方式、土壤植被,结合项目区水土流失现状分析结果,确定该项目区施工期、自然恢复期水土流失值。

经计算,本项目全线建设期可能造成的水土流失总量为101 980.72t,与背景值相比,将新增水土流失82 061.72t。施工期和自然恢复期不同单元新增水土流失量分析如图1、图2所示。

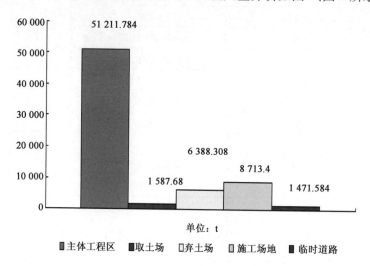

图1　施工期不同单元新增水土流失量分析图

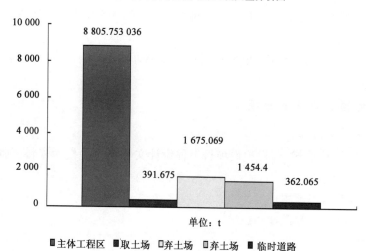

图2　自然恢复期不同单元新增水土流失量分析图

根据本工程施工特点,从单位面积流失量来看,主体工程区、弃土场和施工场地产生水土流失量最大,因此,上述区域为重点防治区和监测区。但每个功能区都应采取相应的防护措施,通过采取工程、植物等防护措施,在运营期,工程措施发挥功效,植物措施1～2年时间逐渐发挥作用,水土流失降到土壤允许的流失量以下。

3　水土流失治理措施

3.1　防治目标

3.1.1　定性指标

(1)项目建设区内的原有水土流失得到基本治理。

(2)新增水土流失得到有效治理。

(3)防治责任范围内的生态环境得到最大限度的保护,环境得到明显的改善。

(4)水土保持设施安全有效。

3.1.2 定量指标

本工程属于建设类项目,根据《开发建设项目水土流失防治标准》,防治标准等级为一级标准。结合项目区的地形地貌、土壤侵蚀、降水等环境特点,适当调整后确定 6 项防治目标。施工期的水土流失防治目标通过主体工程施工进度和水土保持防治措施实施进度确定。项目沿线临江市年平均降雨量为 793.0mm,故按照《开发建设项目水土流失防治标准》(GB 50434—2008)对水土流失总治理度、林草植被恢复率、林草覆盖率指标提高 2 进行取值。白山市的八道江区和江源区年平均降雨量为 883.4mm,故按照《开发建设项目水土流失防治标准》(GB 50434—2008)对水土流失总治理度、林草植被恢复率、林草覆盖率指标提高 3 进行取值。项目区土壤侵蚀以轻度水蚀为主,因此土壤流失控制比调整为 1.0。沿线属于山区线性工程拦渣率减小 5。公路建成后,通过采取各项水土保持措施,使原有的水土流失状况得到一定的改善,确定其水土流失目标值为 $200t/km^2 \cdot a$。

3.2 治理措施布局

根据水土流失防治责任范围内各部分地貌类型、线路路径、施工工艺以及项目区域水土流失特点等,本工程水土保持防治区划分为主体工程区、取土场区、弃土场、施工场地区、临时道路区,同时考虑不同分区的防治特点。各分区水土保持防治将本着主体工程具有的水土保持功能措施与本方案新增的水土保持措施相结合、工程措施与植物措施相结合的原则,形成综合防治措施体系。防治措施体系将按照系统工程原理,处理好局部与整体、单项与综合、近期与远期的关系,以投资省、效益好、可操作性强的水土保持方案,有效地控制防治责任范围内的水土流失。

(1) 主体工程区

①路基边坡防护:主要采取植物防护和工程措施进行综合。

a. 受水流冲刷路段,边坡采用浆砌片石护坡或挡土墙等形式进行防护。

b. 土质挖方段,为了稳定坡脚及减少占地,设置了挖方挡土墙。

c. 边沟及截水沟纵坡较大时,采用浆砌片石加固。

d. 本工程路堤均以风化石砂土质为主,为防止雨水冲刷,沿线路基坡面均采用植草防护措施,对于边坡坡度较高的路段,采取工程防护与植草防护相结合的护坡措施。土路肩采取植草方式进行防护。

②地表水排放设施治理区:排水设计本着因地制宜,全面规划,综合治理,讲求实效,充分利用地形和自然水系为原则;为防止水土流失,对全线排水进行系统的设计,并结合排水沟、边沟、截水沟、急流槽等排水构造物的纵坡、长度、流速的大小,分别采用混凝土预制块铺砌及夯拍加固。

③桥梁工程水保措施。

严禁桥梁基础挖方乱弃乱倒,如需要临时堆放,必须采取临时防护措施,按设计及时运出,最后做好临时堆放地清理工作。至于桥梁桩基位于河道内的,其基础开挖的钻渣不能直接弃入水体,必须将弃渣运至设计处。

桥台必须做好防护和排水设计,桥台主要采用浆砌片石和植草等护坡形式,桥台下边坡主要采用排水沟,将桥台边坡雨水导出,防止积水侵蚀桥台基础,保障桥梁安全。

桥涵的净空必须满足排水的要求,尽量不改变水流的方向,避免造成冲刷和淤积,出水口可能冲毁耕地和桥涵,应增加防护措施或设置排水沟渠。

④隧道工程水土保持措施。

严禁隧道挖方乱弃乱倒,必须运至指定的弃渣场,而且要做相关的防护措施,最后对弃渣场进行植被恢复。

隧道施工中对地下水环境有一定的影响,隧道工程通过采用防水混凝土、帷幕注浆等工程措施来控制施工涌水,并且通过施工期实时监测,随时补充、完善堵水设计,并积极采取防护措施有效控制工程引起的地下水漏失,采用的注浆堵水材料不能对水造成污染和危害,增加防护措施或设置排水沟渠。

(2) 取土场区

路基填土主要采用线外集中取土方式,本着合理使用土地,保护自然环境,对取土场进行了场地规划,确定合理的取土方案,并进行了土地植被恢复、排水环境绿化设计,具体措施如下:

①取土场根据取土量大小、地质条件、地形条件、取土后场地排水条件确定取土深度,进行场地规划。

②取土前应将表层30cm种植土清除,单独堆放,并苫盖好,防止表土水蚀、土壤中有机质流失,此类表土工程上不得使用,取土后再将种植土返回,力求保持土壤肥力,最大限度地恢复种植条件。对种植土堆放的位置以不影响施工为原则,其占地已计入取土场占地中。对于恢复表土后仍不能恢复的取土场按永久占地设计,并进行绿化。

③取土场要按设计的形状开挖,坑底应设纵、横向坡度和完整的排水系统。取土坑内侧边坡坡度宜为1:1.5,坑底纵坡坡度不宜小于0.3%,横坡为2%~3%。

④取土坑挖方坡面均采用植草和植紫穗槐防护,防止坡面冲刷。

(3) 弃土场区

弃土主要由特殊路基换填、路基开挖的废方、桥梁钻渣及隧道弃渣产生,本着合理使用土地,保护自然环境,对弃土场进行了场地规划,确定合理的取土方案,并进行了土地植被恢复、排水环境绿化设计,具体措施如下:

①弃土场根据弃土量大小、地质条件、地形条件、弃土后场地排水条件确定弃土高度,进行场地规划。

②弃土前应将表层30cm种植土清除,单独堆放,并苫盖好,防止表土水蚀、土壤中有机质流失,此类表土工程上不得使用,弃土后再将种植土返回,力求保持土壤肥力,最大限度地恢复种植条件。对种植土堆放的位置以不影响施工为原则,其占地已计入弃土场占地中。对于恢复表土后仍不能恢复的弃土场按永久占地设计,并进行绿化。

③弃土场要设合适的拦渣墙。

④弃土表面均采用植草和植紫穗槐防护,防止冲刷。

⑤弃土易发生滑塌,堆置在斜坡面上修建拦渣墙。

(4) 施工场地区和临时道路区

临时工程包括临时道路、施工场地等临时设施,其破坏了地表植被,要求施工前应先将种植土推出集中堆放,并苫盖好,防止表土水蚀,土壤中有机质流失。工程结束后清除施工垃圾,推回种植土,恢复耕种条件,恢复植被。

3.3 效益分析

水土流失预测结果表明,本项目建设期不采取措施情况下预测水土流失总量为101 980.72t。根据本防治方案设计,先采取拦挡、固化等工程措施,将工程产生的临时堆土基本拦住,防止临时堆放土方的再次流失;后采取植物绿化措施,有效地控制松散土的流失,随着植被发育及覆盖率的逐步提高,项目建设各区域在自然恢复期侵蚀强度明显降低。工程建设期采用有效的水土流失防治措施后,减少水土流失总量为97 599.08t。具体见表2。

效益分析汇总表 表2

序号	项目	计算过程	方案实施后预测值	方案目标值	是否达标
1	扰动土地整治率(%)	扰动土地治理面积/扰动土地面积	98.1%	95%	是
2	水土流失总治理度	水土流失防治面积/造成水土流失面积	98.4%	97%~98%	是
3	土壤流失控制比	治理后土壤流失量/容许土壤流失量	1.0	1.0	是

续上表

序号	项　　目	计算过程	方案实施后预测值	方案目标值	是否达标
4	拦渣率(%)	实际拦挡弃土量/弃土总量	96.2%	90%	是
5	林草植被恢复率(%)	植物措施面积/可绿化面积	100%	99%~100%	是
6	林草覆盖率(%)	林草总面积/责任范围面积	55.8%	27%~28%	是

4　结语

本工程建设不涉及跨越风景名胜区限制性因素。主体工程设计中严格执行国家规定的土地使用审批程序,优先利用空闲地、劣质地及非耕地。白山至临江公路工程按照水土保持方案实施后,能够达到有效防治工程建设新增水土流失,改善建设区生态环境的目标,达到防治水土流失的目的,工程建设从水土保持角度分析是可行的。

但本项目没有可开采的矿产资源,无采空区。同时,本工程所在地区不属于泥石流易发区、坍塌滑坡危险区、不良地质作用区、生态脆弱区、全国水土保持监测网络中的水土保持监测站点、水土流失重点科研试验区等区域,区域地形地质条件较好,不存在水土保持限制性因子。因此,相关预测和防治措施均是在此前提下完成,如涉及上述内容还需要进一步研究论证,以确定防治措施的可行性。

参 考 文 献

[1] 唐克丽.中国水土保持[M].北京:科学出版社,2004.
[2] 王礼先,朱金兆.水土保持学[M].第2版.北京:中国林业出版社,2005.
[3] 杨金高.小流域综合治理存在的问题及对策[J].中国民居,2011.
[4] Morgan R P C. Soil erosion and conservation[M]. Oxford:Blackwell Publishing Company,2006:161-166.
[5] 中华人民共和国国家标准.GB 50433—2008　开发建设项目水土保持技术规范[S].北京:中国计划出版社,2008.

湿地公路两侧浅层水连通性保护技术

李冬雪　郑纯宇　闫秋波　陈志国

（吉林省交通科学研究所　吉林　长春　130012）

摘　要：生态敏感区域修筑路基，既要满足路基本体和地基的稳定性要求，又应尽量减轻对湿地的根本性破坏，同时保护湿地生态环境。本研究立足于保证路基稳定的前提下，建立了可靠的湿地公路两侧、地表浅埋水系的连通性补偿技术与方案，重点阐述了两种水系连通技术的布设原则与设计要点，并在依托工程重点段落实施。

关键词：路基　湿地　水力连通性　横向碎石盲沟　波纹钢管

1　引言

湿地与人类的生存、繁衍、发展息息相关，是自然界最富生物多样性的生态景观和人类最重要的生存环境之一，它不仅为人类的生产、生活提供多种资源，而且具有巨大的环境功能和效益，在抵御洪水、调节径流、蓄洪防旱、控制污染、调节气候、控制土壤侵蚀、促淤造陆、美化环境等方面有其他系统不可替代的作用。公路工程具有线性和连续性的特点，而修筑于生态敏感地区的公路不可避免地对沿线自然环境造成一定影响，包括形态各异的湿地环境。公路建设对湿地的影响表现为占用湿地，破坏水文动态，引发水土流失，污染湿地环境，破坏湿地生物多样性等。其中，填方路堤切割湿地、路域湿地原有水力连通渠道受损、公路两侧植被生长环境恶化等现象都与湿地公路浅层水的水力连通性息息相关。因此，努力减轻公路建设对各类湿地生态系统的干扰和破坏，保障湿地公路两侧浅层水的有效连通，维持湿地生态系统的独特功能，使公路建设与生态环境保护协调发展，是湿地公路建设面临的重要课题，也是可持续发展战略的重要组成部分。

近年来，工程建设给生态环境带来的影响逐渐得到人们的广泛关注。特别是公路、铁路等不可避免的邻近或跨越环境敏感区域，大规模的土石方工程导致构筑物附近的植被退化、水源改道等现象较为普遍[1-8]。工程技术和研究人员从多个角度对此类问题展开了研究，如，邱启明（2008年）[9]通过透水路堤的工程实践，探讨了透水路堤的施工方法和透水路堤材料的技术要求，并提出了质量控制的具体措施；姚元波（2009年）[10]基于公路建设对湿地生态损失的分析，认为公路选线中最关键的设计原则是利用蓝色廊道、灰色廊道的边缘或相对面积小的基质；张欣等（2013年）[11]从水系连通性的角度出发，分析公路工程对地表水流、地下水流自然流动的干扰，对水中物质迁移转运过程的干扰以及由此所带来生态群落结构的变化等；李晓珂等（2014年）[12]利用层次分析法评价公路建设对湿地水系连通性的影响，提出了水系连通性相关保护措施。可见，公路建设对生态敏感区，尤其是湿地水系影响的研究还处于探索阶段，季节冻土区湿地公路建设中，长期耐久、经济适用的路基两侧水系连通性保障技术亟待开发。

本文利用野外与室内试验分析填筑路基对湿地土壤渗透系数的影响，并结合实体工程案例对路基两侧水系连通性恢复技术进行研究，以实现路基稳定的前提下，补偿路基两侧潜层水及地表水的连通性，从而间接改善因路基填筑对路域植物生长环境的破坏，以达到最大限度保护区域生态环境的目的。

2　填方路堤两侧湿地水力连通性试验

以吉林省某穿越林下湿地的高速公路为试验依托段，结合野外与室内试验分析填方路堤的修筑对既有湿地水力连通性的影响形式与强度。该处湿地主要以低矮灌木为主，夹少量白桦树。试验断面地层自上到下依次为草炭土（平均厚度1m）、淤泥质土（平均厚度0.7m）、粗砂（平均厚度10.5m）、花岗岩。根据现场静水位观测,浅部草炭土层中的潜水位高出地表 0.30m,承压水位埋深地表下 0.12m,即草炭土层为地表植物提供水源,试验路段工程地质剖面图如图 1 所示。

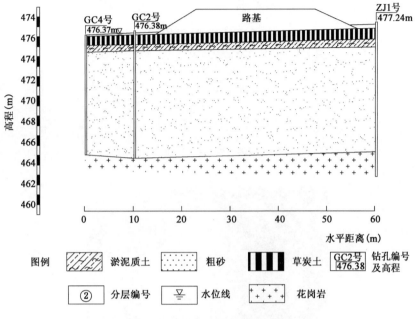

图 1　试验路段工程地质剖面图

本次试验采用 QY1-2 渗压仪分别进行天然状态下和施加路基附加压力下的水平向渗透试验,渗透试验取样层确定为草炭土层,深度为 0.1~0.9m,试验共进行 8 组,渗透试验成果见表 1。

室内渗透试验方案及成果表　　　　表 1

取样深度 (m)	方向	天然状态下	施加路基附加压力	
		渗透系数 (cm/s)	固结压力 (MPa)	渗透系数 (cm/s)
0.1~0.3	水平	1.20×10^{-4}	60	9.84×10^{-6}
0.3~0.5	水平	8.94×10^{-5}	60	8.57×10^{-6}
0.5~0.7	水平	4.85×10^{-5}	60	5.85×10^{-6}
0.7~0.9	水平	3.91×10^{-5}	60	5.52×10^{-6}

试验结果表明:天然状态下草炭土水平向渗透系数在 10^{-4}~10^{-5}cm/s 数量级之间,渗透系数由表层向下逐渐减小。路基荷载压密后,草炭土层的渗透系数有较大降低,渗透系数数量级降为 10^{-6}cm/s。说明填方路堤的修筑,对既有湿地水力连通性的影响表现路基两侧的草炭土层水力连通能力降低,填方路堤对其下部沼泽湿地的水平向渗透性影响较大。鉴于此,湿地路堤填筑技术应包含对湿地水力连通性修复能力的考虑。

3　横向碎石盲沟加强植物根系水系的连通

根据公路两侧不同深度水系连通性试验结果,为保证湿地植物根系水系的连通,提出在填方路堤下湿地地基中,增加修建横跨路基的碎石盲沟,如图 2 所示。

3.1　布置原则

湿地生态敏感区内,为保证湿地植物根系水系的连通,在桥涵两侧各 50m 以外增加修建横跨路基的碎石盲沟。碎石盲沟布设应充分考虑地形地貌,盲沟纵坡与路线两侧原地形保持一致,平面上与路线正交,如遇路基两侧高差变化明显,则采用适当的平面交叉角并结合水系走势综合确定。对于设置了边沟、排水沟等排水设施的路段,碎石盲沟端部宜跨越排水设施,盲沟端部与坡脚或排水设施边缘距离不小于3m。

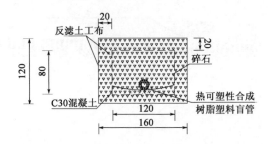

a)设计横截面(尺寸单位:cm)

b)现场施工

图2 横向碎石盲沟

3.2 设计要点

(1)碎石盲沟横断面采用矩形形式,为增强汇水能力,端口设计为放大矩形,坡率宜为1:2~1:1.5,盲沟尺寸应参考相关规范确定。

(2)盲沟宽度为120cm,高度为80cm,盲沟进出水口两端设喇叭形端口以增加汇水面积,过渡段长度不小于1m,喇叭口处盲沟截面尺寸为160cm×120cm。

(3)经勘察,依托工程所处地区植物生长理想区间在地下水埋深为60~100cm范围,因此盲沟底部距地表面为100cm,结构底部为C30混凝土基础,平均厚度为0.15m,其上设直径为20cm的多孔隙中空塑料管形成复合盲沟增加渗流。

(4)碎石采用粒径3~5cm、水稳定性好的砾石为宜,端口以碎石填筑,碎石表面应清洁,铺设应整齐规范,孔隙应清晰以保证流水通畅。

(5)盲沟外围用透水土工布包裹。采用无纺土工布,单位面积质量宜不小于$300g/m^2$、垂直渗透系数不小于$0.01cm/s$;若采用复合土工膜,单位面积质量宜为$500g/m^2$、顶破强度不小于$2.75kN/m$、垂直渗透系数不大于$0.01cm/s$。

4 波纹钢管辅助地表水连通

湿地生态敏感区内,对于汇水面积较大或雨量较大地段,为保证路基一侧地表水均匀快速地补给到另一侧,既保障路基两侧地表水系的连通,又可增加修建横跨路基的波纹钢管,如图3所示。波纹钢管与横向碎石盲沟搭配使用,碎石盲沟可为波纹钢管提供稳定基础。

4.1 布置原则

湿地生态敏感区内,为保证路基两侧植物根系水系的连贯性,在桥涵两侧各50m外,平均每间隔60m增加修建横跨路基的波纹钢管,并延伸至坡脚外3m,波纹钢管布设应充分考虑地形地貌,波纹钢管纵坡与路线两侧原地形保持一致,平面上与路线正交,如遇路基两侧高差变化明显,则采用适当的平面交叉角并根据水系走势综合确定。钢管轴向设置预拱度,以防止地基沉降盆对钢管排水性能的影响,管底与原地面高程相同。

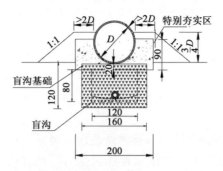

a)碎石盲沟与波纹钢管组合横截面(尺寸单位:cm)

b)现场施工

图3　波纹钢管图

4.2　设计要点

(1)钢管采用直径为75cm的波纹钢管,洞口设计为平头式洞口,并延伸至坡脚外3m,洞口加盖水篦子过滤杂草、树枝等异物。

(2)安装时从一侧排放第一根管节,使其管中心和基础纵向中心线平行;管壁内外涂沥青,沥青涂层的总厚度应不小于1mm。

(3)波纹钢管基底采用有一定级配的天然砂砾,本项目利用碎石盲沟作为管底基础,设置波纹钢管的碎石盲沟宽度为120cm(其余指标与未设置波纹钢管的碎石盲沟一致),最大粒径不超过50mm,小于0.075mm细颗粒含量不超过5%。

(4)每节波纹管必须为一整体。各管节间连接强度必须满足施工中路基填土及压实机械(15t振动压路机)作业荷载压力要求,不得有变形错位现象。

(5)波纹钢管涵洞施工可参照《季冻区公路波纹钢管涵洞设计与施工技术指南》。

5　结语

通过系统分析湿地路基两侧水系连通特性,掌握了路基修筑对湿地水系阻隔作用的形式与强度,填方路堤对其下部沼泽湿地的水平向渗透性影响显著。以路基稳定为前提,协调生态保护为主要目的,有针对性地提出了增设横向碎石盲沟与波纹钢管两种季冻区湿地公路两侧水系连通性保障技术,详细说明了布设原则以及设计要点,并通过实体工程的修筑,验证了两种方法的可行性。

参　考　文　献

[1] 赵康.公路网发展与湿地保护[J].中外公路,2009(3):14-18.

[2] 田春燕,郑义.湿地生态高速公路地基处理方案的优化设计[J].菏泽学院学报,2013(S1):

149-151.
- [3] 许正璇. 浅谈柴木铁路多年冻土湿地通风路基施工工法[J]. 青海交通科技,2013(3):22-23,30.
- [4] 凌思德,杨锦凤. 高纬度冻土沼泽湿地地区路基病害及防治对策[J]. 黑龙江交通科技,2012(3):56-57.
- [5] 袁捷. 青海省公路建设对湿地资源的影响及保护对策[J]. 湖南农业大学学报(自然科学版),2010(S1):32-34.
- [6] 陈义民,张喜发,张冬青,等. 季冻区公路路基土有害毛细水上升高度综合试验研究[J]. 冰川冻土,2008(4):641-645.
- [7] 王焱,刘国东,塞依,等. 高原湿地公路盲管排水系统设计研究[J]. 交通科技,2007(5):54-56.
- [8] 王希伟,秦卫军,赵玉凤. 季冻区公路波纹钢管涵洞受力特性分析[J]. 吉林交通科技,2010(02):1-3.
- [9] 邱启明. 透水路堤在临侯高速公路上的应用[J]. 山西交通科技,2008,(01):39-40.
- [10] 姚元波. 公路建设对湿地的生态损失分析及湿地公路设计原则研究[J]. 北方交通,2009(09):34-36.
- [11] 张欣,王红旗,李华. 公路建设对生态环境水系连通性的影响[J]. 环境科学与技术,2013(S2):406-411.
- [12] 李晓珂,王红旗,王新军,等. 公路建设对湿地水系连通性的影响评价及影响因素研究——以延边地区为例[J]. 交通建设与管理,2014(22):105-110.

鹤大高速公路小抚段景观桥梁设计

杨 锋　韩阳军　张立敏

(吉林省交通规划设计院　吉林　长春　130021)

摘　要：为贯彻鹤大高速公路"景观路"的总体原则,结合敦化市城市规划及发展的需要,本项目小抚段上跨桥梁设置了多种桥梁结构形式。本文结合上承式板拱、系杆拱、斜腿刚构、斜拉桥四种桥梁形式,详细介绍了本项目景观桥梁设计的总体设计思想、原则与实际应用,供其他工程借鉴。

关键词：桥梁工程　景观桥梁　系杆拱　板拱　斜腿刚构　斜拉桥

1　引言

1.1　项目概述

鹤大高速(G11)为《国家高速公路网规划》中的一纵,纵贯黑龙江、吉林、辽宁三省,主要承担区域间、省际以及大中城市间的中长距离运输,是区域内外联系的主动脉。它的建设将开辟黑龙江和吉林两省进关达海的一条南北快速通道,扩大丹东港、大连港的影响区域,同时也是东部边疆地区国防建设的重要通道。

鹤大高速小沟岭至抚松段经过的主要区域为吉林省境内敦化市及抚松县境内,地形为低山丘陵区,地上植被为林地及少量旱田,区域内山岭环抱,风景优美。本段高速公路为设计速度80km/h的双向四车道高速公路,路基宽度24.5m。

项目区沿线有雁鸣湖保护区、三湖保护区、六顶山风景区,自然条件保持良好,水资源丰富,动植物种类众多,自然风光优美,高速公路修建必然要进行填挖,势必对自然环境造成破坏,对生态环境产生极大影响。怎样保护生态环境、融入生态环境、享受生态环境是设计者必须解决的问题。所以本项目以交通运输部"公路勘察设计典型示范工程咨询要点"为指导,提升设计理念,将本项目打造为安全路、生态路、环保路和景观路,实现公路与自然环境相协调。

本项目的总体设计原则是以建设"安全路、快捷路、环保路、生态路、景观路"为主题,以交通运输部"六个坚持、六个树立"的公路勘察设计新理念和典型示范工程要点为指导,本着打造"特色路、精品路"的总体思想,将本项目建设成为吉林省东部的"生态景观大通道"。

1.2　景观桥梁设计综述

桥梁是跨越河流、峡谷或其他交通线路时的建筑物,在力学规律与美学法则支配下,经过精心设计的桥梁是人文科学、工程技术和艺术三位一体的产物。优秀的桥梁建筑不仅仅体现出人类智慧和伟大的创造力,而且往往成为时代的象征、审美的对象和文化的遗产。

桥梁景观是桥梁美学内涵之一。所谓景观桥梁,是具有较高艺术观赏性的桥梁,可观、可游。即能唤起人们美感的,具有良好视觉效果和审美价值,与桥位环境共同构成景观的桥梁,可称得上景观桥梁,景观桥梁具有如下特点:符合桥梁造型美的法则;遵循桥梁与环境协调的规律;体现自然景观、人文景观、历史文化景观的内涵或具有象征作用。

国外20世纪60~70年代就提出桥梁景观建设的概念,将桥梁造型与周围环境一起作为审美对象,按照美学原则对桥梁及其环境进行美学创造及其资源开发。我国桥梁景观设计历来受到政府及老一辈桥梁学家的关注。早在20世纪50年代,围绕武汉长江大桥的景观建设就曾发动建筑师、艺术家与桥梁工程师为一体的设计专家对其桥型、桥塔、桥两侧观景台以及硬质景观元素如桥栏、灯具、雕塑等进行反复比较设计,直至今天武汉长江大桥还以其独特的景观、耐人寻味的细部、完整优美的桥姿成为武汉的一大景观与城市标志。近代,随着经济的发展,人们生产、生活水平的提高,人们对周围生存环境有了更高的要求,在精神及艺术层面也有了更高的追求,桥梁建设精品、名品的观念不断增强,这也是我们桥梁人不断创新、不断追求卓越的动力。

1.3 鹤大高速景观桥梁设计

为贯彻鹤大高速公路"景观路"的设计主题与原则,设计中加强了景观桥梁的设计工作。根据项目"生态、环保、旅游、文化"的景观设计主题,应用美学原理,充分发掘周围环境的景观资源,进行景观桥梁设计工作,在上跨主线的跨线桥中共采用系杆拱、板拱、斜腿刚构、斜拉桥四种桥型。景观桥梁如同沿线美丽景观带中光芒夺目的珍珠,对沿线的景观主题起到了画龙点睛的作用。

2 景观桥梁设计方法与原则

2.1 设计方法

景观桥梁的设计分为概念设计与细节设计两个步骤。

概念设计主要包括功能设计和结构设计两大部分。其作用主要体现在设计的早期阶段,设计师根据功能的需求而萌发出来的原始构思和冲动形成主体框架,以及它应包括的各主要模块和组件,以完成整体布局和外形的初步设计。景观桥梁的概念设计特点更为突出,它主要研究桥梁建筑如何通过造型及其他方面的处理,与桥位周边的环境共同构成景观,使得桥梁具有较高的审美价值,即从景观环境的角度出发进行桥梁的美学设计。景观桥梁的建桥环境对于桥梁许多组成方面必然会提出特殊的要求,概念设计时就应对这些要求进行仔细的分析,从而达成适用、安全、经济、美观的目标。

经过概念设计并确定桥梁方案后,即进入景观桥梁的细节设计阶段。在这个阶段,各细部构件都可能需要某些详细的图形示意,包括大量的计算、分析、绘图、编写说明书和填写各种表格;在具体确定某些参数时,可能还要进行某些设计阶段的实验、测试和分析来用于解决问题。

2.2 设计原则

(1)以安全、适用、经济为原则

桥梁设计不能盲目追求美学,首先是解决通行功能,然后才是在技术条件可行的基础上进行美学优化,这是桥梁设计的基本要求。桥梁选型必须满足桥梁最基本的安全、使用的要求,并在此基础上对桥梁构成元素进行合理的美学设计。桥梁美学的这种以功用与技术为重的特点即是桥梁的技术美学特性。

桥梁设计者必须灵活而综合地考虑"安全、经济、适用、美观"的关系进行设计,在技术、经济可行的前提下,选用纯正、清爽、稳定的结构形式。质量统一于美,美从属于质量。

(2)兼顾传统与创新

目前,桥梁的选择都具有强烈的时代特性,比如新结构、新材料、新工艺等,均表现出了时代特性。我国是一个历史悠久、民族众多、文化底蕴深厚的国家,在讲究桥梁建筑之美的同时,还必须考虑本国、本地区的文化背景、传统习俗、民族特点,既尊重传统,又敢于创新;既传承文化,又展现时代风貌,选择具有民族特色和地域色彩新颖独特的新桥型。

(3)与周围环境的和谐统一

桥型选择应对周围环境进行保护、利用、改善和创造,注重桥梁与自然协调、与既有建筑协调、与邻近桥梁协调。桥型设计不应片面追求标新立异,而忽视周围环境的客观存在,要做到桥梁与环境相融,桥梁与景观互补,个体与总体统一协调。

(4)环境保护与环境建设原则

桥梁景观建设应维护环境生态平衡,保护珍稀动植物和桥址处特有地质风貌,杜绝声、光、电对环境的"污染"。

(5) 尊重民风、民俗原则

桥梁涂装色彩选择时,不但要考虑与周边环境色调、桥梁造型相协调,还要考虑该地区的民风民俗。

2.3 桥梁造型美学法则

(1) 协调与统一

景观桥梁的协调统一包括两个方面,一是桥梁造型要与其所处的自然环境相协调,共同构成完美景观的组成要素;二是桥梁建筑本身,具有若干组成部分,其各自的功能和造型不同,这种差别和变化,必须在和谐和秩序中得到有机的统一。

(2) 主从与重点

桥梁建筑由若干要素组成,每一要素在整体中都占有一定的比重与地位,从功能上总有主体与附属,主体与附属存在主从差异,正是凭借着这种差异的对立,才使桥梁建筑形成一个完整协调的整体。

桥梁建筑美学重点应放在总体布置上和主体结构上,以期塑造桥梁这一跨越性工程构筑物的美,创造清晰、明朗的建筑形式。建筑美要忠于合理的受力结构,不在结构之外过多增加装饰。现在很多城市为了营造美的效果,在桥梁建设中喧宾夺主,不惜花重金在桥梁的栏杆、灯具、梯道、桥头建筑等方面大做文章,甚至于本来是梁桥却偏偏要在桥上加上装饰拱,给人一种画蛇添足的感觉,忽视甚至是剥夺了桥梁自身主体特有的跨越、轻盈、舒展的美学特征。

(3) 对称与均衡

对称与均衡是造型美的基本法则之一。对称是同形同量的对称组合,对称的造型统一感好,规律性强,使人产生庄严整齐的美感。均衡则是在非对称的构图中,以不等的距离形成力量(体量)的平衡感。均衡具有变化美,其结构特点是生动活泼,有动感。

设计中桥孔布置主要遵循对称的原则进行。

(4) 比例与尺度

比例和尺度是密切相关的一个建筑造型特征,是桥梁美的必不可少的重要因素。一座桥梁建筑,其各部的比例和尺度必须经过精心设计,达到匀称和协调才能构成优美形象。这就如同人的面容,如果某些部位的尺度不当或比例失调,都会影响它的整体形象。

(5) 稳定与动势

桥梁的建筑功能要求决定了桥梁造型必须具有稳定感和动势感。安全稳定是桥梁建筑基本的使用要求,简洁的承载和传力结构形成一个紧凑严密、蕴藏着巨大力量的构筑物。桥梁本身的组成结构处于平衡状态,各部分在实现功能作用时显示出平静、自信、坚固的形象,给人一种坚定,不可撼动的稳定感。动感是指桥梁建筑形象感受与人相对距离不同产生很大的不同,按距离不同分为远景、中景、近景和触摸景,人们距离桥梁远近不同,看到的桥梁建筑形象也不同。

3 景观桥梁设计实例

鹤大高速中上跨主线的分离立交、天桥采用了系杆拱、板拱、斜腿刚构和斜拉桥等桥型。

3.1 K566+225 板拱桥

(1) 桥型方案

本桥为钢筋混凝土板拱桥,桥宽9m,主拱跨径58m,跨中矢高11.05m,主拱板厚1.1m,拱上立柱间距6m,柱厚度0.8m,主拱采用重力式基础,如图1所示。

(2) 环境背景

本桥地形为丘陵区,路段为挖方段落,地质条件较好,为强风化、中风化玄武岩。前方地形开阔,视野良好,近景主要为边坡绿化植被,远景为旱田,夏季植被多为玉米。

图1 K566+225 板拱桥

(3) 设计构思

拱桥形如玉带,态似彩虹,具有中华民族拱式建筑艺术的特征,给人一种强劲的力度感。其诱导力线呈紧张感,具有固有的曲线美,在形态上兼具了人文景观与自然景观协调美的特性。

本桥背景线条粗犷,若采用直线形的梁桥,则单调而缺乏变化,采用拱桥,其固有的曲线美与韵律变化,更符合人们的审美要求。项目建成后,与周围自然景观、地貌相协调,景观效果较好。

3.2 K557+079 系杆拱桥

(1) 桥型方案

本桥为钢管混凝土系杆拱桥,桥梁净宽8m,主拱跨径65m,跨中矢高11.54m,主拱采用直径1.0m的钢管混凝土结构,系杆为钢绞线,下部结构采用肋板式桥台,钻孔灌注桩基础,如图2所示。

图2 K557+079 系杆拱桥

(2) 环境背景

本处路线为低填方,周围地势平坦,远处为起伏的低山。地面植被以农田为主,山顶为种植的人工林。

(3) 设计构思

本桥周围地势平坦,设计中仍考虑采用具有曲线美感的拱桥结构,采用了无推力的钢管混凝土系杆拱桥。结构轻盈美观,富有动感,让人耳目一新。

3.3 K567+425 斜腿刚构

(1) 桥型方案

本桥为预应力混凝土斜腿刚构桥,桥宽5.5m,跨径23.5+40+23.5m,梁高1.6m,预应力混凝土单箱单室断面,重力式基础,如图3所示。

(2) 环境背景

本桥为挖方段落，前方视野开阔，远处为起伏的低丘，植被以旱田为主。

(3) 设计构思

本桥桥位所处地形较简单，所以景观构思中仍旧在桥梁造型上进行构景。两侧挖方地质条件较好，设计中采用了预应力混凝土斜腿刚构桥，斜腿刚构桥具有强劲的力动感和清晰明了的传力路线，桥下净空较大，通透感较强。应用于本桥后，景观效果较好。

图 3　K567+425 斜腿刚构桥

3.4　K588+120 斜拉桥

(1) 桥型方案

本桥采用预应力混凝土独塔双索面斜拉桥结构，桥梁净宽 7.0m，桥梁跨径 20+32+32+20m。桥塔采用 H 形塔，混凝土结构，塔高 18m，塔宽 1.3m，主梁采用单箱双室断面，梁高 1.2m，如图 4 所示。

a)　　　　　　　　　　　　　　　　b)

图 4　K588+120 斜拉桥

(2) 环境背景

桥位所处地形平坦，被交路上跨主线，修建汽车天桥，不远处可看到另一座上跨主线的天桥，地上植被以旱田为主。

(3) 设计构思

斜拉桥是由承压的塔、受拉的索与承弯的梁相组合的体系。高耸的桥塔强壮伟岸，显示出一种直指蓝天尽情舒展的动势；纤细的柔力拉索又蕴含着强劲的张力；巨大的跨度使桥面显得轻快舒展；整个结构显示出一种生机盎然、充满活力的气质。

本段路线地形平坦，上跨主线天桥多采用连续箱梁桥，景观单调、枯燥。所以本桥采用了动感强烈的斜拉桥结构，通过高耸的索塔打破了画面的单调，运用对称、平衡的美学法则，桥梁布置比例协调、匀称，总体景观效果较好。

4　结语

本文论述了景观桥梁的特点、具体的设计方法与原则和景观桥梁设计所重点遵循的美学法则，并将以上原则应用于鹤大高速公路的景观桥梁设计中，成功设计了 4 座景观桥梁，取得了良好的景观效果，体现了鹤大高速双示范的理念，为今后吉林省待建项目起到了借鉴、引领作用，成功经验也可供其他景观桥梁方案设计参考与借鉴。

总的来看，在地势较平坦的平原与微丘地带，景观通常比较单调与枯燥，景观桥梁的设计主要通过桥型的自身形态实现，挖方段落可采用上承式拱桥、斜腿刚构桥等有推力结构，填方段落可采用无推力系杆拱、斜拉桥等桥型，借助拱桥主拱的曲线美及斜拉桥索塔的强劲动势，采用对称、均衡、比例协调的布置,均可取得较好的景观效果。

参 考 文 献

[1] 杨士金.景观桥梁设计[M].上海:同济大学出版社,2003.
[2] 盛洪飞.桥梁建筑美学[M].北京:人民交通出版社,1999.
[3] 张先勇.道路与桥梁工程美学[M].武汉:华中科技大学出版社,2008.
[4] 沙莎.景观桥梁创新设计手法及其应用的研究[D].南京:东南大学,2006.
[5] 万敏.我国桥梁景观设计的现状与发展[J].桥梁建设,2002(6):66-68.
[6] 徐风云,赵勇,陈启圻,等.桥梁景观概论[J].桥梁建设,2003(4):30-33.
[7] 何大学.桥梁美学在桥梁选型中的应用[J].城市道桥与防洪,2006(2):3-5.
[8] 张志泉.高速公路桥梁的景观设计[J].公路,2005(3):124-129.
[9] 王宝万,孙震.景观桥梁设计[J].山东交通科技,2014(2):83-85.

高速公路附属建筑污水处理技术及应用

刘志庆[1] 孙正伟[1] 陈树林[2]

(1 吉林省建苑设计集团有限公司 吉林 长春 130011；
2. 吉林省交通规划设计院 吉林 长春 130011)

摘 要：在高速公路附属建筑物生活污水处理工程设计中,可根据水质情况、当地自然条件、水资源情况、环保要求等因素,通过经济合理的水处理技术,针对污水进行处理及回用以达到充分利用水资源及对周边环境有效保护的目的。以高速公路服务区为例,采用多介质生物滤池技术、人工湿地等工艺处理后的污水排放可达到《城镇污水处理厂污染物排放标准》(GB 18918—2002)一级 A 标准,其出水可进行消防及景观绿化等资源化利用。

关键词：高速公路服务区 生活污水 污水处理 回用

高速公路附属建筑物主要是指收费站、服务区(含加油站)、停车区、养护工区、管理处、管理分局及其综合用房、污水处理站等内容。其中以服务区的使用功能最复杂。

1 高速公路服务区污水水质特点

高速公路服务设施包括停车场、修理站、超市、洗手间、住宿、餐厅、加油站等,服务区污水一般由生活污水、餐厅污水、洗车、加油站污水等组成。服务区餐厅、大型公厕、住宿产生的污水排放量相对多一些,尤其是洗手间和淋浴间污水较多,致使服务区污水中氨氮和 SS 浓度高,洗车废水所含污染物以泥沙颗粒物、石油类为主；车辆加油站和维修站排水则以石油类为主。高速公路服务区所排放的加油、洗车、修车废水数量较少,一般经隔油池预处理与生活污水混合进入后续处理。污水以生活污水、加油站清洗污水为主,其污水水质与典型生活污水水质和洗车污水相近。该污水具有以下特点：氨氮含量高,色度高,化学需氧量大,磷、重金属、油污等污染物含量高,水质复杂、水量波动大。

高速公路服务区污水与生活污水显著不同的特点就是水质、水量不稳定。这与交通量有很大关系。服务区常住人员少,主要是来往车辆停靠产生污水。车辆的来往具有很大的随机性。因此,发生的水量也具有较大的波动性。

2 高速公路服务区污水处理方式

随着污水处理技术的发展和环保要求的提高,高速公路服务区的污水处理技术也不断发展。主要的污水处理方式如下：

(1)20 世纪 90 年代中期以前,采用普通化粪池作为污水处理设施,出水水质较差,一般仅能达到《污水综合排放标准》(GB 8978—1996)三级标准,有时连三级排放标准都很难达到。

(2)20 世纪 90 年代中期以后,采用地埋式一体化污水处理设施。一体化污水处理设施设计相对合理。能满足达标排放。出水一般都能达到《污水综合排放标准》(GB 8978—1996)二级标准。

一体化污水处理设施的工艺流程一般为：污水→格栅→调节池→生物处理→沉淀池→消毒池→排放。在上述工艺中,生物处理以生物接触氧化法居多。生物接触氧化法就是反应器内设置填料,经过充氧的废水与长满生物膜的填料相接触,在生物膜的作用下,使废水得到净化。

除以上两种主要方式外,近几年高速公路服务区还有采用活性污泥法、SBR 法、生物滤池、生物氧化塘法等其他方式处理污水。其中,活性污泥法能从污水中去除溶解性的和胶体状态的可生化有机物以及能被活性污泥吸附的悬浮固体和其他一些物质,同时也能去除一部分磷素和氮素,该法是在人工充氧条件下,对污水和各种微生物群体进行连续混合培养,形成活性污泥。利用活性污泥的生物凝聚、吸附和氧化作用,以分解去除污水中的有机污染物。然后使污泥与水分离,大部分污泥再回流到曝气池,多余部分则排出活性污泥系统。SBR 简称序批式活性污泥法,是活性污泥法的一种;生物滤池是利用需氧微生物对污水或有机性废水进行生物氧化处理的方法。以淬石、焦炭、矿渣或人工滤衬等作为先填层,然后将污水以点滴状喷洒在上面,并充分供给氧气和营养,此时在滤材表面生成一层凝胶状生物膜(细菌类、原生动物、藻类、茵类等),当污水沿此膜流下时,污水中的可溶性、胶性和悬浮性物质吸附在生物膜上而被微生物氮化分解;而生物氧化塘将污水排入池塘内,由于表面溶解氧成藻类的同化作用所生成的氧,利用好气性微生物对塘内有机物进行分解,使污水得到处理。其净化过程与自然水体的自净过程相似,通常是将土地进行适当的人工修整,建成池塘,并设置围堤和防渗层,依靠塘内生长的微生物来处理污水。

3 高速公路污水处理技术发展方向

高速公路服务区的污水排放量不是很大,但如果不加处理任意排放,亦会造成地表和地下水体的水质污染,甚至会危害到人体健康,所以需要设置单独的污水处理设施,将污水处理达标后排放。其中,洗车、车辆维修排放的污水数量较少,经隔油沉淀池处理后排放或与生活污水混合进入后续处理设施的污水数量较大。我国高速公路服务区污水处理存在问题是污染物去除率不高,大多很难达标,且设备运行成本高,故障维修成本高,不能实现中水回用来节能降耗等问题。高速公路污水处理技术发展方向是采用先进的工艺,在达标排放的基础上,做到低能耗、低故障、低成本运行,同时能够中水回用,做到节能、降耗、减排,实现绿色交通、绿色服务的高速公路服务理念。

通过以多介质滤池为核心工艺的二级处理,以及生态湿地、植物塘,即生物氧化塘工艺的三级处理,非常适合此类项目及其污水的特点。与其他污水处理方法相比,其优点为能充分利用地形,结构简单,建设费用较低,污水处理与利用生态工程的基建投资约为相同规模常规污水处理厂的1/2;可实现污水资源化和污水回收及再利用,既节省了水资源,又获得了经济收益;美化环境,污泥产量少,能承受污水水量波动。缺点为占地面积较多,气候对生物氧化塘处理效果有一定影响,污泥不易排出及利用。

4 鹤大高速公路通化服务区工程实例

4.1 设计概况

设计污水处理总量为160m^3/d(双侧服务区),单侧服务区各为80m^3/d,采用多介质生物滤池组合多介质潮汐流生态湿地与储水植物塘工艺,设计处理出水达到《城镇污水处理厂污染物排放标准》(GB 18198—2002)的一级A标准后,进行景观绿化等资源化利用。

4.2 设计水质

考虑到该服务区邻近敦化市生活饮用水源保护区,该服务区污水排放要求建议达到《城镇污水处理厂污染物排放标准》(GB 18198—2002)一级 A 标准,该标准严于《污水综合排放标准》(GB 8978—1996)的一级标准和《城市污水再生利用 城市杂用水水质》(GB/T 18920—2002),具体指标见表1,出水可进行消防、绿化等资源化利用。

设计进、出水水质(mg/L)　　　　表1

项　　目	pH	COD	BOD5	SS	NH3-N
进水水质	6~9	≤400	≤150	≤150	≤50
潮汐流生态湿地出水水质	6~9	≤50	≤10	≤10	≤5
《污水综合排放标准》(GB 8978—1996)一级标准	6~9	100	30	70	15

续上表

项　　目	pH	COD	BOD5	SS	NH3-N
《城镇污水处理厂污染物排放标准》 (GB 18198—2002)一级 A 标准	6~9	50	10	10	5(8)

4.3　工艺流程

工艺流程如图1所示。

污水 → 格栅井 → 调节池 → 多介质滤池 → 多介质潮汐流生态湿地 → 储水植物塘 → 回用

图1　工艺流程图

(1)格栅井:截留去除污水中较大的悬浮物和漂浮物,对水泵和后续处理单元起保护作用。

(2)调节池:收集储存原水,对原水的水量和水质进行调节,并预沉部分悬浮物质。

(3)多介质滤池[1](图2):该工艺采用厌氧、好氧复合技术,集厌氧、好氧过程于一体,污水流经多介质滤池工艺中厌氧单元的过程中,在氨化菌、反硝化菌、产酸菌和产甲烷菌的共同作用下,使有机氮得以氨化,硝态氮得以反硝化,有机物得以初步降解。其好氧单元填充的大孔微生物固定化填料,以及间歇曝气的运行方式,使得好氧单元能够固定高效微生物,在一个反应单元内实现同步硝化反硝化脱氮,并大量富集聚磷菌,从而大量脱出氨氮和有机物。

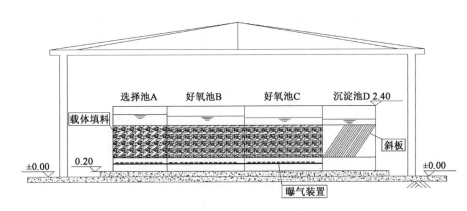

图2　多介质滤池(高程单位:m)

滤池出水即已达到排放要求标准,可在冬季无法通过后续工艺回用时直接排放至周边明渠等公路、市政、农业排水设施。

(4)多介质潮汐流生态湿地[2](图3):其主要作用是基质吸附、植物吸收和根区微生物氧化,以及特别设计的深层布水、多介质滤料、碳源强化反硝化功能,深度去除生物浮动床出水中的总磷、氨氮、COD 和 LAS 等污染物。多介质潮汐流生态湿地设计为多介质复合湿地,以强化水质净化功能。

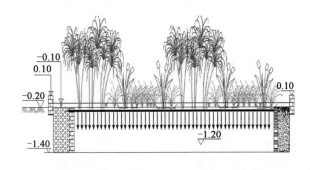

图3　多介质潮汐流生态湿地(高程单位:m)

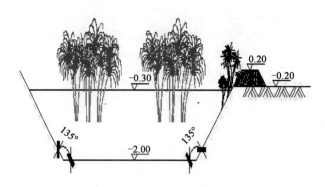

图 4 储水植物塘(高程单位:m)

(5)储水植物塘或储水池(图4):多介质潮汐流生态湿地出水进入储水植物塘或储水池,冬储夏用,作为景观和绿化用,兼具湿地补偿功能,并具有溢流功能,可在水量过多时,将多余的水流至周边排水沟。

4.4 主要构筑物及设备一览表

主要构筑物及设备见表2、表3。

主要构(建)筑物(设备)表　　　　　　　表2

名　称	建筑尺寸(m)、型号	单位	数量	备注
格栅井	1.0×1.0×2.2	座	2	砖混
80t/d 调节池	5.6×2.5×2.6	座	2	玻璃钢设备
设备间	9.0×8.2×4.5	座	2	砖混
多介质潮汐流生态湿地	180m²	座	2	
储水植物塘	600m²	座	2	土工结构
集水池	5.0×4.0×2.0	座	2	钢混

主　要　设　备　表　　　　　　　表3

名　称	建筑尺寸(m)、型号	单位	数量	备注
80号滤池标准化设备	6.0×2.2×2.2	座	2	不锈钢
污水提升泵	WQD8-10-0.4	台	4	2套(1用1备)
中水供水泵	$Q=20m^3/h$, $H=25m$, $N=4.0kW$	台	4	2套(1用1备)
涡旋风机	1.1kW	台	6	2套(2用1备)
自控设备		套	2	

5 结语

(1)高速公路附属建筑物污水排放有可回用价值,可根据具体工程项目情况,通过经济合理的水处理技术,进行处理及回用。

(2)采用多介质生物滤池技术、人工湿地及储水植物塘(或储水池)等工艺处理后的污水排放,可用于进行消防及景观绿化等资源化利用。

(3)高速公路污水处理技术发展方向将趋向于采用先进的工艺,在达标排放的基础上,结合高速公路服务区特点,同时能够中水回用,做到节能、降耗、减排,实现绿色交通、绿色服务的高速公路服务理念。

参 考 文 献

[1] 严子春.折流曝气生物滤池污水处理技术研究[M].北京:中国环境出版社,2010.
[2] 秦明.人工湿地工程[M].上海:上海交通大学出版社,2011.

Vegetation Conservation during Expressway Construction in the Ecologically-Sensitive Area of Jilin Province

Xinjun Wang[1]　Jinsong Li[2]　Ti Wang[1]　Changjiang Li[2]
Shuangcheng Tao[1]　Yaping Kong[1]　Jiding Chen[1]

(1. China Academy of Transportation Sciences;
2. Jilin Provincial High Class Highway Construction Bureau)

With the rapid development of highway construction in China, the conflict between the land needed for highway construction and that for natural resources is becoming increasingly evident. Protection of land for plant resources and improvement of the sustainable use of land resource are important scientific issues in road construction.

The Hegang-Dalian Expressway in Jilin Province is located in the Changbai Mountain area, where the forest community is the most important ecological system. As a basic component of the ecosystem, vegetation has supported the stability of the whole area. Abundant vegetation resources are very important for protecting biological diversity, maintaining soil and water, purifying the atmosphere, showing the natural landscape and the sustainable use of biological resources. However, vegetation is inevitably destroyed during expressway construction. Minimizing damage and protecting resources is essential. The following measures as suggested by the China Academy of Transportation Sciences (CATS) and implemented during construction are as follows.

1　Classifiy Vegetation According to Protection Measures

Before road construction, remote sensing images were interpreted, followed by field investigation to understand the vegetation type and distribution along the planned route. This information was used to group vegetation protection measures into four levels. The first is for rare and endangered vegetation, which is preserved in situ or ex-situ conservation; the second is for tall and beautiful trees, which are preserved in situ or transplanted to rest areas and interchange areas for landscaping. The third level is for trees that are not rare or endangered or specimen trees. These are selectively preserved. For example, if the tree does not interfere with subgrade construction, it can be protected in situ. The fourth level is for shrubs and grasses, which have a similar protection level as the third level. However, if shrubs and grasses must be cleared, seeds and stems are collected to facilitate native vegetation restoration.

2　Implement Site Clearing Step by Step

At the beginning of site clearing, it is important to define the boundary for protected resources, which is the green dashed line shown in Fig. 1. All vegetation should be preserved in situ completely within this area. The first step will then be to remove all the trees, brush, and other vegetation in the subgrade area (Fig. 1). The second step, based on the geology and terrain characteristics, slope ratio, and drainage requirements, is to determine the extent of the clearing and construction, allowing flexibility to reduce vegetation damage from mechanical construction. As a final step, it is recommended that the ditch or catch basins be constructed manually to ensure the greatest protection for vegetation.

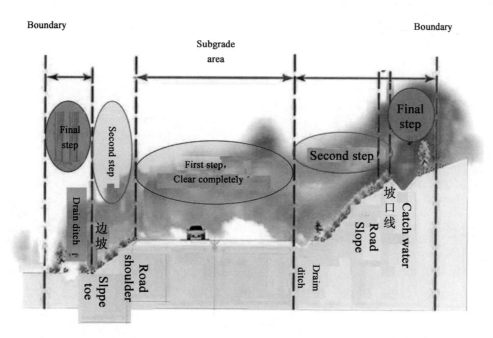

Fig. 1 Diagram of site clearing

3 Adopt Various Forms of Protection

Throughout the process, specific protective measures should be taken to protect individual plants from damage from structures such as fences, shielding, retaining walls, etc.

4 Results

Through training, providing technical documents, and on-site guidance for construction workers, vegetation protection has achieved very good results. At present, 700 thousand square meters of native habitat and about 345 thousand trees have been preserved, including 450 rare trees. This will significantly reduce the number of plants needed for vegetation restoration and thus save landscaping costs. Fig. 2 ~ 9 show examples of the conservation efforts.

Fig. 2 Fencing for a Typical Tree

Fig. 3 Transplanting Phellodendron

Fig. 4　Retaining Wall for Vegetation

Fig. 5　Fencing for Korean Pine

Fig. 6　Vegetation Conservation Near Bridge Construction

Fig. 7　Vegetation Conservation at Interchange Area

Fig. 8　Vegetation Conservation Outside a Tunnel

Fig. 9 Vegetation Conservation along an Expressway

长白山区路域野生花卉资源及景观绿化的应用

王倜[1] 王玉滴[1] 王新军[1] 李恩会[2] 李劲松[3]

(1. 交通运输部科学研究院 北京 100029；2. 吉林省交通运输厅 吉林 长春 130021；
3. 吉林省高等级公路建设局 吉林 长春 130216)

摘 要：2010~2012年跟踪调查了长白山区典型的4条公路，对其路域范围的野生花卉资源进行了统计和性状分析。结果表明：长白山区路域常见野生花卉有18科45种，种类比较丰富；部分路域野生花卉具有很好的观赏价值，可用作公路景观绿化；野生花卉进行公路绿化应从安全、栽植方式、色彩搭配等方面满足公路特点。利用野生花卉进行公路绿化具有很好的景观价值和生态效益，但是目前相关的基础研究还非常缺乏。

关键词：长白山区公路 野生花卉资源 景观绿化 生态旅游

长白山区位于吉林省东南部，属温带、寒温带大陆性气候，地跨125°20′~130°20′E、40°41′~44°30′N，总面积7.6万 km^2，包括通化、白山和延边等地区的22个县(市)。年降水量700~1400mm，年相对湿度为65%~74%，年均气温 -7.3~4.9℃。土壤以暗棕色泰加林土为主，植被主要有以红松为主的针阔混交林、以云冷杉为主的常绿针叶林及岳桦林等[1]。该地区是整个欧亚东大陆北半球上一个最大的种质植物基因库，世界同纬度上温带生态系统和森林植物保存较完整的地区，中国生物多样性保护的关键区域之一[2-4]。优越的自然环境条件和丰富的物种资源使得长白山区的野生花卉资源十分丰富，从早春到晚秋无论从个体还是群体，在不同的时间、地点和环境中都表现出不同风格的景观效果。环境条件的优越及植物资源的丰富，使得长白山区成为野生花卉资源研究的重要区域。

公路路域或者景观生态学中的公路廊道，是指公路建设和运营过程中所改变和影响的地面自然带状空间，包括公路建筑设施、与公路产生相互作用和影响的自然生态系统相关区域[5]。从通常的公路绿化范围来讲，路域主要包括路面硬化区域外至征地界之间的范围，包括土路肩、边坡、排水沟等行车可视范围内，是路域景观的主要载体。公路路域一般在工程后期会采取工程防护、喷播植草、自然恢复等方法进行绿化恢复，由于路域环境的水肥条件有限，造成绿化植物和本地植物之间强烈的竞争，形成较恶劣的路域环境条件，但是在长白山区的路域范围内仍然可以观察到一些自然生长的本地野生花卉。目前，关于野生花卉的资源调查[6-10]、引种驯化[11-12]、开发利用[13-14]等研究已经取得了较多的成果，但是关于公路路域范围内野生花卉资源的相关研究仍处于空白状态，与长白山区丰富的野生植物资源极不相称，如果能够摸清很多路域野生花卉特别是观赏价值较高的野生花卉资源分布情况并加以开发利用，不仅可以丰富公路景观绿化植物的种类选择，还能推动和促进野生花卉育种工作的研究和发展，同时对长白山生态旅游的发展也大有裨益。

1 研究方法

选择长白山区区域范围内的4条典型公路(表1)对路域范围内(图1)的野生花卉资源进行调查研究，调查时间为2010~2012年的初春(3月)至秋末(9月)。

调查公路详细情况　　表1

路线名称	公路情况	调查里程(km)
松江河至天池公路	已建10年的二级公路	60
吉林至延吉高速公路敦化至延吉	新建双向四车道高速公路，2009年通车	100
营城子至松江河高速公路磐石至靖宇	新建双向四车道高速公路，2010年通车	100
环长白山旅游公路	改扩建山岭区旅游公路，2010年通车	60

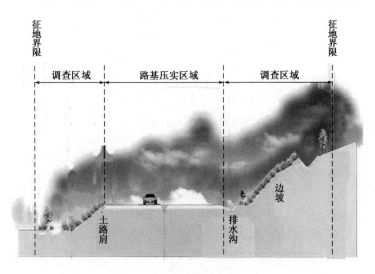

图1 路域调查区域图示

2 研究内容与结果分析

2.1 长白山区路域野生花卉资源

据调查统计,长白山区公路路域常见的野生花卉共计45种,隶属于18科,其中以菊科(9种)和豆科(8种)为主,分别占总数的20%和18%;其次是蔷薇科、百合科、石竹科、毛茛科(各3种)等;主要为草本植物(39种),木本植物有5种,藤本植物有1种(表2)。根据已有研究结果[1]可知,长白山区主要野生草本花卉有98科315属601种[5],路域范围内的野生花卉种类能占科的16%、种的6%,其种类的多样性不容忽视。

长白山区路域野生花卉资源统计情况　　　表2

科　名	种　名
菊科(Compositae)	旋覆花(Inula japonica)
	一年蓬(Erigeron annuus)
	小山菊(Dendranthema oreastrum)
	山飞蓬(E. komarovii)
	紫菀(Aster tataricus)
	菊芋(Helianthus tuberosus)
	凤毛菊(Saussurea japonica)
	翠菊(Callistephus chinensis)
	东北蒲公英(Taraxacum ohwianum)
豆科(Leguminosae)	白车轴草(Trifolium repens)
	长白棘豆(Oxytropis anertii)
	广布野豌豆(Vicia cracca)
	歪头菜(V. unijuga)
	兴安黄芪(Astragalus dahuricus)
	野火球(T. lupinaster)
	紫花苜蓿(Medicago sativa)
	胡枝子(Lespedeza bicolor)

续上表

科　　名	种　　名
蔷薇科（Rosaceae）	委陵菜（Potentilla chinensis）
	蚊子草（FIlipendula palmata）
	刺玫蔷薇（Rosa davurica）
	珍珠梅（Sorbaria sorbifolia）
龙胆科（Gentianaceae）	东北龙胆（Gentiana manshurica）
忍冬科（Caprifoliaceae）	忍冬（Lonicera japonica）
百合科（Liliaceae）	小萱草（Hemerocallis dumortieri）
	卷丹（Lilium lancifolium）
	毛百合（L. dauricum）
石竹科（Caryophyllaceae）	大花剪秋罗（Lychnis fulgens）
	浅裂剪秋罗（L. cognata）
	石竹（Dianthus chinensis）
毛茛科（Ranunculaceae）	侧金盏花（Adonis amurensis）
	翅果唐松草（Thalictrum aquilegifolium）
	兴安升麻（Cimicifuga dahurica）
唇形科（Labiatae）	黄芩（Scutellaria baicalensis）
	蓝萼香茶菜（Plectranthus glaucocalyx）
柳叶菜科（Oenotheraceae）	柳兰（Chamaenerion angustifolium）
	月见草（Oenothera biennis）
玄参科（Scrophulariaceae）	轮叶婆婆纳（Veronica sibirica）
	柳穿鱼（LInaria vulgaris）
堇菜科（Violaceae）	紫花地丁（Viola philippica）
旋花科（Convolvulaceae）	打碗花（Calystegia hederacea）
虎耳草科（Saxifragaceae）	东北山梅花（Philadelphus schrenkii）
千屈菜科（Lythraceae）	千屈菜（Lythrum salicaria）
伞形科（Umbelliferae）	小叶芹（Aegopodium alpestre）
报春花科（Primulaceae）	黄莲花（Lysimachia davurica）
桔梗科（Campanulaceae）	紫斑风铃草（Campanula punctata）

2.2　路域野生花卉特征与景观绿化用途

路域野生花卉中很多具有较高的观赏价值，如旋覆花、紫菀、翠菊、小萱草、卷丹、剪秋萝等。对部分观赏价值较高的路域野生花卉生物学特性及其在公路绿化中的作用进行分析[15-16]。

2.2.1　旋覆花

菊科多年生草本，高 30～80cm。茎直立，有长伏毛。单叶互生；无柄；叶片狭椭圆形，基部稍抱茎，叶下面有疏伏毛和腺点。头状花序，成疏散伞房状；总苞半球形，总苞片5层；舌状花黄色，顶端有3齿。花期 7～8 月，果期 8～9 月。花期长，花序大，花鲜黄可爱，可群植于边坡和路侧，形成群体景观，可用于路侧、服务区、互通等位置配植花境花坛。

2.2.2　紫菀

菊科多年生草本，高1m，茎直立，紫红色，具纵沟；上部分枝。叶卵状披针形。头状花序多数，排成复伞房状，有长梗；总苞半球形，绿微带紫色，3层；舌状花蓝紫色，单性；管状花黄色，两性；聚药雄蕊5

枚。花期7~8月,果期9~10月。花序大,花多而密,色淡雅,蓝紫色舌花与黄色管花互为衬托,异常美观,可群植于边坡和路侧,形成群体景观。

2.2.3 翠菊

菊科一年生或二年生草本,高30~100cm。茎直立,中部茎叶卵形,有狭翅,上部叶渐小。头状花序,单生于枝端,总苞半球形,总苞片3层;外围雌花舌状,多层,紫红色,中央有多数桶状两性花。花期7~8月,果期9~10月。可用于路侧、服务区、互通等位置配植花境花坛,也可成片栽植服务区等林下位置。

2.2.4 侧金盏花

毛茛科多年生草本,高30cm,根茎粗短,须根多。茎少分枝,基部有膜质鳞片。叶在花后伸展,叶片三角状卵形,三回近羽状细裂,最终裂片成披针形。花单生茎顶,直径3~4cm;萼片长圆形,与花瓣近等长,内测黄色,外侧淡绿紫色;花瓣10~20片,金黄色。聚合瘦果近球形,花柱宿存。花期4~5月,果期5~7月。冰雪初融开放。可用于服务区、收费站等位置配植花境花坛。

2.2.5 小萱草

百合科多年生草本,高35~60cm。根丛生,细长圆柱形。叶线形。花茎由叶丛抽出,花1~5朵,淡黄色,有香气,下部筒状,上部漏斗状,裂片6个,内外2轮,脉纹网格状;雄蕊、花柱皆伸出。蒴果椭圆形,花期6~7月,果期7~9月。可用于服务区、互通等位置配植花境花坛。

2.2.6 卷丹

百合科多年生草本,高30~80cm。鳞茎白色,由鳞片聚集而成,基部多数须根。茎直立,细圆柱形。叶互生,线性,边缘稍卷,背有1条隆起脉。花单一或数朵集成总状花序,鲜红色,下垂;花被片6片,向外反卷,有少数紫斑;雄蕊6个,花药鲜红色;雌蕊1个,子房圆柱形,柱头3浅裂。蒴果长圆状椭圆形。花期6~7月,果期8月。可用于服务区、互通等位置配植花境花坛。

2.2.7 石竹

石竹科多年生草本,高30~60cm。茎直立,分枝。单叶对生,狭披针形。花顶生于分叉的枝端,单生或对生或成圆锥状聚伞花序;花下有4~6个苞片;萼筒圆筒形;花瓣5片,鲜红色、白色或粉红色,瓣片扁状倒卵形;雄蕊10个;子房矩圆形,花柱2个,丝形;蒴果矩圆形。花期7~8月,果期8~9月。可在公路边坡、路侧、互通、服务区等位置大面积种植,可用于路侧、服务区、互通等位置配植花境花坛。

2.2.8 紫花地丁

堇菜科多年生草本,高7~15cm。全株密被短白毛。根出叶丛生,上部两侧稍有翅;叶片舌状。花两侧对称,淡紫色;萼片5片,萼下具圆形附属物;花瓣5片,圆筒形;子房上位,雄蕊1个,花柱1个,柱头3裂;雄蕊5个;蒴果椭圆形。花期4~6月,果期6~8月。可在公路边坡、路侧、互通、服务区等位置大面积种植,可用于路侧、服务区、互通等位置配植花境花坛。

2.2.9 紫斑风铃草

桔梗科多年生草本,高40cm以下。茎单一,上部分枝。基生叶有长柄;茎中上部叶有短柄或近无柄,卵形。单花顶生或数花生于上部叶腋,花大,钟形,下垂;花萼5裂,有白毛;花冠5浅裂,花筒长钟行,白色,有紫褐色斑点,有柔毛;雄蕊5个,花丝有疏毛;子房下位,柱头3裂;蒴果3瓣裂。花期7~8月,果期8~9月。可用于路侧、服务区、互通等位置配植花境花坛。

2.2.10 野火球

豆科多年生草本,高30~60cm,通常数茎丛生。茎直立,略成四棱形,掌状复叶,通常具小叶5张;无柄。花序腋生或顶生,球形;花萼钟状;花冠淡红色或红紫色,较花萼长。蒴果。花果期6~10月。花色红艳似火,球状花序由5枚掌状复叶烘托而出。花期很长,是极好的地被植物,可在公路边坡、互通、服务区等大面积种植。

2.2.11 凤毛菊

菊科二年生草本。株高50～150cm。茎直立,上部分枝。基生叶和下部叶有长柄,羽状半裂或深裂;茎上部叶渐变小,羽状分裂或全缘。头状花序,多数在茎顶排成密集的伞房状。总苞筒状,常紫色。花冠紫色,雄蕊5个,花柱长于雄蕊。瘦果,冠毛2层,外层糙毛状,内层羽毛状。花、果期8～9月。花期长,花序大,花色艳而不俗,密集的伞房状花序引人注目,可用于路侧、服务区、互通等位置配植花境花坛,也可成片栽植服务区等林下位置。

2.2.12 浅裂剪秋罗

石竹科多年生草本。茎直立,单一或分枝。叶对生。聚伞花序顶生,通常3～7朵花,花大,直径3.5～5.0cm;花瓣5片,橙红色或淡红色,瓣片倒心形,2浅裂;蒴果;花、果期7～9月。花大色艳,可用于路侧、服务区、收费站、互通等位置布置花坛、花境。

2.2.13 翅果唐松草

毛茛科多年生草本。茎直立,叶为3～4回3出复叶,复聚伞花序伞房状,具多数分枝;花萼浅紫色;无花瓣,雄蕊多数,瘦果倒卵形;花期6～8月,果期7～9月。多回3出复叶及纷繁密集的丝状白花,是良好的观花、观叶植物。也可作花境、花坛点缀于路侧、服务区、收费站、互通等位置。

2.2.14 柳兰

柳叶菜科多年生草本,高80～150cm;茎直立,不分枝。叶互生,披针形。总状花序顶生;苞片条形;花萼管附生在子房上,裂片4片,条状披针形;花瓣4片,倒卵形,紫红色;蒴果;种子多数,顶端有一丛长1～115mm的白色丛毛。花期6～8月,果期8～10月。柳兰花色鲜艳,花穗大而密集,花期长,花序挺直,可群植于边坡和路侧,形成群体景观;柳兰植株较高,宜做服务区、收费站、互通等花境的背景材料。

2.3 路域野生花卉景观绿化应用原则

满足公路行车安全是野生花卉景观绿化的首要原则。路域野生花卉的重要景观功能应有利于公路行车安全,主要是应用野生花卉色彩与人心里感受关系的特点,提高驾驶人注意力,减少驾驶疲惫,增加行车安全[17]。例如,在弯道处、重要交通节点位置栽植色彩艳丽的野花加强视线引导和提示的作用,减少事故发生[17]。野生花卉造景的另一要点是景观应与周围环境逐渐过渡融合,以达到与大环境协调的效果[18]。

野生花卉首先是通过颜色给人直观的感受,因此还要把握好色彩与人心里感受的关系,例如,冷暖色会带给人平静和奔放不同的心理感受。合理应用不同花卉色彩、背景色彩的对比与调和,营造和烘托特定的氛围,并结合不同场合给人们带来不同心理情感[19-21]。

野生花卉景观绿化还要遵循师法自然的原则。自然状态下,野生花卉随机自然分布,没有轴线及株行距,因此在种植形式上应参考植物自然生长的形式,提倡一种粗放管理的方法和追求自然天成效果的审美取向,欣赏植物野外自然生长的状态和在设计上的自然随意,看不出人为的干预,自然式种植方式与Robinson提出的"野生花园"的造景理念[22]有相同之处。因而公路沿线在种植面积和密度等方面应顺应自然不能过大,避免规则式的人工形式出现,但种植点位和频率上又要求有一定的人工干预,使整体景观富于节奏变化,以符合公路线性特征以及满足驾乘人员的审美观,使野生花卉起到对大环境进行点缀的主要作用[23-24]。此外,一般由于野生花卉根系浅、植株低矮,所以在种植位置的选择上原则上应首先考虑地势比较低缓、视野开阔的区域,以保证水分条件及良好的视域欣赏范围,例如低缓的路堑、路堤边坡及土路肩、路线弯道处或长直线处路侧空地等,服务区、观景台、管理所、停车区等位置由于管养方便可以成片种植。

3 结论与讨论

3.1 路域野生花卉观赏性状的多样性

野生花卉是地方天然风景和植被的重要组成部分[25],是现有栽培花卉的祖先,也是丰富绿化种类和增加花卉新品种的重要种质资源。

3.1.1 色彩丰富

据调查,路域野生花卉五彩缤纷、色彩斑斓。除了常见的白、红、粉、黄颜色外,比较少见的蓝、紫、金黄色野生花卉也能够在路域环境下生长,如蓝色的长白棘豆、广布野豌豆、东北龙胆等;蓝紫色的紫菀、千屈菜、柳兰等;金黄色的侧金盏花、菊芋等。这些花色在公路景观绿化中比较少见,在园林栽培上也是珍贵的材料。

3.1.2 形态别致

路域野生花卉具有各自独特的花形、花姿和花序,如紫斑风铃草似串串风铃,龙胆似长矛,柳穿鱼似鱼。野生花卉还有着瓣化现象,许多花的观赏部位不是花瓣,而是花萼、雄蕊的瓣化,如唐松草虽无花瓣,但有洁白的花丝;卷丹弯曲的花瓣和长长的花蕊非常吸引人。

3.1.3 花期持久

路域野生花卉从初春到秋末都有开放,例如冰雪初融的4月侧金盏花顶冰开放;在春季开放的还有忍冬、刺梅蔷薇、蒲公英等;6~8月为盛花期,绝大部分的路域野生花卉在此期间开放,也是公路景观效果最佳的时期;在秋季还能绽放的有东北龙胆、白车轴草、大花剪秋罗等。

3.2 路域野生花卉的公路绿化用途

根据不同野生花卉的生物学特性,可以在公路的不同位置如中分带、边坡、互通立交、服务区等进行公路景观绿化,以提高公路景观绿化效果,减少人工养护管理的成本。

3.2.1 中分带

中分带种植花灌木如东北山梅花、珍珠梅、胡枝子等起到防眩和美化的作用,地被采用白色、淡紫色为主的低矮野生草本花卉,为中分带镶边,营造整体和谐的视觉感受,如白车轴草、紫花地丁、一年蓬等。

3.2.2 边坡

可以采用大面积种植、自然式群植等方式对边坡进行绿化,如在低缓边坡可以大面积使用旋覆花、紫菀、翠菊、东北蒲公英、白车轴草、大花剪秋罗、浅裂剪秋罗等较为低矮的野生花卉进行绿化,营造地面满铺的整体效果;坡度较大的边坡,可以使用柳兰、翅果唐松草、凤毛菊等植株较高的种类自然式群植,对边坡进行点缀。

3.2.3 路侧平台

路侧平台紧邻路面,地势平缓,易成为视觉焦点,可以参考园林花境花坛的布置手法,并结合公路自然式种植的要求进行绿化,如紫花地丁+柳兰+一年蓬、长白棘豆+柳穿鱼+紫菀、侧金盏菊+毛百合+翠菊、兴安黄芪+广布野豌豆+紫菀等多种草本绿化的方案;也可采用灌木+地被的搭配方式,如珍珠梅+蓝萼香茶菜+小萱草、东北山梅花+柳兰+山飞蓬、刺玫蔷薇+浅裂剪秋罗+黄芩、胡枝子+大花剪秋罗+东北龙胆等方式。

3.2.4 互通、服务区、收费站

应根据互通、服务区、收费站的建筑特色来采取不同的野生花卉进行花境花坛、片植、群植等绿化方式,由于该区域管理养护比较便捷,大部分的野生花卉都能够采用。

3.3 引种栽培与繁殖

公路路域野生花卉有强健的生态适应性和抗逆性,在长期的生物进化中,对当地的气候条件、土壤条件等生态环境已有很好的适应性[26],加上自然生境与引入地条件接近,经过简单的引种栽培和繁殖,即可迅速成为公路景观绿化的候选种。例如,一些学者在已经长白山区对本地一些野生花卉种类进行了栽培繁殖工作[27-29],取得了显著的成果。

4 路域野生花卉公路绿化的问题与建议

使用当地野生花卉进行公路绿化,不仅能够充分开发和保护当地潜在的野花资源,有效降低使用外

来种绿化可能带来的生物入侵,而且养护成本较低,管理以粗放式管理为主,减少了人力投入。因此,利用野花进行公路绿化理论上是可行的且很有必要,但是目前国内鲜有公路绿化工程进行实践应用,根据长期公路绿化工程实践和经验总结可知,野生花卉公路绿化利用主要面临以下突出问题,亟待解决。

4.1 基础研究缺乏

目前,国内大部分地区对野生花卉的相关基础研究不够,尤其是关于公路绿化需要的特殊野生花卉品种的选育何栽培等研究。据统计,我国已被引种利用的野生花卉不足1/3,众多野生花卉还处于自生自灭的状态[30]。经分析发现,这主要是由于公路绿化投入和收益不成比例。研究周期长、风险高、成果转化慢,几乎没有专项资金投入,从而造成基础研究严重滞后,野生资源保护和开发力度不够,外来速生绿化种泛滥,最终易造成生态灾难。

4.2 种子资源获取难

由于自然分布的野生花卉一般规模小且分散,进行种子采集比较困难,往往需要投入较大的人力和物力。目前,公路绿化施工惯用外来速生草种进行快速绿化,对包括当地野生花卉在内的当地种需求量几乎没有,造成野生种一般在苗圃栽培很少,种子和苗木很难获取,公路绿化中无法大规模使用。据研究,速生草本植物存在生命周期短、根系浅等限制,往往几年后群落退化严重,景观效果差,致使公路绿化缺乏可持续性效果[31]。

长白山地区具有得天独厚的野生花卉种质资源条件,适宜的气候和肥沃的土壤也非常适合野生花卉的生长,即使在条件恶劣的路域环境下也有较多具有观赏价值的种类,这些种类是花卉商品生产的重要条件,是培育观赏价值高、抗性强的公路绿化新品种的重要来源。这些种类虽然可以直接应用于公路绿化,但是仍需要引种驯化和繁殖,才能完全适应公路路域环境特点并进行商品化生产。笔者通过现场调查以及对其生态学和生物学特性的综合研究,初步确定了以上具有开发利用前景的路域野生花卉,但是仍不完善,需要建立长白山区当地完整的野生植物资源数据库,以摸清当地野生植物情况,为公路绿化种类提供更丰富的材料。其次,当地政府应牵头,联合科研院,投入专项资金,进行本地野生绿化植物种子的采集、引种、驯化、培育、改良等一系列基础研究,建立专门的公路绿化种子资源库,利用先进的科学技术有计划有步骤地开发利用宝贵的野生资源,使其充分发挥应有的作用。

参 考 文 献

[1] 周繇.长白山区野生草本观赏花卉调查[J].广西植物,2004,24(6):515-523.

[2] 周繇.长白山国家级自然保护区观赏植物资源及其多样性[J].东北林业大学学报,2004,32(6):45-50.

[3] 周繇.长白山区野生木本观赏树木调查[J].浙江大学学报:农业与生命科学版,2004,30(5):524-535.

[4] 周繇.长白山区珍稀濒危植物的现状与保护[J].浙江林学院学报,2004,21(3):263-268.

[5] 林才奎,周晓航,夏振军.公路生态工程学[M].北京:人民交通出版社,2011.

[6] 谢晓蓉,陈叶,刘金荣.祁连山野生花卉资源及其开发利用[J].水土保持通报,2003,23(1):76-78.

[7] 尹衍峰,彭春生.百花山野生花卉资源的开发利用[J].中国园林,2003,19(8):72-74.

[8] 李晓贤,陈文允,管开云,等.滇西北野生观赏花卉调查[J].云南植物研究,2003,25(4):435-446.

[9] 张海洋,徐秀芳.三江平原地区野生观赏植物资源及利用[J].北方园艺,2004(6):46-47.

[10] 刘晓铃,谢树莲.山西历山自然保护区野生观赏植物研究[J].山西大学学报:自然科学版,2005,28(2):189-191.

[11] 王美仙.北京野生花卉的应用现状及引种试验[J].江苏农业科学,2011,39(2):282-284.

[12] 李银华,黄印冉.珍稀野生花卉翠雀的引种选育研究[J].北方园艺,2012(16):49-50.

[13] 孙静清.野生花卉歪头菜播种繁育技术研究[J].北方园艺,2012(10):76-77.

[14] 孙伟.野生柳穿鱼扦插繁殖技术研究[J].中国农学通报,2010,26(13):298-301.

[15] 柏广新.中国长白山野生花卉[M].北京:中国林业出版社,2003.

[16] 祝廷成,严仲铠,周守标.中国长白山植物[M].北京:北京科学技术出版社,2003.

[17] 王丹,孟强.高速公路生态景观林带设计模式综述[J].公路,2013(4):196-200.

[18] 汤振兴.与沿线景观协调的公路景观设计——以美国I-15公路景观设计为例[J].安徽农业科学,2011,39(13):7890-7893.

[19] 李志强.浅谈园林植物设计中的色彩应用与人的情感心理[J].四川林业科技,2006,27(3):76-78.

[20] 伍晓华,赵广胜.园林花卉配置的色彩设计艺术探讨[J].河北林业科技,2009(4):70-70,76.

[21] 王钰.园林花卉植物色彩及配置艺术探讨[J].林业调查规划,2004,29(z1):170-172.

[22] 尹豪.吹起自然化种植的号角——威廉姆·罗宾逊及其野生花园[J].中国园林,2013(3):87-89.

[23] 张瑞阳.浅议植物配置的艺术构图[J].安徽农学通报,2007,13(24):71-72,104.

[24] 陆东芳.浅谈园林植物配置的艺术手法[J].福建农林大学学报:哲学社会科学版,2006,9(6):94-96.

[25] 陈俊愉.中国农业百科全书观赏园艺卷[M].北京:农业出版社,1996:78-477.

[26] 赵九洲,郭绍霞.野生花卉在我国北方园林中的应用研究[J].南京林业大学学报:人文社会科学版,2004,4(1):84-88.

[27] 杨艳清.野生花卉毛百合有性繁殖技术[J].北方园艺,2006(5):156-157.

[28] 杨艳清.长白山野生花卉溪荪种子繁殖技术[J].中国种业,2006(7):53-54.

[29] 韩梅,杨利民,刘敏莉.吉林省野生早春草本花卉资源的筛选[J].中国野生植物资源,1997,16(4):22-23.

[30] 洪丽,庞松龄.中国野生花卉的开发及产业可持续发展探讨[J].北方园艺,2008(7):108-110.

[31] 陆旭东,陈建业,韩继国,等.长白山区公路风化岩边坡客土喷播技术研究[J].公路,2009(10):216-221.

公路建设对湿地水系连通性的影响评价及影响因素研究
——以延边地区为例

李晓珂[1]　王红旗[1]　王新军[2]　孔亚平[2]　李 华[2]

(1. 北京师范大学水科学研究院　北京　100875；2. 交通运输部科学研究院　北京　100029)

摘　要：公路是国民经济的基础设施，在均衡国土开发、促进物流效率方面具有重要作用，然而公路穿越湿地时会对水系连通性产生一定程度的负面影响。鉴于此，构建了公路建设对湿地水系连通性的影响评价指标体系，并以延边地区两条公路五个路段为研究对象，利用层次分析法评价公路建设对湿地水系连通性的影响，根据评价结果，分析公路建设中不同因素对结果的影响程度，提出了水系连通性相关保护措施。

关键词：水系连通性　公路建设　生态环境　评价指标

在自然界中，湿地是生物物种最丰富的景观系统之一，也是人类重要的生存场所[1,2]。长期以来，人类对湿地生态系统中自然资源的开发使用，扰乱了湿地水文循环的动态平衡，破坏了湿地稳定性，导致湿地面积不断缩小，功能持续下降[3]。公路是国民经济的重要基础设施，近年来，随着我国公路建设不断加快，公路建设逐步延伸到湿地等环境敏感区，在其建设过程中和建成后，会对湿地生态系统产生较大影响[4]。

水系连通性作为衡量水生态系统健康的一个重要指标，对维持湿地等水生生态系统的结构完整性和功能完整性具有重要意义[5]。公路在穿越湿地时可能会切断湿地斑块之间的水流联系，并对湿地内物质、能量和生物体的迁移传递产生影响，进而破坏湿地生态系统的健康[6]。因此，研究湿地环境中公路建设对水系连通性的影响，识别造成这些不良后果的关键因素，对于寻求水系连通性保护措施、维持湿地生态系统稳定性，实现公路建设与湿地生态系统协调发展，具有重要意义。

针对上述情况，本文选取吉林省延边地区国道鹤大线示范工程段及环长白山旅游公路为研究对象，进行公路建设对湿地水系连通性影响评价研究。根据评价结果，通过分析不同的公路设计参数，识别公路建设中影响水系连通性的关键因素，探讨了水系连通性相关保护措施，以期为该地区公路设计中湿地水系连通性保护技术研究提供理论依据。

1　评价指标体系与研究方法

1.1　指标体系构建

公路建设对水系连通性的影响体现在对结构连通性和对功能连通性的双重作用上，表现为对湿地水文、湿地土壤和湿地生物的改变，因此，本研究从结构连通性和功能连通性两个方面着手，从湿地水文、湿地土壤和湿地生物三个特征出发，遵循互相匹配、综合全面性、可操作性、准确性、动态性和灵活性的原则，以保护湿地健康为目的进行指标体系的构建(图1)。

1.1.1　结构连通性指标

在湿地水系连通性中，结构连通性是指水体景观的空间连续性。当公路穿越湿地时会导致湿地景观破碎化，破坏湿地径流场，在局部范围改变自然的水生条件，阻碍部分水文循环，导致斑块间过水量发生变化[7]。具体表现为：

(1) 公路一侧(上游)水位升高，出现局部水体滞留，另一侧(下游)水位下降，出现局部水体干涸。
(2) 公路一侧水流沿水域边沟形成新的流动路径。
(3) 公路将一片水深较浅的地表水切割成多个独立的水体。

(4)在地下水较浅,接近或者超过地表的地方,地下水流动受阻,成为地表径流。

这些都是公路建成后对水系连通性中结构连通性的改变。

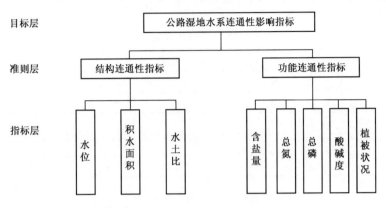

图1 公路建设对湿地水系连通性影响评价指标体系

1.1.2 功能连通性指标

连通性的改变除了直接体现在过水量上,还体现在对水中物质的迁移运载能力、对水生生物洄游的干扰和沉积格局改变后对湿地生物生长、分布、演替的干扰上,这些都是连通性改变的间接后果。当公路建设干扰湿地径流时,水中营养物质的迁移也会受到影响,导致湿地基质、湿地土壤中沉积物的类型和空间分布规律都发生不同程度的改变[8]。当湿地水系连通性降低时,湿地斑块之间水分交换程度减弱;地表水分减少或增加会改变植物生长环境,使喜水植物因缺水干枯或耐旱性植物因根部长期浸在水中缺氧死亡,改变区域内优势种、植物均匀度、草本植被的盖度以及木本植物的郁闭度。除了对植物的影响,水系连通性的改变对鱼类等水生生物的影响更为直接和明显。这些都是功能连通性受到影响的体现。

1.2 各指标权重确定方法

层次分析法(Analytic Hierarchy Process,AHP)基于通过对不同要素的比较产生的判断矩阵计算各指标权重,能够有效地实现决策过程的数量化、层次化[9-10]。同时,层次分析法广泛应用于社会、经济、环境等各个领域,方法成熟。因此,选取层次分析法确定各个评价指标的权重,计算权重的步骤如下。

第一步根据指标特点,构建判断矩阵。当公路建设对湿地水系连通性产生影响时,首先表现为公路阻断湿地径流,导致两侧水位及积水面积的变化,当湿地径流条件发生变化时,可能导致公路两侧水土比的变化,由于湿地自身含水量高,持水量大,多以水土比变化可能并不显著,因此,同水位(C_1)、积水面积(C_2)相比,水土比(C_3)重要性相对较弱;在功能连通性指标中,含盐量(C_4)、总氮(C_5)、总磷(C_6)和pH值(C_7)等作为土壤指标,土壤中有机物和无机物的来源并非只有水分的运输,还包括微生物的分解作用、植被的生长等。因此,相较于水位等指标,土壤指标表现为很不重要。而植物的生长状况受水分条件影响比较显著,相关研究表明,公路建设对湿地生物多样性有直接影响,造成植被覆盖度下降、优势种的改变、相似性指数差异增大等,因此,植被状况(C_8)与水位指标重要性相当。各指标重要性得分见表1。

各评价指标重要性评分　　　　表1

指标	C_1	C_2	C_3	C_4	C_5	C_6	C_7	C_8
C_1	1	1	2	3	5	5	5	1
C_2	1	1	2	3	5	5	5	1
C_3	1/2	1/2	1	2	4	4	4	1/2
C_4	1/3	1/3	1/2	1	3	3	3	1/3
C_5	1/5	1/5	1/4	1/3	1	1	1	1/5
C_6	1/5	1/5	1/4	1/3	1	1	1	1/5
C_7	1/5	1/5	1/4	1/3	1	1	1	1/5
C_8	1	1	2	3	5	5	5	1

第二步利用方根法计算权重。本研究选用软件 yaahp6.0 求取权重系数,所构造的各级判断矩阵都可以通过一致性检验,表 2 为得出的指标权重,其中 CR 指标小于 0.1,说明矩阵具有较好的一致性,权重赋值结果可以使用。

各评价指标权重　　　　　　　　表2

准则层\指标层	结构连通性 0.5	功能连通性 0.5	权重
C_1	0.4	—	0.2
C_2	0.4	—	0.2
C_3	0.2	—	0.1
C_4	—	0.236	0.118
C_5	—	0.089	0.044
C_6	—	0.089	0.044
C_7	—	0.089	0.044
C_8	—	0.498	0.249

1.3 数据处理与评价

由于所构建的指标体系中各指标的获取方法和单位均不相同,因此,在对指标进行综合计算之前需要对各种指标数据进行处理,以合理地表征公路两侧指标之间的差异度,具体过程就是对左右侧数据求比值的一个过程,即:

$$V_i = \frac{V_{i下游}}{V_{i上游}} \tag{1}$$

式中:V_i ——指标层因素 C_j 处理后的结果;

$V_{i上游}$ ——水流上游一侧指标原始数据;

$V_{i下游}$ ——水流下游一侧指标数值。

其中,表征木本植物状况的相似性指数本身就代表着公路两侧植被的状况,无须对其进行处理。分别求出各种指标因素的单权重系数和分值后,代入式(2)求得结构连通性和功能连通指数性的分值:

$$G_i = \sum_{i=1}^{n} c_i \times V_i \tag{2}$$

式中:G_i ——结构连通性或功能连通性分值;

V_i ——指标层因素 C_j 处理后的数值;

c_i ——指标层因素 C_j 对各准则层因素的单权重系数。

分别求出各种指标因素的组合权重系数和分值后,代入式(3)求得水系连通性的综合分值:

$$A = \sum_{i=1}^{n} (b_i \times V_i) \tag{3}$$

式中:A ——水系连通性综合评分;

V_i ——指标层因素 C_j 处理后的数值;

b_i ——指标层因素 C_j 对目标层的权重系数。

2 案例研究

2.1 研究区域概况

为了研究我国生态敏感区公路建设对湿地水系连通性的影响,在吉林省延边地区选择了具有代表性的高速公路作为研究区域,选取研究区域主要按照以下原则:

(1)公路所经区域为湿地。
(2)路线与水流方向有一定夹角。
(3)路堤挖填深度达到地下水位。
(4)施工方案有代表性,如路基、涵洞。
(5)路堤填筑方式有代表性,如直接填筑、土工格栅等。
(6)建成营运时间有一定的跨度,包括运行通车时间较长和较短的公路。
(7)公路对水流的影响有一定的代表性,如无明显阻隔、明显阻隔路段。

通过收集资料及现场调查,选取国道鹤大线 K1+500 段、K1+810 段和 K2+212 段、环长白山旅游公路 K47+600 段和 K49+880 段进行湿地水系连通性现状评价,根据评价结果,分析公路建设中对湿地水系连通性产生影响的相关因素。

通过收集资料以及必要的勘察试验,掌握了各条公路所选路段的路线走向与水流夹角、施工方式、路基填料方式以及通车时间等基本情况,如表 3 所示。

研究路段基本情况表　　　　表3

路线名称	国道鹤大线			环长白山旅游公路	
路段	K1+500	K1+810	K2+212	K47+600	K49+880
运营时间	2004年10月通车			2009年10月通车	
施工方式	路基	路基	路基+剖面管	路基+涵洞	路基+涵洞
路基宽度	10m			9m	10m
路基高度	2.0m	2.48m	2.3m	1.5m	>1.3m
路基填料	风化软岩+土工格栅	风化软岩+复合土工布	砂桩+复合土工布	换填砂砾	换填砂砾
地层剖面	3.3m草炭土 0.3m黏土层 其下为砂砾层	2.6m草炭土 0.3m黏土层 其下为砂砾层	2.1m草炭土 0.3m黏土层 其下为砂砾层	0~0.4m腐殖土 0.4~3.0m粘土	0~0.2m腐殖土 0.2~4.0m粘土
地下水位	地表0.27~1.15m			地表0.5m	地表0.15m
公路走向与水流夹角	45°~90°			接近90°	接近90°

2.2 评价结果

对所选取的国道鹤大线 K1+500 段、K1+810 段、K2+212 段,环长白山旅游公路 K47+600 段、K49+880 段进行了湿地水系连通性影响评价,评价结果见表4。

评价结果表　　　　表4

路线名称	国道鹤大线			环长白山旅游公路	
	K1+500	K1+810	K2+212	K47+600	K49+800
结构连通性评分	0.960	0.841	0.950	0.97	0.492
功能连通性评分	0.824	0.763	0.816	0.931	0.628
水系连通性综合评分	0.892	0.802	0.883	0.951	0.560
影响程度	较小	较大	较小	极小	极大

根据评价结果可以看出,各研究点处公路建设对湿地水系连通性的影响程度如下:环长白山旅游公路 K47+600 段<国道鹤大线 K1+500 段<国道鹤大线 K2+212 段<国道鹤大线 K1+810 段<环长白山旅游公路 K49+880 段。在所有研究路段中,环长白山旅游公路 K47+600 段公路对湿地水系连通性影响最小,而同条公路的 K49+880 段对湿地水系连通性的影响最大,主要表现为公路上游长时间存在明显积水,植被死亡率高。国道鹤大线 K1+500 段和 K2+212 段影响都较小,而 K1+810 段影响比前

两者稍微显著。

分析各个路段的指标数据及权重,可以看出,在所有的评价指标中,植被状况权重系数排序第一(0.249),对湿地水系连通性影响最大,其后依次为水位(0.2)、积水面积(0.2)和含盐量(0.118),这几个指标在整个评价中较之其他指标更为重要。并且,在植被状况指标收集中发现,同草本植物相比,大型木本植物因水系连通性改变而发生的变化更显著。因此,在对湿地水系连通性进行研究时,可以根据植被生长状况和水位情况进行简单判断,也可以根据植被生长状况和水位情况作为选取评价点的基本依据。

根据评价结果可以看出,公路建设对湿地水系连通性的影响在各个路段都是不同的,对一个点的评价结果不能代表整条公路对水系连通性的影响,这种影响依赖着公路的设计方案,如路线走向、施工方式、填筑方法等。不同的因素所起的作用也有一定的范围,如涵洞对水流的便利程度在百米范围内,复合土工布的阻隔作用在其铺设范围内。所以,无论在影响因素研究中还是在保护技术研究中,都需要以公路所处区域水文地质情况为依据,选取适合的评价点,进行综合性分析。

2.3 影响因素分析

根据所选取的五个路段的湿地水系连通性现状的评价结果,对比分析不同公路或者同一公路的不同路段中公路走向与水流方向的夹角、路基填筑方式、施工方案等因素的不同,分析在公路建设中各参数的变化对湿地水系连通性的影响大小,以识别公路建设中影响湿地水系连通性的关键因素。

2.3.1 公路走向与水流方向夹角的影响

公路穿越湿地时路线走向可能与湿地水流平行、垂直或者斜向。对于垂直的水流而言,公路像一道挡水墙,切断径流路径,阻挡水体向下游流动;对于平行水流而言,水流可以沿排水边沟流动,公路发挥着水汇和水导的作用;对于斜向水流而言,公路的作用介于两者之间。但在实际中,无论是地表水或者地下水流并非沿一条路径成直线流动,公路路线的走向亦是如此,因此,就需要根据实际情况判断公路建设对湿地水系连通性的影响。

根据各个路段评价结果,可以看出,K49+880段对湿地水系连通性产生影响的直接原因是公路走向与水流方向几乎垂直,公路的修建阻挡了水体的唯一径流途径,导致地表积水,水中物质沉淀,地层土壤环境改变,植被大量死亡;在国道鹤大线K1+810段,尽管国道鹤大线阻隔了公路东侧山间汇水向下游的流动,然而,由于地势的影响,水流自山坡流下后由西转北,使得公路走向与水流方向之间的夹角相较于环长白山旅游公路K49+880段较小,因此,与环长白山旅游公路K49+880段相比,K1+810段公路对湿地水系连通性的影响要弱得多。

通过分析可以看出,路线与水流方向之间的夹角变化是公路对湿地水系连通性产生影响的主要因素之一,然而在实际工程建设中,分析公路对湿地水系连通性的影响时,要综合考虑其他因素,以保证结论的正确性。

2.3.2 不同构筑物形式的影响

在公路的建设中常见的三种构筑物形式为路基、桥梁和涵洞。公路穿越较大河流时会设计为桥梁,而在一般的不良地质区采用换填、压实的方式填筑。针对湿地过水情况,在路基形式中常采用设置涵洞及其他排水系统设计方案。对于湿地环境而言,在构筑物形式设计中常常出现的问题是涵洞设置的数量是否充足或者位置是否恰当。

对比环长白山旅游公路K47+600段和K49+880段的水系连通性评价结果,可以看出,K47+600段结构连通性及功能连通性评分均超过0.9,远高于其他路段,而K49+880段功能连通性分值为0.628,结构连通性评分仅为0.492,远小于K47+600段。

对比两个路段的设计参数(表5),除了施工方案外,其他指标基本相同。为方便雨季泄洪和路基排水,K47+600段和K49+880段均设计有一处涵洞。公路运营后,K47+600段涵洞保持良好,地表水流流动自由,公路两侧无明显的水位差,公路并未对湿地径流及物质迁移产生较大的影响;而K49+880

段涵洞被大石块堵塞,导致公路上游出现明显积水,水体浑浊性较高,交换性差并且植物根系长期浸泡在水中,因缺氧而死亡,上下游植被状况差异明显(图2)。

环长白山旅游公路不同路段基本参数对比　　　　表5

设计参数	K47+600 段	K49+880 段
路线走向	与水流方向基本垂直	与水流方向基本垂直
施工方案	路基+涵洞	路基+涵洞(此处涵洞堵塞)
路基填料	换填砂砾	换填砂砾
运营时间	2009年10月	2009年10月

a)　　　　　　　　　　　　　　　　　　b)

图2　K49+880路段两侧积水及植被状况

对比鹤大线 K1+810 段和 K2+212 段,两处路基填筑均采用复合土工布,但 K2+212 段公路对水系连通性的影响明显小于 K1+810 段,分析其原因,K2+212 段在路基中埋设了剖面管,为水流的流动提供了良好的通道,而 K1+705 段虽然设置了涵洞,但是由于距离 K1+810 较远,涵洞几乎没有发挥作用。

可见,涵洞的位置是否合理及其是否正常运行都会对水系连通性产生较大的影响,因此在路基段设置涵洞时,应选择合适的位置,保证其能正常运行,并与具备一定透水性的路基相结合,以减轻公路对湿地的影响。

2.3.3　不同路基填筑方式的影响

随着我国高速公路的快速发展以及对公路路基稳定性、安全性和耐久性要求的提高,国内技术人员针对路线经过湿、软土等不良地质地段提出了多种路基处理和填筑技术,如挖除换填、排水固结、反压护道、水泥砂桩、土工布、纤维网加透水性材料、塑料泡沫块等,以减少水流对路基的侵蚀,降低路基的沉降形变,保持路基稳定、路面平整。在诸多的路基填筑方法中,有些是通过减少路基过水达到保护路基的目的,有些是通过增设透水层降低路基形变,当选择不同的填料时,路基对水流的阻隔效果也是不同的。

国道鹤大线示范工程段 K1+500 段和 K1+810 段路基分别采用了"风化软岩"+"土工格栅"和"风化软岩"+"复合土工布"的填筑方式(表6),相对而言,土工格栅具有较强的抗变形能力,在风化软岩层与草炭土层之间铺设一层土工格栅,在一定程度上保持了草炭土层的透水性,有利于水流的通过;而复合土工布则能够有效隔断沼泽地的地表水和地下水,在路基下层布设复合土工布加砂垫层,有助于保持路基的稳定性。

国道鹤大线各路段基本参数对比　　　　表6

设计参数	K1+500 段	K1+810 段	K2+212 段
路线走向	45°～90°之间	45°～90°之间	45°～90°之间
施工方案	路基	路基	路基+涵管
路基填筑方式	风化软岩+土工格栅	风化软岩+复合土工布	砂桩+复合土工布
运营时间	2004年10月	2004年10月	2004年10月

根据评价结果(表4),鹤大线 K1+500 段水系连通性综合得分为 0.892,K1+810 段的综合得分为 0.802,而且无论是在结构连通性还是功能连通性方面,K1+810 段都小于 K1+500 段;K2+212 段虽然同样铺设了隔水的复合土工布,但在土工布的下方设置了砂桩,从而使得草炭土层与下部砂砾层沟通,在草炭土层垂向渗透系数大幅下降时,有利于水向下流动,因此,同 K1+810 段相比,K2+212 段水系连通性评分较高,综合评分达到了 0.883,其结构连通性评分与 K1+500 段基本相等。因此,路基填筑方式的变化对水系连通性的影响,尤其是对其结构连通性的影响,起到了更为重要的作用。

3 结论

(1)本文从结构连通性和功能连通性两个方面出发,选取湿地水文、土壤、生物等方面的指标构建公路对湿地水系连通性影响指标体系,其中结构连通性指标包括地下水位、积水面积、水土比等,功能连通性指标包括土壤含盐量、土壤总氮、土壤总磷、土壤酸碱度和植被状况等,并在此基础上,选取了层次分析法确定各指标权重,进行公路建设对湿地水系连通性的影响评价。

(2)选取吉林省延边地区具有代表性的2条路线的5个路段作为试验点,进行了水系连通性现状评价;分析了公路建设可能对湿地水系连通性产生影响的因素。结果表明,路线与水流方向之间的夹角变化、路基填筑方式的变化、不同构筑物形式都会对湿地水系连通性产生较大的影响,并对应不同方面的影响提出保护措施。

(3)从评价结果可以看出,公路建设对湿地水系连通性的影响在同一路线的各个路段是不同的,对一个点的评价结果并不能代表整条公路对水系连通性的影响状况。因此,为了更加全面地评价公路建设对水系连通性的影响,有必要选定典型研究区,建立地下水数值模型,基于数值模拟定量分析公路建设对湿地水流及溶质迁移的阻隔效应,并且模拟不同影响因素的变化对湿地水系连通性的影响大小,从而为水系连通性保护技术的研究提供可靠的技术支撑。

(4)通过评价结果分析可以看出,公路建设会对湿地水系连通性产生一定的影响,而且不同景观位置、不同公路构筑物形式及不同路基填筑方式具有不同的影响特征。因此,在公路修建穿过湿地等生态敏感区时,应选取对湿地影响最小的形式和防护措施,并采取相应的保护措施。

①为消除和减轻公路建设对水系连通性的负面影响,公路建设项目从设计阶段就应以防为主,采取有效的避绕措施,在选线时就尽量避免对水系连通性产生影响。

②在实际公路建设的过程中,当公路路线不可避免地穿越湿地时,应尽量避免公路走向与水流方向垂直。

③公路以桥梁穿越的方式通过湿地是目前最为理想的工程措施,但由于桥梁跨越造价较高,应结合工程造价等综合考虑;当公路以路基方式通过湿地时,应设置一定数量的涵洞或者透水性路基,并根据不同构筑物形式对湿地产生的影响进行方案比选,完善设计,确定最优方案。

④在实际公路建设中,为减小公路建设对水系连通性的阻隔,应因地制宜,选择对地下水位变化影响较小的路基填筑方式,同时人为增设涵管等水流通道,可以提高水体的流动性,减少路基对水系连通性的阻隔。

⑤当公路对湿地水系连通性影响较大时,宜进行生态环境补偿。

参 考 文 献

[1] 余国营. 湿地研究的若干基本科学问题初论[J]. 地理科学进展, 2001, 20(2): 177-183.
[2] 卞建民, 祖燎原, 董志颖. 松嫩平原资源开发对湿地生态环境的影响研究[J]. 地域研究与开发, 2003, 22(3): 68-70.
[3] 肖晓妮. 公路建设对湿地的影响及减缓措施研究[D]. 西安: 长安大学, 2007.
[4] 祖波, 郭宇, 黄焕存. 基于层次分析法的公路景观敏感度评价[J]. 环境科学与技术, 2012, 4: 20-240.

[5] 张欣,王红旗,李华. 公路建设对生态环境水系连通性的影响[J]. 环境科学与技术,2013,2(S2):406-411.

[6] Pringle C M. Hydrologic connectivity and the management of biological reserves: a global perspective[J]. Ecological Applications, 2001, 11(4): 981-998.

[7] Tischendorf L, Fahrig L. On the usage and measurement of landscape connectivity[J]. Oikos, 2000, 90(1): 7-19.

[8] Lexartza-Artza I, Wainwright J. Hydrological connectivity: Linking concepts with practical implications[J]. Catena, 2009, 79(2): 146-152.

[9] 常建娥,蒋太立. 层次分析法确定权重的研究[J]. 武汉理工大学学报: 信息与管理工程版, 2007, 29(1): 153-156.

[10] 李恺. 层次分析法在生态环境综合评价中的应用[J]. 环境科学与技术, 2009, 32(2): 183-185.

公路建设前期野生动物生境调查技术研究
——以鹤大高速公路为例

关 磊[1]　王 云[1]　孔亚平[1]　朴正吉[2]　徐 伟[3]

（1.交通运输部科学研究院　北京　100029；2.长白山科学研究院　吉林　安图　133613；
3.吉林省高等级公路建设局　吉林　长春　130033）

摘　要：生境适宜度指数（Habitat Suitability Index，HSI）模型能够建立对象物种的适宜生境分布图，公路建设前期相邻区域中野生动物的生境分布也可以用该模型进行预测，以通过保护旗舰物种生境达到保护该区域中大部分野生动物生境的目的。以在建的鹤大高速公路为例，使用生境适宜度指数模型建立了花尾榛鸡的适宜生境分布图，选取植被类型、海拔高度、植被覆盖度、距水源距离以及距公路距离这五个生境因子构建该模型。研究表明，在拟建鹤大高速公路沿线两侧各2 000m范围内，适宜生境占8.23%，中等适宜生境占46.94%，不适宜生境占44.83%，拟建鹤大高速公路沿线花尾榛鸡中等适宜和适宜生境占优势，为55.17%，需在重点路段采取相应措施进行保护。通过现场调查对模型进行验证，发现该预测模型能够较好地反映该地区的花尾榛鸡分布特征，能够为该地区公路建设中的野生动物生境保护提供基础数据。

关键词：鹤大高速公路　生境适宜度指数模型　花尾榛鸡　道路生态学

1　引言

生境适宜性评价是基于生境单元评价野生动物生境质量，而生境单元则通过生境适宜度指数（Habitat Suitability Index，HSI）来计算。生境适宜度指数模型最初由美国渔业与野生动物局开发，主要立足于生境选择、生态位分化和限制因子等生态学理论，依据动物与生境变量间的函数关系构建。HSI模型特别适于表达简单而又易于理解的主要环境因素对物种分布与丰富度的影响。因此，20世纪80年代以来，在定量评估人类活动对野生动物生境影响方面，HIS模型逐渐成为广泛使用的一种生境评价方法。在建的鹤大高速公路拟穿越靖宇国家级自然保护区，该自然保护区中有花尾榛鸡、雉鸡、狍、野猪等多种国家及地方保护物种。根据已有研究，公路的修建、运营等对周边环境中的野生动物生境、日常活动、基因交流、繁殖行为等都造成一定程度的影响（Forman et al.，2000；Cramer et al.，2001；Balkenhol et al.，2009；Li et al.，2010；Arevalo et al.，2011；Shanley et al.，2011；Zhang et al.，2012；王云等，2011，2013）。为了减少在建公路对保护区中野生动物的干扰，以自然保护区中重点保护物种——国家二级保护动物花尾榛鸡为主要研究对象，拟通过现场调查与"3S"技术相结合的方法，利用HIS模型对其适宜生境进行分析研究，对栖息地进行评价与分级，通过保护该地区的焦点物种花尾榛鸡的生境，来达到保护该地区大部分野生动物生境的目的，为公路不同线位优选、施工图设计及施工管理等基于野生动物保护方面的公路建设技术的提出提供基础数据。

2　研究区概况

吉林省鹤岗至大连高速公路是国家"7918"高速公路网规划的9条南北纵线的第1纵，是东北区域骨架公路网中的纵1线，也是《吉林省高速公路网规划》的"5纵、5横、3环、4联络"中5纵的第1纵。吉林省鹤大高速靖宇至通化段（长约107 Km），建设标准为设计速度80km/h的双向4车道高速公路，鹤大高速公路穿越长白山腹地，区域生态环境敏感、动植物资源丰富，涉及雁鸣湖国家级自然保护区、松花江三湖保护区、靖宇自然保护区、哈尼河水源保护区等,本研究主要在靖宇自然保护区开展。

3 研究方法

由于野生动物生境由非生物因子、生物因子和人类活动影响构成。通常依据生态学研究与野外观察资料,对动物生境质量进行量化。生境适宜度指数模型的建立一般包括:

(1)获取生境资料。

(2)构建单因素适宜度函数。

(3)赋予生境因子权重。

(4)结合多项适宜度指数,计算整体 HSI 值。

(5)产生适宜度地图(徐卫华等,2006;金如龙等,2008;田波等,2008)。

本研究以花尾榛鸡为主要研究对象,通过文献收集和专家咨询的方法,根据花尾榛鸡的生境选择偏好对靖宇保护区内的植被类型、盖度、海拔、水体等生态因子进行定级,然后根据"公路建设特点增加了公路"这一人为干扰因子,将这些影响花尾榛鸡的选择因子叠加,计算出适宜生境分布图,并通过现场调查发现的花尾榛鸡位点对其进行验证,根据验证结果对各因子的定级和权重进行调整优化,使生境适宜性因子模型能够满足花尾榛鸡分布的实际情况。通过对增加了公路因子的生境适宜性模型的验证,总结出针对公路选线阶段的动物调查技术,为公路线位选择阶段的野生动物栖息地保护提供科学数据。

收集靖宇自然保护区及其周边区域的植被、地形、水体和公路等相关资料,将收集到的靖宇保护区核心区、缓冲区、实验区信息叠加到靖宇保护区规划线位,见图 1a)。从中国科学院国际科学数据服务平台上下载的遥感数据为 2011 年 10 月 4 日的数据,行号 117,带号 31。通过遥感解译和现场调研,解

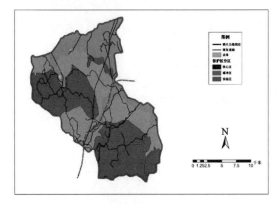

a)基本情况　　　　　　　　　　　　　b)植被类型

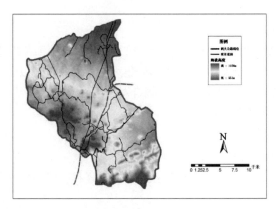

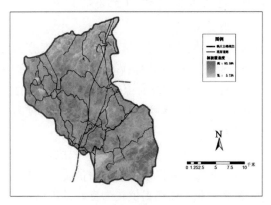

c)高程数据　　　　　　　　　　　　　d)植被覆盖

图1　靖宇保护区基本数据

译出针叶林、阔叶林、针阔混交林、水田、旱田、湿地植被以及非植被区,见图1b)。高程数据为30m分辨率的ASTGTM数据,来源于中国科学院国际科学数据服务平台,见图1c)。利用TM影像计算出的归一化植被指数NDVI计算植被覆盖率:

$$植被覆盖率 = \frac{\text{NDVI} - \text{NDVI}_{min}}{\text{NDVI}_{max} - \text{NDVI}_{min}} \times 100\%$$

式中:NDVI_{max}——植被覆盖时林地的最大植被指数值;

NDVI_{min}——无植被覆盖时裸地的最小植被指数值。

植被覆盖情况见图1d)。

4 研究结果与讨论

4.1 花尾榛鸡生境因子选取及定级

4.1.1 生境因子选取

国内外有关花尾榛鸡的生态学研究已经有一定程度的开展,如Saari(1998)在芬兰针对不同景观尺度的花尾榛鸡生境进行了研究,Rhim等(2001,2006)研究了韩国地区花尾榛鸡微观尺度的生境选择,Mathys等(2006)对欧洲地区花尾榛鸡景观生态学现状进行了相关研究,孙悦华(1996,1997)、朴正吉(1997)对中国长白山区花尾榛鸡的越冬、繁殖等行为进行了相关研究。因此,对于花尾榛鸡各生境因子类型,参考相关研究结果选取了植被类型、植被盖度、海拔高度、距水源距离这4个类型的生境因子,同时因为本研究是以公路为服务对象,因此选择与公路距离为第五个类型的生境因子。

4.1.2 生境因子定级

参考相关的研究结果以及专家咨询的方式,对这5个类型的生境因子赋值,如表1所示。

花尾榛鸡生境因子赋值　　表1

类别	适宜(10)	中等适宜(5)	不适宜(1)
植被类型	天然落叶林、针叶林	针阔混交林、落叶林	其他
植被盖度(%)	66~100	33~66	0~33
海拔高度(m)	600~900	300~600 900~1 200	其他
水源距离(m)	≤100	100~500	>500
与公路的距离(m)	>1 000	500~1 000	<500

4.2 花尾榛鸡生境因子分析结果

(1)植被类型

现场调查区域的靖宇自然保护区内大部分为天然次生林,通过4.1节中的生境因子定级结果,将其分成三个等级:适宜(针叶林、阔叶林)、中等适宜(针阔混交林)、不适宜(水田、旱田、湿地植被以及非植被区)。由图2a)可以看出,由于靖宇保护区内的植被(主要为针叶林和阔叶林)受到较好的保护,因此植被的分级中适宜花尾榛鸡利用的植被类型较多。

(2)植被盖度

根据图2b)中植被盖度的分级和赋值,针对解译出的植被覆盖率的数据进行分级。由图2b)可以看出,靖宇自然保护区整体植被覆盖情况较为良好,大部分区域都为花尾榛鸡的适宜和中等适宜植被覆盖类型,能够为花尾榛鸡提供较为良好的隐蔽物。

(3)海拔高度

根据图2c)中海拔高度的分级和赋值,针对DEM数据计算所得海拔高度进行分级。由图2c)可以看出,靖宇自然保护区所处的海拔高度大都为花尾榛鸡适宜分布的海拔高度,因此该保护区的大部分区域都是适宜和中等适宜级别。

(4)水体距离

根据图2d)中水体等级的分级和赋值,对解译出来的水体数据进行分级划分。由图2d)可以看出,靖宇自然保护区中的地表水体分布较为广泛,但主要的分布区都离拟建公路较远,因此拟建公路周围水体因子等级的划分较低。

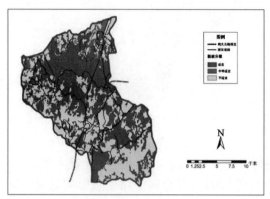

a)植被类型分级结果　　　　　　　　　b)植被盖度分级结果

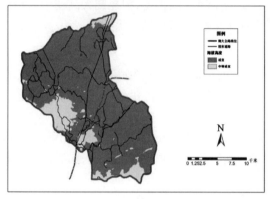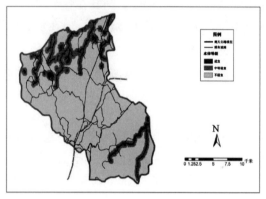

c)海拔高度分级结果　　　　　　　　　d)水体距离分级结果

图2　生境因子分级结果

(5)公路影响

根据图3中公路影响的分级和赋值,对收集到的公路数据进行分级划分。如图3所示,靖宇保护区内由于林业采伐、内部有村庄、矿泉水开采等因素,林区公路分布较为广泛,拟建公路在多处路段与原有公路影响区相交,拟建公路沿线大部分是公路影响较大的区域,而保护区内部公路影响程度较小。

(6)各因子叠加

根据对植被类型、植被盖度、海拔高度、水体距离和公路影响的适宜等级的划分,认为研究区域内不同类型的影响因子,其适宜等级存在差异。在之前有关花尾榛鸡的研究中没有对各类型影响因子赋予权重,因此本研究中对各类影响因子也赋予相同权重。使用GIS中的Raster Calculator工具将划分等级的5个影响因子进行叠加分析,得到花尾榛鸡的适宜生境分布图(图4)。

根据GIS的计算结果,花尾榛鸡适宜生境、中等适宜生境以及不适宜生境在整个靖宇保护区所占的面积和比例分别为:76.58km^2(21.45%)、184.91km^2(51.80%)、95.50km^2(26.75%)。由此可见在靖宇自然保护区中,花尾榛鸡的适宜生境有一定的比例,中等适宜生境的比例最高,说明其在靖宇自然保护区中具有较好的生境条件。

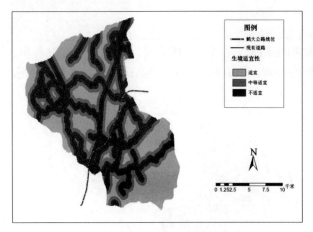 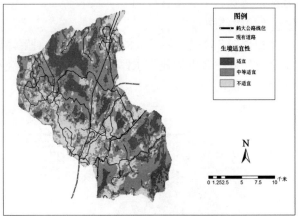

图3 距公路距离分级结果　　　　　　　　　　　图4 生境适宜性分级结果

从图4中可以看出,拟建鹤大高速公路沿线花尾榛鸡适宜生境较少,而其适宜生境主要集中在靖宇自然保护区内部,与现有的公路距离较远。根据李双成等(2004)对全国公路生态影响范围的研究,发现高速公路对生态影响的范围为2 000m。因此对拟建鹤大高速公路沿线两侧各2 000m 范围内的花尾榛鸡生境进行计算,适宜生境面积为3.67km², 占8.23%;中等适宜生境为20.91 km², 占46.94%;不适宜生境19.98km², 占44.83%。与其在整个靖宇保护区中的生境等级相比,拟建鹤大高速公路沿线花尾榛鸡适宜生境较少,不适宜生境较多。但在重点路段仍应采取相应措施进行保护。

4.3 现场调查及验证

为了能够更好地验证模型所预测的花尾榛鸡适宜生境的精确性,本研究组于2011年2月、2011年12月、2012年5月、2013年3月共4次对鹤大高速穿越靖宇自然保护区沿线的花尾榛鸡生境进行了调查。

调查主要采用样点和样线相结合的方法进行。样线长度约为6km,行进速度约每小时2~3km/h,采用人工模拟花尾榛鸡叫声的方法,记录调查中看到和听到的花尾榛鸡数量和位置,同时记录花尾榛鸡的活动痕迹(包括足迹、粪便、沙浴池等),并记录相应的GPS点信息。

通过4次的调查,记录到的花尾榛鸡鸣声、足迹、粪便及沙浴坑共18处,见表2。

现场调查结果　　　　　　　　　　　　　　　　表2

编号	纬度(°)	经度(°)	海拔(m)	备注
1	42.26 750 000	126.75 861 667	807	足迹
2	42.26 100 000	126.74 901 667	804	鸣声回应
3	42.26 091 667	126.74 896 667	801	鸣声回应
4	42.25 766 667	126.74 550 000	809	实体2只
5	42.25 098 333	126.73 873 333	804	粪便
6	42.24 935 000	126.73 520 000	834	沙浴点
7	42.24 928 333	126.72 820 000	855	沙浴点
8	42.24 821 667	126.69 858 333	840	足迹
9	42.35 636 667	127.97 211 667	803	足迹
10	42.35 263 333	127.94 283 333	819	粪便
11	42.2 5795 000	126.74 711 667	832	粪便
12	42.25 450 000	126.70 276 667	857	足迹
13	42.24 470 000	126.70 455 000	828	足迹

续上表

编号	纬度(°)	经度(°)	海拔(m)	备注
14	42.21 538 056	126.68 918 060	895	鸣声回应
15	42.21 612 222	126.68 821 670	894	鸣声回应
16	42.21 723 333	126.68 685 280	894	足迹
17	42.21 889 444	126.68 797 220	885	鸣声回应
18	42.21 999 167	126.68 853 890	876	鸣声回应

通过生境调查,发现花尾榛鸡主要分布的生境类型是林下较为空旷的地带以及保护区内林道旁边的乔木生境类型中,生境属于次生林,主要树种为白桦、红松等,林下灌木较少,而对于林下灌丛较为丰富的地带比较回避。这与之前相关研究是一致的。

将4年现场调查的18次花尾榛鸡实体和活动痕迹GPS数据通过ArcGIS的Tools功能导入生成的花尾榛鸡适宜生境分布图中,如图5所示。

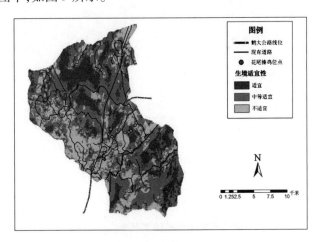

图5　现场调查结果与适宜生境分布图验证

通过现场调查收集到的花尾榛鸡活动信息与建立的适宜生境分布图分析可以得出,18次花尾榛鸡调查数据,其中16次位于花尾榛鸡的适宜生境和中等适宜生境中,其中8次出现在花尾榛鸡的适宜生境,8次出现在花尾榛鸡的中等适宜生境,2次出现在花尾榛鸡的不适宜生境,说明建立的适宜生境分布图能够在一定程度上反映花尾榛鸡生境的选择倾向,能够为公路不同线位优选、施工图设计及施工管理等基于野生动物保护方面的考虑提供基础数据,但仍具有一定的优化空间。由于野外生境中存在诸多不可控因素,对于花尾榛鸡生境适宜指数模型的优化,需要现场更多的数据,以支撑各影响因子的权重和定级,使模型的预测精度更符合实际情况。

5　结语

通过对靖宇自然保护区内花尾榛鸡适宜生境的模拟和分析,得到了花尾榛鸡适宜生境在该保护区的分布状况。而后通过现场验证,对花尾榛鸡适宜生境有了更直观的认识,有利于为将来鹤大高速公路沿线花尾榛鸡的保护提出更为有效的缓解措施。

本研究提出了基于焦点物种的公路修建前野生动物调查方法:

(1)选取该地区的焦点物种,标准是应能够通过保护焦点物种的生境来保护该地区的大部分野生动物的生境。

(2)收集遥感数据、地形数据、水源数据、植被数据、公路数据等相关分析数据。

(3)根据物种生境选择偏好对各类影响因子进行定级划分。

(4)将各类生态因子进行叠加分析,形成适宜生境分布图。

(5) 通过现场调查,验证适宜生境分布图的有效性。

(6) 根据验证结果,对生境适宜度指数模型进行优化,使其更能满足野外实际情况。

(7) 为公路选线以及施工图设计时考虑野生动物保护措施提供基础数据,并提出相应的缓解措施。

具体的操作流程如图6所示。

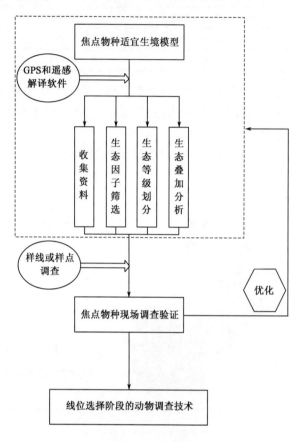

图6 操作流程图

参 考 文 献

[1] Arevalo J. E., Newhard K.. Traffic noise affects forest bird species in a protected tropical forest[J], International Journal of Tropical Biology, 2011, 59(2): 969-980.

[2] Balkenhol N., Waits L. P.. Molecular road ecology: exploring the potential of genetics for investigating transportation impacts on wildlife[J]. Molecular Ecology, 2009, 18: 4151-4164.

[3] Cramer P. C., Portier K. M.. Modeling Florida panther movements in response to human attributes of landscape and ecological settings[J]. Ecological Modelling, 2001, 140: 51-80.

[4] Forman R. T. T., Deblinger R. D.. The ecological road-effect zone of a Massachusetts (USA) Suburban Highway[J]. Conservation Biology, 2000, 14(1): 36-46.

[5] Li Z. Q., Ge C., Li J., et al.. Ground-dwelling birds near the Qinghai-Tibet highway and railway [J]. Transportation Research D, 2010, (15):525-528.

[6] Mathys L., Zimmermann N. E., Zbinden N.,et al. Identifying habitat suitability for hazel grouse Bonasa bonasia at the landscape scale[J], Wildlife Biology, 2006, 12(4):357-366.

[7] Rhim S. J., Lee W. S.. Characteristics of hazel grouse Bonasa bonasia distribution in southern Korea [J]. Wildlife Biology, 2001, 7(4): 257-261.

[8] Rhim S. J.. Home range and habitat selection of hazel grouse Bonasa bonasia in a temperate forest of

South Korea[J]. Forest Ecology and Management, 2006, 226:22-25.

[9] Saari L., Aberg J., Swenson J. E.. Factors Influencing the Dynamics of Occurrence of the Hazel Grouse in a Fine-Grained Managed Landscape[J]. Conservation Biology, 1998, 12(3): 586-592

[10] Shanley C. S.. Pyare S., Evaluation the road-effect zone on wildlife distribution in a rural landscape [J]. Ecosphere, 2011, 2(2): 1-16.

[11] Zhang M., Cheng K., Leong K. F., et al. Effect of traffic noise on black-faced spoonbills in the Taipa-Coloane Wetland Reserve, Macao[J]. Wildlife Research, 2012, 39: 603-610.

[12] 金龙如,孙克萍,贺红士,等,生境适宜度指数模型研究进展[J].生态学杂志,2008,27(5):841-846.

[13] 孙悦华.长白山不同栖息地花尾榛鸡冬季集群特点的研究[J].动物学报,1996,42:150-151.

[14] 孙悦华,方昀.花尾榛鸡冬季活动区及社群行为[J].动物学报,1997,43(1):34-41.

[15] 田波,周云轩,张利权,等.遥感与GIS支持下的崇明东滩迁徙鸟类生境适宜性分析[J].生态学报:2008,28(7):3049-3062.

[16] 朴正吉,孙悦华.长白山花尾榛鸡繁殖成功率的研究[J].动物学报,1997,43(3):279-284.

[17] 王云,李麒麟,关磊,等.纳帕海环湖公路交通噪声对鸟类的影响[J].动物学杂志,2011,46(6):65-72.

[18] 王云,朴正吉,关磊,等. 环长白山旅游公路对野生动物的影响[J].生态学杂志,2013,32(2):425-435

[19] 徐卫华,欧阳志云,蒋泽银,等.大相岭山系大熊猫生境评价与保护对策研究[J].生物多样性,2006,14(3):223-231.

Impacts Assessment of Highway Construction on Hydrologic Connectivity
——A Case Study in Jilin Province

Xinjun Wang[1]　Jianye Chen[1]　Hua Li[1]　Hongqi Wang[2], Yaping Kong[1], Jiding Chen[1]

(1. Research Center for Environmental Protection and Transportation Safety,
China Academy of Transportation Sciences, China;
2. College of Water Science, Beijing Normal University, Beijing, China 100875)

1 Introduction

Since the first expressway was completed in China in 1988, highway construction has undergone amazingly rapid development. By the end of 2012, the total length of roads had reached 4.1 million km including 95 600 km expressway. However, the huge extent and fast rate of road network construction has exacerbated China's existing environmental problems caused by the construction and operation process.

Especially, when highway run though wetland system, it causes some negative impacts on wetland such as ecosystem fragmentation, aquatic organisms disturbance, energy flow destruction and pollution, thus it changes hydrologic connectivity of wetland finally. Many researchers have conducted studies on direct and indirect effects of highway on wetland's ecological environment, mainly focused on changes of water quantity and quality, wetland area, animal habitat and species diversity during the highway's construction. However, until now it is still unclear what are the important impact factors that cause the barrier of wetland hydrologic connectivity.

2 Methods

Therefore, according to structural connectivity and functional connectivity, impact assessment indicator system of hydrological connectivity in small-scale was set up and AHP was used to assess the impact of highway construction on hydrologic connectivity of wetland. Moreover, the impact factors were analyzed based on a case study in Jilin Province. Furthermore, groundwater numerical model was used to simulate and predict the effect of the highway construction on the water flow and ion mobility according to the impact factors by Visual MODFLOW.

3 Results and Collusions

The results showed that water level, stagnant water area, water/soil ratio were index for structural connectivity, while salt content, total nitrogen, total phosphorus, pH and plant community structure were index for functional connectivity. The angle between road and water flow direction was one of most important factor for hydrologic connectivity. In addition, different structures such as culvert and roadbed, and different filling materials for roadbed had different influence on hydrologic connectivity. Therefore, before road construction, it is better to avoid right angle between road and water flow direction. Moreover, we should pay more attention on the number and density of culvert during road construction. Furthermore, water permeability of materials for roadbed is recommended. The present study can provide theoretical and technical support for wetland conservation during highway construction.

Sequestration of Phosphorus from Wastewater by Cement-based or Alternative Cementitious Materials

Xinjun Wang[1,2]   Jiding Chen[2]   Yaping Kong[b]   Xianming Shi[1]

(1. Corrosion and Sustainable Infrastructure Laboratory, Western Transportation Institute and Civil Engineering Department, PO Box 174250, College of Engineering, Montana State University, Bozeman MT 59717-4250, USA; 2. Laboratory of Road Ecology and Pollution Emergency Response, Research Center for Environmental Protection and Transportation Safety, China Academy of Transportation Sciences, Beijing, Beijing 100029 China)

Abstract: Cement-based and alternative cementitious materials were tested in the laboratory for their capability of removing phosphate from wastewater. The results demonstrated that both Langmuir and Freundlich adsorption isotherms were suitable for describing the adsorption characteristics of these materials. Among the four types of filter media tested, the cement-based mortar A has the highest value of maximum adsorption (30.96 mg g^{-1}). The P-bonding energy (K_L) and adsorption capacity (K) exhibited a positive correlation with the total content of Al_2O_3 and Fe_2O_3 in each mortar. The maximum amount of P adsorbed (Q_m) and adsorption intensity ($1/n$) exhibited a positive correlation with the CaO content in each mortar. For three of them, the P-removal rates were in excess of 94 percent for phosphorus concentrations ranging from 20 to 1 000 mg L^{-1}. The underlying mechanisms were examined using field emission scanning microscopy (FESEM), coupled with energy-dispersive X-ray spectroscopy (EDX) and X-ray powder diffraction (XRD). The results reveal that the removal of phosphate predominantly followed a precipitation mechanism in addition to weak physical interactions between the surface of adsorbent filter media and the metallic salts of phosphate. The use of cement-based or alternative cementitious materials in the form of ground powder shows great promise for developing a cost-effective and environmentally sustainable technology for P-sequestration and for wastewater treatment.

1 Introduction

Phosphorus (P) is a key element for causing eutrophication and algae bloom, which lead to short-term or long-term environmental risks in streams, lakes and other water bodies. A host of wastewater treatment techniques have been employed for phosphate removal, in order to meet effluent quality standards and avoid P-pollution. Septic tank, mechanical aeration system and constructed wetland system (CWS) are the primary methods used for wastewater treatment in rural areas or in urban areas that are not connected to a public sewer system. One appropriate approach to P-sequestration is filtration through materials with high affinity for P-binding. To this end, a wide array of low-cost and readily available materials (natural materials, by-products and man-made products) have been investigated in batch experiments or in field practices.

Cement-based materials (e.g., mortars and concretes) are commonly used to construct a significant portion of current wastewater systems, including septic tank and CWS. If such materials are endowed with the additional function of P-sequestration, it would greatly improve the wastewater treatment performance. However, little research has been conducted to test the feasibility of this approach, despite some recent reports of pervious concretes with promising stormwater management performance.

Furthermore, environmentally friendly concretes that utilize industrial wastes as supplementary cementitious materials (SCMs) can be employed to further enhance the environmental benefits in the aforementioned approach to P-sequestration. Currently, about 12 milliont of the coal fly ashes in the U. S. are utilized in concretes and mortars each year, as SCM or replacement of fine aggregate. The beneficial use of this byproduct of coal-fired electricity generating plants can translate to cost and environmental benefits without sacrificing the engineering properties of the concrete. Coal fly ash has also been used as a low-cost adsorbent for the removal of organic and inorganic elements in wastewater.

In this context, this study investigates the potential of using cement-based and fly ash-based alternative cementitious materials for the sequestration of phosphorus from various synthetic wastewater solutions. The objectives of this study are to: (1) evaluate the adsorption capacity of and P-sequestration efficiency by these materials as filter media; (2) elucidate the P-removal mechanism(s); and (3) discuss the potential for practical applications. The laboratory data will shed light on the potential of using low-cost cementitious materials for P-sequestration and wastewater treatment.

2 Materials and Methods

2.1 Materials

The cement-based and alternative cementitious materials used in this study werefabricated in the Corrosion and Sustainable Infrastructure laboratory at the Montana State University. Mortar A is made with an ASTM specification C150-07 Type I/II low-alkali Portland cement obtained from ASH Grove Cement Company (Clancy, MT, USA) as the sole binder, with water/binder ratio of 0.45, and a surfactant (sodium dodecyl sulfate, or SDS) was admixed at 0.005% by weight of cement. Fine aggregates with a maximum size of 1.18 mm in diameter were used, at a sand/binder ratio of 2.0. Mortar B was a modified mix design of mortar A by admixing a polysiloxane-modified montmorillonite (1.44 PS^{TM}, bulk density: 0.251 g cm^{-3}, Nanocor Inc., Chicago, IL, USA) and a coated cellulose microfiber (Buckeye UltraFiber 500^{TM}, Buckeye Technologies Inc., Memphis, TN, USA), at 0.5% and 0.25% by weight of cement, respectively. Mortar C was made with a Class C fly ash obtained from the Corette electric power plant (Billings, MT, USA) as the sole binder, with water/binder ratio of 0.28, and a set retarder (borax, $Na_2B_4O_7$), a water reducer (Glenium® BASF Corporation) and a nanoclay (1.44 PS) were admixed at 0.2%, 0.43% and 0.25% by weight of fly ash, respectively. Fine aggregates with a maximum size of 1.18 mm in diameter were used, along with light weight aggregates (LWA, crushed fines of expanded shale, #10 mesh, Utelite Corporation, Coalville, Utah), at a LWA/sand/binder ratio of 1:3:5. Mortar D featured the same LWA/sand/binder ratio and borax/Glenium/fly ash ratio as Mortar C, but with a modified water/binder ratio of 0.33, a nanoclay/fly ash ratio of 0.53%, and dehydrated gypsum ($CaSO_4 \cdot 1/2H_2O$) at 5% by weight in place of fly ash as binder and a spent petrochemical catalyst (nano-sized zeolite) at 3% by weight of fly ash as aggregate.

For all the mortar samples, the sample production and curing procedures are described elsewhere. For each mix design, twelve replicate 2″ by 4″ (diameter 51 mm × length 102 mm) cylinders were prepared. Cement (or fly ash) was mixed with water (containing borax, surfactant, water reducer, and/or well-dispersed nanoclay, if applicable) at a low-speed hand mixer for 5 min. Subsequently, fine aggregates (premixed with zeolite, LWA, microfiber, and/or dehydrated gypsum, if applicable) were added, after which theslurries were stirred for 3 min. The fine aggregates were prepared to surface-saturated-dry (SSD) conditionin advance.

All the slurries were cast into hollow poly(vinyl chloride) piping cylindersand then carefully compacted to minimize the amount of entrapped air. Thecylindrical samples were demolded after curing for 24 h in a chamber with over 90% relative humidity. After demolding, the samples were cured in the moist cure chamber (with over 90% relative humidity) for another 89 days before testing. All of the mortar samples exhibited an average compressive strength of at least 27.5 MPa at 28 days.

2.2 P-adsorption Eexperiments

Mortars A, B, C and D were ground and sieved to amaximum grain size of 0.45 mm before being sampled for P-adsorption experiments. A standard phosphate solution(1 000 mg L^{-1} P) was prepared from anhydrous KH_2PO_4 with 0.01 mol L^{-1} KCl. A small dosage of sulfuric acid (5 g L^{-1}) was added to ensure its stability over time. Other standard phosphate solutions were prepared by diluting this specific solution. The adsorption studies were carried out with phosphate solutions at concentrations of 0 ~ 1 000mg L^{-1}(0, 10, 20, 40, 80, 160, 320, 600, and 1 000mg L^{-1}). A given amount of each sample (1.5 g) was placed in a 50-mL volumetric tube and mixed with 30 mL of phosphate solution. The mixture was continuously shakenat 175 rpm on a gyratory shaker for 24 h under controlled temperature conditions (25 ℃). All experiments were conducted in triplicates. In order to extract supernatant for phosphate concentration test, the mixtures were centrifuged at 2 000 rpm. The phosphate concentration of each solution was determined according to the molybdenum-blue ascorbic acid method, using a UV Spectrophotometer.

P-adsorption capacities (q, mg g^{-1}) were calculated form Eq (1) as follows:

$$q = \frac{C_0 - C_e}{M} \times V \tag{1}$$

where C_0 is the initial P concentration (mg L^{-1}), C_e is the P concentration in the supernatant at equilibrium (mg L^{-1}), M is the mass of sample (g), and V is the volume of the solution (L).

Removal rates of phosphate (P_R) by the absorbent were evaluated as percentage as follows:

$$PR = \frac{C_0 - C_e}{M} \times V \tag{2}$$

2.3 P-adsorption Isotherms

Langmuir and Freundlich adsorption isotherm equations were used for describing the adsorption characteristics of the materials in this study. The Langmuir isotherm equation is the best known of all equations describing adsorption, and it has been successfully applied to many adsorption processes. It is expressed as follows:

$$Q = \frac{Q_m K_L C}{1 + K_L C} \tag{3}$$

and its linear equation is presented as follows:

$$\frac{C}{Q} = \frac{C}{Q_m} + \frac{1}{Q_M K_L} \tag{4}$$

where C is the equilibrium P concentration (mg L^{-1}), and Q_m(mg g^{-1}) and K_L(L mg^{-1}) are constants related to the maximum adsorption capacity and energy of adsorption. The value of Q_m and K_L can be determined by the linear Eq (4).

The Freundlich isotherm equation is most frequently used to describe the adsorption of inorganic and organic components in solution and it is expressed as follows:

$$Q = KC^{\frac{1}{n}} \tag{5}$$

and its linear equation is presented as follows:

$$\log Q = \frac{1}{n}\log C + \log K \tag{6}$$

where K is an indicator of adsorption capacity and $1/n$ is the adsorption intensity. The value of K and n can be calculated by the linear Eq (6).

2.4 P-desorption Experiments

After decanting the supernatant from the adsorption experiment, 30 mL of 0.01 mol L^{-1} KCl was placed in a 50-mL volumetric tube and continuously shaken at 175 rpm on a gyratory shaker for 24 h under controlled temperature conditions (25 ℃). The mixtures were centrifuged at 2 000 rpm to extract supernatant for the Pconcentration test. Phosphate was determined by the same method described above. P desorption capacities (q_d, mg g^{-1}) were calculated form Eq (7) as follows:

$$q_d = \frac{CV}{M} \qquad (7)$$

where C is the equilibrium P concentration in the supernatant (mg L^{-1}), M is the mass of sample (g), and V is the volume of the solution (L).

An exponential growth model with two parameters was employed to describe the amount of P desorbed from the mortar filter media. The model is as follows:

$$q_d = ae^{bq} \qquad (8)$$

where q and q_d are the same as the parameters in Eqs. (1) and (7), respectively, and a (mg kg^{-1}) and b (g mg^{-1}) are constants related to desorption potential and desorption rate, respectively.

2.5 FESEM/EDX Measurements

Each mortar powder sample before and after the P-adsorption experiments was subjected to field emission scanning electron microscopy (FESEM) and energy-dispersive X-ray spectroscopy (EDX), in order to examine its localized morphology and elemental distributions at the microscopic scale. A Zeiss Supra PGT/HKL system coupled with the energy-dispersive X-ray analyzer was used in these investigations. The FESEM was used to investigate the samples' morphology, by collecting data from at least three randomly selected sites. Care was taken in the examination of each sample and the random selection of the sites avoidedaggregates or overlapping of areas. SEM micrographs were taken using an SE2 detector, at magnifications beginning at 100 times and up to 20 000 times. The EDX data were obtained using a micro-analytical unit that featured the ability to detect small variation in trace element contents. For the EDX analysis, an accelerating voltage of 20 kV was used with a scan time of 45 ~ 120 s per sampling area. Areas used for EDX analysis corresponded directly to the FESEM morphological examination, and at least three areas were analyzed for each sample.

2.6 XRD Analyses

X-ray diffraction (XRD) was used to characterize the precipitates that had formed in the P-adsorption experiments. The ground mortar samples were removed from the P-adsorption experiments and dried, then the dry samples were sieved to eliminate the sand in them. The obtained solid was smeared on a slide and analyzed with a D/max-RB diffractometer (Rigaku, Japan) using Cu-Kα radiation (λ = 1.541 8 Å) in the 2θ range of 5° ~ 60°.

3 Results and Discussion

3.1 Chemical Composition of the Mortars

The EDX analyses confirmed that the main chemical components of these four hardened mortarsinclude SiO_2, CaO, Al_2O_3, and Fe_2O_3 (Tab. 1). The percent CaO and Al/Ca and Si/Ca ratios fall in reasonable ranges observed before in the mortar phase of Portland cement concrete. Mortars A and B exhibited significantly higher CaO content than mortar C (mean value at 15.9% and 14.1% vs. 9.9%), which is attributable to the higher CaO content in their binder (63.3% in cement vs. 30.6% in fly ash). Mortar D also exhibited significantly higher CaO content than mortar C (mean value at 13.9% vs. 9.9%), which is attributable to the inclusion of gypsum in its mix design. The SiO_2 contents and the Si/Ca ratios may be complicated by the presence of fine aggregates and thus excluded from discussion. Mortar C featured the highest mean Al/Ca and Fe/Ca ratios (0.62 and 0.35), followed by mortar D (0.43 and 0.25), mortar B (0.18 and 0.12), and mortar A (0.11 and 0.07). The high Al_2O_3 and Fe_2O_3 contents in mortars C and D are attributable to the higher Al_2O_3 and Fe_2O_3 contents in their binder (17.3% and 6.5% in fly ash vs. 3.7% and 3.4% in cement, respectively).

Chemical composition of the hardened mortars, based on the EDX data. Tab. 1

wt. (%)	A			B			C			D		
	Min	Max	Mean	Min	Max	Mean	Min	Max	Mean	Min	Max	Mean
SiO_2	14.3	25.9	18.4	13.1	38.2	21.8	7.3	19.5	14.6	14.0	19.2	17.2
CaO	11.1	20.1	15.9	11.1	18.7	14.1	7.3	12.2	9.9	13	15.2	13.9
Al_2O_3	1.6	3.0	2.5	3.0	3.9	3.3	7.7	9.5	8.3	6.8	9.4	8.1
Fe_2O_3	0.8	1.2	1.1	0.8	3.7	1.8	1.8	4.8	3.5	2.9	4.3	3.5
MgO	0.2	0.7	0.3	—	—	—	—	—	—	3.1	3.8	3.4
Si/Ca	0.84	0.84	0.76	0.77	1.34	1.01	0.65	1.05	0.96	0.70	0.83	0.81
Al/Ca	0.11	0.11	0.11	0.20	0.15	0.18	0.78	0.58	0.62	0.39	0.46	0.43
Fe/Ca	0.07	0.06	0.07	0.07	0.19	0.12	0.24	0.38	0.35	0.22	0.28	0.25
Mg/Ca	0.02	0.03	0.02	—	—	—	—	—	—	0.20	0.21	0.21

3.2 P-adsorption Isotherms

The phosphate adsorption isotherms of the mortar powders used in the study were determined by plotting the equilibrium concentration of phosphate (C) against the amount of phosphate adsorbed (Q). The adsorption isotherms reveal that the four hardened mortar samples exhibited different adsorption characteristics (Fig. 1). It is evident from all the curves that the rate of P-adsorption increased with the P concentration yet levelled off at higher P concentration as the ground mortar reached its capacity to adsorb P.

Langmuir and Freundlich isotherm equations were both found to be suitable for describing P-adsorption characteristics of the mortar samples. However, Langmuir isotherm equations are better suited to mortars A, B and C, while Freundlich isotherm equations are better suited to mortar D. This is illustrated by the relatively high R-square values shown in Tab. 2. Tab. 2 also presents the results of model estimation, which show that P-bonding energy (K_L) and adsorption capacity (K) follows the order of C > D > B > A for the four mortar mixes investigated. This coincides with the order of Al/Ca and Fe/Ca ratios in the hardened mortars, implying that the K_L and K values have a positive correlation with the total content of Al_2O_3 and Fe_2O_3 in each mortar.

Langmuir and Freundlich parameters for P adsorption on mortar. Tab. 2

Mortar	Langmuir model			Freundlich model		
	Qm (mg g^{-1})	K_L (Lmg^{-1})	R^2	K	1/n	R^2
A	30.96	0.034	0.9676	0.98	0.8987	0.8781
B	23.75	0.065	0.9313	1.24	0.8147	0.9281
C	12.7	0.088	0.9546	1.83	0.3488	0.7858
D	20.2	0.079	0.8727	1.43	0.6871	0.9547

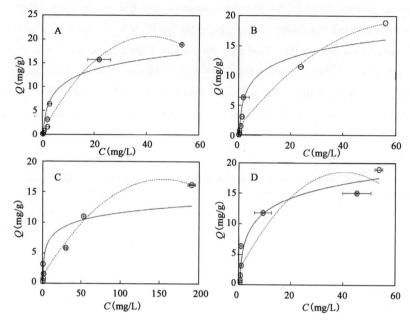

Fig. 1 Phosphorus adsorption isotherms of mortar A, B, C and D (··· Langmuir model;—Freundlich model)

Comparing the maximum amount of P adsorbed in the samples (Q_m), it is evident that each mortar mix features different capacities to adsorb P (Tab. 2). The experimental results indicate that mortar A has the highest value of maximum adsorption at 30.96 mg g^{-1}, followed by mortar B, mortar D and mortar C with maximum P adsorption values of 23.75, 20.20 and 12.7 mg g^{-1} respectively. This confirms the previous report that the Q_m value has a positive correlation with the CaO content in each mortar. In addition, the $1/n$ value (adsorption intensity) follows the same trend as Q_m, likely sharing a positive correlation with the CaO content in each mortar.

The experimental results from this study are comparable with those reported in the literature for other materials based on batch experiments. Many studies demonstrated that slag and fly ash are good filters for use in CWS. The maximum P-sorption of various fly ashes ranged from 5.51 to 42.55 mg g^{-1}. The highest P-adsorption capacity of furnace slag was 8.89 mg g^{-1}, while that of sand was only 0.13 mg g^{-1}.

Before extending the P-adsorption experimental results to field practices, however, a longer-term investigation should be conducted as suggested by recent studies. The Langmuir equation has been widely utilized in P-adsorption studies for the calculation of theoretical P-adsorption maxima. Yet, the P saturation potential derived from the Langmuir isotherm may lead to a biased and unrealistic estimate of the adsorption parameter. Despite the limitations, the current study reveals valuable information about adsorption characteristics of ground mortar samples and their potential use for removal of phosphorous from wastewater.

3.3 P-desorption from Synthetic Solutions

Fig. 2 illustrates that there exhibited a good fit of P-desorption data with the two-parameter exponential growth model used to describe desorption kinetics (see Eq. (8)). Note that chloride anions were added to replace the phosphate anions adsorbed on the ground mortar. When the amount of P adsorbed (Q) was small, the amount of P desorbed from the mortar increased slowly with Q. Once the amount of P adsorbed approaches the maximum capacity (Q_m), the amount of P desorbed from the mortar increased sharply with Q. Although the parameters a and b in Eq. (8) are related to desorption potential and desorption rate respectively, one cannot judge the desorption potential directly by the value of two parameters. Instead, a linear relationship was obtained by plotting the logarithm of P-adsorption capacities against the logarithm of P desorption capacities, the slope of which was applied to determine the desorption potential of each mortar mix (see Fig. S1 and Table S1 in the Supporting Information). The results reveal that the desorption potential of the four ground mortar mixes follows the order of B > A > C > D. This suggests that the phosphates adsorbed onto the ground mortar D remained more stable than those onto other mortar samples.

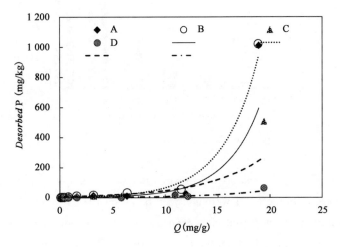

Fig. 2 Desorption of adsorbed P from mortar A, B, C and D

The mechanisms underlying the observed differences in the P-desorption results of these mortar mixes merit further investigation. With the limited data from this study, one can hypothesize the P-immobilization benefits of using fly ash instead of cement as the sole binder and a preference to inclusion of dehydrated gypsum (with additional CaO) and possibly a higher water/binder ratio and/or inclusion of nano-sized zeolite. Unhydrated fly ash has been widely demonstrated as an outstanding adsorbent for removing P from wastewater. It was reported that fly ash immobilized phosphate via adsorption or binding much more preferentially than ordinary Portland cement.

The phosphate anions desorbed by Cl^- are mainly in an exchangeable form adsorbed on the surface of mineral or metal oxide particles, and this fraction of P is considered to be reactive and thus a risk of secondary pollution. However, the results shown in Tab. 3 demonstrate that only a small fraction of phosphates can be desorbed. This fraction is only 0.3% for mortar mix D, and does not exceed 4.3% for the other mixes.

Comparison of maximum adsorption with maximum desorption of phosphorus in saturated mortar.

Tab. 3

Mortar	A	B	C	D
Q_m (mg g^{-1})	30.96	23.75	12.70	20.20
Maximum desorption of phosphorus (mg kg^{-1})	1 010.1	1 020.5	505.3	64.0
The ratio of desorption (%)	3.26	4.30	3.98	0.32

3.4 P-sequestration from Synthetic Solutions and Underlying Mechanisms

The results of P removal from synthetic solutions are shown in Fig. 3. All the ground powder of the four hardened mortar mixes exhibited outstanding P removal capabilities across the wide range of initial phosphate concentrations. All the samples (except mortar C) achieved more than 95% removal over the range of 20 to 600 mg L^{-1} and more than 94% removal at the 1 000 mg L^{-1} of P concentration. The amount of P adsorbed (Q) increased as the initial P concentration increased from 20 to 1000 mg L^{-1}, suggesting that a limit in P-adsorption was not reached. On the other hand, the removal rate decreased once the initial P concentration exceeded 320 mg L^{-1}, suggesting that a limit in P-sequsestration was reached.

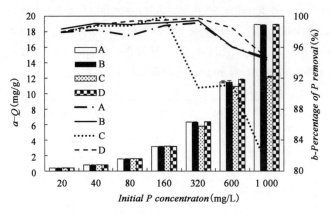

Fig. 3 Effect of range of P concentration on P adsorptioncapacity
(a) and P removal (b) of mortar A, B, C and D

Several relative ratios of critical elements indicative of the mortar samples and their possible reaction products with synthetic solutions (600 mg L^{-1}) were analyzed based on EDX results (Fig. 4). The Si/Ca and Al/Ca ratios of the mortar powders all increased after exposure to synthetic solutions without P added, suggesting the preferential leaching of Ca^{2+} and Al^{3+} from the mortar surface. The subsequent addition of KH_2PO_4 into the synthetic solutions led to significant decreases in the Si/Ca and Al/Ca ratios of the mortar powders, suggesting the presence of reaction products of Ca^{2+} and Al^{3+} with PO_4^{3-} etc.

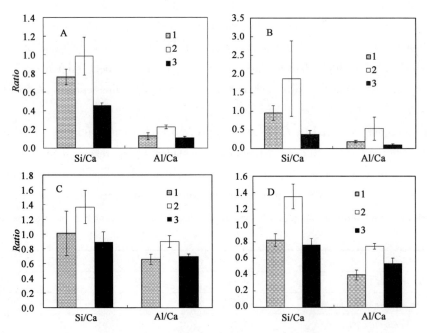

Fig. 4 The chemical changes of mortar A, B, C and D induced by synthetic solutions.
1. mortar samples before P removalexperiment; 2. mortar samples subjected to synthetic solutions without P; 3. mortar samples subjected to P solution.

The mortar surface before and after the P-sequestration experiments was examined by SEM and EDX analyses. Figs. S2 to S5 illustrate the surface morphology and chemical composition of mortars A, B, C, and D, respectively, both before and after the P-adsorption experiments. For all the mortar mixes, the SEM results reveal that the exposure of mortar powder to the synthetic P-containing wastewater led to the formation of crystalline phases on the mortar surface. The EDX data show that the surface of original mortars A and B mainly consistedof Si, Ca and O, whereas their surface after P-adsorption was dominated by a layer rich in Ca, Si, O and P. Moreover, the XRD data (see Fig. S6 in the Supporting Information) identified SiO_2 and $CaH_2P_2O_7$ as the predominant crystalline phases, indicating that P-sequestration was mainly based on precipitation of Ca-PO_4-P complexes. This finding is consistent with a previous study. For mortar C, the EDX data show that its original surface mainly consisted of Si, Ca, O and Al, whereas its surface after P-adsorption was dominated by a layer rich in Ca, Si, Al, O, and P. The EDX data of mortar D were similar to those of mortar C, except the significant presence of S as a result of gypsum in the mix design. The XRD data identified SiO_2, $CaHPO_4 \cdot 2H_2O$ and $AlPO_4$ were the predominant crystalline phases. This confirms the precipitation of $AlPO_4$ as another mechanism for P-sequestration. These results support the mechanism that phosphate anions react with calcium cations and at high phosphate levels lead to the precipitation of $CaHPO_4 \cdot 2H_2O$ (or $CaH_2P_2O_7$) onto the Ca-rich hydration products. This mechanism is consistent with a previous study. However, these findings do not support the other proposed mechanism where tricalcium phosphate was the main precipitation in ordinary Portland cement exposed to phosphate solution for a relatively short time. This may be attributed to the low pH of the phosphate solutions. Tricalcium phosphate and dicalcium phosphate have been documented as precursors of hydroxyapatite (HAP) in a number of experimental studies, in the neutral to acidic pH range. Thus, HAP has been recognized, typically after 3 ~ 6 months, by a number of authors.

In summary, the main mechanism of P-sequestration by mortar powders consists of two reactive steps. First, the interaction between mortar powder and water releases Ca^{2+}, Al^{3+} and OH^- ions. Then, there is a precipitation mechanism in addition to weak physical interactions between the surface of adsorbent filter media and the metallic salts of phosphate.

3.5 Practical Implications

When designing a CWS for P-sequestration, the selection of material for a wetland substrate plays a crucial role. CWSs have been extensively investigated and regarded as a promising way for treating various types of wastewater. This study has demonstrated that hydrated mortar can be used as a type of promising substrate for CWS. The estimated cost of hydrated mortar is approximately $23 per ton, which is not substantially higher than that of the commonly used materials (approximately $15 per ton for peal gravel and $10 to $15 per ton for crushed rock). It is speculated that the powdered mortar could be packaged by geotextile or other materials to avoid being washed away. It is also desirable to remove fly ashes from the waste stream and use them for valued-added applications such as wastewater best management practices (BMPs). Besides retention and precipitation by substrates, the removal mechanisms for phosphorus in CWSs also include: plant uptake, accretions of wetland soils, and microbial immobilization. Since P is retained within the wetland, its ultimate removal from the CWS is achieved by periodically harvesting plants and removing the saturated filter media. The saturated filter media (phosphate saturated mortar powder) may be used as partial replacement of fine aggregate in concrete, thus minimizing the risk of secondary pollution. Future research will explore the engineering and environmental performance of concrete mixes containing such recycled fine aggregate. Another line of research will explore methods to reduce the energy consumption in producing such mortar powders, without sacrificing their effectiveness in P-sequestration.

When planning to use the filter in a wetland system to obtain efficient and cost-effective P removal, the longevity of the system is one of the major questions that the designer must address. The lifetime of CWS may be calculated using the maximum P sorption capacity of substrate and the area of CWS. Given that a total of 7g PO_4 (or 2.3 g of P) per person per day is discharged and assuming that the land area required to treat wastewater from one person is 5 m^2 and the depth of the bed is 0.6 m, 3 m^3 of substrate would be needed to treat the effluent from one person. If saturation is reached at 30.96 g kg^{-1} P (P-adsorption maximum of mortar

A), the amount of mortar A(3 m³ or 6.3 t with a density of 2.1 g cm^{-3}) would adsorb 195.05 kg P, which translates to a theoretical lifetime of 232 yr. However, if one uses maximal P adsorption capacity calculated from the Langmuir equation, it is easy to make an overestimation. In addition, many studies have stated that when testing materials, those that show very high phosphorus removal in the laboratory do not give similarly good results in field systems. Therefore, further investigation of these materials are needed before their appropriate use in the field environment can be recommended.

Finally, cementitious materials investigated in the present study can also be used as construction materials. If such materials were applied in the construction of septic tanks or bio-retention tanks for wastewater or runoff treatment, it would be able to enhance the effect of phosphorus removal. In that case, it is desirable to use the investigated binders for pervious concrete or highly porous concrete so as to increase the hydraulic conductivity of the concrete and improve the performance of wastewater treatment. Such concrete may be used for the inner structure of septic tanks and bio-retention tanks to allow water to penetrate deeper into the materials.

4 Conclusions

The effects of cement-based and alternative cementitious materials on phosphorus-sequestration from wastewater were investigated. For all four hydrated and powdered mortars investigated, the P-removal rates were in excess of 80 percent for phosphorus concentrations ranging from 20 to 1 000 mg L^{-1}, while the ratios of desorption were less than 5 percent. The P-bonding energy (K_L) and adsorption capacity (K) exhibited a positive correlation with the total content of Al_2O_3 and Fe_2O_3 in each mortar. The maximum amount of P adsorbed (Q_m) and adsorption intensity ($1/n$) exhibited a positive correlation with the CaO content in each mortar. The sequestration of phosphate predominantly followed a precipitation mechanism in addition to weak physical interactions between the surface of adsorbent filter media and the metallic salts of phosphate. The use of these cementitious materials in the form of ground powder shows great promise as a filter material for wastewater treatment systems.

Acknowledgements

The work was financially supported by Construction & Technology Projects in Ministry of Transportation (20113186701290 and 2013318490010), Key Projects in the National Science & Technology Pillar Program (2014BAG05B06), Construction & Technology Projects in Department of Transportation of Jiangxi Province (2011C00005). The authors acknowledge postdoctoral visiting scholar grant for Dr. Xinjun Wang provided by the Chinese Scholarship Council. In addition, the authors would like to thank Dr. Yudong Dang from Tongji University and Dr. Ning Xie form Harbin Institute of Technology for their professional assistance.

References

ÀAdàm K., Søvik A. K., Krogstad T., 2006. Sorption of phosphorous to filtralite-P™——the effect of different scales. Water Res. 40(6):1143-1154.

Agyei N. M., Strydom C. A., Potgeiter J. H., 2002. The removal of phosphate ions from aqueous solution by fly ash, slag, ordinary portland cement and related blends. Cem. Concr. Res,32 (12):1889-1897.

Agyei N. M., Strydom C. A., Potgieter, J. H., 2003. Reply to the discussion by A. Demirbas of the paper "The removal of phosphate ions from aqueous solution by fly ash, slag, ordinary Portland cement and related blends". Cem. Concr. Res:33 (6):937.

Ahmaruzzaman M., 2010. A review on the utilization of fly ash. Prog. Energy Combust. Sci,36 (3):327-63.

American Coal Ash Association, 2004. 2003 Coal combustion product (CCP) production and use survey. http://www. acaausa. org/Portals/9/Files/PDFs/2003CCP Survey (10-1-04).

APHA, AWWA, WCF, 1995. Standard methods for the examination of water and wastewater, nineteenth ed. American Public Health Association, Washington DC, 4-112.

Arias C. A., Del Bubba M., Brix H., 2001. Phosphorus removal by sands for use as media in subsurface flow constructed reed beds. Water Res,35 (5):1159-1168.

Atis C. D., 2003. High-volume fly ash concrete with high strength and low drying shrinkage. J. Mater. Civ. Eng,15 (2):153-156.

Barca C., 2012. Phosphate removal from synthetic and real wastewater using steel slags produced in Europe. Water Res,46 (7):2376-2384.

Bowden L. I., Jarvis A. P., Younger P. L.,et al, 2009. Phosphorus removal from wastewaters using basic oxygen steel slag. Environ. Sci. Technol,43 (7):2476-2481.

Brix H., 1993. Wastewater treatment in constructed wetlands:system design, removal processes, and treatment performance. //Moshiri, G. A. (Ed.), Constructed wetlands for water quality improvement. CRC Press, Boca Raton, FL.,9-22.

Brix H., Arias C. A., Del Bubba M., 2001. Media selection for sustainable phosphorus removal in subsurface flow constructed wetlands. Water Sci. Technol,44 (11-12):47-54.

Chen J., Kong H., Wu D.,et al, 2007. Phosphate immobilization from aqueous solution by fly ashes in relation to their composition. J. Hazard. Mater,139 (2):293-300.

De-ashan L. E., Bashan Y., 2004. Recent advances in removing phosphorus from wastewater and its future use as fertilizer (1997e2003). Water Res,38 (19):4222-4246.

Demirbas A. A., 2003. Discussion of the paper "The removal of phosphate ions from aqueous solutions by fly ash, slag,ordinary Portland cement and related blends" by N. M. Agyei,C. A. Strydom and J. H. Potgieter. Cem. Concr. Res,33 (6): 935.

Diaz O. A., Reddy K. R., Moore P. A., 1994. Solubility of inorganic phosphorus in stream water as influenced by pH and calcium concentration. Water Res,28 (8):1755-1763.

Drizo A., Comeau Y., Forget C.,et al, 2002. Phosphorus saturation potential:a parameter for estimating the longevity of constructed wetland systems. Environ. Sci. Technol,36 (21):4642-4648.

Drizo A., Forget C., Chapuis R. P., et al, 2006. Phosphorus removal by electric arc furnace steel slag and serpentinite. Water Res,40 (8):1547-1554.

Drizo A., Frost C. A., Grace J.,et al, 1999. Physico-chemical screening of phosphate-removing substrates for use in constructed wetland systems. Water Res,33 (17):3595-3602.

EC/EWPCA, 1990. European design and operations guidelines for reed bed treatment systems. In: Presented to the Conference "Constructed Wetlands in Water Pollution Control",Cambridge, UK.

Forbes M. G., Dickinson K. R., Golden T. D.,et al, 2004. Dissolved phosphorus retention of light-weight expanded shale and masonry sand in subsurface flow treatment wetlands. Environ. Sci. Technol, 38 (3):892-898.

Greenway M., Woolley A., 1999. Constructed wetlands in Queensland:performance efficiency and nutrient bioaccumulation. Ecol. Eng,12 (1-2):39-55.

Horst M., Welker A. L., Traver R. G., 2010. Multiyear performance of a pervious concrete infiltration basin BMP. J. Irrig. Drain. Eng,137 (6):352-358.

Kadlec R. H., 1997. An autobiotic wetland phosphorus model. Ecol. Eng,8 (2):145-172.

Laak R., 1986. Wastewater engineering design for unsewered areas. Technomic Publishing, The Hague,

Netherlands.

Luck J. D., Workman S. R., Coyne M. S., et al, 2009. Consequences of manure filtration through pervious concrete during simulated rainfall events. Biosyst. Eng,102 (4):417-423.

Mehta P. K., 2004. High-performance, high-volume fly ash concrete for sustainable development. Proceedings of the International Workshop on Sustainable Development and Concrete Technology:3-14.

Newbold D. J., Elwood J. W., O'Neil R. V., et al, 1983. Phosphorus dynamics in a woodland stream ecosystem: a study of nutrient spiraling. Ecology,64 (5):1249-1263.

O. uz E., Gurses A., Canpolat N., 2003. Removal of phosphatefrom wastewaters. Cem. Concr. Res,33 (8):1109-1112.

Reddy K. R., Kadlec R. H., Flaig E., et al, 1999. Phosphorusretention in streams and wetlands: a review. Crit. Rev. Environ. Sci. Technol,29 (1):83-146.

Shi X., Fay L., Peterson M. M., et al, 2011a. FESEM/EDX investigation into how continuous deicer exposure affects the chemistry of portland cement concrete. Constr. Build. Mater,25 (2):957-966.

Shi X., Xie N., Fortune K., et al, 2012. Durability of steel reinforced concrete in chloride environments: an overview. Constr. Build. Mater,30:125-138.

Shi X., Yang Z., Liu Y., et al, 2011b. Strength and corrosion properties of portland cement mortar and concrete with mineral admixtures. Constr. Build. Mater,25 (8):3245-3256.

Tanner C. C., Sukias J. P. S., Upsdell M. P., 1998. Relationships between loadingrates and pollutant removal during maturation of gravel-bed constructed wetlands. J. Environ. Qual,27 (2):448-458.

Valsami-Jones E., 2001. Mineralogical controls on phosphorus recovery from wastewaters. Mineral. Mag,65 (5):611-620.

Vohla C., Kōoiv M., Bavor H. J., et al, 2011. Filter materials for phosphorus removal from wastewater in treatment wetlands-a review. Ecol. Eng,37 (1):70-89.

Vymazal J., 2013. The use of hybrid constructed wetlands for wastewater treatment with special attention to nitrogen removal: a review of a recent development. Water Res,47 (14):4795-4811.

Wang S., Wu H., 2006. Environmental – benign utilization of fly ash as low – cost adsorbents. J. Hazard. Mater,136 (3):482-501.

Wang X. J., Kong Y. P., Chen J. D., et al, 2012. Present status about wastewater treatment at highway affiliated facilities of China. Adv. Mater. Res,356-360:2673-2677.

Westholm L. J., 2006. Substrates for phosphorus removal-potential benefits for on – site wastewater treatment. Water Res,40 (1):23-36.

Wu T., Sansalone J., 2013. Phosphorus equilibrium. II: comparing filter media, models, and leaching. J. Environ. Eng,139 (11):1325-1335.

Xu D. F., Xu J. M., Wu J. J., et al, 2006. Studies on the phosphorus sorption capacity of substrates used in constructed wetland systems. Chemosphere,63 (2):344-352.

新理念下服务区规划与设计

朱 宇 刘 洋 王志文

(吉林省交通规划设计院 吉林 长春 130021)

摘 要:鹤大高速是国家高速公路网的重要路段,服务区的规划设计中,充分展示了"安全、快捷、环保、生态、景观"的理念。服务设施的设置既要保证基本服务水平,又要保证交通远景发展的需求。将服务区与沿线自然环境、景区、人文结合起来,使服务区的服务水平得到提升,以人为本的设计理念得到扩展。

关键词:服务区 设计理念 规划与设计

1 引言

随着吉林省高速公路的迅速发展,设计者对路服务区的规划、设计理念也在不断提升。以人文本、安全、快捷、环保、生态、景观作为吉林省高速公路的设计特色,在鹤大高速公路服务区规划选址及场区主体工程设计方面,这一理念被贯彻始终。

2 高速公路服务区的组成与功能

高速公路服务区是指在高速公路途中提供停车、加油、汽车修理、餐饮、休息而设置的服务场所。

服务区主要具有为人和为车服务的两大功能。为人服务的功能设施包括休息、卫生间、餐饮、住宿、商务、休闲娱乐环境等;为车服务的设施包括匝道、引道、加油站、维修、维护用房,在布置上应与为人服务的设施保持独立。此外还包括实现为人、为车服务和维持服务区运营的各种设施和辅助用房,包括配电房、锅炉房、给排水设施等。

3 高速公路服务区的规划选址

3.1 高速公路服务区间距设置

服务区设置间距根据高速公路交通量、交通构成、自然环境、用地条件、周边城市规模以及路网规划,相邻高速公路服务设施设置等条件综合确定。服务区平均间距不宜大于50km;最大间距不宜大于60km。服务区间距规划主要考虑以下几方面因素。

1)车辆加油的需求

为车辆加油是服务区的一项基本功能,车辆燃油警示灯亮起后一般可以继续行驶50km,所以服务区间距不宜大于50km,保证车辆加油的需求。

2)司乘人员生理需要

按照人体新陈代谢的规律,约1.5~3h会有如厕需求,如考虑最大忍受时间为0.5h,100km/h设计速度的高速公路服务区间距不宜大于50km。

从交通安全方面考虑,驾驶员连续行车1~1.5h应停车休息。

3)沿线城市地位

高速公路沿线周边城市规模影响着进出高速公路交通量,车流量的大小决定了对服务区规模及间距的需求。

4)周边高速公路服务区设置关系

应对周边高速公路路网及相关的服务区设置进行调查分析,从整体上使服务区的规划设置更加合理。

5)区域出行发展趋势

高速公路所在区域出行发展趋势对服务区间距设置具有重要的影响,未来高速公路车辆出行的增长、车辆类型、比重和出行距离的预测,与服务区设置间距及规模关系密切。

3.2 高速公路服务区选址

服务区场区具体地址选择是否合理,是决定服务区的建设成本以及能否充分发挥服务区服务功能的关键。应根据全线服务区规划,综合分析服务区拟建区域的建设条件、公路技术条件、投资运营条件、生态景观条件等进行选址。

根据省内外服务区的设置,场区选址主要考虑以下几方面因素。

(1)合适的地形条件。

(2)公路技术条件。

(3)土地资源条件。

(4)养护、管理条件。

(5)水、电供应需求,及雨水、污水排放要求。

(6)景观的要求,尽量选择风景秀丽的地方。

(7)远期改扩建的需求。

4 鹤大高速公路服务区规划设计

鹤大高速公路(G11)为国家高速公路网中的重要路段,经吉林省境内路线里程长427.944km,起于吉黑省界小沟岭,路线经敦化市、抚松县、靖宇市、通化市,止于吉辽省界新开岭。其中抚松至靖宇段36.018km与抚长高速公路共线,已建成通车;通化至新开岭段52.406km,已建成通车。

4.1 服务区设计原则及影响因素

服务区设计原则为全面贯彻"安全路、快捷路、环保路、生态路、景观路"的设计理念,建设吉林省东部的"生态景观大通道"。

服务设施的设置既要保证道路运营初期的基本服务水平,又要保证交通远景发展需要。设计中将服务区、观景台位置的选择与沿线自然环境、风景区、人文景观以及山水结合起来,在满足功能的前提下,采用灵活多样化的布置方式。

1)沿线城镇影响

鹤大高速公路沿线所经市县较多,城市规模的大小决定城市辐射圈内高速公路服务区的需求程度,在总体调研分析的基础上,在敦化市、抚松县、靖宇市、通化市较近位置优先考虑设置服务区。

2)高速公路路网关系

鹤大高速公路涉及的其他高速公路共6条,在敦化市唐家店与已通车的珲乌高速公路(G12)交叉;在靖宇县与已通车的抚长高速公路(S26)交叉,同时在板房子至榆树川段共线;在敦化市沿江村与拟建的延蒲(S1116)和规划的蒲左高速(S22)交叉;在通化市回头沟与拟建的辉白高速公路(S0111)交叉;在通化西与与拟建的集双高速公路(G1112)交叉。

3)交通量组成

本项目交通量分布客车占62%,货车占38%;客车组成以小型客车为主,由于项目所在地区以林业、农业等产品为主,货车组成以大型车为主。设计中考虑了项目实施后产生的新增交通量。

4.2 鹤大高速服务区设计

1)设计新理念

(1)科学规划,统筹设计,灵活多样,具有前瞻性。

(2)以人为本,尊重自然,随山就势,结合地形条件确定服务区形状。
(3)宣传和保护雁鸣湖湿地、渤海国文化等旅游资源,具有拉动地方经济发展的意识。
(4)与沿线自然环境、风景区、人文景观以及山水相结合。
(5)场区间设置汽车通道,方便两侧场区服务间车辆通行。

2)规划选址

综合考虑城镇布局需求,结合沿线路网规划,相邻高速公路服务设施所提供的服务项目、内容及沿线人文、自然景观确定服务区的位置;根据设计交通量、交通组成、自然环境、用地条件等因素确定服务区的建设规模。鹤大高速公路吉林境内共设置服务区9处。分别为:雁鸣湖服务区、红石服务区、敦化南服务区、四湖服务区、抚松服务区、靖宇服务区、江源服务区、通化服务区及都岭服务区。场区面积及间距见表1。

鹤大高速公路服务区设置　　　　　表1

名　称	场区面积（m²）	间距（km）
雁鸣湖服务区	74 480	距省界11.0
红石服务区	63 125	37.1
敦化南服务区	81 586	49.9
四湖服务区	98 103	53.2
抚松服务区	90 000	58.1
靖宇服务区	60 000（已建成）	50.8
江源服务区	65 338	50.0
通化服务区	71 533	44.5
都岭服务区	56 142（已建成）	距省界23.5

3)雁鸣湖服务区(图1)

雁鸣湖服务区距离吉黑省界10.983km,距离鹤大高速公路黑龙江境内的镜泊服务区23.4km,考虑出入省界车辆不同的需要,两侧场区采用不对称形式布设;雁鸣湖服务区毗邻雁鸣湖自然保护区,在服务区内可以欣赏雁鸣湖美丽的湖光山色;充分利用地形条件,将右侧场区左侧突起的山丘作为观景台,

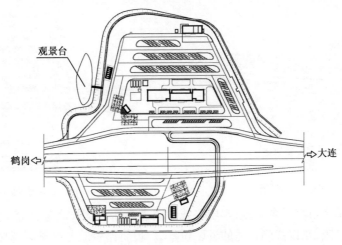

图1　雁鸣湖服务区场区布设图

减少挖方数量,降低工程造价,在满足实用性的同时注重良好的视觉观感,体现出高速公路服务区的灵活性设计。

4) 红石服务区(图2)

布设于红石牡丹江大桥与黄泥河大桥之间,路线东侧600m左右为红石水库,场区所处地势较高,地形平缓,风光秀丽,适合布置服务区。

5) 敦化南服务区(图3)

敦化南服务区位于敦化南侧贤儒镇,本段路线沿四道荒沟东侧布设,该服务区的布设主要是结合地形地貌设置,路线东侧为山坡,地势较高,西侧为溪水,地势低洼,结合地形条件,服务区布置在山脚坡地到沟谷洼地溪流过渡区。

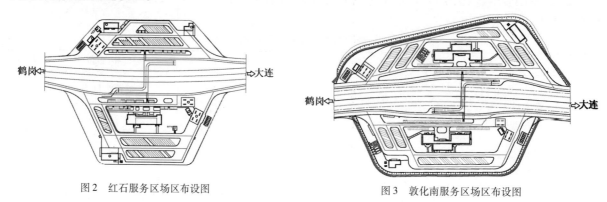

图2 红石服务区场区布设图　　　　　　图3 敦化南服务区场区布设图

此地有古代渤海国遗址及六顶山佛教文化,结合历史人文景观特点,打造从湿地到旱田到山林过渡的自然景观。

根据服务区所处的地形及周围环境,服务区采用分离不对称布置形式。本服务区一侧为山坡,一侧为谷底和河流,可充分利用这些条件,进行房屋布置及园林景观绿化。

6) 四湖服务区(图4)

四湖服务区位于抚松县四湖林场东侧、敦化市大蒲柴河镇松江村东侧,该处地形起伏较大,主线挖方较深,并且受二道松花江大桥和松江河村限制严重。根据实际的地形、拆迁条件,场区采用不对称的错位布置形式,最大限度减少挖方高度,降低工程规模。

7) 抚松服务区(图5)

抚松本服务区位于北岗镇的北侧,服务区范围内均为林地,本处地势平缓,场区布置有利,采用对称式布置。

8) 靖宇服务区(图6)

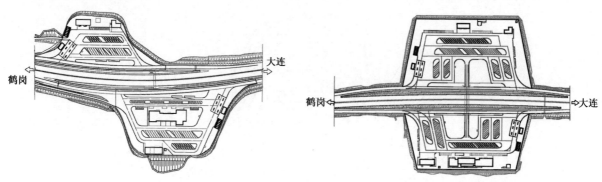

图4 四湖服务区场区布设图　　　　　　图5 抚松服务区场区布设图

靖宇服务区位于靖宇市燕平乡东侧,本段路线为鹤大高速与抚长高速公路共线段,由于地势狭窄,服务区布设条件严重受限,难以找到合适的场区位置,所以将靖宇服务区场区与燕平互通以位置结合方式合并设置。充分利用匝道与主线之间的土地,节约用地,降低造价节约投资,减少对自然环境的影响。

靖宇服务区场区与燕平互通合并设置，最大限度利用互通立交的功能，提高服务区服务水平，达到和谐统一。

9) 江源服务区（图 7）

江源服务区位于江源市西侧的山脚处，周围以白桦和落叶松组成的林地为主。江源市是松花石的重要产地，形成了独具特色的松花石文化，因此设计时在江源服务区主体建筑旁的绿地中放置了一组五块大规格、高品质的松花石，同时在旁边设置木质解说牌，详细介绍松花石的历史渊源和文化内涵，从而达到宣传松花石、展现松花石文化魅力的目的。

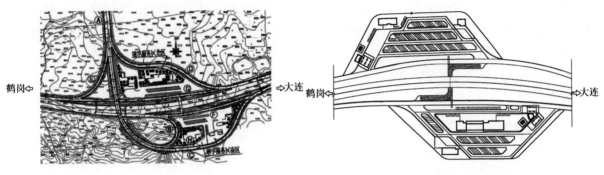

图 6　靖宇服务区场区布设图　　　　　　图 7　江源服务区场区布设图

10) 通化服务区（图 8）

通化服务区位于通化市东侧，周围以林地、旱田为主，地势平坦，有河流经过。在服务区中靠近河流的地方设置一座观景平台，可望见远处的山脉背景。

因曾在服务区附近发现秦汉长城遗址，使长城遗址的最北端由原先的辽宁省境内到达了吉林省境内，具有重要的历史意义。因此设置解说牌来介绍发现的秦汉古长城和考古文物。护栏的形式也采用与古长城的城墙相仿的形式来体现此处的文化，将鹤大高速路吉林段打造成一条文化之路。

11) 都岭服务区（图 9）

都岭服务区位于鹤大高速公路通化至新开岭段，本段高速公路于 2011 年 10 月建成通车，都岭服务区距离吉辽省界 23.5km。服务区位于通化市西侧，场区位于山坡台地处，场区形状采用不规则对称形式布设。

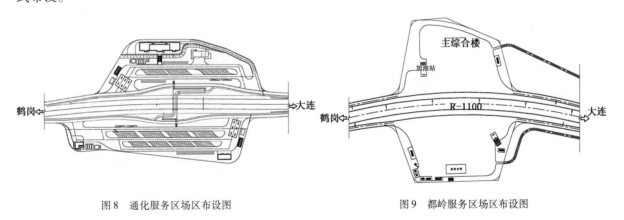

图 8　通化服务区场区布设图　　　　　　图 9　都岭服务区场区布设图

5　结语

高速公路是封闭式经营，沿线服务区起着确保交通畅通，保障行车安全、综合服务的重要作用，不能仅仅作为公路的"附属设施"对待。服务区规划选址应该综合考虑多方面因素，这样才能充分利用有限的资源，提供最好的服务。

鹤大高速公路即将建成通车，期待各个服务区在以后的运营过程中充分发挥其服务功能，为鹤大高速公路发挥最大效益做出贡献。

参 考 文 献

[1] 常兴文,曹豫涛,于瑾,等.高速公路服务区规划及设施设计[M].北京:人民交通出版社,2013:38-40,48-54.

[2] 尹晶.高速公路服务区环境设计[M].北京:建材工业出版社,2013:56-59.

[3] 林丹丹.高速公路服务区规划与设计理念创新[J].华东公路,2009(5):57-59.

[4] 张凌涛,孙国丽.营松路互通立交与服务区合并设置设计[J].山东交通科技,2010(1):39-40.

[5] 中华人民共和国行业标准.JTG D80—2006 高速公路交通工程及沿线设施设计通用规范[S].北京:人民交通出版社,2006.

路基分步清表施工技术在鹤大高速公路建设中的应用

王 倜[1] 崔巍武[2] 张广庆[2] 孙鹏程[2] 陶双成[1] 王新军[1] 孔亚平[1]

(1. 交通运输部科学研究院 北京 00029；
2. 吉林省高等级公路建设局 吉林 长春 130033)

摘　要：路基清表施工是进行路基建设的首要阶段,在该阶段开展表土剥离是交通行业贯彻"资源节约,环境友好"公路建设目标的环保举措,能够对表土资源有效保护和再利用。相比传统的粗放型公路路基清表技术,研究提出的分步清表施工技术利用了最新的3S手段进行前期的调查,施工过程更加精细化,表土剥离更加科学合理,控制了施工扰动范围,减少了环境破坏。将该技术在吉林鹤大高速公路建设中进行了推广应用,结果取得了显著的成效,保护了长白山区脆弱的生态环境。

关键词：高速公路　表土资源　清表　环境保护

路基清表施工是高速公路进行路基施工建设的第一阶段。公路清表施工,即使用机械和人工的方法清除地表附着物(包括植被及其他等)和表土层,为进行路基的填筑和开挖打好基础。清表施工的主要对象为表土层,一般而言,其包括自然土壤中的腐殖质层(含枯枝落叶层)以及耕作土壤中的耕作层,表土中的有机质和微生物含量最多,对地力快速恢复和植物生长最有利,它是一种稀缺的、不可再生的、具有重要生态价值的基础性资源,尤其是表土中的有生命的种子形成了土壤种子库,是潜在的植物种群或群落,是植被天然更新的物质基础。以往国内公路建设清表施工普遍把表土层作为一般土料来使用或直接乱堆乱弃,由此造成了对天然珍贵土壤资源的巨大浪费,因此路基清表施工是公路环境保护的重点环节。长期以来,由于国内没有相关的程序和规范对清表施工进行指导,造成了清表施工范围扩大、表土资源浪费等生态破坏现象。

为了解决清表施工带来的环境和生态问题,目前国内外都提倡采用相关技术和方法把优质表土剥离出来循环利用。根据国内外实践,表土剥离(Topsoil Stripping)主要指腐殖质层(含枯枝落叶层)和耕作层土壤剥离,是指将建设用地或露天开采用地(包括临时性用地)所涉及的适合耕种的表层土壤剥离出来,用于原地或异地土地绿化、复耕、复垦、土壤改良、造地及其他用途,包括剥离、存放、搬运、耕层构造与检测等一系列相关技术,该技术是一个复杂的、横跨众多领域、涉及众多方面的工程技术。国外发达国家很早就将表土的利用技术纳入到表土剥离制度中,形成一整套的技术方法,日本、澳大利亚、美国、英国等国在土地复垦领域中投入相当部分的人力物力和财力,用于表土剥离和事后复原。随着国内资源保护意识的增强,在矿山资源开发、城镇建设、耕地保护等领域,众多的学者对表土剥离技术、表土利用的土地复垦技术、政策法规等进行有效探索。在公路环保相关领域的学者也逐渐意识到表土资源对于路域生态保护和恢复的重要性,研究提出了表土利用及复垦规划纳入设计文件、不同类型土壤表土层的最佳收集厚度、利用表土进行边坡植被恢复等研究成果。

综上所述,表土剥离的相关研究在很多领域已经有了较多的经验积累,在公路环保领域也有了初步成果。但是现有的较为系统的表土剥离技术多应用于矿山、农田、平原等大面积区域进行表土剥离操作,还未有满足公路主体工程、线形特征和环境特点的表土剥离技术方法。因此本文研究提出了一种分步清表的表土剥离施工技术,针对公路主体结构和路基施工的特点,易于现场操作实施,能够有效对公路占地界内的表土层资源进行收集和保护,然后将该技术应用于正在建设的吉林省鹤大高速公路进行验证。

1 分步清表施工技术特点

长期以来,公路路基建设通常采用一步清表施工法,即一次清理完公路占地界范围内的植被和表土,不进行表土剥离过程,这样往往造成清理范围大于路基建设需要占用的范围,使植被和表土过多地被破坏和浪费,造成难以弥补的生态损失。针对以上问题研究提出的分步清表施工技术特点在于前提路基清表厚度调查和多次清表施工相结合。

1.1 施工前期调查

利用3S技术结合现场调查的方法,弄清公路沿线不同土地利用类型路段可利用表土资源的厚度,针对不同土地利用类型确定不同清表厚度。

1.2 路基多次清表施工

首先在路中线两侧进行第一次清表施工,清表范围为设计路面宽度,其次在路面宽度范围外侧至设计的坡脚线处或坡口线内范围内清表,最后,坡脚线与坡口线外侧至征地界处的植被根据其他公路工程需要进行清表,最大限度地保护植被和表土资源。

1.3 表土资源循环利用

利用清表施工中收集的植被和表土资源进行后期路域生态恢复,降低绿化成本,维护区域生态安全。

2 分步清表施工技术方法

2.1 清表厚度调查方法

不同于其他工程建设项目,公路工程为线形工程,穿越区域具有里程跨度大、地形变化复杂、土地利用类型多样等特点,因此路基清表工程中进行表土剥离施工难度更大,而确定表土剥离厚度为需要解决的首要问题。国外的表土剥离有时还包括亚表层(Subsoil),剥离深度根据具体情况而定。就自然土壤而言,土壤表层厚度一般为0~20cm,下部的亚表层厚度为20~40cm;耕作土壤耕作层土壤厚度一般为15~20cm,其下部犁底层厚度一般为6~10cm,心土层厚度为20~50cm,表土剥离至少要包括耕作表层和犁底层,厚约30cm,如果耕地土壤腐殖质层深厚,可以延伸到整个亚表层,即达到40cm或更厚。以上的表土剥离厚度为前人经验总结,无法适用于具体的工程项目,对于公路路基工程还需要更有针对性的技术方法。

为解决上述问题研究提出了通过利用3S技术对公路沿线的卫星地图进行遥感解译识别出公路穿越的沿线区域不同土地利用类型,对不同土地利用类型的表土厚度进行现场取样调查,根据分析结果针对每个路基施工标段制订清表施工指南,详细划定不同位置的表土剥离厚度。上述研究提出的清表施工前期规划和指南能够同时保证表土剥离施工效率和环境效益的最大化。

2.2 路基分步清表施工法

第一步清表施工是通过前期勘测确定公路中线,沿该公路中线向两侧清表,直至清理出设计路面宽度范围,达到贯通全线,保证施工车辆、机械和人员能够进入,如图1、图2所示。这一阶段采用机械剥离表土的清表方式,按照指南要求剥离出不同位置的设计表土厚度。该阶段只剥离出路面硬化范围的表土,减少不必要的机械施工破坏,剥离的表土集中存放。

填方路基的第二步清表施工在设计路面宽外侧至设计的坡脚线位置之间的范围进行表土剥离,为路堤边坡的形成留出施工位置。挖方路基的第二步清表施工在设计路面宽外侧至设计的坡口线位置之间的范围进行表土剥离,为路堑边坡的形成留出施工位置,如图1、图2所示。第二阶段仍采用机械剥离表土的清表方式,按照指南要求剥离出不同位置的设计表土厚度。

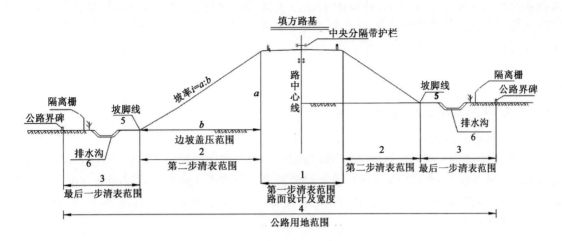

图1 填方路基分步清表施工法示意图

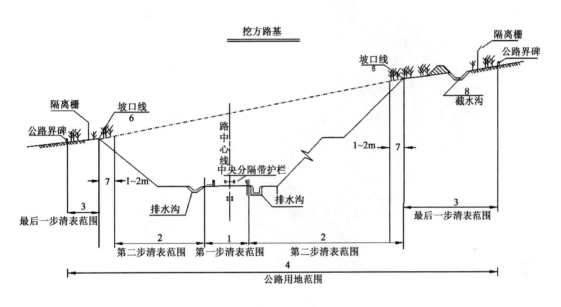

图2 挖方路基分步清表施工法示意图

最后一步清表施工在设计填方路基的坡脚线或设计挖方路基的坡口线至公路用地边界之间的范围进行表土剥离,清表操作根据截水沟或排水沟的设置及现场实地情况进行,对不影响施工操作的区域避免扰动,如图1、图2所示。最后阶段以人工剥离表土的清表方式为主,按照指南要求剥离出不同位置的设计表土厚度,剥离的表土可直接覆盖在路堤或路堑边坡进行自然恢复。

因此路基分步清表施工技术方法是路基清表施工精细化的体现,可以最大限度减少路基施工对公路路侧护坡道、隔离栅、路侧截、排水沟等非必须清表位置的扰动,以最小的破坏换取路域环境的最大保护。

3 分步清表施工技术应用

3.1 依托工程项目概况

鹤岗至大连高速公路是国家"7918"高速公路网规划的9条南北纵线的第一纵,是东北区域骨架公路网中的纵一线,也是《吉林省高速公路网规划》的"5纵、5横、3环、4联络"中5纵的第1纵。本项目研究的是鹤大高速路中的两段,一是小沟岭到抚松段,二是靖宇到通化段。鹤大高速公路所在区域属于吉林东部长白山生态区,鸭绿江中低山林生态亚区及长白山熔岩中低山林生态亚区,是吉林省重要的生物多样性分布区,环境的敏感性使得开展公路建设中的资源环境保护显得十分必要。鹤大高速公路沿线环境最大的特点是穿越了大片林地,包括多个林场和自然保护区,高速途经的林区大面积分布的土壤类型为暗棕壤和白浆土,表层腐殖质肥厚,其各种养分含量均较高,比较适于耕种及林地树木生长,路基清表施工过程中重点关注表土的保护和利用,从这两方面来减少资源的流失。

3.2 分步清表施工技术项目实施

(1)表土剥离厚度确定

采用3S技术对鹤大高速公路沿线的卫星地图进行遥感解译识别出了公路穿越的沿线区域不同土地利用类型如图3所示,然后确定现场的表土厚度调查点位如图3所示。通过调查分析得出鹤大高速公路农田表土平均剥离40cm,阔叶林林地平均剥离20cm,针叶林林地平均剥离30cm,每个路基施工标段分别制订施工指南。

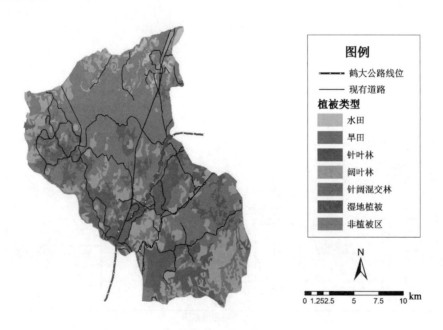

图3　土地利用类型遥感解译及调查点位示意图

(2)实施路基分步清表施工技术

按照分步清表技术方法在鹤大高速公路全线339.429km进行实施,主要针对林地和农田这两种土地类型进行表土的剥离,如图4所示。

图4　表土剥离施工现场

（3）剥离表土存放

施工单位采取了施工厂区集中堆放、临时征地集中堆放、路侧临时堆放等措施进行收集,同时按技术指导文件要求建设表土场,在各标段建立了标准表土堆放场,采取码方、标志牌、排水沟、苫盖、挡土袋防护等措施对表土进行保护。据统计,全线20个路基标段共收集表土约370万 m³,全部纳入景观绿化设计进行利用,如图5所示。

图5　表土存放现场

4　结语

路基分步清表施工技术是一种新型环保的公路路基清表技术,技术的本质是采取精细化的施工过程和管理模式。该技术适用于公路建设及其他类似建设项目,符合公路主体工程、施工操作和路域环境特点,通过对表土进行剥离和循环利用有效保护了公路沿线的资源,同时以最小的环境破坏作为目的,最大可能保护了原生自然环境。该技术在鹤大高速公路的实施取得了显著的成果,保护了公路沿线大片的原生林地,剥离公路占地内珍贵的林下表土和农田耕作土并进行循环利用,减少了后期的公路绿化成本,沿线表土丰富的本地种子库保证了长白山区区域生态安全。

参 考 文 献

[1] 孙向阳. 土壤学[M]. 北京:中国林业出版社,2005.

[2] Moles AT,Drake DR. Potential contribution of the seedrain and seed bank to regeneration of native forest underplantation pine in New Zealand[J]. New Zealand Journal of Botany,1999, 37: 83-93.

[3] 孙宏斌,马云龙. 公路建设表土利用的几点措施[J]. 黑龙江交通科技,2007 (12):162.

[4] 颜世芳,王涛,窦森. 高速公路取土场表土剥离工程技术要点[J]. 吉林农业,2010, 249(11):238.

[5] 傅广仁,段德河. 表土剥离再利用技术在尾矿库恢复耕植功能中的应用研究[J]. 科技创新导报, 2008(12):13-16.

[6] 朱先云. 国外表土剥离实践及其特征[J]. 中国国土资源经济,2009(9):24-26.

[7] 刘新卫. 日本表土剥离的利用和完善措施[J]. 国土资源,2008(9):52-53.

[8] 金丹,卞正富. 国内外土地复垦政策法规比较与借鉴[J]. 中国土地科学,2009(10):70-71.

[9] Kenney R. Surface Mining Control and Reclamation Act of 1977[J]. United States. Encyclopedia of Earth,2009:06-25.

[10] 周树理,刘仁英. 国外复垦经验简介[J]. 矿山废地复垦与绿化,1995:213-216.

[11] 徐鹏洲,史伟,赵慧,等. 矿区土地复垦与生态重建模式探究[J]. 现代商贸工业,2010(23):411-412.

[12] 付梅臣,陈秋计. 矿区生态复垦中表土剥离及其工艺[J]. 金属矿山,2004(8):63-65.

[13] 王秀茹,韩兴. 三峡库区"移土培肥"工程的水土流失问题浅析[J]. 水土保持研究,2007(4):4-6.

[14] 董雪. 吉林省黑土区村庄表土剥离技术集成方案[D]. 吉林农业大学,2012.

[15] 王锐,张孝成,蒋伟,等.建设占用耕地表土剥离的主要实施条件研究[J].河北农业科学,2011,15(1):90-91.

[16] 吴凤.以依宝公路为例对路基剥离表土进行规划利用的探索[J].黑龙江交通科技,2009(8):81-82.

[17] 王偲,陶双成,孔亚平.表土在彭湖高速公路低缓边坡生态恢复中的应用[J].生态学杂志,2012,31(1):172-179.

[18] 窦森,董雪,董丽娟,等.松辽平原表土剥离技术体系——以吉林省松原市为例[J].吉林农业大学学报,2014,36(2):127-133.

改良人工湿地在服务区污水处理中的应用

刘学欣[1] 孔亚平[1] 李劲松[2]

(1.交通运输部科学研究院 北京 100029;2 林省高等级公路建设局 长春 130216)

摘 要:针对公路服务区传统人工湿地污水处理技术存在的启动调试滞后、占地面积大、湿地床易堵塞等实际问题,开展了改良人工湿地处理研究,选用废砖块、空心砖和废陶瓷等作为湿地填料,引入湿地模块化设计的理念,采用进水低位双泵控制系统及阶梯增加水力负荷和间歇投配的启动方式,在江西某服务区建设示范工程,处理后出水水质稳定,达到《城市污水再生利用 城市杂用水》(GB/T 1890——2002)中城市绿化用水标准。

关键词:服务区 污水处理 人工湿地 填料 模块

1 引言

随着我国公路建设的快速发展,公路沿线的服务区也配套建设,服务区在运营过程中产生的污水逐渐成为我国水环境治理中亟待解决的一个问题。

高速公路服务区污水主要由卫生间污水、餐饮污水、加油站及车辆冲洗废水等组成。同生活污水相比,服务区污水具有水质水量随季节性波动大,悬浮物和氨氮含量高,含有一定量的石油类物质等特点。

目前服务区主要采用的污水处理技术包括接触氧化、序批式活性污泥法(SBR)、膜生物反应器(MBR)和人工湿地、土壤渗滤等方法,其中人工湿地技术具有出水水质好、景观效果好、运行维护简单等优点,在南方有一定场地空间的服务区具有很好的推广应用前景[1]。国内学者已经对人工湿地技术应用于服务区污水处理进行了一些初步的尝试,取得了一定的成绩,如肖冬燕[2]、李向阳[3]、李红艳[4]、李虹[5]等对人工湿地技术应用于服务区污水处理及回用领域进行了技术适宜性分析和科学论证,钱鸿[6]等在安徽六潜高速潜山服务区采用了水平潜流人工湿地的处理方法,陈伟莉[7]在广梧高速建城服务区、虎岩服务区,黄小云[8]等在湖北某服务区采用了接触氧化+人工湿地的处理方法,均取得了理想的处理效果。但在部分工程应用过程中,发现该技术存在启动调试滞后、建设成本偏高、易堵塞、场地受限等问题[9]。因此本文针对上述问题开展改良型人工湿地研究,重点解决根据地方特色因地制宜地选择兼具处理效果和经济成本的湿地填料,根据场地情况设计并联模块化布局并调控各模块间歇运行,初期快速启动调试等问题,具有非常重要的实际应用价值。

2 人工湿地填料选配

2.1 填料选择依据

人工湿地是由土壤、人工填料和湿地植物组成。在湿地床体内装填复合湿地填料,表面种湿地植物,并配有进水、配水、集水等管路,通过过滤、吸附、沉淀、离子交换、植物吸收和微生物分解等途径去除污水中的污染物。可以看出,湿地填料在整个处理系统中至关重要,在填料选配过程中,应综合考虑功能性、经济性、生态相容性等因素[10]:

(1)经济可行、就地取材和各种废料的再利用;

(2)具有一定的强度,合适的密度、孔隙率和比表面积,具有良好的生物附着性;

(3)填料的化学稳定性好,不溶出影响生物功能的有害物质,并希望能溶出一些有益于微生物生长的元素。

2.2 填料种类确定

选择江西省作为示范点,经过实地考察,本着便宜易得、就地取材的原则,初步选定废砖块、空心砖等建筑废料以及景德镇周边地区独有的废陶瓷作为填料。相关研究结果表明[11-12],废砖块、空心砖和废陶瓷具有较高的孔隙率和比表面积,作为湿地填料可以提供更好的吸附功能和微生物负载能力,因此无论从经济性、功能性以及废弃物的循环利用等方面考虑,利用上述3种填料构建人工湿地都是适宜可行的。

3 模块化湿地设计

在江西省某服务区东西两侧,分别建设了处理量为150t/d的改良人工湿地污水处理及回用示范工程,对服务区综合楼、职工宿舍及宾馆产生的生活污水,餐厅产生的餐饮废水,机修间产生的洗车废水进行综合处理,设计出水水质达到《城市污水再生利用 城市杂用水》(GB/T 18920—2002)中城市绿化用水标准,在厂区各绿化需水点设置洒水栓,利用中水进行场区绿化浇灌。

示范工程采用调节池+沉淀池+人工湿地的工艺流程,其中核心处理单元人工湿地采用垂直潜流人工湿地,由体积分数为20%的废砖块、20%的空心砖和30%的废陶瓷,复配20%的砾石及10%的当地红壤组成复合人工湿地填料。

3.1 模块化单元布局

由于该服务区东西两区平面布局不同,根据现有的地形地势,依照保证处理效果和节约工程占地的原则,设计了两组不同的模块化单元系统,见图1、图2。其中东区湿地模块矩阵式排列,共4组湿地单元模块,每一个净化床模块的大小为13m×14m;西区湿地模块线性排列,共4组湿地单元模块,每一个净化床模块的大小为12m×16m,湿地有效深度均为0.8m,均采取并联的连接方式。

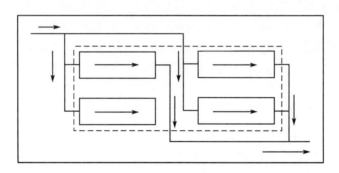

图1 东区湿地模块化布局图

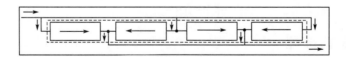

图2 西区湿地模块化布局图

3.2 模块化调控运行方式

同生活污水相比,服务区污水的一个处理难点在于其水质水量季节性变化很大,对处理系统的冲击性较大。针对这一污水特征,本工程采用了模块化的设计方式,可以根据现场的水量变化及污染负荷,灵活地开闭处理单元模块。通过调控模块运行方式,即可以节省运行成本,又很好地提高了系统的抗冲击性,尤其适用于服务区污水处理领域。

人工湿地的另一缺陷是长期运行易产生填料堵塞问题。采用模块化湿地的运行方式,可根据各湿地单元模块的运行状况,调控各模块单元干湿交替运行,经过一段时间的停止进水,填料间隙的生物膜会自行脱落,有效缓解湿地的堵塞情况,延长处理系统的使用寿命。

4 调试运行

4.1 快速启动调试系统

服务区污水与分散式生活污水水质较类似,但是其处理设施的启动调试情况存在较大差异。一般处理设施设备安装结束,清水试车后即可启动调试。但服务区一般运营初期车流量较小,服务区驻留人员较少,服务区产生污水量较低,无法启动生化处理单元调试,影响路段环保验收进度。

针对这一特殊情况,研究提出一种进水低位双泵控制系统(图3):将水泵安装在调节池保证泵体安全的最低位置,设置浮球水位控制、时间继电器控制和手动控制这3种控制方法控制进水水量。进入调节池的污水超过低水位水泵的抽取液位,提升系统就会自动启动,将污水泵入后续处理系统,极大地缩短了系统启动调试时间。如果水量确实较低,则调节池进水只进入部分湿地模块单元,调试该单元的湿地系统,待水量充足后,再全部启动各湿地模块,可充分应对不同处理负荷条件,非常适宜应用于水量变化系数较大的服务区污水处理领域。

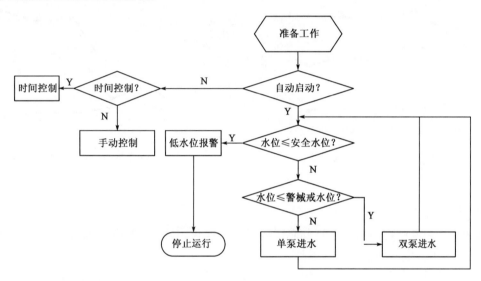

图3 进水低位双泵控制系统策略图

污水处理设施正常运行时双泵设置也满足1用1备的需求,保证处理系统在水泵单机故障情况下,也可正常运行,而且系统设有干运转保护控制机制,可延长水泵使用寿命。当暴雨等大水量冲击负荷超过设定的警戒水位后,系统也会自动开启双泵实现调节池内暴雨或冲击负荷快速导出,避免对系统机电设备造成损害,减少系统管养操作。

时间控制策略可用于湿地间歇运行及初期暴雨径流弃流等情况。

4.2 启动运行方式

改良人工湿地处理系统调试采用阶梯增加水力负荷和间歇投配的启动运行方式[13]。设定的阶梯进水水力负荷为5cm/d、10cm/d、15cm/d和20cm/d,水力负荷由小逐步增加到设计水力负荷20cm/d,每个水力负荷运行时间为7d。阶梯增加水力负荷时,采用间歇投配的进水方式,干湿比为1∶1。经过30d的调试,系统即达到稳定成熟阶段,比普通调试方式节省时间一半以上。

5 处理效果分析

2008年7月中旬改良人工湿地污水处理工程完成植物的整体移栽配置及调试,到2008年9月中旬,随着湿地内植物生长繁育,内部生态体系逐步形成完善,处理效果日趋稳定。2008年8月开始,水体中开始出现了大量的软体动物幼虫,包括红丝蚓、摇蚊幼虫、水蛆等。2008年9月出现了甲虫和螺蛳等生物。

2009年9月17日~10月30日,对系统的进出水水质进行了6次跟踪监测,结果见图4~图7。

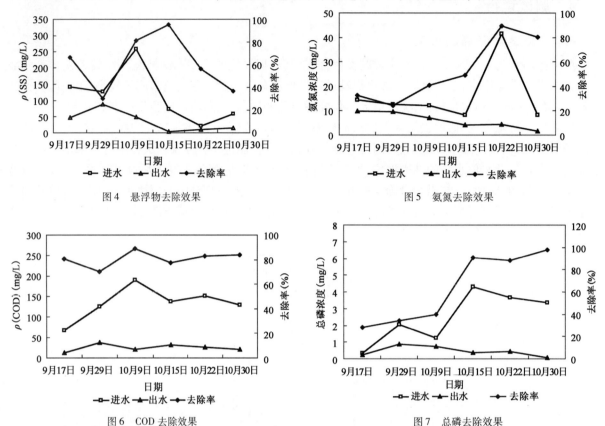

图4 悬浮物去除效果　　　　　　　　　图5 氨氮去除效果

图6 COD去除效果　　　　　　　　　　图7 总磷去除效果

从监测结果可看出:

(1)处理出水的悬浮物、氨氮、COD和总磷等指标均能稳定达到《城市污水再生利用 城市杂用水》(GB/T 18920—2002)中城市绿化用水标准。

(2)10月15日系统稳定以后,各出水水质指标浓度$\rho(SS)<15mg/L$,$\rho(NH_3-N)<5mg/L$,$\rho(COD)<20mg/L$,$\rho(TP)<0.5mg/L$,(NH_3-N)、COD和TP的去除率均高于80%,说明该技术处理效果优良,值得推广应用。

(3)当进水氨氮浓度达到45mg/L时,系统出水效果依旧稳定,氨氮浓度低于5mg/L,说明系统对氨氮具有良好的抗冲击性。

经过近一年的运行后,监测服务区东西两侧改良人工湿地处理工程进出水水质见表1、表2,满足《城市污水再生利用 城市杂用水》(GB/T 18920—2002)中城市绿化用水标准,系统运行稳定。

东侧服务区污水水质分析结果　　　　　　　　　　　表1

项目	COD	BOD_5	氨氮	SS	TP	TN
进水(mg/L)	220	136	49.05	30	3.46	77.89
出水(mg/L)	58	16.9	0.759	9	0.07	9.22
去除率(%)	74	88	98	70	98	88

西侧服务区污水水质分析结果　　　　　　　　　　　表2

项目	COD	BOD_5	氨氮	SS	TP	TN
进水(mg/L)	50	16.6	6.487	22	0.7	9.81
出水(mg/L)	16	2.5	0.257	5	0.05	1.32
去除率(%)	2.9	68	85	96	77	93

6　结语

(1) 根据公路服务区污水的特征,针对人工湿地的投资较高、易堵塞、场地受限等问题,进行技术改进,提出的改良型人工湿地技术尤其适用于服务区污水处理领域。

(2) 江西地区的废砖块、空心砖和废陶瓷具有较高的孔隙率和比表面积,可以变废为宝,作为很好的人工湿地填料使用。

(3) 人工湿地的模块化设计模式,可以更好地规划处理设施建筑用地,合理的调控模块单元的开闭,可以节省运行费用,有效缓解填料堵塞问题。

(4) 进水低位双泵控制系统可以极大地缩短系统的启动调试时间,而且能够及时导排暴雨径流,解决服务区污水处理设施运行的实际问题。

(5) 根据研究成果建设的改良型人工湿地污水处理工程,采用阶梯增加水力负荷和间歇投配的启动运行方式,极大地缩短调试时间。

(6) 该处理工程抗冲击性强,主要污染物去除效率可达80%以上,出水各项水质指标优于《城市污水再生利用 城市杂用水》(GB/T 18920-2002)中城市绿化用水标准。

参 考 文 献

[1] 刘学欣,孔亚平. 公路服务区污水处理工艺综合分析[J]. 公路,2011,6:189-191.

[2] 肖冬燕. 人工湿地在高速公路服务区中水回用系统的应用研究[J]. 中外建筑,2010,8:207-208.

[3] 李向阳,胡辉. 人工湿地处理污水的占地指标比较及运用[J]. 平顶山工学院学报,2007,16(1):23-26.

[4] 李红艳,章光新. 人工湿地净化高速公路污染的研究[J]. 安徽农业科学,2009,37(15):7164-7166.

[5] 李虹,赵娟芳. 浅谈高速公路服务区人工湿地营造管理技术[J]. 山西建筑,2010,36(30):180-181.

[6] 钱鸿. 六潜高速公路服务区生态型污水处理工艺选择[J]. 工程与建设,2011,25(2):201-203.

[7] 陈伟莉. 人工湿地在广梧高速公路典型示范工程中的应用[J]. 交通科技,2010,243(6):40-42.

[8] 黄小云,周慧德. 高速公路中南部服务区污水处理工艺优化设计[J]. 化工进展,2009,28:215-218.

[9] 邵丽,林志祥. 人工湿地存在的问题及解决措施[J]. 云南农业大学学报,2009,24(4):603-606.

[10] 黄逸群,张民. 人工湿地填料净化生活污水级配优化研究[J]. 环境科学与技术,2009,32(3):130-134.

[11] 林岩清,何苗. 处理污染河水的渗流式生物床填料性能研究[J]. 中国给水排水,2006,22(7):13-16.

[12] 邵文生,张建. 人工湿地系统处理污染河水的填料选配[J]. 中国给水排水,2006,22(3):65-68.

[13] 童晶晶,籍国东. 高效功能陶粒生物滤池处理农村生活污水研究[J]. 农业环境科学学报,2009,28(9):1924-1937.

高速公路服务区景观设计理念探讨
——以鹤大高速公路服务区景观设计为例

薛 铸[1]　崔巍武[2]　杨伟平[2]　周 剑[1]　李长江[2]　孔亚平[1]

(1.交通运输部科学研究院　北京　100029；2.吉林省高等级公路建设局　吉林　长春　130033)

摘　要：服务区建设过程中应处理好服务区与自然环境、驾乘人员、历史文化之间的关系，在设计过程中应体现出尊重自然、以人为本、传承文化的理念，从而使服务区与周围环境和谐统一，驾乘人员在服务区内方便舒适，同时可以在服务区内感受所在地区的历史文化。

关键词：高速公路　服务区　景观设计　理念

1　引言

随着我国高速公路通车里程不断提高，截止到2013年年底高速公路通车里程已突破10万km，已建成的服务区达到1 600对左右。作为公路沿线重要的服务设施，服务区是最能体现高速公路建设水平、服务水平、文化品位的节点。而目前我国高速公路服务区普遍存在设施简陋、环境较差、服务功能满足不了现有的车流量等问题，造成公众对高速公路服务的不满，因此高速公路服务区建设也越来越受到各界关注。

本文通过对国内外高速公路服务区建设经验的总结，提出高速公路服务区景观设计的理念，并通过对鹤大高速公路服务区景观设计案例进行介绍，为今后高速公路服务区建设项目及改扩建项目提供思路上的启发。

2　高速公路服务区景观设计的理念

通过对国内外高速公路服务区建设经验的总结，认为在服务区建设过程中应处理好服务区与自然环境、驾乘人员、历史文化之间的关系，因此在设计过程中应体现尊重自然、以人为本、传承文化的理念，从而使服务区与周围环境和谐统一，驾乘人员在服务区内方便舒适，同时可以在服务区内感受所在地区的历史文化。

处理好服务区与自然的关系——尊重自然。服务区场地布置充分结合地形条件，减少开挖，保护原有植被和地形，使服务区融入周围环境之中。例如，英国M4高速公路"Membury"服务区，充分结合场地进行布置，将服务区远离主线，从而保留主线及贯通车道间的原有地形，并结合场地高差进行功能分区，服务区建筑也是依地势而建，使服务区融入自然环境，体现尊重自然的理念。

处理好服务区与驾乘人员的关系——以人为本。充分考虑驾乘人员在服务区的使用需求，提供完备的服务功能；充分考虑使用者的使用体验，营造舒适环境。例如：日本土山服务区内设置醒目简洁统一的标志标牌，方便使用；根据不同人群的需要提供相应的活动场地，例如在建筑楼前设置室外就餐区、为吸烟人设置专门的吸烟区。充分重视使用者的需要，突出以人为本的理念。

处理好服务区与历史文化的关系——传承文化。充分挖掘当地地域文化，并在服务区设计中通过建筑、小品、铺装进行展示，丰富服务区文化内涵。我国服务区在景观文化建设方面也进行了很多有益探索。例如，安徽省绩黄高速公路华阳服务区建筑形式借鉴皖南徽派建筑风格在满足自然采光、自然通风的同时兼顾当地地域文化特色；吉林省吉延高速延吉服务区建筑模仿朝鲜族传统建筑，并设置体现当地特色的景观雕塑，从而突出当地文化，体现传承文化的理念。

3 鹤大高速公路服务区景观设计

鹤大高速公路服务区景观设计在遵循尊重自然、以人为本、传承文化的设计理念基础上,结合项目背景,通过分析总结公路沿线的自然环境、人文环境以及旅游资源的特点,提出景观设计的总体定位,并开展具体设计。努力实现高速公路服务区与自然、与人、与历史文化和谐统一的境地。

3.1 项目背景

鹤大高速公路纵贯黑龙江、吉林、辽宁三省,主要承担区域间、省际以及大中城市间的中长距离运输,是区域内外联系的主动脉。鹤大高速公路吉林境内包括小沟岭至抚松段,靖宇至通化段,全长339.429km,公路沿线共7处服务区。此外,鹤大高速公路也是吉林省第一条科技示范路,高速公路的建设对于吉林省乃至全国具有重要的示范作用。因此,通过加强鹤大高速公路服务区建设使鹤大高速公路成为一张代表中国高速公路建设的名片、一个感受吉林生态文明建设的窗口、一条展现长白山区生态文化的公路。

3.2 项目沿线特征分析

通过分析鹤大高速公路沿线特征,梳理出公路沿线具有区域环境敏感、人文底蕴浓厚、旅游性质突出的特点,并提出设计过程中的注意事项。

区域环境敏感。鹤大高速公路经过区域自然环境优越,植被茂密,同时分布有很多自然保护区,尤其是水源湿地保护区。因此,在设计中应充分保护自然,服务区选址和布局结合地形,随坡就势,融入环境,减少对环境的破坏;加强沿线水环境保护,服务区污水及场区内径流不可直接外排,通过污水处理设施结合人工湿地的方式进行处理净化。

人文底蕴浓厚。公路经过地区是古渤海国通往中原的古驿道,沿线分布有"二十四块石"古驿道遗址,而敦化是古渤海国的发源地,文化底蕴浓厚。公路经过的吉林中部地区是满族活动区域,这个区域曾是满族猎场,应突出满族狩猎文化。公路经过的南部地区属长白山地区,当地出产的人参、松花石极具长白山特色,应着重展示长白山文化。

旅游性质突出。公路沿线分布有众多旅游景点,包括公路起始段的雁鸣湖风景区、临近敦化的六鼎山风景区、临近抚松的白山湖风景区、临近江源的棒槌峰风景区等旅游景点。同时公路与多条通往长白山的具有旅游性质到公路相交,包括营松高速公路、省道303等。因此,服务区设计中一方面通过设置旅游标志牌提示游人方便抵达各景点,同时对于重点服务区进行"景区化"设计,使服务区也成为旅游"景点",从而提升服务区的旅游服务功能。

3.3 设计定位及对策

根据鹤大高速公路沿线环境特点,提出将鹤大高速公路服务区打造为保护区域生态环境、提升旅游服务品质、展示沿线地域文化,创建具有典型示范作用的高速公路服务区的总体定位。并遵循尊重自然、以人为本、传承文化的理念提出相应设计对策。

(1)尊重自然。充分考虑服务区所在环境的地形条件,选择比较平整的场地,减少填挖量,从而减少对原有地形的破坏;服务区布置结合地形条件,大车停车区设置在地势较低且场地较为平整的区域,建筑设置在地形较高的区域并结合观景区进行布置,有利于减少服务区建设对环境的破坏;充分保留原有植被,对于处于场地周边区域的植被应尽量保留,对于处于行车道及建筑范围内的植被选择树形较好和名贵树种进行临时移植,待服务区建成进行后期绿化时加以利用,充分体现尊重自然的理念。

(2)以人为本。服务区选址在风景较好的位置,便于游人欣赏周围风景,有利于驾乘人员放松身心,缓解驾驶疲劳,保证行车安全;在服务区内设置风格统一、指示清晰的标志牌,为驾乘人员提供良好的指示,方便驾乘人员抵达不同的活动区域;通过合理的功能区域划分,将大小车进行分区布置,并通过植物将停车区及服务区综合楼进行分割,减少行驶车辆对建筑的影响,为在建筑附近活动的驾乘人员提供比较安静舒适的环境。

（3）传承文化。通过梳理高速公路沿线地域文化特征将7处服务区划分为4个不同的片区（图1），即门户形象区、渤海国文化区、清朝文化区以及长白山文化区，分别提取各自所在地区地域文化符号，通过抽象提炼后运用到各服务区建筑及小品雕塑上，同时利用当地乡土材料，反映当地地域文化特色。

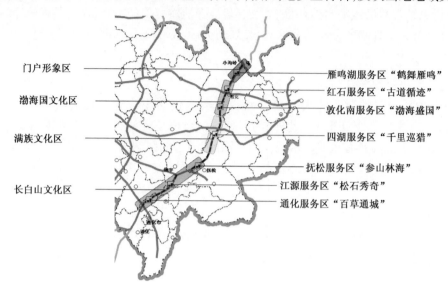

图1　鹤大高速公路服务区文化展示分区图

3.4　分区设计策略

结合高速公路服务区布局特点，遵循尊重自然、以人为本、传承文化，结合服务区各分区（图2）面临问题，提出各分区设计策略，用于指导各服务区具体设计（表1）。

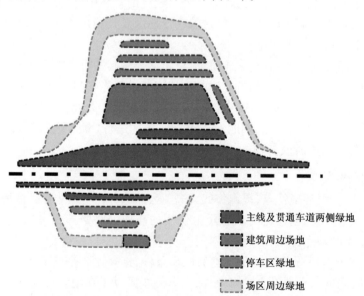

图2　服务区景观分区示意图

服务区景观分区设计策略一览表　　　表1

区域	面临问题	应对策略
主线及贯通车道两侧绿地	主线车流干扰	植物密植。通过地形、植被将服务区与主线进行分割，可以减少主线车流对服务区的影响，使服务区处于比较私密的环境中
	主线行车景观效果	组团片植。在植物配置过程中成片栽植色叶植物和开花乔灌木，保证主线行驶车辆驾乘人员视域内景观效果

续上表

区域	面临问题	应 对 策 略
建筑周边区	车流干扰	场地分割。通过地形、植被将主建筑与停车区进行分割,不仅可以减少车流对主建筑的影响,还可以开敞空间。对于人流集中通过区域,设置大面积铺装分散人流,避免拥挤
	人流集散	人性化尺度。通过空间分割,有利于营造适宜的空间尺度,使驾乘人员亲切、舒适
	文化展示	地域化景观设施。结合各服务区整体风格,设置休息坐凳、标志标示等设施,既满足使用者的功能需求,同时展示当地地域特色
	休闲娱乐	复层植物配置。植物配置层次丰富、色彩绚丽,宜使用少量特形树或异形树,多使用观花、观果、彩叶植物,从而提高植物景观的趣味性和观赏性
停车区	夏季暴晒	树荫停车场。停车场周围利用植物围合,车位间宜选用分支点高的大型乔木和灌木绿篱,形成树荫,减少夏季太阳暴晒对车辆的影响
场区周边	季风影响	植物密植。抵挡季风,明确场地界限

3.5 具体设计

根据设计定位以及分区设计策略开展各服务区具体设计,本文以雁鸣湖服务区为例对服务区设计内容进行具体介绍。

雁鸣湖作为进入吉林省的第一个服务区,其门户地位十分突出,将吉林省的地域文化、旅游资源做集中地介绍。考虑到服务区临近雁鸣湖湿地,场地周边为鱼塘湿地,并有鸟类经过、栖息,应突出这一特色,以"鹤舞雁鸣"作为设计主题。在功能上,一方面设置观景区并提供给游人观鸟设施,一方面通过设置解说牌对当地经常出现的鸟类进行介绍;在形式上,通过设施小品雕塑或摆放题写歌颂雁鸣湖的诗句,突出"鹤舞雁鸣"这一主题。

结合场地地形和使用功能对场地进行布置,减少对原有地形的破坏,随坡就势。将大车停车区与主体建筑分开布置,并通过绿地进行分割,一方面减少车流与人流的交叉,同时减少车流对建筑内休憩、用餐人员的影响;结合地形将大车停车区设置在地势较低且场地较为平整的区域,建筑设置在地形较高的区域并结合观景区进行布置,观景区选择在地势最高的地方,采用木栈道和木平台的形式,减少对原有植被的破坏。

4 结语

随着我国高速公路事业的进一步发展,无论是新建项目还是改扩建工程,高速公路服务的服务区水平都需要进一步提高,而服务区也必将成为提升公路服务水平的重中之重。因此,在服务区建设中应正确处理好服务区与自然、与人、与历史文化的关系,坚持尊重自然、以人为本、传承文化的理念。

参 考 文 献

[1] 周侗,周玉松,陈小辉. 浅谈高速公路服务区规划与功能布局设计[J]. 黑龙江交通科技,2012(12).
[2] 罗晓波,孙晓峰,冯琼. 高速公路服务区景观设计[J]. 四川林勘设计,2009,(1):61-64.
[3] 宋新力. 法国高速公路服务区的设计特点及国内服务区建设建议[J]. 交通科技,2009,(5):94-97.
[4] 孟祥茹. 高速公路服务区管理[M]. 北京:机械工业出版社,2004.

公路建设中寒区湿地生态恢复与补偿研究综述

杨艳刚　王新军　陈建业　孔亚平

（交通运输部科学研究院　北京　100029）

摘　要：寒区湿地占我国自然湿地的60%，具有特有的特点和不可替代的作用，目前越来越多的公路穿越中国重要的寒区湿地，对湿地生态系统产生了重要影响。研究回顾了公路建设对寒区湿地生态系统的影响，总结了湿地生态恢复与重建技术，指出对人工恢复湿地开展长期监测，针对寒区湿地特点开展生态恢复技术研发，形成成熟技术方法。对今后公路建设寒区湿地生态恢复研究进行了展望：①开展长期公路建设湿地影响生态监测；②加强宏观尺度寒区湿地生态系统监测；③开展湿地生态恢复技术的研究与应用示范。

关键词：寒区湿地　生态恢复　生态监测　湿地营造

1　引言

湿地是人类社会赖以生存和发展的环境之一，具有丰富的生物多样性的生态景观，提供了调节气候、净化环境、防洪抗旱等重要的生态服务功能。湿地区公路建设不仅直接占用湿地土地及其上的植被，建成后会使公路两侧一定范围原本完整连续的自然环境上产生一个分界面，对物质、能量、物种流动造成阻隔影响。近年来公路建设正以前所未有的规模和速度发展，良好的交通环境给人们带来便利的同时，也造成了公路沿线环境的改变和破坏。

相较其他湿地生态系统类型，寒区湿地生态系统营养结构简单，系统调节能力较弱，生态环境的容量和弹性低，对人类干扰更为敏感。在受到公路建设的干扰后，更容易导致生态环境恶化甚至逆向发展。目前越来越多的公路穿越我国重要的寒区湿地。如301国道横穿国际重要湿地扎龙国家级自然保护区的中央，将区内湿地分割两半；全长223.37km的国道213线郎木寺至川主寺公路，所经地区大部分为地下水埋藏较浅的高原草原和湿地，其中约180km路段从若尔盖湿地经过，约60km路段位于若尔盖湿地国家级自然保护区的边缘。

因此，从生态系统角度分析公路建设对寒区湿地植被、水文环境的影响，阐明公路建设对寒区湿地影响机制，提出寒区湿地保护技术，对于保护湿地环境、避免生态破坏、补偿湿地生态功能具有重要的意义。本文围绕寒区湿地，从公路建设的影响、湿地生态恢复与重建技术等方面进行了综述，对今后公路建设寒区湿地生态恢复研究进行了展望，以期为相关研究提供有益的借鉴。

2　寒区湿地特征

寒区湿地是指长期处于低温环境下，并且存在多年冻土或者季节性冻土的湿地生态系统，在我国约有60%以上的自然湿地属于寒区湿地，一般分布在寒温带和中温带北部以及高海拔地带是极为重要的湿地类型。我国高寒湿地的分布区域囊括了东北湿地、蒙新干旱半干旱湿地和青藏高原湿地。其中东北地区高寒湿地由于地势平坦，水流缓慢，排水不畅，同时温度比较低等原因，泥炭土发育，形成大面积的沼泽湿地而独具特点（中国湿地植被编辑委员会，1993）。

3　公路建设对寒区湿地环境的影响

随着国家和当地社会经济发展的需要，涉及湿地公路建设正在逐步展开，将不可避免地破坏湿地的生态环境。目前关于公路建设对湿地生态系统的影响研究对象涉及寒区湿地、湖泊、河流、河口三角洲等类型(Hamilton,1987;贺亮,2007;刘苏,2006;王天巍,2008;张明祥,2010)。研究尺度覆盖了景观生态系统到生物群落层面。内容以湿地植被破坏、水土流失、景观破碎、边缘效应、阻隔作用及公路污染等为重点。

公路建设对寒区湿地的环境影响及保护方面也开展了许多有益实践。李晓珂(2014)构建了公路建设对湿地水系连通性的影响评价指标体系,并以延边地区两条公路五个路段为研究对象,利用层次分析法评价公路建设对湿地水系连通性的影响,从公路选线规划、构筑物选型、生态补偿等角度提出了水系连通性相关保护措施。贺亮等(2007)分析了寒区湿地公路建设水土流失成因、特点和防治,并且总结了郎川公路建设中水土保持的成功经验;陈会东等(2007)针对寒区草甸、沼泽湿地等不同生态系统类型,从工程防护、植被恢复和景观恢复等角度提出不同的生态恢复和保护措施,缓解青藏公路改建完善过程中对青藏高原生物多样性及生态环境的破坏;杨春华(2008)分析了公路建设运营对三江源寒区湿地生态系统的影响,认为公路建设对寒区湿地的主要影响表现在三个方面:占用湿地面积、产生新的水土流失对湿地生态系统的不利影响、公路破坏栖息地以及运营期阻隔对湿地生物多样性的影响;塞依(2006)研究了朗川公路对寒区湿地影响,提出公路修建改变寒区湿地区域及流域尺度上水分空间格局,进而改变植物群落格局而造成的潜在和长期影响。

公路建设对寒区湿地生态系统的影响主要集中在湿地植被占用、湿地水文阻隔、湿地生物多样性、水土流失等方面。由公路建设导致的寒区湿地退化归根结底是水分供应的变化,因此,公路建设中如何保证湿地生态系统组分的完整,保护原有水力连通系统不被破坏,维持湿地的正常水文过程显得尤为重要,也是公路建设湿地保护的重要任务。

4 道路交通建设对湿地水力连通性影响及恢复技术

湿地生态水文是湿地生态系统的重要组成之一,不仅左右着湿地的物理、化学和生态功能,对湿地的形成、发展起关键作用(Broen,1988)。只有保持湿地生态系统水文连通,才能维护生物栖息地的完整和湿地的生物多样性,维持碳、水量和营养物质进行交换,水系连通性恢复是湿地水文恢复的重要方面。随着人类活动的日益加强,导致湿地水文过程的连续性遭到破坏,引起水流不畅、水文紊乱等现象,造成湿地生态服务功能破坏,引进湿地生态系统进一步退化。因此湿地水力连通的保持和水文过程的恢复是湿地恢复的重要环节。

在湿地的水力连通恢复过程中,要遵循最大限度地维持和模拟自然水文系统的原则。破碎化湿地初期最有效的恢复措施是通过铺设专门的给水管道或者修建沟渠保持湿地水文连通性(崔丽娟等,2011),主要方法包括扩挖或沟通小水面、局部深挖和区域滞水等方法,其中与公路建设中湿地水文连通密切相关的技术主要是通过桥梁、涵洞、管道等方式,保证两侧湿地间水的自然渗透性,维持水体的交换过程。实现道路两侧湿地物质与能量的有效输送,同时也为湿地生物的迁移提供生态廊道。

5 湿地生态恢复技术研究

湿地生态恢复是指通过生物技术或生态工程对退化或消失的湿地进行修复或重建,再现干扰前的结构和功能,使其体现原有的物理、化学和生物学特性,恢复其生态功能。湿地生态恢复要求通过人工重建或人工辅助恢复,达到恢复湿地生态系统的基本功能,并实现系统自维持状态。即恢复或重建一个自然的、具备自我维持能力和一定自我调节能力的生态系统,并非单指恢复到原来的状态。

5.1 湿地生态系统恢复

湿地恢复的策略包括恢复和重建两种。修复是对湿地必要的环境条件进行恢复,适用于受干扰较轻微的湿地生态系统,达到基本恢复生态功能的目的。湿地的生态恢复可概括为:湿地生境恢复、湿地生物恢复和湿地生态系统结构与功能恢复三个部分。

(1)湿地生境恢复是指通过工程措施,维持湿地区域基质的稳定性,恢复湿地面积,通过地形改造、水文恢复、水质净化技术等恢复湿地生境。

（2）湿地生物恢复主要是在研究湿地植物群落结构的基础上，通过物种选育和栽培技术，搭建复合植物群落结构，构建适宜栖息地，引入湿地动物种类等促进湿地动植物群落的恢复。

（3）湿地生态系统结构与功能的恢复是在湿地群落结构恢复的基础上，结合湿地水文恢复、地形改造等，促进近自然湿地生态系统的形成。

5.2 湿地生态系统的重建

湿地生态系统重建是在人工主导下，在原位或异地重新营造适宜的生境条件，恢复湿地生态系统。重建湿地在系统结构上可以尽可能地模仿原生生态系统，但由于生态系统结构与功能间关系的复杂性，及部分生态功能的缺失，自我调节机制的不完备，一些重建的人工湿地并不能达到原有湿地的功能水平。

一般情况下，对破坏的湿地生态系统的重建要尽可能选择在原有受损湿地附近依据公路选线与构造物布局选择合适的地点，如大型互通立交、服务区、收费站等地。当然也可以选择将新湿地建在远离原有湿地的地方，建立系统的系列湿地或湿地的联合体或作为区域内较大面积的湿地的一部分，形成路域系统与湿地生态系统间的"缓冲带"。就地恢复或重建湿地的优点在于，可以维持区域原有湿地生态系统的平衡，不至于使公路路域形成区域湿地生态系统的隔离带，维系路侧湿地生态系统的联系，而异地重建湿地将小的、孤立的、功能不完善的重建湿地与一个原生湿地生态系统聚成一个水文和生态良好的大面积湿地，更易于发挥其功能，也更容易监测和管理。

5.3 湿地生态恢复效果评价

目前湿地生态恢复亟需建立完善的是建立恢复效果评价理论体系。以往单纯采用恢复或重建面积指标来评价恢复效果是片面的，湿地的面积只是评价受公路影响的湿地生态环境和重要性时所考虑的一个特性，湿地的许多功能特性如生态稳定性、养分供给、沉积物和污染物的降解力、野生物种的多样性和生产力等都是维持区域生态系统稳定的重要方面。湿地生态恢复是一个复杂且动态变化的过程。湿地生态恢复效果评价需要建立完善评价理论框架，明确评价指标体系及评价标准。而这些研究还存在不完善之处。此外湿地生态恢复工程的效果在短期内难以直接体现出来，需要持续地进行观测和评估，该项工作还十分不完善，所以湿地恢复效果还有待于验证。

综上所述，湿地的生态恢复是一个系统工程，不仅需要与工程实际、自然环境相结合来开展，更涉及生态系统的结构与功能的恢复、生物多样性变化、生物地球化学元素循环、生态系统管理等方面，这些方面研究还需要通过对人工重建湿地开展长期监测来证实重建效果。寒区湿地与其他湿地相比，其生态系统构成、生态功能及演变规律均存在很大不同，相应的生态恢复或重建技术也独具特点，应有针对寒区湿地特点开展生态恢复技术研究。特别加强包括退化湿地生态系统恢复关键技术、湿地生态系统结构与功能的优化配置与重构及其调控技术，湿地营造技术等。尽快形成成熟技术方法，应用到受损湿地生态系统的恢复与重建工作中去。

6 湿地营造研究

湿地营造在原地或异地重新营造湿地生态系统，运用湿地生态恢复与重建技术，从湿地植物配置、湿地构型、水文系统规划、湿地功能重建等几个方面出发，建造植物、动物水体复合体，兼顾景观美化、污染净化需求，形成兼备生态效应、景观美学特性和经济价值的人工湿地景观（夏丽芝，2007）。我国交通领域已开展了湿地营造的实践，如青藏铁路那曲段建设中，对羌塘草原湿地草皮"整体搬迁"至营造的人工湿地上，为"再造湿地"提供了成功的案例借鉴。在高速公路湿地营造方面，主要集中在营造人工湿地对公路路面径流、服务区污水的净化处理方面。在人工湿地的构型、人工湿地填料、湿地景观营造等方面开展了研究，但是从生态功能的恢复、生态恢复机理机制方面还没有开展相关研究和实践。

在湿地营造方面主要是构建人工湿地，对治污性湿地景观的营造进行了研究（张婷婷，2010），给出了人工湿地污水处理工艺的景观形态构建方法（王影，2012），也从人工湿地的设计理念、生态功能设计、景观美化等方面对湿地营造技术进行了不同程度的研究,同时开展了人工营造湿地植物生长动态和水质净化效率研究(李娟,2008;张晶晶,2012)。国内在高速公路人工湿地营造技术方面的研究虽然涉及了高速公路不同区域的人工湿地的营造技术,但现有研究成果较注重高速公路服务区等附属设施的人工湿地营造及污水处理效果研究,缺乏以生态功能恢复为目标开展湿地营造研究。

7 研究展望

7.1 开展长期公路建设湿地影响生态监测

公路建设对湿地生态系统影响具有长期性、累积性特点,线性工程干扰下湿地生态系统受损过程及影响机制还缺乏基础性研究铺垫,因此在目前公路建设涉及湿地生态系统路段,开展湿地生态系统演化动态监测,形成湿地退化监测与预警系统,为公路建设湿地生态系统的影响机制研究提供基础数据,为后续湿地生态系统恢复技术的研发提供数据支撑。

7.2 加强宏观尺度寒区湿地生态系统监测

应用遥感监测技术能为湿地研究提供丰富、准确的信息。与传统光学遥感影像相比,雷达成像不受天气影响,并且具有穿透性,利于湿地信息提取。雷达手段被引入到湿地研究中,具有很多独特的优势,可实现多波段、多极化、多角度观测,是实现湿地生态系统水文监测、植被动态监测的理想工具,但目前国内研究开展得很少,应当开展相关研究,使雷达技术在湿地研究中发挥更大的作用。

7.3 加强湿地生态恢复技术的研究与应用示范

从目前研究现状,公路建设中湿地保护、恢复、补偿方面的研究主要侧重于湿地影响的研究,相关研究主要针对影响形式、影响因素和影响后果的分析,尚缺乏湿地生态影响机理的深层次研究。没有对湿的环境影响提出针对性的湿地保护技术方案、湿地生态恢复技术体系和生态补偿的技术、政策。相关领域研究应在借鉴国外成功经验的基础上,针对我国寒区湿地环境特点,建立一套寒区湿地生态恢复技术方法,在湿地水文、植被、生物多样性动态监测的基础上,开展湿地恢复与重建技术研究。从生态功能恢复角度,结合典型示范工程的开展湿地生态恢复技术的应用研究、湿地营造研究,补偿因公路建设对湿地生态系统造成的影响。

参 考 文 献

[1] Hamilton R S, Harrison RM. Heavy metal pollution in roadside urban parks and gardens in Hong Kong [J]. Science and the Total Environment, 1987,59:325-328.

[2] 贺亮,刘国东,塞依.寒区湿地区域公路建设水土流失与水土保持研究[J].公路,2007,(1):119-122.

[3] 刘苏,张重禄,孙国庆,等.洞庭湖区域公路建设中湿地生态环境评价的若干问题[J].铁道科学与工程学报,2006,3(2):85-90.

[4] 王天巍.黄河三角洲道路网络特征及其对生态影响的研究[D].华中农业大学,2008.

[5] 张明祥,张阳武,朱文星.河南省郑州黄河自然保护区湿地恢复模式研究[J].湿地科学,2010,8(1):67-73.

[6] 中国湿地植被编辑委员会.中国湿地植被[M].北京,:科学出版社,1999,375-390.

[7] 李晓珂,王红旗,王新军,等.公路建设对湿地水系连通性的影响评价及影响因素研究——以延边地区为例[J].交通建设与管理,2014,11:105-110.

[8] 马占云.东北湿地水热特征及生态气候识别研究[D].东北师范大学,2006.

[9] Broen M T. A simulation model of hydrology and nutrient dynamics in wetlands[J]. Conoutenviron Urban Syst, 1988,(12):221-237.

[10] 崔丽娟,张岩,张曼胤,等.湿地水文过程效应及其调控技术[J].世界林业研究,2011,24(2):

10-14.
- [11] Erwin K L, Smith C M, Cox W R, et al. Successful construction of a freshwater herbaceous marsh in south Florida, USA[M]. Global Wetlands: Old World and New. 1994: 493-508.
- [12] 沈守云. 人工湿地景观营造初探——从景观设计师角度出发[D]. 中南林业科技大学, 2007.
- [13] 王影, 刘晓光, 吴冰. 人工湿地污水处理工艺的景观形态构建方法[C]. 2012 国际风景园林师联合会(IFLA)亚太区会议暨中国风景园林学会 2012 年会论文集(下册), 2012-10-22.
- [14] 李娟. 人工湿地生态系统景观模式构建研究[D]. 重庆大学, 2008.
- [15] 张婷婷. 治污性湿地景观的营造[D]. 西北农林科技大学, 2010.
- [16] 张晶晶, 刘纯翰. 张掖市东环路湿地景观设计与生态效果分析[J]. 草原与草坪, 2012, 2: 5-15.
- [17] 陈会东, 刘宪斌, 余乐. 青藏公路改建完善工程的生态环境保护措施[J]. 环境与可持续发展, 2007, 3: 15-18.
- [18] 杨春华, 张海水. 公路工程建设对高寒湿地生态环境的影响探讨[J]. 科技信息, 2008, 26: 45-46.
- [19] 蹇依, 韩斌, 黄兵, 兰波. 国道 213 线朗川公路建设对草原及湿地生态系统植物的影响[J]. 西南公路, 2006, 3: 167-169.

基于3S技术的鹤大高速植被保护技术研究应用

王新军[1]　王倜[1]　张利东[2]　李劲松[2]　陶双成[1]　李长江[2]

（1. 交通运输部科学研究院　北京　100029；
2. 吉林省高等级公路建设局　吉林　长春　130033）

摘　要：为了有效解决高速公路施工期植被数据不足，植被保护措施针对性不强的问题，利用3S技术解译分析鹤大高速沿线遥感影像，识别出了主要植被类型，同时结合现场植被调查摸清了沿线重点植被保护区域和对象，为施工中的植被保护工作奠定了基础。通过分步清表技术的应用，最大限度减少了工程建设对环境的扰动和破坏。此外，加强施工期的环境保护管理也有效促进了施工中植被保护技术的实施。研究表明，该技术可以有效地掌握拟建公路沿线植被种类情况，为制订植物保护措施提供了基础数据，使公路占地内外植被得到有效的保护和保留。

关键词：道路工程　植被保护　3S技术　高速公路　长白山区　环境管理

1　引言

公路建设必然会对沿线的生态环境造成影响，其中，公路施工期沿线植被的破坏是最显著和直观的影响之一。为了保证工程建设的进度和施工的便捷性，公路占地界内以及界线外附近的植被往往在清表施工中被大面积清除，而且在清表后由于施工的不规范和环保管理的缺乏可能造成沿线植被的二次破坏，过多的植被破坏造成地面、坡面裸露进而带来水土流失隐患，也增加了后期植被恢复的难度和费用[1]。

虽然我国公路建设中提出并应用了"最小程度的破坏、最大程度的保护"的理念[2]，关于公路建设对植被影响[3]、景观环保设计[4]、植被保护对策[5]、环保施工管理控制[6]、植被恢复技术[7]等方面也取得了大量的研究成果，但是对于公路建设中植被保护技术并未得到足够重视。由于至今仍然没有建立起一套科学完整的公路施工期植被保护技术来规范公路建设中的施工行为，导致了植被破坏过大化的现象时有发生。

公路属于典型的线性工程，途经区域面积广，连接了多种地形地貌和生态类型，而且途经区域往往人迹罕至交通不便，前期对于沿线植被情况的获取往往只能从工可、环评、林业来源等获取，资料的深度、广度和时效性不够，对于有针对性地开展样方调查，制订植被保护措施造成很大困难。由于3S技术在宏观尺度研究的优势，被广泛用于公路选线、环境影响评价、景观格局分析等领域，但是利用该技术开展施工期植被保护还鲜有研究报道。为此，本文依托鹤大高速公路吉林段，利用3S技术开展了植被保护技术研究与应用，以期为我国公路建设中系统开展植被保护技术应用提供技术支撑与示范。

2　依托工程概况

鹤大高速公路（G11）为《国家高速公路网规划》《东北区域骨架网》中的纵一线，起于黑龙江省的鹤岗市，止于辽宁省的大连市，纵贯黑龙江、吉林、辽宁三省，主要承担区域间、省际以及大中城市间的中长距离运输，是区域内外联系的主动脉。吉林省境内路线包括小沟岭至抚松段、靖宇至通化段，路线全长339.429km。

鹤大高速公路吉林段位于长白山区腹地，途经吉林雁鸣湖国家级自然保护区、龙湾群国家自然保护区、吉林省松花江三湖国家级自然保护区等，区域生态系统完整，其中以森林群落为其最主要的生态系统构成。丰富的植被资源,对于保护生物多样性、保持水土、净化大气、展现自然景观和生物资源的永续利用,都有着极为重要的作用,因此,植物保护工作显得尤为重要。

3 研究方法

3.1 植被类型遥感解译分析

根据公路廊道走向,获取鹤大高速公路规划全线走向的遥感影像,利用遥感(RS)、地理信息系统(GIS)和全球定位系统(GPS)相结合的"3S"技术,采用 erdas 遥感解译软件按照近红外反射区、可见红光区、可见绿光区的波谱组合顺序,对遥感影像进行解译。

3.2 植物类型现场调查方法

采用典型样方法。在公路穿越不同斑块的路线上,结合自然性、典型性、可操作性等原则选取样方,每种植被类型调查样方至少5个。乔木植物样方调查面积为 $100m^2$($10m \times 10m$)、灌木植物样方调查面积为 $4m^2$($2m \times 2m$)、草本植物样方调查面积为 $1m^2$($1m \times 1m$)。主要调查内容为植物种类、生活型、平均密度、平均高、生长环境等。

3.3 公路施工期植被保护技术流程

首先通过对公路路线范围的遥感影像解译和分析,识别公路经过区域主要植被类型;其次根据路线穿越的植被类型及斑块数量,设置现场植物样方调查点位;再次开展现场植物样方调查,划定植被重要保护区和对象;随后统计样方调查数据并计算相关参数;最后根据计算结果制订植物保护方法。技术流程如图1所示。

4 结果与分析

4.1 植被类型及植物种类分析

通过遥感解译,并使用 ArcGIS 软件对解译后的遥感影像进行分析处理,叠加公路线位,辨识出鹤大高速公路沿线的主要植被类型。具体包括:温带和寒温带山地针叶林、温带针阔混交林、温带落叶阔叶林、温带落叶小叶林、温带丛生禾草草原、禾草杂草盐生草甸(图2),为便于进行分级保护措施的制订及分步清表的实施,将沿线植被类型划分为针叶林、阔叶林、针阔混交林、草地、农田几类(表1),根据现场调查和统计结果,常见植物种类共约45种,其中括国家Ⅱ级重点保护物种红松、黄檗、水曲柳(表2)。

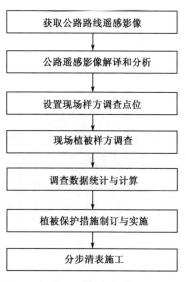

图1 公路施工期植被保护技术流程图

鹤大高速公路沿线主要植被类型及群落结构　　　表1

植被类型	群落结构
针叶林	云冷杉林:主要建群种有鱼鳞云杉、红皮云杉和臭冷杉等,还有红松、长白落叶松、枫桦、紫椴、春榆、槭树、大青杨等树种混生
	落叶松林:以长白落叶松为主,混有少量鱼鳞云杉、臭冷杉、枫桦、山杨、春榆等
针阔混交林	主要建群树种红松外,常见的有鱼鳞云杉、红皮云杉、臭冷杉、沙冷杉以及长白落叶松;常见的阔叶树种主要有紫椴、枫桦、水曲柳、胡桃楸、黄檗、春榆、大青杨、蒙古栎、槭树等
阔叶混交林	建群树种主要有蒙古栎、水曲柳、胡桃楸、黄檗、色木槭、紫椴、山杨、白桦、春榆、赤杨等
人工针叶林	人工针叶林分布面积非常广,包括人工红松、樟子松、云杉混交林、人工长白落叶松林等
农田	水稻、玉米

鹤大高速公路沿线常见植物种类 表2

中文名	拉丁名	中文名	拉丁名
红松	*Pinus koraiensis*	蓝靛忍冬	*Lonicera edulis*
水曲柳	*Fraxinus mandshurica*	朝鲜荚迷	*Viburnum koreanum*
黄檗	*Phellodendron*	疣枝卫茅	*Evonymus pauciflorus*
鱼鳞云杉	*Picea jezoensis*	毛榛子	*Corlus mandshurica*
臭冷杉	*Abies nephrolepis*	黄花忍冬	*Lonicera chrysantha*
红皮云杉	*P. koraiensis*	东北山梅花	*Philadelphus schrenkii*
朝鲜崖柏	*Thuja koraiensis*	刺五加	*Acanthopanax senticossus*
长白落叶松	*Larix olgensis*	东北溲疏	*Deutzia amurensis*
糠椴	*Tila mandshurica*	小檗	*Berberis amurensis*
枫桦	*Beula costate*	暴马丁香	*Syringa amurensis*
春榆	*Ulmus japonica*	胡枝子	*Lespedez a bicolor*
色木槭	*A. mono*	稠李	*Prunus padus*
大青杨	*Populus sieboldianum*	兴安杜鹃	*Rhododendron dahuricum*
胡桃楸	*Juglans mandshurica*	珍珠梅	*Sorbaria sorbifolia*
蒙古栎	*Quercus mongolica*	龙牙楤木	*Aralia elata*
假色槭	*A. pseudosieboldianum*	忍冬	*Lonicera spp.*
青楷槭	*A. tegmentosum*	鼠李	*Rhamnus davuricus*
花楷槭	*A. ukurunduense*	北五味子	*Schisandra chinensis*
茶条槭	*A. ginnala*	山葡萄	*Vitis amurensis*
山杨	*Populus davidiana*	狗枣猕猴桃	*Actimidia kolomikta*
白桦	*Betula platyphylla*	软枣猕猴桃	*A. arguta*
黑桦	*Betula davurica*	木通	*Aristolochia manshuriensis*
赤杨	*Alnus japonica*		

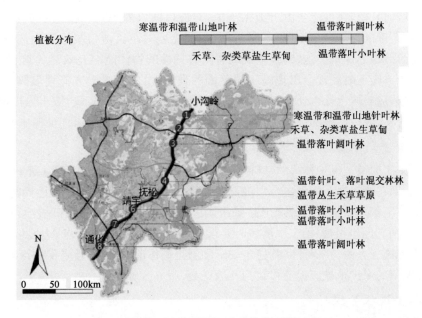

图2 鹤大高速沿线植被类型分布及现场调查点位

采用3S技术,可以从宏观大尺度层面对公路路线经过区域的植被情况有整体的了解,克服了前期公路沿线植被情况了解不够深入的问题,为现场样方调查方案的制订提供了依据。在此基础上开展典型的植被样方调查,可以详细地了解公路沿线周边的植被群落结构,为有针对性地开展植被保护工作提供了基础数据。

4.2 植被重点保护区域确定

根据现场调查和经验总结,确定公路占地界线到坡脚线或坡口线2m的范围为乔灌木的重要保护区域,该区域内的所有植被做最大限度保留。一般公路路基施工根据不同的地形会形成上边坡开挖面和下边坡填筑面,这些区域无法保留原生植被,但是开挖面的坡口线和填筑面的坡脚线至公路占地界边线一般至少还有3m的距离,考虑到可能会进行截水沟和排水沟施工,以及保证机械和人员施工范围,预留占地界边线向内2m的范围为乔灌木保护区域即可保证正常施工,同时可以最大限度减少不必要的植物破坏。在确定保护范围的同时,要求进行现场放线,划定保护边界。根据统计,鹤大高速全线共计确定了植被重点保护区域约10万 m^2。

4.3 植被保护措施制定与实施

4.3.1 编制植被识别手册

根据植被调查的结果,对涉及的保护物种制定植被识别手册,以便于施工人员在清表施工前全面排查,记录所有保护植物的位置和数量,防止遗漏。

4.3.2 植被移栽保护

对于公路占地界内的国家保护植物,如果有适合移栽条件的个体应首先考虑进行就近移栽保护。移栽过程应在专业技术人员指导下完成或者委托有资质的园林绿化公司。按照保护树种移栽保护的要求,鹤大高速公路大浦河至抚松段共移栽占地界内黄檗幼树约30棵,保护效果显著(图3)。

4.3.3 植被回购保护

根据以上确定的植被重点保护区域的面积,乘以样方调查的某种植被平均密度,得出某种植被的总量,按照不同胸径和高度规格的单株价格,可以计算出植被重点保护区域内所有植被的总价值,从征地对象处按照计算的价值回购这些植被,回购的植被原地保留,尽量避免施工扰动破坏。根据统计,鹤大高速全线共计回购保护约75 700棵高大乔木。

4.3.4 植被防护与遮挡

施工机械对坡面开挖时,可能会由于施工不慎,对坡口线以外50cm范围内的乔木胸径位置区域,即高度1~1.5 m范围的树干造成剐蹭,甚至折断,因此需要对距离坡口线垂直距离50cm范围的乔木提前采取胸径树干缠绕的保护措施,缠绕坚硬或者具有韧性的物体能够有效避免这种现象的发生。而填方路基在填压土方施工时经常会出现施工超范围的现象,由此造成土方掩埋坡脚线以外50cm范围内的树木树干受损,造成树木死亡,因此需要提前修筑挡土墙,有效阻挡下边坡土方掩埋树干,以及缓解树木根系土壤被压实,为树木根部留有足够的空间进行空气交换和流通,以保证树木成活。

4.4 实施分步清表施工技术措施

在落实上述施工期植被保护技术的基础上,重点关注植被生长茂密、林下腐殖土肥沃路段,采取分步清表施工技术,即在清表之前先划出"环保绿线"(即路基压实边界到公路征地界范围的区域),分两次进行清表施工[8]。第一次清表只清理出路基压实区域以保证施工车辆和机械通行,尽可能保留"环保绿线"范围内的所有原生植被;第二次清表时要求根据地质情况、地形特点、边坡坡率、排水形式等灵活确定清表范围和施工办法,在保证路基稳定安全和施工操作前提下,对重点保护区域内的原生植被做最大保留,无法保留的保护植被应提前移栽到互通立交、服务区等区域。

4.5 施工全过程管理

鹤大高速公路建设指挥部通过加强内部环境管理组织体系建设,邀请环境保护领域的专家对施工单位、监理单位等参建单位宣传培训和现场咨询、现场监督检查、严格执行奖惩制度等一系列的管理措施,实施了施工全过程的管理。

5 鹤大高速公路植被保护成效

鹤大高速公路通过应用植被保护技术,并采取一系列管理措施,使得隧道口鼻梁端、隧道口仰坡、互通区匝道环内、路堑边坡坡顶、大桥等地的原生植被得以保留,保留的植被也加强了围挡、挂牌等措施,形成了良好的原生植物景观(图4~图10)。

图3 移栽保护

图4 边坡植被保护

图5 坎墙保护植被

图6 围挡和挂牌保护

图7 隧道口高大乔木保护

图8 桥梁段植被保护

图9　互通区植被保护　　　　　　　　　图10　隧道口植被保护

6　结语

本研究提出了系统的高速公路植被保护技术,该技术以3S宏观分析为基础,弥补了长久以来的对公路沿线植被本底情况了解不够深入的缺点,同时,结合现场样方调查能够更清楚地了解沿线详细的植被种类等情况,进而为制订植物保护措施提供依据,最大限度确保公路占地内外植被能够得到保护和保留。该技术在鹤大高速公路成功应用,取得了显著的成效,展现鹤大高速公路沿线自然风貌,为实现公路与自然环境的和谐理念提供了成功案例,为我国高速公路建设中系统的开展植被保护工作积累了经验,提供了借鉴。

参 考 文 献

[1] 王偲,陆旭东,张传武.环长白山旅游公路建设中的植物保护技术[J].交通建设与管理,2010,(1):80-83.

[2] 李恩会,纪景义,杨光,等.高速公路建设中生态保护及安全新理念与实践——生态型安全理念及应用[J].交通建设与管理,2010,(5):150-154.

[3] 刘龙,王轩雅.公路廊道效应对沿线生态环境影响探讨[J].公路,2012,(1):187-191.

[4] 陆旭东,鲁亚义,李子军,等.长白山区高速公路景观规划设计初探——以吉林至延吉高速公路为例[J].中外公路,2008,28(3):6-10.

[5] 安科,陈勇.曼江公路建设对其沿线植被的影响及保护对策[J].林业调查规划,2011,36(6):112-116.

[6] 李长江,王偲,王新军,等.鹤大高速公路资源环境保护管理及成效[J].交通建设与管理,2014,(11):7-12.

[7] 李子军,周剑,陆旭东.吉延高速公路路堑边坡生态恢复技术研究[J].交通建设与管理,2011,(12):80-81.

[8] 王偲,崔巍武,张广庆,等.路基分步清表施工技术在鹤大高速公路建设中的应用[J].吉林交通科技,2015,(4):34-38.

季冻区服务区污水处理技术分析研究

刘学欣[1] 孙鹏程[2] 王德民[2] 谢玉田[2] 孔亚平[1]

(1. 交通运输部科学研究院 北京 100029;
2. 吉林省高等级公路建设局 吉林 长春 130033)

摘　要：针对当前季冻区公路服务区污水处理设施无法达标的实际问题,考虑到污染物去除效果好、运行成本低、管理养护简单、冬季能够稳定达标的实际需求,通过对常规污水处理工艺进行技术比选,认为经过改良优化的曝气生物滤池工艺是最适宜的处理技术。研究提出了曝气生物滤池优化的四个方面:筛选分离高活性的具有嗜油功能的低温微生物,采用经固定化微生物技术改性的聚氨酯载体,开发曝气生物滤池成套标准化设备或现场组装模块,配合适宜的保温增温措施。最后,提出了只有采取技术管理并重的系统解决方案,才能从根本上解决季冻区服务区污水处理存在的各项问题。

关键词：季冻区　服务区　低温　污水处理　曝气生物滤池

1　引言

我国季节性冻土地区(简称季冻区)占我国陆地面积的53.5%,但是据调查目前季冻区的公路服务区污水处理几乎都无法达标排放。2015年国务院印发了被称为"水十条"的《水污染防治行动计划》,加大水污染防治力度,其中明确提出"推进高速公路服务区污水处理和利用"。因此开展季冻区服务区污水处理技术研究,对于提高季冻区公路污水处理及水资源利用能力,提高交通行业节能减排水平,展示交通系统良好形象,具有重要的现实意义。

2　技术比选

服务区污水以冲厕污水、管理人员及宾客住宿污水、餐饮废水为主,所以其性质与生活污水类似,但又具有其自身特点,突出表现为水质相对于通常的生活污水恶劣,有机污染物浓度高、氮磷含量高,增加动植物油及石油类指标。

高速公路服务区作为公路服务设施,隶属高速公路运营管理机构,一般不会设有负责管理污水处理的专职人员,常由机修工兼任,因此污水处理设施常因管理养护复杂或运行成本过高而停运,起不到保护周边水环境的设置目的。

目前季冻区公路服务区广泛采用的污水处理技术主要有以接触氧化、曝气生物滤池和膜生物反应器等方法为主的生物处理方法,以及人工湿地和土壤渗滤技术等生态处理方法。

季冻区冬季温度较低,生态处理方法的微生物降解和植物吸收污水净化过程一般很难发挥作用。目前我国服务区普遍采用地埋式一体化装置,其核心工艺为接触氧化法,其对污水水质发挥重要净化作用的微生物适宜水温为10~25℃,温度过低,会抑制微生物的生长,从而严重影响处理效果,尤其是去除氨氮的环节。膜生物反应器,是生物处理与膜分离技术相结合的一种高效污水处理工艺,其出水水质好,对感官性指标的改善更加显著,可以满足污水回用的高要求,但是投资和运行成本较高,不适用于占季冻区相当大比例的经济欠发达地区。曝气生物滤池工艺建设成本及运行成本均不高,管理养护简单,出水经消毒后可用于各种中水回用的用途,而且其强化了生物填料与微生物间的附着力,因此与接触氧化工艺相比,具有更高的容积负荷和水力负荷,生物膜内微生物量稳定,生物相丰富,降解速度快,可以从一定程度上提高低温条件下的处理效果,再结合一定的加温保温措施,有望实现低温条件下稳定运行并达标排放。

因此,需要对常规的曝气生物滤池工艺进行优化改良,使其能够具有对有机物和氮磷的去除效率高,具备除油效果,运行成本低,管理养护简单,冬季能够稳定达标。

3 曝气生物滤池工艺优化

生物曝气滤池法,借鉴了生物滤池和生物接触氧化法的优点,通过设计具有高比表面积等特殊结构的滤料,综合了过滤、吸附和生物代谢等多种废水处理工艺,滤料内部牢固的固定大量微生物,形成具有结构层次的生态系统,极大提高了微生物的降解效率。曝气生物滤池由池体、微生物载体、拦截网和曝气系统等部分组成,根据需要,常投加一定的专属微生物,强化处理效果。

因生物载体、池型结构、反冲洗方式等不同,目前常用的曝气生物滤池有BIOCARBONE、BIOSTYR、BIOFOR、BIOSMEDI等工艺。但这些工艺普遍存在以下缺点:加入生物填料导致建设费用增高;一般需要反冲洗,可调控性差;载体选择不当,容易发生短流、堵塞;对磷的处理效果较差,对总磷指标要求较高的地区应配套建设出水的深度除磷设施。因此,为能够适应季冻区服务区污水处理需求,对于曝气生物滤池工艺优化,可从生物载体、专属微生物、池型结构等方面进行优化,为保障冬季效果还可考虑配合一定的保温增温措施。

3.1 低温微生物

温度对微生物代谢活性的影响至关重要。根据生态幅,每种微生物都有最低生长温度、最适生长温度和最高生长温度三种基本的温度。根据微生物的最适生长温度,可将微生物分成三类:低温微生物、中温微生物和嗜热微生物。各种微生物的温度生长范围如表1所示。

各类微生物生长的温度范围　　　　表1

类别	生 长 温 度(℃)		
	最低	最适	最高
低温微生物	-5~0	15~20	25~30
中温微生物	10	25~37	45~50
嗜热微生物	30	50~60	70~80

污水处理中常见微生物的最佳生长温度都高于25℃,随着温度的降低,细菌的增值速度减慢,优势菌属的种类也逐渐减少。在自然条件下,污水中的低温微生物在季节交替过程中虽然逐渐增加,但由于其生长、代谢速率较慢的生理特征,及各种生态因子的抑制作用导致冷适应微生物数量上升缓慢,不能及时地补充流失的生物量,从而无法达到常温下的污水处理效果。因此筛选分离高活性的具有嗜油功能的低温微生物用于冬季污水处理,可从根本上解决服务区低温污水处理效果差问题。

3.2 功能载体

普通曝气生物滤池采用的载体主要包括:多孔陶粒、无烟煤、石英砂、膨胀页岩、塑料模块等。这些载体一方面由于密度较大,导致载体间的空隙易被老化的生物膜和被截留的其他悬浮物堵塞,另一方面多为无机成分,导致其与微生物的亲和程度不高,具有提高微生物负载的空间。

固定化微生物技术是通过化学或物理手段,将微生物固定在载体上使其高度密集并保持其生物功能,在适宜的条件下增殖并满足应用之需的一种新的生物技术。这种技术具有微生物密度高、反应迅速、微生物流失少、产物易分离、反应过程易控制的优点。因此,采用固定化微生物技术,将耐冷菌高度富集在特定载体系统中,有望有效提高寒区冬季污水处理设施处理效果。

聚氨酯载体因具有较好的亲水性、孔结构、微生物亲和性以及耐生物降解性,密度接近水,可在水中悬浮等特点,而且载体孔径可控,比表面积大,是性能优良的微生物固定化滤料。通过改变原料组成、配方比例、合成条件等方法,可以改变填料表面的介电特性和官能团结构,制备不同的硬度、比表面积、孔径分布、开孔率、密度以及耐化学性和机械强度良好的聚氨酯泡沫载体,从而实现填料的表面改性,强化其吸附效能,进而提高整个曝气生物滤池的处理能力。

3.3 池型结构

目前我国绝大多数省份公路建设中将污水处理工程纳入土建工程招标范围内,把污水处理设备及相应土建一同发包。因此,很难按照正规的污水处理设施建设程序执行,满足相应的建设工期和建设条件。

为方便统一加工、运输,实现现场快速简洁施工,应开发形成曝气生物滤池成套标准化设备或现场组装模块,能够包含厌氧/兼氧滤池、曝气生物滤池及出水沉淀池,同时配有曝气、提升、水位控制及污泥处置等配套设备。曝气生物滤池应具备完备的承托层、载体拦网、支架、布水系统、布气系统、排泥系统、出水系统等结构单元,并根据需要设计相应的设备保温或增温设施。

3.4 保温增温措施

我国东北、华北、西北北部地区等严寒地区位于北纬40°以北,冬季气候寒冷,冰冻期一般长达3~6个月,最低气温通常在-30℃以下,平均水温也一般不超过10℃,见表2。

我国部分季冻区城市气温和水温变化　　　　表2

城市	地理位置:纬度（北纬）	气温（℃）		排水温度（℃）	
		最低月平均	极端最低	年平均	冬季平均
沈阳	41°61′	-12.7	-30.5	—	7~9
吉林	43°47′	-17.8	-40.2	4.5	6~8
哈尔滨	45°65′	-20.0	-38.1	4.3	5~7
大庆	45°47′	-25.5	-37.4	3.5	5~7
包头	40°49′	-17.0	-30.4	6.6	6~8
乌鲁木齐	43°45′	-16.9	-41.5	6.9	7~9

上述地区虽然冬季气温较低,但是由于冬季室内温度一般在20℃以上,排水温度可达5~9℃,基本与耐低温微生物生存条件一致。但是按照公路附属设施污水处理设计,处理设施一般设在户外,由于冬季水量较小,导致停留时间过长,温度散失较大。因此为保障低温微生物正常降解温度条件,首先应该对排放污水进行保温,并将处理设施置于室内,考虑鼓风曝气还可提高一定水温,通过这些措施可尽量减少室内排放污水进入处理系统过程的温度散失,并根据情况辅以一定的增温措施,可以保证冬季污水处理效果。

4 结语

本研究虽然通过分析研究,提出了适合季冻区高速公路服务区污水处理需求的改良曝气生物滤池工艺,并指出了生物载体、专属微生物、池型结构、保温增温等优化方向,但是如何开展具体的优化研究,以及依托研究成果建成冬季稳定达标运行的实体工程尚需进一步研究、实践。此外季冻区高速公路服务区污水处理设施在设计、招投标、施工、运营等各环节的管理方面也有待完善,从而形成系统解决季冻区高速公路服务区污水问题的总体方案,才能有助于提高交通行业水污染防治水平,促进绿色交通发展。

参 考 文 献

[1] 刘学欣,孔亚平. 公路服务区污水处理工艺综合分析[J]. 公路,2011,6:189-191.
[2] 段静静. 耐冷菌的分离及其处理低温生活污水的研究[D]. 青岛:青岛理工大学,2010.
[3] 张自杰,戴爱临. 国内城市污水低温生物处理实验(上)[J]. 环境工程,1983(5):11-16.

高寒地区典型耐久性路面结构生命周期环境影响分析

杨 阳 张宁波 景晶晶

（江苏中路工程技术研究院 江苏 南京 211806）

摘 要：鹤大高速地处环境敏感性较高的长白山地区，要求工程项目在生命周期内严格监测其对环境的影响。本文通过运用全寿命周期评价理论（Life Cycle Asessment，LCA），分析以鹤大高速为代表的高寒地区耐久性路面工程在生命周期内对环境的影响，为后续类似工程提供环境监测抓手，实现环境敏感性高地区生命周期内节能减排的目的。本文通过LCA理论的清单分析、影响分析，发现耐久性路面结构大大缩减了路面养护的频率，养护阶段的环境影响较低；而原材料的提取阶段成为能源消耗及环境排放的最大环节。如若要控制耐久性路面的排放值，应从路面工程的材料生产阶段入手。此外，在众多环境因子中，全球变暖潜值及可吸入无机物成为耐久性路面环境影响最大的两个指标，这主要是由于路面工程建设过程中大量的有机物及化石燃料的使用所造成的。

关键词：路面工程 环境影响 全寿命周期理论 长白山敏感地区 耐久性路面结构

1 引言

当代的道路工程师一直旨在不影响道路使用性能与施工效率的前提下，提升路面的耐久性，延长路面使用寿命，减少资源消耗与浪费。在我们所常用的沥青路面中，如果能提升路面结构的耐久性，在其生命周期内可以降低养护的频率，有效地节约资源消耗以及减少污染物的排放。

耐久性沥青路面是指将病害限制在表层发生，而不需要进行结构性修复或重建，且使用寿命大于50年的沥青路面的路面结构。与传统路面相比，耐久性路面可以通过降低维修养护的次数实现生命周期内经济优越性。

鹤大高速公路是一条重要的能源运输通道，是东北区域内外联系的主动脉，也是东部边疆地区国防建设的重要通道。适合采用耐久性沥青路面方案，实现路面结构使用20年或承受累计标准轴载作用次数1亿次不产生结构破坏，沥青面层使用性能寿命不少于20年。

本论文利用全寿命周期评价理论（Life Cycle Assessment Theory，LCA Theory），依托鹤大高速公路路面工程项目，在生命周期内，预测高寒地区耐久性路面结构的资源消耗清单与环境影响清单，利用环境影响评价指标体系分析耐久性路面结构的环境影响。

2 耐久性路面建设方案

高速公路沥青路面的耐久性与所采用的路面结构和路面材料有直接的关系，要实现鹤大高速公路沥青路面长寿命，须做到路面结构与路面材料耐久性的统一，即提出合理的路面结构形式，使路面结构体系既能承受行车荷载和环境因素的作用，又能充分发挥路面各层的最大效能。在路面结构合理的前提下，采用具有良好路用性能的路面材料以满足鹤大高速路面在极端气候条件及交通荷载双重作用下的使用性能需求。

鉴于此，路面结构设计上依据全寿命设计理念，采用组合式基层沥青路面结构形式，通过增加沥青层厚度来减小层底拉应力，提高沥青路面的疲劳寿命，设置柔性基层延缓反射裂缝的产生，延长路面使用寿命。

在路面材料选取上,根据各结构层受力特性及使用功能需求选取合理的路面材料,具体如图1所示。

3 全寿命周期评价理论

全寿命周期评价是一种"从摇篮到坟墓"评价工业系统的环境评价方法。"从摇篮到坟墓"意味着研究范围是从产品所需最原始的材料采集开始,一直到所有物质均被回收到地球上的全过程。

一般来说,在进行全寿命周期评价分析时,首先应当确定所分析的产品的研究范围及功能单位(Goal and Scope Definition)。随后,通过列举每个相关阶段与环境的能量交换和物质交换,包含原材料的提取、能源获取、材料生产、产品生

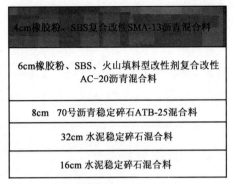

图1 耐久性路面结构方案

产、产品使用、产品回收利用以及最终处置等,对产品的各个阶段与环境的物质能量交换编译、列表以及初步分析,这个过程又被称为全寿命周期清单分析(Life Cycle Inventory, LCI)。仅有这个列表的初步分析往往是不够的,因为通常情况下列表分析数据庞大,也不能直观地发现问题。因此,还需要计算,并通过与自然环境交换的相应指标来反映清单中数据的意义,并给出适当的解释,这个过程被称为生命周期影响分析(Life Cycle Impact Assessment, LCIA)。最后,将所到的结论进一步地检查分析,诸如一致性检查、全面性检查等,完成全寿命影响评价的最后一个环节——生命周期结果解释(Interpretation)。

4 目标与范围确定

目标与范围界定阶段是全寿命周期评价的第一个步骤,这个步骤主要是定义各个阶段的研究目标和范围,为整个评价方法提供了系统边界和功能单位。

4.1 研究目标

耐久性路面是通过及时的养护,保证路面不发生结构性破坏,将路面病害控制在路面表层,从而延长沥青路面的使用年限。从全寿命经济角度分析,耐久性路面可以降低养护阶段的成本,在生命周期内实现成本节约。而从环境角度分析,无法确定是否具有相似的效果。本论文旨在立足于环境角度,分析耐久性路面结构的环境影响最大的因素,确定环境贡献最大的环节。

4.2 研究范围

本项目以鹤大高速为研究背景,取其中使用耐久性路面结构摊铺段为研究对象,考虑耐久性路面在生命周期内对环境的影响情况。一般来说,路面工程的生命周期通常分五个阶段,即原材料生产、建设、使用、维修养护和拆除回收。

4.3 功能单位

鹤大高速的设计速度为80km/h,路基宽度为24.5m,半幅路路幅布置为:0.5m土路肩+0.75m硬路肩+3.5m×3行车道+0.5m中央分隔带。本项目选取鹤大高速公路采用耐久性路面部分作为研究对象,功能单位取其半幅路·1000m·20年。

5 清单分析

清单分析是全寿命周期影响评价的第二个环节,是对路面工程生命周期各个阶段输入的能源消耗和输出的环境排放进行量化分析的过程。由于项目本身还未进行施工,因此目前主要利用定额法来预测材料的用量及机械使用量,从CLCD数据库、现有科研文献中获取各项材料的初始资源消耗,并最终经过汇编分析得到路面工程全寿命周期的环境量化影响清单,所得结果如表1所示。

耐久性路面在生命周期内的环境影响清单数据　　　　表1

阶段 \ 物质	能耗	CO_2 (kg)	CH_4 (kg)	N_2O (kg)	SO_2 (kg)	NO_x (kg)	NH_3 (kg)	CO (kg)	PM10 (kg)	PM2.5 (kg)
原料生产阶段	1.13×10^7	2.49×10^6	2.97×10^3	1.74×10^1	1.76×10^3	1.33×10^3	4.10×10^1	6.57×10^2	1.86×10^3	1.14×10^3
施工阶段	1.91×10^6	2.73×10^3	5.84×10^2	1.86×10^{-1}	4.04×10^1	3.37×10^1	2.42×10^{-1}	7.50×10	1.68×10^{-1}	8.39×10
维修养护阶段	8.67×10^4	6.41×10^3	2.02×10^1	8.99×10^{-2}	1.70×10^1	1.03×10^1	1.75×10	2.92×10^1	1.19×10^1	3.71×10^1
拆除报废阶段	2.32×10^5	1.91×10^2	3.46×10^1	1.89×10^{-1}	4.78×10^1	3.54×10^1	5.38×10^{-2}	2.14×10	3.17×10^{-2}	1.45×10^1
合计	1.35×10^7	2.50×10^6	3.61×10^3	1.78×10^1	1.86×10^3	1.41×10^3	4.30×10^1	6.96×10^2	1.87×10^3	1.20×10^3

6 影响分析

以上列举了耐久性路面的生命周期内各个阶段的环境影响的量化清单,本节则将通过不同的指标将清单数据转化为具体的环境影响。

6.1 评价指标体系建立

国际毒理学与化学学会(SETAC)于1993年提出了环境影响分类方案,主要从人类健康和生态系统健康两个角度出发,定义与选择不同的影响因子。依据路面工程特性以及上一阶段所完成的清单数据的收集情况,现选定评价路面工程的评价指标如表2所示。

LCIA所选择的评价指标　　　　表2

	评价指标	目 的	代表物质	单位
人类健康	可吸入无机物(RI)	评估工程寿命周期内所排放的烟尘、粉尘所引起的控制中悬浮颗粒增加、空气质量下降的潜在影响	PM2.5	kg
人类健康	光化学烟雾(POCP)	评估工程首期内所排放的会在阳光作用下会产生二次污染物的气体的潜在影响	乙烯	kg
生态健康	全球变暖潜值(GWP)	评价工程寿命周期内排放的气体物质所引起全球变暖的潜在影响	CO_2	kg CO_2 eq.
生态健康	酸化(AP)	评估工程寿命周期内所排放可能引发酸雨可能破坏生态系统的潜在影响	SO_2	kg SO_2 eq.
生态健康	富营养化潜值(EP)	评估工程寿命周期内排放的氮、磷等营养物可能造成水体含氧量下降、水生动植物大量死亡的潜在影响	PO_4^{3-}	kg PO_4^{3-} eq.
	能耗	生命周期内的能耗量	热值	MJ

6.2 特征化

本文采用环境影响评价的特征化同样采取当量模型,参照E-balance软件中对各项指标所包含的物质与其当代表物质建立的转换模型,将同一评价指标下的各个清单项目用不同的当量转化系数处理,获得特征化结果,如表3所示。

鹤大高速耐久性路面工程各阶段的环境影响指标　　　　表3

环境影响类型	环境影响总量 (kg)	特征化指标				归一化基准值 (kg)	归一化值 (%)
		原材料生产阶段所占比例(%)	施工阶段所占比例(%)	维修养护阶段所占比例(%)	拆除报废阶段所占比例(%)		
可惜入无机物	2.47×10^3	96.70	0.55	1.96	0.78	3.73×10^{10}	6.63×10^{-6}
光化学污染潜值	6.38×10^1	89.62	7.46	1.68	1.25	5.26×10^9	1.21×10^{-6}
全球变暖潜值	2.51×10^6	99.56	0.17	0.26	0.01	9.28×10^{12}	2.71×10^{-5}
酸化潜值	2.93×10^3	94.39	2.19	0.94	2.48	6.05×10^{10}	4.85×10^{-6}

续上表

环境影响类型	环境影响总量（kg）	特征化指标				归一化基准值（kg）	归一化值（%）
		原材料生产阶段所占比例(%)	施工阶段所占比例(%)	维修养护阶段所占比例(%)	拆除报废阶段所占比例(%)		
水体富营养化潜值	1.99×10^2	94.46	2.24	0.98	2.32	7.18×10^9	2.77×10^{-6}
能耗	1.35×10^7	83.53	14.12	0.64	1.71	—	—

6.3 归一化

参照 E-Balance 软件数据库中，归一化因子的要求，通过考虑总破坏潜力和人均当量，建立了中国产品生命周期内破坏类型的归一化体系。

通过归一化分析可知，在鹤大高速耐久性路面中，对环境影响最大的指标为全球变暖潜值，占总体影响的 91.14%；这主要来自于材料生产阶段的温室气体排放，如果需要控制这个影响，则需要从原材料生产阶段入手。其次影响最大的指标为可吸入无机物的排放，占总体影响的 4.95%；这主要来自于原材料生产阶段。

7 结语

（1）通过清单数据表明，耐久性路面工程在寿命期内排放量最大的物质为二氧化碳，主要集中在原材料生产阶段及施工阶段。

（2）利用环境影响评价指标，将清单数据进行进一步分析。基于可吸入无机物、光化学污染潜值、全球变暖潜值、酸化潜值、水体富营养化潜值、能耗六个评价指标分析研究可知，原材料生产阶段占据路面工程生命周期环境影响量 80% 以上。而由于耐久性路面的使用性能的提升，有效地降低了路面工程的养护频率，维修养护阶段所产生的环境影响量为生命周期各阶段最低。因此，如果需要有效控制耐久性路面工程对环境的影响，需要从路面工程主要材料入手。路面工程的材料中，哪种材料对环境影响最大，则是下一阶段可以着重研究的内容。

（3）归一化分析表明，耐久性路面生命周期的主要环境影响类型为全球变暖、可吸入无机物，这主要是因为路面工程建设过程中大量的有机物及化石燃料的使用所造成的。

参 考 文 献

[1] 杨洁,王洪涛,周君.铁路运输生命周期评价初探[J].环境科学研究,2013,26(9):1029-1034.
[2] 张倩,徐剑,张金喜.路面工程生命周期评价(LCA)方法应用研究[J].中外公路,2015,35(5):346-350.
[3] Chester M V, Horvath A. Environmental assessment of passenger transportation should include infrastructure and supply chains[J]. Environmental Research Letters, 2009, 4(2): 024008.1.
[4] HäkkinenT, Mäkelä K. Environmental Impact of Concrete and Asphalt Pavements in Environmental adaption of concrete.[J]. Technical Research Center of Finland. Research Notes 1752. 1996.
[5] 谭民强.交通运输类环境影响评价[M].北京:中国环境科学出版社,2011.

鹤大高速公路路线设计新理念

王志文　朱　宇　程海帆　严　冬

（吉林省交通规划设计院　吉林　长春　130021）

摘　要：生态景观设计理念已经成为高速公路设计中新的重要发展方向和趋势。路线设计作为高速公路的基础设计，在贯彻生态景观设计理念中发挥着重要作用，尤其在低山丘陵区体现更为明显。本文针对鹤大高速公路小沟岭至抚松段设计，对低山丘陵区高速公路路线布设原则、路线指标选取、如何贯彻生态景观设计理念进行了探讨。

关键词：生态景观设计理念　路线布设原则　路线指标选取

1　引言

鹤岗至大连高速公路(G11)是《国家高速公路网规划》中的重要组成部分，小沟岭至抚松段高速公路为鹤大高速吉林省境内一段。本项目位于吉林省东部地区敦化市及抚松县境内，路线整体呈南北走向，区内地形较复杂，敦化市为低山丘陵区，抚松县为山岭重丘区。

为促进交通建设的可持续发展，在项目设计阶段可根据项目特点确定设计主题，并在满足公路使用功能、保证行车安全、合理控制造价的前提下围绕设计主题制定相应的设计原则、优化具体设计方案。本项目的设计主题是"生态景观设计"。

为进一步加强对山区高速的认识和理解，提升生态景观设计理念，本文针对鹤大高速公路小沟岭至抚松段，就如何合理确定路线设计原则、选择可靠的路线设计指标、贯彻生态景观设计理念以满足山区高速公路安全、舒适、生态、环保的需求进行了探讨。

2　路线布设原则

路线布设应根据路线在路网中的功能定位、路网结构、沿线城市规划、路线所处地区的气候环境、地形条件、地质条件、自然环境、拆迁条件、工程造价实施，突出项目生态环保设计理念，遵循"路网功能选线""路网节点选线""城市规划选线""季冻区路线安全选线""地形选线""地质选线""生态景观选线""占地拆迁选线""工程造价选线"等设计原则，同时合理突出设计主题。

（1）路网功能选线：本项目是国家干线高速公路，主要承担区域间、省际以及大中城市间的中长距离运输，是区域内外联系的主动脉。路线设计应直接顺畅，避免不必要的绕行，注重立体线形设计，做到线形连续、指标均衡、视觉良好、景观协调、安全舒适。

（2）路网节点选线：敦化市、大蒲柴河镇、抚松县为沿线重要路网节点。路线平面布设时应充分考虑与已建珲乌高速、拟建延蒲高速、在建营松高速的路网衔接关系，明确路网节点位置，充分发挥本项目纵向贯通、横向连接的纽带作用。

（3）城市规划选线：本项目途经15个市、县、镇，其中包括敦化市、抚松县等旅游城市及亚洲最大人参市场万良镇。路线布设时应充分考虑与沿线城镇发展规划的协调配合，遵从"近而不进、远而不离"的设计思路，为城镇发展预留空间，促进沿线经济发展。

（4）季冻区路线安全选线：本项目位于东北积雪冰冻地区。路线平面应尽量布设于阳坡，纵面线形在工程规模增加不大的前提下尽量采用高指标，把解决长大纵坡交通安全问题作为路线设计的重点。

（5）地形选线：本项目位于低山丘陵区及山岭重丘区，大部分路段属于林区，沿线自然景观优美。路线设计在保证行车安全的前提下，应灵活运用技术指标，不一味追求高指标，特别是平面线形应顺山就势,尊重自然,尽量避免高填深挖,贯彻生态环保的设计理念。

(6)地质选线:本项目沿线主要河流有16条,其中有著名的牡丹江、二道松花江、头道松花江。路线布设时应重视地质选线,尽量绕避地质不良段,同时应充分考虑积雪、冰冻、涎流冰等公路病害影响。

(7)生态景观选线:将生态环保设计贯穿于路线选线的始终。平面布设不强拉直线、硬切山岗,注重平、纵线形与地形的结合、公路立体与沿线景观的配合,尽最大可能地保持原有自然风貌,将公路自身景观与沿线自然、人文景观合理结合。

(8)占地拆迁选线:本项目沿线地表以耕地、林地为主,经过众多村屯。路线布设时应尽量降低对沿线村屯居民的干扰和减少对耕地资源的占用,减少各种拆迁数量,最大限度地保护耕地,降低社会影响。

(9)工程造价选线:控制工程造价应作为设计原则之一。在安全、环保的前提下应充分考虑沿线大型构造物、互通、服务设施的设置条件,尽量减小构造物、互通、服务设施规模,并充分考虑土方平衡、避让地质不良地段、合理应用低路基方案,从而降低工程造价。

3 路线指标选取

3.1 路线指标选取原则

路线指标一般受公路设计速度、地区自然环境、气候环境、沿线地形、途经重要地物、地表附着物等诸多因素控制。应在标准、规范规定范围内选取路线设计指标,并在有条件情况下选取大于一般值的指标或选取高一级设计速度的一般指标,采用极限指标时应慎重并有充分理由。路线线形顺畅、指标均衡、驾驶员视线良好、诱导连续、行车安全舒适、公路与沿线景观有机结合是判断路线指标选取合理的标准。

本项目路线指标选取在坚持以上原则的基础上,突出对自然环境的保护。

3.2 平面设计(表1)

小沟岭至抚松段平面指标统计　　　　表1

指标名称	单位	数量			
		A段	B段	C段	D段
设计速度	km/h	80			
路线总长	km	59.4	70.1	60.1	42.6
路线增长系数		1.06	1.10	1.15	1.10
平均每公里交点数	个	0.42	0.37	0.60	0.40
平曲线最小半径	m/个	1 900	1 200	600	1 600
平曲线占路线总长	%	79.1	75.0	66.2	69.5
直线最大长度	m	2 500	3 277	1 860	2 111

3.2.1 山区高速平面指标应适当增加曲线比例以适应地形

本项目位于低山丘陵区及山岭重丘区,地势起伏较大、地形变化较快,部分路段位于两山夹沟地带。平面布设时应避免强拉直线,适当增加平曲线比例以适应地形,达到随山就势、保护自然环境的目的,同时协调好高速公路与沟谷河流、地方道路及规划道路的立体布设关系。

本项目整体平曲线比例为72.8%,单纯的山区路段平曲线比例达到85%以上。

3.2.2 平面指标的衔接应均衡、协调

曲线路段为避免平面线形指标突变,曲线半径指标应均衡。"S"形曲线半径比值应小于等于2($R1$∶$R2$≤2),有条件时宜小于等于1.5($R1$∶$R2$≤1.5);长直线尽量避免衔接小半径曲线,并控制直线长度,最大直线长度宜小于20V(即20倍设计速度),若直线较长时,可考虑以大半径曲线替代直线,调整相应段落的纵断面设计,增加景观及附属设施设计,避免驾驶员视觉疲劳。

3.2.3 合理提高平曲线指标

一般情况下宜选取超高小于等于4%($i \leq 4\%$)的圆曲线半径,适当加大圆曲线半径,降低横向力系数小于等于0.6($f \leq 0.6$),车辆行驶过程中司乘人员感觉更加舒适,车辆转弯更加流畅;一组平曲线长度宜达到规范值的1.5倍(600m),条件允许时最好达到1km,避免驾驶员频繁调整行车方向。

3.3 纵断面设计(表2)

小沟岭至抚松段纵断面指标统计　　　　　　　　　　　　　　表2

指标名称	单位	数量			
		A段	B段	C段	D段
设计速度	km/h	80			
最大纵坡	%	4.00	3.96	3.8	4.0
最短坡长	m	400	400	430	410
竖曲线占路线总长	%	48.4	54.3	43.3	48.4
每千米变坡点数	次	1.08	1.11	1.31	1.31
最小凸形半径	km	12.0	13.0	7.0	12.0
最小凹形半径	km	8.5	10.0	7.0	10.0

3.3.1 尽量提高纵坡指标

考虑到积雪冰冻地区冬季车辆通行能力及行驶安全,宜尽量采用不大于3%的纵坡,少用规范规定的最大纵坡;大型桥梁纵坡宜小于3%,长隧道纵坡宜小于2.5%,特长隧道纵坡宜小于2%;长大纵坡路段缓坡段纵坡宜小于2.5%,一般路段最小纵坡宜大于0.5%。

3.3.2 控制最短坡长长度

一般情况下宜选取大于规范值1.5倍(300m)的坡长,以避免纵断面起伏频繁,达到纵断面平顺的效果;长大纵坡路段宜继续增长缓坡段长度,以配合上坡路段提高车辆运行速度,下坡路段控制车速的目的。

3.3.3 竖曲线半径宜达到视觉要求

凸型竖曲线半径对行车视距影响较大,在有条件的情况下,宜加大凸型竖曲线半径,达到规范规定的视觉要求;凹型竖曲线半径也影响行车视距,且凹型竖曲线半径较小时,车内人员感觉不舒适,在有条件时也应加大凹型竖曲线半径。

4 贯彻生态景观设计理念

生态景观设计体现在公路设计的各阶段与各专业设计中。路线设计主要体现在平面绕越自然保护区、避让自然景观与天然山体;纵面合理控制标高与周围环境相协调;困难路段进行高架桥与高路基比选、深挖方与短隧道比选等方面。

应合理选取、布设路线平、纵、横断面,使高速公路与沿线地形、自然景观合理搭配,尽量减少对沿线自然景观的破坏,以达到保护自然环境,取得良好景观效果的目的。

4.1 一般路段(图1、图2)

路线顺沟谷路段,平面应综合考虑路基填高、横断面布设,以自然景观、天然山体为控制点,避免利用局部地形开挖山体、破坏景观,此类路段应同时兼顾,细化平、纵、面设计,取得靠山不挖山的效果。

4.2 跨沟、顺山路段(图3、图4)

路线跨沟、顺山路段,纵向地形变化剧烈,应根据纵断面与地面高差,对高路基与桥梁方案从工程造价、占地、保护自然、贯彻生态景观设计等方面进行方案比选,恰当选用高架桥方案。

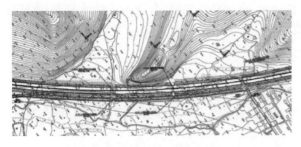

图1　K623+400—K624+800段总体

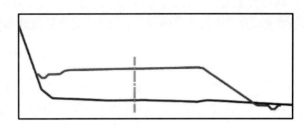

图2　典型横断面图

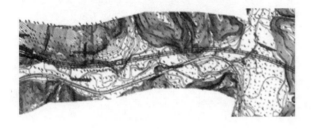

图3　K667—K669段总体图

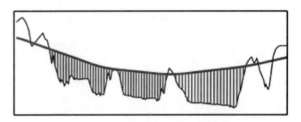

图4　K667—K669段纵断面

4.3　越岭路段（图5、图6）

路线越岭路段，应根据开挖垭口深度，对深路堑与短隧道方案从工程造价、占地、保护自然、贯彻生态景观设计等方面进行方案比选，恰当选用短隧道方案。

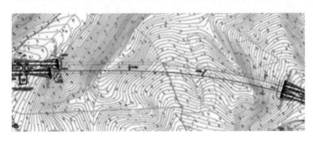

图5　小沟岭隧道总体图

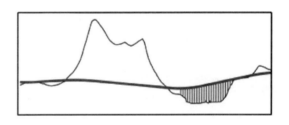

图6　小沟岭隧道纵断图

4.4　绕越保护区路段（图7）

本项目穿越长白山腹地，途经很多自然保护区和水源保护区，地形起伏，景色优美。路线设计时应尊重自然、保护优先，合理避绕保护区，避免传统公路建设中"先破坏、后恢复"的现象。

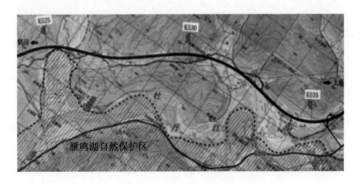

图7　绕越雁鸣湖保护区方案图

5　结语

路线设计是基础设计，路线设计的合理性决定了公路竣工后的运营、景观效果，所以路线设计应从总体设计思路出发,综合考虑项目自身特点与内外制约因素,突出设计主题,合理布设路线方案,确定路线指标,为完成公路总体设计,达到预期效果做好基础工作。

参 考 文 献

[1] 张雨化,朱照宏.道路勘测设计[M].北京:人民交通出版社,1997.
[2] 中华人民共和国行业标准.JTG D20—2006 公路路线设计规范[S].北京:人民交通出版社,2006.

鹤大高速公路长白山地区表土利用和植被保护技术研究

应世明　陈辉辉　侯兆隆

（中交路桥华北工程有限公司　北京　100110）

摘　要：鹤大高速公路小沟岭至抚松段途经中国最原始的自然保护区之一长白山区，沿线拥有丰富的黑土资源以及林木资源，本文通过实地调研、研究，提出了因地制宜的表土利用和植被保护方案，具有一定的推广和实际意义。

关键词：高速公路　表土利用　植被保护

1　长白山生态环境

鹤大高速公路穿越长白山腹地，地形起伏变化较大，土壤肥沃，沿线地区植被类型多样，主要包括湿地、森林、灌丛、旱田、水田等，森林覆盖率较高，主要有松、柞、桦、椴、曲柳等树木种类。可以说沿线资源丰富，环境优美，为高速公路建设带来了新的理念，同时也提供了很好的自然景观条件。

高速公路建设应最大限度地尊重自然，努力做到"最大限度地保护"，避免传统公路建设中"先破坏，后恢复"的现象，本文以鹤大高速公路小沟岭至抚松段为例，重点介绍在高速公路建设中，对沿线表土利用和植被的保护研究和具体措施，包括表土清理、存放方案、保护方案、利用方案及植被保护方案。

2　表土利用研究

2.1　表土利用现状

黑土是世界上最宝贵的土壤资源之一，它的有机质含量大约是黄土的十倍，具有肥力高、结构好、供肥能力强、质地疏松的特点，是最适合农耕的土壤。众所周知，世界上仅有三块黑土平原：美洲的密西西比平原、欧洲的乌克兰平原、亚洲的东北平原。1928年，"黑风暴"几乎席卷了乌克兰整个地区，一些地方的土层被毁坏了 5~12cm，最严重的达 20cm。在美国，1934 年的一场"黑风暴"就卷走 3 亿 m^3 黑土，当年小麦减产 51 亿 kg，举国震惊。我国黑土区的开发比国外两大黑土区晚，早期因为未合理利用黑土资源和没有科学的统筹规划造成了黑土的大量流失，破坏了当地的生态平衡；因此我们更应该在施工中合理地利用以及保护我国的"黄金"土壤。

我国高速公路急速发展，密集的路网建设对沿线的生态环境造成不可忽视的影响，其中原态表土的破坏对生态环境的影响是致命的，表土中含有的丰富原生动物、水藻、细菌、真菌等生物资源以及氮磷钾等非生物物质资源对绿化工程中植物的成活以及成长起着至关重要的作用。在施工过程中进行表土的综合利用，提高表土的利用率，使植被的保护和恢复得到最大效益化，对保护当地的生态资源是必不可少的。

目前国内高速公路建设，对于表土的保护和再利用，一直不给予重视，造成严重的表土资源浪费，究其原因主要有以下四点：

（1）投标过程中，路基、桥涵与绿化中标队伍不一致，队伍之间施工协调性差，导致表土浪费严重。

（2）清表工作与绿化工程为工程的首尾作业，时间间隔大，表土存放过程中流失严重。

（3）表土在存放过程中场地和保护设施及运输等方面产生相应的费用，增加了项目的建设成本。

（4）表土清表过程中，表土中容易掺杂其他土质，导致表土不可再利用。

2.2 长白山地区可利用的表土

长白山地区地处四季分明的寒温带,暖季热量充沛、土壤水分较好,植物生长繁茂,地上茎中及地下根系累积量很大。到了漫长的冬季,土壤微生物活动很弱,大量枯枝落叶和植物残体难以迅速腐化分解,历经千百年形成了厚厚的腐殖质层,也就是肥沃的黑土地,表土中主要包括黑钙土、淡黑钙土、草甸土。黑钙土是指温带半湿润草甸草原植被下由腐殖质化作用形成较厚腐殖质层,并有碳酸钙淋淀作用形成碳酸钙淀积层的土壤。其腐殖质含量高,养分丰富,是肥沃的土壤之一;草甸土发育于地势低平、受地下水或潜水的直接浸润并生长草甸植物的土壤,属半水成土,其主要特征是有机质含量较高,腐殖质层较厚,土壤团粒结构较好,水分较充分。

在工程建设中,需要对主线路基、取弃土场、临时场站区进行清表施工,大量的表土有待收集和控制。鹤大高速公路沿线主要占地类型为林地和农田,表土富含大量的有机质和当地植物种子,是极其珍贵的资源。其丰富的营养基底是绿化工程中植物的成活与生长保障,而且对当地生态安全有积极的作用。

2.3 清表施工

清表过程中,由于地形起伏较大,表土厚度差异较大,应根据现场的实际情况确定表土剥离厚度。表土剥离厚度较小会浪费当地的黑土资源,表土剥离厚度过大,一方面会造成成本加大,另一方面下部生土混进表土使表土腐殖质含量减少。农耕地清表时,由于长期的种植农作物,表土层分布均匀,可以达到 50cm 以上,表土剥离将全部剥离运用。林地清表时,表土层厚度不均匀,剥离过程中严格把关,在最大限度地剥离表土的情况下防止下部生土混入表土,使表土质量下降。

施工中为保持原有地形地貌和植被,最大限度减少对原地貌的破坏,采用二次清表的理念:首先在路中线两侧进行一次清表施工,清表范围为设计路面宽度,其次在路面宽度范围外侧至设计的坡脚线处或坡口线内范围内和坡脚线与坡口线外侧至征地界进行清表,清表操作根据截水沟或排水沟的设置及现场实地情况进行,对不影响施工操作的区域避免扰动。

路基第一次清表前应先对清表范围的生态环境进行普查,对表土资源进行收集后集中存放用于取弃土场、边坡等位置。路基第二次清表在环保线内,采取人工清表办法,减少创伤面。对清表过程中超过环保绿线范围、施工不需要占用的区域要及时覆盖腐殖土,并用原生植被进行恢复(图1)。

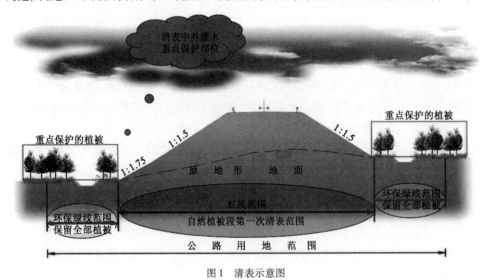

图1 清表示意图

2.4 表土的存放

表土存放应对当地自然资源以及工程概况进行调查研究,制订适应工程具体情况的存放方案。沿线表土存放应分段集中存放,在全线根据沿线的地质特征以及图纸中主线设计多布置表土存放点,沿线表土集中在各个存放点上集中保存,减少运距,有益于调配,为后来的绿化工程提供便利,减少成本,节约资源。堆放中应尽量利用沿线空闲场地,根据现场环境实时调节堆放数量。取弃土场、临时场站区表土堆放应分片保存,规划出表土存放区域尽量为空闲场地。

表土堆放与绿化工程时间间隔长,需采用一定的保护措施,尽量减少资源的流失。表土存放周围用编织土袋进行遮挡,在编制土袋外设置排水沟,并用挖掘机和装载机对表土存进行整形,修成丘陵状,便于排水,减少表土资源的流失。为防止农畜以及当地居民的破坏,在每个堆土场悬挂警示牌,以免农畜的践踏以及当地居民不告而取(图2)。

a)

b)

图2　表土存放图

2.5　表土再利用

表土的再利用主要呈现在绿化工程中,包括喷播植草、撒播植草、客土喷播、乔灌木种植等绿化用土。

为提高绿化工程中植物的成活率,使表土的资源利用达到最大化,草甸土运用于植物不易成活、土质营养比较薄弱的中央分隔带,林地土分配到需要种植灌木的高挖路堑、高填路堤边坡上,耕地土分配到只需种草的路侧绿化上。

路基边坡植被恢复前应先在植草部位回填10cm以上的种植土,也就是存放的清表土。覆土工作完成后应首先喷一次水并放置2~3d,待其均匀沉降后进行下一步工作。取弃土场进行植被恢复,首先根据取弃土场所在位置的区域环境特征进行地形改造,使取弃土场地形与周围环境协调;然后覆盖腐殖土,种植树木和原生植被,进行绿化恢复。

互通区、临时场站区进行绿化恢复首先清除互通以及临时场站区的建筑垃圾,然后对场地进行翻耕和平整,最后回填腐殖土,互通圈内设置蒸发池,防止雨水天气淹坏树木。

绿化中分带施工,表土的运输、回填、灌木栽植很容易造成路面污染。这种污染严重影响路面结构层的黏结强度,使沥青路面的质量大打折扣,影响整个工程的质量。表土再利用过程中要严格把关,规范施工,防止回填土对工程其他作业造成危害。

3　长白山地区植被保护技术

长白山植被丰富,生物多样性敏感,对当地原生植物采用分级保护。具体规定如下:

长白山脉珍贵树种多,古树名木、珍稀濒危植物(《中国植物红皮书》和《国家重点保护野生植物名录》)为一级,在清表施工中要做到就地保护、避免扰动,无法原地保留的要在清表施工前全部迁地保护,如该地区的珍稀保护树种:红松、黄檗等。

树体高大、树形优美的孤植树、点景树为第二级,清表土中要就地保护,避免破坏,使其形成公路的景观亮点,无法原地保留的也要移栽到服务区、立交区等区域进行保护,如紫椴、榆树、蒙古栎等该地区常见的高大树木。

常见的乔木为三级，清表过程中根据是否影响路基施工进行选择性保护，不影响该段路基施工的一律就地保护，对影响路基施工的乔木树种选择其合适树种可以用于公路绿化恢复，如落雨、白桦树、山杨等乔木。

占地界内有一定利用价值的草本和小灌木为第四级，可收集其种子和茎根等部位，进行再种植，用于高速公路绿化。公路所经过的地区处于长白山腹地，区内植物种类十分丰富，在项目建设区域内国家保护物种如红松、水曲柳、黄檗等在长白山及其余脉凡是适合这些树种生长条件的地方都有分布，高速公路项目只要穿越这一林区，对这些树木的砍伐将不可避免。

3.1 路基施工

对林业部门采伐后保留下来的树木要严加保护，决不能在砍伐或施工中机械破坏，施工过程中树木附近采取人工操作，特别对距离路基较近区域的树木（包括征地界内保留下来的树木和征地界沿线的树木）要统计数量、树种，编号登记造册，并挂牌进行保护（图3）。

路基施工之前先划出"环保绿线"（即路基压实边界到公路征地界范围的区域），"环保绿线"区域是植物资源保护的重点。清表时环保绿线范围的所有原生植被（包括乔木、灌木、草本以及林业部门采伐树木后留下的树桩）实行强制性保护，决不能随意破坏这一区域的一草一木。对能移栽的树木（包括小乔木和常绿树木）首先进行移栽，用于以后公路边坡、取弃土场等位置绿化，或移植他处实施迁地保护；林业部门采伐留下的完整树桩要挖出妥善保存，用于制作标示标牌、小品或停车区座凳，尽量废物利用；原生灌丛、草皮根据需要尽量整体挖出移栽到绿化位置（如清表超过规定范围标段的相应区域），

图3　挂牌保护

对表土资源要收集后集中存放用于以后取弃土场、边坡等位置的植被恢复。

挖方路基在施工中尽量保留原始边坡坡面形式，不要进行扰动，对设计文件中的坡面形式根据实地情况会同设计单位予以调整和灵活掌握，排水尽量采用自然散排，确实需要挖排水沟、截水沟的位置也要把排水设施隐藏在原生植被之中，设计、施工要灵活，不要追求整齐划一。

填方路基以压实位置（即1：1.5坡率的坡脚位置）为工程施工红线，清表时要把范围严格限制在这一区域，坡脚以外的原生植被（包括树桩）一律予以保留。以后路基填方时对压埋较深（30cm以上）的灌丛、草本带表土整块挖出就地移栽到新完成的填方坡面，以加速植被恢复；压埋较浅（30cm以下）的灌丛可不予移栽，靠其自身恢复生长。填方时遇到胸径大于8cm的乔木时，如果填方后压埋较深（30cm以上），应用砖、石砌筑树池予以保护。

软基路段严格按需要换填的范围进行开挖，换填范围以外的原生植被予以保留。在开挖过程中，如果边界附近有较大的乔木一定要注意保护，不要对乔木周围1m范围的地表扰动，以防树盘松动被大风刮倒。开挖后换填要及时，并在换填后尽快维护和恢复坡脚外侧被破坏的植被。

3.2 桥涵施工

对于桥梁施工，只对桩基位置、桥台位置进行局部清场。认真研究施工现场地形地貌，划定桩基施工需要占用区域的边界，对边界外的原生植被一律强制保留。

对需要清表的扩大桩基础以及桥台位置，清表之前需要像路基要求一样首先对能移植的树木、灌木、草本进行移植用于绿化恢复，然后才可以开始桩基施工。

确实对盖梁和梁板安装有影响的树木只做截枝处理，并适当捆扎以利施工，切不可随意伐除。

特别对桥头位置的高大树木、乔木林、灌丛等植被要千方百计予以保留，使之成为桥头位置的装饰和衬托，形成视觉亮点，并对公路景观产生画龙点睛的效果。

涵洞施工坚持半幅轮换施工,防止施工便道对植物资源的破坏,同时严格限制作业面积,尽量采取人工作业。在满足涵洞施工作业的前提下,不多砍一棵树木、不多占一寸草地。涵洞挖掘出的弃土要妥善处理,不能压埋周围树木、灌丛等植被。

3.3 取弃土场

在取土、弃土之前,先规划好取弃土后的恢复方案,根据以后的恢复方案指导取土、弃土工作。

在取、弃土之前,先对取、弃土区域树木、灌丛、草本植被进行移植,可直接用于超挖路基区域的植被恢复,或者留待以后对取弃土场的恢复。为保障对取土场原生植被的保护利用,要做好移植植被和恢复植被工作间的衔接。

取、弃土场的表层土提前进行剥离并集中堆放保护,以备将来绿化恢复之用。

取、弃土工作完成之后要抓紧进行植被恢复。首先根据取、弃土场所在位置的区域环境特征进行地形改造,使取弃土场地形与周围环境协调;然后覆盖腐殖土,种植树木和原生植被进行绿化恢复,及早恢复原生植被效果;特别线位附近的取弃土场更应早做规划。

3.4 服务区、停车区、管理所、收费站

这些区域位置的原有地形和原生植被不影响施工的尽量保留,及时与林业部门做好沟通寻求支持,申请保护该区域的所有树木和植被。规划设计完成后,将建筑区域以及道路范围内的树木移栽至附近的互通区,其他原生植被一律保留,并避免施工中造成破坏,力争把建筑掩映于森林之中,创造亮点。

3.5 施工场地

施工场地选择闲置或废弃的荒地进行设置,尽量减小对原生植被的破坏。

对施工场地的树木(特别是规格较大的树木)尽量予以保留,影响施工的可作绑缚、截枝处理,确实无法保留的尽量进行移植。

充分利用综合施工场地或路基占用区域的场地,并采取集中拌和、集中预制的方式。构筑物施工场地尽量合并,减少场地布设的数量和规模。

施工场地清理之初,先对其上的原生植被(尤其是适宜移栽的树木)进行移植,用于需要植被恢复的位置,或留待以后植被恢复之用。

施工结束之后,对施工场地覆盖表土,并利用原生植被进行恢复。

3.6 施工便道

施工便道充分利用现有道路(如原有公路、林区生产道等)作为工程的纵、横向便道,尽量避免新增便道对原生植被的破坏。

确实需要开设便道的,尽量选用植被稀疏或荒草地区域布设,施工便道上的树木及其他原生植被尽量移植用于绿化恢复。

路线位于密林区域的路段,原则上不能毁林开设便道,局部区域建议搭建施工栈道代替施工便道,减小对植被的破坏。

随着路基的逐步成型,运料车要逐渐利用路基通行。

施工便道用完之后,要抓紧覆盖腐殖土,并恢复原生植被。

4 结语

长白山地区环境气候条件特殊,表土、植被资源较为丰富,鹤大高速公路在工程建设中合理利用表土资源、保护珍贵植被,通过调查了解施工与环境的最佳临界点,兼顾水土保持设施与主体工程的"同时规划、同时设计、同时投入使用",在公路建设中运用表土存放方案,表土保护方案,取土场利用方案,植被保护方案,最大效益地实现了黑土资源的再利用及原生植被的分级保护。不仅仅是节约了施工成本,更保护了当地生态环境以及生物多样性,使得公路工程建设与当地生态环境真正融合,响应了国家绿色循环低碳环保的主题。

参 考 文 献

[1] 安丽芹.开发建设项目中剥离表土利用的探讨[J].能源与节能,2012(6):90-91.
[2] 许志信,赵萌莉.水土流失与植被保护[J].草原与草业,2000(1):1-6.
[3] 李玉文,赵广阳.公路边坡植被保护的探讨[J].中国新技术新产品,2009(9):47-47.
[4] 梁耀元,李洪远.表土在日本植被恢复中的应用[J].应用生态学报,2009,20(11):2832-2838.
[5] 林才奎,方建勤.广梧高速公路使用表土进行边坡绿化的技术研究[J].公路,2010,01.
[6] 蒋勇.高速公路生态环境恢复与景观综合设计研究[D].华南理工大学,交通运输工程,2014.
[7] 吴风.路基剥离土施工及规划利用[J].交通科技与经济,2009,6:104-109.
[8] 乔领新.高速公路岩质边坡植被恢复初期植被和土壤研究[D].甘肃农业大学,201.

第四篇 循环利用

橡胶粉/SBS 复合改性沥青工厂化参数分析与性能评价

陈志国 于丽梅 姚冬冬

(吉林省交通科学研究所 吉林 长春 130012)

摘 要：针对季冻区特点，提出采用针入度分级和 PG 分级评价橡胶粉/SBS 复合改性沥青的性能，并给出性能评价指标和范围；在此基础上，通过试验分析了影响工厂化橡胶粉/SBS 改性沥青性能的多个参数，依据性能指标要求提出改性沥青中橡胶粉细度、橡胶粉掺量、SBS 掺量及掺加顺序、发育时间、发育温度的合理取值范围。通过理论及 DSC 试验分析表明橡胶粉/SBS 复合改性沥青具有良好的热稳定性。最后通过低温冻断试验、汉堡车辙试验和 UTM 疲劳试验对橡胶粉改性沥青混合料以及橡胶粉/SBS 复合改性沥青混合料的路用性能进行了验证，结果表明，橡胶粉/SBS 复合改性沥青混合料比橡胶粉改性沥青和 SBS 改性沥青混合料具有更优的高低温及疲劳性能，适用于在季冻地区路面工程应用。

关键词：道路工程 橡胶粉/SBS 改性沥青 试验 工厂化参数 路用性能

1 引言

沥青路面以其行驶舒适和便于养护维修在我国高速路面里程中占据主导地位[1]。然而，随着全球变暖和交通荷载的日益繁重，沥青路面的各类病害呈上升趋势[2]，路面养护和维修的费用持续增加[3]。沥青路面的众多病害如车辙、裂缝、坑槽等与混合料的性能密切相关。而沥青混合料是由石料、沥青、填料、空隙组成的复合材料。沥青混合料的性能取决于各组成部分各自的性能和相互作用[4]。尤其是沥青混合料的低温性能，80% 由沥青的低温性能决定。因此，为改善沥青的各项性能，国内外开发出众多改性沥青。随着汽车的普及，废旧轮胎引发的环境问题几乎困扰着所有汽车大国。我国废旧轮胎的总量也逐年暴涨[5]。橡胶粉改性沥青可大量消耗废旧轮胎。更重要的，橡胶粉改性沥青耐疲劳[6]、耐老化、降低噪声，低温性能好[7-9]，橡胶粉改性沥青在沥青混合料高温性能方面表现优异[10]。SBS 改性沥青温度稳定性好，明显改善基质沥青的高低温性能，降低沥青的温度敏感性，增强耐老化疲劳性能。但是 SBS 改性沥青相对于树脂类改性沥青高温性能较差，相对于橡胶类改性沥青低温性能较差。为拓宽 SBS 改性沥青温度使用范围，李军[11]、王涛[12]通过复合改性的方法，在 SBS 改性剂的基础上掺加 PE 改性剂或废品塑料。研究表明复合改性沥青的高温性能和低温性能均达到表现良好。

从国内外橡胶粉改性技术研究成果来看，传统的橡胶沥青主要采用两种加工方式[13-18]，干法和湿法制备。近年来的研究[19-22]表明，工厂化加工工艺可进一步提高橡胶粉改性沥青的高温稳定性，实现静止储存和运输过程中不沉淀、不离析。这种工厂化生产方式，从工艺角度讲在传统橡胶沥青基础上采用胶体磨或高速剪切设备进行二次剪切加工。工厂化方法生产的橡胶粉改性沥青性能评价及质量控制较为关键，但目前橡胶粉改性沥青的性能评价指标体系尚不统一。为此，本文首先分析橡胶粉/SBS 复合改性沥青工厂化生产工艺参数对其性能的影响，提出合理的工艺参数范围；并结合季冻区的气候特点推荐指标合理取值范围；最后对混合料的路用性能加以验证。本研究可为橡胶粉/SBS 复合改性沥青在季冻区的大规模应用提供依据。

2 试验原材料及工厂化生产工艺

2.1 原材料及试验方法

试验所用基质沥青为辽河90号基质沥青,软化点44.5℃,针入度90(0.1mm),15℃延度>100。废旧轮胎橡胶粉的生产厂家为山东滨州丰华橡胶厂,其组成如表1所示。SBS采用中国石化集团巴陵石化公司生产的YH-791型SBS改性剂,性能指标见表2。

废轮胎橡胶粉的物理化学组成(%)　　　表1

加热减量	灰分	丙酮抽出物	炭黑含量	纤维含量	铁含量	筛余物	橡胶烃含量
0.34	6.0	7.4	30	0.45	0.017	5.2	54.6

YH-791型SBS主要性能指标　　　表2

技术指标	单位	检测结果	标准要求
灰分	%	0.10	≤0.20
挥发分	%	0.16	≤1.00
熔体质量流动速率	g/10min	0.11	0.01~0.50
拉伸强度	MPa	21.2	≥18
扯断伸长率	%	752	≥700
扯断永久变形	%	20	≤40
硬度	绍尔A	72	≥68
300%定伸应力	MPa	2.4	≥2.0
结合苯乙烯含量	%	28.8	28.0~32.0

本文中橡胶粉/SBS复合改性沥青的软化点、延度、弹性恢复等基本性能均按照《公路工程沥青及沥青混合料试验规程》(JTG E20—2011)。橡胶粉/SBS复合改性沥青的PG分级试验采用动态剪切流变仪(DSR)、低温弯曲梁流变仪(BBR),参照SHPR试验方法进行试验。

2.2 工厂化生产工艺

2.2.1 生产设备

胶体磨法是目前国际上较先进的也是最常用的改性沥青生产方法,橡胶粉/SBS复合改性沥青工厂化生产采用美国进口道维施DALWORTH胶体磨,该设备具有独特的"内齿型"结构的定子和转子,同时具有高速剪切及高度研磨的双重功能,可将橡胶粉及SBS改性剂和基质沥青从胶体磨的转子和定子组成的缝隙中通过,在高速剪磨力的作用下,将改性剂粉碎细化后的粒径更小,同时均匀地分散在基质沥青中,从而成为稳定的橡胶粉/SBS复合改性沥青体系。

2.2.2 生产工艺流程

总体来说,橡胶粉/SBS复合改性沥青工厂化生产工艺分为改性剂溶胀、分散磨细、继续发育三个阶段,工艺流程如图1所示。

(1)溶胀

将基质沥青升温从储存罐中打入预混罐,保持温度180~190℃,然后通过计量系统和物料添加系统投入橡胶粉、SBS改性剂及添加剂,边加料,边搅拌,进行溶胀,直至达到预定重量。

(2)研磨

启动胶体磨,将混合好的物料一次性通过美国DALWORTH胶体磨研磨,然后泵送到沥青成品罐,若橡胶粉颗粒过粗可选择二次过磨(图1)。

(3)发育

在必要的温度下将经过研磨分散后的复合改性沥青在发育罐中存放适当时间,使具有相当活力轻质油分渗透到改性剂中或具有相当活力的稳定剂分子与改性剂及沥青硬组分发生键合,从而达到改善沥青技术性能和防止离析的目的。

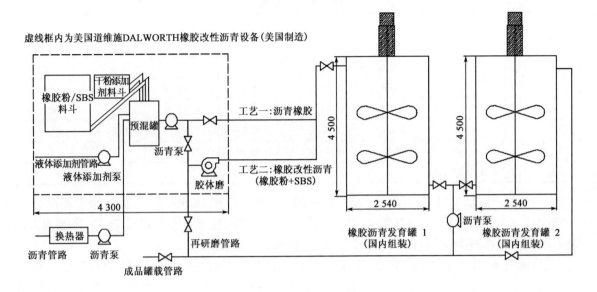

图 1　美国 DALWORTH 橡胶改性沥青生产工艺流程(尺寸单位:mm)

3　橡胶粉/SBS 复合改性沥青工厂化参数分析

3.1　橡胶粉改性沥青技术指标评价体系

目前,改性沥青路用性能评价方法主要有三类:

(1)采用常规性能指标(针入度、软化点、延度、黏度等)的变化程度来衡量;

(2)路用性能 PG 分级;

(3)评价不同改性沥青品种的专用指标,如弹性恢复、离析试验、黏韧性试验、测力延度试验等。

表 3 总结了美国和我国采用的橡胶粉改性沥青技术标准[13-19],可以看出,弹性恢复和黏度是评价橡胶沥青的核心指标,此外,软化点、针入度也是常用的评价指标。

国内外橡胶沥青设计评价指标体系　　　　表 3

国家 指标	美 国					加州	中国
	FHWA	ASTM	Arizona	Florida	Texas 和 California		
弹性恢复	√	√	√		√	√	√
黏度		√	√	√	√	√	
软化点	√	√	√		√	√	√
针入度	√	√	√			√	√
延度	√						√
锥入度					√		
老化指标	√	√					

本文既采用传统的针入度分级直接反映橡胶粉/SBS 复合改性沥青的质量,控制其加工工艺;同时,也应用 PG 分级控制改性沥青性能。

在确定橡胶粉/SBS 复合改性沥青 PG 分级时,首先对不同配方的橡胶粉/SBS 复合改性沥青进行动态剪切流变试验(DSR)确定高温等级,然后对经旋转薄膜烘箱(RTFOT)短期老化和压力老化箱(PAV)

长期老化的沥青残留物进行低温弯曲梁流变试验(BBR),划分低温等级。不同橡胶粉及 SBS 掺量的沥青结合料 PG 分级结果见表4。

PG 分 级 结 果　　　　表4

SBS 掺量(%)	橡胶粉掺量(%)						
	0	11	14	17	20	23	26
0	PG58-22	—	—	—	—	—	—
1.5	—	PG70-28	PG70-28	PG70-28	PG76-28	PG80-34	PG80-28
2.0	—	PG70-28	PG76-28	PG76-28	PG82-28	—	PG88-34
2.5	—	PG76-28	PG76-28	PG82-28	PG88-28	PG88-34	—
3.0	—	PG82-28	PG82-28	PG88-28	PG88-34	—	—
5	PG70-28	—	—	—	—	—	—

从表3 的结果可以看出,随着橡胶粉掺量的增加,其高温等级有所提高,低温等级有所降低。当 SBS 掺量为2.0%,橡胶粉掺量为20%时,其 PG 等级达到82-28,比 SBS 改性沥青 PG70-28 高温高出2个等级,比基质沥青 PG58-22 高温高出4个等级,低温低1个等级。

目前季冻地区工程实践表明,采用 SBS 改性沥青的部分路段在极端气候频发,重载车辆日益增多的情况下,也出现了较为严重的病害。因此,用于季冻区的橡胶粉/SBS 复合改性沥青的高低温性能要优于 SBS 改性沥青。基于此,本文推荐季冻区橡胶粉/SBS 复合改性沥青 PG 等级为 82-28。

参考国内外橡胶沥青评价标准要求[23-28],结合室内试验结果以及季冻区气候特点和实际需求,推荐了满足季冻地区道路使用的工厂化橡胶粉/SBS 改性沥青的技术指标,见表5。

季冻区工厂化橡胶粉/SBS 复合改性沥青技术指标推荐范围　　　　表5

项　　目	技术要求	项　　目	技术要求
PG 分级	82～28	25℃弹性恢复(%),不小于	75
针入度25℃,100g,5s(0.1mm)	60～80	闪点(COC)(℃),不小于	240
针入度指数 PI,不小于	0	储存稳定性离析,48h 软化点差(℃),不大于	5.5
软化点 TR&B(℃),不小于	60	质量变化(%),不大于	±0.8
180℃黏度(Pa·s)	1.5～4.0	残留针入度比(%),不小于	60
5℃延度(cm),不小于	20	残留延度5℃(cm),不小于	10

3.2 工厂化生产参数分析

3.2.1 橡胶粉细度

在相同工艺和配方下,采用细度分别为30 目、40 目、60 目、80 目橡胶粉同掺量(20%)下制作的改性沥青试样性能进行测试,图2～图4 为各指标随橡胶细度的变化趋势图。

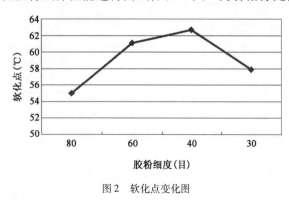

图2　软化点变化图

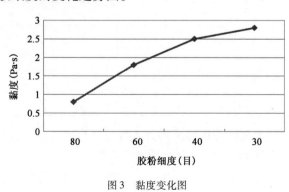

图3　黏度变化图

试验研究表明,高温状态下,橡胶粉越细,越容易在沥青中混合、溶胀,反应时间缩短,但过细的胶粉在高温沥青中容易被消化或油化,使橡胶粉沥青过早失去黏性,失去了改性的作用,同时大幅度增加生产成本。从上述指标可以看出,橡胶粉细度控制在40~60目时,沥青黏度最佳,软化点较高,稳定性较好,因此推荐橡胶粉细度控制在40~60目。

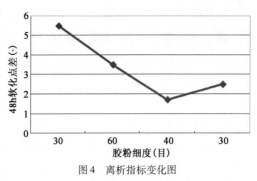

图4 离析指标变化图

3.2.2 橡胶粉掺量

橡胶粉掺量对橡胶粉改性沥青性能有着直接的影响。目前,关于橡胶粉掺量问题还没能达成共识,美国材料与试验协会规定橡胶沥青中橡胶粉掺量至少要占总量的15%,而美国亚利桑那州橡胶沥青规范中第1009-2.02条规定橡胶沥青至少应含有基质沥青重量20%的橡胶粉。本文对SBS掺量为0,橡胶粉掺量分别为11%、14%、17%、20%、23%和26%的橡胶粉改性沥青的性能指标进行对比试验。表6为橡胶粉掺量对改性沥青性能指标的影响趋势。

橡胶粉掺量对改性沥青软化点等指标的影响　　　表6

项目	橡胶粉掺量(%)					
	11	14	17	20	23	26
软化点(℃)	53	56	56.3	57	59	60.3
软化点差(℃)	2.5	2.6	1.5	0.5	0.3	0.5
180℃黏度(Pa·s)	0.7	0.9	1.0	1.2	2.1	2.6
弹性恢复(%)	50	54	58	60	67	71

从表6可以看出,在橡胶粉细度及制备条件不变的情况下,软化点、黏度、弹性恢复等指标均随橡胶粉掺量的增加而增大。当橡胶粉掺量较小时,黏度增加较为缓和,掺量从20%增为23%,橡胶粉改性沥青黏度增加为75%,而掺量从23%~26%时,黏度增加仅23.8%,趋势减缓。在橡胶粉掺量为20%~23%时,弹性恢复随着橡胶粉掺量增加幅度较大。随着橡胶粉掺量增加,软化点差总体呈现下降的趋势。综上可知,提高橡胶粉掺量可以改善复合改性沥青性能指标。综合考虑性价比以及季冻地区气候特点、交通重载条件对改性沥青的要求,推荐橡胶粉/SBS复合改性沥青中胶粉掺量不低于20%。

3.2.3 SBS掺量的确定

测定SBS掺量分别为1.5%、2.0%、2.5%和3.0%的橡胶粉/SBS复合改性沥青的软化点、黏度、弹性恢复。结果表明,随着SBS掺量增加,同一橡胶粉掺量下的复合改性沥青的软化点、黏度都有不同程度的增加(图5、图6)。已有施工经验表明,橡胶粉改性沥青高温黏度在2.0~2.5Pa·s范围内性能表现较优越。当SBS掺量达到2%,软化点和黏度已达到较高值,综合考虑经济性,推荐橡胶粉/SBS复合改性沥青中SBS掺量不小于2.0%。

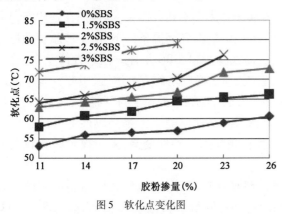

图5 软化点变化图

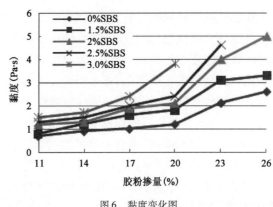

图6 黏度变化图

3.2.4　SBS 掺加顺序

选定 SBS 掺量 2%，橡胶粉掺量 20%，细度为 40 目。选取 4 种不同的 SBS 掺加方式：
（1）同时掺加，过磨发育；
（2）先加 SBS，再加橡胶粉过磨发育；
（3）先加 SBS，过磨发育后，加橡胶粉二次过磨发育；
（4）橡胶粉与 SBS 分别发育后混合。

试验结果见表 7。可以看出，添加方式③和④各指标较优越，但方式④比③稍难控制。当 SBS 和橡胶粉都完全发育好后再次混合，两者都已处于指标的衰减期，所以指标稳定性稍差。而添加方式③先加入 SBS，发育后 SBS 可以在沥青中吸收轻组分膨胀而在两者相互之间形成网络交联的结构；再掺加的橡胶粉对沥青多余轻质组分进行吸附膨胀，增加沥青的稠度，即可得到稳定的控制质量指标。

不同掺加方式对复合改性沥青性能的影响　　　表 7

指标＼掺加方式	（1）	（2）	（3）	（4）
软化点（℃）	61.2	62.5	67.4	62.3
5℃延度	18.6	18.7	20.6	26.4
180℃黏度（P·s）	1.89	2	2	1
48h 离析	4.8	2	2.1	3

3.2.5　发育温度及发育时间

黏度指标是评价橡胶粉/SBS 复合改性沥青的关键指标，以细度 40 目、橡胶粉掺量 20% 为例分析发育温度对改性沥青性能的影响，三种发育温度不同时间节点的黏度值见表 8。

不同发育时间对应黏度指标（Pa·s）　　　表 8

发育温度＼时间（min）	0	20	40	60	80	100	120	140
180℃	0.4	1.1	1.8	2.2	2.1	2.0	1.9	1.5
190℃	0.4	1.7	2.1	1.8	1.6	1.5	1.3	1.2
200℃	0.4	1.9	1.9	1.6	1.3	1.1	1.0	0.9

可以看出，在不同发育温度下，发育时间为 60min 左右沥青中的橡胶粉处于脱硫降解和溶胀的平衡状态，黏度接近最大值。当温度为 180℃时，发育时间在 60～90min 之间，黏度最稳定，其他两个温度只持续很短时间的峰值，就立即进入快速衰减状态。为此推荐发育温度为 175～185℃，发育时间为 60～90min。

3.3　橡胶粉/SBS 复合改性沥青稳定性分析

在传统的橡胶粉改性沥青体系中，橡胶粉和基质沥青属于热力学不相容体系，改性剂在基质沥青中主要是物理分散状态，以微小的颗粒分布于沥青介质中，呈两相结构，在高温条件下，由于橡胶粉颗粒与基质沥青的密度差异而发生离析，为此存储稳定性较差。而在橡胶粉/SBS 复合改性沥青体系中，改性剂和沥青的密度大小顺序是：橡胶粉颗粒＞沥青＞SBS，首先，通过橡胶粉的充分溶胀，吸收沥青中的轻质组分而使体积膨胀，从而缩小橡胶粉颗粒与沥青之间的密度差，降低离析发生的可能；其次，橡胶粉颗粒、沥青和 SBS 在稳定剂的作用下发生键合形成立体网络结构，在化学意义上提高改性剂与沥青组分结合的作用，同时 SBS 在沥青中形成的网络结构能使橡胶粉颗粒的流动性变差，阻止橡胶粉颗粒在沥青中的下沉，进而解决复合改性沥青的储存稳定性问题。

为了验证工厂化生产的橡胶粉/SBS 复合改性沥青的热稳定性，采用德国耐驰仪器制造有限公司 STA449F3 的差热分析仪对辽河 90 号沥青、橡胶粉改性沥青和橡胶粉/SBS 复合改性沥青在 25～220℃

区间内进行差热扫描,结果见图7。

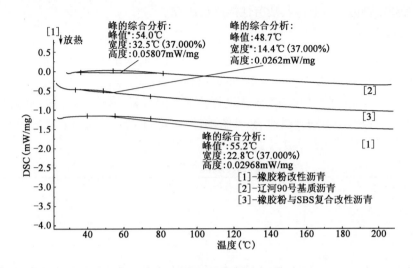

图7 橡胶粉/SBS复合改性沥青DSC图

图7中[1]、[2]和[3]曲线分别为橡胶粉改性沥青、基质沥青和橡胶粉/SBS复合改性沥青的DSC曲线。可以看出:

(1)橡胶粉改性沥青和橡胶粉/SBS复合改性沥青的DSC曲线相对较平,没有明显的吸收峰变化,几乎可以忽略,说明两种改性沥青的热稳定性得到了提高;

(2)与基质沥青和橡胶粉改性沥青相比,加入SBS后,DSC曲线上吸热峰面积和峰值减小,由此可以得出,橡胶粉/SBS复合改性沥青体系储存稳定性优势更为明显。

4 橡胶粉/SBS复合改性沥青混合料性能验证

选用三种沥青作为胶结料,分别为SBS改性沥青(5%),橡胶粉改性沥青(20%)、橡胶粉/SBS复合改性沥青(20%橡胶粉,2%SBS),经测定,其PG分级为PG82-28。两种结合料下沥青混合料采用相近级配,见表9。各混合料的油石比、体积指标等列于表10。

不同沥青混合料级配 表9

胶结料类型	通过下列筛孔(mm)的百分率(%)										
	19	16	13.2	9.5	4.75	2.36	1.18	0.6	0.3	0.15	0.075
SBS改性沥青	98.5	85.3	77.7	65.5	46.7	32.5	22.4	14.2	8.4	7.1	5.7
橡胶粉改性沥青	98.6	86.2	78.7	66.5	47.7	33.9	23.6	14.8	8.6	7.2	5.7
橡胶粉/SBS复合改性沥青	98.7	87.1	79.7	67.5	48.7	34.8	24.2	15.1	8.7	7.2	5.7
规范上限	100	92	80	72	56	44	33	24	17	13	7
规范中值	95.0	85.0	71.0	61.0	41.0	30.0	22.5	16.0	11.0	8.5	5.0
规范下限	90	78	62	50	26	16	12	8	5	4	3

AC-20沥青混合料体积指标 表10

胶结料类型	油石比(%)	混合料密度(g/cm³)	空隙率(%)	矿料间隙率(%)	沥青饱和度(%)
SBS改性沥青	4.8	2.494	4.2	14.1	70.4
橡胶粉改性沥青	5.0	2.478	4.0	14.3	72.4
橡胶粉/SBS复合改性沥青	5.2	2.473	4.7	15.0	69.0
规范要求	—	—	3-5	≥13	65-75

为合理评价橡胶粉/SBS复合改性对沥青混合料路用性能的影响,通过汉堡车辙试验、低温冻断试验及疲劳试验进行高温性能、低温性能、疲劳性能进行研究。

4.1 汉堡车辙试验

汉堡车辙试验成型采用线性揉搓的压实方式,与实际施工时的压实方式更为接近,且对集料的损伤很小。汉堡车辙车辙试件尺寸为250mm×300mm×60mm控制,空隙率控制在6%±1%,试验温度60℃。通过试验轮往复运动20 000次的辙痕深度评价沥青混合料的抗车辙性能,更能够反应沥青混合料在极端气候条件和重载作用下的高温性能。试验结果如表11所示。可以看出橡胶粉/SBS复合改性沥青混合料AC-20抵抗车辙能力远远优于其他两种沥青混合料。

汉堡车辙试验结果　　　　　　　　　　　　　　　　　表11

沥青混合料类型	轮碾作用次数(次)	辙痕深度(cm)
SBS改性AC-20沥青混合料	12 630	15.2
橡胶粉改性AC-20沥青混合料	20 000	13.8
橡胶粉/SBS复合改性AC-20沥青混合料	20 000	4.6

4.2 低温冻断试验

低温冻断试验是模拟路面实际降温过程中混合料的受力状况。本研究开发了一套沥青混合料冻断试验装置,在一个能模拟沥青路面温度变化的环境箱内,固定矩形棱柱体试件两端,在保持其固定端的间距不变的条件下降低试件的环境温度,直至试件断裂,测出试件的温度—应力曲线,由断裂温度、断裂强度、温度—应力曲线斜率等指标评价沥青混合料的低温性能。

约束应力试验仪由温控箱、冻断试验机、量测系统、控制器、采集装置、软件及计算机组成,见图8。该试验装置能够在3μm精度范围内控制试件的长度不变,其允许沥青混合料的最大变形量为4cm;温度测量精度为0.25℃;力测试精度为10N;环境箱温度控制精度为±0.5℃,可绘制温度—应力曲线。采用旋转压实仪成型圆柱形试件高20cm、直径15cm,待试件冷却钻孔取直径5cm芯样。试验中芯样放置在冻断试验机内,见图9。

图8　冻断试验设备图

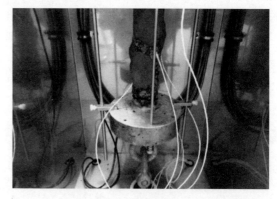

图9　试验后断裂试件

三种沥青混合料芯样的冻断试验结果见表12。橡胶粉改性和橡胶粉/SBS复合改性沥青混合料的冻断温度可达-37℃以下,明显优于SBS改性沥青混合料。

低温冻断试验结果　　　　　　　　　　　　　　　　　表12

沥青混合料类型	冻断时应力值(kN)	冻断温度(℃)
SBS改性AC-20沥青混合料	874.6	-26.7
橡胶粉改性AC-20沥青混合料	702.8	-37.6
橡胶粉/SBS复合改性AC-20沥青混合料	502.7	-45.1

对吉林省近 10 年气象资料调查显示,处于重冻地区的白城等地年极端最低气温为 -35℃,而室内试验中,采用橡胶粉/SBS 复合改性的混合料在温度不低于 -35℃条件下不产生断裂病害。由此表明,采用橡胶粉改性沥青可提高沥青混合料在极端低温条件下的抗裂性能,有助于改善沥青路面使用性能,延长路面使用寿命。

4.3 疲劳试验

目前沥青混合料疲劳的试验方法众多,包括旋转法、扭转法、简支三点法或四点弯曲法、悬臂梁弯曲法、弹性基础梁弯曲法、直接拉伸法、间接拉伸法、三轴压力法、拉—压法和剪切法等。每一种方法都有优缺点。四点弯曲疲劳试验对沥青类型变化敏感度最好,且可操作性强,因此研究中采用四点弯曲法对沥青混合料的疲劳性能进行试验研究。

为保证试验的精确性,采用动态伺服液压材料试验机(UTM)进行试验检测。首先采用振动轮碾成型设备制作尺寸为 400mm×300mm×80mm 的大型车辙试件,而后切割成小梁试件,尺寸为 63mm×50mm×400mm。

研究显示,在应变控制的疲劳试验过程中,沥青混合料的应力应变状态更符合沥青路面的实际情况,试验得出的弯拉应变与疲劳寿命之间的关系便于应用,因此试验应变控制模式。启动疲劳试验,读取第 100 个加载循环时劲度模量作为试件的初始劲度模量。当所测得的劲度模量下降至初始劲度模量的 40% 或加载周期超过 1 000 000 次时,试验自动停止。表 13 是沥青混合料疲劳性能检测结果。可以看出,橡胶粉改性沥青混合料的抗疲劳性能要优于 SBS 改性沥青,橡胶粉 SBS 复合改性沥青对沥青混合料疲劳性能的改善效果要优于橡胶单一改性沥青。

疲劳性能试验结果　　　　　　　　　　　　　　　　　表 13

沥青混合料类型	加载次数	劲度模量衰减率(%)
SBS 改性 AC-20 沥青混合料	148 300	40
橡胶粉改性 AC-20 沥青混合料	469 500	40
橡胶粉/SBS 复合改性 AC-20 沥青混合料	1 000 000	49.2

综上可以看出,汉堡车辙试验、低温冻断试验和疲劳试验结果表明橡胶粉/SBS 复合改性沥青混合料的高温、低温和疲劳性能均表现优异,适用于季冻地区。

5 结语

本研究针对季冻区的气候特点提出橡胶粉/SBS 复合改性沥青的评价指标和范围;对影响其路用性能的工厂化工艺参数开展了敏感性分析。最后对季冻区橡胶粉/SBS 复合改性沥青混合料的路用性能与单一改性沥青混合料进行了试验对比分析,得到如下结论:

(1)提出了采用 PG 分级以及针入度分级双重指标体系控制季冻地区道路使用的工厂化橡胶粉/SBS 改性沥青质量,并推荐了指标取值范围。

(2)综合路用性能和经济性,推荐季冻地区的橡胶粉/SBS 改性沥青等级至少达到 PG82-28。此时,建议 SBS 掺量不低于 2%,橡胶粉掺量不低于 20%。

(3)提高橡胶粉掺量有利于改善橡胶粉改性沥青的软化点、黏度、弹性恢复等性能指标。

(4)橡胶粉细度对改性沥青的性能影响较为显著,推荐用于改性沥青的橡胶粉细度以 40~60 目为宜。根据合理施工黏度范围确定了合理的发育温度为 175~185℃,发育时间为 60~90min。

(5)从理论及试验角度说明了橡胶粉/SBS 复合改性沥青体系的热稳定性优于橡胶粉单一改性沥青。

(6)综合高温、低温和疲劳的室内试验结果可以看出,橡胶粉/SBS 复合改性沥青相对于单一改性沥青在路用性能上优势明显,应用于公路工程沥青面层中有助于延长沥青路面的使用寿命。

(7)本研究可以为橡胶粉/SBS 复合改性沥青的工厂化生产和在季冻区的广泛应用奠定基础。

参 考 文 献

[1] 沈金安.沥青及沥青混合料路用性能[M].北京:人民交通出版社,2004.
[2] 白日华.沥青路面病害检测与养护决策研究[D].长春:吉林大学,2013.
[3] 黄颂昌,徐剑,秦永春.我国沥青路面养护技术与发展展望[J].公路交通科技,2006(8):4-7.
[4] BaoshanHuang, GuoqiangLi, XiangShu. Investigation into three-layered HM Amixtures[J]. Composites, PartB,2006,(37):679-690.
[5] 毛朝国.废旧轮胎在公路工程中的应用与研究[J].福建建材,2010(4):4-5.
[6] 李廉.废旧轮胎胶粉改性沥青混合料低温与疲劳性能研究[D].西安:长安大学,2012.
[7] 崔亚楠,邢永明,张淑艳.废橡胶粉改性沥青的低温性能试验研究[J].新型建筑材料,2010,37(12):70-72.
[8] 杨春峰,王晓初,李赢,等.橡胶粉改性沥青混合料低温抗裂性能的试验研究[J].公路交通科技:应用技术版,2010,(12).180-182.
[9] 王刚,孟凡来.橡胶粉改性沥青的低温抗裂性试验研究[J].山西建筑,2009,35(30):174-175.
[10] 王伟.橡胶沥青混合料高温性能研究[D].上海:同济大学,2008.
[11] 李军.聚合物改性沥青多相体系形成与稳定的研究[D].青岛:中国石油大学,2008.
[12] 王涛.废旧塑料改性沥青相容性研究[D].青岛:中国石油大学,2010.
[13] 黄文元,徐立廷.国内外轮胎橡胶在路面工程中的应用及研究[C].第六届全国路面材料及新技术研讨会论文集.北京:中国公路学会,2005.2005.185-189.
[14] 王旭东,李美江,路凯冀.橡胶沥青及混凝土应用成套技术[M].北京:人民交通出版社,2008.
[15] 王廷国.废胶粉改性沥青及混合料的研究[D].长春:吉林大学,2004.
[16] Heitzman M. Design and Construction of Asphalt Paving Materials with Crumb Rubber Modifier[J]. Transportation Research Record. 1339.
[17] Abdelrahman and Carpente. TheMechanism of the Interaction of Asphalt Cement with Crumb Rubber[C]. 78th TRB AnnualMeeting,1999.
[18] Shivakoti, A. Performance evaluation of 2002 and 2003 Alberta asphalt rubber project[D]. Master's Thesis in university of Alberta. 2006;7-20.
[19] 张尤平,韩冰.工厂化橡胶沥青混合料的设计和应用[J].公路交通科技应用技术版.2011,7(5):115-117.
[20] 张宏雷,李金亮,王仕峰,等.工厂化胶粉改性沥青的开发与应用进展[J].公路.2010.10:199-202.
[21] 张玉贞,刘延军.一种胶粉改性沥青及其加工方法.中国,101104739A[P].2008-01-161.
[22] 张宗辉.橡胶/SBS复合改性沥青生产工艺分析[J].石油沥青,2008,28(1):39-44.
[23] 京路科安发[2006]912号.《北京市废胎胶粉沥青及混合料设计施工技术指南》.
[24] 交通部公路科学研究院.橡胶沥青及混合料设计施工技术指南[M].北京:人民交通出版社,2009.
[25] 中华人民共和国行业标准.DB11/T 916—2012 废胎橡胶沥青路用技术要求[S].北京:人民交通出版社,2011.
[26] 中华人民共和国行业标准.JT/T 798—2011 公路工程废胎胶粉橡胶沥青[S].北京:人民交通出版社,2011.

季冻区橡胶粉与 SBS 复合改性沥青混合料路用性能及改性机理研究

陈志国　于丽梅　姚冬冬

（吉林省交通科学研究所　吉林　长春　130012）

摘　要：橡胶粉改性沥青技术以其良好的改性效果而逐渐成为目前改性沥青研究的新方向。本文通过对橡胶粉与 SBS 复合改性沥青混合料高温性能、低温性能、水稳定性能以及疲劳性能的系统研究，基于季冻地区特殊要求，推荐了橡胶粉与 SBS 掺配比例要求，评价了橡胶粉与 SBS 复合改性沥青混合料的路用性能；通过扫描电镜、红外光谱以及差示扫描热量分析等试验手段，从微观的角度分析了橡胶粉与 SBS 复合改性沥青的机理。研究结果表明：橡胶粉与 SBS 复合改性沥青体系热稳定性较好，可有效提高 SMA 以及 AC 型沥青混合料的高温、低温、水稳定性以及抗疲劳特性，尤其是低温性能，相比 SBS 改性沥青混合料，提高幅度最高可达 154%，低温冻断温度可降低约 18℃，研究成果对于橡胶粉与 SBS 复合改性沥青技术在季冻区的应用具有重要意义。

关键词：季冻区　橡胶粉与 SBS 复合改性　沥青混合料　改性机理　路用性能

1　引言

季冻区占我国国土面积的 53.5%，该区气候具有鲜明的特征，冬季寒冷漫长，夏季高温多雨，路面结构每年通常要经历 -40~40℃ 的大温差变化，特殊的冰冻气候特点使得该区公路沥青路面病害问题十分突出。一方面，在冬季路面容易产生低温开裂破坏，严重影响路面使用性能和使用寿命。另一方面在夏季，季冻区沥青路面经历的高温虽然不如南方地区高，但夏季高温季节，持续的高温会使沥青路面短短几天之内就会出现严重的车辙，因此，对季冻区的沥青路面而言，不仅要求沥青路面具有良好的低温抗裂性能，同时还要具有较好的高温抗车辙性能和长期耐久性。

国内外大量的研究及实践表明[1-5]，废胶粉作为一种有利于经济、环保的改性剂，在改善沥青高低温性能、疲劳性能以及降噪环保等方面表现出了巨大的优势。但橡胶粉单一改性沥青具有高温存储稳定性差、易离析，质量不稳定等不足，成为其规模化推广应用的技术瓶颈。近几年学者们开始探索橡胶粉复合改性沥青的新途径，国内的研究机构[6-9]对橡胶粉与 PE 复合改性沥青的性能进行了研究，卢晓明、陈莉、倪彤元[10-13]对 SBS 与橡胶粉复合改性沥青的路用性能进行了初步研究。研究结果表明，SBS 与橡胶粉复合可以充分发挥 SBS 与橡胶粉对沥青的改性作用，同时提高沥青的高低温性能，但目前针对该项技术的研究还不够系统，尤其是该项技术在季冻地区的适用性还未曾涉及。为此，本文开展较为系统的橡胶粉与 SBS 复合改性沥青及混合料性能、改性机理等可以支撑其工程规模化推广应用的技术研究，为该项技术在季冻区的应用提供技术支撑。

2　橡胶粉与 SBS 复合改性沥青最佳掺配比例研究

2.1　基质沥青性能

试验用的基质沥青均为辽河 90 号，经测定各项指标均符合《公路沥青路面施工技术规范》（JTG F40—2004）中道路石油沥青 A 级技术要求，主要技术指标见表 1。

辽河90号基质沥青性能指标　　　　　　　　表1

性能指标		单位	辽河90号	技术指标
针入度(25℃,100g,5s)		0.1mm	90	80~100
软化点(环球法)		℃	44.5	≥44
15℃延度(5cm/min)		cm	>100	≥100
RTFO后	残留针入度比	%	59.6	≥57
	质量损失	%	-0.2	≤±0.8
	残留延度(10℃)	cm	>100	≤8

2.2 常规性能指标试验结果分析

按照《公路工程沥青基沥青混合料试验规程测试》(JTG E20—2011)中的试验方法,对6种橡胶粉掺量及4种SBS掺量组成的沥青的针入度、软化点、延度、黏度、弹性恢复指标进行测试,并与没有加橡胶粉和SBS的沥青进行对比,图1为不同种类沥青软化点、黏度、弹性恢复、针入度和延度指标的检测结果。

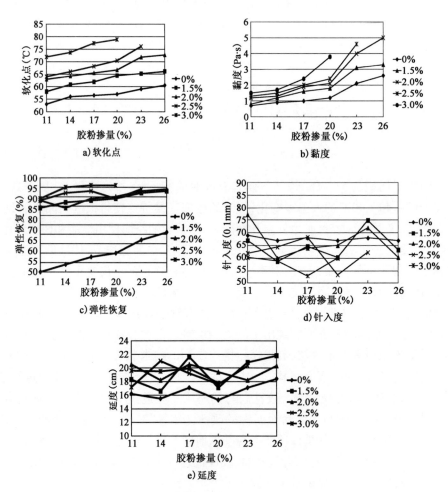

图1　橡胶粉与SBS复合改性沥青性能指标

2.2.1 橡胶粉掺量的影响

从反映沥青高温性能的指标包括软化点和黏度指标来看,随橡胶粉掺量的增加软化点基本呈递增关系,从图1a)可以看出,当SBS掺量相同,橡胶粉掺量高于20%时,软化点上升幅度更大,但对于季冻地区而言,为了保证冬季沥青低温柔韧性,软化点也不宜太高。从黏度指标图1b)可以看出,橡胶粉掺量为20%时,黏度值出现了比较明显的拐点,当橡胶粉掺量低于20%时,黏度增加较为缓和,橡胶粉掺量大于20%时,改性沥青黏度增加比较明显。

从反映沥青低温性能的延度指标图1e)来看,随着橡胶粉掺量的增加,延度变化规律不太明显,主要由于橡胶粉颗粒的特殊性,使改性沥青在发育过程中,橡胶粉颗粒只有少部分溶解,大部分以单独颗粒形式均匀的分散在沥青中,检测时易在胶粉颗粒处断裂,从而不能得出低温性能明显的变化规律。

从反映沥青受力后弹性恢复性能的指标图1c)可以看出,随着橡胶粉掺量的增加,弹性恢复比例有所提高,但受橡胶粉掺量的影响不如SBS掺量明显。

2.2.2 SBS掺量的影响

从图1a)和b)可以看出,当橡胶粉掺量一定时,软化点指标随着SBS掺量呈明显上升趋势,当橡胶粉掺量20%,SBS掺量为2%时,软化点可以达到65℃,SBS掺量大于2%时,软化点可达到70℃,甚至80℃。随着SBS掺量的增加,黏度相应提高,当SBS掺量低于2.0时,黏度增加幅度相对平缓,当SBS掺量高于2.0时,黏度增加幅度较大。但黏度太大时,给施工带来一定的困难。已有的施工经验表明,黏度在1.5~3.0Pa·s之间橡胶粉改性沥青黏度指标较优越。从图1d)所示,反映沥青软硬程度和稠度、抵抗剪切破坏的能力针入度指标离散性较大,当橡胶粉掺量不低于20%时,SBS掺量为2%左右时比较合理,针入度可以达到要求。

综合上述分析,橡胶粉及SBS掺量的提高有利于改善橡胶粉与SBS复合改性沥青的性能,考虑季冻区对改性沥青各项性能指标的要求以及工程经济性,推荐橡胶粉掺量不低于20%,SBS掺量不低于2.0%。

2.3 橡胶粉与SBS复合改性沥青PG分级

PG分级是对不同老化阶段的沥青进行四个基本方面的评价,包括沥青是否可用、是否能抵抗车辙、是否能经受长期老化而产生疲劳开裂、是否会引起低温缩裂,其主要目的是要把沥青材料特性与设计环境条件联系起来,通过控制路面车辙、疲劳开裂、低温缩裂来改善道路的路面性能。

对沥青样品进行PG分级时,首先进行动态剪切流变试验(DSR)确定沥青的高温等级。然后对经旋转薄膜烘箱(RTFOT)短期老化和压力老化箱(PAV)长期老化的沥青残留物进行低温弯曲梁流变试验(BBR),划分沥青的低温等级。不同胶粉及SBS掺量的沥青结合料PG分级结果见表2。

PG 分级结果 表2

SBS掺量＼胶粉掺量	0%	11%	14%	17%	20%	23%	26%
0%	PG58-22	—	—	—	—	—	—
1.5%SBS	—	PG70-28	PG70-28	PG70-28	PG76-28	PG80-34	PG80-28
2.0%SBS	—	PG70-28	PG76-28	PG76-28	PG82-28	—	PG88-34
2.5%SBS	—	PG76-28	PG76-28	PG82-28	PG88-28	PG88-34	—
3.0%SBS	—	PG82-28	PG82-28	PG88-28	PG88-34	—	—
5%	PG70-28	—	—	—	—	—	—

目前季冻地区工程实践表明,SBS单一改性沥青已不能满足特殊气候和重载交通的要求。为了提高沥青路面的高低温路用性能,原则上应用于季冻地区的橡胶粉与SBS复合改性沥青的高低温性能均应优于SBS单一改性沥青,即高温等级高于SBS,低温等级低于SBS。从表2PG分级试验结果可以看出,当橡胶粉掺量为20%,SBS掺量为2.0%时,橡胶粉与SBS复合改性沥青可达到PG等级为82-28,橡胶粉和SBS掺量适当增大时,PG等级可达到88-34,相比SBS而言,可以满足更高温度和更低温度的要求。

由于季冻地区包含的省市区达14个之多,地域跨度较大,各地区的高低温范围也有所不同,为此,在使用橡胶粉与SBS复合改性沥青时,可根据当地实际情况选择适合的PG等级及对应的橡胶粉与SBS掺配比例,对于低温要求不是特别严格的地区,可以选择PG82-28,对于受低温影响较为显著的地区,可适当增加胶粉或SBS掺量,使其低温等级进一步提高,以满足使用性能要求。

3 橡胶粉与SBS复合改性沥青混合料路用性能的试验研究

橡胶粉与SBS复合改性沥青混合料的路用性能直接影响沥青路面的使用性能,对于季冻地区而言,不仅对沥青混合料的低温性能有着较高的要求,同时,还要求其同时具有较好的高温抗车辙性能和水稳定性。为此,试验对不同种类沥青混合料进行高温性能、低温性能和水稳定性测试,同一类型的改性沥青混合料矿料级配相同,橡胶粉掺量为20%,SBS掺量为2%。

3.1 常规性能试验结果分析

按照《公路工程沥青及沥青混合料试验规程》(JTG E20—2011)中车辙试验、低温小梁弯曲试验以及水稳定性试验方法对不同结构类型SBS改性沥青混合料、橡胶粉改性沥青混合料以及橡胶粉与SBS复合改性沥青混合料高温抗车辙性能、低温弯曲性能以及水稳定性进行测试,测试结果见表3。

不同沥青混合料路用性能试验结果　　表3

结构类型	改性类型	低温弯曲应变 ($\mu\varepsilon$)	动稳定度 (次/mm)	浸水残留稳定度 (%)	冻融劈裂强度比 (%)
AC-20	SBS改性	2 864	5 000	85.4	83.6
	橡胶粉改性	3 786	5 294	95.0	98.3
	橡胶粉与SBS复合改性	6 979	7 974	87.9	84.4
SMA-16	SBS改性	2 822	3 219	94.1	87.0
	橡胶粉改性	4 127	3 354	86.8	91.7
	橡胶粉与SBS复合改性	7 176	5 005	91.6	95.5

从表3试验结果可以看出:无论是间断级配SMA结构沥青混合料还是连续级配AC结构沥青混合料,采用橡胶粉改性沥青均可大幅度提高沥青混合料高、低温性能,一定程度改善沥青混合料的水稳定性能,改善效果明显优于SBS改性沥青混合料,且橡胶粉与SBS复合改性效果优于橡胶粉改性效果。

(1)季冻地区的气候特点对沥青混合料的低温性能有着较高的要求,相比SBS改性沥青混合料,橡胶粉与SBS复合改性AC-20及SMA-16沥青混合料低温性能提高幅度分别可达143%和154%;相比橡胶粉改性沥青混合料,两种级配类型沥青混合料低温性能提高幅度可分别达84%和74%。可见,橡胶粉与SBS复合改性在提高沥青混合料低温性能方面效果是十分显著的,应用于季冻地区公路工程中可有效抵抗沥青路面的低温开裂。

(2)在高温性能方面,相比SBS改性沥青混合料,橡胶粉与SBS复合改性AC-20及SMA-16沥青混合料动稳定度提高幅度分别为59%和55%;相比橡胶粉改性沥青混合料,两种级配类型沥青混合料高温性能提高幅度可分别达51%和49%。可见,采用橡胶粉与SBS复合改性沥青在提高沥青混合料的高温性能方面效果也是比较明显的。

(3)从浸水残留稳定度和冻融劈裂强度比两个水稳定性指标可以看出,橡胶粉与SBS复合改性沥青混合料的水稳定性优于SBS改性沥青混合料,采用复合改性一定程度上可以改善沥青混合料的水稳定性。

3.2 非常规性能试验验证

在沥青混合料路用性能评价指标方面,许多学者提出,采用低温小梁弯曲试验方法评价沥青混合料的低温性能仍存在一定的偏差,采用车辙试验评价动稳定度在6 000次/mm以上的沥青混合料高温性能,其精确性也相对较差。同时,采用橡胶粉改性沥青对混合料耐久性能的影响程度也无法表征,为更客观的评价采用橡胶沥青对沥青混合料路用性能的影响,本文通过汉堡车辙试验、约束试件温度应力试验及疲劳试验对橡胶粉改性沥青混合料的路用性能进行验证。

3.2.1 汉堡车辙试验

汉堡车辙试验主要通过试验试轮往复运动20 000次的辙痕深度来评价沥青混合料的抗车辙性能和抗永久变形能力。不同沥青混合料汉堡车辙试验结果见表4。

不同沥青混合料汉堡车辙试验结果　　　表4

级配类型	改性类型	轮碾作用次数（次）	辙痕深度（mm）
AC-20	SBS改性	12 630	15.2
AC-20	橡胶粉改性	20 000	13.8
AC-20	橡胶粉与SBS复合改性	20 000	4.6
SMA-16	SBS改性	14 130	20.2
SMA-16	橡胶粉改性	20 000	6.1
SMA-16	橡胶粉与SBS复合改性	20 000	3.9

由表4中试验数据可以看出，无论是哪种沥青混合料级配类型，橡胶粉与SBS复合改性沥青在高温条件下抗车辙和永久变形能力明显优于SBS改性沥青混合料和橡胶粉改性沥青混合料，辙痕深度均小于5mm。复合改性AC-20沥青混合料辙痕深度约为SBS改性沥青混合料辙痕深度的1/3，复合改性SMA-16沥青混合料约为SBS改性沥青混合料辙痕深度的1/5，这就表明采用橡胶粉与SBS复合改性沥青可大幅度提高沥青路面在高温和重交通条件下沥青路面抗车辙变形能力，与3.1节车辙试验数据结果是一致的。

3.2.2 约束试件温度应力试验

约束试件温度应力试验方法为在一个能模拟沥青路面温度变化的环境箱内，固定矩形棱柱体试件两端，在保持其固定端的间距不变的条件下降低试件的环境温度，直至试件断裂，测出试件的温度—应力曲线，由冻断温度、冻断强度等指标评价沥青混合料的低温性能。

试件成型方法参照美国SHRP中成型方法，以马歇尔试验所得体积指标及油石比为依据，计算20cm高、直径15cm的圆柱试件所需混合料质量，然后采用旋转压实仪成型，成型后待试件冷却采用5cm钻头对其进行钻孔取芯，取20cm高、直径5cm圆柱试件作为试验中试件。

采用这种试验方法对上述几种不同沥青混合料的低温冻断性能进行试验，试验结果如图2所示。其中，横坐标表示断裂温度（℃），纵坐标表示冻断时应力值（kN）。

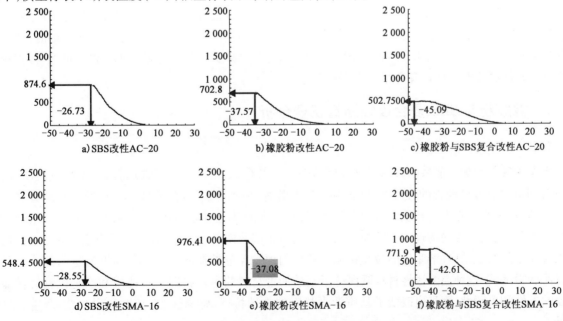

图2　不同沥青混合料约束试件温度应力试验结果

由图2可以得出以下结论：

与 SBS 改性沥青混合料相比，橡胶粉改性 AC-20 沥青混合料冻断温度降低 10.84℃，橡胶粉与 SBS 复合改性 AC-20 沥青混合料冻断温度降低 18.36℃，可达零下 45.09℃；橡胶粉改性 SMA-16 沥青混合料冻断温度降低 8.53℃，橡胶粉与 SBS 复合改性 SMA-16 沥青混合料冻断温度降低 14.06℃，也可达零下 42.16℃。

可见，橡胶粉改性以及橡胶粉与 SBS 复合改性沥青混合料具有良好的低温抗冻断性能，尤其是橡胶粉与 SBS 复合改性沥青混合料冻断温度降低更为明显，这与低温小梁弯曲试验结果规律一致。季冻区部分省市近 10 年气象资料调查显示，黑龙江省黑河、绥化、佳木斯，吉林省松原，青海省玉树、白城等地年极端最低气温可达 -35℃，采用橡胶粉与 SBS 复合改性沥青混合料可以保证极端低温条件下的沥青路面的抗裂性，延长路面使用寿命。

3.2.3 疲劳试验

参考《公路工程沥青及沥青混合料试验规程》(JTG E20—2011) 沥青混合料四点弯曲疲劳寿命试验方法(T0 739—2011)，采用澳大利亚进口的动态液压伺服材料试验机 UTM-100 对不同种沥青混合料的疲劳特性进行测试，采用应变控制模式，读取第 100 个加载循环时劲度模量作为试件的初始劲度模量，当测得的劲度模量下降至初始劲度模量的 40% 或加载周期超过 1 000 000 次时，试验自动停止。图 3 为不同类型沥青混合料疲劳性能试验结果。

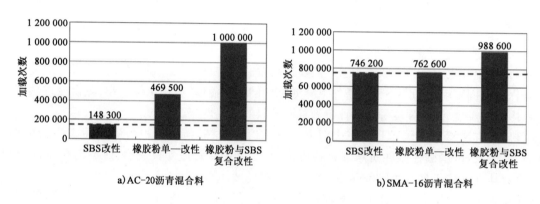

图 3 不同沥青混合料疲劳加载次数

无论是 AC-20 还是 SMA 沥青混合料，加入橡胶粉后，沥青混合料的疲劳加载次数均有提高，尤其是橡胶粉与 SBS 复合改性沥青混合料疲劳次数提高幅度更为明显，相比 SBS 改性 AC-20 沥青混合料，其疲劳次数可提高 6.7 倍，相比 SBS 改性 SMA 沥青混合料，其疲劳次数也可提高 1.3 倍。可见，橡胶粉与 SBS 复合改性沥青混合料具有良好的抗疲劳性能。

4 橡胶粉与 SBS 复合改性沥青机理分析

4.1 组分分析

表 5 为橡胶粉加入前后沥青四组分分析结果。可以看出，相比基质沥青而言，橡胶粉改性沥青、橡胶粉与 SBS 复合改性沥青的轻质油分(饱和分以及芳香分)均有所下降，主要是当橡胶粉与沥青充分接触后，橡胶粉吸收沥青中的轻质组分而发生溶胀，与沥青的其他组分相互作用，从而形成部分相对稳定的相容体系，提高沥青的物理化学性能。而橡胶粉溶胀部分恢复了生胶的性质，并由原来的紧密结构变成相对疏松的絮状结构，溶胀后的橡胶颗粒能够均匀地悬浮分散在沥青中。基质沥青也因部分油分被吸收而变得黏稠，这种混溶改性材料既保持了基质沥青材料的主要物理力学性质和恢复橡胶材料部分生胶的黏性和可塑性，而且也改变了基质沥青材料的物理特征、感温性、黏结性和耐久性，产生了改性效果。

沥青四组分分析结果 表5

沥青型号	饱和分(%)	芳香分(%)	胶质(%)	沥青质(%)
辽河90号	31.18	28.38	32.04	5.53
橡胶粉单一改性沥青	22.04	20.01	25.78	5.0
橡胶粉与SBS复合改性沥青	20.20	24.54	30.89	12.11

4.2 扫描电子显微镜(SEM)分析

沥青改性剂在基质沥青中发挥作用的前提和基础是改性剂与基质沥青充分混溶以致改性剂均匀地分散于基质之中,从而便于将改性剂的特性传递到基质之中,使基质沥青具有改性剂的某些特征。通过扫描电子显微镜(SEM)观察橡胶粉在基质沥青和改性沥青中的溶胀情况及改性沥青的微观形貌,见图4。从图4a)橡胶颗粒形貌可以看出,橡胶粉本身形状很不规则,表面不均匀,充满了小褶皱和空隙,并呈网状分布;图4b)为基质沥青形貌比较光滑,接近于均相结构。图4c)和图4d)中橡胶粉颗粒发生了充分的溶胀,改性沥青表面出现很多突起和褶皱,橡胶粉在沥青中起到"加筋"作用,使得在承受外界荷载时沥青的性能大幅度提高。

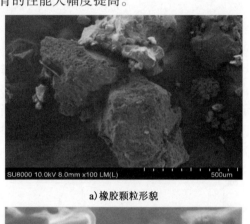

a) 橡胶颗粒形貌

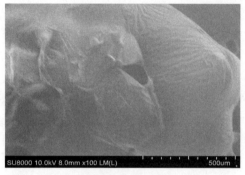

b) 基质沥青的形貌

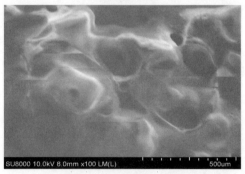

c) 橡胶粉在基质沥青中的溶胀

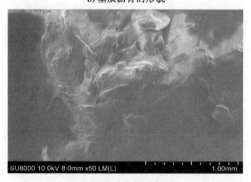

d) 橡胶粉改性沥青形貌

e) 复合改性沥青形貌

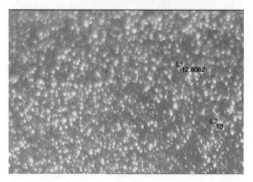

f) 电镜图

图4 橡胶粉改性沥青SEM图

从图 4e)和图 4f)复合改性沥青微观形貌可以看出,橡胶粉与 SBS 复合改性沥青表面突起更为均匀和致密,丝状分布较基质沥青和橡胶粉改性沥青更为明显。主要是在经高温和高剪切的作用下,C-(S)x-C 键发生断裂,即胶粉发生脱硫;脱硫的胶粉由原来的致密网状结构变为相对稀疏的结构,会充分吸油溶胀,最终会碎裂为更细小的颗粒,较稳定地分散在沥青体系中。当稳定剂硫粉及硫化促进剂的加入,使体系中的部分脱硫胶粉硫化再生,这样分散的胶粉会与沥青形成互穿网络结构,而这种网络结构对沥青的流动、滑动变形等起约束作用,大幅度提高了改性沥青的性能和热稳定性,这也是橡胶粉与 SBS 复合改性沥青性能更加优越的原因。

4.3 红外光谱分析

按照量子学说原理,当分子从一个量子态跃迁到另一个量子态时,就会发射或吸收电磁波,当不同波长的红外辐射依次照射到样品物质时,由于某些波长的辐射被样品选择吸收而减弱,于是形成了红外吸收光谱。对于聚合物的红外光谱分析,一般将整个范围分 4 000 ~ 1 500 cm^{-1}和 1 500 ~ 400 cm^{-1}两个区域,4 000 ~ 1 500 cm^{-1}的峰是由伸缩振动产生的吸收带,由于基团的特征吸收峰一般位于此高频范围,并且在该区域内吸收峰比较稀疏,因此这个区域是鉴定官能团存在最有价值的区域,称官能团区。1 500 ~ 400 cm^{-1}区域中,除单键的伸缩振动外,还有因变形振动产生的复杂光谱,当分子结构稍有不同,该区的吸收峰就有细微的差异,这种情况就好比每一个人都有不同的指纹一样,因而称这个区域为指纹区。

本文基于红外光谱分析方法,通过对橡胶粉与 SBS 复合改性沥青中特征官能团的分析与探讨,解释橡胶粉与 SBS 复合改性沥青的机理。试验采用 Bruker 公司 VERTEX70 的红外光谱仪对 SBS、辽河 90 号基质沥青、橡胶粉单一改性沥青和橡胶粉 SBS 复合改性沥青 4 种材料进行红外光谱分析。所用的沥青试样均采用薄膜法制样:将沥青直接加热至融溶,用刮刀取适量试样均匀涂于 KBr 窗片上,进行红外光谱的测定,图 5 ~ 图 8 为 4 种沥青的红外光谱图像,横坐标为波数,纵坐标为透光率。

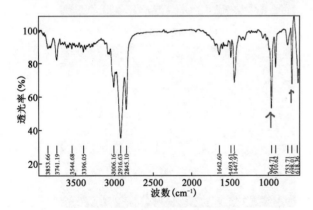

图 5　SBS 改性沥青红外光谱

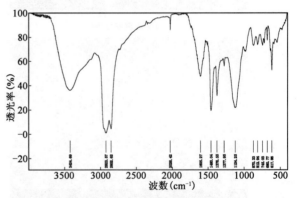

图 6　辽河 90 号基质沥青红外光谱

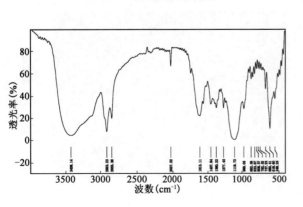

图 7　橡胶粉单一改性沥青红外光谱

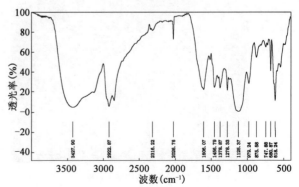

图 8　橡胶粉与 SBS 复合改性沥青红外光谱

图5 SBS改性沥青红外光谱中,2 916cm^{-1}、2 845cm^{-1}为-CH2-的伸缩振动吸收峰,1 493cm^{-1}为苯核的振动吸收峰。964cm^{-1}为SBS的C=C的扭曲振动吸收峰,698cm^{-1}为单取代苯环的振动吸收峰。图6基质沥青红外光谱图中,2 923cm^{-1}、2 852cm^{-1}为-CH2-的伸缩振动吸收峰,1 460cm^{-1}为-CH2-剪式振动吸收峰、1 376cm^{-1}为-CH3剪式振动吸收峰。图7橡胶粉改性沥青红外光谱特征吸收峰与基质沥青比较相似,没有明显的变化,说明胶粉在沥青中发生了物理溶胀,没有新的官能团生成。

图8橡胶粉SBS复合改性沥青红外光谱图,从KBr压片测试的结果中,看不到SBS的特征吸收,主要是SBS掺量比较低的原因,已有文献也查阅到当SBS掺量为5%时,还需在吸收位置放大才能找到SBS的特征吸收峰[14]。为此,改变试验方法,将橡胶粉与/SBS复合改性沥青试样直接滴台进行测定,结果见图9所示。从图9(b)中该吸收区域放大图可以看到SBS在964cm^{-1}的微弱吸收。

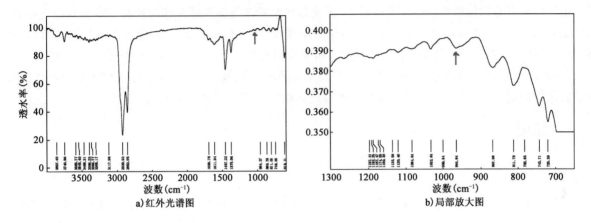

图9　直接滴台测试沥青红外光谱

图9中沥青没有出现新官能团的吸收峰,说明SBS和橡胶粉与沥青之间主要为物理作用,即SBS对沥青进行吸附进而溶胀。而对于SBS来说,在964cm^{-1}处吸收的减弱,是由于在高温强剪切条件和稳定剂的作用下C=C键被打开,SBS分子之间进行了交联形成了物理交联网络结构所致。

4.4　差示扫描热量(DSC)分析

根据差示扫描热量实验原理,沥青在温度变化过程中热效应可以用DSC来测定。通过DSC谱图吸收峰的位置和吸热量的多少可以表征沥青中组分发生聚集态的微观变化,进而评价沥青的温度稳定性和推测改性沥青的机理。图10为3种基质沥青、胶粉改性沥青和橡胶粉与SBS复合改性沥青在25~220℃区间内的DSC谱图,表6为3种沥青DSC曲线参数。

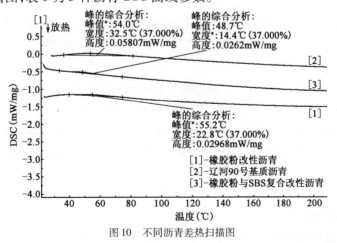

图10　不同沥青差热扫描图

由于沥青是由很多组分组成的混合物,不同组分的相态转化温度并不相同,所以,在沥青的DSC曲线上众多组分的吸热峰重叠在一起,形成一个温度范围较宽的吸热峰,由峰和基线的位置可以计算出峰的面积,峰的大小、位置是沥青不同组分相态转变的叠加,反映了沥青微观性能的变化。吸热峰包围的面积大,说明沥青在该温度区间发生变化的组分多,在宏观上会对沥青的物理性质产生较大的影响,即表现为热稳定性差。所以稳定的沥青体系其 DSC 曲线比较平坦,很少有吸热峰出现或者吸热峰很小。

3 种沥青 DSC 曲线参数　　表6

编号	沥青种类	峰值温度(℃)	峰宽度(℃)	峰高度(mW/mg)
[1]	辽河90号基质沥青	55.2	22.8	0.029 68
[2]	橡胶粉改性沥青	54.0	32.5	0.058 07
[3]	橡胶粉与SBS复合改性沥青	48.7	14.4	0.026 20

由 3 种沥青差示扫描热量结果可以看出,无论是橡胶粉改性沥青还是橡胶粉与 SBS 复合改性沥青,相比基质沥青而言,曲线均位于其上方,吸热量有所减少,纵坐标更接近于 0,即加入胶粉后,改性沥青体系较为稳定。与辽河 90 号基质沥青曲线[1]和橡胶粉改性沥青曲线[2]相比,橡胶粉与 SBS 复合改性沥青曲线[3]的峰值、峰宽和峰高均降低,吸热峰包围的面积最小,表明橡胶粉与 SBS 复合改性沥青体系稳定性最优,这就说明加入 SBS 后改性沥青的热稳定性得到了进一步的改善。

5 结语

本文对橡胶粉与 SBS 复合改性沥青及沥青混合料性能进行了系统的试验研究,得出的主要结论如下:

(1)综合橡胶粉与 SBS 复合改性沥青的常规性能指标与 PG 等级试验结果,推荐用于季冻区的橡胶粉与 SBS 复合改性沥青中 SBS 添加量为 2.0% 或根据需要适当增加,橡胶粉添加量不低于 20%。

(2)橡胶粉与 SBS 复合改性沥青混合料具有优良的路用性能,相比 SBS 单一改性沥青混合料而言,高温性能提高幅度最高可达 59%,低温性能提高幅度更为明显,最高可达 154%,低温冻断温度降低约 18℃,水稳定性也有一定的改善,抗疲劳性能提高幅度超过 30%。可见,将橡胶粉与 SBS 复合改性沥青混合料应用于季冻区具有良好的适用性,有助于提高沥青路面的使用性能和耐久性。

(3)橡胶粉与 SBS 复合改性沥青体系热稳定性好,没有新的官能团生成,在高温及剪切条件下,橡胶粉、SBS 两者之间的 C＝C 键交联主要形成空间物理交联网络结构,对沥青的流动、滑动变形等起约束作用,从而有助于改善沥青的性能。

参 考 文 献

[1] 袁德明,刘冬,廖克俭.废旧橡胶粉改性沥青研究进展[J].合成橡胶工业,2007,30(2):159-162.

[2] 肖川,凌天清.废旧橡胶粉改性沥青材料在道路工程中的应用与研究[J].公路工程,2009,34(4):49-53.

[3] Kim H S, Lee S J, Amirkhanian S. Rheology investigation of crumb rubber modified asphalt binders [J]. KSCE Journal of Civil Engineering, 2010, 14(6): 839-843.

[4] Liang R, Lee S. Short-term and long-term aging behavior of rubber modified asphalt paving mixture [J]. Transportation Research Record: Journal of the Transportation Research Board, 1996 (1530): 11-17.

[5] Shivakoti, A. Performance evaluation of 2002 and 2003 Alberta asphalt rubber project [D]. Canada: University of Alberta. 2006: 7-20.

[6] 赵静.胶粉与胶粉复合改性沥青的性能研究[D].长沙:长沙理工大学,2008.

[7] 张巨松,王文军,赵宏伟,等.聚乙烯和聚乙烯胶粉复合改性沥青的实验[J].沈阳建筑大学学报:自然科学版,2007,23(2):267-270.

[8] 于凯,刘力,余强,等.废轮胎胶粉和废PE复合改性沥青性能研究[J].环境工程学报,2010(3):689-692.
[9] 周礼,凌天清,陈丽.废塑料-橡胶粉复合改性沥青制备方案的优选及性能研究[J].公路与汽运,2013(2):103-106.
[10] 陈莉.SBS橡胶复合改性沥青性能研究[J].北方交通,2008,08:12-13.
[11] 倪彤元,戴晓栋.SBS与废胶粉复合改性沥青性能试验研究[J].新型建筑材料,2009,36(6):65-68.
[12] 宋家楠,黄治冶,徐向辉.胶粉-SBS复合改性沥青与SBS改性沥青、橡胶沥青的基本性能比较研究[J].北方交通,2012,7:3-5.
[13] 卢晓明,周碧辉,孙烈.废胶粉-SBS复合改性沥青路用性能的试验研究[J].物流工程与管理 2009,31(7):55-58.
[14] 徐惠生.改性沥青红外光谱分析[J].安徽化工,2007,33(1):62-64.

植物沥青混合料路用性能研究

栾 海[1] 周 涛[2] 曹 羽[2] 董泽蛟[2]

(1. 吉林省交通规划设计院 吉林 长春 130021；
2. 哈尔滨工业大学 交通科学与工程学院 黑龙江 哈尔滨 150090)

摘 要：高速公路的快速发展亟需大量的优质沥青材料，目前建设使用的沥青多为原油炼制而成，属不可再生资源；植物沥青不仅能解决大量市政和农林固体废弃物导致的环境问题，而且具有前者不可比拟的环保性和经济性。由于植物沥青成分复杂，来源广泛，目前应用还处于探索研究阶段。首先，将原植物沥青与石油沥青共混后进行物理改性，改善其路用性能；其次，通过沥青混合料试验评价混合植物沥青混合料路用性能，包括高低温性能和水稳定性，以此研究植物沥青的加入对混合料性能的影响；最后，针对植物沥青混合料水稳定性不足，提出改善措施。共混和物理改性对植物沥青性能影响不大，除水稳定性外甚至有改善作用；植物沥青化学改性是将是未来重点研究方向。

关键词：植物沥青 物理改性 化学改性 混合料路用性能

1 引言

沥青作为一种不可再生资源，加之原油储量不断萎缩，这使得开发新材料、减少石油沥青使用成为保证道路工程可持续发展的重要基础。植物沥青是一种新的替代材料，它可以从生物质及其残留物中(如城市庭院废物[1]、猪粪[2~4]、草木[5,6]、咖啡和茶叶残留物等[7,8])提取；植物沥青来自生物质热化学液化处理(高温裂解)，可作为一种沥青改性剂或部分代替物[9]；与石油沥青相比，两者具有相似的化学元素组成。

目前有关植物沥青的研究大多基于沥青材料的分析与测试(化学分析和流变性测试)。植物沥青来源广泛，化学性质非常复杂，包含300多种化学物质[10,11]，若想得到全部化学成分非常困难。Joseph等[12]发现大豆脂肪酸具有与沥青相似的化学成分，主要包括长链型的脂肪酸，可以归类为羧酸类；Elham等[13,14]采用傅里叶红外光谱法、气相色谱—质谱分析法对照 NIST 图库，以及使用核磁共振波谱法的氢谱研究了来自于猪粪的植物沥青成分，其主要是以脂肪族、烯族、芳香族、羰基、醛基氨等形式存在的碳氢化合物；Elham,You 及 Wen 等[12~16]分别对来自于猪粪和废弃食用油的植物沥青进行了 PG 分级，发现高温性能下降的同时低温性能得到了改善；Williams 和 Raouf[17,18]等将来自于橡木、柳枝和玉米秸秆的植物沥青掺入石油沥青中进行改性，对改性后的沥青进行了 DSR 和 BBR 试验，发现植物沥青的加入增大了 $G^*/\sin\delta$，表明抗车辙性能增加，高温和中温性能很好，与沥青相似；BBR 试验发现 m 值降低，即低温抗开裂性能降低，原因是该植物沥青过于坚硬，导致改性后的沥青在低温容易发生开裂。

不同来源的植物沥青性质各异，即使其沥青性能测试结果优良也难以保证铺筑路面后能满足相关要求，这是目前植物沥青相关研究的局限性。故本文的目的是针对特定来源植物沥青性能的不足，对其改性后研究混合料性能，评价其实用性。

2 材料准备

2.1 试验材料

本次试验使用的石油沥青为90号重交通石油沥青和 I-C 改性沥青，植物沥青为长春某实业集团有限公司生产的基于玉米加工的副产品 DC-I。

2.2 材料制备

2.2.1 植物沥青共混

植物沥青 DC-I 与 90 号石油沥青共混主要控制共混温度和时间。其中温度以植物沥青不冒烟、完全熔融为宜;时间以植物沥青与石油沥青完全混合、不出现分层现象为宜。根据以上原则,确定共混温度为 135～145℃,共混时间为 30min,搅拌器转速为 500r/min。具体操作为:分别将植物沥青 DC-I 和 90 号石油沥青加热至 130～135℃和 160～165℃,根据植物沥青的混合比例,将一定质量的植物沥青 DC-I 和石油沥青倒入自动恒温容器,将温度控制在 135～145℃,设置搅拌器转速为 500±5r/min,搅拌 30min,得到混合植物沥青 DC-I。

2.2.2 混合植物沥青物理改性

对上述混合植物沥青 DC-I 进行 SBS 物理改性,结合三大指标试验(其中延度为5℃条件下)得到了 SBS 改性剂的最佳掺配比例为 4.5%。具体改性步骤为:

溶胀阶段:在 150～160℃,低转速 300 r/min 条件下进行搅拌,充分溶胀 40min;

研磨剪切阶段:在剪切速率 5 000r/min,175～180℃剪切温度下剪切 10～30min 后,加入成比例的稳定剂,继续剪切 30～50min;

成品发育阶段:在 140～150℃温度下以 300r/min 搅拌 20～30min,充分发育,制得物理改性混合植物沥青 DC-I。

为方便理解,现将本文涉及的各种沥青汇总如下:

DC-I 原植物沥青,记为 DC-I。

混合植物沥青 DC-I:将 DC-I 与 90 号石油沥青共混得到,记为 BDC-I。

物理改性混合植物沥青 DC-I:混合植物沥青 DC-I 经 SBS 改性得到,记为 BMDC-I。

得到下文植物沥青材料的研究对象如表 1 所示:

沥青材料汇总   表1

沥青类型	描述	沥青类型	描述
90 号	100% 90 号	15% BDC-I	15% DC-I + 100% 90 号
I-C	100% I-C	45% BMDC-I	45% BMDC-I + 100% 90 号

2.2.3 混合及改性相容性评价

采用 BRUKER 原子力显微镜(AFM)观测混合生物沥青及物理改性混合生物沥青微观形貌,检验植物沥青和 SBS 在基质沥青内的分布情况是否均匀,以 90 号沥青和 I-C 改性沥青作为参照。扫描结果如图 1～图 4 所示。

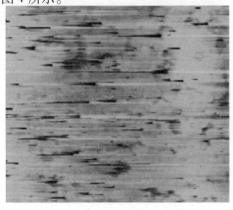 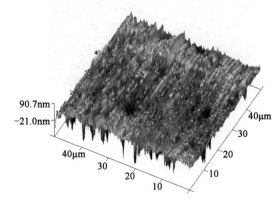

a) 二维AFM图　　　　　　　　　　　b) 三维AFM图

图 1　15% BDC-I 表面形貌

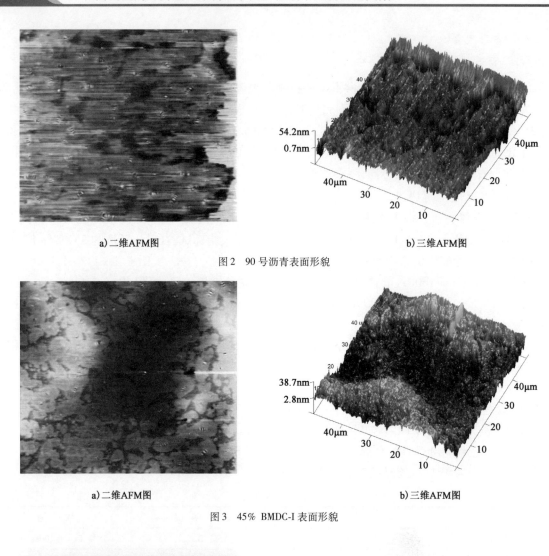

a) 二维AFM图　　　　　　　　　　　b) 三维AFM图

图2　90号沥青表面形貌

a) 二维AFM图　　　　　　　　　　　b) 三维AFM图

图3　45% BMDC-I表面形貌

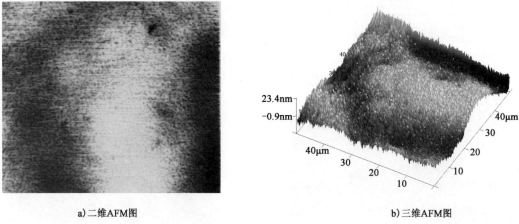

a) 二维AFM图　　　　　　　　　　　b) 三维AFM图

图4　I-C改性沥青表面形貌

由图1a)中看出,15% BDC-I的表面平整光滑,植物沥青与90号沥青没有明显的界面交接存在,与图2a)中90号沥青相似;由图1b)中发现15% BDC-I的表面较为平整,结构为分层相连,植物沥青与90号沥青相容性良好;同时在90号沥青表面观测到了较为明显的"蜂形"结构。

由图3a)中与90号相比,SBS改性后"蜂形"结构减少,并且分布更加均匀,说明SBS改性降低了沥青质与轻组分极性的差异,增强了相容性,性质更加稳定均匀。由图3b)中可以明显看出,在改性后,沥青的微观形态变得规律许多(排除试样成形表面平整度的影响),这与 SBS 吸附沥青中的小分子组分,形成网络结构,大分子组分增加,并且网络结构、大分子组分均匀分布密切相关。由此看到植物沥青和 SBS 在混合和改性过程中分散均匀,与石油沥青相容性较好。

3 混合料性能

3.1 原材料性质

根据相关试验规程对所用的粗细集料及矿粉进行各种工程性质检验,如表2~表4所示。从表2~表4中可以看出粗集料、细集料和矿粉的各种性质均满足施工规范要求,可以作为沥青路面和室内试验使用。

粗集料性质　　　　　　　　表2

试验项目		试验结果	规范要求	试验方法
黏附性(级)		4	≥4	T 0616
吸水率(%)	19~31.5	1.87	≤2	T 0304
	9.5~19	1.9		
	4.75~9.5	1.94		
表观相对密度	19~31.5	2.91	≥2.600	
	9.5~19	2.92		
	4.75~9.5	2.92		
毛体积相对密度	19~31.5	2.78	—	
	9.5~19	2.75		
	4.75~9.5	2.62		
磨耗损失(洛杉矶法)(%)		9.4	≤28	T 0317
石料压碎值(%)		14.5	≤26	T 0316
针片状颗粒含量(%)		13.2	≤15	T 0312
软弱颗粒含量(%)		1.5	≤3	T 0320

细集料性质　　　　　　　　表3

筛孔尺寸(mm)	通过质量百分率(%)	
	2.36~4.75	石屑
9.5	100.0	100.0
4.75	36.8	91.4
2.36	0.3	60.2
1.18	0.0	39.9
0.6	0.0	21.5
0.3	0.0	8.4
0.15	0.0	4.3
0.075	0.0	1.9
表观相对密度	2.936	2.602

矿粉性质　　　　　　　　表4

检查项目	试验结果	规范要求	试验方法
外观	无团粒结块	无团粒结块	—
表观密度[(g/cm^3)]	2.62	≥2.50	T 0352

续上表

检查项目		试验结果	规范要求	试验方法
粒度范围	<0.6mm	100	100	T 0351
	<0.15mm	96.9	90~100	
	<0.075mm	91.1	75~100	
亲水系数		0.94	<1	T 0353
有效钙镁含量(%)		19.2	17~20	—

3.2 材料配合比设计

3.2.1 级配曲线确定

混合植物沥青 BDC-I 作为基质沥青使用,一般用在下面层,故选定 AC-25 为对应混合料级配类型,并与 90 号石油沥青对比;物理改性混合植物沥青 BMDC-I 作为与 I-C 改性沥青对比的改性沥青类,一般用在中上面层,故选定 AC-20 为对应的混合料级配类型。本文为使试验结果尽量精确,减少数据的变异性,采用了筛分试验,将集料分散成单一粒径的小档集料,试验时采用单档回配的方法配制混合料。根据施工规范要求,确定级配如图 5 和图 6 所示。

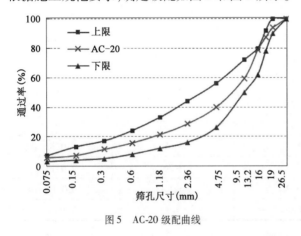

图 5 AC-20 级配曲线

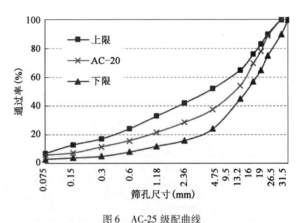

图 6 AC-25 级配曲线

3.2.2 确定最佳沥青用量

根据上文所确定的级配,以 0.5% 为变化间隔取 5 个不同的沥青用量,进行马歇尔试验得到最佳沥青用量。在最佳沥青用量下,测试各沥青混合料的物理、力学指标如表 5 所示。

最佳沥青用量下物理力学指标　　　　表5

级配类型	沥青种类	沥青用量(%)	毛体积相对密度	空隙率(%)	饱和度VFA(%)	稳定度(kN)	流值(mm)
AC-20	45% BMDC-I	5.1	2.435	5.0	68.0	9.3	3.5
	I-C	4.7	2.495	4.4	69.0	15.5	3.7
规范要求	—	—	—	3~5	65~75	≥8	2~4
AC-25	15% BDC-I	4.4	2.481	4.3	68.2	9.2	3.8
	90#	4.2	2.500	4.5	68.3	8.9	2.9
规范要求	—	—	—	3~6	65~75	≥8	2~4

从表中可以看出,45% BMDC-I 相对于 I-C 改性沥青,采用同一种级配时最佳油量偏大,15% BDC-I 也略大于 90 号沥青。掺加植物沥青的混合料毛体积相对密度也略小于 I-C 改性沥青和 90 号沥青,可能与植物沥青的密度偏小有关。在空隙率和饱和度方面,同一种级配的混合料相差不大。而采用 45% BMDC-I 的 AC-20 稳定度要小于采用 I-C 改性沥青的 AC-20,且其与 15% BDC-I 的稳定度相差不大,说

明45% BMDC-I的高掺量抵消了SBS的改性作用,而流值均符合施工规范要求。15% BDC-I混合料与90号沥青各项指标相当,45% BMDC-I混合料的物理力学指标与I-C改性沥青混合料相差略大,说明在应用时还需控制植物沥青的掺量。

3.3 路用性能验证

为验证植物沥青混合料的路用性能,上文已经得到了各混合植物沥青及改性混合植物沥青对应混合料的最佳油量,下文就以常规的路用性能试验,评价其实际应用的性能表现。

3.3.1 高温稳定性

高温稳定性是指沥青混合料在使用过程中受交通荷载的反复作用,抵抗车辙、推移、拥包等永久变形的能力。本文采用沥青混合料车辙试验(T 0719—2011)来评价沥青混合料的高温稳定性,试验结果如图7所示。

图7中将45min和60min的变形量也一并列出来,以间接角度来比较各沥青混合料的抗车辙性能。从图中可以看出采用45% BMDC-I和I-C改性沥青的AC-20动稳定度相当,均满足施工规范对夏热2-2区改性沥青混合料动稳定度不小于2 400次/mm的要求;且二者45min和60min变形量也相差不大,说明二者的高温抗车辙性能相近,即采用掺加45%植物沥青DC-I基础上进行SBS改性的沥青高温性能与SBS改性石油沥青基本一致。而采用15% BDC-I的AC-25动稳定度比采用90号基质沥青提高将近一倍,高温性能得到大幅提高,均满足施工规范对夏热2-2区普通沥青混合料动稳定度不

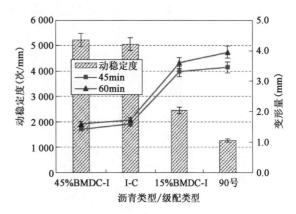

图7 混合植物沥青DC-I动稳定度

小于800次/mm的要求;且前者(15% BDC-I)60min变形量较45min增加不大,说明在60min的试验时间内变形基本达到稳定状态;而后者(90号)的60min变形量较45min增加较大,且明显大于前者,即采用同一种级配AC-25,使用15% BDC-I的混合料比90号沥青的高温稳定性大幅提高,说明在基质沥青中掺入一定量的植物沥青DC-I可以提高基质石油沥青的高温性能。

3.3.2 低温抗裂性

面层低温缩裂是由于气温骤降造成的面层温度收缩,在有约束的沥青层内产生温度应力,此应力超过沥青混合料的抗拉强度时即出现裂缝。本文采用沥青混合料弯曲试验(T 0715—2011)来评价其低温性能,试验结果如表6所示。

混合植物沥青DC-I小梁弯曲试验结果   表6

级配类型	沥青类型	抗弯拉强度 (MPa)	极限拉应变 (με)	极限拉应变要求	弯曲劲度模量 (MPa)
AC-20	45% BMDC-I	5.3	2 271	≥2 800	2 319
	I-C	9.4	2 849	≥2 300	3 299
AC-25	15% BDC-I	6.0	3 047	≥2 300	2 134
	90号	7.5	2 584		2 902

从表6可以看出,使用45% BMDC-I的AC-20抗弯拉强度、极限拉应变和弯曲劲度模量均小于使用I-C改性沥青的AC-20。在施工规范中对低温抗裂性的要求为极限拉应变,针对冬寒2-2区的改性沥青混合料为不小于2 800με,前者未满足要求。而使用15% BDC-I和90号沥青的AC-25与AC-20混合料情况类似,不同的是使用15% BDC-I的AC-25极限拉应变大于90号,并且都满足施工规范要求,说明

掺加15%的混合植物沥青BDC-I增加了极限拉应变,改善了低温性能。同时注意到混合及改性混合植物沥青混合料的抗弯拉强度较小,究其原因可能是切割小梁时,刀片水冷降温造成小梁试件经受冲刷浸泡导致;掺加植物沥青DC-I的混合料试件在有水的情况下,会相对于石油沥青更快地失去黏结性,降低强度,可能不是由于其掺加而造成低温抗裂性下降,从抗弯拉强度和极限拉应变二个指标矛盾也可以得到进一步证;另外所采用的级配为AC-20和AC-25,粒径偏大,采用小梁测试的数据也具有局限性。

总结推断,使用一定掺量植物沥青的45% BMDC-I和15% BDC-I对混合料的低温抗裂性影响不大。

3.3.3 水稳定性

在高低温性能满足要求的前提下,水稳定性是检验植物沥青应用的一个关键性能。植物沥青本身具有亲水性,在与石油沥青混合及改性后,在沥青性能的测试中未体现出水溶性,但这不能代表混合料的水稳定性也能满足要求。一方面,混合料中沥青与水的接触面加大,水的作用凸显出来;另一方面,沥青与集料及矿粉的相互作用可能会导致植物沥青的水溶性问题再次释放出来。所以本文对植物沥青混合料进行浸水马歇尔及冻融劈裂试验,检验其水稳定性,试验结果如图8和图9所示。

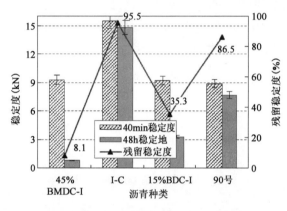
图8 混合植物沥青DC-I浸水马歇尔试验结果

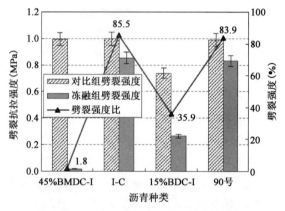
图9 混合植物沥青DC-I冻融劈裂试验

从图8中可以看出,使用45% BMDC-I的AC-20残留稳定度只有8.1%,使用15% BDC-I的AC-25残留稳定度也只有35.3%,均没有达到要求。原因可能是SBS改性剂的使用抵消了大掺量植物沥青对基质沥青的影响,使得二者的常规马歇尔稳定度相当;但在浸水48h后,残留稳定度发生了较大的变化,即SBS改性剂没有抵消因为植物沥青DC-I掺量大而带来的水稳定性损失。

从图9可以看出,使用45% BMDC-I的AC-20冻融劈裂强度比只有1.8%,小于施工规范的要求;结合上文所述,SBS改性剂的使用抵消了大掺量植物沥青的使用,使得二者在未冻融前的劈裂抗拉强度基本无差别;但在冻融循环后劈裂强度变化较大,即SBS改性剂没有抵消因植物沥青掺量大而带来的水稳定性损失;使用15% BDC-I的AC-25冻融劈裂强度比只有35.9%,没有达到要求。

结合上文试验结果可以看出,植物沥青的掺入,对高低温性能影响不大,但使用植物沥青混合料,不论是否经过改性,水稳定性问题依然严峻,而且与用量关联性较大,需要在控制植物沥青掺量的前提下,寻找新的途径改善其水稳定性。

4 改善植物沥青水稳定性的措施

从改善混合植物沥青与集料的黏附性和植物沥青本身水溶性两个角度出发,探究解决水稳定性不足的问题。前者主要参考沥青混合料水稳定性改善措施,尝试从整个混合料外掺一些材料来解决其水稳定性不足的问题,即外部措施;而后者通过化学改性的方式解决植物沥青本身水溶性问题,即内部措施。

4.1 混合料外掺剂改善水稳定性

沥青混合料的水稳定性不足,往往使沥青与集料的黏附性较差,这里尝试常规思路解决植物沥青混合料水稳定性不足的问题,使用2%的外掺剂Ⅰ和1.5%的外掺剂Ⅱ等量替代部分矿粉制备沥青混合料。

4.1.1 外掺剂 I

本次采用 15% 混合植物沥青 15% BDC-I、15% 物理改性混合植物沥青 15% BMDC-I、30% 混合植物沥青 30% BDC-I 及 90 号沥青,掺加 2% 的混合料外掺剂 I 替代同等质量的矿粉作为对比,成型马歇尔试件(分别标记为 15%J 石或 15%J、15% 改石或 15% 改、J2 石或 J2、90 号石或 90 号)。浸泡在水中一段时间,比较浸泡前后的变化,来反映掺加外掺剂 I 对植物沥青混合料水稳定性的影响,浸泡前后对比如图 10 所示。

a) 初始浸入水中

b) 浸入20天后

图 10　添加外掺剂 I 后浸水 20 天前后

从图中可以看到除 90 号沥青外,其余三种沥青在浸泡 20 天后,植物沥青均出现了不同程度的水溶现象,表现为水体颜色变黄。掺加 2% 混合料外掺剂 I 的试件水溶液颜色较浅,溶于水的现象减弱。

以 15% BDC-I 和 90 号沥青的试件为例,观察在夏日高气温的水中浸泡 20 天后,外掺剂 I 是否有作用,试件的变化情况见图 11。

a) 15%BDC-I混合料初始浸水

b) 90号沥青混合料初始浸水

c) 15%BDC-I混合料浸水20天后

d) 90号沥青混合料浸水20天后

图 11　15% BDC-I 和 90 号添加外掺剂 I 浸水 20 天前后

从图中可以看到,在刚刚浸入水中时,不论是否掺加外掺剂 I,两种沥青混合料试件均未有溶于水现象,水溶液清澈见底,如图 11 a) 和 b) 所示;浸水 20 天后,不管是否掺加混合料外掺剂 I,90 号沥青混合料试件的水溶液基本无变化,说明90号沥青未溶于水;而15% BDC-Ⅰ的混合料试件无论是否掺加外掺剂Ⅰ,颜色均呈现轻微黄色;相比之下,掺加外掺剂Ⅰ的颜色较浅,说明掺加混合料外掺剂Ⅰ后,15%BDC-I混合料溶于水的问题可能得到改善,但其程度不得而知。

4.1.2 外掺剂Ⅱ

本次采用15%混合植物沥青15%BDC-Ⅰ掺加1.5%外掺剂Ⅱ替代同等用量的矿粉(标记为Ⅱ)和未掺加外掺剂Ⅱ(标记为B)作为对比,进行浸水马歇尔和冻融劈裂试验,检测该方法的改善效果,试验结果如图12所示。

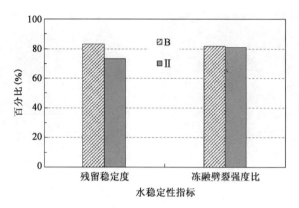

图12 添加外掺剂Ⅱ后混合料水稳定性

从图中可以看出,掺加1.5%外掺剂Ⅱ代替部分矿粉的混合料残留稳定度较未掺加外掺剂Ⅱ的有所降低,冻融劈裂强度比基本持平。原因可能是在浸水马歇尔试验中,直接浸泡在高温60℃的水中,不利于外掺剂Ⅱ强度的形成;而冻融劈裂试验中,先真空保水,再冷冻16h,给其强度形成预留出一定时间,然后在60℃水中浸泡时,已形成强度,有利于保持劈裂强度,故出现一定的结果差异。

4.2 植物沥青化学改性改善水稳定性

本次选用三种化学改性剂Ⅰ、Ⅱ和Ⅲ对植物沥青进行化学改性后以15%比例掺加到石油沥青当中,利用其制备沥青混合料,90号沥青混合料作为对比,级配同前所述,进行浸水马歇尔和冻融劈裂试验,测试化学改性后混合植物沥青混合料的水稳定性。浸水马歇尔和冻融劈裂试验结果分别如图13和图14所示。

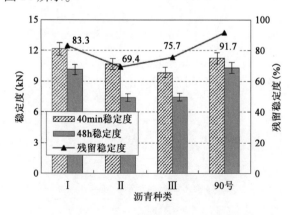

图13 化学改性混合植物沥青浸水马歇尔试验

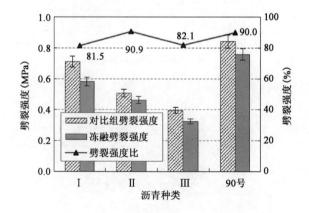

图14 化学改性混合植物沥青冻融劈裂试验

从图中可以看到,经过不同改性剂改性后的效果不同。其中改性剂Ⅰ的效果最好,40min稳定度要大于90号沥青,而48h稳定度小于后者,残留稳定度也略小于后者,但满足施工规范对于基质沥青水稳定性的要求;而改性剂Ⅱ、Ⅲ改性的效果较改性剂Ⅰ略差,未满足施工规范的要求,但较未改性的混合植物沥青的残留稳定度有大幅提高。从冻融劈裂的试验结果可以看到,经过改性剂Ⅰ改性的混合植物沥青的冻融劈裂强度比虽不及90号沥青,但满足施工规范对于基质沥青混合料大于75%的要求;经过改性剂Ⅱ、Ⅲ处理的15%混合植物沥青未冻融及冻融后的劈裂强度虽然较小,但劈裂强度比要大于改性剂Ⅰ改性结果,其中改性剂Ⅱ改性后与90号沥青相当。三种改性剂改性的混合植物沥青的劈裂强度较改性前均大幅提高。

总体来看,对于植物沥青而言,部分化学改性植物沥青已能达到基质沥青混合料的水稳定性要求,较物理改性植物沥青及混合植物沥青的水稳定性有明显改善,应是未来重点研究方向。

5　结语

本文基于玉米加工的副产品植物沥青DC-I可能的应用方式对其进行共混及物理改性以提高其适用性,并对可能使用的层位,采用两种级配AC-20及AC-25来评价混合植物沥青及改性混合植物沥青的路用性能;针对水稳定性不足的问题提出了改进措施。主要结论如下所示:

(1)采用45% BMDC-I的AC-20动稳定度略好于I-C改性沥青,采用15% BDC-I的AC-25动稳定度较90#沥青大幅提高,说明掺加一定量的植物沥青DC-I后,混合料高温稳定性得到了改善。

(2)15% BDC-I的极限拉应变较9号沥青增加,即90号沥青中掺加植物沥青DC-I改善了其低温性能;使用45% BMDC-I和15% BDC-I的AC-20和AC-25抗弯拉强度较小,可能是由水稳定性不足造成,而非低温抗裂性不足,即一定掺量的植物沥青对混合料的低温性能影响不大。

(3)使用45% BMDC-I的AC-20和15% BDC-I的AC-25残留稳定度和劈裂强度比均小于施工规范要求,物理改性过程中SBS的加入没有抵消因植物沥青DC-I掺量大带来的水稳定性不足的问题,水稳定性不足是影响植物沥青应用的一大难题。

(4)通过改善混合植物沥青与集料黏附性以及通过化学改性途径提高植物沥青自身的疏水性两种方法改善了植物沥青混合料水稳定性不足的问题,发现两者对混合料的水稳定性改善均有效果,但化学改性的途径提升更加明显且基本达到路用性能要求。

综上所述,植物沥青的掺入对高温性能有所改善,低温性能影响不大;但其掺加对水稳定性影响较大,且与掺量关系密切。后续改进措施发现采用化学改性处理方式解决植物沥青应用时出现的水稳定不足是合理的解决方法,植物沥青化学改性将是未来重点研究方向。

参　考　文　献

[1] Daniel R. H.. Bioasphalt and Biochar from Pyrolysis of Urban Yard Waste[D]. USA: Case Western Reserve University, Department of Civil Engineering, 2012.

[2] Fini E. H., Oldham D., Abu-Lebdeh T.. Bio-modified Rubber: A Sustainable Alternative for Use in Asphalt Pavements[C]// 2nd Annual International Conference on Sustainable Design, Engineering and Construction, 2012: 489-499.

[3] Fini E. H., Kalberer E. W., Shahbazi A., et al. Chemical Characterization of Biobinder from Swine Manure: Sustainable Modifier for Asphalt Binder[J]. Journal of Materials in Civil Engineering, 2011, 23(11): 1506-1513.

[4] Fini E. H., Oldham D., Abu-Lebdeh T.. Synthesis and Characterization of Biomodified Rubber Asphalt: Sustainable Waste Management Solution for Scrap Tire and Swine Manure[J]. Journal of Environmental Engineering (United Stated), 2013, 139(12): 1454-1461.

[5] Mohamed A. R., Williams R. C.. General Rheological Properties of Fractionated Switchgrass Bio-oil as a Pavement Material[J]. Road Materials and Pavement Design, 2010(11): 325-353.

[6] Peralta J., Williams R. C.. Recombination of Asphalt with Bio-asphalt: Binder Formulation and Asphalt Mixes Application[C]. Proceeding of AAPT Annual Meeting, 2014.

[7] Uzun B. B., Apaydin-Varol E., Ates F., et al. Synthetic Fuel Production from Tea Waste: Characteri-

sation of Bio-oil and Bio-char[J]. Fuel, 2010,89(1): 176-184.

[8] Zofka A., Yut I.. Investigation of Rheology and Aging Properties of Asphalt Binder Modified with Waste Coffee Grounds[C]. TRB 2012 Annual Meeting,2012: 61-72.

[9] Fini E. H., Al-Qadi I. L., You Z.,et al. Partial Replacement of Asphalt Binder with Bio-binder: Characterization and Modification[J]. International Journal of Pavement Engineering,2011:13(6):1-8.

[10] Czernik S.. Storage of Biomass Pyrolysis Oils[C]. Proceeding of Specialist Workshop on Biomass Pyrolysis Oil Properties and Combustion, Estes Park, CO, 1994:67-76.

[11] Czernik S., Bridgwater A. V.. Overview of Applications of Biomass Fast Pyrolysis Oil[J]. Energy and Fuels, 2004, 18(2): 590-598.

[12] Seidel J. C., Haddock J. E.. Soy Fatty Acids as Sustainable Modifier for Asphalt Binders[C]. TRB 2012 Annual Meeting,2012: 15-22.

[13] Fini E. H., Kalberer E. W., Shahbazi G.. Application of Bio-binder from Swine Manure in Asphalt Binder[C]. TRB 2011 Annual Meeting, 2011: 1-14.

[14] Fini E. H.,Yang S-H, Xiu S. N.. Characterization and Application of Manure-based Bio-binder in Asphalt Industry[C]. TRB 2010 Annual Meeting, 2010: 1-13.

[15] You Z., Beale J. M., Fini H. E., et al. Evaluation of Low Temperature Binder Properties of Warm Mix Asphalt, Extracted and Recovery RAP and RAS, and Bioasphalt[J]. Journal of Materials in Civil Engineering, 2011,23(11):1569-1574.

[16] Wen H. F.,Bhusal S., Wen B.. Laboratory Evaluation of Waste Cooking Oil-based Bioasphalt as Sustainable Binder for Hot-mix Asphalt[J]. Journal of Materials in Civil Engineering,2013,25(10):1432-1437.

[17] Williams R. C., Satrio J., Rover M.,et al. Utilization of Fractionated Bio-oil in Asphalt[C]. TRB 2009 Annual Meeting,2009.

[18] Raouf M. A., Metwally M.. Development of Non-petroleum Binders Derived from Fast Pyrolysis Bio-oils for Use in Flexible Pavement[D]. USA:Iowa State University, 2010.

废橡胶粉-SBS 复合改性沥青混合料应用技术

于丽梅　陈志国　姚冬冬

（吉林省交通科学研究所　吉林　长春　130012）

摘　要：我国汽车工业的高速发展促使大量的旧轮胎被废弃，不但污染环境而且占用土地。废橡胶粉-SBS 复合改性沥青混合料具有很好的抗高温变形和抗低温开裂性能，可有效提高沥青路面质量，延长路面使用寿命；同时将废旧轮胎加工制成橡胶粉还可以实现废旧轮胎资源化和无害化利用，促进公路建设绿色循环低碳发展。本文通过废橡胶粉-SBS 复合改性沥青混合料在吉林省省道长白线路面改造工程的应用，重点从配合比设计、施工工艺等方面总结废橡胶粉-SBS 复合改性沥青混合料路面的应用技术，为其大规模推广应用提供技术支撑。

关键词：废橡胶粉-SBS 复合改性　配合比设计　施工工艺

1　引言

经济的发展促进了我国汽车产业的迅速发展，截至 2013 年，我国汽车保有量为 1.37 亿辆，与此同时，废旧轮胎产量超过 4.9 亿条，总重量 1 500 万 t，居世界第一。废旧轮胎是一种难以降解的高分子化工材料，采取焚烧的方法处理，容易引起空气污染和水污染；如长期露天堆放，不仅造成资源的极大浪费，而且容易积存污水滋生蚊虫，污染环境，因此将其称为黑色公害[1-2]。橡胶粉-SBS 复合改性沥青技术可充分发挥橡胶粉和 SBS 改性剂各自的改性优势，不仅可以显著提高沥青路面建设质量和服务水平，有效解决沥青路面病害[3-4]，而且还可以实现废旧轮胎资源化和无害化利用，保护环境，促进公路建设绿色循环低碳发展。

本文结合工程实际应用，重点介绍橡胶粉-SBS 复合改性沥青混合料的应用技术，为其后续大规模推广应用积累经验。

2　实体工程自然概况

本实体工程属于吉林省道长白线路面改造工程，路段长 18km，路线所处区域气候特点鲜明，夏季温热多雨，冬季寒冷漫长，夏季最高气温历史极值 37℃，冬季最低气温历史极值 -43.3℃，冰冻深度最大为 1.5m，特殊的气候特点对路面高低温使用性能具有较高的要求。

原路面工程为二级公路，1999 年竣工，路面结构为 22cm 水泥混凝土面层 + 18～20cm 二灰碎石基层 + 15～20cm 二灰砂土底基层 + 30cm 砂砾垫层。随着经济建设的发展，载重货车数量的增加，原来的路面结构承载力以无法满足要求，造成了路面板的破坏。为此，提出面层采用 4cm 废橡胶粉-SBS 复合改性 AC-13 沥青混凝土结构层进行补强。

3　废橡胶粉-SBS 复合改性沥青性能试验

试验工程所用的废橡胶粉-SBS 复合改性沥青中胶粉细度为 40 目，胶粉掺量 20%，SBS 掺量为 2%。对表征废橡胶粉-SBS 复合改性沥青的重要指标包括旋转黏度、软化点、弹性恢复、延度等进行了检测，结果见表 1。

废橡胶粉-SBS 复合改性沥青性能试验结果　　　表1

项　目	实　测　值	项　目	实　测　值
PG 等级	PG82-28	软化点（℃）	61.0
基质沥青	90 号	弹性恢复（25℃）（%）	83
175℃旋转黏度（Pa·s）	3.1	48h 离析	3.8
25℃针入度（0.1mm,100g,5s）	62		

4　配合比设计

废橡胶粉-SBS 沥青混合料设计中核心问题是级配的选择，我国的现行沥青路面设计、施工规范中还没有关于废橡胶粉-SBS 沥青混合料专用级配的介绍[5-6]。目前国内一些地区参照国外的使用经验推荐橡胶粉改性沥青混合料采用间断级配或嵌挤级配，以增大混合料矿料间隙，容纳更多的橡胶沥青。

然而研究发现，与传统的橡胶粉改性沥青混合料不同，废橡胶粉-SBS 复合改性沥青黏度较大，在击实功相同的情况下，混合料的空隙率和矿料间隙率均偏大，因此，需要用较大的油量或增加细料用量才能填充空隙，保证混合料体积指标合格。为此，研究中在传统的矿料级配曲线接近中值的基础上进行了调整，适当提高了 4.75mm 筛孔通过率，增加细集料比例及橡胶粉沥青胶浆的用量，保证了混合料的密实性和路用性能。调整后的级配曲线见图 1。

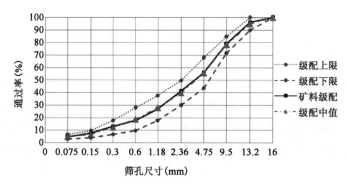

图 1　矿料级配图

根据设计的矿料级配曲线，以 4.8%、5.2%、5.6%、6.0% 和 6.4% 五个油量制作不同油石比的马歇尔试件，根据马歇尔试验结果，在保证规范要求的设计空隙率前提下，同时考虑寒区低温性能及水稳定性能的要求，确定最佳油石比为 5.7%，对应性能指标结果见表 2。

AC-13 沥青混合料路用性能指标　　　表2

试　验　项　目	单位	试验结果	SBS 改性沥青混合料技术要求
车辙试验动稳定度	次/mm	3 600	≤3 000
浸水马歇尔试验残留稳定度	%	88.2	≤85
冻融劈裂试验残留强度比	%	84.2	≤80

5　施工控制要点

5.1　施工温度控制

施工温度是影响废橡胶粉-SBS 改性沥青混合料施工质量的重要因素，在进行大面积摊铺前，根据试验段的试铺，总结提出了施工温度控制要求，见表 3。施工中严格按照提出的温度进行控制，有效保证了废橡胶粉-SBS 改性沥青混合料施工质量。

废橡胶粉-SBS改性沥青施工温度 表3

施工工序		温度要求(℃)
沥青加热温度		180~190
矿料加热温度		190~220
出料温度		175~185
混合料废弃温度,高于		195
运输到现场温度,不低于		170
摊铺温度,不低于		165
开始碾压的混合料内部温度,不低于		155
碾压终了的表面温度,不低于	钢轮压路机	120
	轮胎压路机	
	振动压路机	
开放交通的路表温度,不高于		50

5.2 碾压工艺控制

沥青混合料面层的压实是保证施工质量、使其获得良好路用性能的关键环节之一。废橡胶粉-SBS复合改性AC-13沥青混合料碾压时共配置了3台13t双驱双振钢轮压路机,碾压遍数按8遍进行控制,具体方式如下:

(1)初压2遍,采用13t钢轮压路机碾压,前进时(关闭振动装置)以2~3km/h的速度匀速静压,后退时沿前进碾压时的轮迹行驶并采用微振方式。

(2)复压紧跟初压后面进行,采用13t双驱双振钢轮压路机以微振方式碾压4遍。

(3)终压采用13t双驱双振钢轮压路机碾压2遍,终压速度为3~6km/h,碾压方式为静压。

6 效益分析

使用废橡胶粉-SBS复合改性沥青修筑公路在全面提高沥青路面使用性能的同时,一定程度上还可以降低工程造价,且节能减排效益显著。

(1)修筑本试验段共需废橡胶粉-SBS复合改性沥青约690t,每吨橡胶粉SBS复合改性沥青价格比SBS改性沥青低200元,为此,本试验段共可节省工程造价13.8万元。

(2)因胶粉掺量为20%,试验段共消耗废旧轮胎橡胶粉约138t,约合2.7万条废旧轮胎,按废旧轮胎出粉率70%计算,则共消耗废旧轮胎约195.4t,相当于节省215t烟煤,折算成标煤量为154t,节能减排效益显著。

7 结语

本文通过对废橡胶粉-SBS与复合改性沥青混合料的应用技术进行全面介绍,得出如下主要结论:

(1)提出了不同于传统的矿料级配形式即采用连续密级配,并可通过适当增加混合料中粗集料和橡胶粉沥青胶浆的用量,其有效性可通过后期实体工程观测进一步验证。

(2)通过实体工程施工,总结了废橡胶粉-SBS复合改性沥青混合料的施工关键技术,提出了施工温度控制要求。

(3)废橡胶粉-SBS复合改性沥青混合料相比SBS改性沥青混合料不仅可以降低工程造价,同时,还具有明显的节能减排效益。

参 考 文 献

［1］ 陈丽.废塑料-橡胶粉复合改性沥青混合料试验研究［D］.重庆:重庆交通大学,2011.
［2］ 周孔,叶奋.橡胶改性沥青混合料的高温性能影响因素分析［J］.公路交通科技(应用技术版),2008.
［3］ 韦大川,王云鹏.橡胶粉与 SBS 复合改性沥青路用性能与微观结构［J］.吉林大学学报(工学版),2008,38(3).
［4］ 刘红平.SBS-橡胶粉复合改性沥青混合料应用研究［J］.养护机械 & 施工技术.2009(12).
［5］ 中华人民共和国行业标准.JTG D50—2006 公路沥青路面设计技术规范［S］.北京:人民交通出版社,2007.
［6］ 中华人民共和国行业标准.JTG F40—2004 公路沥青路面施工技术规范［S］.北京:人民交通出版社,2005.

连锁式生态砌块在公路边坡中的应用研究

刘 畅[1]　彭 园[2]　李仲海[1]　李传春[1]　李跃祥[1]

(1.吉林久盛生态环境科技股份有限公司　长春　130012；
2.中交路桥华北工程有限公司　北京　100110)

摘　要：鹤大高速公路是国家高速公路规划网中南北纵线的第一纵，它的建设将显著拉动沿线区域经济发展，对发展旅游、盘活物流、引进投资、扩大就业、改善民生、推进城镇化具有不可替代的作用。高速公路边坡的生态防护是绿色公路的保障，始终贯穿建设与保护同步进行的理念。传统的护坡方式虽能防止水土流失，但其不易绿化，破坏生态环境，不能满足生态建设的需求。生态砌块以其独特的优势逐渐在多领域得到应用。本文基于生态砌块诸多优势，针对不同边坡进行连锁式生态砌块的方案设计，并在探讨生态砌块的性能指标和施工工艺的同时，展开对生态砌块的应用案例的研究。

关键词：互锁结构　生态砌块　边坡防护　应用研究

1　引言

随着我国对生态文明建设的倡导，在公路工程的建设过程中，保持动植物生态平衡以及修复周围环境成为一项重要工作。为了在寒区建设高速公路的同时，保护好沿线的生态景观、资源以及实现将施工过程中产生的隧道弃渣全部利用的目的，交通运输部开展"寒区公路边坡生态砌块及道面铺装成套技术推广应用"课题研究。对于鹤大高速公路沿线的边坡防护与绿化，在防止水土流失、减轻污染以及稳固坡体的基础上，力求采用生态砌块护坡方式将公路边坡融入自然景观之内。传统的边坡防护大多采用砌筑形式，刚性的岩石及混凝土结构，虽防止水土流失但破坏生态环境。随着护坡形式的发展，一种新型以隧道弃渣、尾矿石、石屑等固废为原料，经高激振力砌块成型机加工而成，具有不同榫卯结构、颜色、植生孔的具备全生命周期并可循环利用的干硬性混凝土砌块（简称生态砌块）应运而生。这种生态砌块具有水灰比小、快硬、早强的特点，并且自干硬性混凝土砌块成型机全套设备的引进和研发以来，已经实现工业化生产，可以满足大规模公路工程建设对护坡砌块的需求。生态砌块以咬合互锁的柔性方式连接，能够有效抵抗寒冷地区冻胀、雨水冲刷等外力破坏，并在保护水土流失的基础上，通过植草可形成二次防护的护坡方式已经在发达国家得到广泛的应用[1]。在我国，生态砌块产品的应用也在逐渐兴起，这是一种集边坡防护、生态修复、装饰美观为一体的新生态体系。生态砌块建设体系亟待深入的研究以及广泛的推广[2]。

2　连锁式生态砌块的设计

连锁式生态砌块应用在高速公路两侧边坡，在生态砌块的植生孔中种植适合土壤及气候的植被[3]，在恢复生态环境的同时，植物根系与土壤结合起到加筋的作用。为了将工程安全、质量经济与生态环境相统一，连锁式生态砌块产品的设计可分为产品方案设计和产品性能指标，根据高速公路边坡防护建设中砌块铺装的整体外观方案，设计不同几何形状、尺寸、密度、开孔率和开孔方式的生态砌块产品；根据不同边坡土质、边坡坡率，采用相应类型并满足工程建设性能要求的生态砌块产品。

2.1　方案设计

根据工程实例，最为常用的几种生态砌块铺装设计效果如图1～图6所示。

生态砌块与植被加筋相结合，提高边坡防护整体稳定性[4]。在公路边坡防护工程中，可根据路段自然景观选择与之相协调的生态砌块铺装方案，改变传统"硬质"的视觉效果，使公路边坡充满"生机"，这不仅缓解司乘人员视疲劳，还能使其感觉置身于舒适、优美的自然环境之中。苏慧[5]在其文章中设计两种铰链式生态护坡的混凝土砌块形式：中间开孔的铰链式混凝土空心砌块和中间封闭的铰链式混凝土实心砌块，并介绍其相关应用。吴义峰[6]通过对4种生态混凝土砌块护坡方式的覆土保持、植物生长以及护坡稳定性的研究，得到不同护砌方式的生态特性及适用范围。

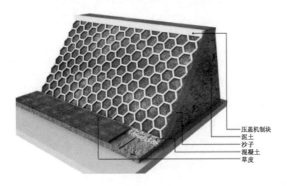

图1 一字形块铺装效果图

图2 梅花块和一字形块组合铺装效果图

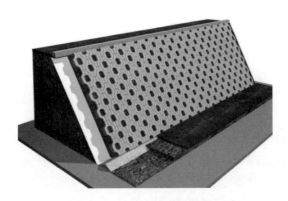

图3 中字形块铺装效果图

图4 宝字盖形块铺装效果图

图5 双孔形砌块铺装效果图

图6 劈裂挡墙砌块铺装效果图

2.2 性能指标

一方面高速公路线型标准较高，存在比较大的高填深挖路段，高速公路作为运输干道，通车量大，行车速度快；另一方面每年雨季期间，水流汇聚对路面和边坡有较大的冲刷力，因此必须充分确保路堤边坡防护和路堑边坡防护的稳定性。这对生态砌块的性能[7]提出了较高的要求。

为满足寒冷地区高速公路边坡防护工程的需要,生态砌块抗压强度和抗冻性指标如表1所示。

生态砌块性能指标　　　　表1

冻融等级	年冻融次数(n)	抗冻等级	混凝土强度等级	结构浸水条件
D_1	$n \leqslant 60$	F150	C25	根据设计要求选定
D_2	$60 < n \leqslant 120$	F200	C30	
D_3	$120 < n \leqslant 180$	F250	C35	
D_4	$n > 180$	F300	C40	

目前,很多学者已经着手于干硬性混凝土砌块性能的研究,其成果也逐渐发表。索松山[8]通过对制备的干硬性混凝土试件采用不同的蒸养制度,系统研究了干硬性混凝土力学性能和耐久性的变化趋势。陈式华[9]对干硬性混凝土进行配合比设计试验,并探究水灰比和振动次数对其强度的影响,数据表明,水灰比不大于0.40、用水量在90kg左右、振动次数不低于70次,干硬性混凝土强度达到C20要求。郭傲[10]采用4因素4水平正交试验设计,对16组正交配合比的干硬性混凝土试件进行抗冻试验,结果表明,砂率为45%,胶凝材料用量为425kg/m³,粉煤灰和矿粉的复掺比例为2:1或1:1时抗冻性良好。

3　连锁式生态砌块的优势

我国常用的传统护坡方式有抛石、浆砌块石和现浇混凝土板,虽然可以防止水土流失,抵御雨水冲刷,但其不易绿化,破坏生态环境,并且刚性护坡面一旦局部破坏,易造成大面积坍塌的缺点不容忽视。生态砌块作为一种新型护坡形式,应用于高速公路两侧边坡具有以下特点:

(1)连锁式生态砌块的外观设计展现美观装饰的效果,可以通过砌块形状的选择,颜色的变化,铺装方式的组合以及植被的种植,如织地毯一样将每一段公路边坡都编织成为一道靓丽的风景线。生态砌块独特的柔性自锁链式结构介于抛石类散体护坡与现浇混凝土类整体护坡之间,采用楔形榫槽,四边穿插式组装,砌块之间具有较高的结合力,使砌块可以共同抵抗变形,整体稳定性较强。生态砌块的开孔结构使其具有透气、透水的效果,有利于坡面排水和植生保水,并提供动植物生存的空间。

(2)生态砌块的生产可充分利用地方性资源,如隧道弃渣、尾矿石、石屑等固废材料,既解决这些固废材料的堆放与处理问题,从而节省大量土地并实现资源的循环利用,又可替代不可再生的石料资源,减少矿山的开采,保护自然资源,有利于生态环保。

(3)采用吉林久盛机械加工有限公司生产的QT18-20全自动砌块成型机,以优化的配合比设计,经预养→升温→恒温→降温的养护工艺,制备的生态砌块具有密度大、力学性能高、耐久性好、抗冲击能力强并可重复使用的特点。由于采用大型生产设备,生产效率较高,产品质量可控,可满足生态砌块用量大、工期紧的护坡工程。生态砌块的生产缩短了季节天气对混凝土材料的影响,在寒冷地区可延长混凝土制品的生产期。

(4)生态砌块形状规则,尺寸统一,施工效率较高;不需搭建设施,现场即可施工;生态砌块出厂强度已达到要求,故在温度较低时亦可施工;根据不同地形,直线、曲线、坡面均可施工。

(5)生态砌块挡墙系列最大可直立90°砌筑,在减少工程取土数量的同时大幅度减少公路工程占地面积,在工程建设中可节成本、节工期、节地、节材、节能、节水并且保护环境,完全实现"六节一环保"的理念。

4　连锁式生态砌块的应用研究

4.1　在公路边坡中的施工工艺

(1)边坡基面处理。按设计坡度将铺设基面找平、夯实,一般以10~15m为一段,挂线、用水平仪上下找平;坡面若有较大的突出物或深坑需用推土机初步推平,同时清除杂草、树根等,使边坡表面平整、密实,符合设计要求。基层的密实与平整直接影响到生态砌块的铺装质量与施工速度。达到要求后,在已完成的基面上铺设级配良好的砂砾石料。

(2)铺设砌块。首先在坡脚位置作浆砌石护脚,生态砌块自下而上逐块进行拼接。计算护坡工程生态砌块用量,结合生态砌块上、下沿与两边趾墙的间隙尺寸,从而确定第1块生态砌块所放的位置。第1块生态砌块所放位置准确与否,直接影响到生态砌块的铺设质量。然后用经纬仪做出边坡水平向和垂直向两条线,用水准仪找平,挂线开始拼接铺装。生态砌块铺装需达到表面平整,砌缝紧密,整齐有序的效果并用干砂填充混凝土砌块之间孔隙。

(3)生态砌块封顶和压边应在砌块铺到边坡顶面或一段边坡砌完分段处,用厚度不低于100mm、宽度不小于150mm的现浇整体混凝土条封连在一起。

(4)生态砌块铺装完成后,及早填入厚度不小于150mm的种植土并人工栽植灌木、种植草种。

4.2 在公路边坡中的案例分析

高速公路的建设在开发沿线资源、旅游资源以及发展地方经济的同时,促进地区交流。随着我国高速公路建设的快速发展,边坡护坡工程量增多(包括新建和改造工程),并且对护坡工程质量要求也越来越高。生态文明建设推动边坡防护工程的绿化形式,吉林久盛生态环境科技股份有限公司生产的生态砌块在公路工程中得到实际应用。边坡防护中生态砌块的应用在防止水土流失的同时,降低噪声、美化环境、恢复生态。生态砌块应用的几个典型案例如图7~图11所示。

图7 鹤大高速公路双示范工程边坡防护

图8 辽源高速边坡防护工程

a)梅花形与一字行组合生态砌块

b)劈裂挡墙生态砌块

图9 伊通-开源高速边坡防护示范工程

通过对指定铺砌生态砌块的公路工程路段为期一年的观察,生态砌块质量安全可靠,柔性互锁结构抗水流冲刷较强、抗冻性较高,公路两侧边坡整体结构平整,基本无局部破坏;并且随着季节的变化,不同种类植物的形状与颜色形成风景各异的景观效果,亲和自然;植被覆盖率达到90%以上,保土作用和绿化效果显著,并且用户反馈较好。

图10 长春高速公路南出口边坡防护(挡墙生态砌块)

图11 长春文化园区(宝字盖形生态砌块)

5 结语

生态砌块的生产与应用沿着低碳环保的路线发展,完全符合国家重视生态文明建设的决策。生态砌块的广泛应用不仅可以实现采石资源"变废为宝",而且恢复生态环境,实现社会、环境、资源协调发展的目标。采用多类型生态砌块的护坡方式,在起到防止水土流失、保护生态环境的双重作用的同时降低寒冷地区、雨季等因素对边坡防护的影响。生态砌块在欧洲发达国家的应用已经逐渐成熟,而我国还处于初步发展阶段,生态砌块作为一种新型连锁式干硬性混凝土砌块护坡形式优势突出,值得在多领域推广应用。

参 考 文 献

[1] S. B. Mickovski,L. P. H. Van Beek. A Decision Support System for the Evaluation of Eco-engineering Strategies for Slope Protection[J]. Geotechnical and Geological Engineering,2006,24(3): 483-498.

[2] Hai Jing Zhao,DanXunLi,XingKui Wang. Study on Hydraulic Characteristics of Interlocking Concrete Blocks with Ecological Flood-Control Function [J]. Advanced Materials Research, 2012, 518-523: 4552-4556.

[3] M S Islam,H Md. Shahin,Nasrin. Effectiveness of vetiver root in embankment slope protection: Bangladesh perspective[J]. International Journal of Geotechnical Engineering,2013,7(2): 136-148.

[4] Xiao Yu Niu,YunFei Xing. Design and Calculation of a Large Self-Anchored Ecological Block Retaining Wall[J]. Applied Mechanics and Materials,2012, 253-255: 789-795.

[5] 苏慧,孙玉松,颜建,等.铰链式混凝土砌块生态护坡技术在工程中的应用研究[J].水利与建筑工程学报,2013,11(3):70-72.

[6] 吴义锋,吕锡武,王新刚,等.4种生态混凝土护坡护砌方式的生态特性研究[J].安全与环境工程,2007,14(1):9-13.

[7] Xiao Lei Zhang,JunJie Li,ZunXin Huang,YongHao Chen. Study on Mechanical Properties of New Type Chain Concrete Blocks with Ecological Function[J]. Advanced Materials Research, 2011, 213: 409-413.

[8] 索松山.蒸养制度对干硬性混凝土性能的影响[D].哈尔滨:哈尔滨工业大学,2012.

[9] 陈式华,章晓桦,陈卫芳.干硬性混凝土预制块配合比及性能试验研究[J].浙江水利科技,2013(1):73-74.

[10] 郭傲,赵铁军,陆文攀,等.干硬性混凝土抗冻性能研究[J].硅酸盐通报,2015,34(1):56-59.

工厂化橡胶粉改性沥青混合料矿料级配优化分析与性能评价

姚冬冬[1]　易军艳[2]　陈志国[1]　杨　光[3]　于丽梅[1]

(1. 吉林省交通科学研究所　吉林　长春　130012；
2. 哈尔滨工业大学交通科学与工程学院　黑龙江　哈尔滨　150090；
3. 吉林省交通规划设计院　吉林　长春　130012)

摘　要：由于工厂化橡胶粉改性沥青优良的高低温和储存稳定性，其应用于沥青路面得到愈来愈多的重视。但由于其较高的黏度，直接作为黏结料将大幅度提高混合料矿料间隙，增大沥青用量和工程造价，这也限制了其更大面积的推广应用。本文针对这一问题，研究混合料的矿料级配优化方法，提出矿料级配与混合料体积指标的相互影响规律，以改善工厂化橡胶粉改性沥青混合料的路用性能。研究显示，优化后的级配设计方法可以有效减少沥青用量和沥青膜厚度，使矿料形成更稳定的骨架结构，改善沥青混合料的路用性能。综合比较来看，级配优化后的工厂化橡胶粉改性沥青混合料具有更佳的路用性能。

关键词：道路工程　工厂化橡胶粉改性沥青混合料　矿料级配优化方法　路用性能　汉堡车辙试验　冻断试验

1　引言

橡胶沥青作为一种新型的道路建筑材料，不仅能够提高沥青路面的使用性能，而且还可以缓解废旧轮胎带来的环境压力，在国内外公路工程中被广泛应用。而以往橡胶粉多是通过干拌工艺或现场湿法加工掺入沥青混合料中，由于密度更小，橡胶颗粒的掺入直接影响到混合料级配的分布，较高掺量的橡胶颗粒对混合料的粗集料骨架会产生干涉作用，影响到其结构稳定性。因此，在对橡胶沥青混合料进行级配设计时，多采用开级配或间断级配，以减少橡胶颗粒对矿料级配产生的影响[1-3]。但开级配或间断级配沥青混合料施工中存在级配控制较难的问题，很容易出现较大的空隙率，影响其耐久性[4,5]。为解决上述问题，近年来在实体工程中逐渐采用工厂化生产的橡胶粉改性沥青。

工厂化橡胶粉改性沥青生产工艺及改性方式有别于传统橡胶沥青，首先采用大型胶体磨对橡胶粉改性沥青进行研磨，使胶粉颗粒部分脱硫并充分快速均匀地分散到沥青介质中，与沥青充分结合；其次添加一定比例的 SBS 改性剂和稳定剂，通过橡胶粉与 SBS 的复合改性整体提高沥青性能，使沥青即具备 SBS 的高温稳定性又拥有橡胶沥青的低温延展性。通过添加稳定剂减缓了改性沥青的离析，提高了改性沥青的存储稳定性。工厂化橡胶粉改性沥青生产时，由于橡胶粉经过胶体磨研磨更为精细，弱化了对混合料级配的干涉和要求，因此既适用于开级配、间断级配混合料，也适用于连续级配混合料。但是在实际工程应用过程中发现，工厂化橡胶粉改性沥青由于黏度较大，标准击实功作用下仍存在空隙较大的缺陷。因此，本文结合季冻地区气候特点，重点研究工厂化橡胶粉改性沥青应用于连续级配 AC-20 混合料的配合比优化设计方法，结合室内试验以及理论验算验证优化方法的合理性。

2　传统配合比设计存在的问题

当前连续密级配 AC-20 沥青混合料矿料级配设计普遍采用富勒-泰波级配设计方法[6]，该理论认为"矿质集料颗粒级配走向是一条平滑的曲线，曲线愈接近抛物线，则其密实度愈大"，即以混合料达到最大密实度为目标进行级配设计。依据该设计方法，选用 AH-90 沥青、SBS 改性以及工厂化橡胶粉改性沥青，对同一矿料级配下 AC-20 混合料进行配合比设计比对试验，所用沥青性能指标见表1，矿料级配如图1所示。

试验用沥青性能指标　　表1

试验项目		单位	90号基质沥青	SBS改性沥青	工厂化橡胶粉改性沥青
针入度(25℃,100g,5s)		0.1mm	90	63	66.9
15℃延度(5cm/min)		cm	>100	—	—
5℃延度(5cm/min)		cm	—	40	28.9
软化点(环球法)		℃	44.5	67.5	73.6
RTFOT后	质量变化	%	-0.2	-0.1	-0.3
	残留针入度比(25℃)	%	59.6	68.5	81
	残留延度(5℃)	cm	—	21	14
	残留延度(10℃)	cm	>100	—	—
135℃运动黏度		Pa·s	—	1.9	—
180℃旋转黏度		Pa·s	—	—	2.5
离析(48h 软化点差)		%	—	2	4.6
弹性恢复(25℃)		Pa·s	—	82	93

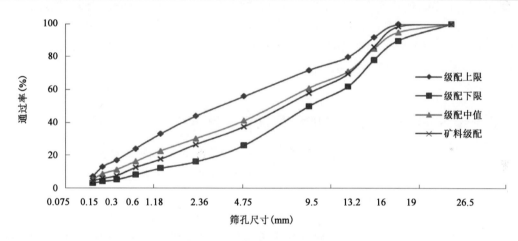

图1　AC-20混合料矿料级配曲线图

对3种沥青混合料的空隙率、矿料间隙率进行了检测，结果见表2。可以看出，相同矿料级配下，AH-90 沥青与 SBS 改性沥青混合料在油石比 4.4% 时空隙率分别为 3.6% 和 4.1%，满足设计空隙率要求。而橡胶粉改性沥青混合料在油石比 5.2% 时空隙率才为 4.4%，仍高于设计空隙率。且在相同油石比下，橡胶粉沥青混合料矿料间隙率明显高于 AH-90 沥青与 SBS 改性沥青混合料。为使空隙率满足设计要求，需要大量沥青填充矿料间隙，因此橡胶粉改性混合料沥青用量会大幅度增加。

AC-20沥青混合料空隙率和间隙率变化规律(%)　　表2

混合料类型	体积指标	油石比				
		3.6	4	4.4	4.8	5.2
AH-90沥青混合料	空隙率	5.3	4.4	3.6	2.9	2.6
SBS改性沥青混合料		5.7	4.7	4.1	3.5	3.3
橡胶粉改性沥青混合料		8.2	7.0	6.1	4.9	4.4

续上表

混合料类型	体积指标	油石比				
		3.6	4	4.4	4.8	5.2
AH-90沥青混合料	间隙率	14.1	13.3	13.6	14	14.7
SBS改性沥青混合料		15	14.5	14.3	15	15.4
橡胶粉改性沥青混合料		18.2	17.3	18	18.5	19.1

分析上述现象的原因,橡胶粉是通过与沥青中轻质组分的溶胀作用而与沥青相结合,形成沥青质含量很高的凝胶质。凝胶质与沥青形成一个黏度很大的连续相体系,不易流动变形[7]。因此,橡胶粉改性混合料黏滞性高,流动性差,在标准压实功作用下混合料体积指标难以达到设计的理性状态。鉴于此,试验中尝试降低混合料粉胶比来提高混合料的流动性,使混合料在相同的击实功作用下具有良好的密实性。但由表3中数据可以看出,减小混合料粉胶比虽然有助于提高混合料流动性,增强混合料的密实度,但改善幅度较小,仅可作为辅助性方法。

降低粉胶比后橡胶粉改性AC-20混合料体积指标(%) 表3

0.075mm通过率	油石比	空隙率	矿料间隙率
5.0	5.2	4.4	19.1
3.6	5.2	4.2	18.4
2.0	5.2	4.1	18.1

由上述试验研究可知,由于橡胶粉改性沥青材料特殊的属性,按常规的配合比设计方法确定橡胶粉改性沥青混合料矿料级配及最佳沥青用量会造成混合料沥青用量过大,致使工程造价大幅度增加,不利于此项技术在实体工程中的规模化应用,鉴于此,有必要对橡胶粉改性沥青混合料矿料级配进行优化,在保证其路用性能的前提下,降低橡胶粉改性沥青混合料的沥青用量,实现此种材料在实体工程中大规模的推广应用。

3 基于魏茅茨粒子干涉理论的级配优化设计方法

魏茅茨粒子干涉理论认为矿料级配设计的关键在于合理确定各档集料间的比例,集料要达到最大密度,较粗一级的集料所形成的骨架空隙应由较细一级粒径的集料来填充[8]。剩余的空隙再由更细一级粒径的集料、矿粉与沥青来填充,最终用于填充粗集料骨架空隙的细集料、矿粉与沥青体积之和的不得大于粗集料骨架形成的空隙,否则较小粒径就会对粗集料骨架产生影响,导致干涉现象,见图2。

粒子干涉理论充分考虑了各级粒级间的关系,但未考虑黏结料对矿料结构组成的影响。这是由于在混合料成型温度下,基质沥青与SBS改性沥青均处于液相流动状态,黏度多在0.5Pa·s以下(表4),且部分沥青处于自由沥青状态,在混合料中起到润滑作用。因此,沥青的黏滞性对混合料级配组合影响较小,级配设计时仅需考虑粗细集料间的组合即可。

改性沥青黏度检测数据 表4

测试温度(℃)	135	175	200
SBS改性沥青黏度(Pa·s)	1.95	0.37	0.23
CR/SBSCMA黏度(Pa·s)	21.5	4.44	2.25

但橡胶粉改性沥青在175℃高温条件下黏度仍可在4.44Pa·s(表4)以上,此种特性使得橡胶粉改性沥青混合料在高温状态下具有较大的黏滞性,因此,在同样的击实功作用下橡胶粉改性沥青混合料矿料间隙明显偏大,混合料密实度较差。为此有必要在橡胶粉改性沥青混合料级配设计时,考虑其黏度特性,对矿料级配粗、细集料比例进行相关调整,调整方案为适当增加细集料比例,用来填充橡胶粉改性沥青混合料中增大的矿料间隙,在不影响混合料骨架结构的条件下,保证混合料的密实性,使混合料的密

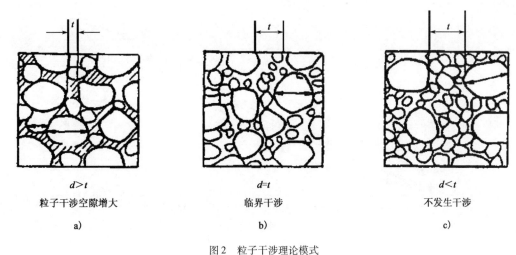

	a)	b)	c)
	$d>t$ 粒子干涉空隙增大	$d=t$ 临界干涉	$d<t$ 不发生干涉

图2 粒子干涉理论模式

度达到最大值。

依据上述调整思路,对橡胶粉改性沥青混合料矿料级配进行了优化,考虑混合料矿料规格划分规律,4.75mm粒径以上矿料对混合料骨架结构形成贡献较大,4.75mm粒径以下矿料与沥青在混合料中主要起填充作用,因此适当增加了4.75mm以下细集料比例以填充增大的矿料间隙,实现降低橡胶粉改性沥青混合料中沥青用量的目的。调整后AC-20沥青混合料的矿料级配见表5、如图3所示,级配优化后的体积指标见表6。

AC-20沥青混合料调整矿料级配曲线 表5

矿料级配	通过率(%)									
	19	16	13.2	9.5	4.75	2.36	1.18	0.6	0.3	0.15	0.075
原级配	98.5	86.2	69.7	58.0	37.5	26.6	17.6	12.5	7.5	5.9	4.5
级配1号	98.7	87.6	72.5	61.0	40.5	29.5	19.2	13.4	8.4	6.2	5.4
级配2号	98.8	88.5	74.4	63.0	42.5	31.8	20.3	14.3	8.8	6.5	5.5

级配优化后工厂化橡胶粉改性AC-20混合料体积指标 表6

试验项目	油石比(%)	空隙率(%)	矿料间隙率(%)	毛体积相对密度(g/cm³)
原级配	5.2	4.4	19.1	2.485
级配1号	5.0	4.2	16.7	2.526
级配2号	4.8	4.2	15.3	2.541

由表6中数据可以看出,级配优化后混合料矿料间隙率明显减小,密实度明显增大,沥青用量也降至合理范围内,表明通过级配优化,将粗细集料比例调整至合理范围内可提高橡胶粉改性沥青混合料的密实度,基于粒子干涉理论的级配优化方法适用于橡胶粉改性沥青混合料。

4 工厂化橡胶粉改性混合料矿料级配优化方法的合理性初步检验

基于魏茅茨粒子干涉理论初步提出矿料级配优化方案后,通过沥青膜厚度验算公式以及贝雷法级配检验方法对工厂化橡胶粉改性沥青混合料矿料级配优化前后进行了对比验算。

4.1 沥青膜厚度验算分析

按《公路沥青路面施工技术规范》(JTJ F40—2004)中沥青混合料油膜厚度计算公式,对不同沥青混合料的比表面积、集料吸收的沥青结合料比例、有效沥青含量以及沥青膜厚度进行了计算,数据见表7。

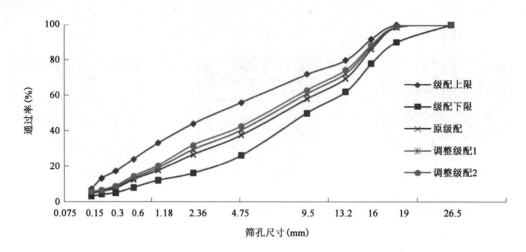

图3 AC-20混合料矿料级配调整曲线图

可以看出,在相同的矿料级配条件下,工厂化橡胶粉改性沥青混合料的沥青膜厚明显高于SBS改性沥青混合料,而级配优化后的混合料沥青膜厚度与SBS改性沥青混合料基本相当。有相关研究表明,沥青混合料级配空隙率为3%~6%时,沥青膜有效厚度宜控制在8μm左右[9]。沥青膜厚度过大会造成自由沥青比例偏高,影响混合料高温性能。据此分析,级配优化前橡胶粉改性沥青混合料沥青膜厚度偏厚,在增加造价的同时影响混合料路用性能,而级配优化后混合料沥青膜厚处于合理范围内,即基于粒子干涉理论的级配优化方案适用于橡胶粉改性沥青混合料。

AC-20沥青混合料沥青膜厚度计算数据　　　　表7

混合料类型	SBS改性沥青混合料	橡胶粉改性沥青混合料（原级配）	橡胶粉改性沥青混合料（级配2号）
集料比表面总和 $SA(m^2/kg)$	5.18	5.18	5.24
集料吸收的沥青比例 $P_{ba}(\%)$	25.5	26.1	25.6
有效沥青含量 $P_{be}(\%)$	4.0	4.7	4.3
沥青膜厚 (μm)	7.5	8.9	7.6

4.2 贝雷法级配合理性检验

对于沥青混合料级配优化设计来说,需要解决的问题包括:粗集料的合理结构组成、填充细集料的合理组成以及粗细集料的合理比例。对于工厂化橡胶粉改性沥青,橡胶粉粒经大型胶体磨研磨后已细化至一定程度,不会对混合料矿料级配造成干涉作用,因此仅需对橡胶粉改性沥青混合料级配组成的合理性进行验证。本研究选用贝雷法对级配调整的合理性进行验证。

(1) 贝雷法级配检验参数要求

贝雷法要求对级配中粗集料的粗料率（CA值）、细集料的粗料率（FAC值）和细料率（FAF值）进行检验[10,11]。CA值过大则混合料不能形成良好的骨架结构,CA值过小则混合料容易产生离析并且压实特性也较差。FAC值和FAF值用来评价细集料中较粗成分嵌挤作用和较细成分所起的填充作用。对密级配混合料来说,这两个指标一般介于0.25~0.5的范围内。FA值过大时,由于过多细料成分的影响而导致沥青混合料表面的发软现象;FA值过小时,又会由于细集料中的粗料成分形成的空隙不能被有效填充而使混合料级配产生不均匀现象,施工中难于压实。贝雷法计算公式如下:

$$PCS = D \times 0.22 \tag{1}$$

$$Fa_1 = PCS \times 0.22 \tag{2}$$

$$Fa_2 = Fa_1 \times 0.22 \tag{3}$$

$$CA = \frac{P_{(NMPS/2)} - P_{PCS}}{P_{(100\%)} - P_{PCS}} \tag{4}$$

$$FAC = \frac{P_{FAC}}{P_{PCS}} \tag{5}$$

$$FAF = \frac{P_{FAF}}{P_{FAC}} \tag{6}$$

式中：NMPS——最大公称尺寸处；

NMPS/2——最大公称尺寸的1/2处；

PCS——粗细集料的分界点，为最大公称尺寸（NMPS）的0.22倍处。该点是形成嵌挤的第一级分界点。

FAC——第二级分界点，为PCS的0.22倍处；

FAF——第三级分界点，为FAC的0.22倍处。

P_{FAC}——FAC点的通过率；

P_{PCS}——PCS点的通过率；

P_{FAF}——FAF点的通过率。

（2）AC-20沥青混合料矿料级配调整合理性验证

AC-20沥青混合料最大公称历经为19mm，由贝雷法德粗细集料划分标准可以得到基本控制筛孔，即 $PCS = 19 \times 0.22 = 4.18(mm)$。该数介于2.36mm与4.75mm之间，因此，本次研究中没有笼统的将2.36mm或4.75mm粒径作为基本控制筛孔，而是提出一个虚拟控制筛孔的概念，即将4.18mm作为基本控制筛孔。这样严格按照贝雷法中CA值计算公式得出基本控制筛孔，在计算CA值对粗集料各档料的影响时得到的结果与规律也会更加精确。而且就集料而言，在数量足够多的情况下，矿质集料的级配是均匀连续变化的，通过插值法计算出的虚拟筛孔的通过率也符合实际情况，其插值公式如下：

$$P_{4.18} = \frac{(4.75-4.18)}{(4.75-2.36)}P_{4.75} + \frac{(4.18-2.36)}{(4.75-2.36)}P_{2.36} = 0.24P_{4.75} + 0.76P_{2.36} \tag{7}$$

而 $P_{(NMPS/2)}$ 为 $P_{9.5}$，按此进行计算的CA计算公式如下：

$$CA = \frac{P_{9.5} - P_{4.18}}{100 - P_{4.18}} = \frac{P_{9.5} - 0.24P_{4.75} - 0.76P_{2.36}}{100 - 0.24P_{4.75} - 0.76P_{2.36}} \tag{8}$$

按同样的插值法，得出基本控制筛孔 $P_{FAC} = P_{PCS} \times 0.22 = 4.18 \times 0.22 = 0.92$，$P_{FAF} = P_{FAF} \times 0.22 = 0.92 \times 0.22 = 0.20$，此两个筛孔通过率见式9、式10。

$$\begin{aligned}P_{0.92} &= \frac{(1.18-0.92)}{(1.18-0.6)}P_{1.18} + \frac{(0.92-0.6)}{(1.18-0.6)}P_{0.6} \\ &= 0.45P_{1.18} + 0.55P_{0.6}\end{aligned} \tag{9}$$

$$\begin{aligned}P_{0.2} &= \frac{(0.3-0.2)}{(0.3-0.15)}P_{0.3} + \frac{(0.2-0.15)}{(0.3-0.15)}P_{0.15} \\ &= 0.67P_{0.3} + 0.33P_{0.15}\end{aligned} \tag{10}$$

依据上述公式计算所得橡胶粉改性AC-20沥青混合料调整前后级配CA、FAC和FAF值见表8，由计算结果可以看出，原级配CA值偏小，接近合格边缘，而级配优化后CA值明显增大。且原级配FA值则明显偏大，不满足贝雷法参数要求，级配优化后混合料FA值能够满足贝雷法参数要求。可见，级配优化后橡胶粉改性沥青混合料矿料级配的设计参数是向合理的方向转变。

工厂化橡胶粉改性AC-20混合料级配调整前后贝雷法参数 表8

混合料级配	CA值	FAC	FAF
原级配	0.41	0.51	0.47
级配1号	0.43	0.50	0.48
级配2号	0.44	0.49	0.47
贝雷法参数要求	0.4~0.8	0.25~0.5	

5 级配优化后的工厂化橡胶粉改性沥青混合料路用性能验证

5.1 常规路用性能

上述通过沥青膜厚度计算以及矿料级配组成验算分析,论证了橡胶粉改性混合料级配优化曲线的合理性。为验证级配优化对混合料路用性能的影响,对不同沥青混合料路用性能进行了对比试验研究。试验选取 SBS 改性与工厂化橡胶粉改性沥青,按照《公路工程沥青及沥青混合料试验规程》(JTG E20—2011),测定最佳油石比情况下不同沥青混合料的高温性能、低温性能和水稳定性见表9。

AC-20 沥青混合料路用性能　　　表9

混合料类型	动稳定度(次/mm)	低温小梁弯曲($\mu\varepsilon$)	浸水残留稳定度比(%)	冻融劈裂强度比(%)
SBS 改性 AC-20 混合料	4 568	2 882	86.4	84.7
橡胶粉改性沥青混合料(原级配)	6 844	3 927	89.8	91.7
橡胶粉改性沥青混合料(级配2号)	8 495	3 647	92.0	89.6

由表中数据可以看出:

(1)工厂化橡胶粉改性沥青可大幅度提高沥青混合料高、低温性能,一定程度上改善沥青混合料的水稳定性能,与 SBS 改性沥青混合料相比,高温性能提高幅度在50%以上,低温性能提高幅度在30%以上。

(2)与原级配橡胶粉改性沥青混合料相比,级配优化后的橡胶粉改性沥青混合料高温抗车辙性能有明显提高,幅度达20%,但低温性能略有下降,下降幅度接近8%。水稳定性能两者较为接近。为更直观掌握级配优化后沥青混合料高、低温性能变化幅度,借鉴美国 SHRP 沥青混合料路用性能评价方法,通过汉堡车辙试验和约束试件温度应力试验,对橡胶粉改性沥青混合料的高、低温路用性能进行验证。

5.2 汉堡车辙试验

汉堡车辙试验起源于德国,是采用汉堡车辙试验仪,通过试轮往复运动 20 000/次的辙痕深度来评价沥青混合料的抗永久变形能力。不同沥青混合料的试验结果见表10。

AC-20 沥青混合料汉堡车辙试验检测数据　　　表10

沥青混合料类型	轮碾作用次数(次)	辙痕深度(cm)
SBS 改性沥青混合料	12 630	15.2
橡胶粉改性沥青混合料(原级配)	20 000	13.8
橡胶粉改性沥青混合料(级配2号)	20 000	4.6

表中数据显示,橡胶粉改性沥青混合料高温条件下抗车辙和抗永久变形能力明显优于 SBS 改性沥青混合料,而级配2号橡胶粉改性沥青混合料高温及重载作用下的变形值仅为原级配橡胶粉改性沥青混合料的1/3,表明级配优化有助于大幅度提高橡胶粉改性沥青混合料在高温和重交通条件下的抗车辙变形能力。

5.3 低温约束应力试验

低温约束应力试验(TSRST)源于美国公路研究战略计划(SHRP),试验是在一个能模拟沥青路面温度变化的环境箱内,固定矩形棱柱体试件两端,在保持其固定端间距不变的条件下降低试件的环境温度,直至试件断裂,测出试件的温度—应力曲线,由冻断温度、冻断强度等指标评价沥青混合料的低温性能,其核心思想是模拟路面实际降温过程中混合料的受力状况[12]。

试件成型方法参照美国 SHRP 中成型方法,以马歇尔试验所得体积指标及油石比为依据,采用旋转压实仪成型高20cm 和直径15cm 的圆柱试件,待试件冷却采用5cm 直径钻头对其进行钻孔取芯,芯样高20cm、直径5cm。不同沥青混合料的约束试件温度应力试验结果如图4所示。

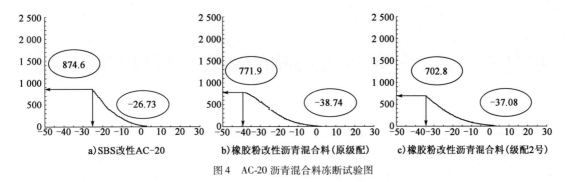

图4　AC-20沥青混合料冻断试验图

由图中数据可以看出，与SBS改性沥青混合料相比，橡胶粉改性沥青混合料冻断温度下降了10℃以上，表明采用工厂化橡胶粉改性沥青可大幅度提高沥青路面低温抗裂性能，而级配优化后，橡胶粉改性沥青混合料冻断温度虽上升了1.66℃，但仍在-37℃以下。对季冻区部分省市近10年气象资料调查显示，黑龙江省的黑河、绥化、佳木斯，吉林省的松原，青海省的玉树、白城等地年极端最低气温可达-35℃，以此为评，级配优化后橡胶粉改性沥青混合料低温性能仍可满足季冻地区极端低温条件下沥青路面使用需求，适用于季冻地区沥青路面。

6　结语

本文对工厂化橡胶粉改性沥青混合料的级配优化方法及路用性能进行了系统的研究，得出以下主要结论：

（1）基于魏茅茨粒子干涉理论，提出了工厂化橡胶粉改性沥青混合料矿料级配优化方法，为季冻区工厂化橡胶粉改性沥青混合料矿料配合比优化设计提供了依据。

（2）通过沥青膜厚度计算方法以及贝雷法级配设计理论计算方法对工厂化橡胶粉改性混合料级配优化的合理性进行了验算分析，验算显示，级配优化后橡胶粉改性混合料矿料级配设计参数向合理的方向转变，沥青膜厚度也处于合理范围内，有利于提高沥青混合料路用性能。

（3）路用性能研究显示，级配优化后，橡胶粉改性沥青混合料高温性能提高近20%，低温性能虽略所下降，但其冻断温度仍能达到-37.08℃，水稳定性也有所改善，适用于季冻地区公路工程，有助于提高沥青路面使用性能。

参 考 文 献

[1] 郭朝阳. 废胎胶粉橡胶沥青应用技术研究[D]. 重庆：重庆交通大学，2008.
[2] 李培蕾. 橡胶沥青混合料配合比设计及路用性能研究[D]. 西安：长安大学，2012.
[3] 闫青玮. 橡胶沥青及其混合料路用性能参数的试验研究[D]. 沈阳：沈阳建筑大学，2011.
[4] LutfiRaad, Stephan Saboundjian. Fatigue Behavior of Rubber-Modified Pavements[J]. Transportation Research Record: Journal of the Transportation Research Board, 1998, 1639:3-82.
[5] 韩娆娆. 不同间断级配橡胶沥青混合料性能对比研究[D]. 西安：长安大学，2014.
[6] 王艳丽. 沥青混合料级配优化研究[D]. 西安：长安大学，2008.
[7] 郭朝阳，何兆益，曹阳. 废胎胶粉改性沥青改性机理研究[J]. 中外公路，2008，28(2):172-176.
[8] 赵超. 橡胶粉改性沥青混合料的级配优化研究[D]. 西安：长安大学，2013.
[9] 刘红瑛. 沥青膜厚对沥青混合料工程性能的影响[J]. 公路交通技术，2004，03:30-34.
[10] 唐军，王佳蓉，曹高尚. "贝雷法"级配设计方法概述[J]. 城市建设理论研究，2012(24).
[11] Aggregate Blending for Asphalt Mix Design: "The Bailey Method"[M], 2001.
[12] 杨光，申爱琴，陈志国，等. 季冻区橡胶粉/SBS复合改性沥青工厂化参数分析与性能评价[J]. 公路交通科技，2015，12:29-37.

煤矸石材料对道路冻深影响的试验分析与实际观测

谭永波[1,2]　韩继国[3]　时成林[2]　刘佳力[2]

(1.廊坊师范学院　河北　廊坊　065000；2.吉林省交通科学研究所　吉林　长春　130012；3.交通运输部科学研究院　北京　100029)

摘　要：导热系数是反映材料隔热保温性能的一项重要指标。本文归纳分析了目前测定材料导热系数的试验方法,采用防护热板法对不同产地煤矸石材料的导热系数进行了测定,对比了煤矸石材料导热系数的差异,并分析了导热系数与煤矸石材料密度、含水率的关系。结合导热系数与热物性系数的关系,对比分析了煤矸石材料和普通黏性土材料对道路冻深的影响,道路的计算冻深与实体工程监测结果一致表明煤矸石材料可以降低道路的最大冻深,对于降低路基高度和工程造价具有重要的意义。

关键词：煤矸石　导热系数　热物性系数　道路冻深

1　引言

在寒冷冰冻地区修建的公路工程,受到气候环境和车辆荷载共同作用的影响,往往存在不同程度的冻害。冻害的产生除与外部环境有关外,也与道路材料本身的性质有关。某些材料对冰冻作用较敏感,受气温变化影响大,其产生的冻害现象也较明显。土体材料的导热系数是岩土工程中温度场分析和建筑热工计算的重要参数,可反映材料本身对温度的敏感性。

煤矸石材料是煤矿开采过程中产生的固体废弃物,同时也是一种宝贵的资源。本文通过对不同产地煤矸石材料导热系数的测定,分析导热系数与材料密度、含水率的相关关系；根据导热系数与热物性系数的关系,计算了某实体工程的冻深,并采用温度传感器监测了实际的冻深,对比分析了煤矸石材料和普通黏性土材料对道路冻深的影响。

2　导热系数测定方法分析

导热系数是指在稳定传热条件下,1m厚的材料,两侧表面的温差为1K,在1s内通过$1m^2$面积传递的热量,用λ表示,单位为$W/m \cdot K$。导热系数是衡量材料隔热保温性能好坏的重要指标。导热系数大则材料的导热速度快,其隔热保温性能就差；反之,导热系数小其隔热保温性能就好。因此,通过检测筑路材料的导热系数可以快速地评价其隔热保温性能,从而分析筑路材料对道路冻深的影响。国内的《冻土工程地质勘察规范》(GB 50324—2014)和《冻土地区建筑地基基础设计规范》(JGJ 118—2011)以表格形式列举了典型土不同密度及含水率条件下的导热系数。典型土的导热系数可采用对规范数据进行内插或外延方法确定,而其他类土(如煤矸石材料)导热系数的取值则无依据。

土体材料导热系数的准确测量过程较为烦琐,目前国内常用的导热系数测试方法有：热流计法、圆管法、热线法、闪光法和防护热板法5种。各种方法都有不同的特点,应综合考虑被测试样的性质、形状、导热系数的范围、测量温度等因素,选用合适的测试方法。

2.1　热流计法

热流计法是一种稳态测定法,属于间接测定方法。其原理是测定被测试件的热阻与标准试件热阻的比值,该法具有测量精度高、认为误差小、测量时间短等优点,但是热流计法所需样品较多,对于非均质材料测试时间较长,且结果准确性差。

2.2 圆管法

圆管法多用于测定单层或多层圆管绝热结构的导热系数，其原理是圆筒壁一维稳态导热，根据傅里叶定律，在一维、径向、稳态导热的条件下，可以测定管状绝热材料的导热系数。

2.3 热线法

热线法是一种测定材料导热系数的非稳态方法。其原理是在均质均温的试样中插入一根电阻丝。测试时，在热线上施加恒定的加热功率，则电阻丝及其附近试样的温度会升高，根据其温度随时间的变化关系即可确定试样的导热系数。这种方法的优点是产品价格便宜、测试速度快，对样品尺寸要求不太严格。缺点是分析误差比较大。

2.4 闪光法

闪光法是一种绝对的试验方法。其原理是小的圆薄片试样受高强度短时能量脉冲辐射，试样正面吸收脉冲能量使背面温度升高。根据试样厚度和背面温度达到设定温度所需时间，计算出试样的热扩散系数，然后根据材料的热扩散系数和体积密度及比热容，计算出材料的导热系数。该方法具有试样几何结构简单、尺寸小、易于加工、测速快、设备单一等特点，但是测定结果的不确定度与很多因素有关，对试验结果的准确性影响较大。

2.5 防护热板法

防护热板法是目前公认的准确度最高的试验方法，可用于基准样品的标定和其他仪器的校准，其实验装置多采用双试件结构。其原理是在稳态条件下，在具有平行表面的均匀板状试件内，建立类似于两个平行的、温度均匀的、平面为界的无限大平板中存在的一维的均匀热流密度。双试件装置中，由两个几乎相同的试件组成，然后其中夹一个加热单元，加热单元由一个圆形或方形的中间加热器和两块金属板组成。热流量由加热单位分别经两侧试件传给两侧冷却单元。当计量单元达到稳定传热状态后，测量出热流量 φ 以及此热流量流过的计量面的面积 A，即可确定热流密度 q。由固定于金属板表面或在试件表面适当位置的温度传感器测量试件两侧的温度差 ΔT，热阻 R 可由 Q、A 和 ΔT 计算得出，计算公式如下：

$$R = \frac{A\Delta T}{Q} \tag{1}$$

通过分析 5 种常用的导热系数测定方法，圆管法适用于测定单层或多层圆管绝热结构的导热系数，热线法和闪光法适用于测定均质材料的导热系数，热流计法对非均质材料的测定结果准确性差，只有防护热板法较适合测定土体材料的导热系数。因此，本文采用防护热板法测定煤矸石材料的导热系数。

3 煤矸石材料的导热系数

通过对导热系数测定方法的分析，防护热板法较适合测定土体材料的导热系数。IMDRY3001-Ⅵ导热系数测定仪（图 1）即是根据该原理研制的导热系数测试设备，其集成了水浴恒温设备，全部测量和控制均采用计算机控制。利用计算机界面实现仪器的全自动控制、设局采集和处理，以及导热系数的计算、显示和打印输出，测量时间短、速度快、数据准确、自动化程度高、噪声低。

受产地、岩性、开采方式等差异的影响，煤矸石材料自身的性质也存在差异。为分析不同产地煤矸石材料导热系数的差异，采用 IMDRY3001-Ⅵ 导热系数测定仪对东北寒冷地区代表性煤矸石的导热系数进行了试验。

导热系数试验前，分别确定了不同产地煤矸石材料的最大干密度和最佳含水率，按照导热系数测定仪规定的试件尺寸成型了具有相同压实度的试件。各产地煤矸石材料的导热系数试验结果见表 1。

图 1　IMDRY3001-Ⅵ 导热系数测定仪及煤矸石试件

不同产地煤矸石材料的导热系数试验结果　　　　　表 1

样品编号	煤矸石产地	状态	最大干密度（g/cm³）	最佳含水率（%）	导热系数［W/(m·K)］
1	二家子	未燃	1.919	3.3	0.536 000
2	三道营坑	未燃	1.850	7.8	0.525 303
3	红菱	未燃	1.853	4.8	0.485 847
4	古山	未燃	1.796	9.2	0.504 281
5	林盛	未燃	1.951	6.1	0.496 722
6	大明	未燃	1.743	9.2	0.435 212
7	大明	已燃	1.595	14.1	0.418 185
8	红阳	未燃	1.869	5.1	0.467 552
9	红阳	已燃	1.751	6.8	0.442 127
10	邱皮沟	未燃	2.037	4.6	0.523 965
11	邱皮沟	已燃	1.631	9.1	0.412 379
12	抚顺西	已燃	1.681	10.5	0.427 155
13	五家	已燃	1.510	11.9	0.343 868
14	辽源	已燃	1.552	14.8	0.409 743
15	黏性土	—	1.755	9.9	0.618 393

从表中的导热系数试验数据看出，不同产地的煤矸石材料具有不同的密度、含水率和导热系数；对比煤矸石材料和黏性土的导热系数，已燃煤矸石材料的导热系数明显小于黏性土材料，未燃煤矸石材料的导热系数略低于黏性土材料。

3.1　导热系数与密度的关系

为分析煤矸石材料的导热系数与密度的关系，拟合了两者的相关关系曲线，如图 2 所示。

从图中可以看出，煤矸石材料的导热系数随着密度的增加而增加，从拟合曲线的相关系数看，两者之间存在良好的相关关系。

3.2　导热系数与含水率的关系

为分析煤矸石材料的导热系数与含水率的关系，选取了一种未燃煤矸石、一种已燃煤矸石和黏性土三种材料，分别成型了不同含水率的试件，测定了不同状态下各材料的导热系数，绘制了含水率与导热系数的关系曲线，如图 3 所示。

水的导热系数约为 0.6W/(m·K)，从图中可以看出，不同材料的导热系数均随着含水率的增加而增加；与黏性土材料相比，煤矸石的导热系数受含水率变化的影响较小。

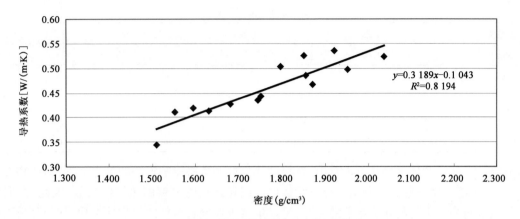

图2 煤矸石材料导热系数与密度的相关关系

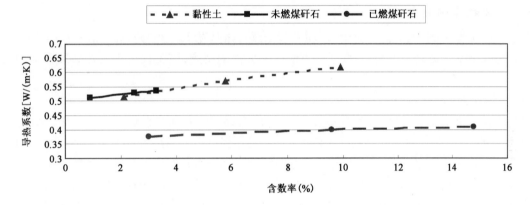

图3 导热系数与含水率的关系曲线

4 煤矸石材料对道路冻深的影响

4.1 道路冻深计算方法

煤矸石材料的导热系数较小,表明其具有良好的隔热保温性能。为分析煤矸石材料对道路冻深的影响,需建立导热系数与道路冻深的关系。《公路工程抗冻设计与施工技术指南》中规定道路最大冻深按下式计算:

$$Z_{max} = a \cdot b \cdot c \cdot Z_d \tag{2}$$

式中:Z_{max}——从路面中线顶面至冻结线处的多年最大冻深(m);

a——路面、路基材料的热物性系数,由表2查取;

b——路基湿度系数,由表3查取;

c——路基断面形式系数,由表4查取;

Z_d——大地标准冻深(m)。

路面路基材料热物性系数　　　　表2

路基材料	黏性土	粉质土	粉土质砂	细粒土质砾及黏土质砂	含细粒土质砾(砂)
热物性系数	1.05	1.1	1.2	1.3	1.35
路面材料	水泥混凝土	沥青混凝土	二灰碎石及水泥碎(砾)石	二灰土及水泥土	级配碎石
热物性系数	1.4	1.35	1.4	1.35	1.45

注:a值取冻深范围内路基及路面各层材料的加权平均值。冻深范围要根据试算确定。

路基湿度系数				表3
干湿类型	干燥	中湿	潮湿	过湿
湿度系数	1.0	0.95	0.90	0.80

注：路基干湿类型根据试验确定。

路基断面形式系数									表4
填挖形式	地面	填2m	填4m	填6m	填6m以上	挖2m	挖4m	挖6m	挖6m以上
断面系数	1.0	1.02	1.05	1.08	1.10	0.98	0.95	0.92	0.90

从道路最大冻深的计算公式可以看出，材料的热物性系数将影响道路的最大冻深，而热物性系数是一个相对值，不能采用试验直接测出。导热系数可以间接地反映材料的热物性系数，因此，根据煤矸石材料导热系数与黏性土材料导热系数的差异，可以推算出煤矸石材料的热物性系数，从而分析出煤矸石材料对道路冻深的影响。

4.2 工程实例分析

以某实体工程为例，该工程为新建双车道二级公路，路基宽12.0m，沥青路面厚0.1m，水泥稳定碎石层厚0.5m，路基土填高为1.5m。根据对当地标准冻深的调查，该工程位于大地标准冻深约为1.7m的区域。

(1)冻深计算

路基填料分别采用了黏性土(塑性指数为20.5)、已燃煤矸石和未燃煤矸石。其中，黏性土的导热系数为0.63W/(m·K)，对应的热物性系数为1.05；已燃煤矸石的导热系数为0.41W/(m·K)，对应的热物性系数为0.683；未燃煤矸石的导热系数为0.521W/(m·K)，对应的热物性系数为0.867。根据当地大地标准冻深和路面结构层的厚度，通过试算确定3种不同路基填料的道路冻深。如初步假定道路冻深范围为1.8m，则冻深范围内路基土的冻深为1.2m，按照道路最大冻深的计算方法，计算冻深范围内各结构层材料热物性系数的加权平均值。

黏性土路基：$a = (0.1 \times 1.35 + 0.5 \times 1.4 + 1.2 \times 1.05)/(0.1 + 0.5 + 1.2) = 1.16(m)$

已燃煤矸石路基：$a = (0.1 \times 1.35 + 0.5 \times 1.4 + 1.2 \times 0.683)/(0.1 + 0.5 + 1.2) = 0.92(m)$

未燃煤矸石路基：$a = (0.1 \times 1.35 + 0.5 \times 1.4 + 1.2 \times 0.867)/(0.1 + 0.5 + 1.2) = 1.04(m)$

路基湿度系数取0.90，路基断面形式系数取1.02，则黏性土路基和两种煤矸石路基对应的道路最大冻深分别为：

黏性土路基 $1.7 \times 1.16 \times 0.90 \times 1.02 = 1.82(m)$

已燃煤矸石路基 $1.7 \times 0.92 \times 0.90 \times 1.02 = 1.43(m)$

未燃煤矸石路基 $1.7 \times 0.92 \times 0.90 \times 1.02 = 1.63(m)$

从计算结果看出，黏性土路基的道路最大冻深与假定的冻深1.8m较接近，则黏性土的道路最大冻深即为1.82m；两种煤矸石的道路最大冻深与假定的冻深相差较大，因此，需要继续试算，直到假定的冻深范围与计算的冻深相接近，试算过程见表5。

煤矸石道路冻深计算		表5
假定冻深(m)	计算最大冻深(m)	
	已燃煤矸石	未燃煤矸石
1.3	1.58	1.73
1.4	1.54	1.70
1.5	1.51	1.68
1.6	1.48	1.66
1.7	1.46	1.64
1.8	1.43	1.63

从表中的数据看出,已燃煤矸石道路冻深为1.51m,未燃煤矸石道路冻深为1.65m。对比黏性土路基和煤矸石路基的最大冻深,可以看出已燃煤矸石路基的最大冻深较黏性土路基小约30cm,未燃煤矸石路基的最大冻深较黏性土路基小约17cm。因此,从理论计算角度分析,采用导热系数小的煤矸石材料可以降低道路的最大冻深。

(2)冻深现场监测

煤矸石路基实体工程修筑时,在已燃煤矸石和未燃煤矸石路基段以及正常对比的黏性土路基段分别分层埋设了温度传感器,可以监测到路基内部的温度场变化。通过连续对实体工程内部温度变化的监测,绘制出了煤矸石路基及正常路基内部的温度场变化曲线图,如图4所示。

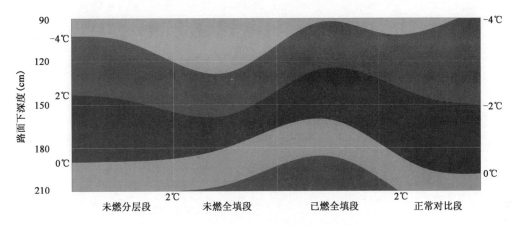

图4 煤矸石路基内部温度场变化曲线图

黏性土正常路基段的0℃线位于路面下约1.9m,已燃煤矸石路基段的0℃线位于路面下约1.55m,未燃煤矸石路基段的0℃线位于路面下约1.7m。因此,采用已燃煤矸石路基可以降低最大冻深约35cm,采用未燃煤矸石路基可以降低最大冻深约20cm,此监测结论与理论计算的结论基本一致。与普通黏性土相比,煤矸石材料含有较粗的颗粒,压实后的煤矸石路基内部存在空隙,而空气的导热系数约为0.02W/(m·K),远小于筑路材料的导热系数,路基内部的空隙对道路冻深的降低也是有利的。

5 结语

通过分析不同产地煤矸石导热系数的差异,选取代表性的已燃和未燃煤矸石材料,研究其对道路冻深的影响,得出以下结论:

(1)受到产地、岩性、开采方式等差异的影响,不同煤矸石材料的导热系数存在较大差异;从试验结果看,已燃煤矸石的导热系数小于未燃煤矸石的导热系数。

(2)煤矸石材料的导热系数与密度、含水率等因素有关,从导热系数与密度的关系看,两者具有良好的相关关系,即煤矸石材料的导热系数存在随密度的增大而增大的规律;同产地煤矸石的导热系数随含水率的增大而增大。

(3)工程实例的计算冻深与监测结果的一致性表明,道路冻深与填筑材料的导热系数有关,且冻深可根据填筑材料的导热系数计算确定。

(4)通过工程实例对比分析了煤矸石材料和普通黏性土材料对道路冻深的影响,结果表明,煤矸石材料可以降低道路冻深。与普通黏性土材料相比,煤矸石材料可以降低路基的高度,减少填方工程量,降低工程造价,产生较大的经济效益。

参 考 文 献

[1] 邴文山.道路路面冻害防治理论基础与应用[M].哈尔滨:哈尔滨工业大学出版社,1989.
[2] 吴清良,赖燕玲,顾海静,等.导热系数测试方法的综述[J].佛山陶瓷,2011,(12).

[3] 中华人民共和国国家标准. GB 50324—2014 冻土工程地质勘察规范[S]. 北京:中国建筑工业出版社,2014.
[4] 中华人民共和国行业标准. JGJ 118—2011 冻土地区建筑地基基础设计规范[S]. 北京:中国建筑工业出版社,2011.
[5] 郑志涛. 冻土导热系数测定方法探讨[J]. 低温建筑技术,2013,(12).
[6] 吉林省交通厅. 公路工程抗冻设计与施工技术指南[M]. 北京:人民交通出版社,2006.

填料型硅藻土改性沥青混合料路用性能研究

叶静辉　时成林　史光绪

（吉林省交通科学研究所　吉林省　长春市　130012）

摘　要：硅藻土是一种稀有非金属矿，其主要成分为 SiO_2。本文简要介绍硅藻土用于沥青混合料的掺配工艺，针对鹤大高速公路硅藻土沥青路面推广段结构层类型，选用 G-120、Y-120、W-120、W-325 四种不同类型硅藻土，对 AC-20 硅藻土沥青混合料进行配合比设计、高温车辙试验、浸水马歇尔试验、冻融劈裂试验和低温小梁弯曲试验，评价硅藻土沥青混合料的高温稳定性和水稳定性。研究结果表明：硅藻土沥青混合料具有优良的高温稳定性和较好的水稳定性。与普通沥青混合料相比，这种混合料的路用性能明显改善，其中 G-120 硅藻土沥青混合料优于其他三种硅藻土沥青混合料。通过对硅藻土沥青混合料室内试验结果分析，可为鹤大高速公路推广段的现场施工提供技术指导。

关键词：道路工程　硅藻土改性沥青混合料　路用性能试验　配合比设计　高温稳定性　水稳定性　低温稳定性

1　引言

硅藻土是一种稀有非金属矿，是由古代生物硅藻（一种单细胞的水生藻类）遗骸沉积形成的一种化石性硅藻堆积土矿床，主要由硅藻遗骸和软泥固结而成，其本质是含水的非晶质 SiO_2，并含有少量 Fe_2O_3、CaO、MgO、Al_2O_3 及有机杂质。在显微镜下可以观察到天然硅藻土的特殊多孔性构造，该微孔结构是硅藻土具有特殊理化性质的原因。因为硅藻土的构造比较特殊，所以采用硅藻土来作为沥青的改性材料，可以有效提高沥青混合料的流动性和可塑性，并提高路面的耐磨性。

目前，国内外对于硅藻土改性沥青的研究比较多，由于国外的硅藻土大多品位较低，所以没有得到大力的推广，而国内资源比较丰富，吉林省硅藻土资源储量占全国储量的 51%，主要分布在长白县、临江市、露水河、桦甸等地，大多为一级品质。因此，在吉林省推广硅藻土改性沥青混合料具有较好的应用前景。

2013～2014 年，吉林省交通运输厅依托 G11 鹤大高速公路吉林境内段项目，先后申报通过了交通运输部"资源节约循环利用科技示范工程"和"绿色循环低碳公路主题性项目"，成为我国公路交通建设领域首个季冻区新建公路"双示范"工程。在本示范工程中，将在小沟岭至抚松段 D 设计段泉阳连接线作为硅藻土改性沥青混合料科技示范路段，实施规模为泉阳连接线全线（长度 7.998km）的下面层，采用 6cm 中料式 AC-20 沥青混凝土。

课题组针对路面结构类型进行沥青混合料路用性能室内试验，分析试验数据，为鹤大高速公路示范工程的实施提供技术支持。

2　硅藻土掺配工艺

掺配硅藻土有两种方法，根据其是否与集料先接触，分为干法掺配和湿法掺配。湿法掺配即将硅藻土直接掺加到基质沥青中做成硅藻土改性沥青，再将改性沥青与矿料一起拌和制成硅藻土改性沥青混合料。干法掺配即将硅藻土直接投入到热拌集料中，先混合搅拌后，再加入沥青一起拌制成硅藻土改性沥青混合料。

目前，大部分的改性沥青都采取湿法掺配来制备混合料，这是因为一般的聚合物改性剂与沥青相容比较困难,不可能经过短时间搅拌就均匀分散于沥青中,甚至要使用高速旋转剪切机进行加工后才能混合均匀,比如SBS。因此造成了改性沥青的生产工艺复杂,这也是聚合物改性剂不能够在中国普及的重要原因之一。而硅藻土改性剂在高温下搅拌很快就能够与沥青混合均匀,与聚合物改性剂相比有较大优势。

另外,通过一些试验研究结果表明,改性剂无论是否先与沥青相容,最终都是在沥青与集料之间发挥作用,两种掺配方法的试验结果极为接近,说明掺配方法不同,并不影响硅藻土改性沥青混合料的性能。湿法掺配硅藻土量超过8%时,极易产生离析现象。在实际施工中使用干法掺配,能够大大减少工作量,可以不需要提前对硅藻土改性沥青进行加工,准备专门的存储器皿,不必考虑储存和输送过程中可能产生的离析问题。因而在施工时,采用简单的干法掺配拌制硅藻土改性沥青混合料,以减少工作量。

3 硅藻土改性沥青混合料配合比设计

硅藻土改性沥青混凝土的配合比设计与普通热拌沥青混凝土相比,区别主要在于需要确定硅藻土的种类、掺量以及相应的最佳沥青用量。其中尤以硅藻土掺量最为关键。

3.1 硅藻土掺量确定

云南省交通厅于2003年11月修订的《云南省硅藻土改性沥青混合料路面设计与施工技术指南》(试行)中要求:"硅藻土的适宜掺量一般为沥青质量的13%~20%。对密级配的沥青混凝土或沥青碎石,可采用15%±2%的掺配比例进行试验;对抗滑层路面结构,可采用17%±2%的掺配比例进行试验。硅藻土掺量不宜大于20%,因为过多的硅藻土可能引起路面的抗水害能力降低。"

根据这一要求,结合课题组前期开展的硅藻土改性沥青胶浆的试验结果(硅藻土掺量为沥青用量的14%时硅藻土改性沥青胶浆具有良好的性能),并参考云南省硅藻土改性沥青混合料的试验结果,课题组进行了硅藻土改性沥青混合料的试验验证。试验结果表明,在沥青混合料当中添加硅藻土作为改性剂,必须在基质沥青混合料的矿料级配中适当减少填料的用量。由于前期提出的硅藻土添加方法是以沥青质量的百分比来计算的,不但给室内试验造成很大不便,也给施工生产增加了很大的难度。通过对硅藻土改性沥青混合料进行高温稳定性、低温抗裂性、水稳定性等路用性能试验,确定硅藻土的最佳掺量为:掺加0.6%硅藻土并减少0.6×(矿粉密度/硅藻土密度)%矿粉。

3.2 硅藻土类型、矿料级配及最佳沥青用量的确定

3.2.1 硅藻土类型选择

本次硅藻土改性沥青混合料试验研究中选用长白一级硅藻土作为改性剂,根据生产工艺的不同,选取四种硅藻土(分别编号G-120、Y-120、W-120、W-325),硅藻土G-120为纯干燥粉,由原土干燥得到;硅藻土Y-120、W-120、W-325为碱洗法得到,技术指标见表1。

试验用硅藻土技术指标　　表1

名称	外观	SiO_2含量(%)	硅藻粒径(μm)	密度(g/cm^3)	比表面积(m^2/g)	含水率	pH值
G-120	灰色	87	21	0.6	36.82	0	7~8
Y-120	黄色	85	21	0.6	37.13	1	7~8
W-120	白色	85	21	0.5	36.69	2	7~8
W-325	白色	90	8	0.5	37.26	2	7~8

3.2.2 矿料级配的确定

矿料级配比例及合成曲线见表2、如图1所示。

各种矿料级配比例(%) 表2

1号料	2号料	3号料	4号料	矿粉
8	34	21	32	5

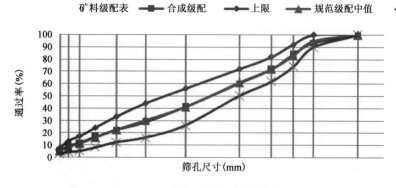

图1 矿料合成级配曲线

3.2.3 沥青最佳用量的确定

(1) AC-20型基质沥青混合料最佳沥青用量

采用的油石比范围为4.2%~5.1%,相临油石比相差0.3%,每个用油量时成型6个试件用于测量混合料的各种体积参数和马歇尔稳定度及流值,试件采用电动击实仪双面击实75次成型。马歇尔试验的试验结果见表3,确定最佳沥青含量为5.1%。

沥青混合料各项性能指标 表3

油石比(%)	试件毛体积相对密度	空隙率(%)	矿料间隙率(%)	沥青饱和度(%)	稳定度(kN)	流值(mm)
4.2	2.400	7.50	17.05	56.09	7.99	2.05
4.5	2.406	6.82	17.05	60.00	6.67	2.72
4.8	2.416	6.03	16.96	64.49	7.86	2.40
5.1	2.441	4.63	16.33	71.87	7.81	2.74

根据上表数据按高等级公路沥青混合料马歇尔试验技术标准绘制其质沥青用量与物理、力学指标关系图(图2)。

(2) AC-20型硅藻土改性沥青混合料最佳沥青用量

根据上述方法,确定四种硅藻土沥青混合料的最佳沥青用量,具体结果见表4。

硅藻土沥青混合料最佳沥青用量 表4

硅藻土类型	G-120	Y-120	W-120	W-325
沥青用量(%)	5.2	5.2	5.2	5.2

通过对基质沥青混合料和硅藻土沥青混合料最佳沥青用量结果表明,AC结构的硅藻土沥青混合料的沥青用量应比普通矿粉沥青混合料增加0.1%左右。

4 硅藻土改性沥青路用性能试验

4.1 高温稳定性试验

为评价硅藻土对AC-20沥青混合料高温稳定性的影响,评估硅藻土沥青混合料的抗车辙性能,制备硅藻土改性沥青混凝土试件,测试其动稳定度与基质沥青混合料动稳定度,结果见表5。

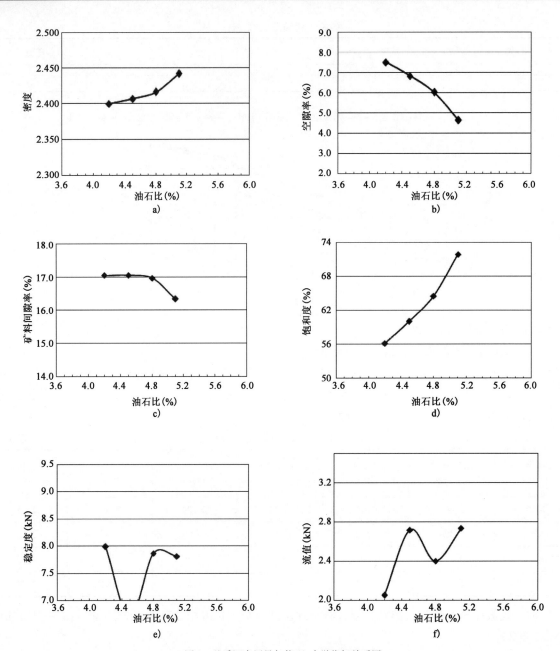

图2 基质沥青用量与物理、力学指标关系图

沥青混合料车辙试验结果　　　　表5

沥青混合料类型	动稳定度（次/mm）			平均值（次/mm）
	1	2	3	
G-120 改性	4 961	4 344	4 582	4 629
Y-120 改性	4 375	3 818	3 925	4 039
W-120 改性	4 632	4 280	4 396	4 436
W-325 改性	3 865	3 728	3 536	3 710
基质沥青	1 380	1 730	1 684	1 586

由表5可知：四种硅藻土改性沥青混合料动稳定度要明显大于基质沥青混合料，G-120硅藻土的改性效果最好，是基质沥青混合料动稳定度的3倍。由此可以判断，硅藻土对于沥青混凝土具有明显的改善高温稳定性的作用，硅藻土改性沥青混凝土抗车辙性能优于基质沥青，适用于交通量较大、轴重较重

的路面结构。

4.2 水稳定性试验

沥青路面在水与车辆同时作用下,易引起沥青和石料界面黏附性降低,并导致剥离、掉粒、松散、坑洞等破坏。这是沥青路面主要破坏形式之一,尤其在雨后及春融期,对路面危害十分严重,对沥青混合料水稳定性提出更高要求,沥青路面的水稳定性与许多因素有关,主要有沥青与石料的性质、水、温度、荷载等。本试验按部颁标准《公路工程沥青及沥青混合料试验规程》(JTG E20—2011)的规定,采用残留稳定度试验和冻融劈裂强度比试验来评价沥青混合料的水稳定性,试验结果见表6、表7。

浸水马歇尔试验结果　　表6

类型 \ 指标	浸水48h 稳定度(kN)	浸水30~40min 稳定度(kN)	残留稳定度(%)
G-120改性	13.03	13.47	96.7
Y-120改性	11.16	12.43	89.8
W-120改性	11.04	12.16	90.8
W-325改性	10.26	11.12	92.3
基质沥青	8.75	10.87	80.5

冻融劈裂试验结果　　表7

类　　型	未冻劈裂强度(MPa)	已冻劈裂强度(MPa)	劈裂强度比(%)
G-120改性	10.05	9.61	95.6
Y-120改性	9.75	8.92	91.5
W-120改性	9.75	8.92	90.5
W-325改性	10.33	9.32	90.2
基质沥青	10.05	9.04	89.9

由上述试验结果可以看出,硅藻土改性沥青混合料的浸水残留稳定度均大于基质沥青混合料;从劈裂强度比来看,Y-120硅藻土、W-120硅藻土和W-325改性沥青混合料与基质沥青混合料相差不大,G-120硅藻土改性沥青混合料均明显好于基质沥青。综合残留稳定度和劈裂强度比指标,说明硅藻土改性沥青混合料的水稳定性好于基质沥青混合料。

5　结语

本文针对鹤大高速公路硅藻土沥青路面推广段结构层类型,选取四种长白一级硅藻土,对AC-20硅藻土改性沥青混合料进行配合比设计、高温稳定性和水稳定性试验,通过分析试验数据,硅藻土改性沥青混合料的路用性能高于基质沥青混合料,G-120硅藻土优于其他三种硅藻土。

参 考 文 献

[1] 时成林,韩继国,谭永波,等.硅藻土改性沥青混合料在寒冷重冰冻地区推广研究[R].吉林省交通科学研究所,2010.
[2] 郝铁.寒冷地区公路工程中改性沥青材料的应用研究[J].公路交通科技,2013,(3):147-149.
[3] 边疆.硅藻精土改性沥青混凝土路用性能室内试验研究[D].南京:南京林业大学,2006.

[4] 李平.吉林绿色第一路——G11鹤(岗)大(连)高速公路吉林境内段推进绿色公路"双示范"工程的实践[J].中国公路,2015,(15):80-83.

[5] 王国安.多年冻土地区硅藻土改性沥青性能研究[D].重庆:重庆交通大学,2010.

[6] 中华人民共和国行业标准.JTG D50—200 公路沥青路面设计规范[S].北京:人民交通出版社,2006.

[7] 中华人民共和国行业标准.JTG E20—2011 公路工程沥青与沥青混合料试验规程[S].北京:人民交通出版社,2011.

填料型细火山灰改性沥青混合料路用性能研究

于丽梅 陈志国 闫秋波

(吉林省交通科学研究所 吉林 长春 130012)

摘 要：借助先进的试验手段对新型填料型细火山灰的特性以及细火山灰改性沥青混合料路用性能进行了研究。特性初步分析结果表明，火山灰具备填料型沥青改性剂的条件，其粒度细、比表面积大、过渡金属含量高以及特殊的间隙孔结构等特点，以火山灰为母体研发而成的填料型细火山灰改性剂具备改善沥青混合料的潜能。路用性能研究结果表明，与传统的矿粉填料沥青混合料相比，不论是 AC 还是 SMA 沥青混合料，填料型细火山灰改性沥青混合料高温性能可得到明显提高，低温性能和水稳定性得到一定程度的改善。这一研究结论，对于解决重载交通及特殊气候条件下沥青路面的病害问题具有重要的价值。

关键词：填料型改性剂 细火山灰 沥青混合料 高温性能 低温性能 改性机理

1 概述

我国公路建设取得了瞩目的成就，截至 2014 年年底，全国公路总里程 446.39 万 km，其中高速公路里程 11.19 万 km，位居世界第一。沥青路面以其良好的行车舒适性和优异的使用性能成为公路路面最主要的结构形式。沥青作为面层混合料的结合料，其性能对沥青路面的使用性能有着显著的影响。我国的道路沥青主要采用石蜡基原油炼制，温度敏感性较大，在复杂多变的自然条件和超载重载交通的综合作用下表现出不同的病害，如夏季高温季节，沥青路面的劲度变小，在行车荷载的反复作用下，会出现车辙、推移等破坏；在冬季寒冷季节，沥青的劲度增强，柔性变差，则出现低温开裂等破坏，严重影响了行车的舒适性和道路的使用寿命。

多年的工程实践表明，改性沥青的应用在沥青路面抗高低温、抗滑、耐久性等方面都起到了非常积极的作用。在改性沥青技术中，公认的改性效果良好的改性剂当属应用最为广泛的 SBS 聚合物改性剂，但其价格比较昂贵[1-5]。已有的研究表明[6]，近年来，在应对重载化交通和极端高低温气候方面，SBS 改性沥青混合料在某种程度上也表现出了局限性。2011 年 9 月，《公路沥青路面设计规范》(JTG D50—2006)修订专题组，基于对 7 个地区 18 个省市座谈与问卷调查报告中指出："车辙仍是目前沥青路面的主要病害，低温裂缝主要发生在西北、东北高寒地区。"可见，即便近几年各省在半刚性基层上采用了较厚的沥青面层，也采用了 SBS 改性沥青，但这种路面结构也只是延缓了横向裂缝出现的时间，对裂缝出现的数量抑制作用并不十分明显。

在这种情况下，研发新的改性沥青技术，综合提高沥青路面使用性能，成为国内外道路界普遍关注的热点。火山灰是火山喷发时随同熔岩一起喷发的大量熔岩碎屑和粉尘沉积在地表面或水中形成松散或轻度胶结的物质，是一种天然的建筑材料。依托交通部西部交通科技项目《细火山灰改善沥青混合料路用性能的应用研究》成功研发了填料型细火山灰沥青改性剂，应用于沥青混合料中替代传统的矿粉填料，既可以起到填料作用，同时还可以起到改性的作用，显著提高沥青混合料的高低温路用性能，获得了国家发明专利，研究成果荣获中国公路学会科学技术一等奖和吉林省科技进步一等奖。由于研究成果的创新性、特色性和适用性，2013 年和 2014 年先后被列入交通运输部"鹤大高速公路资源节约循环利用科技示范工程"和"鹤大高速公路绿色循环低碳公路主题性项目"的推广重点。

本文主要依据吉林省鹤大高速公路双示范项目"填料型火山灰改性沥青混合料技术推广"，对新型填料型改性剂火山灰的特性以及火山灰改性沥青混合料的路用性能进行系统介绍。

2 填料型细火山灰特性

全球火山灰资源丰富,种类繁多,性质差别也较大,因此决定了其用途不同。为论述火山灰作为填料型改性剂具备的潜在条件,研究中对来自不同地区的火山灰材料进行磨细,利用先进的试验手段对不同产地的火山灰的物理特性包括粒度、比表面积、孔结构特性、化学特性及表面特性等进行了测试,并与传统的沥青中矿粉填料的主要物理化学特性进行比较,总结细火山灰作为沥青填料型改性剂的优势。

2.1 物理特性

2.1.1 粒度

粒度是描述粉体颗粒的重要参数之一,激光粒度仪测试结果显示,细火山灰材料粒径分布比较集中,主要分布在几百纳米~几微米之间,总体小于矿粉。

已有的室内研究成果也表明,填料细度变化对沥青混合料的性能有较大影响,填料细度增大,当在粉胶比一定的情况下,其比表面积增大,从而增加结构沥青的比率,也就意味着沥青和颗粒间的黏合面积增大,进而使分子力增大,从而提高沥青混合料总的黏结力。

因此,火山灰的粒度特点也是其作为沥青混合料填料型改性剂的条件之一。

2.1.2 比表面积

比表面积是指单位质量集料的总表面积,主要是用来表征粉体材料颗粒外表面大小的物理性能参数。在沥青混合料中填料的用量虽然只占百分之几,但其表面积却占矿质混合料的总表面积的80%以上,填料比表面积对沥青混合料的各种性能都有重要的影响,是衡量填料性质的一个重要指标。

氮气吸附比表面积测定仪测试结果表明,细火山灰比表面积在$2 \sim 45 m^2/g$之间,大于矿粉,比表面积越大,填料与沥青接触越充分,填料的吸附能力就越强,结构沥青比例越高,填料与沥青的黏结力越强[7]。为此,抵抗高温流动变形和水分子侵入能力越强,有利于其改性沥青时性能的发挥。

2.2 化学特性

电感耦合放射光谱分析仪测试结果表明,矿粉与火山灰两种不同矿物质其化学元素组成差异较大,火山灰中含有 Si、Al、Fe、K、Na、Ca 和 Mg 等多种元素,矿粉以 Ca 和 O 为主。此外,火山灰中过渡金属元素 Fe^{3+}、Ti^{4+}、Mn^{4+}、Cu^{2+}、V^{5+}、Zn^{2+} 的总体含量明显高于矿粉。这将有利于火山灰与沥青作用时发生化学吸附,当火山灰与沥青共混后,沥青中的极性官能团会与过渡金属阳离子反应形成配位络合物;同时,沥青胶质、沥青质中的过渡性金属元素钒、镍和铁与火山灰中的氧、氮、硫形成配位键,因此,这对于改善沥青的性能具有不可忽视的作用。

2.3 孔结构特性

粉体颗粒的微观特性不仅表现为表面形状的不规则,很多还存在孔结构。孔结构作为有用的结构存在,对材料本身的吸附和稳定性等有很大的影响。图1为矿粉、抚松3号、长白1号、长白6号火山灰的吸附脱附曲线。与矿粉相比,这几种火山灰的吸附脱附曲线均出现了较大的滞后环,说明火山灰材料具有活性吸附能力的内孔隙结构,且滞后环越大,表明其内孔隙结构越复杂,更有利于沥青的吸附,在毛细作用下部分沥青组分能较为容易地进入其中,与孔隙壁发生机械的锚固和咬合作用,从而改善沥青混合料的路用性能。

2.4 表面特性

国内外大量研究表明[8],填料的表面特性对其在混合料中的作用起着重要的作用。特别是表面不规则性对混合料的最佳沥青含量、填料—沥青体系中的界面性质以及胶浆的流变性均有影响,这将直接影响到沥青混凝土混合料的结构和力学性能。采用扫描电子显微镜对火山灰、矿粉表面构造的对比研究,如图2所示。

从表面构造来看,矿粉为表面光滑致密的多面体结构,棱角较少,颗粒较大且分布均匀,表面几乎没有褶皱和突起,无明显的微孔隙,相互连接不强;而火山灰颗粒较小,表面粗糙、颗粒外形不规则,存在部分孔隙孔,且颗粒凸起的小粒子形成的通透的间隙孔。火山灰颗粒表面孔隙的特殊性势必会影响其改性沥青的效果。

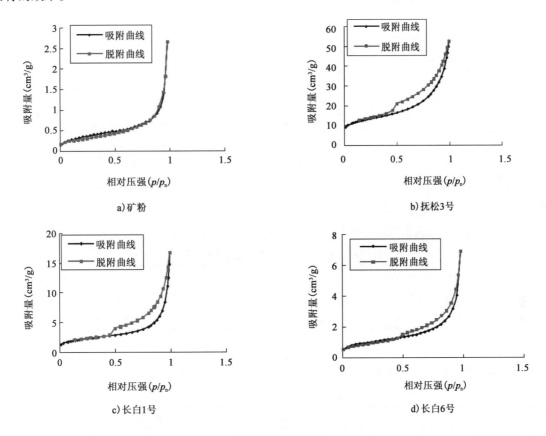

图 1 吸附脱附曲线

图 2 不同填料扫描电镜图片(×50000)

3 细火山灰改性沥青混合料路用性能

前述研究表明,粒度细、比表面积大、孔隙结构发达、表面构造粗糙等结构特点,使得细火山灰具备了作为填料型沥青改性剂的基本条件。为了验证细火山灰改性沥青混合料路用性能,本文对细火山灰改性沥青混合料路用性能进行了研究。

3.1 原材料性能

3.1.1 基质沥青

基质沥青采用辽河90号,主要技术指标见表1,各项指标均符合《公路沥青路面施工技术规范》（JTG F40—2004）中道路石油沥青A级技术要求。

辽河90号基质沥青性能指标　　　　　表1

性能指标		单位	辽河90号	技术指标
针入度（25℃,100g,5s）		0.1mm	90	80~100
软化点（环球法）		℃	44.5	≥44
15℃延度（5cm/min）		cm	>100	≥100
RTFO后	残留针入度比	%	59.6	≥57
	质量损失	%	-0.2	≤±0.8
	残留延度（10℃）	cm	>100	≥8

3.1.2 填料型细火山灰沥青改性剂

试验采用的填料型细火山灰沥青改性剂的质量技术要求均见表2。

填料型细火山灰沥青改性剂主要性能指标　　　　　表2

指标名称	表观密度（t/m³）	比表面积（m²/g）(%)	K_2O+Na_2O 含量（%）	过渡金属元素含量（%）	活性外掺剂掺量（%）	粒度范围（%）		
						<0.6mm	<0.15mm	<.075mm
指标要求	≤2.7	≥2.0	≥3	≥3	≥2	100	90~100	75~100

3.1.3 集料

试验采用的集料来自吉林省九台,粗细集料试验结果分别见表3和表4。

沥青混合料粗集料试验指标　　　　　表3

指标	单位	指标要求	试验结果	试验方法
石料压碎值	%	≤30	14.5	T 0316
洛杉矶磨耗损失	%	≤35	12.5	T 0317
表观相对密度	t/m³	≥2.45	2.769/2.779/2.824	T 0304
吸水率	%	≥3	2.0/1.9/2.4	T 0304
坚固性	%	≤10	合格	T 0314
针片状颗粒含量（混合料）	%	≤20	11/11.9	T 0312
水洗法＜0.075mm颗粒含量	%	≤1	0.3/0.2/0.3	T 0310
软石含量	%	≤5	0.2	T 0320
磨光值 PSV	BPN	≥42	49	T 0321
粗集料与沥青的黏附性	级	≥4	4	T 0616

沥青混合料用细集料试验项目　　　　　表4

项目	单位	指标要求	试验结果	试验方法
表观相对密度	t/m³	≥2.45	2.604	T 0328
坚固性（>0.3mm部分）	%	—	合格	T 0340
含泥量（小于0.075mm的含量）	%	≤5	0.7	T 0333
砂当量	%	≥50	83	T 0334
亚甲蓝值	g/kg	—	23	T 0346
棱角性（流动时间）	S	—	31.5	T 0345

3.1.4 矿粉

试验采用矿粉性能指标见表5。

沥青混合料用矿粉试验项目　　　　　　　　　表5

项　目	单位	指标要求	试验结果	试验方法
表观相对密度	t/m³	≥2.45	2.632	T 0352
含水率	%	≤1	0.8	T 0103
筛分	%	<0.075 为 70～100	82.7	T 0351
外观	—	无团粒结块	无	—
亲水系数	—	<1	0.9	T 0353
塑性指数	%	<4	3.8	T 0354
加热安定性	—	实测	合格	T 0355

3.2 配合比设计

3.2.1 矿料级配

研究中采用相同的 AC-16 矿料级配中值曲线作为火山灰沥青混合料的设计级配曲线，且采用体积换算法确定火山灰的掺量。各种火山灰沥青混合料设计配比结果见表6。

火山灰沥青混合料矿料设计配比　　　　　　　　　表6

填料类型	设 计 配 合 比
矿粉	(9.5～16)mm：(4.75～9.5)mm：(0～4.75)mm：矿粉 = 43：12：40：5
长白1号	(9.5～16)mm：(4.75～9.5)mm：(0～4.75)mm：火山灰 = 43：12：40.53：4.47
长白4号	(9.5～16)mm：(4.75～9.5)mm：(0～4.75)mm：火山灰 = 43：12：40.52：4.48
长白6号	(9.5～16)mm：(4.75～9.5)mm：(0～4.75)mm：火山灰 = 43：12：40.5：4.5
抚松3号	(9.5～16)mm：(4.75～9.5)mm：(0～4.75)mm：火山灰 = 43：12：40.22：4.78

3.2.2 马歇尔试验

(1) 最佳沥青用量

由图3最佳沥青用量图可以看出，掺加其他火山灰沥青混合料的最佳沥青含量较掺加矿粉的沥青混合料高出0.1%～0.2%。主要由于火山灰材料较为丰富的比表面积和多孔的内部结构，使得其具备吸油的特性，形成较多的结构沥青，这对于提高沥青路面的抗老化能力和抗疲劳能力，延长路面使用寿命是有利的。

(2) 密度

图4为沥青混合料密度对比图，可以看出火山灰沥青混合料密度明显高于矿粉沥青混合料。分析其原因，由于火山灰材料吸附了沥青中部分轻质油分，致使火山灰沥青胶浆稠度增大，密度增大。此外，结构沥青比例的增大，使火山灰沥青胶浆分子间吸附力有所增大，致使沥青混合料间结合更为密实，因此密度有所增大。

(3) 稳定度

由图5沥青混合料稳定度对比图中可以看出，火山灰沥青混合料的稳定度明显高于矿粉沥青混合料。稳定度反映了试件抗破坏的能力，火山灰沥青稳定度的提高可表明火山灰在一定程度上提高了混合料的抗变形能力及高温性能。

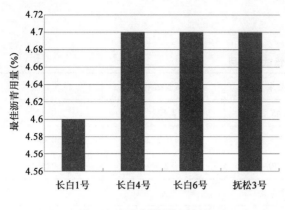

图3 沥青混合料最佳用油量

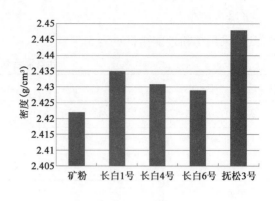

图4 沥青混合料密度

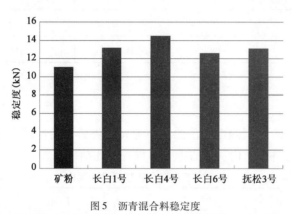

图5 沥青混合料稳定度

3.3 路用性能试验

3.3.1 高温性能

随着交通量的日益增长,车辆交通的渠化以及轴载轮压的不断增加,使得沥青路面在行车荷载的反复作用下,由于永久变形的累积而出现车辙。车辙已经成为当前沥青路面三大破损形式(车辙、低温开裂和水稳定性)中最为突出的问题。采用现阶段评价沥青混合料高温性能常用的车辙试验来评价火山灰沥青混合料的高温性能。

几种火山灰沥青混合料的动稳定度均高于矿粉沥青混合料。与矿粉相比,不同火山灰沥青混合料的动稳定度提高幅度可达45%~56%,这说明了合理的选用火山灰可明显提高沥青混合料的高温抗车辙性能(图6)。

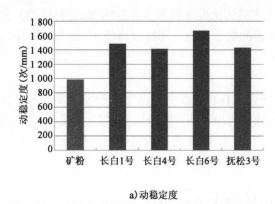

a)动稳定度

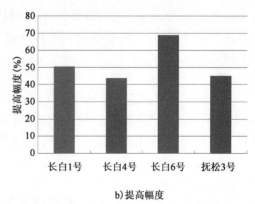

b)提高幅度

图6 沥青混合料动稳定度

3.3.2 低温性能

沥青路面开裂分布十分普遍,无论是冰冻地区,还是非冰冻地区,都会出现开裂现象,只是裂缝的严重程度不同而已。裂缝的出现会使水进入到路面结构中,导致路面结构承载力和使用寿命降低。研究中采用常用的低温弯曲试验方法评价沥青混合料低温变形能力,按《公路工程沥青及沥青混合料试验规程》(JTG E20—2011)进行,将轮碾成型的试件切割成 30mm×35mm×250mm 的小梁,试验温度为 −10℃,加载速率为 50mm/min,采用 MTS 材料试验仪进行试验,试验结果见图7。

整体来看掺加火山灰的沥青混合料的低温性能与掺加矿粉的沥青混合料基本相当,满足《公路沥青路面施工技术规范》(JTG F40—2004)中相关要求。

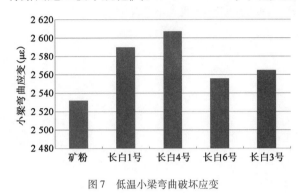

图7 低温小梁弯曲破坏应变　　　　图8 水稳定性试验结果

3.3.3 水稳定性

沥青路面水损坏是沥青路面破坏的一种常见形式,主要是沥青路面在水或冻融循环的作用下,由于汽车车轮动态荷载的作用,水分逐渐渗入沥青与集料的界面上,使沥青黏附性降低,并逐渐丧失黏结力,沥青膜从石料表面脱落,沥青混合料掉粒、松散,形成坑槽。

本研究采用浸水马歇尔试验和冻融劈裂试验两种方法评价沥青混合料的水稳定性,试验结果见图8。

从试验结果可以看出,除长白6号外,火山灰沥青混合料的浸水残留稳定度比值均高于矿粉沥青混合料,但试验过程中发现,尽管长白6号火山灰沥青混合料浸水后与浸水前稳定度的比值相对较低,但浸水前后稳定度均明显高于矿粉沥青混合料,即使经过48小时浸泡后,其稳定度值平均也在10kN以上,高于矿粉。

几种火山灰沥青混合料的冻融劈裂强度比均能达到75%以上,满足《公路沥青路面施工技术规范》(JTG F40—2004)中的相关规定。

综上可以得出结论:合理的选用火山灰可以整体改善沥青混合料在高温条件下的水稳定性。

4 结语

本文对细火山灰的特性与细火山灰改性沥青混合料路用性能进行了系统的研究,主要得出以下结论:

(1)通过对细火山灰物理、化学成分以及孔结构特性和表面特性试验分析,明确了火山灰材料作为填料型改性剂母体材料的特性。

(2)相比矿粉而言,填料型细火山灰改性剂显著提高了改性沥青混合料的高温稳定性,一定程度上改善沥青混合料的低温性能和水稳定性,也就是说可以综合提高沥青路面的高低温路用性能。

(3)全球火山灰资源分布广阔,火山灰取材方便,施工工艺简单,填料型细火山灰改性剂相比传统的 SBS 改性沥青混合料而言,性价比较高,推广应用前景广阔。

参 考 文 献

[1] 张必荣,袁美俊. 火山灰颗粒在沥青混合料中应用引发的思考[J]. 山西建筑,2010,32:163-164.

[2] Chen ZG(Jilin Communications Polytechnic), Chen ZN, Wu JT, et al. Pavement Performance Research on Fine Volcanic Ash Modified Asphalt Mastic and Mixture[J]. Advanced Materials Research, 2011, 255: 3382-3386.
[3] 张东亮. SBS 改性沥青及其混合料的应用[J]. 黑龙江省交通科技. 2010,(3):47-49.
[4] 沈风华. SBS 改性沥青混合料及其道路施工应用研究[D]. 苏州:苏州大学. 2006.
[5] 陈华鑫. SBS 改性沥青路用性能与机理研究[D]. 西安:长安大学. 2006.
[6] 周进川. 路用沥青改性技术研究报告[R]. 2005.
[7] 沈金安. 改性沥青与 SMA 路面[M]. 北京:人民交通出版社. 1999.
[8] 张贤康. 硅藻土材料对沥青混合料性能的影响[D]. 重庆:重庆交通大学. 2008.

火山灰与SBS复合改性沥青混合料动态模量研究

于丽梅 陈志国 姚冬冬 胡光胜

(吉林省交通科学研究所 吉林 长春 130012)

摘 要：利用UTM动态伺服液压材料试验系统对四种火山灰改性AC-16沥青混合料在6种温度和7种频率条件下的动态模量进行测试，并研究了温度和荷载频率对四种混合料动态模量和相位角的影响。依据时—温转换原理，根据图形点坐标平移并通过优化计算确定移位因子，从而获得动态模量相位角主曲线。全局力学性能分析结果表明：火山灰与SBS复合改性沥青混合料在高温时动态模量较高，相位角较小。为了进一步验证低温力学性能，开展低温三点小梁弯曲试验，结果表明火山灰与SBS复合改性沥青混合料的低温力学特性也较好。总的来说，火山灰与SBS复合改性不仅提高了沥青混合料的高温力学特性，而且还改善了低温力学特性，更好地揭示了火山灰与SBS复合改性沥青混合料的黏弹特性。

关键词：道路工程 力学特性 动态模量 火山灰与SBS复合改性 相位角 移位因子 主曲线

1 引言

火山灰作为一种新型的填料型改性剂，与聚合物SBS复合后用于沥青混合料中可显著改善沥青及沥青混合料的路用性能，同时提高沥青混合料的高低温路用性能，应用前景十分广阔。目前已有的研究主要围绕细火山灰材料特性、细火山灰与SBS复合改性沥青胶浆流变特性及相应沥青混合料的路用性能[1-4]开展，缺少对火山灰于SBS复合改性沥青混合料力学特性方面的研究成果。

动态模量是表征沥青混合料在动态荷载作用下动态响应规律性的重要参数，也是路面动力学特性分析的基础。火山灰与SBS复合改性沥青混合料作为典型的黏弹特性材料，在动态荷载作用下，材料内部产生的应力、应变响应均为时间的函数，因此，动态模量在外荷载作用过程中也是变化的，与温度、荷载大小、作用频率和作用时间密切相关。本文从火山灰与SBS改性沥青混合料的动态模量试验探索分析入手，研究火山灰与SBS复合改性沥青混合料在不同温度和频率范围内动态模量的变化规律，为火山灰SBS复合改性沥青混合料的推广应用奠定基础。

2 试验方案

动态模量测试方案选择了1号和2号两种火山灰，级配类型选择AC-16，为了对比，选择90号基质沥青和SBS的改性沥青。四种典型的沥青混合料试件动态模量试验编号与试验条件见表1所示。

动态模量试验信息 表1

条件\材料	混合料种类			
	1号+SBS	1号+AH-90	2号+SBS	2号+AH-90
试件编号	BG-01	BP-01	LG-01	LP-01
	BG-02	BP-02	LG-02	LP-02
	BG-03	BP-03	LG-03	LP-03
	BG-04	BP-04	LG-04	LP-04
试验频率(Hz)	25 20 10 5 1 0.5 0.1			
试验温度(℃)	-10 5 20 35 50 65			
混合料类型	AC-16			

注：为了方便，将1号、2号、AH-90以及SBS分别用代号B、L、P、G表示。

试验按照《公路工程沥青及沥青混合料试验规程》(JTG E20—2011)中T 0738—2011相关规定进行。试件尺寸为φ100mm×150mm。试验设备采用UTM动态伺服液压材料试验系统，常应力控制方式，对圆柱体试件在轴向施加正弦荷载，在不同温度和不同加载频率下测定相应时间所施加的应力和轴向应变，从而计算动态弹性模量。

3 矿料级配设计

为保证试验研究结果具有可比性，采用相同的矿料级配中值曲线作为火山灰与SBS复合沥青混合料的设计级配曲线，且采用体积换算法确定火山灰的掺量。两种火山灰的沥青混合料设计配比及最佳沥青用量对应的混合料体积指标检测结果见表2。

火山灰沥青混合料矿料设计配比及体积指标　　表2

填料类型	设计配合比
长白6号	(9.5~16)mm：(4.75~9.5)mm碎石：(0~4.75)mm石屑：火山灰 = 43：12：40.5：4.5
抚松3号	(9.5~16)mm碎石：(4.75~9.5)mm碎石：(0~4.75)mm石屑：火山灰 = 43：12：40.22：4.78

填料类型	最佳用油量(%)	毛体积相对密度(g/cm³)	空隙率(%)	矿料间隙率(%)	沥青饱和度(%)	稳定度(kN)	流值(mm)
长白6号	4.7	2.429	4.4	15.5	71.5	12.6	3.6
抚松3号	4.7	2.448	4.5	15.1	70.2	13.1	3.9

4 动态模量试验结果

试验得到的四种火山灰改性沥青混合料的动态模量试验结果图1、图2所示。可见，动态模量和相位角受荷载作用频率和温度的影响很大。从图1动态模量试验结果可以看出，无论哪种改性沥青混合料其动态模量均随着温度的增加和荷载作用频率的降低而减小。从图2相位角试验结果可以看出，相位角随温度和荷载频率的变化则有所不同。一般来说，随着温度的增加或荷载作用频率的减少，沥青混合料的黏性性质增加，这就意味着相位角增大。从图2可以看出，当试验温度小于或等于20℃时，四种火山灰沥青混合料相位角的变化符合这一规律。而当温度为35℃时，相位角随荷载作用频率的减小先增加后减小，当温度为50℃和65℃时，相位角随荷载作用频率的减小而减小，且温度为50℃的相位角大于温度为65℃的相位角。造成这种相位角变化规律异常的主要原因是在低温高频荷载作用下，混合

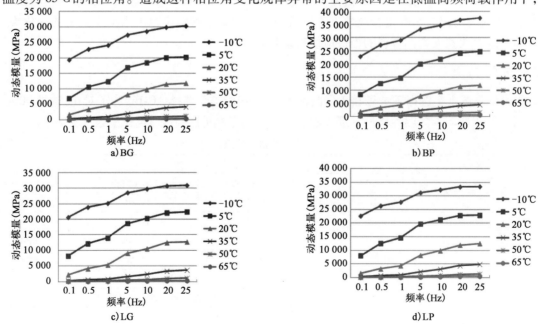

图1　动态模量试验结果

料的性能受沥青胶结料性质的影响更大;但在高温低频作用时,混合料的性能受矿料骨架的影响超过了沥青黏性的影响,因为矿料是弹性材料,相位角为零,所以沥青混合料的相位角会下降。且相对于火山灰改性基质沥青混合料,火山灰与SBS复合改性沥青混合料在高温低频时模量较高,低温高频时相位角相对较大,且LG的动态模量好于BG。总体而言,火山灰与SBS复合改性沥青混合料拥有良好的高低温路用性能。

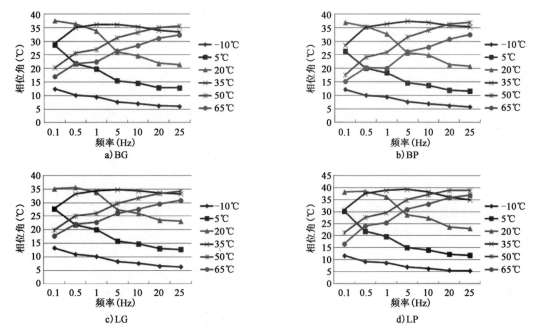

图2 相位角试验结果

5 动态模量主曲线的确定与分析

沥青材料是一种典型的黏弹性流体,沥青混凝土的性质受温度和荷载作用时间的影响很大,高温和低频荷载条件下又表现出了相同的性质,于是可以将作用时间和温度之间建立一个等效联系,也即时温等效原理[5]。也就是说同样的力学性质可以在高温—高荷载频率或在低温—低荷载频率下得到,在不同温度和荷载作用频率下得到的力学性能可以通过平移后形成一条在参考温度下的光滑曲线,称为主曲线。利用主曲线,就可以对黏弹材料的长期力学性质进行预测,而减少很长时间的试验带来的大量工作。

本文就是利用时温转换法拓宽动态主曲线温度与频率的范围,使有限的试验时温条件得以拓展。时温转换通常借助WLF时温转换法则,其适用性不仅受到材料种类的限制,而且其中的参数往往需要根据具体材料确定。考虑到火山灰SBS复合改性沥青作为一种多变的、类型尚未明确的新材料,经验公式的使用效果受到影响,因此采用根据图形点坐标平移并通过优化计算确定移位因子的方法获得动态模量主曲线。

根据火山灰改性沥青混合料动态模量的试验结果,以20℃为基准温度,通过数值优化的方法计算各温度的移位因子a_T,四种沥青混合料的移位因子见表3。

移位因子计算值 表3

材料\温度(℃)	-10	5	20	35	50	65
BG	3.69	1.43	0.00	-1.48	-2.68	-3.82
BP	3.84	1.69	0.00	-1.75	-3.03	-4.29
LG	3.88	1.77	0.00	-1.41	-2.47	-3.62
LP	4.10	1.69	0.00	-1.36	-2.53	-3.43

由实测的动态模量数据按综合时温换标的方法得出四种改性沥青混合料复数模量与相位角动态主曲线图,如图3和图4所示。根据所绘制的四种沥青混合料主曲线,对火山灰改性沥青混合料的全局力学性能进行整体分析。

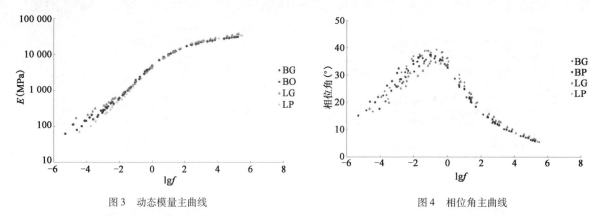

图3　动态模量主曲线　　　　　　　　　　图4　相位角主曲线

可以看出,4种火山灰改性沥青混合料的复数模量在低频区差异显著,而在高频区比较接近。在低频(高温)时,四种改性沥青混合料的模量及相位角排序分别为:

$$E_{LG} > E_{BG} > E_{BP} > E_{LP}, \delta_{LG} < \delta_{BG} < \delta_{LP} < \delta_{BP}$$

也就是说在高温(低频)时,两种火山灰与SBS复合改性沥青混合料在高温时动态模量高于火山灰改性基质沥青混合料,相位角低于两种火山灰改性基质沥青混合料,且LG高温性能好于BG。

在高频(低温)时,四种改性沥青混合料的模量及相位角排序分别为:

$$E_{LG} > E_{BG} > E_{BP} > E_{LP}, \delta_{LG} > \delta_{BG} \approx \delta_{LP} \approx \delta_{BP}$$

高频(低温)区可以看出,LG模量高,如果以模量作为单一指标的评价,LG的低温性能并不好。而由相位角可以看出,LG相位角略大,这就表明LG比BG具有低温条件下较好的黏弹性。模量和相位角规律表现出了矛盾,为了对火山灰改善低温稳定性的作用定性判断,需要补充低温力学特性试验,在此选择了小梁弯曲破坏试验。

6　低温力学性能试验

为了提高试验精度及效率,对现行规范中的试验方法进行了如下改进:

(1)设计加工了三点小梁弯曲夹具,实现两端可在水平方向滑动及绕跨度端点转动,这样可以防止由于端点过多的约束而产生复杂的应力影响试验结果;

(2)小梁试件的切割要求与规范有所差别,对六个断面都进行了切割,避免因初始表面粗糙程度不均而产生不利的应力集中,并将小梁断面的尺寸方差控制在一个尽量小的范围内,提高试验精度。

在-10℃下对上述相同四种材料制成的小梁试件进行三点弯曲试验,加载速度为50mm/min。为减小由于变异性产生的误差,按去掉试验结果中最大值、最小值后取平均的方法进行整理,结果见表4所示。

三点弯曲试验结果　　　　　　　　表4

材料	极限荷载值(kN)	破坏位移(mm)	抗弯强度(MPa)	极限应变	弯曲劲度(MPa)
LP	1.1602 3	0.320 3	8.951 7	1.674 1	5.461 3
LG	1.9402 8	0.551 2	14.869 3	2.908 3	5.147 6
BP	1.2500 1	0.379 1	9.612 3	1.975 2	4.887 5
BG	1.6094 8	0.430 7	12.943 1	2.229 2	5.579 7

(1)若以低温劲度为指标,则两种火山灰和SBS复合后,低温劲度有增有降,并无显著提高;但加SBS后无论是极限应变或抗弯强度都有相应的提高。

(2)加 SBS 后,抗弯拉强度排序分别为 LG > BG > BP > LP;极限应变排序分别为 LG > BG > BP > LP;即 LG 代表的火山灰与 SBS 复合改性沥青混合料的效果最佳,这个排序与混合料相位角主曲线一致。说明 LG 在改善高温的同时的确对低温性能也有所改善,即可同时提高沥青混合料的高低温路用性能。

7 结语

本文利用 UTM 动态伺服液压材料试验系统对两种火山灰与 SBS 复合改性沥青混合料和两种火山灰改性基质沥青混合料在特定温度和频率条件下的动态模量进行试验研究,主要得出以下结论:

(1)火山灰改性沥青混合料的动态模量随温度的增加或荷载频率的减小而减小。在温度较低及荷载频率较高时,相位角随温度的增加或荷载作用频率的减小而增加。但在温度较高及荷载频率较低时,矿料骨架的影响占主导地位,使得相位角随温度的增加或荷载作用频率的减小而减小。火山灰与 SBS 复合改性沥青混合料的高温条件下动态模量高于火山灰基质沥青混合料,且 LG 高温特性好于 BG。

(2)利用时温等效原理,确定了四种沥青混合料的动态模量和相位角主曲线,高温(低频)时,两种火山灰与 SBS 复合改性沥青混合料在高温时动态模量高于火山灰改性基质沥青混合料,相位角低于两种火山灰改性基质沥青混合料,且 LG 高温性能好于 BG。

(3)通过动态模量主曲线和相位角主曲线,同时借助于低温三点小梁弯曲试验结果可以看出,火山灰与 SBS 复合改性沥青混合料的低温效果较好,同样得出 LG 低温性能好于 BG。

参 考 文 献

[1] 陈志国,吴建涛,于丽梅.火山灰改性沥青混合料在公路养护中的应用研究[C].中国公路养护技术大会论文集.2012.
[2] 于丽梅,陈志国.填料型细火山灰改性沥青混合料路用性能研究[J].吉林交通科技,2015(4):31-33.
[3] Chen Zhiguo, Chen Zining, Wu Jiantao, et al. Pavement performance research on fine volcanic ash modified asphalt mastic and mixture[J]. Advanced Materials Research. 2011, 255-260: 3382–3386.
[4] 陈志国.火山灰沥青胶浆路用性能的研究[D].哈尔滨:哈尔滨工业大学,2010.
[5] 赵延庆,吴剑,文健.沥青混合料动态模量及其主曲线的确定与分析[J].公路,2006,08:163-167.

尾矿渣筑路技术在高速公路建设中的应用

崔洪海　徐海清　王　宇　杨晓燕　于铁军

(吉林省交通规划设计院　吉林　长春　130021)

摘　要：鹤大高速公路沿线经过的白山、通化地区分布着较多采矿场，其大量废弃的尾矿渣占用了宝贵的土地资源，而且对周边环境带来不利影响。依托鹤大高速双示范工程，通过对沿线尾矿渣的调查、试验和分析，并结合试验路验证，提出将尾矿渣用于高速公路路基填料的设计和施工技术要点，总结并指导利用尾矿渣填筑高速公路路基的推广应用。

关键词：高速公路　尾矿渣　路基　筑路技术

1　引言

鹤岗至大连高速公路是国家高速公路网9条南北纵线中的第一纵，也是吉林省和黑龙江省东部地区进关出海的便捷通道。靖宇至通化段是鹤大高速公路中吉林省境内的一段。在建的鹤大高速公路靖宇至通化段途径白山市和通化市，其沿线分布着较多采矿场。采矿场在生产过程中产生了大量的尾矿渣废料，并且随着开采，尾矿渣逐年增多。如果将尾矿渣用于高速公路路基填筑，既可以节约公路建设成本，减少尾矿渣对环境的不利影响，又可以减少公路建设中路线外取土，减轻公路建设对周边环境的不利影响，节约宝贵的土地资源，具有显著的经济效益和社会效益。

2　沿线尾矿渣分布及特性

2.1　分布情况

靖宇至通化段高速公路沿线距离路线较近的尾矿渣主要产自白山市八道江区板石沟铁矿。板石沟铁矿目前存在多处尾矿废弃物存放场，尾矿废弃物主要包括尾矿渣和尾矿砂。其中，尾矿渣为露天堆放，以碎块石形态存在。尾矿砂储存于尾矿池中，采用湿法管道排放，以细粒砂土形式存在。根据材料的特点及对路基填筑的适宜性，该项目选用尾矿渣作为路基填料。目前，板石沟铁矿在路线附近有10余处尾矿存渣场，废弃物总量超过百万立方米，距离路线平均运距不超过10km。

2.2　构造成因

板石沟铁矿位于吉林省白山市八道江区板石沟附近，铁矿赋存于晚太古宙表壳岩系中段角闪质岩石中，其原岩属中基性火山喷出岩。矿体受北东东向复式向斜构造控制，两翼形成南北两条含矿带，并被同一磁异常所套合。从地质构造来看，铁矿产于太古宙鞍山群中，矿体较多，成组成带出现。1958年发现该矿后，至今已发现矿体170余个，矿区岩石类别较为繁多，围岩主要是斜长角闪岩、磁铁石英岩和片麻岩等。其中的磁铁石英岩为板石沟铁矿的主要工业矿石，与斜长角闪岩紧密共生，条状断续分布于角闪岩中。片麻岩分布较为广泛，分布基本与斜长角闪岩平行。矿区磁铁石英岩中Fe含量一般在25%~40%之间，属贫铁矿石。

2.3　材料特性

经调查，板石沟铁矿现有尾矿渣大多是铁矿开采过程中与磁铁矿岩层共生的斜长角闪岩或并行的片麻岩层经破碎后形成，也有少量是磁铁矿选矿中铁矿含量贫乏的石英岩矿。尾矿渣为粗选矿废弃物，岩石多成灰白色或灰黑色，粒径相对均匀，多在1.3~7cm之间，少量超过15cm，最大粒径在50cm左右。其成分中以SiO_2为主，Fe、Al等金属含量相对较低，室内试验参数见表1。

尾矿渣试验参数　　　表1

试 验 项 目		试 验 结 果
表观密度(kg/m³)		3 020
单轴抗压强度(兆帕)		46.7
软化系数(%)		97
压碎值(%)		16
饱水压碎值(%)		17.8
坚固性(%)		3
硫化物(%)		0.46
氯离子(%)		0.002
含泥量(%)		0.1
碱活性膨胀率(%)		0.06
放射性	内照指数	0.2
	外照指数	0.2
化学成分分析(%)	SiO_2	45.98
	Fe_2O_3	18.33
	Al_2O_3	14.06
	CaO	8.92
	MgO	5.29
	Na_2O	2.6
	TiO_2	1.795
	P_2O_5	1.037
	K_2O	0.95
	SO_3	0.463
	MnO	0.25

2.4 应用条件

(1)尾矿渣用作路基填料,首先需满足公路路基填料的基本要求。

①强度:从试验结果来看,尾矿渣以硬质岩石形成的集料为主,强度满足路基填料的基本要求。

②粒径:由于尾矿渣材料粒径相对较大,且相对均匀,常规的压实方法难以形成较为稳定的路基状态。但考虑到与填石路基类似,一般通过采用振动压实、增加碾压次数等方式,均可以实现其作为路基填料的要求。

③材料稳定性:尾矿渣岩石成分中由于含有一部分矿物成分,根据规范相关规定,膨胀性、易溶性或盐化岩石,不得用于路基填料。从材料调查及试验结果来看,本项目所用尾矿渣满足材料稳定性的相关要求。

(2)其次,尾矿渣对周边环境的影响程度也是需要考虑的重要因素。公路周边环境的敏感性,决定所用的尾矿渣材料是否适宜于路基填筑。要从保护环境的角度,分析尾矿渣对周边土壤、水体和空气的影响,放射性是否超标,对不满足环境保护标准相关要求的尾矿渣材料不得直接用于路基填筑。经取样试验,本项目采用的尾矿渣虽然含有一定的金属成分,但硫化物、氯化物含量相对较低,碱活性较低,放射性指数远低于国家相关标准(内、外照射指数小于1),故其对周边环境的影响较低。

3 尾矿渣路基设计与施工要点

3.1 设计要点

结合项目沿线材料特点及工程实际情况,总结尾矿渣路基设计要点如下:

(1)横断面设计:尾矿渣路基横断面设计中,当路基高度小于8m时,边坡坡率不宜陡于1:1.5;当大于8m时应分段填筑,分段下部路基边坡坡率不宜陡于1:1.75。路床部分宜采用常规路基填料填筑。

(2)土质包边设计:尾矿渣填筑路基时,边坡宜采用土质包边。包边土宜与路基填筑同步进行,当难以同步时,应采取措施对包边土夯拍压实。尾矿渣路堤边坡可采用全断面填筑后覆土方式或采用台阶式填筑。当采用全断面填筑后覆土方式时,覆土厚度不宜少于30cm,并夯拍密实。当采用台阶式填筑时,台阶高度宜采用0.8~1.2m。路基高度大于12m时,宜在边坡中部设置边坡平台,平台宽度不宜小于1m。路基高度小于5m时,包边宽度不宜小于1m;路基高度5~12m时,包边宽不宜小于1.5m;路基高度大于12m时,包边宽度不宜小于2m。

(3)内部防排水设计:尾矿渣路基应采取防排水措施。设计中可在地势较低一侧的填方坡脚设置碎石盲沟,当地势平坦时两侧交错设置,碎石盲沟单侧纵向间距20m左右设置一道。盲沟尺寸可采用40cm(高)×50cm(宽),宜采用2~8cm的单粒径碎石,外包裹渗水土工布。另外,靠近路床底面宜设置一层反滤土工布隔离层,以防止路面渗水进入路基内部。

(4)防护设计:尾矿渣路基由于空隙较大,包边土易于在流水作用下渗漏形成冲刷。设计中,当路基边坡较矮时,建议土路肩采用圬工铺砌,边坡采用易于生长的植物防护措施;当路基边坡较高时,边坡易于形成冲刷,建议采取设置拦水带和急流槽的防护排水措施。

图1 试验路现场施工

(5)路床:尾矿渣路基的路床部位宜采用正常路基填料填筑,当缺乏正常路基填料而采用尾矿渣填筑时,其要求应满足公路路基设计规范的相关规定。

3.2 施工要点

结合本项目试验路铺筑情况(图1),总结出尾矿渣路基施工要点如下:

(1)尾矿渣路基顶面应无明显孔隙、空洞。在其他填料填筑前,路堤最后一层的铺筑层(过渡层)厚应不大于40cm,过渡层碎石料粒径应小于15cm,并满足一定的级配。

(2)尾矿渣路基碾压机械应采用自重不小于18t的自行式与拖式振动压路机组合,碾压遍数应结合机械功率、岩石强度、铺筑厚度等因素通过试验路段确定,碾压遍数建议值见表2。

碾压遍数建议值表　　　表2

铺筑厚度(cm)	碾压遍数	18t以上拖式凸块振动压路机(或拖式光轮振动压路机)与18t以上自行式压路机
<60	8	拖式6遍,自行2遍
80	10	拖式6遍,自行4遍
100	16	拖式10遍,自行6遍

(3)碾压机械行驶速度宜控制在3~5km/h,初始时宜慢速。碾压的顺序宜两侧向中间进行,再由中间向两侧碾压,曲线路段应由内侧向外侧碾压,压实路线应纵向相互平行,行与行间的碾压轮重叠40~50cm,前后相邻区段重叠不少于2m。桥涵、挡墙台背回填部分若采用重型压路机压实困难时,可用小型夯实机械进行补压。

(4)高填方及自然沉降时间较短的尾矿渣路基,宜采用冲击碾压技术进行增强补压。压路机的最大激振力不小于40t;冲击压路机宜采用能量25kJ以上的牵引行走式三边形压路机。尾矿渣路基的分层补压每层厚度2m。路基顶面补压宜在下路堤顶面进行。冲击碾压施工段长度不宜小于100m,行驶速度不小于8km/h,冲击碾压的转弯路段应并入下一冲压施工段。冲压遍数可采用20遍,冲压后平均沉降量若小于或等于30mm时,则不需进行冲击增强补压;若最后5遍的压沉量超过20mm,则需分析原因并应继续冲压 5 遍。冲击碾压应考虑对附近构造物的影响,涵洞顶处保护层厚度不宜少于 3m。

(5)尾矿渣路基施工前应修建试验段以达到如下目的:确认填料能否利用及填筑厚度;确认采用的碾压机械型号及组合;碾压能否达到预期效果;确定碾压的合理施工工艺;确定合适的质量检测方法;确定合理的质量控制标准。

(6)对于采用冲击碾压工艺的路段还应完成以下工作:确定冲击碾压的效果,总结施工工艺与检测标准。

3.3 尾矿渣路基的质量控制与评定标准

(1)质量控制

①尾矿渣路堤的压实质量宜采用施工过程中的工艺和参数与压实质量检测联合控制,施工中采用压实沉降差检测压实质量。

②施工过程控制包括如下内容:填料最大粒径、填料均匀性、层铺厚度、碾压速度、碾压遍数、压实机具等应符合前述相关规定,并有相应的现场记录。

③沉降差检测是在压实后的尾矿渣路基表面,每 20m 检测一个断面,每个断面布设 5～10 个测点,用铁钉系红布条或铁球标记高程点,高程点避免位于突出大石和压路机不能压到的地方;然后用静重 18t 以上振动压路机振动碾压 1 遍,检测碾压后各测点高程,其碾压前后应无明显轮迹,检测频率:每 2 000m² 检验至少 16 点,在压实面积不足 2 000m 时,至少检验 8 点。

(2)评定标准

①尾矿渣路基成型后的外观质量标准:路堤表面无明显孔洞,大粒径石料不松动,挖动困难;边坡采用块石码砌时,块石应紧贴、密实、无明显孔洞、松动,砌块间承载面向内倾斜,坡面平顺;边坡采用土质包边时,包边土应密实,无明显变形、塌陷,坡面平顺。

②路堤过渡层的质量标准:过渡层厚应不大于 40cm,最大粒径小于 10cm,表面应均匀、密实,顶面横坡应与路拱横坡一致。

③压实指标沉降差平均值一般应小于 5mm,标准差小于 3mm,通过试验路确定,对于不满足要求的应重新碾压或采取增强补压措施。

④局部测点沉降差值大于最大容许值 5mm 的路段,需要进行局部补充碾压。

3.4 沉降观测及施工监控

(1)沉降观测

①路堤填高超过 5m 或存在软弱地基的尾矿渣路基,路基填筑期间应进行沉降观测,沉降观测包括地基沉降和路基沉降。对于地基较差的增加坡脚及以外地面的水平和竖向位移观测,地基沉降采用沉降板外加套管的方式。一个路段选择沉降量最大的 1～2 个横断面进行观测,根据地质状况与路基高度,每个断面埋设 2～4 个观测点。路基沉降观测点位于各级平台和路基顶面,可采用埋设水泥桩和红漆标记的方式。

②沉降观测频率根据实测结果和填筑速率确定,一般情况下,填筑期可每周一测,对于路基稳定性较差存在路基整体失稳可能的,应一天一测或每层一测,稳定期每月一测。当每次实测沉降量变化小于 3mm 时,可减小观测频率。

③深厚松散堆积体、斜坡湿软地基或最大填筑高度超过 20m 的高填方路基,需进行施工监控。

(2)施工监控

①尾矿渣路基的施工工艺监控:包括地质状况、地基处理、填料、层厚、碾压机械与遍数、边坡防护、地下地表防排水、挡墙施工、填筑时间和工期安排等内容,对原设计进行核实与细化。

②工期安排应根据工后差异沉降率进行控制,一般而言,尾矿渣路基体填筑完工后本身的沉降量为路基高度的 1%～3%,因此可根据路基填筑过程曲线预估其沉降曲线。

③尾矿渣路基的位移监测:施工中的监测指标为地基的竖向位移、深层水平位移和路基的水平位

移。观测点的布置应选择位移和沉降量最大的断面。地基的竖向位移可采用沉降板、分层沉降管监测;深层水平位移采用测斜仪观测,路基的水平位移可采用全站仪观测,观测精度在毫米级。

④基于施工过程的稳定分析与预测:根据施工进展与实测数据,对深厚松散堆积体、斜坡湿软地基或最大填筑高度超过20m的高填方路基的稳定性与沉降等进行分析预测,并与原设计要求进行对比分析。

⑤施工措施:根据现场状况与实测数据等反馈信息,提出相应的施工改进措施建议。

⑥对于需要监控的段落,根据水平位移、竖向位移等观测资料对尾矿渣路基的质量进行评估,待路基稳定后方可进行路面铺筑。

4　结语

目前,本项目尾矿渣填筑路基工程已顺利完成,经施工期观测,路基稳定性较好,经济效益和社会效益较为明显,基本达到了预期的效果。但由于材料来源、成因、成分等存在差异,尾矿废弃材料的状态、性质也不同。其他类似项目在应用前,建议结合项目需求、材料特点及周边环境敏感性等因素,综合分析其可行性。

随着我国高速公路建设的快速发展,国内已取得了较为丰富的设计和建设经验,今后如何在保证公路建设质量前提下,加强废弃资源利用,降低公路建设成本,是公路建设人员需要不断总结和思考的问题。

参 考 文 献

[1] 中华人民共和国行业标准.JTG D30—2015　公路路基设计规范[S].北京:人民交通出版社,2015.
[2] 中华人民共和国地方标准.DB 22/T 1961—2013.公路填石路基施工技术规范[S].北京:人民交通出版社,2013.

油页岩沥青混合料路用性能分析

史光绪　时成林

(吉林省交通科学研究所　长春　130012)

摘　要：油页岩废渣是油页岩经干馏或燃烧发电后产生的废渣，由于其矿化程度很高，所以废渣生成率很高。随着油页岩资源的开发，油页岩废渣的排放量不断增加。因此，可以大量消耗油页岩废渣的综合利用途径越来越得到人们的重视。本文就油页岩废渣在沥青路用性能方面进行探讨。

关键词：油页岩废渣　油石比　高温稳定性

1　前言

油页岩一种天然的、不能渗透的、纹理细密的黑色或棕色片状固体可燃化石燃料，其有机物含量较高，含油率一般高于3.5%，我国油页岩矿藏资源丰富，据目前勘察资料表明储量居世界第四。吉林省油页岩资源储量十分丰富，居全国第一。主要集中在扶余—长春岭板块、农安—前郭板块、桦甸板块和汪清板块。目前油页岩主要用于炼制页岩油和采用悬浮燃烧方式发电。油页岩中所含的有机物通过干馏产生油，而不是通过常规炼制石油所用的溶剂提取。但是由于其矿化程度很高，含油率较低，所以其废渣生成率很高。

伴随着油页岩资源的开发，油页岩灰渣的排放量不断增加。由于缺乏环境意识与可持续发展观念，目前对油页岩废渣的处理方式都是将其直接丢弃堆置在附近。这些油页岩废渣中含有大量毒性物质或潜在危害人体的物质，经过雨水冲刷扩散后造成了周围的土地、水源和生物的污染，造成的直接影响就是破坏了农业的生产，使油页岩灰渣周边地区的土地酸化和毒化，影响了土壤的生产能力，最终危害到居民的生活和健康。目前就油页岩废渣的处理，主要用于提取白炭黑、氧化铝和提纯高岭石，用作橡胶的添加剂，生产水泥、砌块、陶粒以及用作土壤改良剂等。

2　油页岩废渣单质性质

试验选取了两种代表性油页岩废渣A和B(图1)。两种油页岩废渣均具有页岩的薄片层节理结构，片状颗粒含量较多。

2.1　两种油页岩废渣的化学成分分析

两种油页岩废渣均具有块状和粉状颗粒，分别对块状和粉状油页岩废渣的化学成分进行分析，结果见表1。

油页岩废渣化学成分试验结果　　　　表1

分类	状态	SiO_2(%)	Al_2O_3(%)	Fe_2O_3(%)	CaO(%)	MgO(%)	烧失量(%)
A	块	58.32	3.54	6.91	8.15	0.87	2.75
	粉	43.82	5.09	6.42	9.54	4.42	13.29
B	块	58.13	0.44	6.8	7.82	6.24	5.27
	粉	52.32	3.1	6.42	17.61	1.25	5.09

| a) A样品 | b) B样品 |

图 1　油页岩废渣样品

2.2　两种油页岩废渣颗粒组成试验

对两种油页岩废渣进行颗粒组成试验：油页岩废渣 A 的颗粒组成大部分小于 30mm，含有少量 50mm 粒径的颗粒；而油页岩废渣 B 的颗粒均小于 20mm，没有大粒径的颗粒。结构见表 2。

油页岩废渣筛分试验结果　　　　表 2

分类	筛孔通过率（%）											
	26.5	19	16	13.2	9.5	4.75	2.36	1.18	0.6	0.3	0.15	0.075
A	97.1	91.4	88.3	84.1	75.7	59.2	44.6	36.3	25	18.2	8.7	6.2
B	100	100	100	99.6	93.3	65.7	41.4	28.7	15.1	8.1	1.9	1.1

从筛分的试验结果看，两种油页岩废渣均具有一定的级配组成，其中 A 各档筛孔均有一定通过量，且级配曲线较缓，具有良好的级配组成，便于压实；B 中细料含量偏少，且级配曲线较陡，在压实过程中可能细料填充不足，造成压实效果不好，影响强度和稳定性。

2.3　两种油页岩废渣密度及吸水率试验

分别采用容量瓶法和水中重法对油页岩灰渣中细料（4.75mm 以下）和粗料（4.75mm 以上）进行密度试验，容量瓶法可以确定细料的表观密度，水中重法可以确定粗料的毛体积密度、表观密度和吸水率，结果见表 3。

油页岩灰渣密度试验结果　　　　表 3

油页岩废渣	细料	粗料		
	表观密度（g/cm³）	毛体积密度（g/cm³）	表观密度（g/cm³）	吸水率（%）
A	2.360	1.614	2.415	20.5
B	2.627	1.792	2.618	17.6

2.4　油页岩废渣压实度试验

两种油页岩废渣压实度试验，结果见表 4。

油页岩废渣压碎值试验结果　　　　表 4

油页岩灰渣	压碎值（%）	油页岩灰渣	压碎值（%）
A	42.7	B	44.2

3 油页岩废渣沥青混合料路用性能分析

本试验将 A、B 两种油页岩废渣加工后得到油页岩废渣粉 A1、B1,将混合料中矿粉的 25%、50%、75% 和 100% 分别用 A1、B1 进行替代,选用 SMA-16、AC-20 和 ATB-25 三种级配进行沥青混合料路用性能试验,通过试验得出油石比、残留稳定度、冻融劈裂比以及动稳定度,如表 5 所示。油石比动稳定度柱状比较如图 2、图 3 所示。

沥青混合料路用性能试验结果　　　表5

	级配类型		油石比(%)	残留稳定度(%)	冻融劈裂比(%)	车辙
矿粉	SMA-16		6.4	95.46	92.38	3 015
	AC-20		4.6	88.23	85.35	2 474
	ATB-25		3.9	90.56	89.47	2 636
	级配类型	掺量(%)	油石比(%)	残留稳定度(%)	冻融劈裂比(%)	车辙
A1	SAM-16	25	6.4	95.13	93.15	3 187
		50	6.4	95.32	93.64	3 275
		75	6.3	93.74	91.47	3 057
		100	6.3	91.46	89.46	3 018
	AC-20	25	4.6	90.88	86.28	2 854
		50	4.5	86.26	84.45	2 650
		75	4.5	84.34	83.27	2 267
		100	4.5	83.36	80.40	2 571
	ATB-25	25	3.9	90.20	88.14	2 978
		50	3.9	89.16	86.28	2 736
		75	3.9	85.45	86.36	2 765
		100	3.8	85.36	84.65	2 461
	级配类型	掺量(%)	油石比(%)	残留稳定度(%)	冻融劈裂比(%)	车辙
B1	SAM-16	25	6.4	95.4	91.45	3 475
		50	6.4	93.83	82.59	3 780
		75	6.3	90.83	86.69	3 057
		100	6.3	89.73	87.90	3 000
	AC-20	25	4.6	84.27	88.54	2 514
		50	4.6	82.1	85.25	2 211
		75	4.5	76.3	87.83	2 166
		100	4.5	80.92	77.50	2 246
	ATB-25	25	3.9	93.33	87.48	2 777
		50	3.9	88.34	82.18	2 365
		75	4.0	88.12	78.45	2 415
		100	4.0	82.15	71.13	2 158

从图2、图3中可以看出:随着油页岩废渣替代量的增加,两种沥青混合料油石比都出现了下降趋势,从工程经济方面考虑,加入油页岩废渣可以节省成本。但是通过动稳定度可以得出,虽然用油页岩废渣替换矿粉后性能指标满足规定要求,但掺量超过50%后,高温性能指标大幅度下降。而从表5中可以得出随着油页岩废渣替代量的增加,沥青混合料水稳定性呈下降趋势。

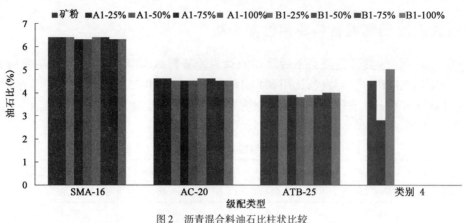

图2 沥青混合料油石比柱状比较

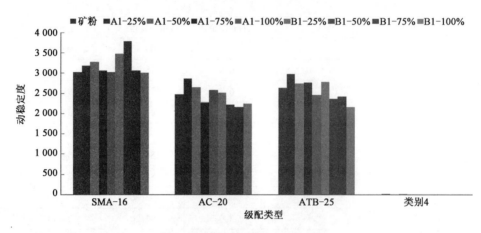

图3 沥青混合料动稳定度柱状比较

4 结语

综合以上分析结果,由于油页岩废渣压碎值较高,如直接替代混合料中集料,会影响混合料嵌挤结构的形成,导致混合料路用性能不满足规定要求。所以本试验将油页岩废渣加工处理后替换混合料中部分矿粉,保证掺入油页岩废渣后,能够形成沥青混合料骨架结构。

经过大量室内试验结果显示,将油页岩废渣加工后替代部分矿粉,其沥青混合料能够满足规定的要求,由于油页岩废渣的种类以及油页岩废渣的替换量都对沥青混合料有着直接的影响,应对不同油页岩废渣的替换量进行合理的调整。一方面要大量消耗油页岩废渣,以减轻对环境的污染;另一方面要保证在合理替换量内,沥青混合料性能指标满足规定要求。

参 考 文 献

[1] 沈金安.沥青及沥青混合料路用性能[M].北京:人民交通出版社,2004.
[2] 何永光,宋岩.油页岩的综合利用[J].煤炭加工与综合利用,2005(1).
[3] 百日华.沥青路面病害检测与养护决策研究[D].长春:吉林大学,2013.

隧道洞渣在鹤大高速公路科技示范工程中的综合应用

张蔚博　张　羽　崔国柱

(中交路桥南方工程有限公司　北京　101100)

摘　要：根据鹤大高速公路科技示范工程中建设生态文明及发展循环经济、建设绿色、循环、低碳交通、建设"生态吉林"和实施"创新驱动发展战略"的要求，结合鹤大高速公路柞木台隧道的工程特点及相关施工技术规范要求，阐述了洞渣作为隧道施工中的副产品，如若处理不当，对生态环境造成影响及隐患。通过对隧道洞渣的合理调配、综合分析利用，提升了工程建设项目的科技含量和技术水平，对吉林省高速公路建设起到示范和引领作用，达到节能减排、循环利用、符合国家节约型社会的要求。对全国高速公路的建设起到示范和带动作用。

关键词：隧道洞渣　合理调配　分析利用　科技示范

1　引言

随着近年来吉林省高速公路的快速发展，隧道作为山区高速公路常见的构造物，不可避免地产生了大量废弃洞渣。目前受施工工艺、组织管理等方面因素影响，洞渣往往得不到很好的利用和合理调配，进而大量占用耕地农田作为弃渣场，污染环境、破坏生态系统平衡、浪费较好石材资源、后期还需要投入人力物力解决环境问题。这完全有悖于鹤大高速公路"建设技术先进、资源节约、生态环保的现代化高速公路的理念"和"不破坏就是最大的保护的施工理念"，因此高速公路隧道弃渣的综合利用及优化资源配置使用是公路建设中亟待解决的问题。

鹤大高速公路位于长白山腹地，柞木台隧道作为ZT05标段控制性工程，全长2 970m，为分离式隧道，其中Ⅲ围岩6.1万m^3，Ⅳ级围岩31.5万m^3，Ⅴ级围岩19.6万m^3，主要为花岗岩及部分玄武岩。通过对挖方洞渣的合理调配、加工运输，广泛综合利用于路基填筑、路面原材、生态砌块及道面铺装等。减少了对农田耕地的占用面积、严格控制原生植被破坏的范围，保证了植被种类多样、原生树木优美。依托柞木台隧道对其弃渣的综合应用进行研究，并将研究成果推广到整个鹤大高速公路的建设中，使鹤大高速公路隧道洞渣变废为宝、综合利用，保护自然环境，努力把鹤大高速公路建设成一个建设节约型、科学利用型的典型示范工程。

2　国内隧道弃渣利用现状及危害

我国现阶段的隧道设计施工仅限于单位工程实施的合理性，而往往缺乏系统性和整体性的思考，未能根据整个建设项目特点进行综合性的分析考虑，使隧道建设脱离了整个项目建设体系，与其他单位工程的配合出现问题，缺乏对隧道范围内岩体物理力学参数的研究，隧道洞渣的利用未能受到足够的重视，在隧道弃渣利用上缺乏综合规划，除少部分洞渣用作路基的填料外，绝大部分均被作为弃渣运至弃土场废弃，利用较单一，未能将隧道弃渣作为优质筑路材料全面综合的加以利用，利用率较低。且需要修筑专门的弃渣便道及弃渣场，占用大量永久性征地(图1、图2)。

另一方面，路基、路面、桥涵以及防护排水工程却需要大量外购碎石、片石等，通过远距离运输到达施工现场使用，这种舍近求远的做法既不符合现行高速公路建设生态文明及发展循环经济的国家要求，也不科学、合理。不但增加了施工单位的施工成本，降低了企业的生产利润，而且对建设单位来讲，需要花费更多的资金来保证建设项目的顺利实施。

在项目的实际施工过程中，部分施工队伍，为施工方便，节省施工成本，本应运输至弃渣场摊平碾压的洞渣,不按设计要求进行堆放,被随意地丢弃在隧道洞口附近,污染施工环境,挤占泄水通道,导致次生灾害发生,这些在全国隧道建设中也是极其普遍的现象。

图1 弃渣场便道

图2 弃渣场对原有生态造成破坏

2.1 占用大量土地,改变原有地表环境

隧道洞渣数量巨大,且多为软石、次坚石、坚石,其大量堆积于地表,取代了原有的植被环境,隧道弃渣场多为永久性占地,使土地丧失耕种和植被恢复能力,改变了原有植被景观,破坏了原生态环境,容易导致大量水土流失,影响生态系统的平衡。尤其是在施工过程中对弃渣不按相关规范要求堆放,随意丢弃,更会扩大对环境的影响,即使后期采取一定复垦措施,短时间也很难达到占用前的效果。

2.2 诱发地质灾害

山区隧道弃渣场多选于沟道等坑洼地区,部分弃渣场防护工程施工不到位本身就容易发生小型滑塌灾害,加之对原有环境的破坏,在建设过程中损坏和扰动了原有土层,导致次生灾害的发生,同时弃用大量的土石在暴雨时,极易造成整体滑动,形成滑坡体。在沟道河道内大量弃渣容易导致泄洪能力下降,发生洪灾。

2.3 对下游及周边地区的环境危害

隧道弃渣场如若不及时做好弃渣的防护和场地的排水工程,当遇强降雨时,容易造成大量水土流失,大量弃土弃渣下泄,产生泥石流和洪水,影响到区域内种植和道路交通,对下游周边居民的生产生活造成巨大影响的同时也污染环境。

3 鹤大高速公路柞木台隧道洞渣的综合应用

3.1 弃渣弃方巨粒土路基填筑技术应用

本工程设计中尽量利用了隧道出渣和挖余土(石)进行纵向调配,路基用土充分利用线内挖方,有缺方的路段采用线外集中取土的方式。

针对隧道弃渣和挖方石料经常存在超粒径和级配不良问题,省地方标准《填石路基施工技术指南》,为填石路基施工工艺及质量控制提供了科技支撑。

3.1.1 洞渣巨粒土施工工艺

隧道洞渣填筑路基工艺流程如图3所示。

3.1.2 实施中控制措施

(1)控制填料的爆破与开挖,保证填方对石料粒径、级配的要求。

(2)对填料进行分类和分级,提出适用的场合(地基、路床、路堤、桥涵台背等)及应用方式(单独使用或混用)。

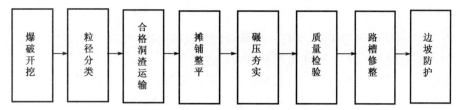

图3　隧道洞渣填筑路基工艺流程图

(3)控制填石路基压实:通过试验路段确定常规碾压的压路机组合及碾压方式;对高填方及自然沉降时间较短的填石路基,采用冲击碾压技术进行增强补压;对高填方填石路基工期紧,预计工后沉降量较大路段,考虑采用强(重)夯,缩短沉降周期,控制工后沉降。

3.1.3　实施效果

以柞木台隧道为例,对隧道洞渣巨粒土石按照相关标准进行严格控制施工,应用于隧道进出口路基填筑。路基填筑完成后经检测各项指标均符合相关规范要求,仅路基填筑一项减少隧道弃渣12.16万 m^3,洞渣利用率达到20.68%。同时减少了弃渣便道、弃渣场占地35.7亩。减少了弃渣在运输、碾压、弃土场修整过程中大量二氧化碳的排放,符合生态环保的要求(图4、图5)。同时减少了弃土场所需的防护以及绿化工程所造成的大量人力、物力资源的浪费。

图4　粒料筛分选择

图5　隧道洞渣填筑碾压

3.2　隧道洞渣加工利用于路面材料技术应用

隧道进、出口洞渣以花岗岩为主,也含有少许安山岩、玄武岩。通过对洞渣进行反复试验、验证,可以作为碎石加工原材,本标段在隧道进、出口均设置洞渣加工区。

隧道洞渣通过二次加工后产生的碎石,有0~4.75mm、4.75~9.5mm、9.5~19mm、19~37.5mm四种碎石粒料,主要用于路面基层、底基层等部位。

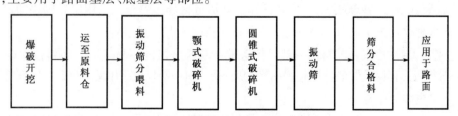

图6　隧道洞渣加工路面材料工艺流程图

3.2.1　隧道洞渣加工工艺

隧道洞渣经试验检验合格后运至洞渣加工区,通过振动喂料机均匀地喂入颚式破碎机初步破碎,经粗碎后的成品通过皮带输送机输送至圆锥式破碎机进一步破碎,二次破碎后的石料通过皮带输送机输送至振动筛筛分出不同规格的石子,满足粒度要求的石子通过皮带输送机输送至成品料堆,不合格的石子通过皮带输送机重新返回至反击式破碎机再次破碎,形成闭路多次循环完成。

3.2.2　实施中控制措施

(1)经检查,机器与传动部分正常,方可在无负荷的情况下启动。

(2)物料应均匀地加入腔内,以防止负荷突变或单边受力。

(3)及时做好摩擦面的润滑工作,方可保障机器正常运转和延长使用寿命。

(4)对运至现场材料及时进行相关物理参数的检验,发现不合格粒料不允许进行加工,保证原材料质量。半刚性基层采用的碎石压碎值应不大于30%,针片状含量不大于18%,单个颗粒的最大粒径不大于31.5mm。

(5)保证施工场地及运输车辆清洁,以及材料堆放处不受污染,保证运至水稳站粒料含泥量不高于3%。

(6)为降低环境污染,碎石场应增设除尘设备。

3.2.3　实施效果

经检验,采用此法生产的四种碎石均符合路面底基层、基层的施工材料要求,方法应用于鹤大高速公路ZT05标的路面工程中,不但减少了弃渣的远距离运输环节,还使隧道弃渣变废为宝,省去了路面材料的大量外购,节约了施工成本。柞木台隧道应用于路面工程减少弃渣42万 m³,利用率达到69.42%,且经检测路面施工质量各项指标均符合相关技术规范要求(图7、图8)。

图7　隧道洞渣加工

图8　加工碎石应用于路面施工

3.3　公路边坡生态砌块及道面铺装成套技术推广应用

结合鹤大高速公路项目特点,利用施工过程中产生的隧道弃渣,由专业厂家生产生态砌块,替代部分原设计中的叠拱护坡及桥涵锥坡。砌块供应本着就近经济合理的原则,考虑实施统一调配。

坡面防护:路堑边坡高度大于6.0m时,砂土、碎石土、强风化岩质路堑边坡采用宝字盖型和梅花组合型生态砌块进行防护;路堤边坡填土高度大于4m时,可采用组合式六边形和梅花组合型生态砌块进行防护。

场区道面铺装:隧道的管理站、变电所场区路面及服务区场区停车位采用生态砌块铺筑。

3.3.1　生态砌块生产工艺

施工工艺流程为:主控室→配料机→基料传送带→基料搅拌机→制砖机→面料传送带→面料搅拌机→制砖机→升板机→程控子母车→养生釜→降板机→码垛机→翻板机→用叉车放到室外堆放场地(图9)。

3.3.2　实施中控制措施

(1)主控室:主控室是一切机械运转的核心,由工程师按配合比,规范要求按程序把数据输入主机中。操作时严格按照《操作手册》操作。

(2)操作人员操作主机把配料机中的基料用传送带送入基料搅拌机中,由搅拌机按设定好的时间、含水量进行拌和,传入制砖机后,再由操作人员在此操控主机把面料由配料机中转入面料搅拌机,拌和后传入制砖机中,制砖机中布满料之后按下操控按钮,制砖机在振动的同时,产生压力直接形成砌块形状,在模具升起后由升板机传送到程控子母车上,在传送过程中,质检人员应不定期不定次数地进行砌

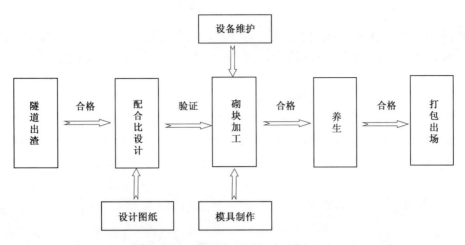

图9 生态砌块及道面铺装生产工艺流程图

块尺寸、外观及布料密实度情况抽检。

(3)程控子母车放满后,主机遥控子母车从轨道进入养生室,进行蒸汽养生,养生达到500℃后,再由程控子母车从养生室中运送到运输带上,运输带把预制块传送带码垛机中,码垛机自助进行砌块码放,码放完成后由打包机进行打包,人工进行打包加固,再由叉车运送到指定存放地点。码放完毕后的钢板右翻板机翻板后运输回传送带上,反复循环。

3.3.3 生产砌块的主要类型及技术指标

技术标准:抗弯强度≥4.0N/mm²;抗压强度≥14.7N/mm²;透水系数≥1.0×10^{-2}cm/s;抗滑性≥40BPN(湿润状态);冻融性:200次;抗摩擦性:0.017~0.131g;吸水率:36.1%;保水率:0.2g/cm²。产品符合国家规范要求,满足工程需要。

本标段主要应用砌块类型如图10所示。

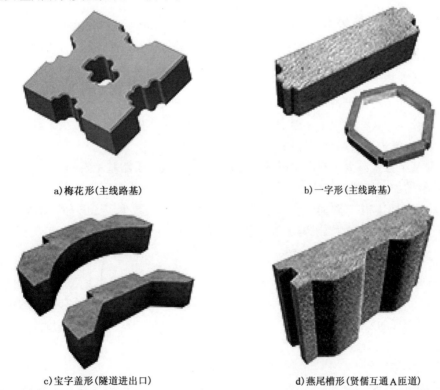

a) 梅花形(主线路基)
b) 一字形(主线路基)
c) 宝字盖形(隧道进出口)
d) 燕尾槽形(贤儒互通A匝道)

图10 砌块类型

3.3.4 实施效果

原材料大部分来源于隧道弃渣,大大降低了原材料的采购费用,其采用联锁方式连接,结构稳定,受力状况好,减少了自重对地基承载力要求较低,能够很好地适应东北寒区冻胀的影响,大大降低了高速公路后期运行养护的费用。

通过生态机制砌块在鹤大高速公路的应用推广,根据其生产及施工特点,从经济角度分析,由于原材料大部分来源于隧道弃渣,大大降低了原材料的采购费用,而且节省了弃渣的占用征地面积,生态砌块强度高,其设计厚度远小于浆砌工程,且取消了土工格室,以鹤大高速公路ZT05标为例,将浆砌工程变更为生态砌块边坡防护,初步计算产生的费用比原设计大大降低(图11、图12)。

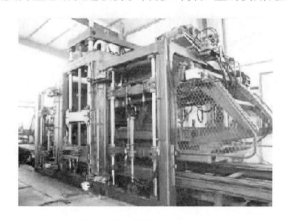
图11 生态砌块加工生产设备

图12 生态砌块在路基边坡中的应用

3.4 隧道弃渣在浆砌工程中的应用

上述石块都需要二次加工应用于路基工程、路面工程以及相关生态砌块工程,其他部分较完整的石块还可以直接用于浆砌工程,应用于浆砌排水沟,以及护脚墙等防护工程。工艺更加简单,便于施工。

4 经济及社会效益分析

4.1 经济效益

通过隧道洞渣在鹤大高速公路ZT05标段科技示范工程中的综合利用推广,柞木台隧道洞渣通过路基填筑以及二次加工应用于路面工程和生态防护工程、排水浆砌工程,利用率基本达到100%,未增设任何弃渣便道及弃渣场。减少了征地费用、降低了企业的施工成本,同时减少了弃渣场相关的防护和排水等附属工程,也省去了后期对弃渣场的复垦恢复工作。

洞渣填筑路基工程中减少了对取土场的开挖面积,大大减少了路基填筑的运距,且隧道洞渣多为次坚石、坚石。不但增加了路基填筑的施工效率,而且保证了路基的施工质量。

洞渣经过二次加工应用于路面工程和生态砌块防护工程中,减少了50万m^3的碎石外购量。同时减少了弃渣外运,以及对弃渣的摊平碾压等机械费用。

4.2 社会效益

鹤大高速公路ZT05标成功实施隧道弃渣综合利用后,创造良好的社会效益:洞渣利用减少占用的耕地(农田)约17亩,林地约15亩,保护生态环境14 652 m^2。有效地保护了原有土层的结构形式和植被面积,减少了自然灾害的发生。

5 结语

建设"技术先进、资源节约、生态环保"的现代化高速公路,针对性解决高速公路隧道弃渣利用关键问题提供有效的科技支撑;提升了工程建设项目的科技含量和技术水平,对吉林省高速公路建设起到示范和引领作用,乃至对全国高速公路的建设起到示范和带动作用。实现了资源节约、循环利用,推进"两型"社会的建设;实现路与自然的和谐,使公路和长白山自然景观、人文环境相融合。

参 考 文 献

[1] 魏庆琦,肖伟.交通运输节能减排路径有效性研究[M].北京:科学出版社,2014.
[2] 许宝瑞,班树春,郭秀峰.弃渣的综合利用及弃渣场水土保持方案的研究[J].水利水电技术,2006,37(4):80-83.
[3] 郑毅敏,王栋.洞渣填筑高速公路路基技术研究[J].结构工程师,2012,28(04):118-119.
[4] 付极,李仲海.生态砌块在公路边坡防护工程中的应用[J].西南公路,2013(02).
[5] 陈胜利.洞渣在道路路基处理中的应用研究[J].建筑结构学报,2004,27(08):31-33.
[6] 程晓艳.洞渣土路用性能应用研究[J].建筑结构,2011,31(06):57-58.

橡胶粉改性沥青混合料与SBS改性沥青混合料试验对比研究

李 强 杨惠宇

(苏交科集团股份有限公司 江苏 南京 211112)

摘 要：本文通过对橡胶粉改性沥青、SBS改性沥青，在同等条件下进行室内混合料试验研究，通过两种沥青的材料指标、PG性能试验指标、集料试验、级配选择、混合料体积指标试验、混合料性能试验的对比，最终分析两种不同沥青材料对混合料性能的影响。

关键词：高速公路 路用性能 混合料性能对比 橡胶粉改性沥青

1 引言

改革开放以来，中国的经济一直保持着高速的增长，公路交通建设突飞猛进，现代公路和道路发生许多变化：交通流量和行驶频度急剧增长，货运车的轴重不断增加。这也要求进一步提高路面抗流动性，即高温下抗车辙的能力；提高柔性和弹性，即低温下抗开裂的能力；提高耐磨耗能力和延长使用寿命。沥青作为沥青混合料的主要组成部分，也是沥青混合料抗水损害、高温稳定及低温抗裂等性能的主要影响因素。

本文结合鹤大高速公路靖宇至通化段施工中SBS改性沥青和橡胶粉改性沥青的应用，通过试验室试验分析两种不同沥青材料对混合料性能的影响。

2 橡胶粉改性沥青与SBS改性沥青

2.1 橡胶粉改性沥青优点

橡胶沥青作为一种新型的道路建筑材料，在高低温性能、疲劳性能以及降噪环保等方面表现出了巨大优势，其优点包括：

(1) 针入度减小，软化点提高，黏度增大，对夏季行车的路面车辙、推挤现象有改善。

(2) 温度敏感性降低。在温度较低时，沥青变脆使路面发生应力开裂，在温度较高时，路面变软，受承载车辆作用而变形。

(3) 黏附性增强。由于石料表面黏附的橡胶沥青膜厚度增加，可提高沥青路面抗水侵害能力，延长路用寿命。

2.2 橡胶粉改性沥青技术指标

本项目的橡胶粉改性沥青检测指标见表1。

橡胶粉改性沥青检测结果　　表1

试验项目材料	技术指标	橡胶粉改性沥青
针入度(25℃,100g,5s)(0.1mm)	60~80	63.7
软化点 TR&B(℃)	>60	67.4
5℃延度(cm)	>25	26.9
25℃弹性恢复(%)	≥85	92
180℃动力黏度(Pa·s)	1-4	1.810

续上表

试验项目材料		技术指标	橡胶粉改性沥青
存储稳定性离析,48h 软化点差(℃)		<5.5	2.0
薄膜加热试验	质量变化(%)	±0.8	−0.04
	残留针入度比(%)	>60	82.1
	残留延度5℃(cm)	>10	12.0
PG 等级		70~28	76~28

2.3 SBS 改性沥青优点

SBS 是苯乙烯与丁二烯的嵌段共聚物,采用 SBS 改性沥青的优点包括:
(1)SBS 物理交联可改善沥青混合料抵抗高温永久变形的能力(提高刚度)。
(2)SBS 改性沥青柔性可提高沥青混合料抵抗低温变形的能力(改善韧性)。
(3)改善密级配路面抵抗疲劳裂纹的能力。
(4)改善路面的抗水损坏能力。
(5)改善沥青混合料的抗老化性能。
(6)改善抗剥离能力。

2.4 SBS 改性沥青技术指标

本项目采用的 SBS 改性沥青为中海沥青,沥青检测指标见表2。

SBS 改性沥青检测结果　　　　表2

试验项目材料		技术指标	SBS 改性沥青
针入度25℃,100g,5s(0.1mm)		60~80	76.2
软化点 TR&B(℃)		≥55	61.0
5℃延度(cm)		≥30	31.9
25℃弹性恢复(%)		≥65	90
储存稳定性离析,48h 软化点差(℃)		≤2.5	1.0
薄膜加热试验	质量变化(%)	±1.0	−0.07
	残留针入度比(%)	>60	60.2
	残留延度5℃(cm)	>20	20.7

3 橡胶粉改性沥青与 SBS 改性沥青配合比设计

为了使设计的混合料能够达到实施效果,需要从材料要求、施工工艺、质量控制标准和质量控制方法等诸多方面提出以下要求。

3.1 原材料控制要求

3.1.1 粗集料

用于改性沥青混合料面层的粗集料,宜采用碎石或碎砾石,其粒径规格和质量要求均应符合《公路沥青路面施工技术规范》(JTG F40—2004)及《鹤大高速靖通段路面工程精细化实施细则》的规定。

3.1.2 细集料

细集料包括机制砂、石屑、天然砂。沥青路面面层宜采用人工砂作为细集料,细集料应洁净、干燥、无风化、无有害杂质,有适当的颗粒组成,并与改性沥青有良好的黏附性。

3.1.3 填充料

用于改性沥青混合料面层的填料应洁净、干燥,其质量应符合《公路沥青路面施工技术规范》(JTG

F40—2004)和《鹤大高速靖通段路面工程精细化实施细则》规定的技术要求：

(1)改性沥青混合料填充料宜采用石灰岩强基性岩石等憎水性石料经磨细得到的矿粉，矿粉要求干燥、洁净，不宜使用混合料生产中干法除尘的回收粉。

(2)采用水泥、消石灰粉作填料时，其用量不宜超过矿料总量的2%。

3.2 沥青混合料配合比设计对比

本文就 SMA-13 型沥青混合料的目标配合比设计对两种沥青进行室内对比研究。

沥青玛蹄脂碎石混合料（SMA）是一种由沥青、纤维稳定剂、矿粉及少量细集料组成的沥青玛蹄脂填充间断级配的粗集料骨架间隙而组成的沥青混合料。SMA 混合料的配合比设计采用马歇尔试件的体积设计方法进行，设计矿料级配需满足以下要求：

(1)SMA 路面的工程设计级配宜满足标准规定的矿料级配范围。对于 SMA-13 沥青混合料以 4.75mm 作为粗集料骨架的分界筛孔。

(2)在工程设计级配范围内，调整各种矿料比例，设计三组不同粗细的初试级配，三组级配的粗集料骨架分界筛孔的通过率处于级配范围的中值、中值 ±3% 附近，矿粉数量均为 10% 左右。

(3)从三组初试级配的试验结果中选择设计级配时，必须符合 $VCA_{mix} < VCA_{DRC}$ 及 VMA 满足规范和设计的要求。

结合鹤大高速靖通段项目 SMA-13 改性沥青目标配合比比例，经密度筛分验证满足要求后，分别对橡胶粉改性沥青及 SBS 改性沥青进行配合比设计对比（表3、图1）。

目标配合比矿料级配组成设计　　　　　　　　表3

筛孔 级配(%)	通过筛孔（方孔筛,mm）百分率（%）								
	16.0	13.2	9.5	4.75	2.36	1.18	0.6	0.3	0.15	0.075
合成级配	100	93.3	59.0	27.8	23.6	19.2	16.2	12.7	11.3	10.6
目标级配	100	92.7	65.1	29.9	21.5	17.9	15.4	13.5	12.7	11.1

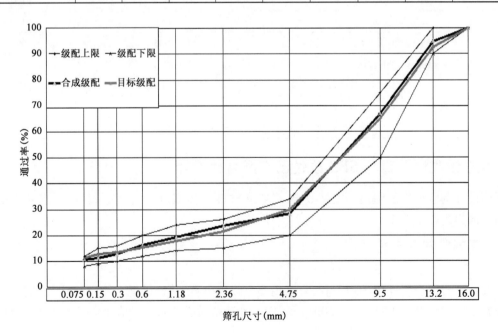

图1　目标配合比验证级配图

3.3 橡胶粉改性沥青 AR-SMA-13 与 SBS 改性沥青 SMA-13 混合料试验结果对比

根据表3合成级配，橡胶粉改性沥青 AR-SMA-13 采用 6.3% 油石比进行了马歇尔击实试验，SBS 改性沥青 SMA-13 采用 6.0% 油石比进行了马歇尔击实试验，试验结果见表4、表5，试件剖面图如图2、图

3 所示。

橡胶粉改性沥青 AR-SMA-13 马歇尔击实试验结果　　　　　表4

油石比（%）	毛体积相对密度	计算最大理论相对密度	空隙率（%）	矿料间隙率（%）	饱和度（%）
6.3	2.494	2.593	3.8	16.6	77.1
要求	—	—	3~4.5	≥16.5	75~85

＊注：对高温稳定性要求较高的重交通路段或炎热地区，设计空隙率允许放宽到4.5%，VMA 允许放宽到16.5%。

SBS 改性沥青 SMA-13 马歇尔击实试验结果　　　　　表5

油石比（%）	毛体积相对密度	计算最大理论相对密度	空隙率（%）	矿料间隙率（%）	饱和度（%）
6.0	2.485	2.588	4.0	16.9	76.4
要求	—	—	3~4.5	≥16.5	75~85

＊注：对高温稳定性要求较高的重交通路段或炎热地区，设计空隙率允许放宽到4.5%，VMA 允许放宽到16.5%。

图2　AR-SMA-13 试件剖面照片

图3　SBS 改性沥青 SMA-13 试件剖面照片

4　橡胶粉改性沥青混合料与 SBS 改性沥青混合料性能试验对比情况

4.1　水稳定性

沥青路面的耐久性主要是依靠沥青与集料的黏附程度，水和矿料的作用破坏了沥青与集料的黏附性，是影响沥青路面耐久性的主要因素之一。沥青路面的水损害包括两个过程，首先是水浸入沥青中使沥青黏附性减小，导致混合料的强度和劲度减小；其次，水浸入沥青薄膜与集料之间，阻断沥青与集料的相互黏结，由于集料表面对水比对沥青有更强的吸附力，从而使沥青与集料的接触面减小，使沥青从集料表面剥落。沥青混合料的水稳定性测试方法主要为：浸水马歇尔稳定度试验与冻融劈裂试验。现分别将橡胶粉改性沥青 SMA-13 与 SBS 改性沥青 SMA-13 水稳定性试验结果汇总如下（表6、表7）。

橡胶粉改性沥青 AR-SMA-13 水稳定性试验结果　　　　　表6

级配类型	油石比（%）	残留稳定度 MS_0（%）	要求（%）	劈裂强度（MPa）TSR（%）	要求（%）
AR-SMA-13	6.3	89.6	≥80	86.4	≥80

SBS 改性沥青 SMA-13 水稳定性试验结果　　　　　表7

级配类型	油石比（%）	残留稳定度 MS0（%）	要求（%）	劈裂强度（MPa）TSR（%）	要求（%）
SMA-13	6.0	88.4	≥80	84.7	≥80

4.2 高温稳定性

沥青路面高温稳定性通常是指沥青混合料在荷载作用下抵抗永久变形的能力。推移、拥包、搓板、泛油等现象均属于沥青路面高温稳定性不足的表现。沥青路面在行车荷载的反复作用下,产生永久变形的累积而导致路表面出现车辙,轮迹处沥青层厚度减薄,消弱了面层及路面结构的整体强度,从而诱发其他病害;雨水路表排水不畅,甚至由于车辙积水导致车辆漂滑,影响高速行车的安全;车辆在超车或更换车道时方向失控。将影响车辆操纵的稳定性。可见车辙的产生,将严重影响路面的使用寿命和服务质量。

沥青混合料高温稳定性通常的评价方法采用车辙试验。在 60±1℃,0.7±0.05MPa 条件下进行车辙试验,以检验沥青混合料的高温稳定性,试验结果见表8、表9。

橡胶粉改性沥青 AR-SMA-13 车辙试验结果　　　表8

级配类型	油石比(%)	动稳定度(次/mm)	
		平均	要求
AR-SMA-13	6.3	6 508	≥4 000

SBS 改性沥青 SMA-13 车辙试验结果　　　表9

级配类型	油石比(%)	动稳定度(次/mm)	
		平均	要求
SMA-13	6.0	4 650	≥3 000

4.3 低温抗裂性

沥青混合料低温抗裂性能一般是指抵抗低温收缩开裂的能力。在温差变化频繁的季节或地区,往往容易产生低温裂缝。

在温度 -10℃、速率 50mm/min 的条件下,进行低温弯曲试验以检验沥青混合料的低温性能,试验结果见表10、表11。

橡胶粉改性沥青 AR-SMA-13 小梁弯曲试验结果　　　表10

级配类型	试件编号	最大荷载(kN)	跨中挠度(mm)	抗弯拉强度(MPa)	劲度模量(MPa)	破坏应变($\mu\varepsilon$)	要求($\mu\varepsilon$)
AR-SMA-13	1	1.782	0.693	14.29	3 904.5	3 659.0	≥3 500
	2	1.666	0.705	13.60	3 674.4	3 701.3	
	3	1.835	0.721	14.80	3 897.6	3 796.1	
	4	1.783	0.699	14.60	3 979.5	3 669.8	
	5	1.865	0.744	15.21	3 905.3	3 894.8	
	6	1.775	0.701	14.49	3 937.2	3 680.3	
	平均	1.784	0.711	14.50	3883.1	3733.5	

SBS 改性沥青 SMA-13 小梁弯曲试验结果　　　表11

级配类型	试件编号	最大荷载(kN)	跨中挠度(mm)	抗弯拉强度(MPa)	劲度模量(MPa)	破坏应变($\mu\varepsilon$)	要求($\mu\varepsilon$)
SMA-13	1	1.335	0.621	10.70	3 264.3	3 278.9	≥2 800
	2	1.342	0.622	10.96	3 354.8	3 265.5	
	3	1.327	0.643	10.70	3 160.5	3 385.4	
	4	1.334	0.636	10.93	3 272.3	3 339.0	
	5	1.359	0.613	11.08	3 453.9	3 209.1	

续上表

级配类型	试件编号	最大荷载（kN）	跨中挠度（mm）	抗弯拉强度（MPa）	劲度模量（MPa）	破坏应变（με）	要求（με）
SMA-13	6	1.376	0.606	11.23	3530.6	3181.5	≥2 800
	平均	1.346	0.624	10.93	3339.4	3276.6	

5 结语

本文通过对橡胶粉改性沥青、SBS 改性沥青，在同等条件下进行室内混合料试验研究，经过橡胶粉改性沥青 SMA-13 和 SBS 改性沥青 SMA-13 两种沥青混合料路用性能进行对比可知：橡胶粉改性沥青、SBS 改性沥青两种沥青对混合料的水稳定性、高温稳定性、低温抗裂性都是比较理想的，相比较而言，橡胶粉改性沥青对沥青混合料路用性能较优。因此，橡胶粉改性沥青的应用推广对于道路工程的环境保护、废物利用、延长道路寿命有极大的现实意义。

参 考 文 献

[1] 于进军,王燕飞.SBS 改性道路沥青的性能概述[J]。石化技术,2000.
[2] 中华人民共和国行业标准.JTG F40—2004 公路沥青路面施工技术规范[S].北京:人民交通出版社,2004.

高寒山区高速公路边坡生态砌块施工技术研究

彭 园 节 亮

(中交路桥华北工程有限公司 北京 101100)

摘 要：路基防护是提高公路建设质量和寿命的重要工程，是高速公路建设的重要组成部分。在我国高速公路建设中边坡生态砌块防护，以其优越的性价比、良好的生态环保性能，正在逐渐地被人们在公路建设中广泛应用。本文以鹤大高速ZT02标生态砌块防护工程为例，对比传统的施工工艺，论述了生态砌块防护在东北高寒山区的可行性和优越性。

关键词：高速公路 生态砌块防护 路基防护施工 多层防护

1 引言

随着我国高速公路建设事业的飞速发展，公路建设所带来的生态环境破坏问题日渐突出，人们逐渐地关注起公路建设生态环保问题。在党的十八大中，把"生态文明建设"摆在总体布局高度加以论述，首次把"美丽中国"作为国家未来建设的宏伟目标，预示着我国经济发展模式、国家投资重点领域将发生变化，这必然会给公路建设行业带来深远的影响。建筑砌块行业虽然体量小，但仍是我国建材工业不可缺少的组成部分，也是市场需求催生的产物，尤其是在我国公路建设边坡生态砌块防护中得到广泛应用。在边坡生态砌块的生产及安装中，绿色施工涉及与可持续发展密切相关的生态与环境保护、资源与能源利用、社会与经济发展问题，是绿色施工技术的综合应用。

2 国内外路基防护技术的应用

发达国家十分重视公路沿线生态环境的保护与公路绿化工作，已从过去的普通绿化进一步发展到目前的生态景观绿化，普遍采用生物防护及生物与工程措施相结合的生态防护技术，使公路建设与大自然融为一体。

在欧美、日本等发达国家在边坡生态砌块防护工程实践上比我国开展得更早，有许多经验值得借鉴。例如：

(1)加拿大在公路设计中十分重视人与自然的和谐统一，如公路建设中强调保存自然与历史遗迹，沿公路建立生物通道，保护自然与生物的连续性，公路建设中明确规定了公路与自然区域要保护一定距离，将交通对环境的负面影响降到最低，见图1。

图1 加拿大边坡生态砌块防护

(2)日本高速公路建设于20世纪60年代后期开启，但高速公路生态恢复技术水平处于世界领先地位，其策略是"环境优生，自然再生"。生物防护追求"精细化"，因国土面积狭小，山丘纵横，因此，采取很多节省土地的公路边坡生态防护措施，见图2。

(3)英国、意大利、韩国等国家将加筋土技术与植被防护技术相结合，修建了包裹式加筋植草面板的路堤，值得学习试用。

(4)韩国公路护坡多采用直立墙式混凝土预制砌块与加筋土结构形式(图3)。特别重视景观设计，做到与自然和谐统一，值得我们借鉴应用。

在我国,随着人们对公路建设生态环保问题的逐渐关注,生态砌块行业在高速公路建设中逐渐兴起,已在许多公路边坡防护工程中运用。例如:长双高速公路、伊开高速辽源段、长平高速改扩建、长春高速南出口、通化"畅安舒美"工程及鹤大高速在建项目等诸多生态边坡防护工程中应用,见图4。

图2 日本边坡生态砌块防护

3 生态砌块防护与传统防护比较

在高速公路建设过程中,不可避免地存在大量的填挖方。容易引起岩土体移动、变形和破坏,增加了地质条件复杂地区边坡的不稳定性。因此,边坡稳定和防护在高速公路的建设与养护中具有重要地位。

图3 韩国直立墙式边坡生态砌块防护

图4 国内公路边坡防护

传统防护设计笼统、针对性差、陡坡防护措施简单,并且对通车后常出现的边坡坍塌事故一般只能通过后续养护来处理。传统护坡工程一般以水泥,石料,混凝土等硬性材料为主要建材,再设计上以力学的角度去思考边坡稳定,通常都以安全为优先考虑,忽略了生态修复,使边坡的生态功能恢复更加困难。生态边坡的诞生顺应了人与自然共生的要求,提升了护坡工程建设的内涵,高速公路也具有类似的特点。高速公路防护措施落后,习惯大量采用浆砌片石护坡(护面墙)、拱形截水骨架等劳动密集型的边坡防护方式。其防护方式一是难以寻找优质的砌筑材料,二是造价很高。与此同时,大量地采用浆砌片石护坡及喷射水泥砂浆等防护方式完全破坏了植物的生长环境,使得由于高速公路开挖而破坏的自然植被很久不能恢复。少量的绿化设计往往只是局部贴草皮,没有对整个边坡的植被恢复。缺乏植物覆盖的边坡一方面不利于水土保持,使得大量的雨水直接流失,还加大了对道路周边地区的冲刷,给农田水利带来不利影响。另一方面也不利于改善高速公路的行车视觉效果,不利于吸收阳光和汽车尾气,在一定程度上也给高速公路的行车带来不安全因素。

3.1 喷混护坡

喷混护坡表面无法植被,更达不到生态保护及绿化的效果,易产生热岛效应,采用此护坡方式不环保、不生态,坡体排水性差、无法消除水压力对边坡坡体的破坏、难以形成永久性稳定边坡、对边坡结构稳定保护作用很小,见图5。

3.2 浆砌石护坡

浆砌石护坡坡面压实度和平整度要求高,要有良好的反滤层,施工环节多、周期长,对施工场地的要求较高,受天气影响大,对施工人员技术要求高,其结构缝成为日后结构的薄弱点,变形和沉降就会造成结构破坏,见图6。

图5 喷混护坡

图6 浆砌石护坡

3.3 砖石护坡

抛石护坡、干砌块石护坡属于粗放型工程形式，整体受力差，人工劳作力大，成本高，材料浪费大，见图7。

3.4 框格植草护坡

主要形状有菱形、人字形、方格和拱形，采用此护坡方式的前提是边坡深层稳定性高。该方法实际隔断了浅层土体的相互交流，对植被的生长和进化不利，植被易退化，同时绿化也只是部分面积，工程总成本高，见图8。

图7 砖石护坡

图8 框格植草护坡

3.5 生态砌块护坡应用与优势

生态砌块适用于坡度缓于1:0.75的土质边坡和全风化、强风化的岩石路堑边坡，在坡面墙顶端设置拦水槽作为防排水措施，见图9。

图9 生态砌块护坡

生态砌块防护的六大优势：

（1）施工快速简便，节省人工及机械设备，不受季节、雨季限制，缩短工期，降低造价。

（2）克服了传统护坡的呆板和生硬，景观效果好，使工程与自然统一。

（3）砌块间柔性互锁连接，结构稳固。

（4）形式多变，因地制宜，最大限度缩小坡角，节约用地。

（5）砌块颜色、外观多样，应用领域广泛，可缓解驾驶员视觉疲劳。

(6)砌块重量轻,植被率高,降低噪声,减少污染,改善生态环境。

4 鹤大高速(小沟岭至抚松段)生态砌块防护

鹤大高速公路为《国家高速公路网规划》中的一纵,是《振兴东北老工业基地公路水路交通发展规划纲要》中的"五纵、八横、两环、十联"区域骨架公路网中一纵,同时也是《吉林省高速公路网规划》中的"五纵、五横、三环、四联络"中的一纵,其纵贯黑龙江、吉林、辽宁三省,主要承担区域间省际以及大中城市间的中长距离运输,是区域内外联系的主动脉。它的建设将开辟黑龙江和吉林省进关达海的一条南北快速通道,扩大丹东港和大连港的影响区域,同时也是东部边疆地区国防建设的重要通道,它的建成具有重大作用。

鹤大高速(小沟岭至抚松段)建设项目地处我国温带最北部,接近亚寒带冬季寒冷漫长。该项目结合交通运输建设科技项目《生态敏感区高速公路景观及资源环境综合保护技术研究与示范》中的子课题"生态型砌块产品开发应用技术研究"成果,将隧道弃渣就地消化,经压制形成的机制砌块产品强度高,景观效果好,并可以起到减少环境污染的效果。根据吉林省高等级公路建设局《鹤大高速公路双示范工程实施工作调度会会议纪要》,将全线原设计中路基填方路段的叠拱防护变更为机制砌块防护,体现了"循环利用"的环保理念和"双示范"的要求。

在该项目中边坡防护采用梅花形与一字形的生态砌块(如图10所示)。生态砌块由隧道弃渣为主要原料,大大减少了取弃土数量、减少占地、降低成本,十分有效地变废为宝,更减少了对生态环境的破坏。

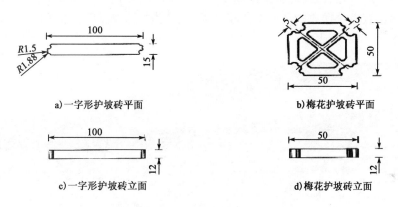

图10 梅花形及一字形机制块示意图(尺寸单位:cm)

4.1 生态砌块生产工艺

主控室操作→配料机配料→基料传送带送料→基料搅拌机拌制→制块机暂存→面料传送带传送→面料搅拌机拌和→制块机制块→升板机运送→程控子母车传送→养生室养生→降板机传送→码垛机传送码垛→翻板机托块→叉车运送堆放。

(1)主控室:主控室是一切机械运转的核心,由工程师按配合比,规范要求按程序把数据输入主机中。操作时严格按照《操作手册》操作。

(2)操作人员操作主机把配料机中的基料用传送带送入基料搅拌机中,由搅拌机按设定好的时间、含水量进行拌和,传入制砖机后,再由操作人员在此操控主机把面料由配料机中转入面料搅拌机,拌和后传入制砖机中,制砖机中布满料之后按下操控按钮,制砖机在震动的同时,产生压力直接形成砌块形状,在模具升起后由升板机传送到程控子母车上,在传送过程中,质检人员应不定期不定次数地进行砌块尺寸、外观及布料密实度情况的抽检。

(3)程控子母车放满后,主机遥控子母车从轨道进入养生室,进行蒸汽养生,养生达到500℃·h后,再由程控子母车从养生釜中运送到运输带上,运输带把预制块传送带码垛机中,码垛机自助进行砌块码放,码放完成后由打包机进行打包,人工进行打包加固,再由叉车运送到指定存放地点。码放完毕后的钢板右翻板机翻板后运输回传送带上,反复循环。

4.2 生态砌块的铺筑

在生态砌块铺设中,重点是控制好两条线和一个面,两条线是坡顶线和底脚线,一个面是铺砌面。保证上述两条线的顺直和铺砌面的平整,对整个护坡外观质量的评价至关重要。生态砌块砌筑施工中必须按从下往上的顺序砌筑,砌筑应平整、咬合紧密。砌筑时依放样桩纵向拉线控制坡比,横向拉线控制平整度,使平整度达到设计要求。生态砌块铺筑应平整、稳定、缝线规则;坡面平整度用2m靠尺检测,凹凸不超过±30mm;依据测量人员所放的线,铺砌人员进行二次边坡挂线整理边坡,生态砌块护坡自下往上铺砌,铺砌过程中要求纵横向格格挂线施工,不断量测控制。

施工过程中直线段每10m挂两条横向固定标线、曲线段每5m挂两条横向固定标线,厚度方向量标出挂线点(注意:斜线或垂线二者尺寸不一)。竖向挂线距离不得超过2m,坡脚纵向挂两条活动线进行坡度及平整度控制,先在两个急流槽之间从底部进行整体护砌,2~4层后再分段拉线施工。铺砌生态砌块,整体线形顺直,砌块之间接缝平整密实。生态砌块底部坡面必须充分进行夯实处理,不得出现局部悬空现象。路堤、路堑及锥坡等各种砌面体边坡坡率应一致,并为自然稳定坡率,才可砌筑砌块,否则,应采取加固措施;边坡坡面应清除浮土,松石及破碎岩体,保持稳定;生态砌块经检查合格后才可用于砌筑。

生态砌块铺筑时应看线操作,线长不超过15m,砌块下承层要平整稳定。砌块边线与基准线应重合,最大误差不得大于5mm,砌块整体表面平整度用2m直尺检验,允许偏差不超过10mm,超过误差应加以调整,宜用橡皮锤轻击表面或调整垫层厚度。各砌块之间应相互咬合紧密,结合牢固,不留空隙,企口对严。随砌筑随检查砌块摆放的平顺度及咬合接头平整度,接缝宽度控制10mm之内,如图11所示。不合要求随时返工。

图11 鹤大高速公路(小沟岭至抚松段)项目生态砌块护坡

生态砌块施工应跟踪检查,每砌完一层检查一层,对不合格的返工后,再进行下层砌筑。标准见表1。

生态砌块铺装检测标准 表1

检查项目	规定值或允许偏差	检查方法和频率
坡面直顺度(mm)	50	尺量:20m接线,每200m²一处
砌块平整度(mm)	20	尺量:每20m测2处,每处检查水平和竖向两方向
砌块企口宽度(mm)	10	尺量:每20m测2处

4.3 生态砌块整体稳定性技术措施

边坡防护是一项复杂工程,需要多种防护措施和手段相结合,才能对公路起到防护作用。因此,为了提高整体的抗融滑稳定性,生态砌块防护将护面墙防护与植被防护相结合。

生态机制块防护面墙采用C25现浇混凝土底座作为底镶边,保证防护面墙作为一个整体。因为边坡坍塌几乎都是在雨季,因此作为边坡防排水的拦水槽和流水槽,是加固稳定边坡的重要形式,其作用是显而易见的。

在机制块内栽植草木,既可防风护坡,恢复当地生态平衡,美化环境,还可防止暴雨对路基边坡的击溅冲刷。生态机制块防护边坡绿化采用撒播植草并栽植紫穗槐(4棵/m^2)。植被防护中草木根系牢固与土壤结合,与生态砌块防护形成一个防护体系,有效地增加了坡面防护整体抗融滑稳定性,见图12。

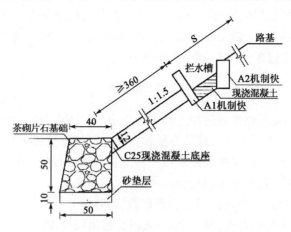

图12 生态砌块防护形式(尺寸单位:cm)

5 生态砌块防护的经济与效益

鹤大高速(小沟岭至抚松段)全线均采用生态砌块边坡防护来代替原设计中的浆砌片石防护,生态砌块防护应用从全面、长远考虑,其经济费用是不高的,它充分利用原状土岩,就地处理,减少开挖、转运及建筑费;大量减少占地费;工程量大大减少,材料消耗减少,工程费用随之减少;结构工程的钢材、混凝土等用工、用料及机械台班用量及费用都有降低,再加上生态环保的长久效益,其经济效益及社会效益是不可估量的。

(1)生态效益:最大程度地修复了自然生态环境,防止水土流失,同时利用人工植被吸附尘埃,吸收和降解车辆排放的有毒气体,净化空气,提高负离子含量,吸纳和利用降水,提高空气湿度,降低夏季高温季节路域环境温度,提高司乘人员的环境舒适性。

(2)景观效益:消除了原开挖填筑面岩石裸露或浆砌面灰暗呆板的视觉污染、视觉震撼和心理冲击,恢复了山体及路况周围植被的自然景观。在赢得乘客、游客赞誉的同时自然会带动周边地区的旅游产业,因旅游而增加的潜在经济效益会逐年增加。

(3)经济效益:以生态砌块防护代替浆砌片石防护,大大地节省了工程造价。其主要原材是隧道产生的弃渣,将隧道弃渣变废为宝,大大地增加了资源利用率,同时也大大地减少了由于弃渣所带来的占地及外运费用。更为重要的是,以其便于施工、节省大量的人工以及机械设备的优点,加快了边坡工程的施工进程,为削减工程成本扮演着重要角色。另外,常规的浆砌片石护坡使用寿命短,尤其是在高寒地区,时常会出现鼓起、开裂、塌落、损坏,维修和维护成本将会逐年加大。而生态砌块使用寿命长,同时与植物防护相互辅助有效地避免了这一弊端,随着植物的成长和演替,植物护坡能力逐年增强,人工养护维护成本极低。

(4)社会效益:生态砌块边坡防护工程的实施消除了许多滑坡、崩塌、沉陷等重大安全隐患,减少了高速东路运营期间意外事故发生的概率,提高了高速公路的通行能力。同时,生态砌块边坡工程的实施避免了建设过程中的大量泥沙下泄,淤积农田,填充河道及沟库,确保了公路范围内的工农业生产和人民群众生命财产的安全。

边坡生态砌块防护建设对保护公路沿线环境、美化路容和提高公路的行车性和安全性具有重要意义。生态砌块防护本着坚持以人为本,树立安全至上、坚持人与自然相和谐,树立尊重自然、保护环境,坚持可持续发展,节约资源的理念;坚持质量第一,树立让公众满意的理念;坚持合理选用标准,树立设计创新、全寿命周期成本的理念。高速公路生态砌块边坡防护建设在我国还处在发展阶段,但其前景十分广阔。推广生态砌块边坡防护对构建我国环保、生态和可持续发展的交通体系具有重要的意义。

6 结语

本文以鹤大02标生态机制块边坡防护为例,介绍了生态机制块防护的多层防护效果,将边坡护面墙防护与植被防护相结合,确保了高寒山区高速公路路基的稳定,同时达到与周围环境的协调,保持生态环境的相对平衡,响应了上级单位"双示范"工程建设。

参 考 文 献

[1] 付极,李仲海.生态砌块在公路边坡防护工程中的应用[J].西南公路,2013(2).
[2] 朱罡,程胜高,余伟.建设生态高速公路的方法初探[J].环境保护,2003(6):31-34.
[3] 洪丽娟,梁云,冯顺剑,等.山区高速公路建设中的生态边坡工程技术研究[A].工程绿化理论与技术进展——全国工程绿化技术交流研讨会论文集[C].2008.
[4] 曹伟.生态建材·生态建筑·发展战略[J].新建筑,2001(5).
[5] 刘书套.高速公路环境保护与绿化[M].北京:人民交通出版社,2001.
[6] 毛文永.生态环境影响评价概论[M].北京:中国环境科学出版社,1998.
[7] 仲启偕.建筑砌块市场和产品多元化的生态环保建材——我国建筑砌块行业未来发展的外部环境与行业重新定位的思考[J].建筑砌块与砌块建筑,2013(1).
[8] 吉林省高速公路施工标准化管理指南(试行),2012(5).

粉煤灰在严寒地区混凝土中的应用

郭 伟　方 利　山纪洪　贾林林

(中交一航局第五工程有限公司　河北　秦皇岛　066000)

摘　要：粉煤灰作为混凝土中的掺合料既能改善混凝土性能，又能节约成本，已在混凝土中广泛使用。本文通过粉煤灰在鹤大高速公路ZT11标段中的应用研究，通过相关的试验分析，总结出了粉煤灰在严寒地区使用时对混凝土的力学性能、耐久性能等技术指标的影响，从而验证了粉煤灰在严寒地区使用的可行性，并为工程带来显著的经济效益。

关键词：粉煤灰　混凝土　严寒地区　力学性能　耐久性　经济效益

1　引言

粉煤灰作为燃煤废料加工制品加入至混凝土中，优化了混凝土性能，节省了水泥，降低了造价，促进了环保，现已在工程建设中得到广泛的使用。鹤大高速公路ZT11标段混凝土中掺入粉煤灰，是我公司在严寒地区高速公路工程中首次大量使用，经过在该工程中试验研究，验证了粉煤灰在严寒地区使用的可行性。

2　粉煤灰概述

2.1　粉煤灰的定义

粉煤灰是电厂煤粉炉烟道气体中收集的粉末。其主要氧化物组成为：SiO_2、Al_2O_3、FeO、Fe_2O_3、CaO、TiO_2、MgO、K_2O、Na_2O、SO_3、MnO、P_2O_5 等。其中氧化硅、氧化钛来自黏土，岩页；氧化铁主要来自黄铁矿；氧化镁和氧化钙来自与其相应的碳酸盐和硫酸盐。

2.2　粉煤灰与水泥作用机制

粉煤灰颗粒比水泥细，比表面积很大，具有很大的活性，在碱性环境下极易发生反应，生成凝胶，而水泥水化过程中产生的 $Ca(OH)_2$ 正提供了这样的碱性环境，因此两者能够很好地化合。

2.3　粉煤灰的技术要求

粉煤灰技术要求见表1。

粉煤灰技术要求　　表1

项　目		技　术　要　求		
		I	II	III
细度(0.045mm方孔筛筛余)(%)，≤	F	12.0	25.0	45.0
	C			
需水量比(%)，≤	F	95	105	115
	C			
烧失量(%)，≤	F	5.0	8.0	15.0
	C			
含水量(%)，≤	F	1.0		
	C			

续上表

项 目		技 术 要 求		
		Ⅰ	Ⅱ	Ⅲ
三氧化钙(%),≤	F	3.0		
	C			
游离氧化钙(%),≤	F	1.0		
	C	4.1		
安定性雷氏夹煮沸后增加距离(mm),不大于	C	5.0		

2.4 混凝土掺入粉煤灰的优势

2.4.1 节省水泥用量

在保持水胶比不变的前提下,掺入的粉煤灰使实际的水灰比有所增大,水泥的水化程度提高,尽管减少了部分水泥,但水泥水化生成的凝胶体的量没有同步减少,强度未降低。

2.4.2 改善混凝土的和易性

粉煤灰的集料颗粒可以减少浆体与骨料间的界面摩擦,在集料的接触点起滚珠轴承效果,从而改善了混凝土拌和物的和易性,抑制新拌混凝土的泌水,减小坍落度损失。

2.4.3 提高混凝土的后期强度

粉煤灰作为水泥的取代材料在同样的稠度下会使混凝土的用水量有不同程度的降低,掺用粉煤灰与水泥的化合反应缓慢而持久,可以提高混凝土的后期强度。

2.4.4 提高混凝土的耐久性

掺入一定量粉煤灰后,混凝土内部结构的密实性增强,减小混凝土的渗透性,混凝土抗冻、抗渗等指标有所提高。

2.4.5 利于大体积混凝土施工

混凝土中掺入一定量粉煤灰,一般可使水化热峰值出现的时间延缓至3d以后,可降低混凝土水化硬化过程,有利于降低大体积混凝土温度裂缝的发生,对温度裂缝防治有显著效果。

2.4.6 粉煤灰能有效抑制混凝土碱—集料反应

一方面粉煤灰中的活性成分 SiO_2、Al_2O_3 与水泥的水化产物 $Ca(OH)_2$ 反应,降低混凝土的碱度;另一方面粉煤灰较大的比表面可吸收 K^+、Na^+、OH^-,使之富集在粉煤灰微粒的表面,使骨料周围的碱金属离子及 OH^- 减少,降低混凝土孔隙中的碱浓度,从而削弱了混凝土的碱—集料反应。

3 粉煤灰在鹤大高速公路 ZT11 标段中的应用情况

3.1 工程概况

鹤大高速公路是国家高速公路"7918"网中南北纵向中的第一纵,是由国务院批准的《东北地区振兴规划》中确定的重点建设的六大通道之一。鹤大高速公路 ZT11 标段位于白山市境内,起讫桩号 K734+600～K753+648.79,路线全长 19.049km。起点位于抚松县万良镇,经抚松镇至靖宇县的榆树川乡,与在建的营城子至松江河高速公路相接。施工内容有桥梁、隧道、涵洞、边坡排水沟等混凝土构筑物,主要构件设计抗压强度为C30、C40、C50,抗冻等级F300,抗渗等级P8,全线混凝土用量约47万 m^3。

路线经过地区属中温带大陆性季风气候区,四季变化明显,春季干燥多风、夏季炎热多雨、秋季凉爽、冬季漫长而寒冷。根据设计资料,年平均气温2.6～4.3℃,极端最高气温为34.5℃,极端最低气温为 -38.3℃,冬季最冷月平均气温低于 -10℃,且日平均温度低于5℃的天数在145d以上,属于严重受冻地区,在这种环境下,对于混凝土除了强度要求严格外,还需要考虑其耐久性。

3.2 粉煤灰对混凝土和易性及强度的试验研究

3.2.1 试验方法

以普通 C30 强度混凝土为例,设计不同粉煤灰掺量(10%、20%、30%)来对比混凝土坍落度及 7d、28d 强度的不同。控制用水量及砂率使混凝土坍落度保证在 160mm±20mm。混凝土坍落度按照《普通混凝土拌和物性能试验方法标准》(GB/T 50080—2002)测定,力学性能按照《混凝土力学性能试验方法》规范进行检验,抗压试件尺寸为 150mm×150mm×150mm。

3.2.2 试验材料

(1)水泥:吉林磐石冀东水泥 P.O42.5 普通硅酸盐水泥。
(2)河砂:辉南朝阳镇砂,中砂。
(3)碎石:抚松县永发石场,5~31.5mm 连续级配,掺配比例 4.75~9.5mm:9.5~19mm:19~31.5mm=10%:50%:40%。
(4)粉煤灰:白山市晟泓科技研发有限公司 I 级粉煤灰。
(5)水:饮用水。
(6)外加剂:山西华凯聚羧酸高效减水剂。

3.2.3 计算过程及试验结果

(1)适配强度 $f_{cu,o} = f_{cu,k} + 1.645\delta = 38.2\text{MPa}$。
(2)单位用水量确定:根据坍落度要求及碎石最大粒径,按规范选择用水量为 230kg/m³,因掺减水率为 27% 的高效减水剂,掺量为 1.0%。经计算,单位用水量为 168kg/m³。
(3)单位胶凝材料的确定:胶凝材料用量为 378kg/m³。
(4)砂率确定:为保证混凝土流动性,根据材料实际情况,选用 41% 砂率。

根据试验规程按 0.45 的水胶比,对粉煤灰等量取代并采取不同掺量的配合比进行试验。经试验实测得出三个配合比的坍落度、抗压强度。试验数据如图 1、图 2 和表 2 所示。

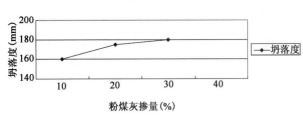

图 1 粉煤灰掺量对混凝土坍落度的影响

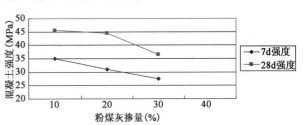

图 2 粉煤灰掺量对混凝土强度的影响

试 验 数 据　　　　　表 2

编号	粉煤灰掺量%	水	水泥	粉煤灰	砂	大碎石	中碎石	小碎石	减水剂	坍落度	强度 MPa	
											7d	28d
1	10%	168	340	38	759	437	547	109	3.78	160	35.0	45.6
2	20%	168	302	76	759	437	547	109	3.78	175	31.0	44.4
3	30%	168	264	114	759	437	547	109	3.78	180	27.5	36.6

3.2.4 粉煤灰混凝土泵送施工

鹤大高速公路建设项目地处长白山地区,所经路线多山地、丘陵、河道,因此需要泵送的混凝土很多。

粉煤灰混凝土具有良好的保水性能,压力泌水值较小,其初期的压力泌水率也明显低于不掺粉煤灰的混凝土。由于粉煤灰的缓凝作用,水化热降低和水化热高峰的推迟,以及减水剂所引发的大量微小气泡具有阻止拌和物沉降分层作用,使得粉煤灰混凝土坍落度损失明显减少。

光滑的球状玻璃体类似于一个个滚轴,使混凝土在泵送过程中减小了摩擦阻力,有利于混凝土在泵送时自流。在高强混凝土中,由于胶凝材料用量增多,新拌混凝土的黏度较大,粉煤灰的掺入可以有效减小其黏度,有利于混凝土的泵送施工(图3)。

图3　掺加粉煤灰的混凝土浇筑

3.2.5　结论

根据 C30 混凝土坍落度和强度试验数据可以看出,在掺量 10%~30% 之间,混凝土的坍落度随粉煤灰掺量增大而增大,同时也具有黏聚性、保水性,无离析泌水现象;另外,随着粉煤灰的增加,混凝土 7d、28d 强度逐渐降低,但 28d 强度相对于 7d 强度均显著增加,特别是当掺入量为 20% 时,由 7d 至 28d 强度增加更为明显,因此通过数据可得出粉煤灰对混凝土后期强度的提高有很大影响。选择合理的掺量既能满足工作性的要求又能满足经济性的要求。

3.3　粉煤灰混凝土的抗冻性试验研究

3.3.1　试验方法

在严寒地区,混凝土抗冻性是耐久性重要指标。混凝土的破坏多数与冻融作用或冻融与钢筋锈蚀的复合作用有关,所以混凝土构件的抗冻性将直接影响到北方寒冷地区的隧道、桥梁的使用寿命。本试验分别测定了冻融50次、100次及养护一周后继续冻融50次后试件的相对动弹性模量和重量损失,进而来评价不同强度等级、不同掺量粉煤灰对混凝土抗冻性的影响,具体试验数据见表3。

抗冻性数据　　　　　　　　　　　表3

强度等级	粉煤灰品质	粉煤灰掺量(%)	相对动弹性模量(%)			重量损失(%)		
			前50	前100	后50	前50	前100	后50
C30	Ⅰ级	10%	93.9	81.1	81.0	0.72	0.84	1.24
	Ⅰ级	20%	95.9	94.5	95.8	0.53	0.68	0.71
	Ⅰ级	30%	94.6	92.8	93.9	0.57	0.70	0.72
C40	Ⅰ级	10%	96.8	91.6	90.2	0.66	0.71	0.92
	Ⅰ级	20%	97.5	95.9	96.5	0.49	0.58	0.63
	Ⅰ级	30%	93.7	94.2	94.6	0.52	0.60	0.72
C50	Ⅰ级	10%	97.4	93.2	93.3	0.64	0.72	0.88
	Ⅰ级	20%	97.8	96.4	97.5	0.48	0.57	0.62
	Ⅰ级	30%	96.1	95.9	97.1	0.52	0.61	0.69

由表3和图4~图6可看出,当掺入粉煤灰后的试件在冻融100次时掺入 20% 的要明显高于 10% 和 30% 的动弹性模量。可见,在选择合适的粉煤灰掺量时,混凝土随着冻融次数的增加而提高抗冻性。

在试验中,所有混凝土试件都有不同程度的重量损失,由图7~图9可以看出,在粉煤灰掺量为20%时,混凝土的重量损失为最低,也就是混凝土表面孔隙率最低,孔隙变少,孔隙内的冰膨胀就少,有效减少了混凝土构件的表面开裂、脱落。

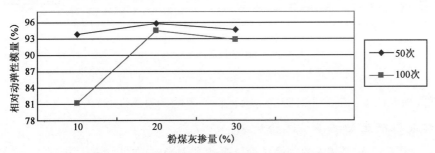

图4　C30混凝土粉煤灰不同掺量冻融50次与100次对比

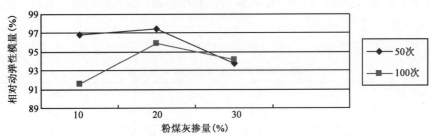

图5　C40混凝土粉煤灰不同掺量冻融50次与100次对比图

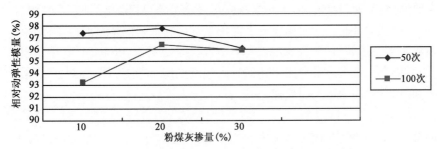

图6　C50混凝土粉煤灰不同掺量冻融5次与100次对比图

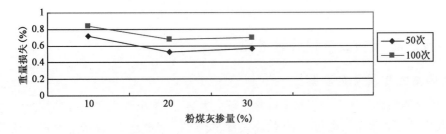

图7　C30混凝土粉煤灰不同掺量冻融50次与100次重量损失对比

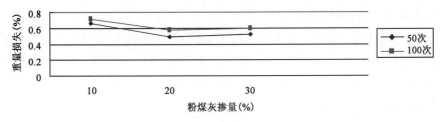

图8　C40混凝土粉煤灰不同掺量冻融50次与100次重量损失比

3.3.2　结论

通过试验得出,在混凝土中掺入适量粉煤灰后,可以减少空隙,增加混凝土密实性,从而提高混凝土

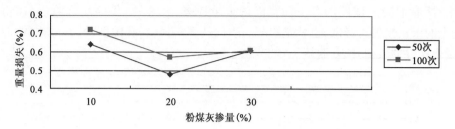

图9 C50混凝土粉煤灰不同掺量冻融50次与100次重量损失比

的抗冻性,降低因冻融产生的混凝土开裂、脱落,保证构筑物的整体性、耐久性。

3.4 粉煤灰混凝土的抗渗性试验研究

抗渗性能对于混凝土构筑物内的钢筋锈蚀具有非常大影响,如果渗透性能过大,钢筋锈蚀,将会对整个构筑物的强度有着重大影响。接下来的试验将会对比不同粉煤灰掺量对于混凝土抗渗性的影响。

3.4.1 试验结果

以C30粉煤灰不同掺量的混凝土进行试验,相对渗透系数实测得见表4。

不同粉煤灰掺量混凝土相对渗透系数　　　　表4

粉煤灰掺量(%)		0	10	20	30
渗透系数 $(10^{-10} cm/s)$	28d	4.17	5.04	8.29	10.8
	90d	3.43	0.75	0.71	0.69

根据表4中数据得,龄期28d时,由于粉煤灰尚未完全水化,只起非活性或惰性混合材料作用,不能很好地解决混凝土表面的微细孔隙,而相应的水泥用量却因粉煤灰的掺量而减小,结果是掺粉煤灰的混凝土相对渗透系数大于不掺的,且随着掺量增大而增大。但是到了90d的时候,由于水化反应得到全部挥发,掺粉煤灰的混凝土相对渗透系数比28d的有大幅度的降低,这说明,粉煤灰对混凝土抗渗性有着显著提高,抗渗性能随着龄期的增长而加强。

3.4.2 结论

从表中数据得出,掺加粉煤灰比不掺抗渗性要好;掺入粉煤灰量越大,早期抗渗效果越差,但后期总的抗渗效果相差不大。这是因为混凝土随着龄期增长,会更加密实,从而提高了它的抗渗性能,防止钢筋锈蚀,也增加了混凝土的抗侵蚀能力,显著提高混凝土耐久性。

4 粉煤灰混凝土施工过程质量控制

4.1 粉煤灰进货质量的控制

由于不同等级的粉煤灰加工工艺和单价存在较大差异,经常出现以次充好的情况。为保证混凝土材料的质量,我们做到对每车粉煤灰的细度、烧失量、安定性、需水量比、含水量等相应技术指标进行检测,保证混凝土掺合料的质量合格。

4.2 粉煤灰混凝土配合比设计

根据混凝土不同等级的设计要求,应选择不同等级的粉煤灰,高等级混凝土应选择高级别的粉煤灰;抗冻混凝土应适当加入引气剂;粉煤灰和硅粉或磨细矿渣的复合使用在HPC和HSC中有良好的效果,可以补偿硅粉或磨细矿渣所引起的混凝土收缩,同时,硅粉和磨细矿渣还可以提高混凝土的早期强度。

4.3 粉煤灰混凝土的施工

4.3.1 粉煤灰混凝土的拌和

粉煤灰、水泥、砂、碎石、水、外加剂按照规定的先后顺序投入搅拌机。搅拌一定要均匀,因为粉煤灰颗粒物较细容易成团,所以要比基准混凝土多搅拌10~30s。

4.3.2 粉煤灰混凝土的振捣

粉煤灰混凝土在进行浇筑施工时应严格控制其坍落度,避免坍落度过大,导致混凝土离析。同时,在保证充分振捣的前提下,要防止混凝土的过振,过振会使混凝土表面出现明显的粉煤灰浮浆层,影响混凝土的强度、耐久性及外观质量。30m预制箱梁如图10所示。

4.3.3 粉煤灰混凝土的养护

由于粉煤灰混凝土的水化反应慢,所以粉煤灰对混凝土的早期干缩影响很大。为防止粉煤灰混凝土的早期收缩开裂,粉煤灰混凝土浇筑完毕后要加强养护,混凝土表面宜加遮盖,并保持湿润,潮湿养护时间不得少于14d,切忌表面未硬化而浇水(图11)。粉煤灰混凝土在低温条件下施工时应加强表面保温,粉煤灰混凝土表面的最低温度不得低于5℃。寒潮冲击情况下,日降温幅度大于8℃时应加强粉煤灰混凝土表面的保护,防止产生裂缝。

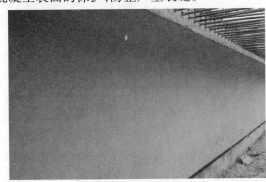

图10 30m预制箱梁

图11 现场覆膜养护

5 粉煤灰拌制的混凝土实物质量调查情况

鹤大高速公路ZT11标段施工已经历了两个冬季,我们对掺加粉煤灰并历时两个冬季的现浇桥梁墩柱、盖梁、预制箱梁等混凝土构件外观质量进行检查,未发现掉皮、起鼓、裂缝等混凝土缺陷。同时我们采用回弹法抽检了现场混凝土构件28d强度,抽检强度合格。这充分说明粉煤灰是能够满足严寒地区混凝土使用要求的。回弹强度数据见表5。

28d 回弹强度值　　表5

构件名称 测区	设计强度(MPa)	1	2	3	4	5	6	8	8	10	平均值(MPa)
		测区值(MPa)									
仁义村大桥8号Z2墩柱	C40	47	50	43	47	46	44	45	49	44	45	46
河东村大桥7号Z1盖梁	C30	36	35	40	35	36	35	38	36	33	34	35.8
河东村大桥8号Y1箱梁	C50	52	57	55	53	56	56	60	55	54	57	55.5

6 粉煤灰混凝土的经济效益

以本次试验C30强度混凝土为例,其胶凝材料为378kg/m³,选用0.45水胶比配合比,其替代系数为1.0,粉煤灰掺量为20%。

其中水泥减少了378 - 302 = 76kg,加入76kg粉煤灰替代。

本工程使用的冀东P.O42.5水泥每吨为455元,粉煤灰为200元。

这样每立方米混凝土就会节省成本(455 - 200) ÷ 1 000 × 76 = 19.38元(表6)。

粉煤灰混凝土节约成本计算　　表6

混凝土强度等级	粉煤灰替代量(kg)	水泥单价(t/元)	粉煤灰单价(t/元)	每立方米节约成本(元)
C30	76	455	200	19.38

7 结论

通过粉煤灰在鹤大高速公路ZT11标段的应用,取得良好的经济效益和社会效益,验证了粉煤灰在严寒地区混凝土工程中应用的可行性、经济性、优越性,为循环经济的发展起到了很好的示范作用。

粉煤灰混凝土早期水化缓慢,更适合大体积混凝土;另外水化过程慢,需要保持足够的水分,施工过程必须要加强覆盖保湿养护。

参 考 文 献

[1] 中华人民共和国行业标准.JTG/T F50—2011 公路桥涵施工技术规范[S].北京:人民交通出版社,2011.
[2] 中华人民共和国国家标准.GB/T 1596—2005 用于水泥和混凝土中的粉煤灰[S].北京:中国标准出版社,2005.
[3] 中华人民共和国行业标准.JGJ 55—2011 普通混凝土配合比设计规程[S].北京:中国建筑工业出版社,2011.
[4] 冯乃谦.高性能混凝土结构[M].北京:机械工业出版社,2004.
[5] 钱觉时.粉煤灰特性及其在混凝土中的应用[M].北京:科学出版社,2002.
[6] 韩怀强,蒋挺大.粉煤灰利用技术[M].北京:化学工业出版社,2001.
[7] 黄荣耀.预拌混凝土实用新方法、新技术[M].北京:机械工业出版社,2012.
[8] 中华人民共和国行业标准.JTG F30—2003 公路水泥混凝土路面施工技术规范[S].北京:人民交通出版社,2003.

弃渣弃方巨粒土填筑技术在高速公路路基施工中的应用

宋轶璋[1]　何照勤[2]　申宝稳[3]

(1. 中交路桥建设有限公司　北京　100027；
2. 中国交建鹤大高速公路项目总部　敦化　133700；
3. 中交路桥南方工程有限公司　北京　101100)

摘　要：为合理有效地利用资源，在鹤大高速公路季冻区路基施工中推广应用"弃方弃渣巨粒土路基填筑施工技术"，并与传统的路基填筑形式进行比较。

关键词：巨粒土　基底处理　摊铺　碾压　质量管控与评定标准　效益分析

1　引言

目前在吉林省高速公路建设中路基填筑材料多来源于路线外取土场，东南部山区多为林地，出现许多开山取土的现象，造成资源浪费和环境的破坏，所以在鹤大高速公路建设中，提出利用弃渣资源进行路基填筑的方式，来合理有效地变废为宝，既能够降低成本又能够做到环境保护。该项目承建鹤大高速公路 ZT05 标段，含在建柞木台隧道工程，柞木台隧道左洞长 2 970m，右洞 2 910m。隧道进、出口开挖洞渣为碎石土和粉质黏土、强风化岩石，石料含量大于 70%，通过对弃渣工程性质的检测，符合巨粒土填筑路基规范要求。弃渣具有良好的透水性、强度大、不易发生沉降的优点。为了合理利用资源，减少占地，所以将弃渣进行巨粒土路基填筑，现将巨粒土填筑施工过程技术进行概括，并对其经济效益进行分析。

巨粒土作为路基填筑材料，首先能够保证施工进度，缩短了工期时间，隧道产生的弃渣，可以就近地用于路基填筑，有效地降低了弃渣运输土方所产生的额外费用，具有良好的经济效益。其次，巨粒土相对于其他路基填筑材料，有高强度、透水性好的优点。但在施工过程中还需要注意的问题在于，巨粒土整体的稳定差，如果不能保证其压实度，后期易产生塌陷的情况，对路基造成了严重损害。通过工程实例表明：用强夯或者高强度振动碾压，能够保证其密实程度高，如冲击式压路机在巨粒土填筑路基施工中具有较好提高压实度的效果。通过有效的施工机械的搭配与施工工艺技术，来保证巨粒土路基填筑的工程质量。

2　巨粒土路基填筑施工过程

2.1　基底处理施工

路基基底作为路基的基础部分，它的强度与压实度，一直影响到路基的整体稳定性。尤其对于易发生沉降的巨粒土路基施工，做好基地的处理工作显得格外重要。要求中规定，当原地面横坡缓于 1∶5 的地段时，在清除地表草皮和腐殖土后可直接填筑路基。当覆盖土小于 2m 时，应挖除覆盖土层。本标段施工路线穿越柞木台林场，原路面存有大量的地表草皮及腐殖土，根据当地林区水文土质情况，结合季冻区气候特点，遂进行原地表清表处理，处理厚度为 30cm，清表完成后进行基底夯实碾压，达到其设计承载力要求。要求规定路基路堤高度小于 10m 时，地基承载力不宜低于 15kPa；路堤高度为 10~20m 时，地基承载力不宜低于 200kPa。基底清表工作如图 1 所示。

2.2　巨粒土路基摊铺过程

在巨粒土摊铺过程中首先考虑到由于巨粒土颗粒大小不同，在进行巨粒土装运过程中要注意做到均匀装料,避免出现颗粒大小相差悬殊的情况,而造成料源离析情况的发生,在筛选料源的过程中根据巨粒土设计规范要求,必要时采用人员与机械结合的方式,既能够保证料源规格的要求,又能够加快施工进度。巨粒土填料运输到施工现场后,进行摊铺工作,在摊铺工作中应该注意,卸料时应该一次性倒卸,不得用边走边卸的方式,这种方式容易造成料源离析的情况,并且不能够有效地控制料的均匀摊铺,造成二次填补或挖除的额外施工,增加不必要的成本投入。如图2、图3所示。在进行摊铺工作时,应遵循卸料与摊铺同时作业施工原则,摊铺采用渐进式摊铺法,先低后高,先路基边缘两侧后路基中间的方式,用大功率推土机,配合人工进行摊铺整平工作,对于局部出现的凸起或凹陷部分及时进行处理,对于巨粒土粒径不符合规范要求的,进行替换清理,保证摊铺表面平整。摊铺过程中注意,对于路基路肩或者桥涵结构物连接部位应该用细粒料进行人工处理,防止离析造成路基沉降塌陷。现场摊铺工作见图4,巨粒土规格要求见表1。

图1 为路基基底清表工作

图2 巨粒土料源筛分工作

图3 料源现场倒卸及人工筛选工作

图4 巨粒土现场摊铺施工

填料分级标准与巨粒土规格要求(单位:cm)　　表1

等级	超巨粒	巨粒	粗粒	中粒	细粒
A级	80~120	30~50	4~10	2~4	<2
B级	50~80	10~30	—	—	—

2.3 巨粒土路基碾压过程

2.3.1 巨粒土路基试验段碾压过程

巨粒土路基碾压施工形式为自行式与拖式振动压路机组合分层碾压方式。通过试验段,得出最佳具体碾压遍数及方式。试验段碾压过程基本施工过程为:首先填筑完成后使用羊角碾压路机静压,用平地机进行精平,然后再用压路机碾压,碾压采用大吨位重型振动压路机进行压实,压实顺序按先两侧后中间、先慢后快、先静压后振动压的操作程序进行碾压,相接两次碾压轮迹重叠至少1/3轮宽,做到无漏压、无死角,确保碾压均匀。碾压三遍后试验人员开始25m一个断面每断面设桩进行压实度及沉降测量,压一遍测一遍,直到达到压实标准为止,最后再用压路机静压收光。各区段交接处互相重叠压实,纵向搭接长度 2.0m,沿线路纵向行与行之间压实重叠在 0.5m。两端按照 1∶1 留台阶便于跟相邻段搭接。结合试验段碾压效果及计算数据得出最有效的碾压方式。

2.3.2 碾压方式

(1)碾压采用自重 22t 振动压路机先两边后中央平行操作,前后两次轮迹重叠 1/3 以上。路基两侧加宽碾压以保边坡密实。碾压时,应顺路基纵向方向碾压,首先使用羊角碾压路机先静压 1 遍,碾压速度控制在 3~5km/h 内,然后使用自行式压路机静压 1 遍,1.5~1.7km/h 内。

(2)然后中振碾压 2 遍,碾压速度控制在 2.0~2.5km/h。

(3)接下来进行重振碾压 3 遍,碾压速度控制在 2.5~3km/h。

(4)最后进行补压静压 1 遍,以调整路基表面平整度。

(5)当路基填筑碾压到达 93 顶顶面、94 顶顶面以及 96 顶以下 20cm 时,最后一次碾压方式更换为使用冲击式压路机碾压 2 遍,碾压速度控制在 8km/h,碾压完成后使用自行式压路机进行静压收光 1 遍即可。碾压过程见图 5,图 6。

图 5 为羊角碾压路机碾压施工

图 6 冲击式压路机碾压施工

2.3.3 碾压过程补充问题

对于桥涵、挡墙台背回填部分,若采用重型压路机压实困难时,必须采用小型夯实机械进行补压;进行冲击碾压的过程中,应考虑对附近构造物的影响,涵洞顶保护层厚度应大于 3m。

3 质量管控与评定标准

(1)在施工过程中总体要对如下内容进行控制:填料最大粒径、填料均匀性、层铺厚度、碾压速度、碾压遍数以及压实机具等应符合相关规定,并留有现场记录。

(2)路堤过渡层质量控制标准:过渡层厚度应不大于 400mm,最大粒径应小于 10cm,表面应均匀、密实,顶面横坡应与路拱横坡一致。

(3)压实指标沉降差平均值一般应小于 5mm,标准差小于 3mm,在施工过程中,对于不满足要求的应重新碾压采取增强补压措施。局部观测点沉降差值大于最大容许值 5mm 的路段,需要进行局部补充碾压。

4 效益分析

4.1 综合效益分析

本标段利用隧道弃渣进行巨粒土路基填筑段落桩号为 K627+200~K632+700(不包含隧道长度),其中包括该段落分离式路基填筑部分,以及主线个别段落路基。总计土方量约为 31 万 m³。巨粒土路基填筑措施,有效地解决了隧道洞渣大量弃方的堆置以及处理问题,达到了不运不弃、就近利用、变废为宝的目的,降低了工程造价,加快了施工进度。粗略统计巨粒土路基填筑利用弃渣,节约占地近45亩。

4.2 施工工艺过程效益分析

正常土石方填筑路基与巨粒土填筑路机械投入情况对比基机械投入情况对比见表2。

机械投入情况对比　　　　　表2

设　备	正常土石方填筑	巨粒土填筑	备注
挖掘机(台)	2	2	
推土机	1台	1台	
自卸车	16辆	16辆	
平地机	1台	1台	
压路机	2台	1台	
拖震压路机	1台	1台	
羊角碾压路机	1台	1台	

正常土石方填筑与巨粒土填筑碾压机械完成一层路基填筑机械使用遍数情况见表3。

机械使用遍数情况　　　　　表3

设　备	正常土石方填筑	巨粒土填筑	备注
压路机	8遍	6遍	
拖震压路机	2遍	2遍	
羊角碾压路机	1遍	1遍	

通过机械投入与使用情况表明,巨粒土路基填筑相对于正常土石方机械投入量少,使用时间减少,可以大大地降低机械投入成本;其次,由于弃渣直接就近利用减少了车辆运输的成本,提高了经济效益。

本标段合理利用隧道弃渣进行高速公路路基填筑无论是从充分利用资源、减少占地、保护环境方面,最大限度地降低公路建设给沿线带来的自然环境的破坏,最终实现保证路基施工工期与质量,又能够降降低工程造价。本次阐述目的是为季冻区弃渣弃方巨粒土填筑路基,提供可靠的施工工艺和技术指导,同时为在今后的类似工程建设设计施工提供鉴赏。

参 考 文 献

[1] 李健.薇杭高速公路巨粒土路基填筑施工[J].陕西渭南.
[2] 吉林省地方标准.DB22/T 1961—2013 公路填石路基施工技术规范[S].
[3] 中华人民共和国行业标准.JTG/T ××—201× 公路工程抗冻设计与施工技术细则.[S].
[4] 弃渣弃方巨粒土路基填筑技术推广应用.长白山区鹤大高速公路资源节约循环利用科技示范工程.

第五篇

低碳节能

基于 RTK 和 RFID 技术的沥青路面施工信息化管控效益分析

李长江[1]　张志祥[2]　刘宏晋[2]

（1. 吉林省高等级公路建设局　吉林　长春　130021；
2. 江苏中路工程技术研究院有限公司　江苏　南京　210000）

摘　要：在介绍了沥青路面信息化管控技术及应用的基础上，分别从经济效益和社会效益两个方面对沥青路面施工信息化管控的效益进行了详细分析，不仅有利于提高信息化管控效益，进一步为沥青路面施工服务，而且为信息化管控的发展起到积极推动作用。

关键词：沥青路面　信息化管控　效益分析

1　引言

随着物联网技术的发展，施工质量控制技术也在向智能化方向发展，信息化管控已逐渐成为工程建设项目质量控制的重要手段。国外在信息化管控方面已经有了较为成熟的应用；国内在公路工程信息化施工方面也达到了应用阶段，而且信息化管控能够渗透到施工的各个环节，如拌和站生产监管[1-2]、路面压实监管[3-4]、路基压实监管[5]等。

信息化管控就是运用现代信息技术、传感技术、定位、测量等技术，结合相应的软硬件设备，实现对沥青材料及混合料施工过程的数据采集，并通过无线网络传输，实现质量的动态监管及控制。它是以沥青混合料从实验室到拌和施工全过程作为管理对象，对其质量指数进行跟踪观测，若发现偏差，及时进行纠偏，做到防患于未然，真正达到全面管理的要求。与传统施工质量控制方式（事前实验、事后把关）相比，信息化管控能够实现过程中质量监控，理论上可以省去相关的过程及事后检测程序，然而，目前信息化管控还处于应用的初级阶段，还未能形成相关的施工标准或技术条文，对于业主来说，采用信息化管控手段的同时，同样还得遵守《公路沥青路面施工技术规范》（JTG F40—2004）等相关施工技术标准，在施工过程中进行质量抽样检测。因此对于业主来说，实行信息化管控并不能直接节省相关的检测成本，反而会增加投资信息化管控的成本费用。另外由于信息化管控仅仅是作为施工过程的一种手段或方法，并不能产生直接的经济收益，无法计算投资回收期、内部收益率等经济效益指标。因此这将不利于公路工程信息化管控技术的发展。基于此，本文开展沥青路面信息化效益分析是摸清公路工程信息化底数、明确公路信息化效益的重要手段，从而引领公路信息化方向，促进公路工程信息化发展[6]。

2　经济效益分析

沥青路面施工信息化管控效益是指沥青路面施工过程中通过信息化产品或服务所创造的包括经济效益和社会效益在内的一切效益。经济效益指从项目本身角度分析，沥青路面施工通过信息化产品或服务所带来的货币及非货币的收益，或成本及劳动力的节约。

2.1　有形经济效益

2.1.1　降低施工成本

传统的路面施工通常按照预定的施工工艺以及施工人员的经验采取相关的施工工序，然而有时会造成不可避免的成本浪费，主要表现在如下几个方面：

运输环节，沥青材料或混合料运输过程中，由于车辆在途中不受监控，车辆有时会出现怠速、绕路、超时的现象，这些行为都会增加运输成本。信息化管控通过GPS定位终端对行驶车辆进行实时定位，监控车辆轨迹，通过RFID射频技术对车辆进行识别，并建立速度预警机制，能够很大程度地减少车辆怠速、绕路等行为，控制不必要的运输成本。

拌和站生产环节，有时会因为检测不合格，或质量指数异常波动导致废料的产生，从而造成拌和站人力、物力的浪费。通过拌和站信息化监管，实时监控混合料的拌和参数，并通过预警机制随时把控混合料质量，减少因事后检测不合格而造成的混合料浪费，从而减少了因废料而造成拌和站的成本浪费。

碾压环节，操作人员一般按照预定的方法反复碾压，碾压次数完全靠操作人员的经验，碾压次数过多会使设备器件磨损严重，增加折旧成本，且油料浪费多，成本大。信息化管控能够通过信息化技术将碾压遍数通过安装在操作室的显示屏反映给操作手，指导操作手进行碾压，能够明显地降低超压率，既提高了路面压实质量，又降低了施工成本。

2.1.2 降低管理成本

公路工程施工管理是一项巨大的工程，需要耗费大量的人力、物力进行协调管理。采用信息化管控技术会通过独立的数据库对各个环节的数据进行分别存储，能够进行动态信息的统计分析，汇总施工全过程的质量关键参数，提高施工单位的物料管理水平。

当业主需要了解当天的施工进展、施工状况、施工质量时需要调动大量的人力资源，涉及每个环节都需要委派相关人员进行当天的施工数据统计，再进行统一汇总、整理，效率低，成本高，业主往往不能及时了解到当天施工的详细情况。而信息化管控能够随时进行数据的查询，整理，只需一名管理人员，一台PC计算机就可以及时汇总出当天的施工数据，总结施工近况，能够及时汇报给业主，大大降低了管理成本。

2.1.3 降低养护成本

据相关统计资料显示，我国高速公路运营养护费用逐年增加，不含缺陷责任期施工单位自行维修经费，每年养护费用上亿元，其中用于高速公路沥青路面养护的费用占80%～85%，因此提高沥青路面质量是减少路面养护成本的根本措施，信息化管控正是从源头上控制沥青路面质量，降低后期养护成本。

2.2 无形经济效益

2.2.1 提高管理效率

混合料离析是沥青路面施工过程中最容易出现的一种典型质量问题，其原因可能为混合料配比原因、原材料原因、也可能是拌和、运输、摊铺、碾压等过程的原因，传统施工很难对其原因进行查找，无法识别是配合比、原材料、拌和、摊铺、碾压等哪个环节出现的问题，对于分析问题及整改造成极大的困难。

信息化管控能够将沥青路面全过程的施工技术、质量等信息完整反映在信息系统中，如碾压环节中，压路机的类型、数量、压路机的性能指标、碾压时混合料温度、速度、碾压遍数等都能体现在信息系统中，可随时随地对施工过程中相关数据、信息进行分析、查询，同时方便业主随时随地了解施工进度、质量动态，提高了项目管理效率。

2.2.2 提高管理规范性

公路工程施工管理过程中，需要出具大量的文件、报告，尤其是实验检测环节，所出具的报告数据，要求格式真实、规范，但是实际过程中往往因为人为因素达不到真实、规范的要求。信息化管控能够实现数据的自动采集、存储，系统自动分析相关数据指标，能够避免人为干扰，客观性强，而且技术资料规范、质量阈值指标完整，使得实验管理、文档管理更加规范化、标准化。

2.2.3 提高施工效率

信息化管控可实现对沥青路面施工各个环节，原材料拌和及沥青混合料运输、摊铺及碾压各个环节进行组织优化，使各环节紧密配合，减少因施工过程中材料短缺，配合断层而造成的施工延误。同时采取过程中动态控制方式，及时预警，及时采取措施，保证了施工过程的连续，提高了施工效率。

2.2.4 提高养护决策

公路使用过程中对于路面的养护是提高公路行驶安全及使用寿命的重要保障,尤其是针对预防性养护,全过程的信息监管,保证了各个环节的数据链完整及质量的溯源,为后期养护管理提供重要的数据支撑,提高养护决策。

3 社会效益分析

社会效益就是以宏观的角度分析沥青路面施工中,采用"信息化管控"方法对社会所带来的成果和利益。社会效益还可具体分为直接社会效益和间接社会效益。

3.1 直接社会效益

直接社会效益是指沥青路面施工采用"信息化管控"方法对社会所带来的实际的成果和利益。

3.1.1 提高路面质量,保障行车安全

实施"信息化管控"最重要目标是实现对施工质量的动态控制,能够使施工中数据真实、完整、及时地呈现,为施工单位及业主进行科学、及时地决策提供依据,有效降低建设风险,实时地把控施工质量,增强路面使用性能,降低了因路面质量不合格而引发的安全隐患。

3.1.2 节能减排

通过上文分析,信息化管控不仅能够实现施工各个环节的质量控制,而且还因为质量和效率的提高达到节能减排的目的,如运输环节,避免了车辆怠速所产生的油耗;拌和生产环节,因降低了废料率而节省了拌和站的能耗;碾压环节,因降低了超压率而节省了压路机的能耗。

3.2 间接社会效益

间接社会效益是从长远角度分析,"信息化管控"实施对行业发展、社会发展等所产生的连带效益。

3.2.1 促进施工标准化

虽然信息化监管目前仍然替代不了样本检测,但全程的信息化监管拥有完整的数据,可以作为母本,为样本检测提供参考,对于公路工程的施工过程标准化发挥极大的促进作用。

3.2.2 促进信息化技术发展

公路工程建设项目系统复杂,包含路基工程、路面工程、隧道、桥梁等部分,各个部分的施工环节具有类似的质量控制方法,沥青路面信息化管控技术的发展应用,能够对路基、桥梁、隧道等公路附属设施,以及相关的建筑工程项目的信息化管控技术的发展带来良好的促进及借鉴作用。

4 结语

沥青路面信息化管控技术目前在国内仍处于应用的初级阶段,业主及施工单位实施信息化管控的直接目的是能为其带来效益,而作为一种质量控制手段,信息化管控不能产生直接的收益,但是能够从成本、管理、质量、节能减排、行业发展等方面产生经济效益和社会效益,因此信息化管控技术值得社会大力推广。

参 考 文 献

[1] 马辉,刘仁智,董庆,等.混凝土拌和站生产过程动态监控系统的开发与应用[J].路基工程,2012,(2):144-147.

[2] 宋胜利,肖翀宇,李万莉,等.基于B/S的沥青混合料搅拌设备远程监控系统[J].南京航空航天大学学报,2005,37(S1):49-52.

[3] 方卫华.路面压实质量实时监控系统研究[J].筑路机械与施工机械化,2014,(10):51-54.
[4] 胡建强,张学金.智能化压实在沥青路面施工中的应用[J].北方交通,2015,(11):91-95.
[5] 谢维平,张国前.对路基智能压实系统的认识[J].山西建筑,2011,37(9):154-156.
[6] 袁晓庆.农业信息化水平和效益评价模型和方法研究[D].北京:中国农业大学,2015.

隧道照明节能控制系统中车辆检测方法的研究

张利东[1]　秦　莉[2]　闫秋波[3]　陈晓冬[3]　许文海[2]

(1. 吉林省高等级公路建设局　吉林　长春　130012；
2. 大连海事大学　信息科学技术学院　辽宁　大连　116026；
3. 吉林省交通科学研究所　吉林　长春　130012)

摘　要：为了解决隧道照明中存在的能源消耗严重的问题,提出一种"车进灯亮,车走灯暗"的隧道照明节能控制系统,其中对于隧道车辆及时准确地检测具有重要意义。本文提出一种以背景差分法为基础,结合图像边缘检测、图像分块及阈值检测的隧道内车辆检测算法。每当隧道照明控制系统调节隧道内部亮度时,重新获取该亮度下的背景图像存入数据库。通过试验,验证了提出方法的有效性和鲁棒性。

关键词：隧道节能　监控图像　车辆检测　图像分块

1　引言

隧道是一个相对封闭的暗环境,所以隧道照明与普通道路照明有很大不同。在传统的高速公路隧道运营中,为保证隧道的正常行车安全,无论光照好坏,无论白天夜晚,无论有车无车,隧道照明灯都长期点亮以给予隧道内环境充足的照明[1]。因此,隧道照明所需的能源巨大,且隧道照明中存在着"黑洞"和"白洞"现象。如果隧道内照明灯具能随着隧道内车辆的有无而进行亮度变化,必会带来显著的经济效益。基于该目的,进行隧道内车辆有无的准确检测,引导隧道内照明灯具的亮度变化,实现"车进灯亮,车走灯暗"的隧道照明节能控制系统,达到节约能源消耗的目的。

目前,常见的基于视频图像的车辆检测方法有光流法、帧间差分法和背景差分法。光流法[2]具有较好的适应性,能够应用于动态背景和静态背景两种环境,它对背景没有严格的要求,且不受场景的先验信息影响,能够独立地检测运动目标车辆。但这种方法的计算复杂程度高,反应速度过慢,难以满足实时性的要求。帧间差分法[3]是检测图像序列中连续帧图像的差异的一种方法,可分为相邻两帧图像差分和连续数帧图像差分。该算法实现简单,复杂程度低,速度比较快,容易实现实时监控,且对场景光线的变化不敏感。但是,当有车停留在隧道内时,相邻两帧图像的车辆就会重叠,导致目标检测失败。背景差分法[4]是隧道车辆检测方法常用的方法之一,它的原理和算法设计简单,计算速度也较快,可以提取出较为完整的目标图像。但是,该算法受外界场景的光照变化、天气变化等外界条件的影响较大。虽然已经研究了几十年的车辆检测方法,但是没有一种通用的检测方法,必须针对不同的问题、不同的工作环境提出合适的检测算法。由于隧道内部安装的监控摄像机的位置是固定的,而且隧道内部中间段路面基本不受外界光照的影响,且车辆检测系统的实时性要求比较高,算法不能太过复杂。本文提出一种以背景差分法为基础,结合边缘检测、图像分块及阈值检测的隧道内车辆有无检测算法；且每当隧道内照明亮度发生变化时,重新获取该亮度下的背景图像存入数据库。该算法能够通过实时更新背景图像的方式去除光照和天气等外界因素对车辆检测的影响。隧道车辆检测的硬件系统如图1所示。

2　隧道车辆检测系统硬件构成

该硬件系统[5]主要由安装在隧道壁上的监控摄像机、图像信号传输光网络和运行于隧道变电所的服务器组成。监控摄像机安装在隧道内右侧壁上方3m左右,每隔100~150m安装一台。图像信号传输光网络首先把监控摄像机采集的视频图像信号转换为光信号,然后通过光纤电缆传输至监控中心的服务器。前一个监控摄像机的拍摄区域与后一个监控摄像机的拍摄区域有重叠部分,这保证了监控摄像机所拍摄区域能够覆盖隧道内部所有路面,从监控摄像机布设角度避免了有车辆在隧道内而未被检测到的情况的发生。

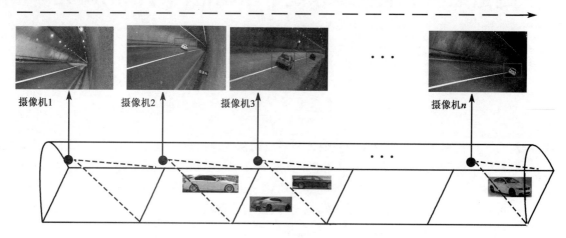

图1 隧道车辆检测硬件系统

3 单帧图像的检测方法

一般,隧道内图像的质量相对较差,分辨率也不好,所以利用车辆类型、车辆颜色及纹理对车辆的正确检测较为困难。本文提出一种以背景差分法为基础,融合边缘检测、图像分块及阈值检测的隧道内车辆有无检测算法。车辆检测流程如图2所示。

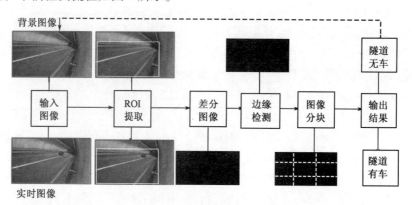

图2 车辆检测流程

3.1 背景图像的获取

背景提取的目的主要是滤去运动场景中的车辆信息,得到具有不变性的背景信息。建立一个准确的背景更新与背景提取模型是利用背景差分法进行车辆检测的关键。经调研,现存在的原理简单、易于实现、速度较快的背景提取方法有两种:均值法和中值法。

均值法[6],也叫统计平均法。它的思想是求取图像序列中 N 帧图像的灰度平均值作为背景图像的估计值。通过多帧平均消除噪声。它的算法表达式如式(1)所示:

$$B(x,y) = \frac{1}{N}\sum_{i=0}^{N-1}F_i(x,y) \qquad (1)$$

式中,$B(x,y)$ 表示图像像素点 (x,y) 处的背景灰度值;$F_i(x,y)$ 表示第 i 帧图像在像素点 (x,y) 的灰度值;N 为帧数。参数 N 的数值需根据背景中目标出现的频率进行选择。均值法背景提取结果如图3a)所示。

中值法[7]与均值法背景提取类似。它的原理是对图像中同一像素点的灰度值进行排序,选取中间值作为该点道路的背景灰度值。对图像中每个像素点依次进行同样的处理,最后得到背景图。算法表达式如(2)所示。

$$B(x,y) = \text{Median}[F_i(x,y)], i = 1,2\cdots N \tag{2}$$

式中,$B(x,y)$表示图像像素点(x,y)处的背景灰度值;$F_i(x,y)$表示第i帧图像在像素点(x,y)的灰度值;Median[ ]表示对括号里面的数值求中值;N为帧数。中值法背景提取试验结果如图3b)所示。

利用监控摄像机连续拍摄50帧图像,图3a)、图3b)分别是利用均值法、中值法对前50帧图像进行背景提取的结果。图3c)、图3d)分别是利用均值法、中值法提取的背景图像与实际无车图像的差分图像。由图3可知,利用均值法提取的背景图像仍然有一些车辆痕迹没有消除,车辆痕迹在图3a)、图3c)中用白色虚线矩形框标记出来。由均值法本身可知,采用的连续帧图像数量越多,提取的背景图像越接近真实的背景图像,但同时也会增加运算量,影响车辆检测方法的实时性。但是中值法采用少量图像就可以使提取的背景图像接近精确的实际无车背景图像。由于隧道内车流量不是很多,且经过大量试验图像可知,本文采取50帧图像利用中值法即可获得相对真实的无车背景图像。

a) 利用均值法对前50帧图像提取背景

b) 利用中值法对前50帧图像提取背景

c) 图3a)与实际背景相减的图

d) 图3b)与实际背景相减的图

图3 背景提取结果

需要说明的是,由于隧道入口段和出口段受外界光照的影响较大,使得监控摄像机所拍摄的图像亮度在不同时刻是不一样的。还有,车辆在下雨天进入隧道时,会带进大量水渍到隧道内,会导致隧道内同一摄像机拍摄的同一路段图像在相同的亮度等级下不同。因为本文研究的隧道车辆检测方法是应用于"车进灯亮,车走灯暗"智慧控制系统的。该系统在检测到隧道外部有车辆进入隧道时,会对隧道内照明灯具的亮度等级以5%为步长从30%到100%等级进行调光。该系统在检测到没有车辆在隧道内部行驶时,会将隧道内照明灯具的亮度等级调节为10%,以达到节能降耗的目的。因此,本文采取背景图像实时更新的方法为:每当隧道照明控制系统调节隧道内部照明亮度时,重新拍摄50帧图像利用式(2)所示的中值法处理,获取当前照明亮度下的背景图像。

3.2 ROI 提取

隧道内部监控摄像机是固定安装的,所以摄像机拍摄的图像区域也是固定的。此外,行驶在隧道内的车辆一般具有一定的空间限制,即车辆会行驶在有效路面区域中。也就是说搜索车辆的区域可由整幅图像缩小为道路边界或车道线内部的区域[8-9]。因此,为了减少处理区域、降低计算量、加快处理速度,算法根据隧道内部路面图像的特性,截取感兴趣区域进行处理。结果如图4所示,图4a)和图4b)分别为监控摄像机采集的无车图像和实时采集的隧道内部图像,其中白色矩形框内为最终确定的感兴趣区域,后续的处理将限制在该区域内。

a) 无车图像的ROI提取　　　　　　　　b) 实时采集图像的ROI提取

图4　感兴趣区域提取结果

3.3　背景差分法

背景差分法是利用当前摄像机采集的图像与无车背景图像的差分来检测运动区域是否有目标的一种方法。背景差分法不受运动目标速度的影响,同时适用于运动和静止目标,能够得到运动目标的完整区域[10-11]。实现步骤是,首先从之前的操作中获取无车背景图像,将当前帧图像与背景图像的ROI图像进行差分,然后将运动目标提取出来。背景差分法可用式(3)描述:

$$S_k(x,y) = |G_k(x,y) - B(x,y)| \tag{3}$$

式中,$G_k(x,y)$为第k帧图像在(x,y)的灰度值,$B(x,y)$表示背景图像在(x,y)的灰度值。$S_k(x,y)$表示第k帧图像的差分图像。图4中图4a)与图4b)的ROI的差分图像,如图5a)所示。

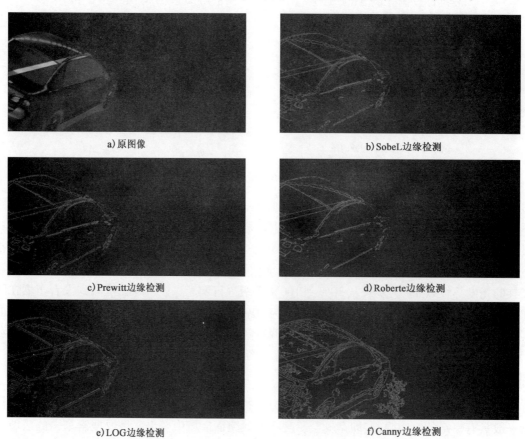

a) 原图像　　　　　　　　　　　　b) SobeL边缘检测

c) Prewitt边缘检测　　　　　　　　d) Roberte边缘检测

e) LOG边缘检测　　　　　　　　　f) Canny边缘检测

图5　不同边缘检测方法的检测结果

3.4 边缘检测

图像边缘检测是目标区域识别、图像分割等的基础,其可以大幅度减少数据运算量,并且可以消除与图像处理不相关的信息[12]。边缘检测的目的是为了识别数字图像中亮度变化明显的点。由于背景差分后的图像中,车辆图像的灰度值明显比其他区域灰度值大很多,可以使用边缘检测的方法把车辆目标提取出来。

几种常用的边缘检测算子[13]有 Sobel 算子、Prewitt 算子、Roberts 算子、LoG(高斯-拉普拉斯,Gauss-Laplace)算子和 Canny 算子。本文分别采用上述边缘检测算子对图 5a)实现边缘检测,比较这几种边缘检测算子的效果。

由图 5 可知,Sobel 算子和 Prewitt 算子因模板相对较大因而去噪能力较强,具有平滑作用,能滤除一些噪声,去掉部分伪边缘,但同时也平滑了真正的边缘。Roberts 算子和 LoG 算子受噪声影响较大。从总体效果来衡量,Canny 算子给出了一种边缘定位准确性和抗噪声干扰性的较好折中,因此本文采用 Canny 算子[14-15]对差分图像进行边缘检测。

3.5 图像分块处理

多次试验观察统计可知,隧道内部常见的车辆检测的干扰情况主要有两种:灯光闪烁产生的路面亮度变化和车辆带进水渍产生的路面亮度变化。如果直接对 2.4 节边缘检测后的图像进行全幅图像的非零点统计,则当隧道内部出现上述两种干扰情况时,会出现车辆误检情况。如图 6 所示。

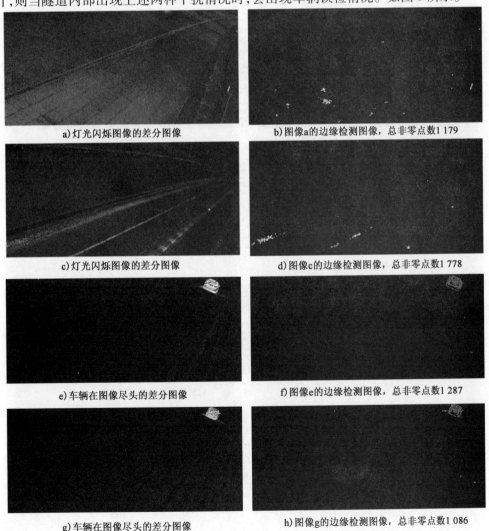

a) 灯光闪烁图像的差分图像　　　　　b) 图像a的边缘检测图像,总非零点数1 179

c) 灯光闪烁图像的差分图像　　　　　d) 图像c的边缘检测图像,总非零点数1 778

e) 车辆在图像尽头的差分图像　　　　f) 图像e的边缘检测图像,总非零点数1 287

g) 车辆在图像尽头的差分图像　　　　h) 图像g的边缘检测图像,总非零点数1 086

图 6　两种干扰现象和车辆在摄像机尽头的图像检测情况

其中,图6a)和图6c)是常见的2种检测干扰情况。图6e)和图6g)是车辆行驶在摄像机尽头时的图像。其中图6b)的非零点总数为1 179;图6d)的非零点总数为1 778;图6f)的非零点总数为1 287;图6h)的非零点总数为1 086。如果采用只统计整幅图像内部的非零点个数判断隧道内部是否有车辆经过。统计大量试验图像,且结合图6可知,为了保证图6e)和图6g)类似情况下的车辆不漏检,非零点总数的阈值应大于300。即边缘检测后图像内部非零点个数大于300,则认为隧道内部有车,否则认为隧道内部无车。

如果采用上述整幅图像内部非零点个数判定方法,会将图6a)和图6c)所示的干扰情况检测为有车经过隧道,产生车辆误检情况。为了使隧道内部车辆能够准确检测的同时,尽可能地降低隧道内车辆误检的情况,本文对边缘检测后的图像进行分块处理。当然图像分块的数量越多,统计的信息越详细,但这是以牺牲实时性为代价来实现的。为了尽可能地降低车辆误检率,且节省运算时间,对车辆在图中出现的位置进行统计分析之后,把截取感兴趣区域后的边缘检测图像分成了3行3列共9块图像,如图7中的第2列图像所示。

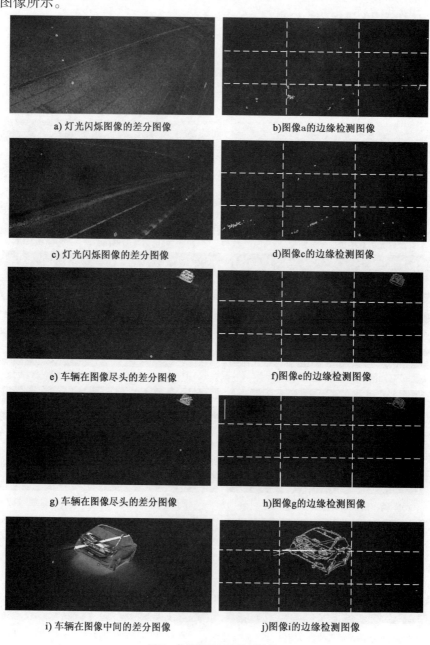

a) 灯光闪烁图像的差分图像　　　　b) 图像a的边缘检测图像

c) 灯光闪烁图像的差分图像　　　　d) 图像c的边缘检测图像

e) 车辆在图像尽头的差分图像　　　f) 图像e的边缘检测图像

g) 车辆在图像尽头的差分图像　　　h) 图像g的边缘检测图像

i) 车辆在图像中间的差分图像　　　j) 图像i的边缘检测图像

图7　各种情况下的检测结果

图 7 给出了图 6 所示的两种常见干扰情况、两种车辆在摄像机尽头情况下、一种车辆在道路其他情况下的实时拍摄图像与无车背景图像的差分图像、边缘检测图像以及边缘检测图像分块后对应的不同块图像内的非零点个数的分布情况。

统计隧道内部大量图像之后，得出判断车辆存在的阈值条件可为：

$$all\_nzero \geqslant m \tag{4}$$

$$all\_nzero < m \text{ 且 } right\_nzero > n \tag{5}$$

式中，all_nzero 代表图 8 中整幅边缘检测图像的非零点数目；$right\_nzero$ 表示图 8 中边缘检测分块图像最右上角块图像中的非零点个数；m、n 为常数，这个主要是由目标在图像中的位置决定的。

具体检测过程为：如果 all_nzero 大于等于 m，则判定隧道内部有车辆出现；如果 $right\_nzero$ 大于 n，则判定隧道内部有车辆出现；否则，判定隧道内部没有车辆。

下面说明 m、n 数值的确定依据，并以具体图像为例说明阈值检测过程。本文中，图 7 中图像对应的监控摄像机的分辨率为 1 280×720，图像分为 9 块。

车辆在隧道内部行驶过程中，在图像里面是由近及远的过程。由大量试验图像统计得知，当图像内非零点总数大于 2 000 时，则隧道内肯定有车辆；当图像内非零点总数小于 2 000 时，如果此时隧道内有车辆，则车辆只可能出现在图 7 的右上角块，如图 7h)的非零点统计结果。如果车辆还出现在其他块图像内，则图像内总非零点的数目就会大于 2 000，如图 7j)。所以此时情况下，式(4)中的 a 取值为 2 000。为了保证图 7f)和 7h)所示情况的车辆不漏检，统计大量试验图像得知式(5)中的 b 取值为 200。

图 7 所示的边缘检测图像各个块内的非零点个数以及最后的车辆检测结果如表 1 所示。其中块图像的非零点个数是按照从左到右、从上到下的顺序排列的。

采用上述分块统计的方法可以有效地减少图 6a)、图 6c)所示两种干扰情况造成的误检率。所以采用上述的分块统计方法，避免了干扰，有效地降低了误检率，提高了算法的鲁棒性。

车辆检测结果　　　　　表 1

块数 \ 图像 非零点个数	(b)	(d)	(f)	(h)	(j)
块 1	0	0	7	0	83
块 2	59	9	0	0	5 650
块 3	23	8	1 263	1 040	8
块 4	0	0	0	0	217
块 5	0	45	0	0	4 316
块 6	37	62	0	0	0
块 7	272	866	0	0	0
块 8	663	691	0	0	0
块 9	125	97	17	46	34
总数	1 179	1 778	1 287	1 086	10 308
检测结果	无车	无车	有车	有车	有车

4　试验结果与分析

目前为止，本文所述车辆检测算法已经在中国吉林省赤柏隧道（右幅）节能控制系统上试运营了 5 个月。因此，本文以赤柏隧道（右幅）的车辆检测为例，共选取晴天白天、雨天白天、晴天夜间、雨天夜间四种代表性情况中一整天的检测情况。车辆检测的统计结果如表 2 所示。

车辆检测统计结果 表2

实验条件	实际车辆	检测车辆	误检车辆	漏检车辆	识别率(%)
晴天白天	652	666	14	0	97.85
晴天夜晚	335	340	5	0	98.51
雨天白天	534	551	17	0	96.82
雨天夜晚	298	309	12	0	96.31

由统计结果可知,白天、夜晚、晴天和雨天不同条件下,车辆的正确识别率在96%以上,而且不会出现车辆漏检的现象。车辆漏检会对安全驾驶带来直接的威胁,而车辆虚检不会对驾驶安全造成威胁,但会降低系统运算实时性,也应尽可能地降低。

5　结论

本文提出了一种以背景差分法为基础,结合了边缘检测、图像分块及阈值检测的隧道内车辆有无检测算法,实现简单、检测速度快,且不会出现隧道内部有车辆出现而被漏检的现象。而且在隧道内部照明亮度变化时,采用多帧图像利用中值法重新获取当前照明亮度等级下的背景图像,增强了对外界环境、天气变化的适应性,可准确检测出车辆,车辆的识别率能够达到96%以上,为隧道节能控制系统的安全运行提供了可能。其中图像分块的方法以及分块的数量可根据拍摄的具体图像和图像特征来确定。

参 考 文 献

[1] 秦莉,董丽丽,许文海,等.隧道照明闭环反馈智慧控制系统[J].光学精密工程,2015,23(09):2473-2481.

[2] 付浩海,边蓓蓓.基于帧间差分和背景相减的运动目标检测和提取算法研究[J].长春工程学院学报:自然科学版,2015,16(3):116-118.

[3] 李聪.隧道车辆检测方法的研究[J].科技视界,2015,27:187-188.

[4] 万盼盼,张轶.一种改进的基于背景差分的运动目标检测方法[J].计算机技术与发展,2015,25(02):38-41,121.

[5] Rios-Cabrera R, Tuytelaars T, Gool L V. Efficient Multi-camera Vehicle Detection, Tracking, and Identification in a Tunnel Surveillance Application. Computer Vision & Image Understanding, 2012, 116(6):742-753.

[6] 马军强.基于视频的运动车辆检测与跟踪技术研究[D].北京:北京工业大学,2009.

[7] 齐怀超.基于视频图像的车辆检测和匹配跟踪方法研究[D].西安:长安大学,2014.

[8] 沈峘,李舜酩,柏方超,等.路面车辆实时检测与跟踪的视觉方法[J].光学学报,2010,30(04):1076-1083.

[9] 沈峘,李舜酩,柏方超,等.融合多种特征的路面车辆检测方法[J].光电子·激光,2010,21(01):74-77.

[10] 钱志明,杨家宽,段连鑫.基于视频的车辆检测与跟踪研究进展[J].中南大学学报(自然科学版),2013,44(S2):222-227.

[11] 孙棣华,陈虹颖,赵敏.基于视频检测技术的隧道停车检测与识别算法[J].计算机测量与控制,2013,21(12):3193-3196,3200.

[12] 赵芳,栾晓明,孙越.数字图像几种边缘检测算子检测比较分析[J].自动化技术与应用,2009,28

(03):68+72.
[13] 谭毓银,陈绮.几种图像边缘检测算子的比较分析[J].电脑知识与技术,2010,6(29):8326-8327.
[14] 段瑞玲,李庆祥,李玉和.图像边缘检测方法研究综述[J].光学技术,2005,31(03):415-419.
[15] 王智文.几种边缘检测算子的性能比较研究[J].制造业自动化,2012,34(6):14-16.

特长隧道及隧道群智慧节能供配电系统应用研究

王宏丹

（交通运输部公路科学研究院 北京 100088）

摘　要：随着我国高速公路网的不断向外延伸，隧道在公路里程中所占的比例越来越大，特别是山岭重丘区，为了建设需求往往需修建特长隧道或多个隧道相连而形成隧道群。隧道作为一种地下空间的构造物，不但施工建设难度大，而且后期运营能耗也较大，养护成本高。我国传统的隧道供配电方案虽能够满足供电需求，但存在电缆用量大、系统无功损耗多、运营期易耗电等弱点。本文以鹤大高速公路朝阳隧道为例，对智慧节能供配电系统的应用展开研究，通过对供配电系统进行按需调节、智能控制，最终达到降低能耗，节约运营成本的目的。

关键词：特长隧道　智慧节能　供配电系统　智能控制　降低能耗

1　引言

随着我国高速公路网的不断向外延伸，隧道已成为公路建设的重要组成部分。隧道作为一种地下空间的构造物，不但施工建设难度大，而且后期运营能耗也较大，养护成本高。其中，隧道用电又是隧道运营能耗的主要构成部分，这是因为隧道往往用电设备数量多、用电量较大，且需要全天候供电，因此隧道供配电系统在运营养护费用中也占据着较大的份额。

我国传统的隧道供配电方案受技术条件限制，仅从供电需求角度出发，满足供电功能需求，对于经济、节能、智能控制等方面则考虑有限，因此存在带载能力弱、电缆用量大、系统无功损耗多等技术问题。

基于此，本文提出一种带载能力强，传输距离远，供电质量稳定，供电电压可调，且自身能耗小，节省能耗的智慧节能供配电系统，通过对供配电系统进行按需调节、智能控制，最终达到降低能耗、节约运营费用的目的。

2　传统供配电系统分析

目前，我国隧道传统供配电方案主要有三种：一种是低压380V直接供电，一种是高压10kV间接供电，还有一种是660V升降压供电。

2.1　低压380V直接供电

低压380V供电系统，即通过变电站低压配电柜向负载直接供电。这种供配电方式供电电缆和设施要求耐压等级低，较为经济便捷，是采用较多的一种供电方式。但这种供电方式也存在一定的技术局限性，那就是其传输距离短（一般在4km以内），供电能力弱。

为了保证长距离供电远端设备的供电质量，经常采用增大电缆截面积的办法，而此方法在提高供电能力的同时，也会快速增加成本，电缆成本根据传输距离和负载情况，变化幅度较大。

2.2　高压10kV间接供电

高压10kV间接供电方案，从变电所高压柜引出10kV电压传输至负载较集中的位置，通过变电箱变压至380V向附近的负载供电，如图1所示。

此种供配电系统虽能够满足长距离供电需求，供电能力较强，但10kV供配电系统所需供电电缆和设备耐压等级要求高，造价成本较高，且由于10kV电压通过变压器降压为380V后，还需要通过电缆传输至附近用电点，因此需要敷设10kV等级和1kV等级两条电缆，造成电缆重复敷设。同时，为保证用户端不对电网产生影响,需要配置昂贵的隔离变压器。

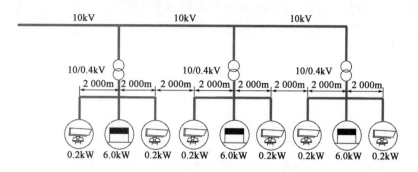

图 1　高压 10kV 间接供电方案系统图

2.3　660V 升降压供电

660V 升降压供电方案,在变电所设置升压变压器,将 380V 升压至 660V,传送至负载较集中的位置,再通过降压变压器降压至 380V 向附近的负载供电。

此种供配电系统相当于对低压 380V 供电系统做了一定程度的升级,在传输距离和供电能力方面有所提高。但此供配电系统与 10kV 方案相似,电缆同样需要重复敷设,负载端需要三相平衡,且只适用于中距离(一般在 4 ~ 10km)、中等负载容量供电,长距离、大容量供电能力仍不足。

2.4　传统供配电系统应用效果分析

无论是低压供电还是中、高压供电,虽在我国运用较广泛,承载着隧道供电重任,但从经济、节能、使用效率等方面还存在着较大的优化空间,具体表现为:

(1)大量使用供电电缆,造价昂贵。

(2)系统存在二次配电的问题,重复使用电缆。

(3)照明监控供配电系统内负载端都需要三相平衡。

(4)若未配备无功补偿设备,则系统功率因数低,无功损耗大。

3　智慧节能供配电系统研究

3.1　智慧节能供配电系统工作原理

智慧节能供电系统是在传统供配电系统分析基础上提出的一种带载能力强、传输距离远、系统能耗小、供电质量稳定的智能型供配电系统,主要由上位机和下位机组成。上位机经技术处理将低压三相交流市电转换为单相高压交流电(最高电压不超过 3 300),再经下位机转换为单相 220V 的交流电,直接为负载供电,从而实现高压小电流远距离供电。

隧道智慧节能供配电系统在变电所设置上位机,代替低压配电柜,单洞输出两条母线供电回路至隧道内下位机,下位机配置在原照明配电箱位置,代替照明配电箱。照明控制方面由于上下位机间带有通信功能,下位机可对每一条输出回路进行单独开关和调压,从而实现灯具按不同要求进行分组开关的功能。系统连接图如图 2 所示。

智慧节能供电系统在为照明灯具供电的同时,下位机可输出单独回路为监控设施供电,监控设施与应急下位机共用一条回路,并上端接入不间断供电设备,实现断电后的应急正常工作。

3.2　系统功能分析

智慧节能供配电系统与传统供配电系统相比,除节省造价外,还可以满足传输距离、远程控制等不同的功能需求,主要表现在:

(1)单相、远距离供电:上位机将三相 380V 市电转为单相的 3 300V 或 1 140V 单相电,再通过下位机转变为单相 220V 电压向负载供电,以实现单相、远距离供电,无须三相平衡。

（2）远程开关调压控制：上下端供电设备带有智能通信功能，可实现远程对下位机输出回路进行单独开关、调压控制，也可根据预先设定好的时间规则进行开关和调压。

（3）电力监测和能耗监测功能：上、下位机输入输出端均带有电力参数采集模块，下位机可对任意单独输出回路进行电力参数采集，并可采集自身运行状态和环境参数（温度、湿度），通过上下端智能通信回路将数据传输至监控中心服务器，实现电力监控和能耗监测功能。

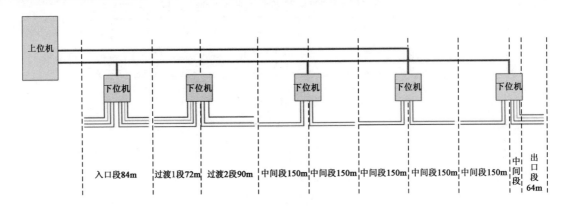

图 2　隧道智慧供电方案

（4）稳压功能：上、下位机保证输出电压为稳定电压，延长了用电设备电源的使用寿命，降低了设备的维护费用。

（5）浪涌抑制：上位机可隔离市电侧电网与用户侧电网，保证市电与用户侧电网浪涌冲击不对彼此产生影响，提高系统安全性。

（6）系统功率因数补偿：上位机可对供电系统进行功率因数补偿，降低系统无功损耗，功率因数补偿效果应不低于 0.95。

（7）减少电缆用量：采用远程控制下位机输出回路进行开关，可减少干线电缆数量。

4　应用案例

4.1　项目概况

鹤大高速公路（G11）为《国家高速公路网规划》中的一纵，是《振兴东北老工业基地公路水路交通发展规划纲要》中的"五纵、八横、两环、十联"区域骨架公路网中一纵，同时也是《吉林省高速公路网规划》中的"五纵、五横、三环、四联络"中的一纵。鹤大高速公路共有隧道 20 座，其中特长隧道两座。本文以朝阳隧道为例（左幅 3 105 m，右幅 3 080 m），对特长隧道的智慧节能供配电系统展开分析。

4.2　智慧节能供配电系统设计

（1）照明供配电设计

根据朝阳隧道照明总负载量，对该隧道进行供配电系统设计。经计算分析确定：朝阳隧道照明引入两根分布式供电线路，其中一根 3.3 kV 为加强基本照明供电电缆，主要供入口段、过渡段和出口段的加强照明、基本照明和引导照明。另外一根 1 kV 为应急照明供电电缆，主要供应急照明和横洞照明，如图 3 所示。局部上位机与下位机连接图如图 4 所示。

（2）照明控制

由于采用智慧节能型供配电系统，隧道主洞、引导照明均具有本地控制和远程控制两种控制方式，可根据天气、环境等因素进行智能控制。

4.3　与传统方案对比分析

现将传统供配电方案与智慧节能供配电方案进行对比，以进一步分析智慧节能供配电系统的适用性。由于照明所需回路较为复杂，因此仅以 3 km 隧道照明供电为例进行分析，如表 1 所示。

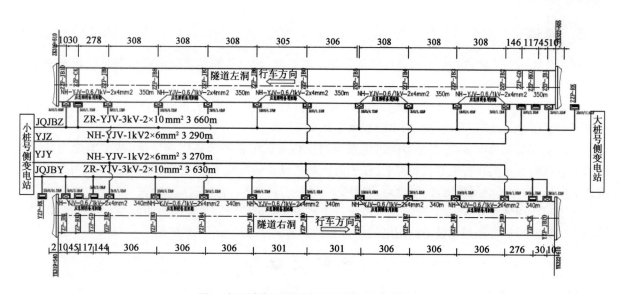

图3 朝阳隧道照明智慧供电方案图(尺寸单位:m)

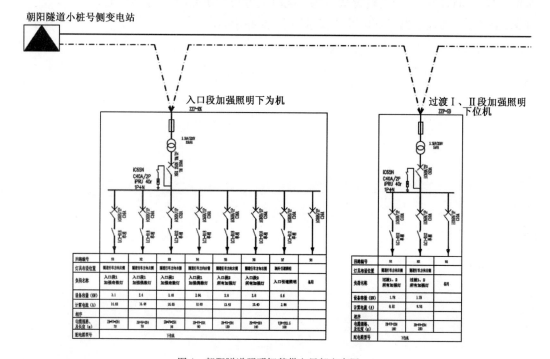

图4 朝阳隧道照明智慧供电局部方案图

智慧节能供配电与传统供配电方案比较 表1

方案 技术参数	传统方案	智慧节能方案
供电回路	6条母线	2条母线
三相平衡	需要	不需要
造价	—	与传统方案相比,可节约15%~20%
能耗	—	与传统方案相比,可节省电能约20%
运维	—	高、低压分仓,且模块化冗余设计,后期维护容易。设备维修时,只需要修理或更换损坏的模块,无须进行整机拆装
智能化	无	上位机可与下位机之间进行智能通信,对下位机任意一条回路进行调压、开关等控制

5 结语

高速公路运营节能已经成为行业的发展趋势。基于此,智慧节能型供配电系统与传统供配电系统相比,具有两个方面的优势:

一是从技术角度分析,不但带载能力强,传输距离远,供电质量稳定,供电电压可调,且自身能耗小,位机可对系统进行功率因数补偿,功率因数大于0.95。

二是从经济的角度分析,智慧节能供电系统对比传统供电系统节省工程造价(减少电缆用量),同时因上下端电源可实现智能监控和控制,在不需要某些设备运行或不需要照明亮度过高时,可关闭回路或调节电压,减少不必要的能耗,降低运营费用。

从工程使用效果来看,智慧节能供电系统对于解决特长隧道及隧道群的照明监控设备用电,以及中长距离外场监控设备和照明设备的用电问题是一种较为科学、经济的解决方案。

参 考 文 献

[1] 鹤大高速公路两阶段施工图设计文件[R].
[2] 张波. 基于物联网技术的公路智慧节能供配电关键技术研究[J]. 信息工程.
[3] 陈戈,董明明. 高速公路供配电节能技术[J]. 商界论坛.

高速公路施工期集中供电应用与效益评估
——以鹤大高速吉林境工程施工为例

付金生[1] 李劲松[2] 刘学欣[1] 陈 浩[3] 霍长顺[3]

(1. 交通运输部科学研究院 北京 100029；
2. 吉林省高等级公路建设局 吉林 长春 130033；
3. 吉林省交通科学研究所 吉林 长春 130033)

摘 要：集中供电在公路施工过程中具有显著的节能减排效益，是评价公路建设节能与否的主要依据之一。本文以鹤大高速吉林境工程为例，收集汇总了各标段施工期集中供电电量，并根据《交通运输节能减排专项资金支持项目节能减排量或投资额核算技术细则（2015 年版）》，对其产生的节能减排效益进行了核算。结果显示，鹤大高速全线施工期集中供电总计 12 974.91 万 kW·h，折合标油 29 115.70t，由此减少 CO_2 排放 90 215.85t，节能减排效果十分显著。

关键词：节能减排 效益 鹤大高速 集中供电

1 引言

鹤大高速公路吉林境包含小沟岭（与黑龙江省交界）至抚松段及靖宇至通化段两段，路线全长 339.429km，全线按双向四车道高速公路标准建设，设计行车速度 80km/h，路基宽度 24.5m。全线共设特大桥 5 380m/4 座，大桥 31 892m/87 座，隧道 30802m/18 座，服务区 7 处。工程已于 2014 年 4 月开工建设，计划 2016 年建成通车。鹤大高速公路作为交通运输部唯一的一条新建高速公路双示范（科技示范、绿色公路主题性示范）工程，实施了近 30 项节能减排措施，已经产生了较好的节能减排效果。

电能是公路施工过程中消耗的主要能源之一，山岭重丘区公路施工建设中电能消耗所占比例更高。根据鹤大高速公路可行性研究报告[1,2]，施工期总耗电量折合标煤 10.57 万 t，占施工期总能耗量的 24%，平均每公里耗电折合标煤 311t。公路施工传统用电方式主要靠柴油发电机发电，能源利用率低，污染严重。施工用电应与运营期用电统一考虑[3]，鹤大高速公路本着"永临结合"的原则实施了施工期集中供电，施工前，施工单位出资与当地电力部门联合架设高压变电器和配套的电力线，满足项目施工用电要求，施工结束后，建设单位对施工单位已架设的电力线进行资源整合，转为运营期机电永久使用。采用集中供电替代柴油发电机发电，不但可以减少柴油燃烧产生的大气污染，而且具有显著的节能减排效益。本文实际调查了鹤大高速全线施工期集中供电情况，并对施工期集中供电节能减排效果进行了评估。

2 施工期集中供电方案

山区高速公路所处地形复杂，沿线构造物多，施工作业范围大，作业环境情况复杂。在高速公路用电负荷中，土建施工用电负荷最大，路面施工用电负荷次之，房建施工用电负荷主要分布在服务区和收费站，与站区永久用电负荷相差不大，机电施工和生活用电负荷较小[4]。土建施工用电主要以隧道、桥梁等构造物施工及混凝土集中拌和站设备用电为主，用电负荷较大。隧道施工用电负荷是高速公路施工用电容量最大、最重要的负荷，用电设施主要包括压风站、通风机、碎石设备、搅拌设备、输送泵、施工工具和施工照明等，隧道越长，负荷越大。桥梁施工用电负荷主要有钻孔设备、起重设备和架桥设备，用电负荷主要跟桥梁长度和施工工期有关，桥梁越长，负荷越大。路面施工用电负荷主要是水稳拌和站与沥青拌和站。

施工用电特点是负荷大,使用周期短,原有供配电网络一般无法满足高速公路施工的用电需求,必须对高速公路施工现场进行分析,编制临时用电供电方案,新增供电线路和变电站,并提出安全注意事项[5]。鹤大高速公路根据工程布局和施工生产需要,在隧道、大桥、拌和站、预制场等就近设置变压器从地方电力线T接,架设该施工点贯通线路,同时在拌和站、预制场及工序要求较严格的工程部位,备用一定数量的发电机,以保证施工正常进行。

鹤大高速公路沿线共设20个土建标段,全部实施了施工期集中供电,以鹤大土建1标为例,该标段位于吉林省敦化市境内,路线全长13.452km,除路基工程外,沿线主要构造物包括小沟高架桥、小沟隧道、大沟高架桥、西沟收费站场区、K527+396中桥、荒沟岭隧道、K530+930分离立交、K531+341荒沟中桥、雁鸣湖服务区、K532+823荒沟分离立交及BK0+357分离立交,基本涵盖了鹤大高速公路所有的施工单元。据调查,鹤大土建1标共设置7处变压器,其中500kV·A变压器1处,800kV·A变压器4处,1000kVA变压器2处,见表1。

鹤大高速公路土建1标施工期集中供电方案 表1

序号	位置	供电对象	用电设备及需求	折减系数	用电需求（kW）	变压器规格（kV·A）
1	小沟高架桥终点	小沟高架桥施工	冲击钻5台375kW 电焊机2台40kW			800
		1号拌和站	混凝土拌和机2座180kW			
		1号预制场	龙门吊2台90kW 振捣器8根17.6kW 电焊机4台80kW			
		钢筋加工厂	电焊机4台80kW 钢筋弯曲机1台6kW 钢筋切割机1台6kW			
		小计	874.6kW	0.9	787	
2	小沟隧道进口	小沟隧道进口施工	空压机6台660kW 喷浆机2台16kW 水泵2台40kW 注浆机2台12kW 通风机2台160kW			800
		小计	888kW	0.9	799.2	
3	小沟隧道出口	小沟隧道进口施工	空压机6台660kW 喷浆机2台16kW 水泵2台40kW 注浆机2台12kW 通风机2台160kW			800
		小计	888kW	0.9	799.2	
4	大沟高架桥起点	大沟高架桥施工	冲击钻6台450kW 电焊机2台40kW			800
		2号预制场	龙门吊2台90kW 振捣器8根17.6kW 电焊机4台80kW			
		钢筋加工厂	电焊机4台80kW 钢筋弯曲机1台6kW 钢筋切割机1台6kW			
		小计	769.6	0.9	692	

续上表

序号	位置	供电对象	用电负荷			变压器规格（kV·A）
			用电设备及需求	折减系数	用电需求（kW）	
5	荒沟岭隧道进口	荒沟岭隧道进口施工	空压机6台660kW 喷浆机2台16kW 水泵2台40kW 注浆机2台12kW 通风机2台160kW			1 000
		通道及中桥施工	钻机2台150kW 电焊机2台40kW			
		小计	1 078	0.9	970	
6	荒沟岭隧道出口	荒沟岭隧道出口施工	空压机6台660kW 喷浆机2台16kW 水泵2台40kW 注浆机2台12kW 通风机2台160kW			1 000
		分离式立交施工	钻机2台150kW 电焊机2台40kW			
		小计	1 078	0.9	970	
7	K531+700右侧	荒沟中桥及通道施工	钻机3台210kW 电焊机2台40kW			500
		2号拌和站	混凝土拌和机1座90kW			
		钢筋加工厂	电焊机4台80kW 钢筋弯曲机1台6kW 钢筋切割机1台6kW			
		3号预制场	龙门吊1台45kW 振捣器6根13.2kW 电焊机3台60kW			
		小计	550.2kW	0.9	495	

鹤大高速土建1标施工期用电负荷需求构成情况如图1所示。从图中可以看出，不同工点的供电需求差异很大，其中隧道施工用电需求最大，达到总用电负荷的一半以上；其次是桥梁施工，占比四分之一强，供电需求总的排序情况是：隧道施工(58.0%) > 桥梁施工(25.1%) > 预制场(8.1%) > 钢筋加工厂(4.5%) > 拌和站(4.4%)。

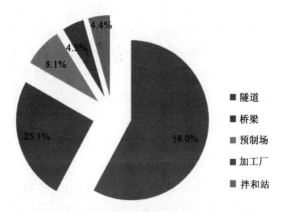

图1 鹤大高速土建1标施工期用电负荷构成图

3 施工期集中供电电量调查

3.1 调查方法

为衡量高速公路建设节能减排效果,鹤大高速公路双示范项目制定了《建设期能耗统计管理办法》,开展整个建设期各专业的施工能耗统计工作。为保证能耗数据的准确性、科学性、完整性和真实性,对施工过程中产生的包含电耗在内的所有能耗建立了分级上报制度,上报流程如图2所示。

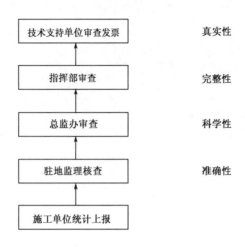

图2 鹤大高速公路能耗统计上报流程

施工单位按月报送能源消耗情况,覆盖本标段内全部能源消耗情况。驻地监理根据施工单位填报的能源消耗统计情况,核查施工机械台账及能源购买发票,确保能耗统计数据的准确性。总监办根据工程建设完成情况对驻地监理办上报的能耗统计数据进行审查,确保能耗统计数据的科学性。鹤大高速指挥部对总监办上报的能耗统计数据进行审查,确保能耗统计数据的完整性。此外,为保证施工单位报送数据的真实性,鹤大高速委托技术支持单位对施工单位用能发票进行审查,并对能耗数据进行分析评价。

3.2 调查结果

根据施工能耗统计上报结果,经核查、审查、抽查等程序确认,截至2015年11月,鹤大高速公路全线施工期集中供电总量为12 974.91万kW·h,单位里程集中供电38.23万kW·h/km。其中,小沟岭至抚松段为7 590.05万kW·h,单位里程集中供电32.68万kW·h/km;靖宇至通化段为5 384.86万kW·h,单位里程集中供电50.25万kW·h/km。

不同施工标段施工期集中供电量差异较大,最少的是土建13标115.39万kW·h/km,最多的是土建6标1 620.46万kW·h/km。部分施工标段集中供电电量与路线长度的线性回归结果如图3所示。从图中可以看出,鹤大高速公路施工期集中供电电量与路线长度相关,但其线性回归结果受集中供电规模影响而不同。对于集中供电总量少于300万kW·h的6、9、12、13、17标,集中供电电量与路线长度正相关,斜率为13.19万kW·h/km,相关系数0.927;对于集中供电总量大于400万kW·h的1、5、7、15、19标,集中供电电量也与路线长度正相关,斜率为69.87万kW·h/km,相关系数0.863。

4 施工期集中供电节能减排效益评估

4.1 测算方法

根据《交通运输节能减排专项资金支持项目节能减排量或投资额核算技术细则(2015年版)》[6],通过公路建设采用施工期集中供电替代传统的柴油发电机发电,通过计算替代的柴油消耗量,核算节能减排效益。

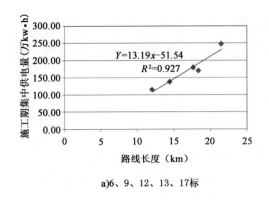
a) 6、9、12、13、17标

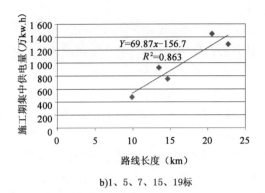
b) 1、5、7、15、19标

图3 施工期集中供电电量与路线长度关系

施工期集中供电替代柴油量按下式计算：

$$项目替代柴油量 = 项目用电量 \times 单位发电量的燃油消耗量$$

式中，单位发电量的燃油消耗量按 0.22kg/kW·h 计算。

项目替代燃料量按下式计算：

$$项目替代燃料量 = 项目替代柴油量 \times 柴油折标油系数 \times 10^{-3}$$

式中，柴油折标油系数取值为 1.02kgoe/kg。

项目减排 CO_2 量按下式计算：

$$项目减排 CO_2 量 = 项目替代柴油量 \times 柴油 CO_2 排放系数 \times 10^{-3}$$

式中，柴油 CO_2 排放系数取值为 3.1605kg/kg。

4.2 测算结果

截至 2015 年 11 月，鹤大高速公路全线施工期集中供电总量为 12 974.91 万 kW·h，则替代柴油量为：

$$12\ 974.91\ 万\ kW \cdot h \times 10^4 \times 0.22 kg/kW \cdot h = 28\ 544\ 802 kg$$

替代燃料量为：

$$28\ 544\ 802 kg \times 1.02 kgoe/kg \times 10^{-3} = 29\ 115.70 toe$$

减排 CO_2 量为：

$$28\ 544\ 802 kg \times 3.160\ 5 kg/kg \times 10^{-3} = 90\ 215.85 t$$

根据核算，截至 2015 年 11 月底，鹤大高速施工期集中供电项目替代标油 29 115.70 吨，减少 CO_2 排放 90 215.85t。

5 结论及讨论

根据对鹤大高速公路施工期集中供电措施应用情况的调查与核算，可以得出以下结论：

（1）鹤大高速公路根据工程布局和施工生产需要，全线实施了施工期集中供电。不同工点的供电需求差异很大，以土建1标为例，总的排序情况是：隧道施工(58.0%) > 桥梁施工(25.1%) > 预制场(8.1%) > 钢筋加工厂(4.5%) > 拌和站(4.4%)。

（2）截至 2015 年 11 月，鹤大高速公路全线施工期集中供电总量为 12 974.91 万 kW·h，单位里程集中供电 38.23 万 kW·h/km。回归分析显示，集中供电电量与路线长度相关，回归结果受集中供电规模影响而不同。

（3）根据核算，截至 2015 年 11 月底，鹤大高速公路施工期集中供电项目替代标油 29 115.70t，减少 CO_2 排放 90 215.85t，节能减排效果十分显著。

参 考 文 献

[1] 吉林省公路勘测设计院,中交规划设计院有限公司.鹤岗至大连高速公路小沟岭(省界)至抚松段工程可行性研究报告[M],2009.
[2] 吉林省公路勘测设计院.鹤岗至大连高速公路靖宇至通化段工程可行性研究报告[R].2009.
[3] 高阳,张海春.高速公路外供电中施工用电与运营用电的统一初探[J].公路交通技术,2010,6:119-125.
[4] 关铃英.高速公路施工用电复核预测[J].电力与电工,2013,33(4):103-104,106.
[5] 李伟.某高速公路施工现场临时用电组织设计[J].石家庄铁路职业技术学院学报,2013,12(1):62-66.
[6] 交通运输节能减排专项资金支持项目节能减排量或投资额核算技术细则(2015年版)[R].2015.

寒区高速公路房屋建筑工程建筑保温技术研究

孙福申[1]　孙佰平[1]　王心毅[1]　高　磊[2]　李　光[2]

（1. 吉林省交通科学研究所　吉林　长春　130012；
2. 吉林省高等级公路建设局　吉林　长春　130000）

摘　要：通过分析季冻地区高速公路服务区建筑的特点，从建筑围护结构保温材料和节能措施等方面对满足节能65%的技术进行了探讨，提出了围护结构的优化设计。

关键词：季冻地区　建筑节能　保温技术

随着我国建筑业的高速发展，建筑节能一直是备受重视的研究课题之一。尽管我国一直在为建筑节能不懈努力，但建筑能耗的总量仍是居高不下，远远高于发达国家的水平。近年来，国家与地方均制定了建筑节能的规范与标准，对新建和既有建筑的节能工作起到了一定的保障和支持作用，但是对于高速公路服务区这种特殊建筑类型还缺少针对性的节能规范。基于这些背景和原因，笔者探究季冻地区高速公路服务区建筑围护结构的构造优化，提出公共建筑节能65%技术在高速公路服务区建筑中的应用策略。

1　寒区高速公路服务区建筑的特点

高速公路服务区是随着高速公路发展而产生的新的建筑类型，与传统建筑不同，需要新的节能设计思路，我们首先要明确其特殊性。

1.1　独立性

高速公路服务区不同于一般的公共建筑，它孤立于空旷的环境中，需要一套封闭、完善的供暖、供电、供水系统，一套完备而高效率的系统对节能十分不利。另外，要着重考虑选址问题，由于没有其他建筑进行遮挡，季冻地区的高速公路服务区直接经受风雪和严寒的考验。

1.2　建筑体型

整体看来高速公路服务区的建筑规模不大，高度一般为2、3层，建筑形体较为自由，多用不对称自由组合的方式或运用塔楼和水平体量的对比形式，来获得建筑外观效果，突显服务区建筑标志性。因此它的体型系数相对较大。

1.3　规模大小

作为一个交通运输的附属设施，高速公路服务区除了具有一般公共建筑的功能外，还具有交通应急、缓冲车流、物资补给等作用。根据需求合理的决定服务区的规模，做好服务区的室外规划，有利于资源的有效利用和服务区的高效使用。

1.4　数量多

由于我国幅员辽阔，高速公路四通八达，服务区建筑数量自然很多，而多数高速公路服务区建筑无法做到精雕细琢、仔细考究。因此，需要成套技术和成熟的设计进行建造以提高工作效率。

1.5　自然资源丰富

服务区处在野外的环境下，较为空旷，且具有丰富的绿地资源和充足的阳光，风力资源也较为丰富。由于没有周围建筑基础的干扰，可以根据实际情况进行地热资源的开发，采取多种节能措施综合的方式进行利用。

2 高速公路服务区建筑保温技术

高速公路服务区建筑保温技术是建筑节能范畴当中的一个较新的议题,在季冻地区高速公路服务区建筑节能中,服务区建筑的围护结构节能占据主要部分。本文主要论述的是服务区建筑满足节能65%的关键技术。

2.1 墙体保温材料的选取

建筑室内的冷、热和干、湿环境主要影响因素是外部气候条件,处于季冻地区的公共建筑,在冬季会受到冰冻灾害的影响,外墙装饰和保温层一旦进水,结冰后会造成开裂、空鼓甚至脱落,同时为了减少热量的损耗,应当格外注重围护结构的保温隔热性能。必须确保材料的质量和性能,要保证材料保持干燥状态并受到良好的保护,这与围护结构的材料和构造做法有紧密联系,在 2009 年 9 月公安部与住房城乡建设部联合发布的《民用建筑外保温系统及外墙装饰防火暂行规定》(公通字[2009]46 号)中,明确规定了建筑外保温材料的防火性能,即民用建筑外保温材料的燃烧性能宜为 A 级,且不应低于 B2 级,市面上有多种保温材料,主要可以分为有机类型和无机类型。有机类型包括 EPS(聚苯板)、XPS(挤塑聚苯乙烯泡沫板)、PU(聚氨酯)、PF(酚醛树脂发泡材料)等材料,他们的导热系数较低,是很好的保温材料,但是防火等级低,需要做好阻燃措施;无机材料包括泡沫玻璃、泡沫混凝土、岩棉等,这类材料的保温性能不如有机材料,但是防火等级高。从数据上看,聚氨酯的保温性能很好,事实上不仅是保温性能,其抗风压、抗冲击以及防水能力也相当卓越,但是聚氨酯发泡过程不规则,很难保证保温层的光滑、平整,并且聚氨酯在燃烧时会释放大量有毒物质并产生大量烟尘,进而导致人员伤亡;酚醛树脂发泡材料是有机高分子材料,其防火性能、保温效果丝毫不逊色于无机材料,是目前较为理想的建筑保温材料;但价格相对较高,相比之下,矿岩棉等无机材料的防火等级较高,并且近几年施工现场由有机保温材料燃烧酿成火灾时有发生,矿岩棉等无机材料的使用越来越多,应注意的是,在施工时要做好封闭工作,否则矿岩棉会出现吸水情况,保温性能降低;泡沫玻璃和 STP 真空绝热板是新型材料,具有很好的保温、绝热、防火性能,具有广阔的应用前景。硅质保温板、硅质改性聚苯板是在传统的模塑聚苯乙烯泡沫板的基础上进行改良,从而达到 A 级阻燃效果的新型保温隔热材料。它不仅延续了传统 EPS 泡沫板导热系数小、保温隔热效果好、轻质等优点,并弥补了传统 EPS 泡沫板阻燃效果差的缺点,同时克服了市场上同类阻燃效果材料质量大、价格高的问题,是一种理想的保温隔热材料,具有广泛的市场需求。7 种 A 级保温材料性能指标对比见表 1。

7 种 A 级保温材料性能指标对比　　表 1

指标对比	岩棉板	泡沫玻璃保温板	无机保温砂浆	发泡水泥保温板	STP 超薄真空绝热保温板	酚醛保温板	硅质改性聚苯板
导热系数 W/(m²·K)	0.04	0.058	0.068	0.06	0.008	0.025	0.035
表观密度(kg/m³)	120	160	280	225	450	65	45
压缩强度(MPa)	0.045	0.7	0.26	0.54	0.45	0.1	0.2
抗拉强度(MPa)	0.011	0.5	0.15	0.2	0.4	0.08	0.3
尺寸稳定性(%)	0.6	0.33	0.18	0.35	0.53	1.2	0.4
体积吸水率(%)	12	0.2	8.3	8	1.2	3.8	1.4

经过对比,选用硅质保温板作为高速公路服务区建筑的外墙保温比较合适。

2.2 门窗构造优化设计

除了窗户自身的节能性,窗户的安装方式也会带来不同的节能效果。从工程技术的角度来看,窗户安装的方式分为"先立口"和"后塞口"。"先立口"是指在砌筑墙体前先将窗框立好,然后再进行砌筑;"后塞口"是在砌墙时预留洞口,主体完工后再安装窗框。现在更多使用的是"后塞口"形式,能有效避免砌筑时窗框变形,增加不必要的人工和造价。从窗框的安装位置来看,传统的安装方式是将窗框安置在外墙的中间,这种做法需要在窗框周围都垫入保温材料,否则很容易产生热量损失的薄弱环节,也会给施工带来一定的难度要求。若将窗框紧贴着外墙的结构层表面进行安装,只需要用角钢在窗户四周牢牢将其固定,即可进行保温处理,并且只需要在外部进行保温处理,周边使用聚氨酯发泡减少热量传递,这种做法可以有效减少热量流失,提高窗户的节能性。窗户的窗台与窗框之间很容易产生渗漏问题,当雨水渗透到保温墙内时,会导致保温材料的保温性能降低,大大降低房屋的保温效果。为了降低此类风险,外墙窗户应设置窗台板。通过调查我们发现,在节能技术发达的国家,建筑上都应用了预制窗台板,而国内却应用的很少。由于季冻地区冬季会有冻胀现象产生,不宜选用木材或石材作为窗台板材料。考虑到方便造型,选择了防水、防锈、防腐、便于清洁的金属材料。窗台板的安装形式可以采用粘贴或螺钉固定。

2.3 地面保温做法

季冻地区地面热阻值规定必须大于等于1.8~2.0,对周边地面和非周边地面的热阻值要求有所不同,对于周边地面要求的热阻值更高,因此当进行地面的节能优化时,应加强对周边地面的保温。地面保温主要依靠增设保温层来实现,地面保温选用的保温材料需具有较高的密度和较大的抗压强度,必要时可使用半刚性或刚性的保温材料。对于采暖型地面,采暖的方式主要分为水地暖和电地暖,电地暖又分为发热电缆采暖和电热膜采暖。水地暖是利用热水作为热媒,在加热管内循环流动,通过地面以辐射和对流的传热方式进行供暖;发热电缆采暖是利用低温发热电缆作为热源,通过地面进行均匀的热辐射和对流传热;电热膜采暖则是利用一种通电后能发热的半透明聚酯薄膜作为热源,以热辐射的形式均匀的将热量从地面送入空间中。

2.4 特殊部位构造优化设计

将建筑的围护结构比作外套,冬天时穿在身上的外套是否保暖,细节的做工很重要,比如拉链处的透风性、袖口的收紧程度等,这些部位对应的是建筑围护结构中的薄弱部位,虽然面积不大,但是仍会对建筑造成很大影响,对于这些特殊部位,需要特别的维护措施。对于出挑的不封闭的阳台和雨棚,要与主体墙断开处理,使用具有较好防火性能和抗压强度的改性酚醛泡沫板进行隔断,这种做法能有效减少热桥的产生。施工质量有时也会导致热桥的产生,比如水泥砂浆找平的平整度误差过大,保温层粘贴时拼缝太多;在保温层粘贴完工后,进行其他施工操作时对保温层造成了破坏,也会导致局部热桥产生;在容易产生热桥的部位出现遗漏保温施工时。因此,保证施工质量是避免热桥产生的重要环节。

3 结语

建筑节能是未来建筑的一个发展方向,通过将成套节能技术应用到高速公路服务区建筑上,使公共建筑节能达到65%的目标,研究意义在于顺应了高速公路服务区向节能型服务区发展的趋势,启发使用者改变传统的观念,引导我国公共建筑按新观念、新技术、新方法和新材料建造节能房屋、生态房屋。改变现有条件,让使用者更真实、真切地看到了节能所带来的好处。

长白山敏感区绿色公路低碳技术决策体系研究及应用

李 晟 张宁波 钱琳琳

(江苏中路工程技术研究院 江苏 南京 211806)

摘 要：长白山区是中国重要的生态环境保护区，并属于季节性冰冻区域，在这样敏感、独特的地理气候条件下结合自身需求建设绿色公路的过程中，低碳技术的选择需从技术性、经济性、生态环保等方面综合考虑。本文基于全寿命周期理论(LCA)，在综合考虑上述三个方面的基础上，进行了低碳技术评价指标的选择，并构建了低碳技术决策指标体系。随后将该体系应用于鹤大高速绿色公路主题性项目中沥青拌和技术的选择，结果表明，在经济性与生态环保方面，温拌沥青技术相比热拌沥青技术具有一定优势，综合考虑推荐该地区选用温拌沥青技术。通过这一应用实例可以看出，此决策指标体系能够综合且量化地对低碳技术进行决策，改变对低碳技术主观、定性判定的现状。

关键词：绿色公路 低碳技术 决策体系 LCA

1 引言

长白山区是中国最重要生态环境保护区之一，也是东北地区的水系发源地。丰富的生物资源、多彩的自然景观和脆弱的生态环境是该地区的典型特征。因此，该地区绿色公路建设过程中，需要最大限度地保护水资源，减少生态环境破坏。此外，该地区属于季节性冰冻地区，路基冻胀、融沉等问题将影响沥青路面的使用寿命，因此需要提高全线各构造物的抗冻耐久性。随着公路节能减排工作的不断深入，公路建设与运营养护已经不能将低碳技术的技术性能作为比选的唯一指标，还需要综合考虑其经济性和生态环境效益，建立综合决策方法。

本文基于全寿命周期(LCA)理论，综合考虑经济性、技术性、生态环保三个方面，选取了相关低碳技术评价指标，构建了低碳技术评价与决策体系。结合鹤大高速绿色公路主题性项目特点，运用该体系对现有的低碳技术进行系统研究分析和量化评估，给该项目的建设和管理者对低碳技术决策提供了方法和建议。

2 决策指标的选择及标准化

长白山敏感区绿色公路建设对环境保护的要求很高，需要考虑适用技术的经济性与耐久性。因此，这势必要求我们通过多种指标对方案进行比较，更加全面、有效、合理地对不同方案进行比选，为管理者提供一种比较道路建设与养护手段的科学决策体系。本文从经济性、技术性、环保性三个方面综合考虑，提出了多指标的综合决策体系，如表1所示。

低碳技术决策指标体系 表1

指标类别		属性
技术性指标	耐久性	极大型
经济性指标	净现值	极小型
生态环境指标	能源消耗量	极小型
	颗粒物(RI)	极小型
	光化学烟雾(POCP)	极小型
	全球变暖潜值(GWP)	极小型
	酸化(AP)	极小型
	富营养化潜值(EP)	极小型

采用最小—最大标准化法对替代方案同一指标进行标准化处理,对于极大型指标采用式(1)进行标准化处理。

$$x^* = \frac{x - \min}{\max - \min} \tag{1}$$

式中:x^*——标准化处理后数值;
  x——标准化处理前数值;
  min——替代方案样本数据中最小值;
  max——替代方案样本数据中最大值。

对于及小型指标采用式(2)进行标准化处理,式中各指标含义与式(1)相同。

$$x^* = \frac{\max - x}{\max - \min} \tag{2}$$

对于生态环境指标,在同一影响类别中,不同环境影响因子对该类别的贡献率不同。因此,需要根据一定的科学过程,选择影响类别的代表因子,即特征因子,对其他影响因子的作用通过特征因子唯一表征,从而汇总得到某个影响类别以量化数值表示的影响能力。目前,国内外通常采用当量模量,即以特征因子作为当量系数来进行清单分析结果的特征化,其计算公式如下式所示:

$$EI_i = \sum (I_{ij} \times C_{ij}) \tag{3}$$

式中:EI_i——第 i 个影响类别的特征化结果;
  I_{ij}——第 i 个影响类别中,第 j 个影响因子的清单分析结果;
  C_{ij}——第 i 个影响类别中,第 j 个影响因子的特征参数。

本节进行绿色公路低碳技术节能减排清单分析归类结果的特征化借鉴相关课题研究成果,如表2所示。

影响类别、影响因子及特征因子　　　　表2

类别	影响因子	特征因子单位	特征因子
能耗	标准煤	tce	1
RI	PM 2.5	kg 等效 PM2.5	1
	PM 10		0.536
	氮氧化物		0.127
	一氧化碳		0.121
	氨		0.121
POCP	氮氧化物	kg 等效乙烯	0.014
	一氧化碳		0.027
	甲烷		0.007
GWP	二氧化碳	kg 等效 CO_2	1
	氧化亚氮		298
	甲烷		2.5
	一氧化碳		1.57
AP	二氧化硫	kg 等效 SO_2	1
	氮氧化物		0.7
	氨		1.88
EP	氨	kg 等效磷酸盐	0.35
	氮氧化物		0.13

3 决策指标权重确定

为了适应现阶段长白山敏感区绿色公路建设和运营养护需求,根据技术性、经济性及生态环境效益三方面的侧重点不同,分成六种工况(表3),分别进行决策指标体系的指标权重确定。

在确定评价指标和工况的基础上,通过问卷调查和层次分析法相结合的方法综合确定各个指标的权重系数。具体操作过程分为如下两步:

(1)低碳技术指标权重调查表。根据列出的指标,制定低碳技术决策体系指标权重调查表,分别从公众、管理方、专家三方面进行调查。公众的调查主要是针对沿线居民最关心的环境问题进行调查,确定他们最关注的指标。管理方与专家均从经济性、耐久性与环保性三个角度进行权重调查,形成合理的指标权重体系。

项目工况分类　　　　表3

工况	内容
工况1	技术耐久性≥经济性≥生态环境效益
工况2	技术耐久性≥生态环境效益≥经济性
工况3	经济性≥技术耐久性≥生态环境效
工况4	经济性≥生态环境效益≥技术耐久性
工况5	生态环境效益≥经济性≥技术耐久性
工况6	生态环境效益≥技术耐久性≥经济性

(2)层次分析法计算指标权重。采用层次分析法对在六种工况条件下各指标权重的专家打分分值进行计算,得出决策指标体系各指标的权重,以工况6为例,决策体系各指标权重如表4所示。

工况6指标权重汇总表　　　　表4

指标		权重
技术耐久性	技术耐久性	0.34
技术经济性	技术经济性	0.27
生态环境指标	能耗量	0.08
	RI	0.06
	POCP	0.06
	GWP	0.05
	AP	0.06
	EP	0.08

4 基于LCA的低碳技术评价方法

传统的低碳公路技术的评价方法仅考虑了建设或养护阶段某一阶段内的技术特性、经济效益和环境效益,而作为一个长期使用的产品,公路的长期性能评价才是从业人员需要关注的部分。因此,本文根据鹤大高速的特性,针对公路全寿命周期,对各项特色技术的技术特性、经济特性和生态环境效益分别建立了评价方法。

(1)技术耐久性评价。低碳技术长期性能评价的主要内容是针对每项低碳技术采用预估模型预估使用寿命及耐久性能,作为经济性评价提供依据。

(2)经济性评价。低碳技术经济性评价根据寿命周期成本分析方法(LCCA),考虑了公路使用年限内产生一切费用之和。全寿命周期成本主要包括初始投资、日常养护与功能性养护费用、大修费用、残值收回、不确定费用和生态与环境的费用。本文从公路建设者与运营养护管理者角度考虑,公路寿命周期成本分析的内容包括初始投资、运营费用和养护费用。

由于公路全寿命周期成本分析中,不同的费用发生在不同的时间节点,不能简单将其相加,需考虑资金的时间价值。本课题将采用现值法将各年发生的费用转化为统一值。其计算公式为:

$$NPV = \sum_{c=0}^{n} NCF_t \left(\frac{P}{F}, i, t\right) \tag{4}$$

式中:NPV——某方案或项目的现值,元;

n——计算期;

i——设定的基准折现率;

NCF_t——第 t 年的现金流量,元。

(3)环境效益评价。低碳技术生态环境效益评价采用寿命周期生态环境效益评价方法。评价过程分为以下两个步骤:

①评价边界界定。由于材料生产、施工与运营养护维修阶段是材料消耗、施工机械使用最为集中的阶段,是公路能耗及排放最为显著的阶段,因此,本项目的环境效益评价边界主要考虑原材料生产、施工与运营三个阶段的环境影响。

②清单数据分析。在边界条件界定基础上,对于寿命周期分析数据清单的分析,本文拟采取"定额法为主、实测法为辅"的基本原则,在保证计算结果具有广泛性和代表性的基础上,尽可能提高计算结果的准确性。

根据以上步骤得出各指标计算值后,再利用式(1)或式(2)进行标准化,并根据项目工况确定各指标权重,即可计算出一个量化的综合评估值,作为为低碳技术决策的依据。

5 低碳技术决策实例

为了验证上述决策体系的可行性,以鹤大高速阻燃温拌沥青路面技术选择为例,进行了基于全生命周期的低碳技术评价。

5.1 技术耐久性分析

在比较温拌沥青与热拌沥青技术耐久性时,假设采取相同的路面结构,唯一区别在于温拌添加剂的增加与否。项目温拌沥青添加剂采用矿物法(Aspha-min),添加剂用量为沥青质量的 0.3%。复合路面的耐久性是结合下面层水泥板以及无机结合料层底面拉应力来预测的,通过疲劳寿命公式计算水泥层及无机结合料层的疲劳寿命,计算结果热拌、温拌沥青 SMA-13 的疲劳寿命 Nf2 均为 2.07×10^9 次。技术耐久性指标应取极大值,所以采用式(1)进行标准化处理,结果见表5。

技术耐久性标准化结果 表5

技 术 名 称	热拌沥青技术	温拌沥青技术
标准化结果	1.0	1.0

5.2 经济性分析

市场上温拌改性剂进口产品单价约为 30 000 元/t,最佳掺量为沥青质量的 3%,按照最佳油石比为 5% 计算,每吨沥青混合料需添加约 1.43kg 温拌改性剂产品。因此,使用温拌改性剂,单从材料成本计算,每吨沥青混合料增加成本约为 42.9 元。鹤大高速拟铺筑温拌沥青面层 24.15 万 m^2,需 69 657.7t 沥青混合料,投资 3 691.86 万元,比热拌沥青混合料增加投资 298.83 万元。经济性指标应取极小值,采用式(2)进行标准化处理,结果见表6。

经济性标准化结果 表6

技 术 名 称	热拌沥青技术	温拌沥青技术
标准化结果	1.0	0.0

5.3 环境效益分析

沥青路面的生命周期分为原材料生产、施工、养护、拆除四个阶段,其中生产、施工和拆除阶段的能源消耗与污染物排放主要来源于材料和机械消耗。根据公路工程相关定额,可以确定所有材料和机械使用量,并进一步计算出相应的能源消耗与污染物排放清单。维修养护阶段的能耗与污染物排放是以功能单位的面积计算,本项目一个功能单位的养护维修面积为1 100m²。结合江苏省今年的养护维修措施进行调查和已有研究,在考虑南北方差异的基础上,预测出鹤大高速进行单次维修养护方案的能耗及环境排放。将上述清单数据进行进一步分析,可以计算出前面所列出的六个生态环境相关指标值。然后根据表2将各种污染物的排放进行归一化。生态环境指标标准化应取极小值,所以采用式(2)将归一化后的数据进行标准化处理,结果见表7。

生态环境指标标准化结果　　　　表7

技 术 名 称	热拌沥青技术	温拌沥青技术
能耗	0	1
RI	0	1
POCP	0	1
GWP	1	0
AP	0	1
EP	0	1

5.4 评价结果与决策建议

由于鹤大高速公路地处长白山敏感区,项目的生态环境效益是决策过程中需要考虑的首要因素,其次还要兼顾技术耐久性,避免频繁维修施工。因此,该项目生态环境效益≥技术耐久性≥经济性,应属工况6。综合以上计算结果,将热拌、温拌沥青技术的技术耐久性、经济性及生态环境效益标准化结果汇总,结合工况6的各指标权重,计算得到热拌、温拌沥青技术综合评估值分别为0.66、0.68。从计算结果可以看出,温拌沥青技术与热拌沥青技术相比具有一定优势。因此,推荐选用温拌沥青技术。

6 结语

本文在长白山敏感区绿色公路建设的特殊背景下,基于全寿命周期理论,从技术性、经济性、生态环保三方面综合考虑,选取一系列低碳技术评价指标,并构建了低碳技术决策体系。将该体系运用于鹤大高速的低碳沥青技术选择,结果表明,此指标体系能够综合且量化地对低碳技术进行决策,改变对低碳技术主观、定性判定的现状。在后续研究中,需不断完善各指标权重的确定方式,避免主观判断影响决策。

参 考 文 献

[1] 秦晓春,沈毅,邵社刚,等.低碳理念下绿色公路建设关键技术与应用的探讨[J].公路交通科技(应用技术版),2010,10:094.
[2] 陈冰飞.高速公路低碳运营研究[D].西安:长安大学,2011.
[3] 邴雪,徐萍,陆键,等.基于LCA的低碳公路的实现途径[J].公路,2013(3):133-139.
[4] 潘美萍,王端宜.路面寿命周期碳排放评价方法的研究[J].中外公路,2011,31(4):83-86.
[5] 刘钢.LCA体系在道路新技术能耗与环境影响评估中的应用[J].中国公路,2012(C00):9-12.
[6] 中华人民共和国行业标准.JTG/T B06-02—2007 公路工程预算定额[S].北京:人民交通出版社,2008.
[7] 中华人民共和国行业标准.JTG/T B06-03—2007 公路工程机械台班费用定额[S].北京:人民交通出版社,2008.

长白山敏感区绿色公路评价指标体系研究

陈云卿　景晶晶　张宁波

(江苏中路工程技术研究院　江苏　南京　211806)

摘　要：本文结合长白山敏感区地区特点，从季冻区气候、乡土资源、生态敏感区、外部政策方面分析了公路建设特征及原则。基于特征分析和现状调研，从强制项、一般项和加分项三个层次提出了长白山敏感区绿色公路评价指标体系，其中环境及文化、路基路面节能减排技术是评价指标体系中最重要考虑因素，并采用专家打分法和层次分析法确定各指标的权重。同时，对各个指标的评价标准进行研究，根据指标内容的完成情况进行量化评分，评分结果将绿色公路划分为三星、四星、五星三个等级。最后，利用该评价指标体系对吉林省鹤大高速公路进行评价，在满足强制项要求的基础上，其评分为85分、绿色公路等级为四星。

关键词：路面工程　评价指标　层次分析法　绿色公路　敏感区

1　引言

长白山敏感区是中国生态环境最原始、最自然的保护区之一，也是吉林省乃至东北地区的水系发源地，丰富的生物资源、多彩的自然景观和脆弱的生态环境是该区的典型特征。同时，长白山敏感区地处季节性冰冻地区，作为重要的运输通道，路基冻胀融沉、路面开裂冻融将影响桥涵、隧道构造物混凝土寿命，需要提高全线路基、路面、桥涵、隧道的抗冻耐久性。

因此，长白山敏感区绿色公路建设区别于其他地区，建设过程中需最大限度地保护脆弱敏感的生态环境和水资源，减少生态破坏，倡导绿色循环低碳理念。本文针对长白山敏感区地区公路建设及环境特征，紧密结合吉林鹤大高速公路"季冻区绿色循环低碳科技示范工程"和"绿色公路主题性项目"建设平台要求，以构建绿色公路为核心理念，从构建绿色公路建设本身出发，建立科学合理的评价指标体系。

2　绿色公路建设特征及原则分析

2.1　绿色公路建设特征

长白山为环境敏感区，不同于普通公路，长白山地区公路需结合地区气候、资源和敏感环境特征，分析其公路节能减排建设的重点方向和环节，进而明确下文指标的选择。

2.1.1　季冻区气候条件分析

长白山敏感区属中温带大陆性季风气候区，四季变化明显。春季干燥多风，夏季炎热多雨，每年6~8月是雨季，年平均降水量大；秋季凉爽昼夜温差大，秋末、冬初路面经常出现雨后结冰，影响行车安全；冬季具有典型的季节性冰冻地区气候特点，寒冷而漫长，冰冻多雪。

长白山敏感区特殊的气候和水文地质条件使这一地区公路工程冰冻破坏严重，主要体现在路基冻深大、冻胀变形严重；沥青路面低温开裂、冻融损害；混凝土因氯盐类融雪剂出现蜕皮、松散、盐冻和盐蚀等破坏；隧道围岩衬砌冻胀、开裂等。同时，通过对长白山敏感区清洁能源的实施条件分析，可利用的清洁能源主要包括太阳能、风能以及地热能。

2.1.2　乡土资源条件分析

长白山敏感区可利用的本土资源有火山灰、硅藻土、尾矿、废旧橡胶轮胎等，同时，天然气资源充足，能够满足高速公路建设的需求。

（1）火山灰

长白山是世界著名的活火山，周围分布着大量的火山灰，覆盖层厚度达数十米，预计火山灰储量可达几十亿立方米以上。火山灰应用于水泥混凝土中能够填充混凝土中的孔隙，提高混凝土的密实性和抗冻性，应用于沥青混凝土中，能够与沥青形成相容性好、分散均匀的胶浆体系，从而对沥青混凝土起到良好的高低温改性作用。

（2）硅藻土

长白山敏感区是吉林省硅藻土资源的主产地，占吉林省总量的97.4%，占全国总量的53.61%，并且品质高。作为硅质岩石的硅藻土，由于其多孔、比表面积大、密度小、吸附性强、化学稳定性好等特点，在道路工程中可以作为高沥青含量的路面和防水卷材的填料，能有效地解决泛油和激浆现象，提高防滑性、耐磨性、抗压强度、耐侵蚀能力，大幅度地提高使用寿命。

（3）尾矿

延边朝鲜族自治州、白山市，各种金属矿产资源丰富，尤其以铁矿为多，其中敦化市塔东铁矿、抚松县仁义铁矿、抚松县大方屯铁矿矿产资源丰富。以新建的敦化市塔东铁矿，其铁矿资源占延边州的95%以上，目前已投入使用，在选矿、筛矿过程中能够生产足够数量的矿渣资源。

（4）废旧轮胎

吉林省作为全国最大的汽车产业基地，每年产生的废旧轮胎数量也较多。废旧轮胎是有毒、有害的固体废物，具有很强的抗热性、抗降解性，埋入地下100年不会降解。将废旧轮胎制成轮胎粉用于沥青改性，可改善路面的高低温性能，达到降噪的效果，还能减少废旧轮胎污染、提高资源的循环利用率。

（5）天然气

长白山敏感地区天然气资源充足，能够满足高速公路建设的天然气需求。因此，在长白山敏感区高速公路的建设过程中，可以尽量采用以天然气为燃料的施工机械，包括土石方机械、压实机械、路面机械、桥涵机械、混凝土机械、起重运输机械、养护机械、动力与隧道机械等。用天然气取代燃料油、柴油等作为燃料，不仅能够减少燃料油的采购、运输、储存、加温等繁杂环节，降低了成本，而且能够节约燃料成本，减少废气排放，具有较高的经济价值和社会效益。

2.1.3 生态敏感区条件分析

长白山敏感区分布有松花江三湖省级自然保护区远湖区、敦化市第一生活饮用水水源保护区、靖宇省级自然保护区实验区、靖宇火山矿泉群国家地质公园及通化市饮用水水源保护区二级保护区和准保护区，以及雁鸣湖国家级自然保护区、哈泥国家级自然保护区。而且，长白山敏感区分布的湿地较多，包括雁鸣湖保护区周边湿地、牡丹江支流沿岸、大蒲柴河镇附近的富尔河沿岸、沿江乡附近的二道松花江沿岸、露水河镇附近的二道松花江小支流沿岸、抚松县城二道松花江沿岸等湿地。

长白山敏感区生态环境敏感脆弱，多年来实行"封山保护、休养生息"的生态保护政策。高速公路建设过程将不可避免地对森林生态系统、湿地植被、野生动物栖息地、沿线的敏感水环境等产生一定程度的破坏。为此，需要采取有效措施最大限度地减少公路建设过程中对生态环境的破坏，主要措施包括：路基工程生态保护与恢复、桥梁工程生态保护与恢复恢复、隧道工程生态保护与恢复、取土场生态保护与恢复等方面。

2.1.4 外部政策条件分析

节能减排是我国国民经济和社会发展的一项长远战略方针，也是当前一项极为紧迫的任务。国家各项节能减排政策，无疑为长白山敏感区绿色公路的建设和发展提供了强有力的政策支撑，推动绿色公路的良好、稳定发展。同时，交通运输行业各项节能减排政策，特别是绿色循环低碳交通主题性试点项目的推广实施计划，对长白山敏感地区绿色公路的建设既起到了直接的推动作用，又有着坚实的政策保障作用。

2.2 绿色公路建设原则

绿色公路工程全寿命周期指标体系能够通过定量和定性指标综合评价和检验绿色公路工程的绿色度,评价指标的选取应遵循以下几个原则:

(1)科学性原则,使之能够接受工程实践的考验;

(2)系统性原则,体现对该工程全方位、全过程的透视;

(3)可操作性、适用性原则,体现长白山敏感区地域特点及技术发展水平,提高评价指标适用性。

3 评价指标体系构建

评价指标体系构建过程中,充分借鉴已有评价系统,结合长白山地区特征和鹤大高速管理及技术特点,在大量征集道路建设、设计、施工、科研等单位相关专家意见的基础上形成针对长白山敏感区高速公路建设特征的评价指标体系。

评价指标分为三个层次:强制项、一般项和加分项。其中,强制项指标为否决性指标,是参加绿色公路评价必须达到的要求,不进行量化评分;一般项是主要评分项,既有定性指标也有定量指标;加分项是根据工程中规模化采用的创新措施或独特工艺、特色项目,超过相应技术标准要求或具有较大效益而自行设置的指标,一般不超过2项。

3.1 强制项指标

基于长白山敏感区特征,其强制项指标主要为节能减排类、环境保护类和安全生产类指标。分析提出强制项指标包括规划设计、施工建设和运营养护三个阶段的13项指标,见表1。强制项指标为否决性指标,不进行量化评分,仅对其是否实施进行评价。

评价体系强制项指标 表1

建设阶段	评价指标
规划设计阶段	环境影响评价
	节能减排评价
	寿命周期费用分析
	寿命周期清单分析
施工建设阶段	质量控制体系
	噪声控制方案
	施工废弃物管理
	水土保持计划
	安全生产
运营养护阶段	路面管理系统
	桥梁管理系统
	道路日常养护
	养护工区配

3.2 一般项指标

一般项指标从八个方面选取了39项指标,总分100分。结合长白山敏感区特征考虑,采用科学的方法确定指标权重系数。采用专家评分和层次分析相结合的方法综合确定各指标的权重系数。

3.2.1 专家评分法

设计了问卷调查表向行业主管、建设、设计、咨询、施工等单位进行咨询,确定各指标之间的相对重要性程度。调查过程中,累计回收问卷调查表120份,根据专家评分的结果将指标重要性划分为四个等级:很重要、重要、一般、次要。考虑到长白山敏感区特征和公路建设特征,选择环境及文化、路基路面节能减排技术两项为最主要考虑因素。

根据调查对象的不同,以频数分布最多的项作为该类别的判断结果。在分类统计的基础上,根据总频数综合确定各指标的重要性,如表2所示。

各考虑因素的重要性　　　　表2

考虑因素	重要性分级			
	很重要	重要	一般	次要
制度及管理			◆	
材料及资源		◆		
环境及文化	◆			
路基路面节能减排技术	◆			
桥梁隧道节能减排技术		◆		
沿线设施节能减排技术		◆		
节能减排管理措施		◆		
质量及安全		◆		

由于采用专家评分法只得出了各项指标的重要性程度,所以在此基础上应用层次分析法,确定各个指标的权重值。

3.2.2 层析分析法

采用层次分析法在进行指标权重的定量过程中,利用评价指标体系得到的数据,构造判断矩阵,得到各指标权重,同时为了保证判断矩阵合理可靠,需要对判断矩阵的一致性进行检验,一致性检验主要是通过判断矩阵的最大特征值以及矩阵的维数确定。

环境及文化、路基路面节能减排技术为长白山敏感区绿色公路评价指标的重要因素,因此在评价指标中总分值最高。采用层次分析法综合确定绿色公路建设期及运营期养护评价指标体系中指标的权重值,总权重值为100分,如表3所示。

一般项评价指标的权重分布　　　　表3

考虑因素	权重	评价指标	权重
制度及管理	9	组织机构建立	2
		节能减排制度建设	2
		节能减排制度执行	3
		交流培训	2
材料及资源	10	废旧材料循环利用	2
		当地材料应用	3
		土石方平衡	2
		节约水资源	3
环境及文化	18	环境修复	3
		水资源保护	3
		粉尘防治	3
		动植物保护	3
		景观设计	2
		绿化率	2
		宣传推广	2

续上表

考虑因素	权重	评价指标	权重
路基路面节能减排技术	18	温拌沥青路面	3
		橡胶沥青路面	3
		耐久性路面	3
		拌和楼节能改造	3
		可再生路面	3
		地基处理	3
桥梁隧道节能减排技术	15	节能桥面铺装	3
		桥梁预制构件	3
		隧道智能通风	3
		耐久性桥涵	3
		隧道保温防冻	3
沿线设施节能减排技术	16	监控通信设备节能	3
		道路及站场节能照明	3
		不停车预检系统	2
		沿线建筑节能	3
		太阳能利用	3
		不停车收费系统	2
节能减排管理措施	8	施工组织优化	2
		施工标准化建设	2
		施工设备节能管理	2
		施工期能耗监测及管理体系	2
质量及安全	6	质量管理系统	2
		质量担保	2
		安全评估	2

3.3 加分项指标

加分项指标根据各项目的实际情况,每项3分,最多2项,共6分。

4 评价标准确定

在确定了评价指标及权重的基础上,需要对各个指标的评价标准进行研究,根据指标内容的完成情况进行量化评分。评价标准确定过程中,既要结合专家咨询意见,又要综合考虑节能减排发展目标和建设水平。

强制项指标的评价标准主要考虑一般工程建设所需达到的要求,如环境影响评价、节能减排评价等,部分指标在传统要求的基础上进行提升,起到引导的作用,如寿命周期评价指标等。

一般项指标中分为定性指标和定量指标。定性指标的评价主要考察要求内容的执行情况,如组织机构建立指标,评价标准:成立由省级交通运输主管部门或公路管理机构主要领导参加的绿色公路建设领导小组,得2分,成立由项目业主单位主要领导参加的绿色公路建设领导小组,得1分。评价时,直接对照实施结果进行考核。定量指标的评价则是根据指标的完成程度或工程量确定。如温拌沥青路面指标,评价标准:与相同类型热拌沥青混合料相比,混合料的拌和温度降低20℃以上,根据温拌沥青混合料体积占沥青混合料总体积的比例确定得分,从0开始每增加1%,得0.3分,最高得3分。

加分项的评价标准则依据项目自身特点,产生相应的节能减排效益或超过相应技术标准要求,或获得国家、省部级技术、质量奖励综合确定。

5　绿色公路评价等级

为区分不同公路的绿色水平,结合本文中设置的评价体系,在满足强制项要求的基础上,根据一般项和加分项得分划分绿色公路等级,具体划分标准如表4所示。

绿色循环低碳干线公路等级划分标准　　　　表4

等　级	要　　求
三星	满足所有强制项要求,一般项与加分项得分在70~80分之间
四星	满足所有强制项要求,一般项与加分项得分在80~90分之间
五星	满足所有强制项要求,一般项与加分项得分在90分以上

6　工程应用试评价

目前鹤大高速吉林境(小沟岭至抚松段、靖宇至通化段)正在建设绿色公路主题性项目,为了达到绿色公路的要求,编制了建设绿色公路主题性项目实施方案,结合工程实际采用了32项节能减排管理方法和技术。

根据建设绿色公路实施方案的内容,对其进行初步评价,以考察其绿色水平。利用本文建立的评价指标体系对其评价,鹤大高速公路在满足强制项要求的基础上,可得85分,绿色循环低碳等级为四星。

在试评价过程中,评价指标能够覆盖项目的实施方案内容,评价标准能够有效区分项目之间的差异。按照实施方案的内容,通过提高欠缺项目的实施范围及程度可进一步提升公路绿色水平。根据评价结果可以看出,评价体系具有较好的适用性,能够有效地应用于长白山敏感区公路的评价。

7　结语

本文对长白山敏感区公路绿色公路评价指标体系进行了研究,得出相关结论如下:本文构建的由强制项、一般项和加分项三个层次组成的评价体系可有效地应用于长白山敏感区公路绿色水平的评价。

参 考 文 献

[1] 中华人民共和国行业标准. DB53/T 449—2013　绿色公路评价标准[S]. 北京:人民交通出版社,2013.
[2] 孙磊,蔡洁. 绿色公路评价指标体系研究[J]. 科技信息,2012,(3):491-492.
[3] 刘洋. 生态公路建设的初步评价与研究[D]. 北京:北京林业大学,2007.
[4] 李升甫,王海军,简晓波. 生态公路模糊综合评价理论研究[J]. 公路工程,2007,(10):180-184.
[5] 秦晓春,沈毅,邵社刚,等. 低碳理念下绿色公路建设关键技术与应用的探讨[J]. 公路交通科技:应用技术版,2010,(10):308-310.
[6] 马中南,高建刚. 绿色公路的研究体系探讨[J]. 公路交通科技:应用技术版,2006,(9):146-149.

智慧供电在鹤大高速公路中的应用

袁 慧[1]　陈树林[2]

(1. 中咨泰克交通工程集团有限公司　北京　100083；
2. 吉林省交通规划设计院　吉林　长春　130021)

摘　要：根据隧道机电用电设施分布特点，结合鹤大高速公路实际情况，对智慧供电原理及常规供电方案原理进行了总结和分析。提出将分布式智慧供电方式应用于鹤大高速公路运营用电的可行性方案。并分别选择1km和3km的两座隧道进行方案对比，结论是智慧供电系统具有更好的经济性，对鹤大高速的节能减排工作及智慧供电的研究和推广具有一定的指导意义。

关键词：节能减排　智慧供电　隧道运营用电

1　引言

随着近几年国家对基础设施建设的大力投入，高速公路建设得到了突飞猛进的发展，迎来了高速公路建设的高峰期。随着高速公路建设水平的不断提高，越来越多的隧道开始投入建设运营，对工程建设投入及后续运营维护费用等方面提出越来越高的要求。

2　鹤大高速简介

鹤大高速公路是国家高速公路网中的9条南北纵线中的第一纵，也是交通运输部和吉林省高速公路网规划的组成部分。由靖宇至通化段和小沟岭至抚松段两部分组成。靖宇至通化段位于吉林省东南部，北接在建的抚松(榆树川)至靖宇(板房子)段，南连通化(二密)至新开岭(吉辽界)段，途经吉林省靖宇县、白山市江源区与通化市。小沟岭至抚松段起点为敦化市北小沟岭(吉黑界)，途经雁鸣湖镇、官地镇，终点位于敦化市西北的唐家店。鹤大高速公路采用双向四车道高速公路标准建设，设计速度80km/h，路基宽度24.5m。全线共19条隧道，其中特长隧道2座，长隧道13座，中隧道3座，短隧道1座。全线共设置55座变电站。由此可见，鹤大高速建设规模较大，如果能有一种使用安全性较高、设备寿命较长、造价相对较低的供电方案，将对整个系统的运营提供更好的服务。分布式智慧供电系统的出现，解决了这个问题。

3　智慧供电系统基本原理

鹤大高速公路隧道照明、隧道监控的供电采用的是分布式智慧供电方式，是现阶段高速公路供电系统的一种新的供电模式。

分布式智慧供电系统基于上下端电源可实现智能监控和控制，在不需要某些设备运行或不需要照明亮度过高时，可关闭回路或调节电压，并且设备改善了系统的功率因数，降低了无功损耗。分布式智慧供电系统对于解决中长距离监控和照明设施的用电问题，是一种很好的解决方案。该系统是在隧道洞口变电所配置智慧供电上端电源柜，输出单相3 300V和1 000V电压至隧道内各下端电源箱，在下端电源箱再将3 300V和1 000V电压进行降压处理，转变为单相220V电压后为灯具及监控设施供电。

分布式智慧供电方式跟常规供电模式相比的优势是可通过稳定电压和按需供电来提高设备寿命，减少设备损耗和维护费用；可减少电缆用量，降低前期投资；可通过抑制浪涌冲击来提高系统安全性。

4 隧道传统供电方案

高速公路隧道照明系统一般将隧道分为入口段、过渡段、中间段以及出口段,对不同的位置有不同的指标要求,也需要配置不同数量和不同负荷的照明灯具。照明灯具需要根据天气或时间进行分组开关控制,用来调节各段的照度。一般可大致分为晴天照明、云天照明、阴雨天照明、夜间照明等。

隧道照明传统供电方案是从变电所低压柜引 380V 电压至隧道内照明配电箱位置,由于需要在低压柜位置进行开关操作,因此需要根据灯具的不同分组配置多条供电回路,如图 1 所示。

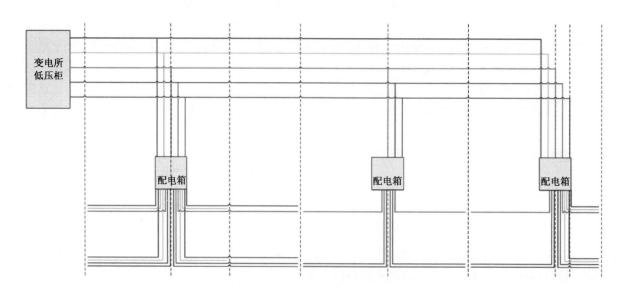

图 1 隧道传统供电方案

因此隧道传统供电方案需要配置大量干线电缆,重复敷设,并且由于采用 380V 电压供电,电缆也需要配置较粗的四芯电缆,以满足压降要求。

传统供电方案有以下几点可进一步优化:

(1)大量使用高低压电缆,母线电缆数量多,造价高。

(2)供电系统采用三相供电,需要三相负载平衡,连接灯具时需要分别接入三相中,施工较复杂。

(3)需要额外配置调压器和电力监控系统,额外增加成本。

5 隧道智慧供电方案

隧道智慧供电方案是在变电所设置上位机,代替低压配电柜,单洞输出两条供电回路至隧道内下位机,下位机配置在原照明配电箱位置,代替照明配电箱。照明控制方面由于上下位机间带有通信功能,下位机可对每一条输出回路进行单独开关和调压,从而实现灯具按不同要求进行分组开关的功能。系统连接图如图 2 所示。

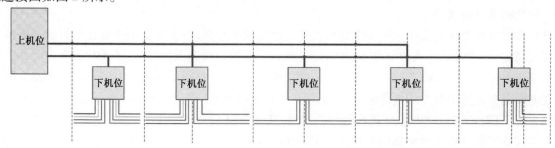

图 2 隧道智慧供电方案

与传统供电方案相比,智慧供电系统具有以下几点优势:

(1)减少电缆用量

智慧供电方案采用远程控制下位机输出回路进行开关,可减少干线电缆数量。减少电缆用量可大幅度减少电缆造价。

(2)远程开关调压控制

智慧供电上下端供电设备带有智能通信功能,可实现远程对下位机输出回路进行单独开关、调压控制,也可根据预先设定好的时间规则进行开关和调压。另外,在配备车辆监测装置后,可实现根据车流量自动进行开关和调压。下端设备开关和调压操作均不会影响监控设备正常运行。

(3)按需供电

在夜间关闭加强照明灯具后,为加强照明供电设置的上下端模块亦可以随灯具关闭,减少供电设备自身损耗。

(4)电力监测和能耗监测功能

上、下位机输入输出端均带有电力参数采集模块,下位机可对任意单独输出回路进行电力参数采集,并可采集自身运行状态和运行环境(温度、湿度),通过上下端智能通信回路将数据传输至监控中心服务器,实现电力监控和能耗监测功能。

(5)稳压功能

上、下位机保证输出电压为稳定电压,下位机输出电压波动范围小于±2.5V,输出电压稳定,延长了用电设备的使用寿命,降低了设备的维护费用。

(6)不间断供电

上端供电设备可配置蓄电池组,实现不间断供电,保证上端输入断电时用电设备的正常运转。

(7)浪涌抑制

上位机可隔离市电侧电网与用户侧电网,保证市电波动不对用户侧电网产生影响,同时,保证用户侧浪涌冲击不对市电产生影响,提高系统安全性。

(8)系统功率因数补偿

上位机可对供电系统进行功率因数补偿,降低系统无功损耗,功率因数补偿效果应不低于0.95。

6 智慧供电在鹤大高速的应用

6.1 应用情况简介

智慧供电系统的应用应综合考虑各种因素,尤其是经济性比较。短隧道交通工程与附属设施的配置等级较低,而且用电量较小,传统供电方案造价也不高,所以在设计时,综合考虑各方面因素,不对短隧道做智慧供电设计,仅仅针对中、长、特长隧道进行智慧供电设计,合计共18座隧道。进行智慧供电设计的内容主要针对隧道照明和监控的供配电。

隧道照明与监控设施供电,是在隧道洞口变电所配置智慧供电上端电源柜,加强基本照明回路输出单相3 300V电压、应急照明回路和监控回路输出单相1 000V电压至隧道内各下端电源箱,降压处理后为灯具及监控设备供电。

分布式智慧供电系统上端设备包含智慧供电进线滤波柜、智慧供电补偿处理柜、智慧供电升压稳压柜、智慧供电出线保护柜、隧道照明上位机、隧道监控上位机。其中智慧供电进线滤波柜、智慧供电补偿处理柜、智慧供电升压稳压柜、智慧供电出线保护柜为加强基本照明供电,隧道照明上位机为应急照明供电,隧道监控上位机为监控设备供电。分布式智慧供电系统下端设备包含智慧供电隧道照明下位机、隧道监控下位机。另外系统还包含管理服务器、软件等。

智慧供电上下端设备能够采用光缆通信。智慧供电系统具有电力监控功能,能够远程对下端设备进行控制,实时反映下端设备任意输出回路的电压、电流、有功功率、无功功率、视在功率、功率因数、谐波等电力参数;智慧供电上端电源柜具有功率因数补偿、谐波抑制、稳压、滤波等功能,具有软开机、软关机、抗干扰、防雷击等特点,能实现自诊断和报警;在接入不间断供电柜时,能保证不间断电源为在线式。

6.2 应用案例分析

下面分别选择两条较为典型的隧道从经济性角度进行传统供电方案和智能供电方案的对比,分别是马当隧道(1 018m)和朝阳隧道(3 095m)。

1)马当隧道传统供电方案

马当隧道采用单侧变电站引电方式。

(1)照明供电方案

传统供电方案采用低压380V直供方式,由隧道洞口箱式变电站引380V电,分为加强、基本、应急照明等多条母线回路,至隧道内照明配电箱,再分为多个回路为照明灯具供电,控制方式为低压开关柜统一开关回路,实现灯具按天气和时间开关。

变电所至洞内照明配电箱电缆连接如图3所示。

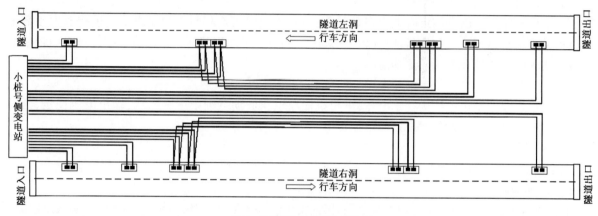

图3 马当隧道传统供电回路图

(2)监控供电方案

隧道内主要的监控设备包括摄像机、情报板、各类指示器和各类检测器,各监控设施并联于一条供电电缆上。

(3)变电站低压柜配置

变电所内由市电10kV进线,经变压器降压为380V后至低压侧,变压器分为照明与风机两条不同回路。经功率因数补偿处理后为隧道内照明、监控、消防以及生活用电供电。

2)马当隧道智慧供电方案(图4)

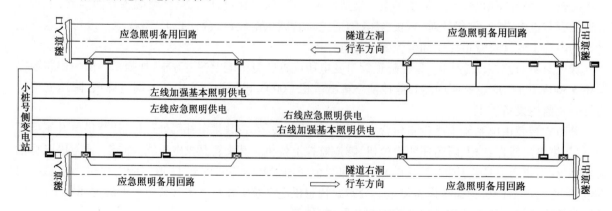

图4 马当隧道智慧供电回路图

在隧道洞口变电所设置上位机,上位机分为加强基本照明上位机与应急照明、监控上位机,应急照明、监控上位机前段配置不间断供电柜。加强基本照明上位机经滤波、补偿、稳压等处理后输出3.3kV

单相电至隧道下位机,应急照明、隧道监控上位机经滤波、补偿、稳压等处理后输出1kV单相电至隧道下位机,由下位机降压为220V后再为灯具和监控设备供电。隧道内下位机配置于原照明配电箱位置,下位机分为入口加强照明下位机、过渡照明下位机、出口照明下位机、基本照明下位机和应急监控照明下位机。加强照明下位机配置于隧道洞口,负责入口段的加强灯具;过渡照明下位机配置于入洞后第一个加强照明配电洞室位置,负责过渡段的加强照明灯具;基本照明下位机配置于隧道基本照明配电洞室位置,负责相应位置的基本照明灯具;出口照明下位机配置于出口加强照明配电洞室位置,负责出口段的加强照明灯具。因为应急照明和监控下位机需配置应急电源,因此需单独作为一路接入应急照明或隧道监控的供电上位机,其他下位机可并联为一路接入加强基本照明上位机。同时,由基本照明下位机向应急照明下位机出一路备用电缆,提高应急照明的可靠性。监控方案与应急照明方案类似,从隧道左侧变电站上位机出两路1 000V电源分别至隧道左、右洞,供全线监控设施用电。

下位机经降压后,输出单相交流220V电压为灯具供电,各灯具分组情况与原方案相同,符合原方案控制方式。下位机可输出多条回路,并带有配电、单独开关、单独调压功能,可对任一输出回路进行单独开关和调压控制。

3)马当隧道造价对比分析

通过工程量(表1、表2)结合工程造价对比分析,马当隧道智慧供电方案相比传统供电方案造价可节省约40万元,节省比例15.1%。

智慧供电方案相关工程规模 表1

设 备	型 号	单 位	数 量
电力电缆	ZR-VV-2×4	m	4 440
电力电缆	ZR-VV-2×6	m	1 400
电力电缆	ZR-VV-2×10	m	520
电力电缆	NH-VV-2×4	m	2 280
电力电缆	NH-VV-3×2.5	m	110
电力电缆	ZR-VV-3×2.5	m	100
电力电缆	NH-YJV-2×4	m	1 440
电力电缆	NH-YJV-1kV-2×6	m	2 510
电力电缆	NH-YJV-1kV-2×4	m	2 080
电力电缆	ZR-BV-1×16	m	3 986
智慧供电上位机		套	7
智慧供电下位机		套	14

传统供电方案相关工程规模 表2

设 备	型 号	单 位	数 量
电力电缆	YJV-1kV-4×95	m	1 070
电力电缆	YJV-1kV-4×70	m	1 070
电力电缆	YJV-1kV-4×25	m	2 240
电力电缆	YJV-1kV-4×16	m	3 470
电力电缆	YJV-1kV-4×10	m	6 930
电力电缆	ZR-VV-1kV-5×4	m	1 230
电力电缆	ZR-VV-1kV-5×2.5	m	8 230
电力电缆	NH-VV-1kV-5×2.5	m	2 480
低压开关柜	GCS	套	5
照明配电箱		套	14
电容补偿柜	200Kvar,14%电抗率	套	1
电力监控	低压模块	套	28

4）朝阳隧道传统供电方案

朝阳隧道全长3 095m，供电方案为两端均设置变电所。洞内照明供电回路与马当隧道基本相同，区别在于由两端向洞内的照明配电箱引电（图5）。

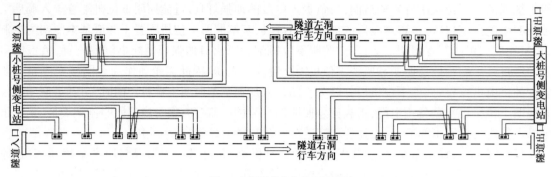

图5　朝阳隧道传统供电回路图

5）朝阳隧道智慧供电方案

智慧供电具有远距离供电的优势，可仅在单侧变电所设置智慧供电上位机，处理后升压至3 300V或1 000V为隧道内所有灯具和监控设施供电。上、下位机配置方式与马当隧道相同（图6）。

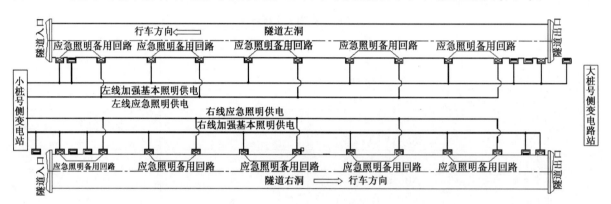

图6　朝阳隧道智慧供电回路图

由图6可以看出，虽然朝阳隧道洞口两侧均设置有变电站，但分布式智慧供电有远距离供电的优势，可以只通过单侧供电来为隧道照明、监控系统提供电源。但因为分布式智慧供电下位机输出的是单相220V的电源，不能为射流风机及车行横洞防火卷帘门提供电源，所以在隧道出口位置还需要保留隧道出口变电站，但规模有所降低。

6）朝阳隧道造价对比分析

通过工程量（表3～表4）结合工程造价对比分析，朝阳隧道智慧供电方案比传统供电方案造价可节省约100万元，节省比例18.2%。

智慧供电方案相关工程规模　　　　　　　表3

设　　备	型　　号	单　位	数　量
电力电缆	ZR－YJV－3.3kV－2×10	m	7 290
电力电缆	NH－YJV－1kV－2×6	m	6 560
电力电缆	NH－YJV－2×4	m	3 450
电力电缆	ZR－VV－2×4	m	14 660
电力电缆	ZR－VV－2×6	m	1 400
电力电缆	ZR－VV－2×10	m	520
电力电缆	NH－VV－2×4	m	7 300

续上表

设　备	型　号	单位	数量
电力电缆	NH-VV-3×2.5	m	380
电力电缆	ZR-VV-3×2.5	m	300
电力电缆	ZR-BV-1×16	m	12 330
智慧供电上位机		套	7
智慧供电下位机		套	28

传统供电方案相关工程规模　　表4

设　备	型　号	单位	数量
电力电缆	YJV-4×35	m	2 840
电力电缆	YJV-4×25	m	20 360
电力电缆	YJV-4×16	m	3 750
电力电缆	YJV-4×10	m	12 930
电力电缆	ZR-VV-5×6	m	440
电力电缆	ZR-VV-5×4	m	1 230
电力电缆	ZR-VV-5×2.5	m	23 190
电力电缆	NH-VV-5×2.5	m	7 680
低压开关柜	GCS	套	10
照明配电箱		套	30
电容补偿柜	100Kvar,14%电抗率	套	2
电力监控模块	低压	套	60

通过上述分析可知,智慧供电与传统供电方式相比,主要变化如下:

①干线式供电,使供配电电缆长度大大降低。
②3 300V 与 1 000V 供电,延长可供电距离,降低电缆线径。
③单相供配电,减少电缆芯数,降低工程造价。
④自带数据集控功能,节省电力监控费用。
⑤低压柜直接出线至上位机,低压柜照明回路大大减少,减少低压柜数量。
⑥用下位机替换配电箱。
⑦新增加一整套上位机柜。

7　结语

分布式智慧供电比传统的供电方案在经济性方面有很大的优势。通过以上经济性比较可以得出结论,隧道越长,节能效果越明显。因为长大隧道采用两端供电,在同等供电距离的前提下,智慧供电采用单侧远距离供电,节省了一个变电站的上位机工程量,节约投资效果显而易见。鹤大高速全线有18座隧道应用了分布式智慧供电方式,有13座为双侧变电站,节约工程造价效果明显。

不仅在经济性方面,在其他方面也有一定的优势。例如:较380V低压更容易实现较远距离供电;单相电无需考虑三相负载平衡问题,降低设计和施工难度;可通过稳定电压和按需供电来提高设备寿命,减少设备损耗和维护费用;可通过抑制浪涌冲击来提高系统安全性等。

在国家"建设节约型社会,实现可持续发展"战略的指导下,降低建设成本、提高运行质量、实现可持续发展是未来技术发展的必然要求。分布式智慧供电的产生正是这一理念发展的产物。如果这一技术能得到更多的推广,将为国家建设节约大量的建设成本,整体运营水平将得到大大提高。

参 考 文 献

[1] 邹泽华.浅谈分布式智慧节能供电系统在淮盐高速全程监控系统中的应用效果[J].江苏科技信息,2015(31):61-62.
[2] 朱立伟.高速公路机电系统新技术及应用[M].北京:人民交通出版社,2008.
[3] 糜彤,颜静仪.高速公路隧道供电模式与电力监控系统方案设计[J].公路隧道,2006(2):59-63.
[4] 林国辉,李勘.隧道供用电系统中存在的问题及解决方案[J].公路隧道,2004(2):45-48.

严寒地区居住类建筑节能75%关键技术研究

王丽颖　王智宇

(长春工程学院　吉林　长春　130021)

摘　要: 本文针对严寒地区居住类建筑节能的现状,分析了我国当下建筑节能存在的问题,从建筑耗热量指标、建筑体型系数、建筑围护结构构造优化等方面提出了严寒地区居住类建筑节能率达到75%的关键技术。

关键词: 建筑节能　围护结构　关键技术

从建筑分类的角度上讲,居住建筑包括:住宅、住宅式公寓、别墅、商住楼的住宅部分、集体宿舍、托幼、小型旅馆、医院病房楼、疗养院病房楼等建筑,一般将这些建筑统称为居住类建筑。这些建筑不但使用性质相同,在建筑节能构造设计上也十分相近。居住类建筑业是影响节能减排、应对气候变化最重要的领域之一,是消耗资源和能源并形成刚性排放的领域。近年来,建筑业在推动资源节约,清洁生产技术方面取得一些进展,但是传统的高消耗、高排放、低效率的粗放型增长方式仍未根本转变,资源利用率低,环境污染严重,同时存在法规、政策不完善,体制、机制不健全,相关新技术开发应用滞后等问题。建筑节能不仅是经济问题,而且是重要的战略问题。

1　建筑节能现状和问题分析

1.1　建筑节能的发展阶段

2008年,重庆大学联合深圳市建筑科学研究院,成功颁布我国第一个满足居住建筑节能率75%的设计标准。该设计标准的发布意味着中国居住建筑节能75%的目标开始起步,2011年,北京颁布居住建筑节能75%新标准,其中严格控制了门窗等围护结构传热系数限值。这标志着继南方进入建筑节能率75%的研究之后,北方也迎来了居住建筑节能75%的阶段。

表1为中国住宅节能经历历史阶段。

中国住宅节能经历历史阶段　　　　表1

研究阶段	推广时间	基础能耗值	节能目标
第一阶段	1994~1995	1980~1981当地通用设计能耗	节能30%
第二阶段	1996~2004	1980~1981当地通用设计能耗	节能50%
第三阶段	2005~2015	1980~1981当地通用设计能耗	节能65%
第四阶段	2016~2020	1980~1981当地通用设计能耗	节能75%
第五阶段	2021~	1980~1981当地通用设计能耗	节能92%

1.2　居住建筑节能存在的问题

(1)建筑节能设计缺陷:我国的设计标准与发达国家相比差距仍然较大,德国2012年就开始执行居住建筑被动式低能耗节能标准,而我国执行的是节能65%的标准,围护结构指标上相差甚远。

(2)缺少配套完善的建筑节能法律法规:我国虽然已出台了《中华人民共和国节约能源法》等法律,但建筑节能政策法规执行的也不严密,国家对建筑节能创新技术支持力度不够。普遍存在起点低,技术水平不高,创新能力弱的问题。

(3)可再生能源在建筑中的应用进度缓慢:多年来,我国开展了相当规模的建筑节能工作,主要采取先易后难、先城市后农村、先新建后改建、先住宅后公建、从北向南逐步推进的策略。但是到目前为止,建筑节能率75%仍然停留在试点、示范的层面上,尚未大面积的铺开。

(4)热桥问题还没有得到彻底地解决:部分建筑仍有非常严重结露长毛的现象,部分建筑窗榜(洞口)周边热量渗透的情况仍然存在,玻璃内表面与室内存在着温差过大等情况。

(5)施工质量不过关:通过调研发现,有些技术问题在设计中有所考虑,但是施工过程中却未按图施工或没有达到设计的要求,这也是导致室内温度达不到舒适温度的主要原因之一,同时也反映了施工过程偷工减料、验收阶段执行力不够等问题。

2 建筑节能75%关键技术研究

2.1 建筑朝向及体型系数控制

居住建筑总平面设计,涉及建筑的朝向、建筑密度、建筑间距等方面的问题。严寒地区居住单元朝向,最好避开冬季最大主导风向,尽量控制在偏东南15°偏西南10°范围内。为了实现节能75%的目标,应将体形系数控制在0.28以下(9~13层),居住建筑体形系数的数值每增加0.01,能耗将提高2.5%。应尽量减少居住建筑凹凸变化,增加层数、缩小开间、加大每户进深(表2)。

各节能阶段建筑体形系数限值汇总　　表2

节能阶段	总节能率(%)	体形系数限值			
		1~3层	4~8层	9~13层	≥14层
第一阶段	30	<0.30			
第二阶段	50	≤0.55		≤0.30	
第三阶段	65	≤0.55	≤0.30	≤0.28	≤0.25
第四阶段	75	≤0.55	≤0.30	≤0.28	≤0.25

2.2 建筑物耗热量指标的控制

建筑物耗热量指标限值研究:建筑节能设计标准中,建筑物耗热量指标是最重要的热工指标。其他指标均依据其确定。根据国家有关标准,第一阶段、第二阶段、第三阶段建筑物耗热量指标,均按总节能率30%计算,其中建筑物按承担20%,供热系统承担10%的分配比例计算建筑物耗热量指标。第四阶段(即节能75%)设计标准,亦应按总节能率30%,其中建筑物承担20%,供热系统承担10%的分配比例计算建筑物耗热量指标。

各节能阶段建筑物耗热量指标汇总　　表3

节能阶段	节能率(%)	建筑物承担比例(%)	供热系统承担比例(%)	耗热量指标(W/m²)			
				1~3层	4~8层	9~13层	≥14层
基数0	—	—	—	34.5			
第一阶30%	30	20	10	27.0			
第二阶50%	30	20	10	26.9		21.7	
第三阶65%	30	20	10	23.3	19.9	18.6	16.3
第四阶75%	30	20	10	18.6	15.9	14.9	13.0

2.3 围护结构构造优化

围护结构的构造设计是实现节能率75%的关键环节,建筑物的外围护结构与外界直接接触,是室内热量向外界散发的主要途径,围护结构构造优化设计主要是提高建筑物外围护结构的保温性能和气密性。本次研究从地面、墙体、屋顶、外窗、减少热桥五个部分进行分析。

2.3.1 地面

严寒地区居住建筑地面是建筑耗能的一个组成部分,由于毛细管现象,地面非常容易"受潮",因此，应在素混凝土垫层下方增设防潮层一道，阻隔地下潮气的上升，并在混凝土垫层上增设保温层一道，保温材料可选用挤塑板、发泡水泥板、聚苯板等保温材料。热量传递较少，可提高地面保温性能。

2.3.2 墙体

墙体在建筑耗热量中占1/4左右，墙体也是建筑与外界接触最多的部分，其节能设计至关重要。从多年的实践经验来看，外墙外保温是推广最广的一种保温形式。按照现有国家标准，节能65%建筑外墙一般采用10cm厚EPS保温板，由于在施工过程所形成的直缝，造成的热量损耗也占相当大的比重，为了解决这一问题，将采用EPS膜块做外墙的保温材料，该保温材料导热系数≤0.033W/(m²·K)，密度大于30kg/m³，吸水率≤6%，保温膜块表面平整，板面带燕尾槽，施工时各种模块组合采用企口对接，转角处材料没有接缝，不但较少了热量的损失且整体性非常好。可消除拼接缝隙热桥，粘接牢固。技术性能指标优于传统EPS。具有优良的强度、热工性能。

2.3.3 屋顶

屋顶的耗热量在总耗热量中占8.6%，改进屋面层的保温性能，阻止热量在屋面层的传递。首先屋面保温材料应该选用密度较大，导热性能很低的保温绝缘材料，其次屋面保温材料还应选择吸水率较低的材料，以防止屋面潮湿，降低保温效果。节能65%中屋顶传热系数0.35W/(m²·K)，若要进一步提高节能达到75%，则应屋顶传热系数控制在0.30W/(m²·K)以下。

2.3.4 外窗与窗台板

节能率65%的建筑要求外窗传热系数≤2.0W/(m²·K)，就目前的技术来看，进一步降低传热系数并不困难，秦皇岛"在水一方"住宅小区是被动式低能耗试点工程，采用的门窗传热系数k值仅为0.8W/(m²·K)[1]，如果将该传热系数的窗利用到节能率75%的建筑中，能满足要求，但有些浪费。根据建筑的体型系数的大小，将外窗传热系数控制在1.4~1.7W/(m²·K)之间。

窗台与窗框之间很容易产生渗漏问题，当雨水渗透到保温层内时，会导致保温材料的性能降低，大大降低房屋的保温效果。为了降低此类风险，外墙窗户应设置窗台板。根据严寒地区EPS模块外保温体系的构造和窗框外置的构造做法，预制窗台板的设计如下：一是窗台板的尺寸应符合窗户模数，且窗台伸出墙面的长度以30~50mm为宜；二是窗台板设置3%~5%的排水坡度，并在排水的下端有鹰嘴设计；三是在窗台板两端设计了具有缓冲作用的伸缩胶条结构，在夏季炎热金属膨胀时可向两边有一定的延伸使胶条受到挤压，而冬天温度较低金属收缩时胶条可恢复形状。上部用金属盖进行遮挡保护，同时可将流至边缘的雨水集中排至窗台板面，如图1~图3所示，该设计可有效防止渗透问题[2]。

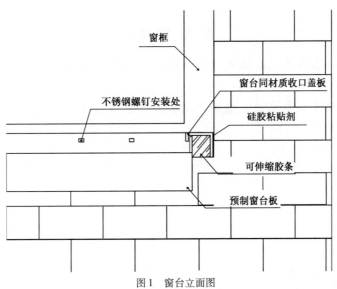

图1 窗台立面图

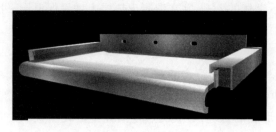 

图 2　窗台板设计图　　　　　　　　图 3　窗台板安装效果图

2.4　通风技术

由于达到节能75%目标的建筑保温性能和气密性能较高,室内空气流通不畅,有害物聚集对人体有害。居室内含有多种有毒有害物质,密闭情况下其浓度可能高出室外几倍或几十倍。通过采用微量通风技术,实现新风预热、排气热回收及有效地通风换气,达到有利于健康的目标。室内外空气经热交换,可回收排气热量约70%;室外新鲜空气经过滤和预热后进入室内;新风量可调节,以满足人均新风量要求为 $30m^3/(人·h)$。通过实施该技术,使气密性良好的节能建筑更加满足人居需求。

该技术特点为:

(1) 双向通风:将室外新鲜空气送入室内的同时,将室内污浊空气排出室外,创造舒适的人居环境。

(2) 能量回收:利用室内排气的热量对新风进行预热,在提供新鲜温暖空气的同时回收能量,节约能源。

(3) 过滤空气:向室内供给足量的新鲜而清洁的热空气,保证居室人员的身心健康。

3　结语

开展建筑节能75%的研究与试点示范工程建设,对进一步推进严寒地区居住类建筑领域的节能减排、发展绿色低碳建筑,具有重要意义。建筑节能75%与节能65%相比,其应用技术基本类似,现有技术基本可以实现,但有些技术还需进一步研究、完善;其工程增量成本约为5%,这与现阶段的高房价相比,并不算太高;应加快实施建筑节能75%的步伐。2016年严寒地区新建建筑将全面执行建筑节能设计标准。2020年每平方米建筑碳排放量比2005年减少50%。每平方米住宅建筑面积节约标准煤量从2010年开始逐年降低5kg。2012年以后每平方米住宅建筑面积消耗标准煤量控制在30kg以下。节能之后,人们的生活环境和生活质量会发生巨大的变化,同时将会给社会带来巨大的经济效益和环境效益。

参 考 文 献

[1] 商冬凡,边智慧.中德被动式低能耗建筑示范工程主要技术介绍[J].建材世界,2012(06):108-111.

[2] 丘雨佳.建筑节能技术在季冻地区高速公路服务区建筑设计中的应用[D].长春:长春工程学院,2015.

高山寒区高速公路施工期集中供电技术研究

彭 园 张 冠 荣 超

(中交路桥华北工程有限责任公司 北京 101100)

摘 要:随着我国高山寒区高速公路的快速发展,施工条件也随之越来越恶劣,能否安全可靠地提供电力对高速公路施工有着极大的影响。因此,本文以鹤大二标集中供电为例,通过对其施工期集中供电所采用变压器的容量进行分析,总结出高山寒区高速公路施工期集中供电的方法经验,在满足施工要求的同时,又能最大程度地节约资源,达到节能环保经济高效可行的目的,为我国高山寒区高速公路施工期集中供电提供一种新的思路及方法。

关键词:高速公路 集中供电 高山寒区 变压器

1 引言

高速公路供配电系统是指电能由电力部门电网提供的输电线路(10kV 或 35kV),经由变压器将电压降为高速公路机电设备用电电压(220V/380V),然后由低压线路直接为高速公路沿线设施(包括监控、通信、收费系统设备、养护服务设施及道路照明、沿线隧道、收费站、路段中心、服务区等)提供符合标准的电能[1]。供配电系统作为高速公路施工的重要组成部分,其安全可靠的运行关系着施工的效率与质量。目前,有关供电系统的相关方案研究虽然很多,但是对于复杂条件下供电系统的研究却很少,以具体实例为研究对象的则更少。本文以鹤大二标为例,从集中供电变压器的选择着手分析,通过对具体实例的深入剖析,找到一种既安全可靠、满足施工要求,又能最大限度地节约成本、节约能源的供电方法。

2 集中供电

2.1 高速公路集中供电情况说明

高速公路的集中供电,是指沿线系统与生活用电都是由相对独立的供配电系统提供。具体做法就是将高速公路的收费站、服务区、停车区、隧道、大型桥梁等供电点,按照沿线的地理位置及最经济的估算,把全路分散用电点集中分成几个供电区,自建 35kV 变电站或者 10kV 开关站与附近的高压供电干线网连接,运用中压电能传输技术,向供电半径内的供电点供电[2]。

2.2 集中供电的主要优点

(1)供电稳定,质量较高。由于施工区大多地处野外荒凉地区,而农村电网不稳定,电能质量较低,而采用集中供电的方式就克服了这种缺点,保证了施工的需要。

(2)有利于与供电部门协调,保证供电,减少停电和供配电故障的次数。

(3)集零为整,降低管理运营成本,提高经济效益。

3 鹤大二标集中供电情况分析

3.1 工程简介

该同段位于吉林省敦化市境内,全长 22.987km(含短链 13m),互通匝道长 6.223km。主要工程包含桥梁 24 座/3.062km(含通道桥)、隧道 1 座/1.389km、路基 473 万 m^3/24.759km、通道 11 座、涵洞(箱涵及盖板涵)25 座、圆管涵 466.52m。另有预制箱梁 585 片、预制空心板 288 片,总工期 33 个月。

3.2 气候及地形

该项目位于吉林省东部敦化市境内,路线整体呈南北走向,中低山地貌,地形起伏较大。敦化市地貌形态可分为中山、低山、高丘、低丘、台地、平原、盆谷7个明显类型,25个种类。线路所经地区沟谷发育,多在沟谷中展布,河谷及台地多为旱田及水田,山地多为天然次生林及人工林。

该路线经过地区属中温带大陆性季风气候区,四季变化明显,春季干燥多风;夏季炎热多雨,每年7月至8月是雨季;秋季凉爽昼夜温差大,是施工的黄金季节。秋末、冬初路面经常出现雨后结冰,冬季漫长而寒冷,且常伴有涎流水、冰冻、积雪(风吹雪)、冻胀和翻浆。

3.3 集中供电策划及布置情况

3.3.1 集中供电策划原则

由于鹤大二标所处的地理位置及环境因素的影响,所以在编制集中供电方案时,首先要充分考虑其安全可靠、便于维护管理、节能环保;其次才是经济合理。

3.3.2 变压器分布情况

结合该工程施工现场的实际情况及隧道、大桥、拌和站、预制场等的布局,及地方线路线的分布情况。采用就近接入的原则,从当地10kV电力线路引入,沿线计划布置12台变压器,总功率为6 630kV·A,具体布置情况如表1所示。

变压器布置情况　　表1

序号	供电范围	变压器安装桩号及位置	临时用电变压器容量(kV·A)	电缆截面及埋设方式
1	雁鸣湖互通桥梁	K535+400 左侧	315	YJLV22-50 地埋
2、3	马鹿沟岭隧道入口、附近马鹿沟岭分离立交	K538+000 左侧	630(2台)	YJLV22-50 地埋
4、5	马鹿沟岭隧道出口、马鹿沟岭中桥	K539+570 右侧	800 630	YJLV22-90 地埋
6	滴答咀1号、2号大桥	K543+100 左侧	315	YJLV22-50 地埋
7	滴答咀分离立交大桥	K544+700 左侧	315	YJLV22-50 地埋
8、9	滴答咀预制场、拌和站、生活区	K545+400 左侧	315 400	YJLV22-50 地埋
10	三道沟大桥、官地河大桥、官地河1号、2号中桥	K547+000 左侧	315	YJLV22-50 地埋
11	官地分离立交、惠民中桥、官地互通桥梁	K556+200 右侧	400	YJLV22-50 地埋
12	路面沥青站、液化气站、生活区	K545+500 左侧	1250	YJLV22-90 地埋
	小计		6630	

现场用电以变压器为源头建立临时用电线路网,用电线路设计布置遵循国标。为了方便施工,为应对前期施工需求和后期突发停电,在拌和场、预制场、大桥施工现场根据需求配备发电机组,项目部临时驻地设2台200kW的发电机。

根据施工要求供电灵活、便捷的特点,该工程电源网络布线采用星形布线。即每一台机电设备单独与电源连接,这种布线的好处有:①供电灵活,可以根据设备需求单独更改电压而不影响其他设备。②电压稳定,即使某一个或几个机电设备功率发生变化,也不会影响其他设备的正常工作。③某一根电源线损坏或者脱落,也不会导致整个网络断网。④便于维护。

但是这种电源网络布线方式也有一些缺点:

①线路多,采用单个机电设备接线方式所用电缆线花费较大。

②要充分考虑电线导致的电压降问题,因此对电源与设备的距离和电缆的截面积都有要求。该工程采用的是铝芯电缆,电缆的截面积越小长度越长,电缆的电阻值就越大,造成的电压降也就越大;反之,则越小。而机电设备正常工作时对电压浮动有要求,所以必须选用合适的电缆线。

综合以上的优缺点,结合该工程的特点,最终选用这种供电方式。

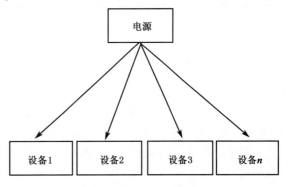

图1 星形布线原理简略图

3.4 变压器选择原理

(1)根据需用系数法统计累加所有需要集中供电的设备功耗。由公式(1)可求得施工现场机电设备总功耗:

$$S_{SH} = (1.05 \sim 1.10)\left(K_1 \frac{\eta \sum P_1}{\cos\varphi} + K_2 \sum P_2 + K_3 \sum P_3 + K_4 \sum P_4 + K_5 \sum P_5\right) \tag{1}$$

式中:S_{SH}——施工现场用电设备所需总容量(kV·A);

$\sum P_1$——施工现场用电动机额定功率之和(kW);

$\sum P_2$——施工现场用电焊机额定功率之和(kW);

$\sum P_3$——施工现场室外照明额定功率之和(kW);

$\sum P_4$——施工现场室内用电额定功率之和(kW);

$\sum P_5$——生活用电用电功率之和(kW);

1.05~1.10——容量损失系数;

η——电动机效率系数,平均为0.75~0.90,一般为0.85;

K_1——电动机同时使用系数,10台以内取0.7,11~30台取0.6;

K_2——电焊机同时使用系数,3~10台取0.6,10台以上取0.5;

$\cos\varphi$——电动机平均功率系数(施工现场最高为0.75~0.78,一般为0.65~0.75)。

(2)考虑系统预留功耗。机电设备在运行一段时间后,会由于自身材料问题或者环境因素导致其自身参数发生漂移,电源的供电能力也会随之变化,如果系统预留功耗不足,将会提高整套供电系统的故障率,因此为施工现场提供的功耗应大于机电设备的总功耗,为了保障供电质量,该项目在每台变压器上预留30%的余量。

3.5 电缆线截面的计算

按照经济电流密度选择导线截面,所谓的经济电流密度,就是使输电导线在运行中,电能损耗、维护费用和建设投资等各方面都是最经济的。根据不同的年最大负荷利用小时数,选用不同的材质和每平方毫米通过的安全电流值[3]。

$$S_j = \frac{I_q}{J_j} \quad (mm^2) \tag{2}$$

式中:I_q——长时最大负荷电流(A);

J_j——经济电流密度,见表2。

经济电流密度值[4] (单位:A/mm²)   表2

导体材料	年最大负荷利用小时数 T_{max}(h)		
	3 000 以下	3 000~5 000	5 000 以上
铜裸导线和母线	3.0	2.25	1.75
铝裸导线和母线	1.65	1.15	0.9
铜芯电缆	2.5	2.25	2.0
铝芯电缆	1.92	1.73	1.54

对于该工程,全部电缆选用铝芯电缆,根据工期及安全考虑,最大负荷利用小时数取5 000以上,代入公式:

$$S_j = \frac{I_q}{J_j} \ (\text{mm}^2) = I_q/1.54(\text{mm}^2) \tag{3}$$

三相电动机的额定负荷电流:

$$I_q = \frac{K_x \sum P}{\sqrt{3} \cdot U \cdot \cos\varphi}$$

式中:P——电动设备功率(W);

U——电器设备工作电压,该项目工作电压一般为380V;

K_x——需用系数。

在该工程中,机电设备的功率一般都很大,在选用需用系数时可将$K_x = 0.6$,代入后可直接估算1kW电机的额定负荷电流为2A,变压器的输电电缆选用的是YJLV22-50或YJLV22-90两种型号,从施工至今供电的状况来看,基本满足施工要求。

3.6 隧道变压器选择分析

以2号、3号变压器为例,其设置在K538+000左侧线路左侧(马鹿沟岭隧道入口),接引于10kV碗铺分线,容量1 260kV·A。主要K538+880马鹿沟岭隧道入口、K540+063马鹿沟分离立交桥施工提供电力。主要服务项目及主要用电量如表3。

2号、3号变压器主要服务项目及主要用电量表 表3

供电范围	用电设备	总功率(kV·A)
K538+880马鹿沟岭隧道入口、K540+063马鹿沟分离立交桥	3台钻机	180
	10台电焊机	190
	6台泥浆泵	40
	5台空压机	600
	照明及其他用电	95
合计 S_{SH}		884
变压器容量		1260

在选取变压器的容量时,应首先计算出所要提供电力的机电设备所需的总功率,即S_{SH}。根据需要系数表和同时使用系数表,带入公式(1)可估算得$S_{SH} = 884$kV·A,再累加上30%的余量则需要容量为1 149.2kV·A的变压器,结合实际情况,最终选定两台630kV·A的变压器,合计1 260kV·A,根据施工现场的实际用电情况进行合理搭配用电。

3.7 桥涵变压器选择分析

该工程有大小桥梁24处,在此只列举其中一处进行举例,以11号变压器为例,其设在K556+200

右侧,容量为400kV·A,主要为 K555+600 惠民中桥、K556+330.141官地互通大桥、K555+870、907官地分离立交桥、K555+079 汽车天桥提供电力。主要服务项目及主要用电量如表4所示。

表4　11号变压器主要服务项目及主要用电量表

供电范围	用电设备	总功率(kV·A)
主要 K555+600 惠民中桥、K556+330.141官地互通大桥、K555+870.907官地分离立交桥、K555+079 汽车天桥循环施工	4台钻机	280
	3台电焊机	48
	6台泥浆泵	36
	照明及其他用电	12
合计 S_{SH}		301
变压器容量		400

根据需要系数表和同时使用系数表,把以上数据带入式(1)中,可约得 $S_{SH}=301\text{kV}\cdot\text{A}$,再加上所需预留的30%的容量,可得变压器最少设置的容量为391.3kV·A,因此,选取容量为400k·VA的变压器为该区提供电力。

3.8　电源线选择计算

尽管在选择变压器位置时,尽可能使其靠近各个施工区域,但是由于施工区域比较大,而且施工点众多,就有可能造成供电距离比较长,所以在选择供电电源线时,应考虑供电电源线线带来的压降问题,根据所需供电设备的功率,为保障其正常工作,选择合适截面的电源线。最后在设备端检测电压,看其是否能满足施工需求。

选取施工过程中常用的用电设备为例进行分析,其用电模拟精简图如图2所示,某设备额定功率38kW,供电电压为380V,设备允许电压范围为380V±10%,额定为100A,那么可以用以下方式进行推导:

电源端电压为380V,设备允许电压范围为380V±10%,那么正常设备工作的最低电压为 $380\times90\%=342\text{V}$,导线承担的压降为 $380\text{V}-342\text{V}=38\text{V}$,在电流为100A的情况下,允许导线的最大电阻值为 $38\text{V}/10\text{A}=3.8\Omega$。假设其工作地点距离电源100m,选用铜质导线,铜的导电系数为 $1.72\times10^{-8}\Omega\cdot\text{m}$,根据公式 $R=\rho L/S$(其中 R 为导体电阻,单位为 Ω;ρ 为导体导电系数;L 为导体长度,单位为m;S 为导体横截面积,单位为 m^2),可算得 $S=9.05\times10^{-6}\text{m}^2$。

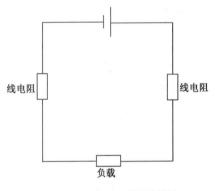

图2　施工现场用电模拟精简图

在选定电源线之后,需要对设备进行调试,在设备运转的情况下对设备端电压进行测量,看其是否满足设备允许电压范围 380V±10% 的要求。

4　永临结合

鹤大二标全长22.987km,根据施工需要及方案要求,沿线安装设置12台临时变压器,一共投入4 472 000元。在施工结束后采用永临结合方案,即将临时变压器及配套设备出售给业主作为永久性使用,既节约成本资源,又为双方提供互利。在后期商议后,将雁鸣湖互通、马鹿沟岭隧道进出口、官地互通区域的供电设备共计1 836 887元出售给业主。

永临结合方案实施难点:

①高速公路施工期所建临时供电点较多,不是所有的供电点都适合永临结合;

②高速公路施工期为施工区域提供电力的供电点的最佳地理位置,有时并不是作为永久性使用的最佳地理位置;

③施工期所选择变压器不一定适合作为永久性使用变压器使用。

永临结合的优点：

①节省成本资源，建设方既节约了原来的投资成本，又省去了后继的拆卸费用；

②方便电力部门维修管理；

③节省再铺建电网时间，可以直接使用。

5 结语

随着我国高速公路的发展，越来越多的高速公路需要穿越崇山峻岭甚至更恶劣的环境，而那里的电网基础设施不完善，电力供应十分不稳定，电能质量较差，难以满足高速公路施工需求，因此大多数在建高速公路项目都选择集中供电的方式供电，而本文重点研究放在鹤大二标集中供电情况下变压器的选择上，通过对单个施工区域所有负载功率的计算，从而得出其所需变压器的容量，然后再计算所需输电线及电源线的截面，选择合适的型号，从而构成一个完整可靠稳定的临时供配电系统，从而保证高速公路建设施工的顺利进行。最后简单介绍鹤大二标永临结合方案，为以后高速公路临时供配电系统的去路提供一些参考。当然本文也存在一些不足，仅仅以鹤大二标为例，未进行多个项目分析比较，存在一定的不足，另外本文作者水平有限，没有对供配电系统原理及建设成本进行分析，只是进行了简单的介绍。尽管如此本文还是存在一定的可取之处，希望能为高山寒区高速公路集中供电技术研究提供一些方法及意见。

参 考 文 献

[1] 张仁凤.试论高速公路供电系统接地运行方式[J].公路交通科技(应用技术版),2013,3:539-541.

[2] 张建军.集中供电与中压电能传输技术在高速公路供配电系统的应用[J].科技情报开发与经济,2005,9:266-268.

鹤大高速公路交通标志优化设计

李大鹏　朴忠源

(吉林省交通规划设计院　吉林　长春　130021)

摘　要：结合项目特点，从标志设置的根本目的出发，对指路标志信息选取、方案设计等方面进行了标志设计的优化，体现了"安全、以人为本、环保、舒适"的公路建设理念，注重公路出行的安全性、方便性、舒适性、愉悦性，体现了"以人为本、安全至上"的指导思想。

关键词：鹤大高速公路　交通标志　优化

1　引言

鹤大高速公路是《国家高速公路网规划》的重要组成部分，是振兴东北老工业基地公路水路交通发展规划纲要》中的"五纵、八横、两环、十联"区域骨架公路网中一纵，同时也是《吉林省高速公路网规划》中的"五纵、五横、三环、四联络"中的一纵，其纵贯黑龙江、吉林、辽宁三省，主要承担区域间、省际以及大中城市间的中长距离运输，是区域内外联系的主动脉。

鹤大高速公路的地位和功能决定了其以过境交通为主，集散交通为辅的特点。小沟岭至抚松段为鹤大高速公路吉林省内的一段。

2　标志优化设计目的和原则

2.1　标志优化设计目的

使不熟悉延边地区周边路网情况的驾驶员，在交通标志的指引下，能够安全、舒适、快捷地到达目的地，避免发生行驶错误。

2.2　标志优化设计原则

标志内容以信息提供及路径引导为主，对路网的交通标志做出统筹规划，提供的信息要考虑项目周边路网环境，符合驾驶员出行需求，最大限度地提供沿线出行信息，使驾驶员在最快捷的行驶路线上找到正确的目的地，并结合本项目的特点进行有针对性的设计。

(1) 标志设计的内容要求清晰、简明、准确、易读，能在行驶环境下及时提供准确有效的信息。

(2) 对乡镇一级的地名信息，增加"乡、镇"的标注，以体现其行政属性。城市多个出口的以地理方位进行标注，如图1所示。

(3) 旅游景区作为指路信息的，标志版面上应按旅游标志颜色对景区名称进行套色处理，如图2所示。

(4) 高速公路城市出口预告，地点信息应在标示城市名称的基础上，增加与之相连的城市道路名称标注。对于有多个高速公路出口的城市指示，以地理方位进行标注。

鹤大高速公路与珲乌高速公路在敦化市有四个出口，车辆可以从不同的互通立交进入市区，如图3所示。

优化高速公路立交出口标志地名，以方位把市区划分为四个

图1　乡镇指示标志示例

区域,使出口标志指引方向更清晰、合理、明确。鹤大高速敦化北互通立交改为"敦化北(站北街)",敦化西互通立交改为"敦化西(西环路)",江源互通立交改为"敦化南(贤儒镇)",原珲乌高速公路敦化互通立交改为"敦化东(敦宁路)",如图4所示。

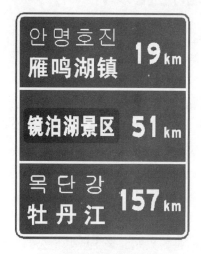

图2 景区信息套色标志示例

图3 敦化市高速公路路网

图4 城市出口标志示例

(5)指路标志中取消中英朝三种文字对照形式,只采用中朝文对照。

在我国,自驾车的外国人所占比例非常低,而且比较集中,并且能够在中国自行驾车行驶的外国人对汉字应有一定的认识和了解。如果驾车人不认识汉字,他对"拼音"的了解也不会很多,此时让他在短时间内认清、拼读、并与所要去的地名进行对照,这一要求是很难达到的。

高速公路上所设标志主要以指路标志为主,版面有限,同时还要标注英文,所以,能够标识的地名数量很有限。如果取消标志中的英文,既可以利用有限的版面标识更多的信息,为用路者提供更多的选择,又能大幅度降低交通标志的整体造价。

(6)新建项目与其他高速公路衔接的枢纽互通,应对被交叉的高速公路交叉点前后各2个互通范围内的指路标志进行系统研究,进行改造设计,并纳入到新建项目的工程规模中,以保证路网指路信息的系统性、连续性和统一性。

随着鹤大高速公路的实施,对原珲乌高速公路上的地点距离标志进行优化设计,如图5所示。

(7)当互通立交被交路交叉点的2km半径范围内有其他干线公路(县道及以上公路)与之相交时,应在这些公路上设置高速公路指引标志,以引导车辆驶入高速公路。

(8)枢纽互通立交应设置3km的"出口预告"标志,同时在1.5km处设置能体现互通立交出口形式的图形化标志,如图6所示。

 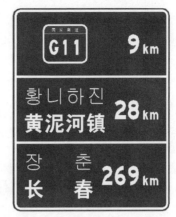

图5　珲乌高速公路上标志优化示例

图6　图形化标志示例

(9) 鹤大高速公路沿线分布众多自然景观和人文景观，为指引旅游者从该路前往旅游景区，设置旅游景区地点预告及出口标志，其名称应体现景区特点，并增加代表景区风光的彩图，如图7所示。

图7　旅游标志优化示例

(10) 指路标志采用悬臂式或门架式支撑结构，以避免路侧遮挡。充分利用上跨主线的桥梁设置交通标志，节约工程，降低驾驶员行车过程中的视觉疲劳。

(11) 避免跨线桥遮挡标志视线，应将标志设置在跨线桥之前，当设置在跨线桥之后时，标志设置位置至跨线桥的距离不应小于200m。

3　一般互通出口预告标志

原设计出口预告标志采用双柱式或悬臂式支撑方式，仅指示此互通立交所能到达的地点，如图8

所示。

优化方案是：

（1）出口预告标志采用出口预告标志与地点方向标志相结合，采用门架式或悬臂式支撑方式，提高视认性。

（2）2km 处增加直行方向前方两个互通出口的名称距离预告，1km 处增加直行方向前方两个重要地点（地级市以上或著名风景区）的距离预告，如图 9 所示。

4　枢纽互通立交出口预告标志

唐家店互通立交原设计 2km、1km、500m 出口标志采用双柱式结构，指示一左一右两个远端控制点，仅基点处设置门架式结构，增加前方远端控制点，这类标志在出口位置突然出现过于突兀，如图 10 所示。

  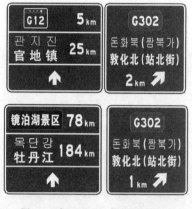 

图 8　一般互通出口原设计示例　　图 9　一般互通出口优化设计示例　　图 10　枢纽互通出口原设计示例

考虑道路使用者的信息接收能力，既要避免信息过于集中、信息过载，又要避免信息不足，优化方案对所有出口预告标志均采用门架式，增加直行预告，并且增加控制性地点信息，并且唐家店互通位于敦化市节点位置，鹤大高速及珲乌高速在敦化市有四个出口，按"东、南、西、北"四个区域划分，故在互通立交出口标志上增加敦化市区方位信息，如图 11 所示。

图 11　枢纽互通出口优化设计示例

5　互通立交名称标志

设置互通立交名称标志，互通立交名称应与收费站的名称一致。一般互通立交，名称为"XX 站"；枢纽型互通，名称为"XX 互通"。该标志附着在基准点处出口预告标志的立柱上，如图 12 所示。

6 信息板标志

原高速公路编号的告知标志设置不完善,导致司乘人员认知不足。

在省界、互通立交等处设置高速公路编号的说明标志,明确高速公路的全称以及吉林省境内段的区间段落标示,如图13所示。

图12 互通立交名称标志示例

图13 信息板标志示例

7 结语

本文总结了鹤大高速公路小沟岭至抚松段交通标志优化设计的做法,从标志设置的根本目的出发,对指路标志信息选取、方案设计等方面进行了标志设计的优化,体现了"安全、环保、舒适、和谐"的公路建设理念,注重公路出行的安全性、方便性、舒适性、愉悦性,体现了"以人为本、安全至上"的指导思想。

参 考 文 献

[1] 唐琤琤,侯德藻,姜明.道路交通标志和标线手册[M].北京:人民交通出版社,2009.
[2] 中华人民共和国国家标准.GB 5768.2—2009 道路交通标志和标线第2部分:道路交通标志[S].北京:人民交通出版社,2009.
[3] 中华人民共和国国家标准.JTG D82—2009 公路交通标志和标线设置规范[S].北京:人民交通出版社,2009.

油改气在鹤大高速公路沥青拌和站中的运用

王德猛　李宁　张何

(中交路桥华北工程有限公司　北京　101000)

摘　要：国家一直倡导使用清洁能源，而工程建设中传统沥青混凝土拌和站多数以燃烧柴油、重油为主，大气污染严重，本文重点介绍了使用优质、高效、安全、洁净的天然气取代重油和柴油作为工业燃料，做到节能降耗、减少环境污染，是改善生存环境的最佳方案，是促进经济、资源与环境可持续发展的当务之急。

关键词：沥青混凝土拌和站　油改气　环保

1　引言

鹤大高速公路途径长白山区是中国生态环境最原始、最自然的保护区之一，是吉林省乃至东北三省水系发源地，丰富的生物资源、多彩的自然景观是该地区的典型特征。鹤大高速作为交通部双示范工程，因此在项目建设过程中最大限度地保护脆弱敏感的生态环境和减少对最原始生态的破坏，全过程贯彻绿色循环低碳理念，减少碳排放，实现保护生态环境目标。

目前国内沥青拌和站多以燃烧重油、柴油为主，但重油和柴油的燃烧时产生二氧化硫及氮氧化物会造成较大环境污染，且重油和柴油的硫、氮等元素含量较高，燃烧时产生二氧化硫及氮氧化物会造成大气污染，黑烟滚滚，空气污浊，且黏附力强，杂质也相对较多，一经污染，难以清除，相比之下，天然气几乎不含硫、粉尘和其他有害物质，燃烧比较充分，是治理大气污染、节能减排的优先选择，是替代柴油、重油、汽油、LPG的最好产品。

2　燃料对比

2.1　使用重油或柴油作为燃料

燃烧重油存在污染严重、易损坏设备、操作复杂、高耗能等诸多的缺点。由于燃烧不完全排放的烟尘中含有大量的二氧化硫及其他有毒物质，对大气环境有着较强污染；为达到使用效果需要对燃烧油加温到80℃左右进行处理，加温造成其他能源的使用，增加大气污染；供货商因利益驱使向燃烧油中添加成本较低的其他化工原料造成燃烧油质量不稳定，热值达不到要求，从而造成油耗增加，加大了工程成本；化工原料具有强烈的刺激性气味，对工作人员身体损害较大。

在生产过程中经常出现无法点火或在燃烧过程中熄火，造成生产中断；因雾化不好、燃烧不完全产生油烟糊住除尘布袋，影响除尘效果，缩短了除尘布袋的使用寿命；燃烧不好导致在燃烧室处形成积碳，致使燃烧室变形烧坏，增加维修成本，影响正常生产；由于燃烧油中掺有杂质造成燃烧油油泵磨损加重，更换频繁。燃烧器低压气动雾化需要大量的压缩空气，致使空压机始终处于满负荷运行状态，加剧了磨损，缩短了使用寿命，增加了拌和站设备维修成本。

2.2　天然气作为加热燃料

天然气作为加热燃料，它燃烧值高，残留物少，可以保持石料在加热过程中不被任何物质所污染，石料表面清洁，开口空隙全部张开，增加沥青与高温状态下的石料的吸附力，提高沥青混合料的搅拌质量，保证工程施工质量。天然气热值高、洁净、无杂质，作为搅拌站加热燃料，相对于黏度相当高、杂质含量多、流动性差的重油来说，无论是从搅拌站启动点火还是加大火力的速率均高于重油，所以搅拌站用天然气作为燃料比重油和柴油作为燃料再点火,火焰上升速率略高一等,生产效率要比重油和柴油高。

使用重油和柴油对除尘布袋有极大损害,烧重油的除尘布袋每10万吨须清洗一次,清洗三次后须全部更换,每次清洗需2.4万元,全部更换需21万元,例如用重油生产29万吨混合料在布袋上需花费28.2万元。而使用天然气对布袋影响很小,生产29万吨需花费8.4万元。使用重油燃料,经常出现无法点火或点火后燃烧中途熄火等现象,造成大量石料和燃油浪费,仅此一项每年损失约10万元左右,同时也浪费了大量人力、物力和时间,影响了施工进度。

3 节能效益比较

生产每吨混合料燃料消耗量使用天然气8.7m³,使用重油7kg,以鹤大高速项目ZT04标段为例,沥青混合料总计约29万t,硫、磷等有害化合物释放量减少79kg;二氧化碳释放量减少2 610t。见表1。

天然气与石油环保指标对比　　　　表1

燃料类型	生产每吨混合料燃料消耗量	每kg材料发热量(千卡)	生产每吨混合料总热量消耗(千卡)	生产每吨混合料硫、磷等有害化合物释放量(g)	生产每吨混合料二氧化碳释放量(kg)
天然气	8.7(m³)	9 400	110 403	0.009	11
重油	7(kg)	9 800	68 600	0.280	20

3.1 天然气的优点

液化天然气加温具有操作简单、点火方便、污染少、安全可靠、对设备人员没有损害、经济效益高等特点。液化天然气(LNG)是天然气经压缩、冷却,-160℃下液化而成。其主要成分为甲烷,被公认为世界上最清洁的能源,它无色、无味、无毒,燃烧后对空气污染非常小,对人体无害。天然气热值为每立方9 000大卡,工作压力为10~20kPa,由专用罐车运输至拌和站,经气化器自动吸收热量由液态转变为气态,通过压力整装袼控制正常的工作压力。从气化器气化后的天然气暂存于储气罐中,经过燃气管道上的所有控制元器件后,进入燃烧器来完成气体的燃烧。在使用过程中,天然气的燃气量和风量调节比例的大小直接影响着天然气的燃烧效果,调整合适的"风气比"使天然气充分燃烧可以提高经济效率。

性能稳定、效率高。使用燃烧油故障率很高,需提前预热而且需定期清理管道喷枪等,生产期间每天约1h维修时间。天然气不存在上述问题;燃烧油易受温度、管道、黏度、油泵等条件制约,在实际生产当中容易出现燃烧器点火问题,影响施工进度。

天然气质量容易控制。燃烧油市场比较混乱,很容易掺假,质量难以把握,一旦使用质量不好的燃烧油会造成恶劣后果。天然气无法掺假,质量容易控制。

使用天然气易操作,劳动强度低,燃烧油点火需三人配合,天然气点火一个人在操作室就能完成。使用燃烧油每8h需清洗一次喷嘴,每生产3万~5万t需更换1个油泵。使用天然气无需清洗更换任何附件。

3.2 天然气供气方式对比

通过对上述燃料的分析,鹤大高速公路项目对沥青拌和站意大利进口燃烧器改造后具有油气两用的功能,结合鹤大高速公路双示范项目的绿色环保要求,实现节能减排的目标,根据鹤大高速公路项目所处地理位置、天然气管道、运输和存储等诸方面因素的影响,沥青拌和站"油改气"所使用的天然气采用液化天然气(LNG)的形式。对于天然气管道无法输送到的地区,天然气除采用管道输送方式外,还可用其他非管道运输方式。一种方式是压缩天然气(CNG),将天然气净化压缩后,装在高压容器里通过汽车运送到各个用气点。虽然CNG运输相对于管道输送来说,灵活性更强,但是由于受供气规模、拖车数量、运距和气候等因素限制,决定了CNG运输只适用于短距离内的中小型用户。

如表2所示,是以上三种供气方式的优缺点比较。

不同供气方式优缺点的比较　　　　表2

供气方式	优　点	缺　点	结　论
管道	运输量大;供气稳定;安全系数高;与CNG和LNG相比,气价较低;可连续运行;占地面积小;受外界影响小	灵活性差;投资成本高;管道铺设受限制	对于郊区的沥青搅拌站来说,不可采用
CNG	减压工艺简单;运行管理方便;运行成本较低,投资较小;灵活性强	单车运输量小;供气范围小(100km内);供气不稳定;储存压力高,供气和储气设备都是高压产品,安全性低;占地面积大	对于小规模供气,运输距离少时,可采用
LNG	气化工艺简单;运行管理方便;安全可靠性高;运行成本最低,单位储存量最大;气源有保障;灵活性强;能量密度大;占地面积小	LNG气化站的投资高于CNG减压站的投资	运输灵活便捷,对于用气量大的沥青搅拌站来说适合

综合以上分析,鹤大高速公路项目采用LNG供气方式比采用管道和CNG的供气方式更加现实、安全。

4　LNG天然气设备配置及要点

4.1　供气设备原理

LNG天然气是将液化天然气由LNG槽车运输至拌和站,经气化器自动吸收热量由液态转变为气态,通过压力调整装置控制正常的工作压力,从气化器气化后的天然气暂存于储气罐中,经过燃气管道上的所有控制元器件后,进入燃烧器来完成气体的燃烧。

LNG的气化、调压一般采用空温式气化器,充分利用LNG的冷能,节省能源。在寒冷地区,冬季环境温度很低的情况下,会使得气化后的气体温度很低(一般比环境温度低10℃),后续的管道、设备等可能承受不了,因此,气化后一般要经过加热装置将气体升温,以便达到允许的温度,加热装置一般用温水加热方式(图1)。

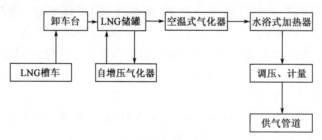

图1　LNG供气流程图

4.2　储气站配置

一台5000型沥青拌和站,每台产量为360t/h(额定产量400t/h),按最大运行时间20h计算,360×20＝7 200t。按照生产每吨沥青料需消耗天然气8.7m³。每天最多需天然气7 200×8.7＝62 640(m³)。按照燃气的液态与气态的比例1:625,则每天所需的液态天然气体积为100m³,需配置2个60m³的储气罐。天然气的供气量及工作压力影响着拌和站产量的大小,根据沥青拌和站的最大产量计算,需安装直径160管径的燃气管道,流量每小时可达到3 500～4 000m³,通过反复试验对比调整使用燃气工作压力为17kPa,在实际生产中5 000型沥青拌和站产生温度为180℃的改性沥青混合料产量能够满足正常的生产需要。图2为LNG储气站现场布设图。

4.3　注意事项

天然气使用存在露天安全风险,为此,必须保障天然气整个储存、调压及输气区域均处于安全隔离的状态下。其安全隔离网到调压设备的距离需要控制在4m以上,与输气管道的距离需要控制在2m以上,隔离网的高度应在1.8m以上,并悬挂警戒标示。

图2　LNG储气站现场布设图

检查卸车台所有设备处于完好状态;卸车前若槽车压力低于0.6MPa,则打开卸车台增压器前的小进液阀,增压气化输入阀,槽车气相阀给槽车增压至0.6MPa,然后打开管道进液阀门、储罐上部进液阀门对储罐进液并停止给槽车增压,当储罐与槽车压差小于0.2MPa时再次打开增压器给槽车增压后再对储罐进液。

对现场工人定期进行天然气安全使用专业培训,提高安全用气意识,增强天然气事故防控能力,彻底消除安全用气隐患。

沥青拌和站油气两用设备安装调试完成,投入正常生产前由厂家专业工程师对操作人员进行系统全面培训,现场实际操作要求熟练,能够随时排除设备出现的各种故障。

5　结语

由于国内现有沥青拌和站燃烧器都是只能燃烧柴油或重油,所以需要对其燃烧器进行改造。虽然在设备改造上需要增加成本投入,并且目前柴油、重油市场价格较低,生产过程中采用天然气则造成燃料费用增加。但是,与比保护长白山地区丰富的生物资源、多彩的自然景观和脆弱的生态环境,建设绿色循环低碳的鹤大高速公路,服务生态文明美丽中国,履行社会责任相比,具有非凡的社会效应。

鹤大高速公路项目建设中采用油改气技术的应用,油改气技术的优点突出,顺应形势,同时又便于场地整理,易于推进集中拌和站的现场文明施工管理,是推动项目文明、环保管理、提升形象的助推器,提高了员工节能意识,通过节能减排实现了社会效益与环境效益共赢。

参 考 文 献

[1] 王遇冬.天然气处理原理与工艺[M].中国石化出版社,2007.
[2] 中华人民共和国国家标准.GB/T 2589—2008　综合能耗计算通则[S].北京:中国标准出版社,2008.
[3] 陈赓良,王开岳.天然气综合利用[M].北京:石油工业出版社,2006
[4] 鞠正斌,赵红芳.沥青拌和站燃烧器油改气项目的研究[J].山东交通科技,2014,04.
[5] 曹贵林,张耀磊.沥青拌和楼油改气技术的应用[J].公路交通科技(应用技术版),2012,08.
[6] 袁世刚,孙成才.沥青搅拌设备油改气性能指标研究[J].筑路机械与施工机械化,2015,07.
[7] 张海.沥青拌和站油改气技术的应用[J].甘肃科技纵横,2014,07.
[8] 李永安.沥青搅拌站"油改气"项目可行性方案[J].中国建材科技,2015,S2.

基于RFID的沥青混合料运输系统的设计

张志祥[1]　吕喜禄[2]　徐　慧[1]　唐建亚[1]

(1. 江苏中路工程技术研究院　江苏　南京　210000；
2. 吉林省高等级公路建设局　吉林　长春　130021)

摘　要：针对沥青混合料运输过程中，车辆位置、车速等信息是施工单位不容忽视的因素。本文设计了一种基于RFID技术，结合通信技术、智能手机等的系统，对车辆牌照、车辆进出场进行监控，量化沥青混合料运输过程，实现沥青混合料运输过程的信息化、智能化，有效地防止数据造假。

关键词：RFID　沥青混合料运输　质量安全

1　引言

由于沥青路面的病害成因复杂，往往会涉及生产、运输、摊铺和压实等多个环节，所以智能监控沥青路面施工全过程得到广泛的关注和推广，其中沥青混合料运输的过程常常会被忽视[1]。沥青混合料运输车辆的位置信息、进出场时间，超载运输或者紧急制动等极大可能影响沥青混合料本身质量和沥青混合料生产周期等信息。所以本文设计了一个基于RFID技术，结合通信技术、智能手机等的沥青混合料运输系统，有利于量化沥青混合料的运输过程，提高沥青路面寿命周期内的质量安全，减少后期路面养护的资金，实现与其他环节灵活的数据共享机制[2]。

2　RFID概述

针对沥青混合料运输的现状，本系统采用RFID自动识别技术，对运输过程中存在的隐患进行监管。RFID成本低，操作简单，同时能够防止沥青混合料运输过程中质量的损坏。

2.1　RFID技术简介

RFID(Radio Frequency Identification)，即无线射频识别。它[3]是以无线电波为载体，无须人为接触或者瞄准，可以在各种恶劣环境下工作的一种自动识别技术。它通过电磁场进行数据和信息的读取，具有很大的优势，如体积小、容量大、识别速度快、安全性强、自动化程度高、可同时识别多个目标、使用寿命长等。随着集成电路的发展，RFID技术成本不断的降低，目前被广泛应用于各个行业，如货物销售、图书馆管理、材料流通、自动收费或识别车辆身份系统及企业生产等。

2.2　RFID工作原理

RFID基本组成部分有3个，分别为电子标签(Tag)、阅读器(Reader)和天线。其工作原理[4]如图1所示。

无源标签(被动标签)：阅读器发出某一射频信号，电子标签进入该区域时产生电流从而获得能量，以载波信号的形式将标识电子标签唯一的产品信息发送给阅读器，阅读器读取信息并发送到服务器端进行数据分析和处理。

有源标签(主动标签)：电子标签主动发送某一频率的信号，阅读器接收到该信号后对其进行调试解调，从而获得电子标签的唯一信息，并将其信息存储到服务器中进行加工和处理。

在施工现场需要对运输车辆信息及时地检测，不能遗漏其中任一辆的信息，而且一般施工现场无线信号较弱，所以本系统采用有源标签进行数据传输，它适应各种复杂环境(尤其是山区等环境)，并且能达到防止漏读,实现远距离传输的效果。

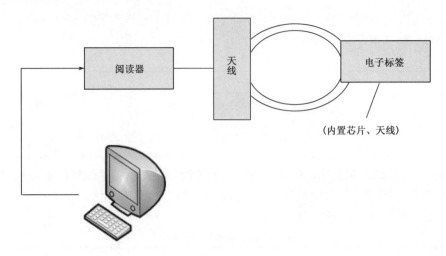

图1　RFID工作原理

3　基于 RFID 的沥青混合料运输系统

本系统主要采用浏览器/服务器(B/S)结构设计。由于系统中涉及车辆信息的管理、车辆进出场时间的管理等,选择 MySql 作为该系统的数据库。系统界面使用 MVC 模式、Java 编程语言等进行设计。

3.1　传输流程

沥青混合料运输系统采用无需人为操作的自动识别技术(RFID)和智能手机,以 3G 通信网络为载体,有效地监控车辆运输路线及其运输时间,准确定位每盘混合料的摊铺桩号,从而在运输环节消除沥青混合料的质量缺陷,进一步保证沥青混合料的质量。其传输流程如图2所示。

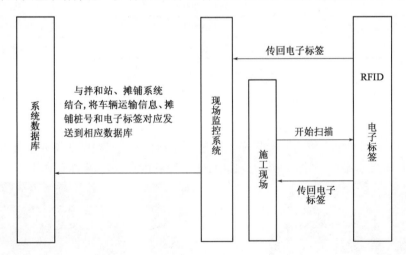

图2　传输流程

3.2　传输方式

RFID 与系统服务器的传输方式主要通过 Web 服务来进行相互联通,大致有如下几个步骤:

(1)提供 Web 服务的系统首先根据需求制定服务程序以及服务的对外访问地址和接口。

(2)应用系统组织好需要上传的信息,通过 Web 服务公布的地址以及交互 API 接口函数的规定,把数据发送给接收方。

(3)接收方收到数据后进行相关处理,同时需返回给应用系统是否传输成功和处理后需返回的数据。

3.3 数据库设计

本系统主要包括 3 个数据表:车辆信息表(vehicleInfo)、RFID 阅读器表(readerInfo)。

(1)车辆信息表,其字段设计如表 1 所示。

车辆信息表(vehicleInfo)　　　　　　　　　　　　　　表1

字 段 名 称	字 段 类 型	字 段 描 述
id	int	车辆的编号
name	varchar(32)	车辆的车牌号
tagId	int	车辆的标签编号

车辆信息表用来记录车辆的车牌号和标签号。车辆编号与车辆标签编号是唯一对应关系,这样阅读器读取标签编号时,系统才能准确无误地判断是哪个车牌号的车辆。

(2)RFID 阅读器表,其字段设计如表 2 所示。

RFID 阅读器表(readerInfo)　　　　　　　　　　　　　表2

字 段 名 称	字 段 类 型	字 段 描 述
readId	int	阅读器的编号
readPlace	varchar(50)	阅读器安装的位置
tagId	int	标签的编号
time	datetime	检测到标签的系统时间

(3)GPS 定位表,其字段设计如表 3 所示。

GPS 定位表(gpsInfo)　　　　　　　　　　　　　　　表3

字 段 名 称	字 段 类 型	字 段 描 述
id	int	标识
jizhanPlace	varchar(50)	基站的位置
gpsPlace	varchar(50)	GPS 定位的位置
time	datetime	检测到的系统时间

RFID 阅读器表用来记录阅读器位置、读取标签编号以及阅读器检测到标签时的时间。RFID 阅读器和电子标签是一对多关系,一个阅读器可以读取多个电子标签,两个表通过 tagId 字段关联。

3.4 软件设计

在设计过程中,在每辆沥青混合料运输车上安装一个电子标签,如图 3 所示。车辆装料过程中,安装于拌和楼的 RFID 阅读器[5],如图 4 所示。其中,电子标签内存储车辆的车牌号。

图3　运输车电子标签

图4　拌和楼阅读器

当佩戴电子标签的车辆进入 RFID 阅读器读取范围时，RFID 阅读器自动读取电子标签信息，并将读取到的电子标签信息写入系统数据库中。

当运输车辆到达摊铺位置开始卸料时，安装在摊铺机上的 RFID 阅读器读取车辆上的电子标签信息，如图 5 所示。这样可以估算车辆运输时间，若估算的时间超出设计时间，则应及时通过短信形式提醒施工单位的相关负责人。同时，利用 RFID 阅读器对摊铺机上的电子标签的识别，可以检测到每盘料摊铺的开始桩号和结束桩号。

图 5　摊铺机电子标签

同时，在摊铺机上装载一个 GPS 定位，在项目部或其他地方装载一个基站，基站提供差分信号，获得摊铺机械的准确地理位置。摊铺机 GPS 如图 6 所示。

沥青混合料运输（车辆的信息，开始、结束运输时间以及摊铺机摊铺的桩号）如图 7 所示。

图 6　摊铺机 GPS　　　　　　　　图 7　沥青混合料运输

4　结语

本系统基于 RFID 技术、综合运用通信技术和智能手机等，对沥青混合料车辆运输车辆信息进行采集，并及时存储到本地数据库中，实现拌和楼、运输车辆和摊铺机之间数据共享机制，提高车辆的管理效率，使得业主、施工单位能及时对应沥青混合料生产批次与路面摊铺的位置，有效地遏制了数据人为造假的现象，保障了沥青路面寿命周期内的质量安全。

在实际操作过程中，还存在一些缺陷：车辆在向摊铺机卸料过程中，尾箱处电子标签会因高温、震动等原因丢失，导致 RFID 阅读器无法正常阅读电子标签信息。虽然存在这些缺点，但 RFID 成本低、传输方式简便等优点还是值得我们继续研究和探索。

参 考 文 献

[1] 魏宏云,谢文斌,周卫峰,等.基于物联网的道路路面施工质量实时监控系统研究[J].公路交通技术,2015,01:6-10.
[2] 强茂山,杨亮,邓焕彬.高速公路建设项目集成化管理评价体系[J].清华大学学报:自然科学版,2010,50(9):1369-1373.
[3] 王猛.基于RFID的车间制造信息管理系统研究与开发[D].南京:南京航空航天大学,2012.
[4] 黄玉兰.物联网射频识别(RFID)核心技术详解[M].北京:人民邮电出版社,2010.
[5] 李文清,李思李,何璐,等.基于RFID的水泥混凝土路面质量安全溯源系统研究[J].公路交通科技(应用技术版),2014,08:114-117.

隧道保温防冻技术的应用

王军瑞　王广健　王宁

(中交一航局城市交通工程有限公司　天津　300457)

摘　要：中交一航局承建的鹤大高速小沟岭(黑吉界)至抚松段 ZT08 标段项目位于吉林省东南部长白山附近，该区域冬季时间长、温度低、季节性温差大、冬季最低温度达到 -30℃以下，如果保温防冻问题不能解决好，隧道内极易出现隧道冻害现象，隧道内衬砌开裂、酥碎、剥落、挂冰和路面冒水结冰、地表截排水沟、出水口冻结，病害的产生不仅会缩短隧道使用寿命，同时消弱隧道的使用功能，对隧道内车辆的行驶安全也会造成隐患。本论文从具体情况出发，分析产生冻害的原因以及防治措施，推广应用以防排水为主、隧道衬砌敷设隔热材料法为辅的隧道防冻保温施工技术，尤其是洞口带的结构抗防冻能力、以保证后期运营阶段隧道的安全性及结构的长期寿命等问题，为以后在寒冷地区施工隧道积累施工经验。

关键词：寒区公路隧道　防排水　排水沟保温出水口　保温层

1　寒区隧道冻害案例资料

我国冻土面积分布广泛，其中多年冻土主要分布在东北大、小兴安岭和松嫩平原北部及西部高山和青藏高原，并零星分布在季节冻区内的一些高山上。通过查阅我国在青藏高原铁路、公路施工，东北寒冷地区隧道的施工及后期使用，以及国外寒冷地区隧道工程出现的冻害案例来了解一下隧道冻害的真正危害。

据相关文章调查数据显示可知：

(1)青藏公路在高寒地区多处产生较大的融沉变形，个别路段出现反拱变形，融沉变形达到 50~100cm，融沉产生的破坏比例达到全线 80%，该项目运行六年后，沿线涵洞普遍破坏，隧道路面也不同程度出现冻害。

(2)新建的兰新快速铁路在还未运行，局部隧道路面就已经出现冻胀起拱破坏。

(3)甘肃省麦积山 13km 的隧道在 2012 年也出现大面积冒水，隧道内积水严重，整治工作持续了半年有余。

(4)塔河至樟岭段的白卡尔隧道和西罗二号隧道在运营七年后，由于冻害，隧道内保温材料很难保持良好状态，衬砌周围水排放困难，冬季冻胀，衬砌被冻裂剥落掉块，拱部边墙挂冰，严重影响行车安全。

(5)在 G201 国道上我标段临近的三条隧道 2008 年通车运行，截至 2015 年年初还未交工，主要原因是隧道内部普遍漏水，衬砌潮湿，边墙衬砌普遍出现环向裂缝，路面由于冻胀起拱明显，平整度差，2014—2015 年该国道大部分隧道进行了整治，重新施作了防排水，加厚了衬砌，涂刷了保温材料，这些隧道与我项目部施工的隧道基本平行，直线距离数十米之遥。

(6)东北和西北地区 33 座铁路隧道存在不同程度的冻害，有的冻害严重至常年有 8~9 个月不能正常运行。

(7)俄罗斯西伯利亚铁路巴姆段"世纪工程"出现冻害，基础及线路下沉；寒季膨胀，基础及线路上拱，冻胀恶性循环，导致建筑物开裂，线路改线。

前车之鉴，后事之师，虽然隧道产生的冻害是各式各样的，但归根结底，隧道冻害产生的唯一原因是隧道衬砌和围岩内存在较大面积和较长时间的负温区域，因此，解决隧道内负温区域的防排水和保温措施是解决各种冻害的先决条件。近些年，有很多隧道在采取了有效的防排水和保温措施后取得了良好

的效果:

(1) 位于大兴安岭的嫩林铁路属于高纬度,气候恶劣,极端最低气温可达-52℃,每年冻结期达到8个月之久,该铁路线隧道采取了中心深埋水沟排水、双侧保温水沟及防寒泄水洞三种形式,有效地防止了冻融、保温,运营多年没有出现渗漏水,冬季无挂冰,衬砌完好无损。

(2) 林海至碧洲支线的翠岭二号隧道、古富段的富克山隧道及塔韩支线的永安隧道采用泄水洞排水,运营35年来,一切正常。

(3) 新疆南疆线奎先隧道有5km从多年冻土下穿过,隧道两洞口各采取了500m的防寒水沟,并延至洞外一定距离,出水口采用保温设计,并且增加了电热器4个,洞内采用沥青玻璃棉保温,减少了沿途散热,有效地解决了隧道冻害。

(4) G201国道今年通过疏导排水和加厚衬砌整治后的隧道目前观察效果明显,有效地将冻害进行了防范。

通过大量文献查阅,寒区隧道的防排水和保温措施能够直接有效地防治冻害,保证了隧道运营安全和使用寿命。国内外的寒区隧道工程针对自身的气候、结构特点,采取了多种形式的防冻保暖措施,参照多处成功经验,防止隧道冻害的有效方法有:

(1) 衬砌使用抗冻混凝土。
(2) 增大衬砌厚度。
(3) 衬砌使用钢筋混凝土。
(4) 在隧道排水系统中增加加热设施。
(5) 隧道进出口增加双层防寒门。
(6) 隧道衬砌表面敷设隔热材料。
(7) 在隧道衬砌和围岩间隙中注入水泥浆减少存水。
(8) 增加防水材料和加强排水措施。

2 本项目隧道工程概况

本项目隧道共2座,白水滩隧道为分离式隧道,左线长度为2 370m,右线长度为2 325m,二道岭隧道为分离式隧道,左线长度为810m,右线隧道长度为821m。

气象水文:本区域为北温带大陆性季风气候,四季分明。一月份最冷,平均气温-28℃,七月份最热,平均气温26℃,多年平均气温3.3℃,最高气温34.7℃,最低气温-40.5℃,多年平均降水量744.3mm,历年最大降水量1 071.3mm,多年最小降水量574.5mm,冬季以西北风为主,夏季多东南风,最大冻结深度1.5m。中国寒区隧道分区简表见表1。

中国寒区隧道分区简表   表1

分区符号	分区名称	冻土类型	冻结深度(m)	冻结日期	对应年平均气温(℃)	
I	轻病害区	中季节冻土	≥0.8~≤1.8	>90	<6.0~2.0 (20~≤26)	<10.5~+3.5 (32~<50)
II	中病害区	深季节冻土	≥1.8~≤3.0	≥90~≤180	(20~≤26) ≥2~≥-2	<(32~<50) ≥3.5~≥-0.5
III	重病害区	多年冻土	≥2.5~≤4.0	>180	<-2.0(20~≤26)	<-0.5(32~50)
IV	非冰冻害区	浅季节冻土	≤0.8	<90	>6.0	>10.5

地形地貌及地质:隧道测设线通过段高程为558.4~801.3,相对高差242.9m,地形起伏较大,位于

山区林场。地质调绘及钻孔显示,隧址区上覆第四系残坡积、冲洪积含碎石粉质黏土,洞身进口段下伏基岩为炭质页岩及砂岩;洞身主要为黑云母角闪片岩及混合花岗岩组成,施工过程中,全风化段砂岩节理裂隙很发育,散体状结构,岩体极其破碎;强风化段节理裂隙很发育,岩质较坚硬,锤击易碎,岩体破碎;中风化节理裂隙发育,接近强风化,岩质新鲜较坚硬但夹杂泥土,岩体破碎。且洞口处均位于斜坡处,覆土厚度浅,岩质均为全风化和强风化岩,稳定性差,以碎石为主。雨季及冬季降水量大,地下水丰富,有小股泉水渗流,特别是五级围岩段落内,地下涌水明显,洞内浸泡严重。

如表2所示寒区隧道按水源赋存与补给条件分类,对照项目所在地气候特征和隧道分区简表和寒区隧道按水源赋存与补给条件分类表,该区域按冻结日期最不利条件考虑,隧道分区为中病害区。因此,白水滩隧道和二道岭隧道因围岩冻胀而变形破坏的可能性为最大。

寒区隧道按水源赋存与补给条件分类　　　　　　表2

序号	地下水源赋存与补给形式	主要的分区地区	地下水渗入隧道情况	可能发生冰冻害分类
Ⅰ	含固相地下水(冰)围岩隧道	大片连续分布中低温多年冻土区	开挖过程由人为影响和暖季促使围岩融化,有少量滴水	轻
Ⅱ	封闭、半封闭含液相地下水围岩隧道,地下水与区域地下水没有联系	大片连续分部中低温多年冻土区	开挖过程有渗涌水现象,随时间而减少,甚至消失	中
Ⅲ	开放的深层含水围岩冻融土隧道(基本没有垂直补给)	大片连续分布多年冻土区,岛状分布多年冻土区,中深季节冻土区	施工开挖和运行过程均有地下水涌入,水量稳定、持续	重
Ⅳ	开放地垂直于水平混合补给围岩隧道	大片连续分部多年冻土区,岛状分布多年冻土区,中深季节冻土区	施工开挖和运行过程均有地下水涌入,出水点多,出水量大,一般水温较低,常年性出水,但波动性较大	严重
Ⅴ	干旱围岩隧道	在各类冻土分布区均有分布,特别干旱、黄土	开挖与运行基本不存在渗漏水问题	危

围岩的冻胀现象是隧道产生变形的主要外力根源,冻融作用会加剧围岩的风化作用,围岩破碎程度的增加又为冻胀力的发育提供了更为有利的条件,从而加剧了冻胀力,这种恶性循环严重威胁着衬砌的稳定性。隧道在施工过程中,丰富的地下水在冬季冻胀体积膨胀,与衬砌和围岩的约束力形成反力,破坏衬砌的稳定性。久而久之,形成恶性循环,最终破坏衬砌等。

3　本区域隧道的预计冻害情况

寒区隧道特性:隧道内洞温发生强烈变化,其洞内各个季节的气温较差与平均气温较差是进出口大、中间段小,其差值是随隧道的长度增加而减少。

隧道洞壁开挖后围岩要形成新的冻土层,重新裸露的岩面随施工季节的变化会形成季节性冻土岩面,冻土深度也会变化。

隧道衬砌与表层围岩存在季节性反复冻融情况。

隧道一旦贯通后,隧道内部常年不见阳光照射,穿越隧道的风会使得隧道内部常年保持低温状态。

通过对吉林省G201国道线路上隧道冻害现象的实地考察,并经过其他寒区隧道的冻害调查研究,本区域隧道主要发生以下类型的冻害:

3.1　隧道衬砌漏水、挂冰

由于本项目隧道区域年降水量较大、围岩破碎、围岩内储水量丰富,隧道掘进过程中,通过融区时往往有地下水涌出,在排水系统不通畅的情况下,地下水将不可避免地通过隧道衬砌上的裂缝向隧道内渗漏。

地下水的渗漏一到冬季,隧道衬砌裂缝渗漏出来的地下水在负温下逐渐冻结,在拱顶及边墙上将出现一串串的冰柱,其形状很像钟乳石,随着渗漏地下水的不断补给,冰柱也逐渐加粗,有时冰柱的直径可超过1m,严重侵入隧道的建筑限界。

3.2 隧道衬砌开裂、酥碎、剥落

寒区隧道普遍存在衬砌开裂的问题。隧道衬砌开裂的原因除了地质情况、结构类型和施工影响等因素外,由于寒冷地区气温的日较差及年较差都很大,因而隧道衬砌上产生的温度应力和冻胀力的作用是寒区隧道衬砌开裂最主要的原因。隧道衬砌环向开裂是寒区隧道比较突出的一个弱点,并且非常普遍,环向裂缝一多就增加了地下水渗漏的通道,同时也使衬砌的风化剥蚀作用加剧。调查统计显示,在东北林区铁路隧道中,沿着隧道轴向环向裂缝平均4m就有一条,裂缝宽1.0~3.0mm,冬季扩展,夏季闭合,宽度随气温的变化而变化。

隧道衬砌水平及斜向开裂绝大部分产生在隧道边墙处。这种开裂危害性很大,严重时可使边墙凸出、错牙。这种开裂大多发生在地下水涌出的地段,而且是衬砌背后无排水系统的边墙上,开裂在入冬时开始鼓起,春融时又逐渐收缩,但一般收缩小于鼓起量,有残余变形,此外,开裂与隧道衬砌的结构形式关系密切,直墙式衬砌比曲墙式衬砌开裂要严重得多。由此可见,隧道衬砌水平及斜向开裂主要是衬砌背后的积水或含水围岩冻胀所致。

3.3 隧道底部冒水、积冰、冻涨

隧道围岩中的地下水往往具有承压性,在排水系统不通畅的情况下隧道底部常常会出现冒水现象,在入冬及春融季节形成冰锥,承压地下水是产生冰锥的必要条件。冰锥长度最长沿线路方向可达300m,如果不及时刨冰,靠衬砌边墙位置积冰厚度可达0.3~1.3m,靠线路道床位置积冰有时还要埋没轨顶。此外,还有线路冻胀的问题,其冻胀隆起高度最大可达70mm,比积冰更难处理,处理时只能在冻胀地点的前后用木垫板起道顺坡,等待春融时回落,而且必须随时监测侵入隧道建筑限界的情况,必要时应要求车辆慢行。

4 设计和施工中的冻害防治措施

本项目设计图纸综合考虑项目区域的气候特征、水文地质等实际情况,结合地质钻孔资料、施工过程中的隧道围岩和洞内地下水情况,针对冻害的预防治理进行了抗冻和防冻保暖设计,我项目部结合隧道防排水施工的"防、排、截、堵"的原则,严格按照设计意图和图纸进行施工。

4.1 围岩注浆以减少衬砌与围岩间存水

本项目隧道围岩在施工过程中,发现围岩富含地下水,当温度降低到围岩的冻结温度以下时,围岩中的水会大量冻结,引起膨胀,从而向衬砌传递冻胀力,从而引起隧道衬砌破坏。隧道围岩的含水量与围岩的透水性有很大关系,当围岩发生冻结时,地下水同时也被不断吸收,由于本项目围岩透水性很强,所以,围岩中水的冻结速度也会很快,当围岩中所含水分冻结体积变大时,围岩中的未冻结部分向冻结部位迁移,这样即增强了围岩的冻胀量,增大了围岩的冻胀强度。

施工过程中,我们严格按照图纸通过锚杆进行围岩注浆,不仅仅增强了围岩的强度和稳定性,而且还起到了堵水、防止围岩渗漏的作用,同时还起到减轻和防止冻结围岩冻胀力的作用,在东北寒期条件下,注浆深度一般会超过冻结厚度。有资料显示,注浆中掺入丙二醇、氯化钙、氯化钠等会有效地降低水的冰点,能够有效地降低围岩开始冻结温度,达到防冻目的。

4.2 衬砌使用高性能抗冻混凝土,增强衬砌混凝土的抗渗性

为了防冻,设计文件中关于隧道衬砌混凝土明确要求采用F250抗冻混凝土,采用高性能混凝土,混凝土水胶比≤045、胶凝材料用量≥300kg/m³、用水量≤185kg/m³,总碱含量≤2kg/m³,增加混凝土自防水能力。

通过电镜观察混凝土的内部结构,混凝土内部充满了各种各样的空隙,这些空隙通过不同的方式相

互连通,混凝土的内部不严格控制水胶比和用水量的话,混凝土水化热反应后,剩余的水分将会留存于混凝土内部细微的气泡或者空隙中,另外,隧道内部受常年阴暗潮湿环境影响,混凝土表面的微小空隙或者细微的龟裂将会吸收部分水分,这些水进入后将会形成毛细水通过毛细压力将水引入混凝土内部一定深度,若混凝土内部的水分不能及时排出,到了冰冻季节,这些水分受低温影响结冰后膨胀,给混凝土施加冻胀力,将会对混凝土形成内部破坏,导致空隙扩展,从而会吸收空气中更多的水分,或使水分进入更深部位,使混凝土内部冻胀破坏强度加大,范围扩展。如此反复冻融,日积月累,混凝土强度降低,衬砌便会由局部破坏开始扩大。

设计和施工中采用抗冻性能混凝土和高性能混凝土能有效解决衬砌混凝土在寒期的稳定性,不受气温的影响而形成混凝土自身破坏。

4.3 衬砌使用钢架、格栅钢架和钢筋混凝土以抵抗围岩冻胀传递的剪力

表3显示在本项目设计中,弱于四级围岩的段落初期支护采用型钢或格栅钢架进行围岩的稳定处理,钢架之间使用钢筋网片进行了连接和加固,衬砌中也均采用了钢筋混凝土结构,钢筋在混凝土中的抗压、抗拉和抗裂作用不但极大地保证了施工过程中的围岩稳固和施工安全,在隧道后期运营阶段,坚固的钢筋混凝土结构更为有利地减弱了围岩冻害产生的隧道径向冻胀剪力,尤其是围岩松散,围岩水系丰富的洞内四级围岩段落和洞口五级围岩,钢筋对隧道的冻害或者衬砌以外水压有了很强的抗剪能力。

鹤大隧道工程支护衬砌设计统计表 表3

序号	衬砌结构	钢筋网类型	初期支护 材料	初期支护 支护类型	二次衬砌 衬砌厚(cm)	二次衬砌 衬砌类型	仰拱设置情况
1	JQ5	双层钢筋网片	I20a	型钢支护	26	C30模筑混凝土(设置钢筋)	有仰拱
2	QM5	双层钢筋网片	I20a	型钢支护	26	C30模筑混凝土(设置钢筋)	有仰拱
3	SM5	单层钢筋网片	I18	型钢支护	24	C30模筑混凝土(设置钢筋)	有仰拱
4	SM4a	单层钢筋网片	HRB	格栅钢架	21	C30模筑混凝土(无钢筋)	有仰拱
5	SM4a加强段	单层钢筋网片	I18	型钢支护	24	C30模筑混凝土(设置钢筋)	有仰拱
6	SM3	单层钢筋网片	无	无	35	C30模筑混凝土(无钢筋)	无仰拱
7	SM3加强段	单层钢筋网片	无	无	35	C30模筑混凝土(无钢筋)	无仰拱
8	JJ4	单层钢筋网片	I18	型钢支护	50	C30模筑混凝土(设置钢筋)	有仰拱
9	JJ3	单层钢筋网片	无	无	45	C30模筑混凝土(无钢筋)	无仰拱

4.4 增大衬砌厚度

表3显示在本项目中,隧道衬砌在不同段落内的厚度从21~50cm不等,有针对性地进行了分情况设计和施工,混凝土的厚度不但从自身增强了其稳定性,防止了隧道的坍塌,在一定程度上也增加了混凝土的负温传递厚度,使得在一定的温度范围内能够保证衬砌后的温度保持在零摄氏度以上,缩短寒期

衬砌以外围岩冻结时间,也就缩短因冻胀产生的衬砌外的径向压力的持续时间,以延长衬砌混凝土的寿命。

4.5 使用环向排水管和纵向排水管疏导围岩内部水

如图1所示,环向排水管在隧道工程中主要起到排除围岩渗水的作用,在本项目施工中,围岩开挖后初喷2~5cm混凝土,密贴挂设环向半圆管,五级和四级围岩纵向每5m设置一道,三级围岩纵向8m设置一道,涌水、突水段每道设置2根,并且纵向酌情加密,初喷结束后针对渗水段落还要进一步加强布设,环向排水管直接与拱脚处纵向排水管三通连接,如图2所示通过横向排水管直接将围岩渗水排至中心排水沟。

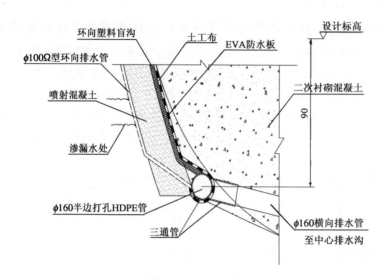

图1 环向排水设计图

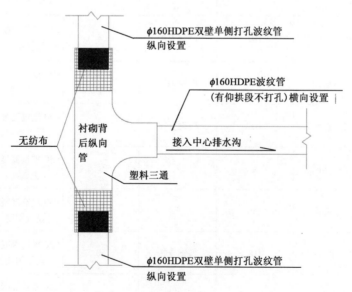

图2 纵向排水管设计图

查阅相关资料,就寒区隧道的冻胀力研究显示,寒区冻土是一种特殊的具有负温或零温并含有固态水的土体或岩石。当温度降低到土体的冻结温度以下时,由于土体的水变成冰,就会逐渐形成冻土,冻土由土颗粒、固体水、液态水和气体组成,冻土中的固态水往往以冰包裹体、并透镜体和冰夹层等形式存在,冻土的力学特性与其他土体有显著区别,在土体由未冻状态转化为冻土状态时的体积的膨胀率为9%,土体中的液态水不断受低温影响迁移变化为固态水,固态水填充到土颗粒间隙中,体积的膨胀足以引起土颗粒间的相对位移,混凝土中固态水的不断增加也足以引起混凝土中颗粒之间的相对位移。

从以上冻土形成机制中可以明确土体产生冻胀的三个条件:冻胀敏感性土、水分补给或土体中存水、冻结温度和冻结时间。从这三个形成条件中我们通过环向排水管、纵向排水管将衬砌与围岩间隙间的围岩渗水顺利排出,可解决了冻土形成的一个要素,即可拟制土体冻胀,当大量水分疏导,结冻的水分仅仅是土体中留存的水分,冰的形成减弱,冻土的强度增加得到控制,所以土体冻胀较小或膨胀率保持不变,传递给衬砌的压力可保持在一定范围内。

白水滩隧道和二道岭隧道在施工过程中,围岩渗水普遍比较严重,围岩渗水排放必须得到保证,进而才能保证衬砌以外土体冻胀产生的压力得到控制,不对衬砌混凝土形成破坏。

4.6 防水板外侧采用两布一膜土工布保温又防水

防水板施工前,初喷混凝土表面布设的两布一膜土工布主要起三个作用:一是保护作用,防止防水板被具有表面凹凸不平的基面的喷射混凝土损坏,因大面积施工时极难做到基面平整;二是起渗排水作用,因此要求其导水性能良好;三是减弱衬砌与围岩之间的温度传递,延后围岩冻土起始时间,缩短围岩冻土持续时间。

4.7 使用防水板避免水与衬砌混凝土接触

隧道防水板的采用在隧道防排水中起到至关重要的作用,隧道防水板在岩石工程中的作用主要为防渗和隔离,同时也起到加强和防护的作用。排水板采用EVA(乙烯、醋酸乙烯共聚物)材料制成,它的产品性能以及在工程中起到的效果是其他土工材料不可代替的,它能够将围岩渗水完全隔离于衬砌以外,保证了衬砌混凝土不与地下水接触。

另外,衬砌混凝土的施工缝处采用的止水带更好地阻断了围岩渗水和洞内意外进水,防止衬砌内外水进入衬砌与防水板之间。

4.8 中心深埋水沟保证围岩水排放通畅

中心深埋水沟(图3)是将水沟埋置于洞内冻结深度以下,利用低温达到排水沟内,水流不致冻结的排水设施。资料显示,本区域寒期冻土深度为1.5m,在施作仰拱和回填混凝土时将中央排水管布设于仰拱以下,中央排水管采用$\phi 400$混凝土管,管基用混凝土基座,灌顶用碎石回填形成渗水盲沟,管上半面预留$\phi 20mm$泄水孔,以便盲沟渗水进入排水管中,中央排水管与横向排水管连接。在地温(冻结深度以下正温)的条件下,保证流水不被冻结,排放通畅。

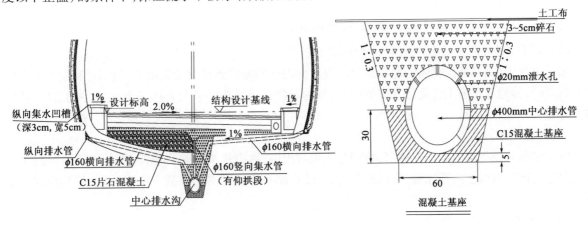

图3 中心水沟示意图(尺寸单位:cm)

4.9 深埋纵横向排水管包裹土工布保证围岩排水通畅

纵向排水管埋置深度为90cm,横向排水管埋置深度从90~150cm,由于埋置深度不能完全进入冻结深度,因此,施工严格按照设计包裹土工布,对PVC管进行保温处理,以保证管内水不被冻结,排水通畅。

4.10 深埋延长保温出水口保证洞内围岩水冬季排放

在东北地区,寒冷的冬季,为了隧道中地下水通过中心排水管能够顺畅排出,地下出水口不被冻死,采用椎体保温出水口,有效解决了冬季隧道排水问题,见图4。

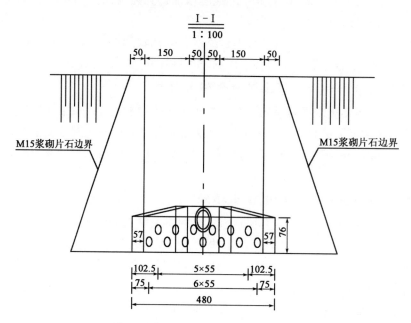

图4　隧道保温出口设计图(尺寸单位:cm)

4.11 隧道衬砌表面敷设隔热材料

保温隔热措施属于被动保温方式。如图5所示,根据热传递原理,在洞内衬砌表面敷设导热系数小的材料,可以阻止热传递,由于围岩、衬砌和冷空气之间的热交换,隧道贯通后冷空气的流动将带走大量热量,设置保温隔热层能有效阻止围岩、衬砌和冷空气之间的热传递。东北冻土属于季节性冻土区域,本项目采用洞口300m敷设5cm保温板的措施,使得保温隔热层在寒冷的冬季能阻止隧道衬砌和围岩热量的散失,使围岩不至于冻结,减轻冻胀影响。

4.12 针对冻害防治隧道施工过程中的措施

(1)合理设置衬砌混凝土的沉降缝、伸缩缝和施工缝。

施工过程中,围岩开挖揭露的地质条件与设计前勘察的地质条件有较大出入,施工过程中要结合设计的沉降缝、伸缩缝和施工缝进行合理的调整,目的是使衬砌结构能够与具体的地质条件相适应,使结构受力更为合理和科学。

(2)防止局部漏浆。

施工中漏浆使衬砌内部出现蜂窝,特别是止水带周围,衬砌端头容易出现漏浆,前文提及混凝土内部空隙容易产生混凝土内部冻裂,所以施工时,要注重端头模板周围的混凝土浇筑质量,严禁出现漏浆情况。

(3)不留振捣死角。

衬砌混凝土内部钢筋纵横交错,密度较大,振捣时容易出现漏振情况,特别是拱顶浇筑过程中,最顶部振捣会成为死角,或者振捣棒不能深入的部位也成为薄弱点,因此,在施工时,应特别注意平板振捣器的布置密度和薄弱点的振捣检查,另外,拱顶注浆孔的预留和二次注浆必须到位,保证后期能够注浆彻底,衬砌后部密实。

目前保温层法已在国内多个寒区隧道工程得到应用,并进行了相应的保温效果测试。测试数据资

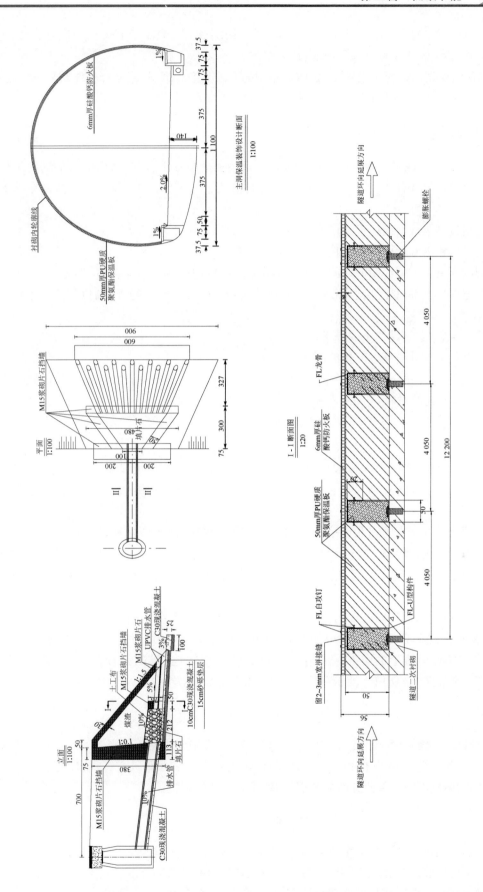

图 5 主洞保温装饰设计图（尺寸单位：mm）

料显示,隔热层内外两侧的最大温差可达10℃,当洞外的极端最低气温高于10℃时,隔热层可以起到很好的效果。

另外,隔热保温材料的选择也很重要,目前被采用的有酚醛泡沫塑料、聚氨酯泡沫塑料、聚苯乙烯泡沫塑料、高压聚乙烯、橡塑隔热材料、岩棉、玻璃棉等,本项目采用聚氨酯泡沫保温板。

5 隧道中其他方面的冻害

本文主要针对衬砌受冻害影响造成的损害进行了阐述和措施总结,但是寒区隧道的冻害不仅仅只有以上冻害,项目的后期施工和运营过程中,还会有其他几个方面的冻害影响,主要体现在以下几个方面:

(1)隧道进出口刚柔性路面体现不同的冻害。
(2)冬季隧道口积雪和洞内干燥交接产生交通安全隐患。
(3)明洞周围回填料与刚性明洞之间产生的不同收缩导致回填或浆砌开裂的冻害。
(4)冻融加速洞口上部风化加剧导致的落石、掉块或岩堆的交通安全隐患,洞口落差产生的雪崩导致的交通安全隐患。
(5)洞口挂冰、结霜或结露产生的冻害。
(6)洞口与路基交接处受冻融产生的不均匀沉降。

以上这些冻害的研究和分析必须在施工结束后的运营期进行针对性的观测和分析,因缺乏现场数据,所以不作为此文研究的对象。

6 结论

本文针对鹤大高速公路ZT08标段白水滩隧道和二道岭隧道所处的特殊环境,结合设计图纸、了解设计意图和施工过程的总结,进行大量的文献查阅,理论分析和周边已运行隧道调研得出如下结论:

(1)鹤大高速公路处于中国东北地区,属于高纬度、严寒地区,由于项目所处环境特殊,气候寒冷。从隧道围岩冻土的形成原理和条件分析入手,通过"防、排、截、堵"措施,解决冻胀产生的水源因素,消除或减弱冬季冻结的形成和持续时间,进而消除和减弱围岩冻结对衬砌的影响,来保证衬砌的使用寿命和混凝土的稳定性。

(2)东北的冬季风大,洞口温度较洞内低很多,采用硬质聚氨酯保温板的保温作用,减弱或延迟环境温度和衬砌温度的交换,保证洞口300m范围内的围岩温度不形成破坏衬砌的低温环境。

(3)最后本文还针对隧道的防冻保温进行了施工措施的阐述,目的是使隧道在施工过程中尽量避免形成冻害的条件,保证白水滩隧道和二道岭隧道的后期使用寿命和运营安全。

7 展望

由于本项目目前在施工期,还未进行竣工交接和运营,关于隧道的防冻保温技术在后期施工和运营中还有大量的工作和总结,学习其他相关文献,国际在隧道防冻保温方面研究有很多的经验,我们会学习专家知识和成功案例不断完善此方面的知识,用以指导后续隧道施工。

参 考 文 献

[1] 苏林军.寒区隧道冻害预测与对策研究[D].成都:西南交通大学,2004.
[2] 吕康成等.隧溢防排水工程指南[M].北京:人民交通出版社,2005.
[3] 孙文昊.寒区特长公路隧道抗防冻对策研究[D].成都:西南交通大学,2005.
[4] 崔凌秋,吕康成,王潮海,等.寒冷地区隧道渗漏与冻害综合防止技术探讨[J].现代隧道技术,2005(42).

[5] 陈建勋.寒冷地区公路隧道防冻隔热层效果现场测试与分析[J].中国公路学报,2001(10).
[6] 赖远明,等.寒区隧道保温效果的现场观察研究[J].铁道学报,2003.
[7] 陈建勋.寒冷地区公路隧道防冻隔温层效果现场测试与分析[J].中国公路学报,2001(10).
[8] 贾翔军.高海拔寒冷地区隧道施工防冻胀技术[J].国外公路,1999.

鹤大高速大型集中场站标准化建设与效益分析

彭 园　翟全磊　田连民

（中交路桥华北工程有限公司　北京　100110）

摘　要：随着高速公路建设的发展，公路工程标准化施工管理要求日益完善，特别是对于各大型临时场站的标准化建设，是高速公路建设过程中整体形象的直接体现。本文结合鹤大高速公路ZT02标段混凝土拌和站、预制梁场和钢筋加工厂的集中规划建设中的好的做法和取得的效益，为类似工程提供借鉴。

关键词：大型集中场站　标准化建设　效益分析

1　引言

鹤大高速公路地处吉林省东部山区，长白山腹地，高速公路与沿线自然风光和谐统一，是一条绿色环保路，同时也是交通部立项的"双示范"工程。进场初期，吉林省交通厅及高建局领导就积极推动标准化建设，工程施工推行集约化管理，工厂化、集中化、专业化生产，实现混合料（混凝土）集中拌制，钢筋集中加工，混凝土构件集中预制，发挥集约化施工优势。为此，鹤大高速公路ZT02标段重点策划了混凝土拌和站、预制梁场和钢筋加工厂的集中规划建设，取得了较好的成绩和经济效益。

2　场站的选址

鹤大高速公路ZT02标段位于吉林省敦化市境内，起讫桩号K535+000～K558+000，全长23km。标段起点为雁鸣湖互通，终点为官地互通，主线在K554+631处以分离立交形式跨越201国道。全线共计桥梁24座，通道11座，箱涵9座，盖板涵16座，共计各类混凝土约9.4万m^3，共计加工各类钢筋8820.2t，预制小箱梁及空心板共计897片。

项目进场前期，经过对现场的实际调查，初步策划了两种场地建设方案：

方案一：在标段起点（雁鸣湖互通内）、中部（K545+300处）及终点（官地互通内）分别建设一座小型场站。

方案二：在标段中部（K545+300处）建设一座大型集中场站（图1）。

ZT02标段基于两种方案中场站建设的可实施性进行了充分的比较，从场址选择的可行性、占地大小和复耕难易程度、原材料进场的便利性、机械设备的投入、运架梁的便利性等因素进行比较，最终确定采用方案二"大型集中场站"的建设方案，这样也符合吉林省推行工程施工集约化管理的理念。两种方案对比分析如表1所示。

方案一与方案二对比分析表　　　表1

比选内容	方案一	方案二	比选结果
场址选择的可行性	雁鸣湖互通区内两侧山体环绕，中间为冲积滩涂，淤泥质覆盖层深度约3m，官地河贯穿其中，是典型的湿地环境，如进行场站建设，将大面积破坏湿地资源，增加地基处理成本，也与鹤大高速公路"绿色循环低碳"的建设理念相违背。K545+300处、官地互通区地势均较为平坦，均为旱地，可进行场站建设	K545+300处地势平坦开阔，场址位于201国道与主线路基之间（相距约450m），可用于建设大型集中场站	方案二在各方面比较中均较方案一优势明显，可实施性较高。大型集中场站建设中，只要进一步合理规划和优化资源配置，必将取得不错的效益

续上表

比选内容	方案一	方案二	比选结果
占地大小及场地复耕难易程度	建设3处,共计占地约80亩,雁鸣湖互通区复耕难度大	建设1处,集中规划,共计占地约68亩,复耕较为简单	方案二在各方面比较中均较方案一优势明显,可实施性较高。大型集中场站建设中,只要进一步合理规划和优化资源配置,必将取得不错的效益
原材料进场的便利性	雁鸣湖互通区与官地互通区均距离201国道较远,需改扩建一部分村道,并新建便道合计约7km	位于201改道旁,可开设道口直接进场	
机械设备的投入	建设3处,各投入2套HZS90型拌和设备,由于场地规模相对较小,制梁龙门吊轨道线布置无法涵盖各箱梁类型,设备投入都将增加	投入2套HZS120型拌和设备,即可满足施工需求,合理利用场地宽度,布置两条制梁龙门吊轨道线,设备投入相对合理	
运架梁的便利性	雁鸣湖互通区内路基填方高度6~8m,箱梁上路基困难。K545+300处、官地互通区均为低填路基,填高均小于2m,箱梁上路基方便	K545+300处为低填路基,填高小于2m,箱梁上路基方便	

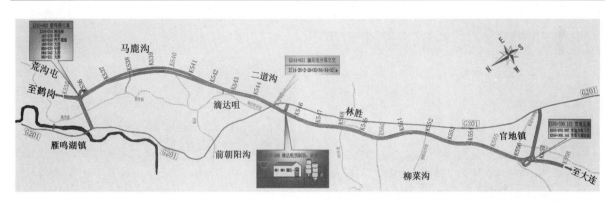

图1 方案二大型集中场站建设位置示意图

3 场站标准化建设

根据选址确定,ZT02标段混凝土拌和站、预制梁场和钢筋加工场采用大型集中场站的方式进行建设,并设置试验室、工区驻地等配套功能区,负责全标段桥涵结构物、预制梁板工程的混凝土拌和和钢筋制作,该场地平坦开阔,位于国道G201旁,材料和构件进出场交通便利,且前后桥梁等结构物较为集中,运架梁上路基方便快捷(图2)。

3.1 混凝土拌和站

混凝土拌和站由两台HZS120型拌和楼(图3)组成,采取并排双拼式布局。每台拌和机的理论生产量为120m^3/h,按照高性能混凝土的搅拌时间要求,每台拌和机的实际生产能力大约40m^3/h。每台拌和机配置100t水泥罐3个、100t粉煤灰罐1个、4个配料仓。设置砂石料仓8个(图4),其中待检仓4个,合格料仓4个,全部采用彩钢棚三面封闭,料仓总容量为10 000m^3以上。

为适应现场生产需要,相关配套设备如下:2台装载机、12台10m^2混凝土罐车、1台300kW发电机、一台3×16m100t地磅、1处污水处理沉淀池(图5、图6)。另外,结合吉林省标准化管理指南要求,配备1台洗石设备,对进场碎石全部进行洗料处理,降低集料粉尘含量。

水和外加剂计量采用全自动电子称量法计量,外加剂罐体加设循环搅拌设备。拌和时所有数据随盘打印或储存在计算机内,以备随时查阅或拷贝,并对分段采集存储的数据进行加密,不得擅自修改。

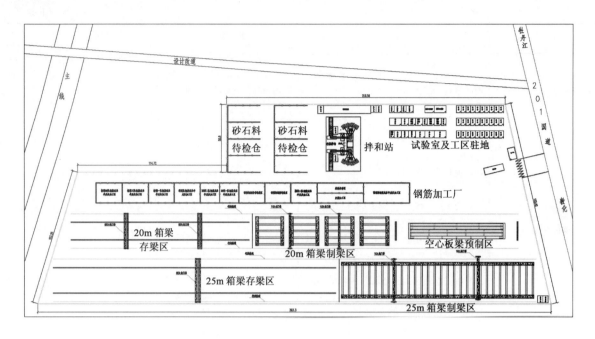

图 2　混凝土拌和站、预制梁场和钢筋加工场总平面布置图

图 3　拌和楼

图 4　砂石料仓

图 5　洗石设备

图 6　沉淀池

砂石料按配料要求，不同粒径、不同品种分仓存放，并设置明显标志，分料墙采用"37"墙砌筑2.0m高，采用水泥砂浆抹面，仓内地面设4%的地面坡度，分料墙下部预留孔洞，防止积水。

拌和楼、储料罐基础施工时，注意东北季冻地区冻土层的影响，防止冻融冻胀，造成基础破坏，所以基础施工时必须挖透冻土层，基坑采用透水性好风化岩回填碾压密实。

3.2 预制梁场

ZT02 标段共有预制小箱梁及空心板梁 897 片,其中 25m 小箱梁 358 片,20m 小箱梁 251 片,16m 空心板 108 片,13m 空心板 108 片,10m 空心板 72 片。

根据场地的宽度(约 450m 宽)和预制梁板的数量,将制梁区和存梁区进行通长设置,制梁区靠近 201 国道侧,方便材料进场及转运,存梁区靠近主线,方便运架梁上路基(图 7、图 8)。

图 7 标准化梁场

图 8 梁场排水系统

(1)20m 箱梁与空心板梁制梁区和存梁区设计在一条直线上,设置 20m 箱梁制梁台座 20 个,空心板预制槽 5 条,单槽总长 79m,存梁区 140m,可存梁 72 片。设置一条龙门吊行走线,总长度 340m,配备 80t 龙门吊 2 台,10t 龙门吊 2 台。

(2)25m 箱梁制梁区和存梁区设计在另外一条直线上,设置制梁台座 36 个,存梁区 190m,可存梁 100 片,总长度 370m,配备 80t 龙门吊 1 台,10t 龙门吊 2 台。

整个梁场采用自动喷淋系统进行箱梁的养生,临冬季施工时,增设蒸气遮罩养生,确保梁体的强度满足设计及规范要求。另外,结合吉林省标准化管理指南要求,配备 1 套智能张拉、压浆设备,提高梁板预应力施工质量。

3.3 钢筋加工场

ZT02 标段钢筋加工场设置为长条形,长 240m,宽 15m,分为滚笼区和半成品加工区,采用彩钢棚全封闭,内部配备 1 台 10t 龙门吊进行钢筋原材及半成品的吊运,龙门吊轨道线通长设置(图 9、图 10)。结合吉林省标准化管理指南要求,配置滚笼机(图 11)、钢筋弯曲中心(图 12)各一台,确保钢筋成品半成品加工质量。

图 9 钢筋加工场外部

图 10 钢筋加工场内部

加工制作区悬挂各号钢筋的大样设计图,标明尺寸、部位,确保下料及加工准确。场内拼装钢筋采用拼装模架和大样板。

加工场内原材料及成品半成品存放做到分区合理、整齐有序,按不同钢种、等级、牌号、规格及生产厂家分类堆放,挂牌标示,标明进场日期、检验人员等。堆放垫高离地30cm以上,材料归方一头齐、一条线。

图11 滚笼机

图12 钢筋弯曲中心

3.4 配套功能区的标准化

ZT02标段在场站内设工地试验室和工区驻地,均采用活动板房结构。

工地试验室相关功能室设置面积及设备安装严格按照吉林省标准化管理指南要求执行(表2),共设置功能室11间(图13)。各功能室内仪器设备旁悬挂统一规格的仪器设备操作规程,对有环境条件要求的功能室,配置相应设施,如喷湿装置、温控装置、抽湿装置、防振动装置等。

各功能室电源插头高出地面100cm以上,并设置防漏(触)电保护装置。操作台高度控制在70~90cm之间,台面宽度为60~80cm之间,台面采用光洁、耐磨、耐腐蚀的材料铺面。台下根据操作台结构设置储物隔柜,储物隔柜立面应用统一材料遮挡,保持美观。

各功能室均设置自来水水池,方便设备清洗。标准养生室地面设置环形水槽,便于室内水排向室外,养护架采用角钢焊接成型,高度1.5m,分层搁架采用钢筋进行镂空处理,保证试块养生效果。

工地试验室标准化设置一览表　　表2

项　目	建筑面积(m²)	备　注
办公室	≥36	≥6m²/人
资料室	≥25	
土工室	≥25	
集料室	≥25	
化学分析室	≥20	配备专业的药品箱,上锁管理
力学室	≥25	
水泥室	≥20	配备温、湿度自动控制设
水泥混凝土室	≥25	
标准养生室	≥30	温度、湿度自动控制,采用砖墙结构
样品室	≥15	
检测设备室	≥15	
合计	≥255	

工区驻地的设置远离施工区域,为院落式布置,有办公区、生活区、停车场和职工活动场所。办公区满足安全、卫生、通风、绿化等要求,生活区每组最多不超过10栋,组与组之间的距离大于8m,栋与栋之间距离大于4m,房间净高大于2.6m,周围设有排水沟,保证不积水(图14)。

图13 工地试验室

图14 工区驻地

3.5 安全环保与文明施工措施

场站四周采用彩钢瓦进行全封闭围挡,围挡设置高2m。场站进口处安全保卫室和"七牌一图",对进场人员进行登记和安全告知。

场站内每台机械设备均悬挂机械设备标识牌和安全操作规程(图15),龙门吊均设置限位装置,拌和站储料罐均设置地锚风缆,加强安全防护措施(图16)。

图15 场站四周围挡

图16 七牌一图及安全告知

场站内临时用电采用三相五线制配电,配备TN-S接地、接零保护系统,设置两级漏电保护及"一机一箱一闸一漏"。配电箱、开关箱安装端正、牢固,移动式箱体支架与地面的垂直距离为60~150cm,固定式箱体与地面的垂直距离为130~150cm。

拌和站、预制梁场、钢筋加工场、材料堆放区及进出口便道,均进行混凝土硬化处理,重载车行车道路、大型作业区硬化厚度20cm,一般行车道路硬化厚度15cm,其他部位根据需要采取砂石硬化与植物绿化相结合的方式。

场站按照四周低、中心高的原则设置1.5%排水横坡,通过场内各分区的排水沟,向场站四周排水沟散排,并在场站外侧设置沉砂井及污水过滤池,将场站内生产、生活废水进行处理,防止污染环境。

3.6 视觉识别系统的提升

ZT02标段结合中交集团《Ⅳ视觉识别系统规范手册》的相关规定和企业文化,重点落实视觉识别系统的提升,场站内设置企业文化宣传墙(图17)和精品工程业绩展示牌(图18),将企业理念、文化特质、主要业绩等转换为具体符号,塑造中交集团的企业形象。

4 效益分析

4.1 经济效益

从鹤大高速公路ZT02标段大型集中场站标准化建设的实施效果来看,与场站分散建设相比,通过充分利用场地宽度和各功能区的合理布置,能有效地节约土地资源,降低场地复耕带来的成本。

图17　企业文化宣传墙　　　　　　　　　图18　精品工程展示牌

预制梁场的合理分区和组合,钢筋加工厂长条形布置,均大大降低了大型起吊设备的投入数量,提高了设备的使用率。同时按照标准化施工的要求,配置的洗石机、智能张拉压浆设备、滚笼机及钢筋弯曲中心,不仅能提高施工质量,提高施工工效,也节约了劳动力成本。经测算,大型集中场站工效总体提高约20%,节约劳动力成本约10%。

4.2　社会效益

ZT02标段大型集中场站的标准化建设,大大提升鹤大高速公路建设的整体形象,同时也提升了中交集团的企业形象和市场竞争力,得到社会各界的好评。

5　结语

高速公路建设中,大型集中场站标准化建设在资源节约、成本管控、形象提升等方面均有较大的经济效益及社会效益,其蕴含的集约化管理,工厂化、集中化、专业化生产的理念,是高速公路建设飞速发展的趋势所在,值得应用和推广。

东北严寒地区拌和站规划与管理

高明臣　鹿　平　贾林林

（中交一航局第五工程有限公司　秦皇岛　066000）

摘　要：本文以鹤大高速公路 ZT11 标段 2 号拌和站施工为实例，鉴于业主对工期的要求并考虑东北地区冬季较长等特点，专门设置具有冬季施工能力的 2 号拌和站。本文介绍了东北严寒地区冬施拌和站前期规划、拌和站建设及冬施管理的经验，对以后类似环境下的拌和站规划及建设提供经验。

关键词：严寒地区　拌和站　规划　管理

1　引言

在东北及西北等严寒地区进行高速公路施工，由于地域特点，冬季严寒，有效作业时间少，同时由于国内高速公路建设周期短，为保证在工期内完成所有工程，个别项目需要进行冬季施工。冬季天气严寒，混凝土始终是冬期施工控制的重点、难点，而混凝土拌和站的规划和管理是冬期施工的核心。本文通过对鹤大高速公路 ZT11 标段 2 号拌和站规划设计、过程管理，有效地保证混凝土的供应和质量，较圆满地完成了施工任务。

2　工程概况

鹤大高速公路是国家高速公路"7918"网中南北纵向中的第一纵，是由国务院批准的《东北地区振兴规划》中确定的重点建设的六大通道之一。鹤大高速公路 ZT11 标段位于白山市抚松县境内，起讫桩号 K734+600~K753+648.79，路线全长 19.049km。起点位于万良镇，经抚松镇至靖宇县的榆树川乡，与在建的营城子至松江河高速公路相接。施工内容有路基、桥梁、隧道、路面、防护排水、绿化等工程。

鹤大高速公路 ZT11 标段 2 号拌和站按照冬期施工拌和站进行规划，设置在荒沟门头道松花江大桥线路左侧农田上，占地约 8 000m²，主要供应后崴子隧道出口至榆树川大桥区间内混凝土以及冬施期间项目部其他部位的混凝土。

3　工程所在地区气候特点

3.1　气温

路线经过地区属中温带大陆性季风气候区，四季变化明显，春季干燥多风、夏季炎热多雨、秋季凉爽、冬季漫长而寒冷。

根据设计资料，年平均气温 2.6~4.3℃，极端最高气温为 29~34.5℃，极端最低气温为 -38.3~-37.7℃，多年平均降雨量 800mm，年蒸发量 1 126~1 263mm。

夏季多西南风，冬季以西北风为主，历年平均风速可达 2.8m/s，最大风速可达 10~14m/s。

3.2　雪荷载

根据设计资料，最大积雪深度 39cm。

3.3　冻土

根据设计资料，线路所处地区最大冻结深度为 126~184cm。

4 拌和站规划

4.1 拌和站设计原则

2号拌和站按冬施拌和站进行规划,主要功能区设置拌和区、存料区、备料区、生活办公区、机械设备存放区、堆煤区。拌和站平面布置图如图1所示。

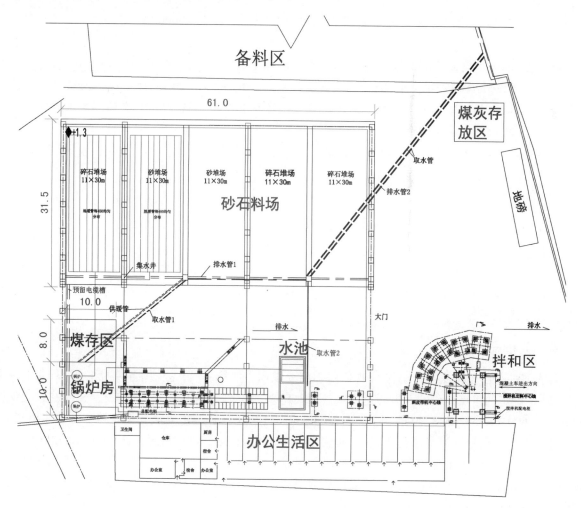

图1 拌和站平面布置图

4.2 搅拌机生产能力规划

2号拌和站除冬期施工供应项目部所有工点冬期施工项目的混凝土外,在其他气候条件下仅供应后崴子隧道出口、荒沟门头道松花江大桥等2座隧道、5座桥梁的混凝土施工。根据施工进度计划及各单位工程混凝土方量,2号拌和站供应混凝土总方量约18万m^3,日高峰混凝土用量约1 500m^3。

2号站采用HZS150强制式拌和机,每盘可搅拌混凝土3m^3,每小时平均生产混凝土70m^3,每天可生产1 680m^3,能满足施工需要。

4.3 砂石料场规划

砂石料场面积1 650m^2,共设置2个砂堆场及3个碎石堆场,单个堆场尺寸11×30m,中间隔墙高2.5m,顶宽0.5m,在砂石料场区域外设置备料区,备料区面积约5 500m^2,可存砂、石料约40 000t,能满足15d连续供应混凝土能力。

4.4 水泥粉煤灰罐规划

共布置5个150t水泥粉煤灰大罐,3个罐用于存储水泥,2个罐用于存储粉煤灰。

4.5 锅炉房、地暖管规划

拌和站通过水加热及砂石料加热等措施,保证在冬施期间混凝土出机及入模温度,根据计算,布置3台蒸汽锅炉进行冬施加热,1台专门供拌和用水,1台供搅拌主机房、操作间、外加剂室、班组房及砂加热,1台供砂石料场取暖,2个砂仓均通过布设地暖管进行加热,碎石仓不进行地暖管加热处理,仅通过骨料大棚加热进行保温。

4.6 蓄水池规划

蓄水池采用下卧式,混凝土拌和用水采用经检测合格的地下水。蓄水尺寸为16.5m×8.5m×2m,容量230t。

4.7 场内排水规划

场地内设置集水井和排水管,并设置1%的坡度排水,确保场地内无积水。

4.8 砂石料棚受力计算

拌和站采用彩钢棚进行封闭,建设初期,对彩钢棚按照满足吉林抚松地区50年一遇最大雪载和风载的施工要求进行设计。

拌和站彩钢棚长55m,高11.5m,宽度方向为3跨12m+24m+24m=60m。钢筋加工厂彩钢棚长60m,高5m,宽度为单跨18m。对彩钢棚结构受力分析按宽度最大的24m跨进行计算。

拌和站采用单层门式轻型彩钢板结构,单跨为双坡弧度门式刚架,刚架最大跨度为24m,檐高8.5m;柱间距5m,梁拱高3m,上下弧度梁间距400mm;刚架形式及几何尺寸如图2所示。

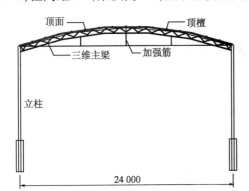
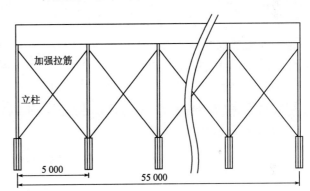

图2 刚架形式及几何尺寸(尺寸单位:mm)

立柱:采用ϕ219mm×4mm钢管,高8.5m,间距5m,加强拉筋采用ϕ16圆钢,立柱底连接板采用400mm×400mm×10mm钢板,立柱顶采用400mm×250mm×8mm钢板。

三维主梁:上下弦杆采用ϕ60×3mm钢管,腹杆采用ϕ20×2.5mm钢管,结构图如图3所示。

顶檩、墙檩:采用ϕ40mm×80mm×1.5mm方管;间距为0.8m,钢材采用Q235钢,焊条采用J422型。

屋面:顶面采用0.3mm厚900型彩钢瓦,侧面采用10cm厚聚苯阻燃板。

受力计算时,简化模型如图4所示。

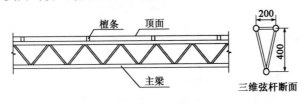
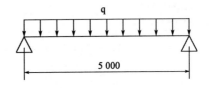

图3 屋盖结构简化模型　　　　　　图4 棚顶檩条受力计算简图

4.8.1　计算参数

(1)$\phi219mm \times 4mm$ 钢管(立柱)。

截面积 $A = 2\,701.8mm^2$;惯性矩 $I = 15\,616\,570mm^4$;截面模量 $W = 142\,617mm^3$;

回转半径 $i = 76mm$;单位重量为 $21.21kg/m$。

(2)$\phi60 \times 3mm$ 钢管(主梁弦杆)。

截面积 $A = 537.2mm^2$;惯性矩 $I = 218\,780mm^4$;截面模量 $W = 7\,292.7mm^3$;

回转半径 $i = 20.2mm$;单位重量为 $4.22kg/m$。

(3)$\phi20 \times 2.5mm$ 钢管(主梁腹杆)。

截面积 $A = 137.4mm^2$;惯性矩 $I = 5\,370mm^4$;截面模量 $W = 536.9mm^3$;

回转半径 $i = 6.25mm$;单位重量为 $1.1kg/m$。

(4)$\phi40mm \times 80mm \times 1.5mm$ 矩形管(顶檩)。

截面积 $A = 351mm^2$;惯性矩 $I = 299\,000mm^4$;截面模量 $W = 7\,480mm^3$;

单位重量为 $2.76kg/m$。

(5)彩钢瓦(屋面)。

厚度 $0.3mm$;单位重量 $2.355kg/m^2$。

(6)钢材的弹性模量 E 取 $2.06 \times 10^5 MPa$。

4.8.2　荷载计算

(1)屋面自重

屋面为 $0.3mm$ 彩钢瓦,单位重量为 $2.355kg/m^2$。

则屋面荷载标准值为 $2.355 \times 9.8 = 23N/m^2 = 0.023kN/m^2$,取分项系数 1.2,屋面荷载设计值为 $1.2 \times 0.023 = 0.028kN/m^2$。

(2)屋架自重

屋架自重(包括支撑)可按下列近似经验公式(1 以 m 计):

屋架和支撑的自重(经验公式):

$$g_0 = \beta \times l\,(kN/m^2,水平投影面)$$

β 取值:屋面荷载 $Q \leqslant 1kN/m^2$ 时(轻屋盖),$\beta = 0.01$

$$Q = 1 \sim 2.5kN/m^2 时(中屋盖),\beta = 0.012$$

$$Q > 2.5kN/m^2 时(重屋盖),\beta = 0.12/l + 0.011$$

l:标志跨度

屋架自重的一半作用在上弦平面,另一半作用在下弦平面。当屋架下弦无其他荷载时,为简化可假定全部作用在上弦平面。

计算得屋架自重标准值 $g = 0.01 \times 24 = 0.24kN/m^2$,取分项系数 1.2,则设计值为 $1.2 \times 0.24 = 0.29kN/m^2$。

(3)雪荷载

雪荷载标准值　　　　　　　　　　$s_k = \mu_r \cdot s_0$

式中:s_k——雪荷载标准值(kN/m^2);

μ_r——屋面积雪分布系数,屋面坡角 $\alpha \approx 28°$,取 $\mu_r = 1.0$;

S_0——基本雪压(kN/m^2),查《建筑结构荷载规范》,重现期为 50 年时,吉林抚松县雪压为 $0.6kN/m^2$。

雪荷载组合值系数取 0.7,荷载设计值 $q = 0.7 \times 1.0 \times 0.6 = 0.42kN/m^2$。

(4)风荷载

风荷载标准值 $$w_k = \mu_s \cdot \mu_z \cdot w_0$$

式中：W_k——风荷载标准值(kN/m^2)；

μ_s——风荷载体型系数，取 -0.8；

μ_z——风压高度变化系数，查《建筑结构荷载规范》，取 2.91；

W_0——基本风压(kN/m^2)；查《建筑结构荷载规范》，重现期为50年时，吉林抚松县基本风压为 $0.35kN/m^2$。

风荷载组合值系数取 0.6，荷载设计值 $q = -0.6 \times 0.8 \times 2.91 \times 0.35 = -0.49 kN/m^2$。

(5)地震作用

据《全国民用建筑工程设计技术措施——结构》中第18.8.1条建议：单层门式刚架轻型房屋钢结构一般在抗震设防烈度小于等于7度的地区可不进行抗震计算。故本工程结构设计不考虑地震作用。

4.8.3 棚顶檩条受力计算

棚顶檩条采用 $\phi 40mm \times 80mm \times 1.5mm$ 方管，间距为 0.8m，跨度 5m。受力简图如图 5 所示。

棚顶檩条受到彩钢瓦的压力，自重和雪荷载：

$$q = 2.355 kg/m^2 \times 0.8m + 2.76 kg/m + 0.42 kN/m^2 \times 0.8m$$
$$= 4.98 kg/m = 49.8 N/m$$

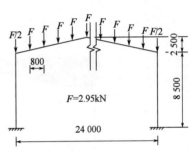

图 5 主梁刚架受力计算简图

其最大弯矩产生在跨中：

$$M_{max} = \frac{ql^2}{8} = \frac{49.8 \times 5^2}{8} = 155.6 N \cdot m$$

验算强度：$\sigma_m = \frac{M_{max}}{W} = \frac{155.6}{7480 \times 10^{-9}} = 20.8 MPa < [\sigma_s] = 215 MPa$，满足要求。

验算刚度：$\omega = \frac{5q \cdot l^4}{384EI} = \frac{5 \times 0.0498 \times 5000^4}{384 \times 2.06 \times 10^5 \times 299000} = 6.5 mm \leq l/200 = 5000/200 = 25 mm$，满足要求。

4.8.4 棚顶主梁桁架受力计算

棚顶由 24m 桁架组成，上下弦杆采用 $\phi 60 \times 3mm$ 钢管，腹杆采用 $\phi 20 \times 2.5mm$ 钢管。受力简图如图 6 所示。

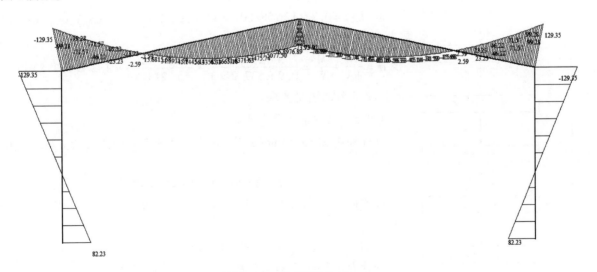

图 6 刚架弯矩图（单元：$kN \cdot m$）

桁架受到彩钢瓦、檩条压力、自重和雪荷载，节点荷载为：

$$F = (0.028 + 0.29 + 0.42) \times 5 \times 0.8 = 2.95 kN$$

刚架所受内力图如图7～图9所示。

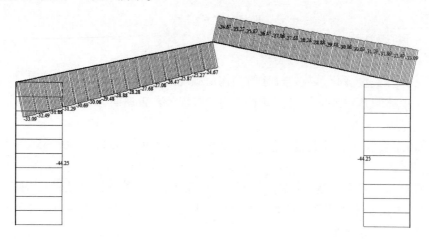

图7 刚架轴力图（单元:kN）

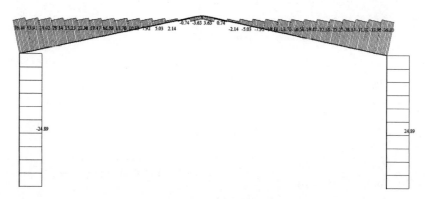

图8 刚架剪力图（单元:kN）

验算强度：

$$\sigma_w = \frac{M_{max}}{I}y = \frac{76.89 \times 10^6}{65\,121\,820}133 = 157\text{MPa} < [\sigma_s] = 215\text{MPa}，满足要求。$$

验算弯矩作用平面内的稳定性：

$\lambda = l_0/i = 0.7 \times 12\,258/201 = 42.7$，钢管为a类截面，查表得稳定系数为：$\psi = 0.9$，

$$\sigma = \frac{N}{\psi A} + \frac{M}{W} = \frac{33.1 \times 10^3}{0.9 \times 537.2 \times 3} + \frac{76.89 \times 10^6}{65\,121\,820} \times 133 = 179.8\text{MPa} <$$

$[\sigma_s] = 215\text{MPa}$，满足要求。

4.8.5 立柱桁架受力计算

立柱采用 $\varphi 219 \times 4$mm 钢管，立柱高度8.5m，间距5m，立柱受到的压力：

$$F = 3\,690 \times 24/2 = 44\,280\text{N}$$

计算长度　$l_0 = 0.7 \times L = 0.7 \times 8.5 = 5.95$m（以一端固定,一端铰接）

长细比　$\lambda = l_0/i = 5.95 \div 0.076 = 78.3$

钢管为a类截面，查表得稳定系数为：$\psi = 0.731$

$$\psi[\sigma_g] = 0.731 \times 215 = 157\text{MPa}$$

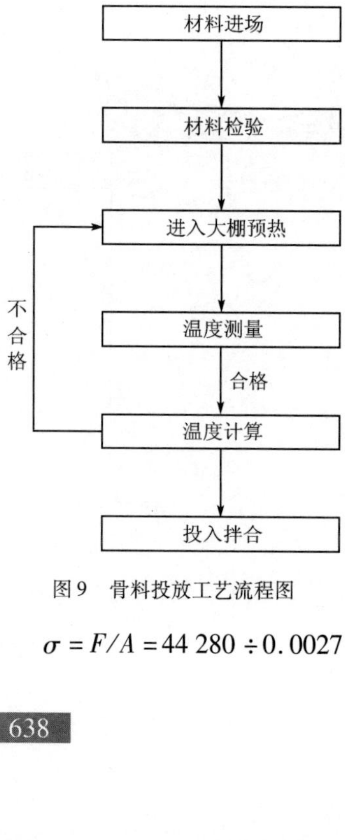

图9　骨料投放工艺流程图

$\sigma = F/A = 44\,280 \div 0.0027 = 16\,400\,000\text{Pa} = 16.4\text{MPa} < \psi[\sigma_g] = 157\text{MPa}$，满足要求。

4.8.6 立柱抗风计算

立柱高8.5m,间距5m,所承担的迎风最大面积:$S=8.5\times5=42.5m^2$,风荷载设计值取$q=0.49kN/m^2=490N/m^2$。

1根立柱受到的最大风力:
$$F=s\times q=42.5\times490=20\,825N$$

1根立柱受到最大风力时产生的均布荷载:
$$Q=20\,825\div8.5=2\,450N/m$$

其最大弯矩:
$$M_{max}=\frac{ql^2}{8}=\frac{2\,450\times8.5^2}{8}=22\,127N\cdot m$$

$$\sigma_m=\frac{M_{max}}{W}=\frac{22\,127}{142\,617\times10^{-9}}=155.1MPa<[\sigma_s]=215MPa,满足要求。$$

5 拌和站建设

拌和站从2014年3月15日开始建设,4月8日具备了生产混凝土能力。在建设过程中,严格按图纸施工,确保设备的准确安装。

6 拌和站冬施管理

6.1 人员配置满足施工要求。同时,特种行业作业人员均确保持证上岗(表1)

施工作业人员表　　　　表1

序号	工种	数量	备注
1	搅拌站站长	1	全面负责拌和站的管理
2	调度	2	负责车辆和混凝土的调配并协助站长完成拌和站管理
3	搅拌机操作人员	2	负责搅拌机的操作
4	混凝土泵车司机	2	负责泵送混凝土
5	混凝土运输车司机	10	负责输送二号拌和站内所提供的混凝土运输
6	装载机司机	2	负责上料
7	电工	1	负责拌和站内所有电系统的维护与修理
8	维修工	1	负责拌和设备的维修
9	杂工	4	
10	安全员	1	负责安全隐患的发现及排除
11	收料员	2	负责收料、过磅
12	试验员	2	负责原材料、混凝土质量控制
总计		30	

6.2 拌和站管理制度

制定了详细的拌和站管理制度,各司其职,确保了拌和站的正常运转。

6.3 冬季施工混凝土拌制及质量控制

根据当地的气候条件和现场施工要求,拌和站从2014年9月20日~2015年2月6日及2015年3月16日~2015年4月30日,进行了冬季施工。主要供应隧道初期支护、二次衬砌;桥梁桩基、墩柱、箱梁的混凝土。

6.3.1 原材料加热

(1)骨料的保温措施

拌和站骨料大棚实行全部封闭,蒸汽锅炉进行料场内加热保温,保证料场内室温达到10℃以上,拌和站2个砂仓均通过布设地暖管进行加热,碎石仓不进行地暖管加热处理,仅通过骨料大棚加热进行保温(图10)。

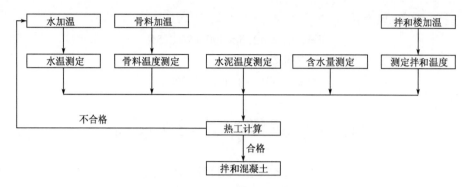

图10 混凝土搅拌工艺流程图

(2)拌和水加热措施

水温加热是保证混凝土的出机温度满足验标要求的重要保证。因此对拌和站水温加热及保温采用了多种方法,具体如下:

采用1t蒸汽锅炉通过在水池内布设管道专供拌和用水加热,经计算加热至70℃能满足混凝土拌和要求。

在地下水池顶部增设保温盖进行保温,保温盖以100mm厚彩钢板做棚面,采用塑料布和土工布进行密闭,对拌和站的上水管道进行包裹,进一步减少水投放前的热量散失。

在池内设置水温控制表并设专人对水温进行监测和管理,以便操作人员能准确地对水温进行调控,保证混凝土出机温度。

(3)外加剂保温措施

外加剂罐设置暖棚,棚内采用锅炉(或电热器)供暖,保证暖棚内温度不低于10℃。

6.3.2 混凝土搅拌

按照冬期施工要求,在进行冬期施工时采用冬施混凝土配合比进行施工,混凝土配合比经总监办、公司试验室对比验证并批复。正式施工前进行混凝土试拌,确定是否满足出机温度10℃、入模温度5℃的冬施要求。

拌和楼使用蒸汽锅炉供热,保证室温不低于10℃。搅拌前先用不低于70℃的热水冲洗搅拌机10min,合理的投料顺序能使混凝土获得良好的和易性,并使拌和物的温度均匀,有利于强度发展,又可提高搅拌机的效率。冬期搅拌混凝土的合理投料顺序应与材料加热条件相适应,混凝土搅拌时其投料顺序为:砂石料→水→第一次搅拌→水泥→高效减水剂→第二次搅拌。混凝土搅拌时间宜较常温施工延长50%左右,且每盘不少于135s,要绝对避免水泥假凝现象。

6.4 冬季测温管理

为确保冬季施工的混凝土质量,拌和站制定了详细的测温管理办法并严格按管理办法执行。

6.4.1 冬期施工测温的有关规定

(1)冬期施工的测温范围

冬期施工的测温范围:大气温度,水泥、水、砂子、石子等原材料的温度,混凝土、棚室内温度,混凝土出机温度、入模温度,混凝土入模后初始温度和养护温度等。

(2)测温人员的职责

①每天记录大气温度,并报告工地负责人。

②测量混凝土拌和料的温度(主要是砂、每种规格的碎石、水温、外加剂)。

③测量混凝土出机温度、混凝土入模温度。

6.4.2 冬期施工测温的准备工作

(1) 人员准备

设专人负责测温工作,并于开始测温前组织了培训和交底,保证测温人员充分了解工作内容。

(2) 机具准备

测温百叶箱:规格不小于300mm×300mm×400mm,宜安装于建筑物10m以外,距地高度约1.5m,通风条件比较好的地方,外表面刷白色油漆。

测温计:测量大气温度和环境温度,采用自动温度计录仪,测原材料温度采用玻璃液体温度计。各种温度计在使用前均进行了校验,并在使用过程中定期对测温计进行检查。

6.4.3 现场测温安排

现场测量安排见表2。

现场测温安排　　表2

测温项目	测温频次	测温时间
室外气温	测量最高、最低气温	2:00、14:00
环境温度	每昼夜不少于4次	2:00、8:00、14:00、20:00各一次
搅拌机棚内温度	每一工作班不小于4次	根据浇筑混凝土时间
水、水泥、砂石及外加剂温度	每一工作班不小于4次	根据浇筑混凝土时间
混凝土出机、浇筑、入模温度	每一工作班不小于4次	根据浇筑混凝土时间

6.4.4 测温管理

(1) 拌和站试验员每日查询测温、保温、供热的情况和存在的问题,负责原材料、混凝土出机、混凝土入模温度的测量,并及时记录,发现异常情况及时通知拌和站站长和项目技术负责人。

(2) 测温试验人员每天24h轮流上岗,并实行严格的交接班制度,保证现场的测温工作。

(3) 拌和站测温记录及时交给技术人员归档备查。

通过采取以上保温措施,2014年冬季共完成58876.5m³混凝土构造物浇筑施工冬季施工用煤量为1347.86t,2015年5月,对冬季施工混凝土的外观及强度进行检查发现,混凝土外观质量较好无缺陷,混凝土强度均满足设计要求,既有效地保证了施工质量,又加快了施工进度。通过冬季施工中的数据采集,总结了各外界大气温度,相应的料仓和水温的控制。

冬季施工汇总表　　表3

序号	大气温度	砂仓内温度(℃)	碎石仓内温度(℃)	水温(℃)	出机温度(℃)	运距(km)	入模温度(℃)
1	5~2℃	4	2	45	11	≤1	6
				45	11	≤3	6
				50	11	≤5	7
2	2~-1	6	4	50	12	≤1	6
				50	12	≤3	7
				55	12	≤5	6
3	-1~-4	8	5	55	12	≤1	6
				60	13	≤3	7
				60	13	≤5	6

续上表

序号	大气温度	砂仓内温度（℃）	碎石仓内温度（℃）	水温（℃）	出机温度（℃）	运距（km）	入模温度（℃）
4	－4～－7	10	7	60	12	≤1	7
				60	12	≤3	6
				65	12	≤5	6
5	－7～－10	13	11	68	11	≤1	6
				70	13	≤3	7
				70	13	≤5	6

7　结语

通过拌和站的合理规划和有效管理,2号拌和站保证了冬季施工混凝土供应和质量要求,为严寒地区混凝土拌和站的规划和管理方面提供了一定的借鉴。

参 考 文 献

[1] 中华人民共和国国家标准.GB 5009—2012　建筑结构荷载规范[S].北京:中国建筑工业出版社,2012.
[2] 中华人民共和国行业标准.JTG/T F50—2011　公路桥涵施工技术规范[S].北京:人民交通出版社,2011.